Alexander Schlicker

Autor – TV-Serie – Medienwandel: (De-)Figurationen serieller Autorschaft

Marburger Schriften zur Medienforschung 66
ISSN 1867–5131

Für meine Eltern, Franny und Luxi

Der Autor
Alexander Schlicker, Dr. des., geboren 1981, Studium der Neueren Deutschen Lite-
ratur, Kunstgeschichte, Germanistischen Linguistik und der Politikwissenschaft an
der LMU München. U. a. akademische Tätigkeit als Lehrbeauftragter an der LMU
München. Arbeitsschwerpunkte und zahlreiche Publikationen in den Bereichen
Film- und Fernsehwissenschaft, Game Studies, Medientheorie und -geschichte.
Arbeitet als Autor, Journalist oder (Online-)Redakteur für verschiedene Medien-
magazine und Verlagshäuser.

Bibliografische Information der Deutschen Nationalbibliothek
Die Deutsche Nationalbibliothek verzeichnet diese Publikation in der Deutschen
Nationalbibliografie; detaillierte bibliografische Daten sind im Internet über
http://dnb.d-nb.de abrufbar.

Inaugural-Dissertation zur Erlangung des Doktorgrades der Philosophie an der
Ludwig-Maximilians-Universität, München

Schüren Verlag GmbH
Universitätsstr. 55 · D-35037 Marburg
www.schueren-verlag.de
© Schüren 2016
Alle Rechte vorbehalten
Gestaltung: Erik Schüßler
Umschlaggestaltung: Wolfgang Diemer, Köln,
unter Verwendung eines Screenshots der TV-Serie THE NEWSROOM (Warner)
Druck: Booksfactory, Stettin
Printed in Poland
ISBN 978-3-89472-978-3

Alexander Schlicker

Autor–TV-Serie–Medienwandel

(De-)Figurationen serieller Autorenschaft

Inhalt

Teaser: John Fiske sieht fern

«Eine Gruppe von Menschen vor dem Fernsehgerät, mit gebeugtem
Rücken, schwächlich auf der Couch sitzend, Drinks oder Snacks in der
Hand, die Augen starr auf den Bildschirm gerichtet –
ich nehme an, das ist die gängige Vorstellung vom Fernsehen
und seinem Publikum.»[1]

In seiner 1989 veröffentlichten Auseinandersetzung mit dem Fernsehen und dessen Publikum als feststehenden Paradigmen der Fernsehforschung, setzt sich John Fiske kritisch mit eben dieser Annahme auseinander. Die Vorstellung eines klar umrissenen Publikums, das sich von den Programmstrukturen des Massenmediums Fernsehen passiv berieseln lässt, verneint Fiske zugunsten eines offeneren Verständnisses sowohl bezüglich des Fernsehtextes als auch der Rezeptionsleistung durch die Zuschauer. Fiske geht, ganz im Sinne der offenen text- und kontextorientierten Cultural Studies[2], davon aus, dass die Art und Weise, wie Fernsehen Inhalte präsentiert, noch längst nichts darüber aussagt, wie diese Inhalte auf der Seite der Zuschauer angenommen, decodiert und vor allem kommunikativ transportiert werden. Diese Forderung bedeutet letztlich die Aufhebung eines von vornherein feststehenden Begriffs des Fernsehens und einer pauschalen Modellierung seiner Zuschauer. Eine Forderung, die für die Fernsehwissenschaft nach Fiske nachhaltige Auswirkungen hatte und mithalf, ihr Textverständnis zu erweitern. Da Fiske im Zuschauersubjekt keine soziale Kategorie wie Klasse oder Gender sieht, steht seine Vorstellung von Fernsehen für ein äußerst heterogenes Ganzes, das sich

1   Fiske, John: «Augenblicke des Fernsehens. Weder Text noch Publikum.» In: Pias, Claus et al. (Hg.): *Kursbuch Medienkultur. Die maßgeblichen Theorien von Brecht bis Baudrillard.* Stuttgart 2004, S. 234.
2   Siehe dazu einführend die Textauswahl in Hepp, Andreas et al. (Hg.): *Schlüsseltexte der Cultural Studies. Medien – Kultur – Kommunikation.* Wiesbaden 2009.

schon bezüglich seiner Zuschauer nicht vereinheitlichen lässt. Fiske zielt mit seinen Überlegungen darauf ab, Fernsehen als fortlaufenden Prozess des Sehens anzuerkennen, der im Zusammenwirken von Fernsehtexten, kulturellen bis intertextuellen Mustern und den individuellen Rezeptionspräferenzen der Zuschauer entsteht. Ihm geht es somit darum, Fernsehen als kulturelle Praxis und «semiotische Erfahrung»[3] zu begreifen, die nach den komplexen Wechselbeziehungen zwischen Angebot, Nachfrage und Konsequenzen Ausschau hält.

Der bis in die 1990er-Jahre fast traditionell vorgebrachten Polemik gegen das Fernsehen als kapitalistisches Massenprodukt einer gleichgeschalteten Industriegesellschaft wird mit diesem Anstoß eine Absage erteilt. Gerade das Fernsehen bietet eine textuelle Offenheit, die es immer wieder ermöglicht, eigenständige und neue Rezeptionsweisen zu entwickeln. Eine solche Entwicklung setzt nicht allein beim Zuschauer an, sondern bezieht ebenso das Fernsehen in all seiner komplexen Heterogenität mit ein. Fiske appelliert am Ende seiner Überlegungen sogar für eine Art Neustart medienwissenschaftlicher Methodik im Umgang mit dem Fernsehen:

> Die Verbindungslinien (…) und die Aufrechterhaltung der widerständigen gesellschaftlichen Differenzen, die Rolle, die das Fernsehen dabei spielt und der Anteil, den all das gemeinsam im Hinblick auf einen gesellschaftlichen Wandel haben könnte, sind theoretisch vertretbar. Was ich gerne sähe, wäre das methodologisch entmutigende Projekt, das die aktuellen Instanzen dieser Verbindungslinien, dieser sich aktualisierenden Prozesse, beschreibt.[4]

Es geht in diesem Arbeitsauftrag letztlich darum, die Vielzahl an kulturellen Prozessen zu beschreiben und in ihren gesellschaftlichen Rückkopplungen als produktives Element wissenschaftlicher Heuristik anzuerkennen. Dies ist laut Fiske auch deshalb von eminenter Bedeutung, da sich Gesellschaften über ihre Medien definieren und sich damit jede Form gesellschaftlichen Wandels über die Medientexte einer Gesellschaft verfolgen lässt.[5] Daher ist zunächst die vielleicht banale, jedoch fundamentale Prämisse von Fiskes Text und jeder anderen Einlassung zum Fernsehen als Medium nochmal hervorzuheben: Das Fernsehen oder besser die Frage, was Fernsehen innerhalb einer Kultur bedeutet und im Austausch mit seinen Rezipienten kommuniziert, unterliegt einem permanenten Prozess des Wandels.[6] Wo lässt sich aus medienwissenschaftlicher Perspektive ansetzen, wenn man das Angebot des Fernsehens eben nicht aus soziologischer, psychologischer oder technikgeschichtlicher Warte aus analysieren möchte?

---

3   Fiske, John: «Augenblicke des Fernsehens», S. 237.
4   Fiske, John: «Augenblicke des Fernsehens», S. 252.
5   Vgl. dazu auch die Ausführungen zu Medialität und Öffentlichkeit aus soziologischer Sicht in Wagner, Elke: *Mediensoziologie*. Konstanz/München 2014, S. 113–123.
6   Siehe dazu auch Fiske, John: *Television Culture*. London 1987.

Die Antwort, die diese Studie gemäß ihres Selbstverständnisses als medien- und explizit auch fernsehwissenschaftliche Untersuchung geben möchte, lautet zunächst recht schlicht: an der Stelle, an der es das Fernsehen mithilfe eines kontinuierlichen Angebots ermöglicht, Wandel konkret an einem Objekt zu beobachten. Was sind nun solche Erzähltexte, die genau diese Erwartungen an eine fernsehwissenschaftliche Herangehensweise programmatisch erfüllen? Die Antwort dieser Untersuchung lautet: fiktionale Fernsehserien. Denn sie bieten in ihrer Vielfalt einerseits die Möglichkeit, Fiskes offenem Textbegriff des Fernsehens durch ihre Adressierung ganz unterschiedlicher Zuschauergruppen zu entsprechen. Andererseits ermöglichen Fernsehserien als distinktiv abgrenzbare Texteinheiten auch eine konkrete Analyse ihrer Inhalte. Daher folgen die vorliegenden Ausführungen zwar grundsätzlich Fiskes Forderung nach einem offeneren Umgang mit dem Fernsehen als Objekt medienwissenschaftlicher Forschung, teilen allerdings im Sinne einer konkreten Textanalyse der Serieninhalte nicht seinen äußerst offenen Textbegriff. Um diesen Zugriff auf Serien zu gewährleisten, ist eine Methode nötig, die der Offenheit fortlaufender Serien und damit auch ihrer Einbettung in Formen medialen Wandels Rechnung trägt.

Fernsehserien sind prinzipiell seriell organisiert. Serielles Erzählen, so eine Hypothese der Studie, bietet vielfältige Möglichkeiten, die diskursiven wie medialen Bedingungen des Fernsehens und seiner Wandlungsprozesse zu besichtigen.[7] So wie jeder Erzählakt das Potenzial einer sich entwickelnden und daher sich wandelnden Geschichte in sich trägt, stehen fiktionale Fernsehserien aufgrund ihres seriellen Grundcharakters wiederum selbst in ihrer historischen Verortung, Tradierung und Fortschreibung für spezifische Wandlungsprozesse ein, die anderen Textgattungen an dieser Stelle verborgen bleiben. Gerade Serien, die über viele Jahre und Staffeln laufen – wie beispielsweise DALLAS, TATORT, THE SOPRANOS oder SCRUBS –, sind eingebunden in Wandlungsprozesse, die sie selbst befördern und ausstellen. Dies betrifft bereits das Fernsehen als primären Ort der TV-Serie und die medialen wie historischen Konsequenzen, die schon allein aus dieser Prämisse erwachsen können.[8]

Serien, so will diese Studie anhand kontemporärer TV-Serien verdeutlichen, stehen für die von Fiske unterstellten Wandlungsprozesse des Fernsehens und seiner differenten Interpretations- und Rezeptionspotenziale ebenso ein wie für das, was in zahlreichen medienwissenschaftlichen Untersuchungen als Qualität von Medien-

---

7   Wie etwa die Beispiele der Soap Opera und des Melodrams in ihren langen fernsehhistorischen Traditionen beweisen. Siehe dazu Feuer, Jane: «Melodrama, Serial Form and Television Today.» In: *Screen 25*, 1984, S. 4–16.

8   Vgl. dazu beispielsweise die unterschiedlichen Formen und Funktionen der Serie im Kontext politischer und damit konkret an Zeitgeschichte gebundener Fernsehkonzepte in Hickethier, Knut: «Das Fernsehen der DDR.» In: Zahlmann, Stefan (Hg.): *Wie im Westen, nur anders. Medien in der DDR.* Berlin 2010, S. 119–130.

texten ausgewiesen wird, nämlich ihre Fähigkeit zur reflexiven Beobachtung ihrer eigenen Dispositionen.[9] Eine Lektüre der Serientexte muss diese Potenziale somit freilegen und in ihrer Anbindung sowie ihrer Aussagekraft bezüglich medialer Wandlungsprozesse untersuchen. Wenn es im Folgenden um Serienfiguren und ihre Erzählungen und Selbstentwürfe geht, wird angenommen, dass in einer ersten heuristischen Einschränkung möglicher Beobachtungen serieller Erzählpotenziale gerade Figuren einen herausragenden Zugriff auf die eben skizzierten Konstellationen erlauben. Will man diesen dann immer noch sehr umfassenden Korpus noch weiter eingrenzen und vor allem hinsichtlich einer Profilierung des Analyseziels zuspitzen, bietet sich die zunächst hypothetische Anschlussfrage an, welche Figuren am ehesten dafür geeignet sind, mediale Wandlungsprozesse in den Blick zu bekommen? Es sind Figuren, die Medien nicht nur nutzen, sondern auch dezidiert an und mit ihnen arbeiten, sie aktiv reflektieren und dadurch eine systematische wie historische Anschlussfähigkeit an Diskurse der Beschreibung und Tradition eröffnen. Die Rede ist von Autorenfiguren, deren Konzeption allerdings unter den spezifischen Konstellationen des Fernsehtextes und den unterstellten Wandlungsprozessen figuriert werden muss, um ein adäquat modernes Verständnis serieller Autorschaft vermitteln zu können. Denn so wie sich das Fernsehen wandelt, verändern sich auch gerade die reflexiven und auktorialen Bezüge, die sich innerhalb der fiktionalen Serientexte des Fernsehens schon historisch andeuten.

Dies hat in einigen Grundzügen auch John Fiske bereits vor Augen. Seine Analysen zielen zwar im Kern ihrer fernsehwissenschaftlichen Programmatik nicht allein auf das Phänomen der TV-Serie als Teil des seriellen Programmangebots, wenn er von Fernsehtexten spricht. Auch Shows oder die Übertragung von Sportereignissen als konstanten (Live-)Ereignissen bilden ein eminent wichtiges Programmsegment serieller Fernsehkultur. Fiske beobachtet allerdings bereits Ende der 1980er-Jahre die immer stärker aufkommende Tendenz der fiktionalen Fernsehserie, einen spielerischen Umgang mit ihren eigenen, selbstreflexiv ausgestellten Grenzen und Konventionen zu pflegen, der unmittelbar an Diskurse audiovisueller Autorschaft anknüpft:

> Wenn Charaktere aus Serien wie MOONLIGHTING sich auf die Drehbuchschreiber beziehen oder wir sehen können, wie sie das Studioset verlassen, wenn MIAMI VICE die 180 Grad-Regel bricht und die Aufmerksamkeit auf die eigenen stilistischen Formen lenkt, oder wenn MAGNUM PI zum Teil in schwarzweiß gedreht wird, also in Form einer ausdrücklichen Anspielung auf den film noir, so schafft das Fernsehen in seiner eigenen realistischen Art Widersprüche (…) Es ist bezeichnend, dass diese Tendenz am deutlichsten in denjenigen Fernsehgenres auszumachen ist, die

---

9 Siehe beispielsweise Heller, Heinz-B.: «Buch und Schrift im bewegten Bild. Zur motivgeschichtlichen Funktion und Bedeutung eines Mediendispositivs im deutschen Stummfilm.» In: Keppler-Tasaki, Stefan / Liptay, Fabienne (Hg.): *Grauzonen. Positionen zwischen Literatur und Film 1910–1960.* München 2010, S. 102–104.

am stärksten autorisiert sind – einem Roman oder einem Kinofilm am nächsten kommen (...) Methoden, die die Aufmerksamkeit auf die autorschaftliche Autorität lenken, um diese zu demystifizieren, und es dem Zuschauer erlauben, im Sinne der Produktionsweise Zugang zu ihr zu bekommen.[10]

Ob sich Fiskes Annahme einer Demystifikation der Autorschaft in den Serien der darauffolgenden Ära bestätigt, soll zunächst einmal dahingestellt bleiben. Fiske legt zahlreiche Spuren, deren Wert für die nachfolgenden Ausführungen nicht unterschätzt werden darf. Die Definition des Fernsehens und damit auch der TV-Serie hängt unmittelbar mit Phänomenen der Autorschaft zusammen. Anhand der Formen und Funktionen von Autorschaft beobachtet die Serie nicht nur sich selbst, sondern gleichzeitig das Fernsehen als Medium im Wandel. Mit John Fiske die Prozesse des Fernsehens zu beobachten, bedeutet dann vor allem eines: watching more TV. Genau das hat diese Studie vor.

---

10 Fiske, John: «Augenblicke des Fernsehens», S. 250.

Best defined by what it is not:
Fernseh/Serie/Diskurs im Wandel

Von *Previously on...* bis *Next time on...* Das jeder Serie inhärente Gesetz einer Fortsetzungserzählung zwischen der Wiederkehr bestimmter Formen bei gleichzeitiger Variation ist jedem Serienrezipienten vertraut. Nimmt man das tägliche (Über-)Angebot an Serien im TV-Programm oder im Internet als Maßstab, dominieren serielle Formen und insbesondere TV-Serien den Markt an medialen Angeboten durch unzählige Wiederholungen bereits gesendeter Folgen und Klassiker sowie gleichzeitig einer konstant hohen Anzahl an jährlichen Ankündigungen neuer Serien bei privaten wie öffentlich-rechtlichen Anbietern. Doch was zeichnet diesen Serienboom vordergründig aus, der sich – zumindest abseits von Soap Operas, Daily Soaps oder Vorabendserien –, an einer Vorstellung besonderer Modernität und Aktualität serieller Erzählformen vor allem aus den USA zu entzünden scheint? Da sich jede Untersuchung einleitend den Grundlagen ihres Gegenstandes stellen muss, lautet die Anschlussfrage an die eben gestellte: Wie kann man sich dem Phänomen der gegenwärtigen TV-Serie überhaupt definitorisch annähern? Die berühmteste Antwort darauf lieferte Robert J. Thompson in seiner umfassenden Studie *Television's Second Golden Age*, die 1997 erschien und nach dem rasanten Aufstieg des Fernsehens hin zum Unterhaltungsmedium Nummer 1 ab den 1950er-Jahren eine neue Epoche qualitativ hochwertigen Fernsehens ausrief: «Quality TV is best defined by what it is not. It is not regular TV.»[1]

Mit dieser provokanten und vielfach zitierten Aussage von Thompson ist ein akademisches Feld angedeutet, das nicht nur Fans und Kritiker beschäftigt. Die

---

1 Thompson, Robert: *Television's Second Golden Age. From Hill Street Blues to ER.* New York 1997, S. 13.

Auseinandersetzung mit TV-Serien und ihrer gestiegenen rezeptiven, inszenatorischen und auch motivisch-inhaltlichen Bedeutung ist nach leichten Anlaufschwierigkeiten ebenso in der Wissenschaft en vogue und mittlerweile ein fester Bestandteil nicht nur in dezidiert medienwissenschaftlich orientierten Disziplinen. Thompsons Versuch einer Definition des Quality TV, das als Inbegriff des neuen Qualitätsfernsehens und seiner seriellen Erzählformen gilt, kann ihm zufolge nur ex negativo erfolgen. Zu vielfältig und unüberschaubar erscheint die Serienlandschaft in ihrer Vielfalt innerhalb einer globalen Medienkultur, in der sich divergierende oder gar widersprüchliche Tendenzen im Sinne einer populärkulturellen Gleichzeitigkeit verschiedenster Angebote begegnen und überlappen.

Die TV-Serie, die lange aufgrund ihrer scheinbaren kulturellen Minderwertigkeit keinen Platz in der Wissenschaft hatte, wurde zum Ausgangspunkt einer breiten Debatte über sogenannte Qualitätsserien, die sich nicht nur um die kritische Aufarbeitung von Inhalten und Ästhetiken von Serien bemühte, sondern zunehmend auch das Konzept des Fernsehens als Dispositiv oder auch die trans- wie intermediale Qualität serieller Erzählmuster in den Blick nahm. Dabei ist besonders bemerkenswert, dass mit Begriffen wie Quality TV normative Wertezuschreibungen evoziert werden, welche das Fernsehen auch lange nach den Diffamierungen durch Adorno oder Bourdieu diskursiv noch latent begleiten. Zu entscheiden, was gutes oder schlechtes Fernsehen ist, bedeutet dann eine Differenz, die mittels ihrer Beschreibungen und Wertungskategorien Auskunft gibt über die mit einer solchen Debatte einhergehenden ideologischen und ästhetischen Implikationen. Eine solche Wertung hängt meist bereits mit dem (unterstellten) Nutzungsverhalten der Rezipienten zusammen. Hartmut Winkler äußerte sich 1990 in einem Text über Switching wie folgt:

> Die switchenden Zuschauer zerfleddern die Sinneinheiten, die das Fernsehen bietet, in eine Unzahl kürzerer bis sekunden-kurzer Sequenzen, die, ihrem Kontext entrissen, ihre Bedeutung vollständig verändern; was, so wird man fragen müssen, bleibt von einem Spielfilm übrig, wenn er mit Nachrichten, Sport oder Show gemixt wird? (…) Was wird aus dem Rhythmus der Sendung, was aus komplexeren Gestaltungsmitteln und was, allgemein, aus der Intention der Autoren?[2]

Winkler spricht dezidiert vom Fernsehen und seinen heterogenen Programmangeboten. Das Switchen oder Zappen durch die Kanäle hält er für ein Verhalten der Zerstreuung, aber zugleich auch der Hoffnung, aus «der Rolle des reinen Adressaten erlöst zu werden.»[3] Wie sollte eine solche Erlösung aussehen, wenn man diese Rhetorik ernst nimmt und von einem zu erlösenden Zuschauer ausgeht? Durch

---

2 Winkler, Hartmut: «Eins, zwei, eins, vier, x. Switching: Die Installation der Tagtraummaschine.» In: Grisko, Michael (Hg.): *Texte zur Theorie und Geschichte des Fernsehens.* Stuttgart 2009, S. 223.
3 Ebd., S. 230.

ein besseres Programm oder einen mündigeren Zuschauer? Zuschauer suchen sich ihr «eigenes» Programm mithilfe der Fernbedienung zusammen und machen von ihrem mediendemokratischen Recht Gebrauch, Sendungen jederzeit wechseln zu können. Ob dies nun an einer wie auch immer definierten Qualität des Angebots oder der subjektiven Einstellung der Zuschauer liegt, kann weder Winkler noch sonst jemand final und schon gar nicht objektiv entscheiden. Mit dieser Polarität ist die Debatte um gutes oder schlechtes Fernsehen, die immer wieder geführt wird, anhand zwei ihrer wesentlichen Parameter abgesteckt.[4] Besonders bemerkenswert erscheint in diesem Zusammenhang Winklers Sorge um die Autoren und deren Intentionen, gilt doch gerade diese Sorge im Bereich des Fernsehens häufig als marginal, da der Autorenbegriff des Fernsehens und innerhalb der Debatten des Fernsehens kaum eine Rolle spielt.

Das Image der fiktionalen Serie erfuhr im Fahrwasser des Erfolgs und des Diskurses um Qualitätsserien eine Aufwertung, was zur Folge hatte, dass Autoren nun auch im Fernsehmetier Beachtung erlangen. TV-Serien stehen generell im Verdacht, inhaltlich eine Veränderung durchlaufen zu haben, solange sie nicht als standardisierte, geradezu maschinell abgefilmte Produkte denunziert werden wie langlebige Telenovelas oder Soap Operas.[5] Generell lässt sich ein Perspektivenwechsel veranschlagen, der schon seit einigen Jahren anhält und den Diskurs um die Serie und letztlich ebenso das Fernsehen nachhaltig verändert hat. Speziell der Blick auf die Serie als ein sich veränderndes Medienangebot hat sich aufgrund einer gesteigerten Aufmerksamkeit gewandelt und erlaubt Rückschlüsse auf die jeweiligen Wertungsinstanzen, die mit ihren Vorstellungen gutes Fernsehen von schlechtem unterscheiden.

Sie werden als Heilsbringer einer alles umwälzenden ästhetischen Neuerfindung des Fernsehens[6] ganz im Geiste einer Rückkehr des epischen Erzählens[7] oder als medienwissenschaftliches Musterbeispiel eines Paradigmenwechsels der Populärkultur gefeiert. An ihnen entzündet sich die Neuformatierung eines multimedialen Kanons, der neben der Literatur-, Kunst- oder Filmgeschichte auch die Serie gleichberechtigt berücksichtigen muss. Denn TV-Serien gelten als aktuell bedeutendste Spielwiese medialer Unterhaltung innerhalb eines umfassenden Strukturwandels der Medienkultur.

---

4   Weitere Parameter der Diskussion um die Qualität des Fernsehens wären etwa inhaltliche Auseinandersetzungen, z. B. Gewaltdarstellungen oder andere Fragen ethisch-moralischer Natur. Siehe dazu Keppler, Angela: *Mediale Gegenwart. Eine Theorie des Fernsehens am Beispiel der Darstellung von Gewalt.* Frankfurt a. M. 2006, S. 153–184.

5   Zu den Merkmalen der Telenovela siehe Tufte, Thomas: «The Telenovela (Brazilian Telenovelas).» In: Miller, Toby et al. (Hg.): *The Television Genre Book.* London 2001, S. 57–60.

6   Die für einige Kommentatoren verbunden ist mit der Krise des unflexiblen Kinofilms, der kaum noch zu großen Innovationen im Bereich des Erzählens fähig wäre. Siehe dazu etwa Schweizerhof, Barbara: «Lob des Fernsehens.» In: *epd medien 69*, 2006, S. 4–9.

7   Siehe Schneid, Bernd: *Die Sopranos, Lost und die Rückkehr des Epos. Erzähltheoretische Konzepte zu Epizität und Psychobiographie.* Würzburg 2012, S. 48–57.

In den letzten Jahrzehnten durchlebte das Format der Serie zahlreiche Veränderungen, die sowohl ihre narrativen wie medialen Strukturen erweiterten. Serien wie THE SOPRANOS, LOST, MAD MEN oder TRUE DETECTIVE nehmen in der Gegenwartskultur durch ihren formalästhetischen wie inhaltlichen Facettenreichtum einen geradezu ikonischen Status ein, der sich in einer verstärkten Aufmerksamkeit innerhalb der Programmangebote von Anbietern wie Netflix, Amazon oder HBO und in steigenden Zuschauerzahlen widerspiegelt. Sehr viele Kompendien und Rezensionen zu den vermeintlich besten Serien und ihren jeweiligen Staffeln sind in Blogs, Foren und im Feuilleton längst fester Bestandteil der öffentlichen Diskussionskultur und propagieren regelmäßig auch die distributive Flexibilisierung der Rezeption, wie sie durch Streaming-Dienste und Online-Portale im Alltag vieler Zuschauer und User angekommen sind. Eine populäre Monografie wie der 2012 erschienene Bestseller *The Revolution was televised. The Cops, Crooks, Slingers and Slayers who changed TV-Drama forever* des bekannten US-Serienkritikers Alan Sepinwall steht stellvertretend für eine These, die in der Diskussion um moderne TV-Serien stets als Prämisse gesetzt scheint.[8] Es wird von einem Wandel der Serie hin zu einem qualitativ hochwertigeren Medienangebot ausgegangen, das über mehrere Staffeln hinweg ein größeres Potenzial narrativer Komplexität und Selbstreferenzialität in sich trägt als frühere Serien und mittlerweile auch die meisten Spielfilme. Christian Blümelhuber spricht sich in seiner Untersuchung serieller Phänomene dafür aus, die ersten Jahre des neuen Jahrtausends als Jahrzehnt der TV-Serie auszuloben.[9]

Serien wie 24 oder THE SOPRANOS führen vor, wie zeitgenössische Identitätsentwürfe maßgeblich durch die ihnen inhärenten Formen von Serialität konstruiert werden. Egal, wohin man blickt: Serialität wirkt als basales Prinzip medialer Unterhaltung fundamental auf alle Formen und Formate medialer Sinnangebote ein und findet in der Fernsehserie ihr populärstes Exponat. Daher steht für Blümelhuber außer Frage, Serialität als Basisprinzip des 20. Und 21. Jahrhunderts zu benennen, das seine Aus- wie Einwirkungen stetig ausbauen und in der Fernsehserie besonders markant vor Augen führen konnte. Was mit Labels wie Quality TV oder dem Begriff High End Serie akademisch diskutiert und ökonomisch vermarktet wird, beeinflusst allerdings auf mediendispositiver Ebene nicht nur das Fernsehen. Webserien, Online-Portale und Vlogs bedienen sich zunehmend ebenfalls der Erzählmuster, Konventionen und Vermarktungsstrategien der TV-Serie und treiben die Marginalisierung fest vorgegebener Programmstrukturen oder Sendezeiten weiter voran. Im Zuge dieser Entwicklungen ist seit einigen Jahren die Rede eines Zeitalters des Post-TV, das nicht mehr mit den Strukturen und Vorstellun-

---

8   Siehe Sepinwall, Alan: *The Revolution was televised. The Cops, Crooks, Slingers and Slayers who changed TV-Drama forever.* New York/London u. a. 2012, S. 7–19.

9   Blümelhuber, Christian: *seriell! Das Basisprinzip der modernen Moderne.* Berlin 2010, S. 70–72.

gen des Fernsehens klassischer Provenienz vergleichbar wäre. Bereits die Einführung der DVD als standardisierter Datenträger Ende der 1990er-Jahre förderte die Produktion umfangreicher Box-Sets mit zusätzlichem Bonusmaterial zu den jeweiligen Staffeln und prägte mit einer unabhängigen sowie flexibleren Rezeption ein neues Werkverständnis der Serie als Konsumgut, das in den Regalen seinen Platz ebenso einfordert wie zuvor das Buch oder der Spielfilm.[10] Auch wenn dieses Phänomen nur unzureichend mit kommentierten Werkausgaben, wie sie die Literaturgeschichte kennt, vergleichbar ist, wurde das Sammeln, editorische (Re-)Zitieren und die wiederholte Lektüre einer Serie nun zu einem Faktor, der sowohl von Rezipienten wie Produzenten berücksichtigt und als konstitutiv im Sinne eines Werkgedankens der Serie anerkannt wird.[11]

Aktuelle Distributions- und Rezeptionsbedingungen im Zeitalter des Internets und die oftmals zur TV-Ausstrahlung zeitgleiche Veröffentlichung einzelner sowie auch verstärkt komplett abrufbarer Staffeln in entsprechenden Online-Videotheken wie Netflix oder Amazon befördern eine stärkere Fokussierung auf den Gesamtwerkcharakter einer Serie. Alle textuellen Elemente, die diesen Werkcharakter beispielsweise mithilfe zusätzlicher Szenen oder DVD-Bonusmatetrial wie Interviews mit den Autoren und Produzenten verstärken, erfahren ebenfalls mehr Beachtung.[12] Fernsehserien haben sich von ihrer apparativen Heimat, dem TV-Gerät, längst ein gutes Stück emanzipiert und sind deshalb bei aller nach wie vor vorhandenen Nähe immer stärker als trans- und multimediales Konzept und Angebot zu begreifen. Daher wäre bezogen auf das Fernsehen weiterzudenken, inwiefern sich die Fernsehserie noch über das apparative Medium definiert und wie sie es reflektiert. Dies scheint vor allem vor dem Hintergrund einer gesellschaftspolitischen Flexibilisierung und Umstrukturierung medialer Sehgewohnheiten virulent, wie sie sich anhand der zunehmend mobil organisierten Rezeption von Medien und ihren Inhalten seit einigen Jahren abzeichnen und konstant von Produktanbietern vorangetrieben werden. Analog zu flexibleren Konfigurationen des Verhältnisses von Arbeit und Privatleben gelten moderne Medientechnologien wie die DVD oder die Blu-ray Disc ähnlich wie Streaming-Portale als Agenten eines Medienwandels, der Sozialität ebenso neu strukturiert wie Gesellschaft:

---

10 Siehe dazu aus medienhistorischer Sicht Distelmeyer, Jan: *Das flexible Kino. Ästhetik und Dispositiv der DVD & Blu-ray.* Berlin 2012, S. 9–17.

11 Siehe dazu auch Mittell, Jason: «Serial Boxes: DVD-Editionen und der kulturelle Wert amerikanischer Fernsehserien.» In: Blanchet, Robert et al. (Hg.): *Serielle Formen. Von den frühen Film-Serials zu aktuellen Quality-TV- und Onlineserien.* Marburg 2011, S. 133–152.

12 Siehe dazu auch Grant, Catherine: «Auteur Machines? Auteurism and the DVD.» In: Bennett, James / Brown, Tom (Hg.): *Film and Television After DVD.* New York 2008, S. 101–115. Durch Bonusmaterialien erweitert sich auch das (para-)textuelle Angebot autorschaftlicher Inszenierungen, wobei gerade im Serienbereich aufgrund des stark kollaborativen Charakters der Produktion durch Showrunner, wechselnde Regisseure und Autorenteams eine solche Zentrierung problematisch ist, wie in Kapitel 3 zur Diskussion steht.

Die Totalität der Arbeit, ihre propagierte Zeit- und Ortlosigkeit, wird vom Dispositiv der DVD nun zunächst insofern beantwortet, als auch für den Kinofilm diese Totalität gelten kann: Er kann, «an jedem beliebigen Ort zu jeder beliebigen Zeit» sowie in diversen Erscheinungsformen gesehen und gehört werden. DVD *anywhere* [Hervorhebung im Original, A. S.]: Er fügt sich auf DVD ein in die neue Ordnung, zeigt sich so mobil und flexibel, wie es von seinem Publikum erwartet wird (…) Auf Blu-ray erfüllt sich der Anspruch auf dauerhaften Wandel und permanenter Optimierung neu, in dem unser Verfügen über laufende Filme und Weiteres noch sachlicher im Zugriffsmodus gesehen werden kann.»[13]

Serien folgen als flexible Medienangebote dieser Profilierung der Optimierung. Aufgrund ihrer textuellen Verfasstheit als offene, fortlaufende Einheiten ordnen sie sich nicht nur in den Medienalltag ihrer Zuschauer ein, sondern strukturieren ihn mit. Galt bis vor einigen Jahren noch das Primat der festen Sendezeit, flexibilisieren sich sowohl der Zugriff als auch die Sehgewohnheiten: eine Symptomatik, die sich auf den Inhalt der Serien auswirkt. Kontemporäre Serien wie THE NEWSROOM, CSI, HOUSE OF CARDS, SCANDAL oder THE WIRE erzählen immer wieder vom Einfluss der Medien und ihren gesellschaftspolitischen Rückkopplungseffekten. Auch wenn an dieser Stelle nicht einer Positionierung der Serie als Herrschaftsinstrument medialer Aufmerksamkeit im Sinne einer Kontrollgesellschaft das Wort geredet werden soll, ist zumindest zu bemerken, dass nicht nur die eben genannten Serien auf je unterschiedliche Weise gesellschaftliche wie mediale Wandlungsprozesse zwischen Befreiung und Unterwerfung[14] thematisieren und zur Reflexion freigeben. Gesellschaftlicher Wandel, so legen zahlreiche TV-Serien im Einklang mit nahezu jeder Form von Medienhistoriografie latent nahe, korrespondiert mit und basiert auf der Einführung und Etablierung neuer Medientechnologien oder der avancierten Evolution ihrer bisherigen Standards.[15]

War die TV-Serie von ihren Anfängen bis zum Ende des letzten Jahrtausends schon aufgrund des schlechten Images des Fernsehens mit all seiner vermeintlichen Konventionalität und dem immer wieder geäußerten Vorwurf der narrativen wie inszenatorischen Minderwertigkeit noch der Inbegriff stumpfer Massenunterhaltung unter dem Verdacht ideologischer Manipulation, so ist sie nach der Jahrtausendwende – wie nicht nur Alan Sepinwall immer wieder betont – im Gegensatz zum Film das Medium mit der weit größeren inszenatorischen Innovationskraft.

---

13 Distelmeyer, Jan: *Das flexible Kino*, S. 230.

14 Zum berühmten und vielzitierten Begriff der Kontrollgesellschaft, den Gilles Deleuze in seiner Auseinandersetzung mit Michel Foucaults Analysen der Disziplinarmacht in die philosophische Debatte einer Bestimmung gesellschaftlicher Herrschaftsformen eingebracht hat siehe Deleuze, Gilles: *Unterhandlungen 1972–1990*. Frankfurt a. M. 1993, S. 254–262.

15 Vgl. dazu medienhistorisch sehr grundlegend und grundsätzlich Ong, Walter: *Oralität und Literalität. Die Technologisierung des Wortes*. Opladen 1987, S. 135–137. In Kapitel 2 zu Theorien von Medienwandel wird das Verhältnis von Medien und Wandlungsprozessen näher beleuchtet.

Dies gilt sogar für mehrere Darstellungsebenen: Explizit politische oder zumindest innerhalb ihrer Fiktionen sozialkritisch agierende Serien wie HOMELAND, THE WEST WING oder THE WIRE werden beispielsweise als kritische Auseinandersetzungen gesellschaftlicher Krisen und ihrer sozialen wie psychologischen Symptome gefeiert, während Serien wie etwa DEXTER oder BREAKING BAD gerade auf figuraler Ebene durch ihre moralisch zweifelhaften Protagonisten und deren Figurationen als Serienkiller und Drogendealer exemplarisch für die Überschreitung und Umcodierung bestehender Genrestandards einstehen. An dieser Stelle schließt die von Knut Hickethier getroffene Feststellung an, dass «zeitbedingte, epochentypische Bedingungen (…) die Voraussetzung für die besondere Anziehungskraft der Serie»[16] bilden. Serien spiegeln ihren Zeitgeist und ihre thematischen wie ästhetischen Kontexte wider. Genau aus diesem Umstand ziehen sie einen hohen Anteil ihrer Anziehungskraft.

Das innovative Potenzial serieller Erzählformen lässt sich an verschiedenen Facetten ablesen, die häufig aus der Verschränkung unkonventioneller Inszenierungen mit einer ausgeprägten Reflexivität der eigenen Verfasstheit als TV-Serie bestehen. Die Spezifität seriellen Erzählens bildet die Grundlage, um reflexive Beobachtungen zu medialen, kulturhistorischen oder erzählerisch-figurativen Kompositionen anzustellen.[17] Die kontemporäre TV-Serie erfordert aufgrund ihrer textuellen, ästhetischen und medienhistorischen Vielfalt ein methodisches Bewusstsein, das sich dieser Komplexität vor dem Hintergrund der Veränderungen der Serie als ästhetisches Phänomen und seiner dispositiven Strukturen stellen muss.

---

16 Hickethier, Knut: *Die Fernsehserie und das Serielle des Fernsehens.* Lüneburg 1991, S. 30.
17 Zur Geschichte des seriellen Erzählens von den ersten literarischen Formen bis zur Fernsehserie siehe vor allem die umfangreiche Studie von Mielke, Christine: *Zyklisch-serielle Narration. Erzähltes Erzählen von 1001 Nacht bis zur TV-Serie.* Berlin 2006.

Serienstart: Autorschaft und (Selbst-) Beobachtungen – Wiederholung, Variation, Reflexion

Drei Serienbeispiele und ein kleiner Exkurs zu einer weiteren Serie sollen den Weg dieser Untersuchung weiter ausleuchten, indem – wenn auch teilweise skizzenhaft – aufgezeigt wird, inwiefern gegenwärtige TV-Serien die eben konstatierte Komplexität umsetzen. CALIFORNICATION, GOSSIP GIRL, PRETTY LITTLE LIARS und HANNIBAL weichen sowohl durch Genre als auch durch Inszenierung und Thema radikal voneinander ab. Allein die Tatsache, dass es sich um drei Serien handelt, die in den letzten Jahren veröffentlicht oder abgeschlossen wurden, stellt auf den ersten, oberflächlichen Blick eine Verbindung dar. Gerade das profiliert ihre Wahl als Serien der Gegenwart, denn es geht nicht um Zusammenhänge, die sich aus einer narrativen oder genrespezifischen Auswahl erschließen. Jede der drei Serien wird im Geiste einer Begriffstrias vorgestellt, die für die nachfolgenden Ausführungen von zentraler Bedeutung sein wird. Es handelt sich um die Begriffe der Wiederholung, der Variation und der Reflexion, die die Serie als spannungsreichste Ausdrucksform gegenwärtiger Medienkultur definieren. Die Leitfragen vor diesem Hintergrund, den es im Fortlauf der Untersuchung noch näher zu beleuchten gilt, lauten zunächst folgendermaßen: Welche Motive und Konstellationen eröffnen sich für eine erste Charakterisierung der kontemporären TV-Serie? Und welche Anhaltpunkte liefert das für die bisher angedeuteten Wandlungsprozesse der Serie?

CALIFORNICATION

Die Essenz der insgesamt sieben Staffeln umfassenden Dramedy-Serie CALIFORNI-CATION kann mit einem Satz zusammengefasst werden: ein männlicher Autor auf der Suche nach dem Weg aus der Identitätskrise. Im Zentrum der Serie steht Protagonist

Hank Moody, der in einer On-off-Beziehung mit seiner großen Liebe Karen, die im Verlauf der sieben Staffeln mehrmals Züge einer Amour fou annimmt, und ihrer gemeinsamen Tochter Becca in Los Angeles lebt. Hank ist zwar ein manchmal erfolgreicher, aber unproduktiver Schriftsteller, der sich mit den ökonomischen Zwängen seines Berufes ebenso wenig arrangieren kann wie mit einem bürgerlichen Leben als monogamer und verlässlicher Familienvater. Hanks Projekte, die ihm künstlerisch am Herzen liegen und die zu seinem Leidwesen meist keine Erfolge nach sich ziehen, stehen stets in Konflikt mit den Arbeiten, die er als angeheuerter Drehbuchautor etwa für trashige Blockbusterfilme oder eine völlig konventionelle TV-Krimi-Serie abzuliefern hat, um seinen ausschweifenden Lebensstil mit Drogen und zahlreichen sexuellen Eskapaden zu finanzieren. Als zweite große Konstante der Serie entpuppt sich Hanks Beziehung zu Karen, mit der er immer wieder zusammenkommt, um doch immer wieder an der Unvereinbarkeit ihrer Vorstellungen von Liebe und Partnerschaft zu scheitern. Denn obwohl beide Partner im jeweils anderen die große Liebe ihres Lebens sehen, können sie nicht als bürgerliche Familie zusammenleben.

Die Divergenz zwischen männlichen und weiblichen Rollenmustern verlagert CALIFORNICATION auch in die Familienstruktur. Zu Beginn der Serie ist es Karen, die nach der Trennung von Hank Becca bei sich und ihrem zwischenzeitlichen Verlobten aufnimmt, um Becca vor Hanks Eskapaden zu schützen. Hank bemüht sich, für Becca eine Art Freund zu sein, was ihm aufgrund seiner Vaterrolle speziell in Krisensituationen nicht gelingt. Als Vaterfigur wird er hauptsächlich dann aktiv, wenn Becca dem Empfinden ihrer Eltern nach in Gefahr schwebt, selbst über die Stränge zu schlagen. Mag Hank sich situativ noch so sehr bemühen, die Liebe seiner Tochter zu gewinnen oder zu behalten, so lässt er sie dennoch vorwiegend in Karens Obhut und verfolgt sein Lebensideal. Karen fungiert stets als vernünftige Figur, die ihre Mutterschaft über ihre eigenen Bedürfnisse stellt. CALIFORNICATION vermittelt daher ein hochgradig ideologisch aufgeladenes Bild von Elternschaft, die sich zwischen männlicher Freiheit und weiblichem Verantwortungsbewusstsein aufspannt. Es ist Karen, die in ihrer Rolle als Mutter versucht, Becca ein stabiles Zuhause in geordneten Familienverhältnissen zu bieten, während Hank trotz seiner Sehnsucht nach seiner Familie seinen Hedonismus als Inspirationsquelle für seine autobiografisch geprägten Werke nicht aufgeben kann. Hanks Vorstellung von Kunst steht ihm dabei geradezu systematisch im Weg. Sie changiert zwischen Inszenierung und Authentizität[1], da nur beide Facetten zusammen ein Kunstwerk ergeben können, wie es Hank verfolgt.

Vor Beginn der Serienhandlung wurde Hank durch die Verfilmung seines radikalen autobiografischen Romans *God hates us all* über seine Jugendjahre in New

---

1 Siehe dazu Englhart, Andreas: «Das Leiden des Künstlers zwischen Inszenierung und Authentizität. Eine Spurensuche im Film und in der Wirklichkeit.» In: Balme, Christopher et al. (Hg.): *Die Passion des Künstlers. Kreativität und Krise im Film.* München 2011, S. 271–290.

York auch außerhalb des Literaturbetriebs einer großen Öffentlichkeit bekannt. Hank selbst hasst die für ihn sehr profitable, allerdings sein Werk vollständig umwertende Adaption seines Romans, die nun paradoxerweise zu einer romantischen Liebeskomödie mit dem Titel A CRAZY LITTLE THING CALLED LOVE mit Tom Cruise und Katie Holmes in den Hauptrollen uminterpretiert wurde. Hanks Vorstellung von Liebe, die er im Gewand seines autobiografischen Romans vor allem mit sich selbst verbindet, ist nicht mit den geradezu fantastischen Dispositionen der Liebeskomödie und ihrem Hang zum stereotypen Happy End vereinbar. Übertragen auf die Serie selbst eröffnet sich eine medienspezifische Perspektive auf die Divergenz zwischen Serie und Film. Während zahlreiche Liebesfilme am Ende ihrer Erzählung mit einer glücklichen Vereinigung des Paares schließen, schiebt die Serie CALIFORNICATION eine solche von Staffel zu Staffel immer wieder auf.[2] Sie folgt damit letztlich den Konventionen der Telenovela oder Soap Opera, die dramaturgisch darauf ausgerichtet sind, eine sich anbahnende oder bereits bestätigte Liebesbeziehung in ihrem Vollzug als gelebtes Modell hinauszuzögern. Das Happy End des Genrefilms wird in CALIFORNICATION daher im Modus seriellen Erzählens gestreckt und verlängert. Das Konzept eines dauerhaften On-off-Beziehungsmodells zwischen Karen und Hank muss in seiner seriellen Aufbereitung dafür herhalten, ein zuvor gesetztes Happy End zu Beginn der nächsten Staffel wieder einzureißen. Dies wird etwa im Finale der ersten Staffel offensichtlich, als sich Karen kurzerhand entschließt, ihre eben geschlossene Ehe zugunsten einer Flucht mit Hank und Becca wieder aufzukündigen. Das Schlussbild der wiedervereinten Familie in Hanks Porsche hält erwartungsgemäß nur bis zum Beginn der zweiten Staffel, in der die alten Probleme wiederkehren und das Familienidyll sukzessive erneut zerstören. Hanks Projekt einer Restabilisierung seiner Familie spielt sich zwar im Verlauf der Staffeln nicht als sich dramaturgisch abschließende Liebeskomödie ab[3], allerdings bedeutet dies im Kontext der Soap Opera nur eine Verlagerung in einen nicht minder ideologischen Kreislauf serieller Genrestrukturen.

Hank Moody ist eine männliche Krisenfigur, die mit allen Klischees beladen wird, die der Topos des genialen Schriftstellers als Außenseiter zwischen Idealismus und Egoismus in sich birgt. Vor allem seine Unfähigkeit, mit Karen und Becca ein stabiles Familienleben auszufüllen, spiegelt diesen motivischen Kern der Serie wider und ist mehrfach der Grund für seine Schreibblockaden. Jede Staffel ist nar-

---

2   Zu den klassischen Bausteinen des Liebesfilms siehe Kaufmann, Anette: *Der Liebesfilm. Spielregeln eines Filmgenres.* Konstanz 2007, S. 55–144.

3   Dass Liebeskomödien immer konventionelle und vor allem endgültige Figurationen des Abschlusses inszenieren, ist ein Klischee, das nicht immer zutrifft, wie Claudia Liebrand anhand einiger klassischer Beispiele beweist. Gerade die Schließungsfiguren der Screwball- und Sex-Komödie erweisen sich als oftmals subversiv und unterlaufen sogar genre- und genderspezifische Codes. Siehe Liebrand, Claudia: «The Trouble with Endings. Schließungsfiguren in Screwball Comedies und Sex Comedies.» In: Gerigk, Anja (Hg.): *Glück paradox. Moderne Literatur und Medienkultur – theoretisch gelesen.* Bielefeld 2010, S. 227–260.

rativ um diesen Kern organisiert. Der Kampf um seine Familie bildet dramaturgisch in jeder Staffel sowohl den Ausgangspunkt als auch das Ende, indem Hank entweder zu Beginn oder am Ende mit Karen wahlweise zusammenkommt, von ihr verlassen wird oder ein Schwebezustand als Cliffhanger eingebaut wird. Die Uneinholbarkeit und die Instabilität der Liebe sind daher der seriellen Struktur von CALIFORNICATION inhärent eingeschrieben. Hank ist als Figur scheinbar dazu verdammt, seine Fehler immer wieder zu wiederholen und trotz aller vermeintlichen Selbsterkenntnis nicht aus seinen Mustern und Ritualen auszubrechen.[4]

Dabei spielt die Serie selbst diese Konstellation selbstironisch aus, indem Hank dieses Wechselspiel als kulturelles Klischee immer wieder kommentiert, und CALIFORNICATION mithilfe der zitierten popkulturellen Referenzen die vermeintliche Tragik seines Helden als ernstzunehmenden Topos ironisiert. Ganz im Sinne der Genremischform der Dramedy genießt Hank gerade zu Beginn der Folgen sein ausschweifendes Leben mit immer wechselnden Frauen, ehe ihn die Folgen und die Leere seiner Eskapaden – bezogen auf seine Familie – wieder einholen. Sein persönliches Drama changiert somit zwischen dem Selbstbewusstsein einer Figur, die sich ihrer Widersprüche bewusst ist, und einer Seriendramaturgie, die diese Wiedersprüche als Dramedy zwischen Comedy und Dramaserie in jeder Staffel in ihren Grundzügen wiederholt. Moodys Leiden ist im übertragenen Sinne als Wiederholungszwang eines seriellen Erzählmusters zu beschreiben. Bezogen auf den Inhalt wäre Moody eine Figur, die sich nicht aus den von ihr selbst geschaffenen Strukturen befreien kann und bis zur finalen Staffel dazu verdammt bleibt, die neurotische Struktur ihres anachronistischen Männlichkeitsbildes in immer neuen Settings variierend auszuagieren. Denn CALIFORNICATION lässt Hank in jeder Staffel, entsprechend der Variation als zweitem Basiselement seriellen Erzählens, nicht nur andere Nebenkonflikte austragen, sondern versetzt ihn an jeweils verschiedene selbstreferenzielle Schauplätze, die mit seiner Figuration als Schriftsteller zu tun haben und diese entsprechend reflektieren. Ob als engagierter Biograf eines berühmten Rockproduzenten in dessen Haus und mit dessen Entourage, als Dozent für Literatur an der Universität (wobei Hank allerdings gerade an der Vermittelbarkeit seiner künstlerischen Haltung scheitert und eine Akademisierung der Kunst ablehnt[5]) oder als Drehbuchschreiber für einen Action-Blockbuster in Hol-

---

4   Zum Motiv des Widerstreits zwischen (projektiver) Idealisierung und Liebe, wie er für Hanks Figuration – wenn auch unter anderen kulturellen Vorzeichen – zentral ist, vgl. Bornemann, Claus von: «Idealisierung der Frau oder Sublimierung der Liebe?» In: Jankowiak, Tanja et al. (Hg.): *Von Freud und Lacan aus: Literatur, Medien, Übersetzen. Zur Rücksicht auf Darstellbarkeit in der Psychoanalyse.* Bielefeld 2006, S. 106–116.

5   Hank kann seinen Schülern letztlich weder Technik noch andere Praktiken vermitteln und verlässt die Universität am Semesterende/Staffelende wieder. Seine einzige Lehre besteht darin, seinen Schülern subjektiv zu vermitteln, dass sie Lebenserfahrung brauchen, um schreiben zu können. Empirie lässt sich laut Hank nicht vermitteln, womit er akademisches Denken per se ablehnt. Zu Lehrerfiguren im Film als Figurationen des Professionellen oder der Vermittlung von Erfah-

lywood. Hank schreibt sich als Autor in jede dieser Medienformen und ihre Regel-systeme ein, agiert jedoch letzten Endes nicht nachhaltig erfolgreich. Der Kinofilm wird nicht abgedreht und Hank als Autor einer Rockoper zu Beginn der siebten und letzten Staffel gefeuert, ehe er sie in der sechsten überhaupt vollenden konnte. Hanks Weg führt als eine Dekonstruktion künstlerischer Autorschaft, die in der Unmöglichkeit der Aktualisierung nostalgischer bis anachronistischer Vorstellun-gen von Künstlerschaft und Liebe ihren Wesenskern findet. Wie die Serie immer wieder beschwört, stilisiert sich Hank zwar als Anhänger einer schwärmerischen Liebesvorstellung und projiziert dies auf Karen und seine Tochter, doch sein Ver-halten und das Scheitern seiner Künstlerideale unterstreichen den destruktiven Ansatz der Serie, die das Showbusiness Hollywoods aufgrund des durchkalkulier-ten Einsatzes pathetischer Klischees als sinnentleerende Geldmaschine inszeniert.[6] Hank und alle Charaktere der Serie mögen zwar an die Kraft der Liebe und einer daraus gespeisten Schöpferkraft des Künstlers glauben[7], doch wird dieser Glaube durch seine sexuellen Ausschweifungen ausgehöhlt und in seiner Widersprüchlich-keit entlarvt.

In diese Gemengelage fügt sich auch Hanks zweiter großer Bestseller innerhalb der Serie ein, der den Titel *Fucking & Punching* trägt. Dieser ebenfalls autobiogra-fische Roman weitet einen One-Night-Stand Hanks mit der minderjährigen Mia in der ersten Folge der Serie aus, indem die Ereignisse aus der Sicht der Minderjäh-rigen erzählt werden. Hank, der erst nichts von Mias Alter wusste, wird von Mia im Verlauf der ersten Staffel von CALIFORNICATION seines Werkes beraubt. Sie gibt sich als die Autorin von *Fucking & Punching* aus und droht Hank als Sexualstraf-täter zu enttarnen, falls dieser nicht auf seinen Roman zugunsten von Mia ver-zichtet. CALIFORNICATION inszeniert damit Autorschaft über mehrere Stationen: Zuerst überwindet Hank seine Blockade durch die Nacht mit Mia, die ihm als Muse dient. Danach geht es um die Urheberschaft und die rechtliche Verantwortung, die Hank nicht übernehmen kann, da Mia zum Zeitpunkt ihrer gemeinsamen Nacht noch minderjährig war und Hank eine Gefängnisstrafe befürchten müsste. Drittens

rung und Wissen, die zwischen (Lehr-)Erfolg und Scheitern oszillieren, siehe Vorauer, Markus / Greiner, Ulrike: *Lehrerfiguren im internationalen Spielfilm: Helden oder Gescheiterte?* (= *Schriften-reihe Pädagogik im Widerspruch*). Münster 2008.

6 Nicht nur Hollywood, sondern generell das Filmgeschäft und dessen eigene (Spiel-)Regeln wer-den immer wieder in der Filmgeschichte durch Filme wie BARTON FINK (1991, R: Joel und Ethan Coen), MULHOLLAND DRIVE (2001, R: David Lynch), ADAPTION (2002, R: Spike Jonze) und MAPS TO THE STARS (2014, R: David Cronenberg) kritisch wie polemisch reflektiert. Vgl. dazu die Interviews in Kregel, Marco: *Hollywood – Traum und Wirklichkeit: Deutsche Regisseure im Studio-system*. Marburg 2012.

7 Zur Destruktion von Künstlermythen als filmischem Topos, etwa die vermeintliche Autonomie des Individuums innerhalb eines kollaborativen und ökonomisch ausgerichteten Systems wie dem Film siehe auch Drewes, Miriam: «Vom Stillstand in der Bewegung. François Truffauts La Nuit américaine als Destruktion des Künstlermythos.» In: Balme, Christopher et al. (Hg.): *Die Passion des Künstlers : Kreativität und Krise im Film*. München 2011, S. 194–217.

wird Mia nach der Veröffentlichung des Romans zur jungen Starautorin erklärt und gerade aufgrund ihrer Koketterie bezüglich des ungeklärten Status des Romans an der Schwelle zwischen Biografie und Fiktion gefeiert. Leben und Schreiben verbinden sich hier zu einem gängigen Topos, der mit weiblicher Autorschaft in Verbindung gebracht wird. Viertens geht es speziell für Hank darum, dass sein individueller Stil zumindest unter Kennern seines Werkes wie seinen Agenten als Garant seiner Urheberschaft fungiert.

Er akzeptiert zwar in der ersten Staffel aufgrund der Rechtslage die Situation und überlässt Mia seinen Roman, den sie nun landesweit als ihren ausgeben und bewerben kann. Hank bleibt daher vorerst nur die paradoxe Rolle, vor sich und Mia als Ghostwriter seines eigenen Romans zu gelten, doch wird er am Ende der dritten Staffel nach einer Schlägerei auf einer Party doch als eigentlicher Autor von *Fucking & Punching* enttarnt und vor Gericht gestellt. Der gefeierte Skandalroman *Fucking & Punching* wird nun zum realen Literaturskandal, der sich an der Autorschaft des als Sexualstraftäter angeklagten Hank entzündet, der sich trotz der Fiktionalität seines Werkes nicht vor der Anklage retten kann. In einem letzten Schritt innerhalb dieses komplexen Geflechts wird Hank nach dem medial ausgeschlachteten Prozess und einer milden Strafe als Drehbuchautor für die Verfilmung seines Romans engagiert. Aus diesen Erfahrungen wiederum schlägt Hank neues künstlerisches Kapital, indem er ein Buch über sein Leben in Los Angeles schreibt, das jedoch ohne Skandal oder Verfilmung weniger Aufmerksamkeit erhält.

CALIFORNICATION geht den Weg durch verschiedene Kunstformen mit ihren jeweiligen Rollenmustern und Orten wie Filmsets konsequent bis zur letzten Staffel, in der Hanks Scheitern seinen künstlerischen Höhepunkt erlebt. Geradezu folgerichtig arbeitet er als einer von mehreren Drehbuchautoren unter der Leitung eines desillusionierten und völlig unambitionierten Showrunners für das von ihm so verhasste Fernsehen an der billigen Krimiserie *Santa Monica Cop*, die inszenatorisch dem immer wiederkehrenden Erzählschema folgt, gegen das Hank wie natürlich auch das Quality TV mit seinem Konzept einer künstlerischen Authentizität zu Felde zog. Moody wird eben nicht zu einer Autorenikone des modernen Fernsehens wie David Chase oder David Simon, die vor allem mit ihren Serien THE SOPRANOS und THE WIRE als Autorengötter des Quality TV gelten.

Sein Einfluss auf die Serie, die sich als Remake des zuvor gescheiterten Action-Blockbusters SANTA MONICA COP erweist, das durch seine Nähe zum Filmklassiker BEVERLY HILL COP (1984, R: Martin Brest) mehrfach ironisch als Plagiat kommentiert wird, bleibt marginal. Scheiterten viele von Hanks vorherigen Projekten im Rahmen seiner singulären Autorschaft, so ist er nun nicht mehr als einzigartiger Poet gefragt, sondern ist auf das zurückgeworfen, was sich durch die Verfilmung von *God hates us all* bereits als symptomatisch für Moodys Schaffen erwies: Der Mainstreammarkt lässt selbst erfolgreiche Projekte wie *God hates us all* nicht als Manifest des desillusionierten Autors bestehen, sondern schreibt es im Kontext einer medialen Verwertung für ein größeres Publikum um. Mit Hanks Arbeit beim Fernsehen wird CALIFORNICATION am deutlichsten zur Metaserie, die ihre eigenen Bedingungen als serielles Produkt spiegelt und bis zum Finale die Konstellation einer Heldenreise Hanks durch die Popkultur und ihre Medien selbst kommentiert. Kritisch betrachtet bedient sich die Serie hier einer Strategie, die durch die negative Bewertung ihrer eigenen Disposition als Fernsehserie darauf abzielt, CALIFOR-NICATION als letztlich hochwertigere Serie zu profilieren, die sich ihrer Zwänge als möglichst zuschauerorientiertes Produkt bewusst ist, jedoch mit der Parodierung standardisierter Krimiserien ohne erkennbare Handschrift eines Autors eine kritische Haltung dokumentieren möchte. Die vorgeführte Selbstironie in Kombination mit ihrer eigenen dramaturgischen Redundanz fungiert als Metakommentar der Serie, die sich selbst über die Konventionen des Hollywoodfilms und vor allem die oft transportierten Klischees krisenhafter Ausschweifungen auslässt, obwohl Hank genau diesen Mustern letztlich folgt. Die figurative Pathologie des Hank Moody, die sein serieller Wiederholungszwang redundanter Ausschweifungen symptomatisch als Antrieb von CALIFORNICATION fiktionalisiert, lässt in diesem Zusammenhang eine These zu, die nicht nur für Hank Moody Gültigkeit beansprucht: Seriengesetze können nur bedingt durch die Einsicht ihrer Protagonisten gebrochen werden.

An Hanks Figuration als Autor, so ließe sich bilanzieren, hängt das gesamte Serienkonzept von CALIFORNICATION. Die narrativen Dispositionen, die sich aus Hanks Charakter ergeben, werden in jeder Staffel wiederholt und mithilfe wechselnder Settings variiert. CALIFORNICATION reflektiert dieses Muster speziell im Kontext der Autorschaft, die sich über die Selbstbezüglichkeit Hanks und seines Schaffens rekursiv in die Handlung einschreibt. Vor dieser Folie operiert die Serie in mehrfacher Hinsicht als Metaserie, die den Wandel der Serie thematisiert, da sie Hank in seiner Funktion als letztlich anachronistisches Schriftstellerklischee über die jeweiligen Medien und ihre transmedialen Ausweitungen hinweg in die Welt der kontemporären TV-Serie und ihren eigenen Anforderungen von Autorschaft integriert.

GOSSIP GIRL

Die amerikanische Serie, die auf den Romanvorlagen der Autorin Cecily von Ziegesar basiert, erzählt eine moderne Coming-of Age-Geschichte über eine Gruppe berühmter Jugendlicher der Upper East Side New Yorks und ihren glamourösen Lifestyle.[8] In den sechs Staffeln nimmt der Zuschauer mit Figuren wie Serena van der Woodsen, Blair Waldorf, Chuck Bass oder Nathaniel Archibald an einer von

---

8   Zu den Genrestrukturen des Coming-of-Age-Films siehe Maciuszek, Dennis: «Erzählstrukturen im Filmgenre Coming of Age.» In: Grossmann, Stephanie / Klimczak, Peter (Hg.): *Medien – Texte – Kontexte: Dokumentation des 22. Film- und Fernsehwissenschaftlichen Kolloquiums.* Marburg 2010, S. 215–228.

aristokratischen Formalismen und ökonomischen Statussymbolen definierten Welt teil. Diese Welt ist in ihren Grundfesten von Klassenunterschieden und dem Kampf um ökonomische Anerkennung ebenso geprägt wie von den inneren Konflikten der Gruppe, die sich um Liebe, Freundschaft und Identität drehen. Der Weg zu einer Eigenidentität der Protagonisten führt über eine Emanzipation von den Erfolgen ihrer Elterngeneration, die ihre Nachkommenschaft wie ein Wirtschaftsunternehmen führt. Es geht in GOSSIP GIRL neben den meist überdramatisierten Standards einer Telenovela wie Liebe, Eifersucht, Drogenkonsum oder der Angst vor dem Verlust des eigenen Reichtums vor allem um Konflikte zwischen Eltern und ihren Kindern. Dazu gesellt sich die latente Konfrontation und soziale Irritation zwischen reichen und weniger reichen Schichten.

Die Sicht auf die High Society ist geprägt durch die mediale Berichterstattung und das mit ihr transportierte Bild einer Gesellschaft, deren Erfolge zwar im Sinne amerikanischer Wirtschaftswerte bewundert und als Ikonen des amerikanischen Traums eines möglichen Aufstiegs vereinnahmt werden, jedoch einer ständigen Beobachtung der Öffentlichkeit unterliegen. Der Reichtum wird über Wohltätigkeitsaktivitäten der Figuren legitimiert, die dem Modus der Selbstinszenierung vor den Augen einer stets medial präsenten Öffentlichkeit folgen. Ohne die Zeugenschaft der Medien verbleiben die vermeintlich selbstlosen Handlungen der Reichen ohne Resonanz für ihre Außendarstellung. Der Mythos des amerikanischen Traums als Gründungslegende findet in GOSSIP GIRL eine Reinszenierung, die hintergründig vor allem den Klassenunterschied zwischen arm und reich zur Schau stellt, ohne dies selbst als problematisch zu reflektieren. GOSSIP GIRL erzählt daher nicht von einem Zerfall der amerikanischen Gesellschaft in immer reichere und immer ärmere Schichten. Die Serie stilisiert ihre von Anfang an durchexerzierte Lust am opulenten Hedonismus zu einer Erzählung über Jugendliche, deren Weltsicht gar nicht die Möglichkeit eines Lebens in anderen Verhältnissen mitzubedenken im Stande ist.

Die Welt der Reichen dient der Serie als Bildproduzent eines opulent inszenierbaren Reichtums jenseits der Realität der meisten Zuschauer, der fantastische bis märchenhafte Züge annimmt. Die Serie versucht sich nicht daran, als kritische Lektüre der amerikanischen Gesellschaft durchzugehen, sondern verfolgt ein Konzept der seriellen Inszenierung von Reichtum und Exklusivität als Schauwert. Allein der die Serie begleitende Umgang mit der Dienerschaft innerhalb der Familien zeigt die Upper East Side als ein zeitgenössisch hedonistisches Versailles, das sich über Medien und Gesten der Wohltat an die unteren Schichten vermittelt und die Attraktivität des Exklusiven zu Vermarktungszwecken gebraucht. Seriendramaturgisch integriert GOSSIP GIRL diese Konstellation mithilfe der rituellen Wiederholung öffentlicher Events und geschlossener Privatpartys, die jede Folge strukturieren und als semiöffentlicher Raum eines zuvor aufgebauten Konfliktes fungieren. Die Gruppe um Serena und Blair definiert sich negativ wie positiv über Publicity und Medien, die sie alle im Verlauf der Serie entweder für ihre Ränkespiele oder beruflichen Unternehmen manipulieren.

Die Selbstinszenierung ist gekoppelt an die Sichtbarkeit von Reichtum und Macht, die nicht mithilfe von Idealismen ausgestellt werden können. Der Umgang mit Reichtum erfüllt vor allem zwei Funktionen: die Ausstellung von Exklusivität sowie eine daran gekoppelte Inszenierung, die eng verwoben ist mit genderspezifischen Identitätsmodellen. Insbesondere der dandyhafte Kleidungsstil von Chuck Bass inszeniert eine Form von Stilbewusstsein, das sich über die seriellen Gesetze der Modeindustrie erhebt.[9] Die Serialität der Mode besteht in einer immer wiederkehrenden Ablösung oder Reaktivierung von Trends und der Einführung von neuen. Chuck Bass definiert sich hingegen über Stil als eine Kategorie, die nicht an einen ökonomisch gesteuerten und somit temporal definierten Ablauf gebunden ist.[10] Im Falle von Blair gilt ihr Selbstinszenierungsstil als Auszeichnung ihres Selbstverständnisses als eine Art Regentin, die das Klischee einer Schulballkönigin über ihre weitere Adoleszenzphase hinaus kultiviert. In der gesamten Serie definiert sich Blair als junge Frau, die über anderen Menschen steht und sie dirigiert.

Geschlechterklischees, wie sie Blair vorführt, markieren ein Problem, das sich signifikant durch die gesamte Serie zieht, nämlich die Auszeichnung einer Divergenz zwischen Modernität und Anachronismus. Blair versucht ein Leben als Königin in der Upper East Side zu leben, das als Konzept unter den Bedingungen des 21. Jahrhunderts nicht mehr greift. So kann sie sich zwar als weibliches Schauobjekt inszenieren und wird von den Lesern von Gossip Girl als solches konsumiert. Ihre Emanzipationsversuche mithilfe einer eigenen beruflichen Karriere aus dem Schatten des Erfolgs ihrer Eltern zu treten, scheitern aufgrund ihres egozentrischen Selbstbildes. Ähnlich verhält es sich mit Chuck, dessen betont dandyhafte Anzüge spätestens ab der dritten Staffel seinen Status als reiche, aber dennoch anachronistische Figur unterstreichen. Auch Chuck ist eine Figur einer in sich nicht vollzogenen Adoleszenz, die sich vorrangig mithilfe ihrer Geschäftsgebaren als scheinbar erwachsene Person inszeniert, um die Anerkennung seines Vaters zu gewinnen, der sich und seine Beziehungen nur über ökonomische Register definiert. Der Respekt des Vaters kann nur über geschäftlichen Erfolg erkämpft werden, nicht über eine emotionale Basis, die weder Vater noch Sohn bereit sind zuzulassen.

Geschlechteridentitäten sind daher in GOSSIP GIRL mit einer Problematik einer verweigerten Adoleszenz verknüpft, die symptomatisch zu erkennen gibt, wie die Figuren den anachronistischen Modellen ihrer Familien verhaftet bleiben, obwohl sie sich von ihnen durch Medien wie Gossip Girl radikal unterscheiden und

---

9   Vgl. dazu Lehmann, Ulrich: «Mode, Markt, Modernität. Beziehungen zwischen Kunstmarkt und Modeindustrie im Paris des 19. Jahrhunderts.» In: König, Gudrun M. et al. (Hg.): *Die Wissenschaften der Mode.* Bielefeld 2015, S. 81–96.

10   Vgl. dazu Lehnert, Getrud: «Mode als kulturelle Praxis.» In: Gürtler, Christa / Hausbacher, Eva (Hg.): *Kleiderfragen: Mode und Kulturwissenschaft.* Bielefeld 2012, S. 29–44.

abgrenzen. Und das in einer medialen Gegenwart, die ständig beobachtet, kommentiert und konsumiert, ohne ihren öffentlichen Personen Privatsphäre zuzugestehen. Sieht man in Chuck und Blair eine Art zeitgenössisches Königspaar, wird in GOSSIP GIRL deutlich, wie elitäre Subkulturen als inszenierter Anachronismus medial konsumiert werden und sich nur zum Preis einer Aufgabe ihres «Standes» dieser Beobachtung final entziehen könnten.

GOSSIP GIRL zeichnet sich allerdings vor allem durch die titelgebende Hauptfigur aus, die als intradiegetisch präsente Bloggerin und Off-Erzählerin der Handlung eine herausragende Stellung einnimmt. Alle Handlungen, Fehler und Gerüchte rund um Serena, Blair und Co. werden von der anonymen New Yorker Bloggerin Gossip Girl berichtet und süffisant kommentiert. Sie ist zunächst eine immaterielle Stimme[11], die sich nur über Medien vermittelt und primär über ihre immer gleiche Ansage zu Beginn der Folgen die Handlung eröffnet. Ihre Stimme bildet einen rituellen Übergang in die Erzählwelt der Serie. Gossip Girl als Erzählerin simuliert eine mögliche Kommentarfunktion des Zuschauers, der sich ebenfalls beteiligt und gleichzeitig unbeteiligt fühlen darf. Die Erzählerstimme fungiert als Verbindung zum Beobachterstandpunkt des Zuschauers. Die Kommentare von Gossip Girl als Erzählerin schwanken gezielt zwischen intradiegetischer Ansprache an die Figuren und einer Adressierung der Zuschauer. Dieser Effekt markiert eine Ambivalenz, da mit dem Topos einer dezidiert weiblichen Erzählerfigur gespielt wird, obwohl ihre Existenz als solche über weite Strecken eben nicht geklärt ist. Die Serie nimmt damit eine geschlechtliche Zuschreibung vor, da sie das Streuen von Gerüchten und Intrigen primär weiblich und damit sehr klischeehaft besetzt. Als Off-Erzählerin ordnet Gossip Girl die Episoden und Staffeln strukturell, da sie als Beobachterin Deutungen der Ereignisse vornimmt, die sich allerdings oftmals als unzuverlässig kommentiert oder hinsichtlich ihres Status als reversibel erweisen. So ist GOSSIP GIRL eine Serie, die innerhalb ihrer redundanten Handlungsbögen die eigenen seriellen Gesetze immer wieder rekursiv unterwandert und in ihrer Brüchigkeit zur Reflexion freigibt.

Marshall McLuhan ging mit seiner Beschreibung dessen, was er die Gutenberg-Galaxis nannte, von einer Vorstellung des Buches und der Schrift als Leitmedien aus. Entsprechend seines Theorieverständnisses, das von einer Veränderung der Sinneswahrnehmungen des Menschen durch Medien ausgeht, prägen Medien wie das Buch oder das Internet die (sinnlichen) Muster gemeinschaftlicher Wechselwirkungen und deren grundlegende philosophische Implikationen auf verschiedene Weise.[12] Speziell das Zeit- und Zugriffsmanagement auf Inhalte hat sich mit der Eta-

---

11 Vgl. grundlegend zum Verhältnis Stimme/Medien und insbesondere zum Begehren nach «fernen Stimmen» Macho, Thomas: «Stimmen ohne Körper. Anmerkungen zur Technikgeschichte der Stimme.» In: Kolesch, Doris / Krämer, Sybille (Hg.): *Stimme. Annäherung an ein Phänomen.* Frankfurt a.M. 2006, S. 134–136.

12 Siehe etwa McLuhan, Marshall: *Die Gutenberg-Galaxis. Das Ende des Buchzeitalters.* Bonn 1995, S. 156–158.

blierung von Social Media und Blogs ebenso radikal verändert wie deren Zirkulation und die Aufmerksamkeit, die den einzelnen Inhalten zuteil wird. Norbert Bolz spricht in seinem vielzitierten Abgesang auf die Gutenberg-Galaxis von einer Medienpflicht der modernen Welt, die eine Abkehr oder einen Entzug ihrer digitalen Angebote kaum mehr zulassen würde. Auch wenn es Bolz in seiner Beschreibung des digitalen Medienumbruchs mehr um die Veränderung von Wissenstransfers und deren Organisationsdesigns geht, ist vor allem eine Paradoxie erwähnenswert, die Bolz selbst zu Beginn benennt, da sie exakt seinen Status als Autor eines Buches reflektiert: «Auch ein Buch über das Ende der Buchkultur ist natürlich ein Buch. Es hat einen Autor, der Autorschaft in Schaltkreisen verschwinden sieht.»[13]

Mit der Differenz zwischen dem Zeitalter des Buches und dem Zeitalter des Internets, lassen sich fundamentale Verschiebungen der Partizipation und der Nutzung von Medien erfassen, die in GOSSIP GIRL thematisch hochgradig relevant sind. Dazu gehört mit Bezug auf Bolz zunächst die Ergänzung, dass es sich nicht um ein Verschwinden von Autorschaft im Netz handelt, sondern um eine Neukonfiguration, die nur mithilfe modifizierter Verständniskulturen von Autorschaft erfasst werden kann. Dass eine Modifikation aber noch lange keine finale Verabschiedung von der Buchkultur nach sich zieht, lässt sich neben der nach wie vor starken Präsenz von Büchern und Autoren daran bemessen, inwiefern das Buch und damit kulturgeschichtliche Modelle und Semantiken von Autorschaft beispielsweise als Differenzmarkierung zwischen alten und neuen Medien zirkulieren.

Während Hank Moody in der ersten Staffel von CALIFORNICATION mit dem Publikationsformat des Blogs noch haderte und sich als Vertreter der Gutenberg-Galaxis nicht mit dem aus seiner Sicht minderwertigen Medium vor dem Hintergrund seines kulturell hochwertigeren Selbstverständnisses als Buchautor anfreunden konnte, ist der Blog als jederzeit verfügbares Medium mit seinen verknappten und vor allem nur in ihrer Aktualität relevanten Inhalten in GOSSIP GIRL längst nicht mehr als identitätsstiftendes Element aus dem Alltag wegzudenken. Dies liegt auch an der konkreten inhaltlichen Ausrichtung des Literaturbegriffs der Serie. Hank Moody will Romane verfassen, Gossip Girl will Gossip verbreiten und pflegt damit eine eigene (literarische) Gattung, wie sie das Internet und besonders Social Media medienhistorisch profilieren und kultivieren. Gossip, hauptsächlich verstanden als Gerücht, gilt gattungshistorisch als sehr alte Kommunikationstechnologie. Ihr serielles Prinzip der Botschaft, die sich bezüglich eines kompakten Kerninhaltes weiterverbreiten muss, um wirksam sein zu können, kann in Form von Halb-Wahrheiten, Lügen, Unterstellungen oder Legendenbildungen verschiedene Effekte nach sich ziehen.[14] Gerüchte können positive wie negative Konsequenzen

---

13 Bolz, Norbert: *Am Ende der Gutenberg-Galaxis. Die neuen Kommunikationsverhältnisse.* München 1993, S. 8.

14 Siehe etwa Kapferer, Jean Noel: *Gerüchte. Das älteste Massenmedium der Welt.* Leipzig 1996.

nach sich ziehen. Strukturell vereint sie der Umstand, dass sie meist an bereits vorhandene Vorstellungen oder Narrative anschließen, um diesen eine Wendung oder Zuspitzung zu verleihen. Es geht im Gossip-Girl-Blog in Bezug auf die Streuung von Gerüchten und Klatsch daher nicht um Erzählen im eigentlichen Sinne, sondern um Postings, die erst im Gesamtkonzept des seriellen Ablaufs der Serie GOSSIP GIRL als epischer Erzählakt in sechs Staffeln durchgehen, da die Gerüchte eine Anschlusskommunikation der Figuren produzieren, die wiederum das Erzählgeschehen figuriert und weiter prozessiert.[15]

Gossip Girls Blog verurteilt, provoziert und adressiert die Celebrity-Figuren der Serie direkt und wirkt damit unmittelbar auf das Bild der High Society ein, das der Blog befeuert. Als anonyme, d.h. auch nicht sichtbare Existenz, spielt Gossip Girl die medialen Bedingungen des Internets als Publikations- und Artikulationsplattform konsequent zu ihren Gunsten aus.[16] Da sie sich als Sprecherin und Texterin wie eine stets bestens informierte Freundin präsentiert, die mit ihren Lesern schadenfroh über die Celebritys lästern möchte, konstituiert sie eine virtuelle Sozialität, die sich trotz der Anonymität auf beiden Seiten als Gemeinschaft versteht.[17] Gossip Girl wird für diejenigen, die nicht im Kreuzfeuer der Aufmerksamkeit stehen, zu einer virtuellen Autorität, deren Blog unmittelbar an die Figuration der Autoren- und Herausgeberinstanz gebunden ist.[18]

Nur die neueste Meldung auf der Seite von Gossip Girl ist relevant, da sie von der nächsten bereits ein- oder überholt werden kann. Die Serie entwickelt somit anhand der Dispositionen des Internetblogs ein Modell von serieller Abfolge, das sich auf das Erzählprinzip von GOSSIP GIRL als Ganzes abbilden lässt. Denn nur die neueste Folge bringt die Zuschauer auf den aktuellsten Stand und lässt das bereits Vergangene im wahrsten Sinne alt aussehen. Eine Serie wie GOSSIP GIRL, die dramaturgisch im Stile einer Soap Opera auf seichte und in sich widersprüchliche Höhepunkte um Liebe, Sex und Intrigen setzt, überblendet die in ihrer Struktur gleichbleibenden Inhalte des Blogs mithilfe der Variation. Kurz gesagt: Ob Serena nun mit Nate oder Dan oder vielleicht doch mit jemand anderem zusammen ist, betont als Fragestellung in ihrer Redundanz nicht die tatsächlichen Beziehungen

---

15 Zur Theorie des Epos bzw. des epischen Erzählens im Kontext der Serie siehe Schneid, Bernd: *Die Sopranos, Lost und die Rückkehr des Epos*, S. 48–57.

16 Gossip Girl ist daher eine anonyme Identität im Netz, die sich eindeutiger Zuschreibungen widersetzt und dennoch als öffentliche Instanz auftritt. Vgl. dazu Ackermann, Judith: «Identitäten und digitale (Ab-)Bilder im Netz.» In: Stiegler, Christian et al. (Hg.): *New Media Culture. Mediale Phänomene der Netzkultur*. Bielefeld 2015, S. 51–60.

17 Vgl. dazu aus einer geradezu historischen Sicht die Überlegungen zu virtuellen Gemeinschaften, als diese noch nicht Realität waren in Rheingold, Howard: «Der Alltag in meiner virtuellen Gemeinschaft.» In: Faßler, Manfred / Halbach, Wulf (Hg.): *Cyberspace. Gemeinschaften, virtuelle Kolonien, Öffentlichkeiten*. München 1994, S. 95–121.

18 Vgl. dazu Turkle, Sherry: *Leben im Netz. Identität in Zeiten des Internet*. Reinbek bei Hamburg 1998, S. 9–13.

von Serena in der Serie, sondern die mediale Aufmerksamkeit, an dieser Frage interessiert zu sein und sich sogar mit Kommentaren und Einträgen aktiv an einer letztlich nutzlosen Diskussion zu beteiligen.

Dies betrifft letztlich nicht nur innerfiktional die partizipierende Leserschaft, sondern außerfiktional auch die Zuschauer. Die Suggestionskraft der Serie zehrt vom Reiz einer seichten, leicht konsumierbaren und dramaturgisch meist folgenlosen Erzählung, die ihre erzählerischen Entscheidungen nicht nur im Kontext der Beziehungen ihrer Figuren immer wieder revidiert. Gossip Girl entwickelt innerfiktional im Sinne eines einflussreichen Klatschblattes eine Definitionsmacht darüber, was als berichtenswert für ihre Leser gilt oder nicht. Doch ihre Herausgeberfunktion ist, ganz im Sinne der Polyfonie des Internets und in Differenz zu klassischen Medien wie redaktionell herausgegebenen Magazinen, nicht undurchlässig und mithilfe der notwendigen Einbindung ihrer Konsumenten als Leser-Reporter offen. Daher ist Gossip Girl nie allein als Denunziantin anzuklagen, selbst wenn sie als Person greifbar wäre. Als Blog zwischen einer scheinbar adressierbaren, aber nicht bezüglich ihrer Handlungen personifizierbaren Identität, bleibt ihr exakter Aktionsradius uneindeutig. Bei jedem Post auf der Homepage gilt schließlich: Es sind immer (auch) die anderen.[19] Oder in einer perfiden Janusköpfigkeit, die Gossip Girl mithilfe ihrer auktorialen Setzung als Erzählinstanz unterläuft und als Schein entlarvt: Ich bin wir.[20]

Das Konzept des Blogs ist dabei so einfach wie effektiv: Jeder User kann Gossip Girl vermeintliche Nachrichten oder Bilder schicken, die auf der Seite gepostet werden (können). Gossip Girl ist daher nicht eine einzelne Beobachterinstanz, die als Autorin für die mehr oder minder manipulierten Inhalte verantwortlich zeichnet. Sie ist das (Herausgeber-)Konzentrat einer multiplen Autorschaft, die sich aus der gesamten Gesellschaft und aller Schichten rekrutiert. Diese Ausgangslage lässt sich weiter radikalisieren: Gossip Girl konstituiert mithilfe ihres Blogs eine Sozialform diskreter Indiskretion[21], die zwischen Lesern und Nicht-Lesern eine Grenze zieht. Die ökonomisch rigide gezogene Grenze zwischen den gesellschaftlichen Schichten findet auf Gossip Girl ihre Negation. Im Internet als demokratischem Medium der Partizipation kann sich schließlich jeder beteiligen, selbst wenn dies unter Aufsicht einer auktorialen Instanz wie Gossip Girl geschieht. Ihr Blog bildet eine Triade aus, die zwischen Klatschgegenstand, Produzent(en) und Leserschaft vermittelt und Rituale der Verbreitung zwischen ihnen organisiert.[22] Das Gerücht verbindet

---

19 Siehe dazu (auch zum Phänomen des Shitstorms) Pfeffer, Jürgen / Zorbach, Thomas: «Social Media und die Veränderungen der digitalen Diskussionskultur.» In: Stiegler, Christian et al. (Hg.): *New Media Culture. Mediale Phänomene der Netzkultur.* Bielefeld 2015, S. 125–142.

20 Vgl. dazu Turkle, Sherry: «Ich bin wir?» In: Bruns, Karin / Reichet, Ramón (Hg.): *Reader Neue Medien. Texte zur digitalen Kultur und Kommunikation.* Bielefeld 2007, S. 503–523.

21 Siehe Bergmann, Jörg: *Klatsch. Zur Sozialform der diskreten Indiskretion.* Berlin 1987, S. 61–98.

22 Ebd., S. 99–110.

sich mit dem Blog zu einem Verkettungs- und Verteilungsmechanismus innerhalb temporärer Communities, der nicht mit dem Medium des Buches und dem mit ihm semantisierten Konzept von Literatur oder Literarizität vereinbar ist.[23]

Serena, Blair und Co sind in diese Strukturen ebenso involviert wie alle anderen Figuren der Serie, da sie einerseits entweder ebenfalls immer wieder Nachrichten an Gossip Girl für ihre eigenen Zwecke senden oder die Seite frequentieren und sie damit legitimieren. Jede Figur ruft die Seite regelmäßig auf und hat den Newsletter abonniert. Die Serie inszeniert dies auf eine sehr einprägsame Weise, da sich neue Nachrichten auf Gossip Girl über Handy-Klingeltöne ankündigen und die Leser meist umgehend nachsehen, sobald einer davon ertönt. Über diesen tonalen Einsatz artikuliert sich ein Moment der Kontrolle, da Gossip Girl situativ bewusst die öffentlichkeitswirksame Verbreitung einer Nachricht zurückhält oder zu einem exakten Zeitpunkt publiziert. Das Konzept des Gerüchts als Schwellenphänomen zwischen Wahrheit, Witz, Anklage und Lüge drückt sich in seiner ambivalenten Figuration aus.[24]

Die Frage, wer sich hinter Gossip Girl als «Hauptautorin» oder Herausgeberin des Blogs verbirgt, bleibt bis zum Finale der Serie ein Geheimnis, dem die Figuren immer wieder auf der Spur sind. So wird deutlich, dass die Suche nach einer personifizierten Urheberin ins Leere führen muss, da jeder Leser und Beiträger letztlich Gossip Girl «ist» und ihre Ideologie einer Welt unterstützt, in der Klatsch stets nur innerhalb eines Systems zirkulieren kann, das eine solche Zirkulation inklusive ihrer Konsequenzen zulässt und mit einer aktiven Leserschaft am Leben erhält. Die Serie unterstreicht die Nichtigkeit der Aufklärung dieses Mysteriums, da sich hinter Gossip Girl ein Symptom verbirgt, das in einer signifikanten Art und Weise den Umgang mit Medien in der Gegenwart «personifiziert». Das Prinzip, für das Gossip Girl steht, kann nicht an eine einzelne Person adressiert und damit sanktioniert werden. Egal, welche Figur der Serie von Gossip Girl direkt oder indirekt geschädigt wurde. Die Prinzipien der Intrige oder der anonymen Denunziation werden nicht nachhaltig infrage gestellt. Die Absurdität der Wendungen bei den vermeintlichen Enttarnungen oder die strukturell aufkommenden Beschuldigungen zahlreicher Figuren, ohne der Aufklärung näher zu kommen, torpedieren den Sinn der Suche, ohne das grundsätzliche Begehren nach einer Demaskierung zu verabschieden.

Gossip Girl erhält im Verlauf der Serie immer mehr die Züge einer ambivalenten Phantomexistenz, die jeden Schritt ihrer Leserschaft antizipiert und entsprechend vorbereitet ist. Eine direkte Erwiderung ihres beobachtenden Blickes als Zeichen der Souveränität der Figuren, ist damit ausgeschlossen. Jacques Derrida verwendet

---

23   Siehe dazu auch Bruns, Karin: «Do it wherever you want it but do it! Das Gerücht als partizipative Produktkraft der neuen Medien.» In: Neitzel, Britta / Nohr, Rolf F. (Hg.): *Das Spiel mit dem Medium. Partizipation – Immersion – Interaktion. Zur Teilhabe an den Medien von Kunst bis Computerspiel (= Schriftenreihe der Gesellschaft für Medienwissenschaft, Bd. 14).* Marburg 2006, S. 333–334.

24   Vgl. dazu Tuschling, Anna: *Klatsch im Chat. Freuds Theorie des Dritten im Zeitalter elektronischer Kommunikation.* Bielefeld 2009, S. 121–140.

für eine solche «gespenstische» Konstellation der Machtlosigkeit im Kontext einer Lektüre von Shakespeares *Hamlet* den Begriff des Visiereffektes. Der Geist des getöteten Vaters belegt seinen Sohn mit der Bürde der Rache an seinem Mörder. Die Heimsuchung des Geistes erzeugt ein Echo, das als permanent wirksames Postulat nachhallt, ohne durch eine tatsächliche Präsenz des Geistes weiter an Hamlet adressiert werden zu müssen. Aus seiner Lektüre leitet Derrida eine grundsätzliche Beschreibung dissymmetrischer Blickkonstellationen ab:

> Dieses Ding (Chose), das keines ist, dieses Ding, das zwischen seinen Erscheinungen unsichtbar ist – auch wenn es wieder erscheint, sieht man es nicht in Fleisch und Blut. Dieses Ding erblickt dagegen uns und sieht uns, wie wir es nicht sehen, selbst wenn es da ist (...) Wir sehen nicht, wer uns erblickt.[25]

Die Unmöglichkeit, einen Blick zu erwidern, der auf einer Person liegt und ihr anhaftet, formiert ein Gefühl der Machtlosigkeit, da man sich dem Blick und seinen Implikationen nicht entziehen kann. Gossip Girl verkörpert analog zu diesen Überlegungen einen omnipräsenten Blick, der weder dauerhaft physisch präsent ist noch sein kann. Als allwissende Erzählerin der Serie wäre dies möglich, doch da sie sich selbst als Teil der erzählten Welt ausgibt, bleibt ihr Status – zuverlässig oder nicht – lange Zeit unbestimmbar. Aufgrund ihrer medialen Existenz als frei flottierende Instanz ist dies auch schlicht nicht nötig, da ihre Leser ohnehin ihr mediales Strickmuster verinnerlicht haben. Ihr Status als Phantom zieht eine Internalisierung der von ihr aufgerufenen Beobachtungsstrukturen nach sich.[26]

Derridas Einlassungen ermöglichen es, eine weitere Facette der Inszenierung Gossip Girls als weibliche Phantomfigur zu problematisieren. Derrida wählt mit Hamlets Vater einen männlichen Beobachter, der sich mit seiner Forderung nach Rache in die Psyche seines Sohnes eingräbt. Symbolisch steht die Stimme des Vatergeistes für dessen Autorität über den Tod hinaus: einer Autorität, die aus seiner Position als Herrscher, aber vor allem als Mann hervorging. Als Figuration männlicher Herrschaft steht Hamlets Vater stellvertretend für eine bereits jahrhundertealte Tradition der Geschlechterdifferenzierung in der Literatur, die zwischen männlicher und weiblicher Stimme[27] im Kontext autorschaftlicher Produktion unterscheidet.[28] Die männliche Stimme verbürgt gerade über die Schrift eine Autorität und Urhe-

---

25 Derrida, Jacques: *Marx' Gespenster. Der Staat der Schuld, die Trauerarbeit und die neue Internationale.* Frankfurt a. M. 2004, S. 20–21.

26 Daher lässt sich Gossip Girl als internalisierter Blick auch mit der Diskursanalyse von Michel Foucault und dessen Studien zum Panoptikum als Technologie der Überwachung in Verbindung bringen. Siehe Foucault, Michel: *Überwachen und Strafen. Die Geburt des Gefängnisses.* Frankfurt a. M. 1977, S. 288.

27 Für diesen Hinweis sei Tanja Prokić herzlich gedankt.

28 Siehe dazu Geitner, Ursula: «Soviel wie nichts? Weiblicher Lebenslauf, weibliche Autorschaft um 1800.» In: Fohrmann, Jürgen (Hg.): *Lebensläufe um 1800.* Tübingen 1998, S. 29–50.

berschaft des Sprechers, die ein weibliches Sprechen überdecken.[29] Der männlich patriarchalische Geniekult des 18. Jahrhunderts beförderte eine Hierarchisierung männlicher Stimmgewalt[30], die sich in der Marginalisierung von Autorinnen im literarischen Historiografiediskurs besonders markant rekonstruieren lässt.[31] Eine weibliche Stimme sieht sich in dieser Tradition dem Verdacht ausgesetzt, nicht selbst Urheberin ihrer Gedanken und Werke zu sein, da sie als intellektuell unterlegenes Geschlecht ein Gefäß männlicher Eingebungen sei.[32] Weibliche Autorschaft steht als Einbruch in eine zuvor als rein männlich geltende Domäne unter dem Zwang, sich dem Geschlechterbild einer passiven, vorwiegend subjektiv erlebenden und nicht abstraktionsfähigen Weiblichkeit ausgesetzt zu sehen.[33] Wo männlichen Autoren die Fähigkeit zur Abstraktion und Vereinheitlichung zugebilligt wird, braucht weibliche Autorschaft eine lebensweltliche Legitimation ihrer Erzählungen, um ernstgenommen zu werden. Nur was Autorinnen auch erleben, kann als Teil ihrer konkreten Biografie in einen Text einfließen. Reale Autorinnen fingierten daher männliche Identitäten, um überhaupt auf dem literarischen Parkett auftreten zu können.[34]

Was fängt die Serie GOSSIP GIRL mit dieser Tradition an? Sie bestätigt sie trotz aller medialen Modernität und verleiht dem Serienkonzept damit eine ideologisch zweifelhafte Wendung. Der Schlussakt der Serie bei der Suche nach dem biografischen Autor besteht darin, mit Dan Humphrey als Initiator von Gossip Girl eine männliche Figur zu präsentieren, die sich im Rahmen der Fiktion der Serie einer weiblichen Identität bediente. Damit inszeniert die Serie eine Form der männlichen Maskerade, die sich der klischeehaften Vorstellungen von Weiblichkeit bemächtigt, um die Mitglieder der Upper East Side als überlegene Autoreninstanz zu täuschen und ihrer Bigotterie einen Tugendspiegel vorzuhalten. Ein männlicher Autor nutzt also die geschlechtsspezifischen Zuschreibungen und tritt mit jener Form von Autorität und Abstraktionsfähigkeit auf, die Autorinnen innerhalb patriarchaler

---

29 Siehe dazu auch Horstkotte, Silke: *Androgyne Autorschaft. Poesie und Geschlecht im Werk von Clemens Brentano*. Tübingen 2004, S. 13–30 sowie vor allem zum Verhältnis von weiblicher Stimme zu männlichem Text S. 173–209.

30 Siehe auch Kord, Susanne: *Sich einen Namen machen. Anonymität und weibliche Autorschaft 1700– 1900* (= *Ergebnisse der Frauenforschung, Bd. 41*). Stuttgart/Weimar 1996, S. 11–35.

31 Siehe Heydebrand, Renate von / Winko, Simone: «Arbeit am Kanon: Geschlechterdifferenz in Rezeption und Wertung von Literatur.» In: Bußmann, Hadumod / Hof, Renate (Hg.): *Genus. Zur Geschlechterdifferenz in den Kulturwissenschaften*. Stuttgart 1995, S. 206–261.

32 Bereits Mythen wie die des Pygmalion oder Prometheus betonten das Primat männlicher Schöpferkraft und bekräftigen damit ein essenzialistisches Geschlechterverständnis, das sich in der Kulturgeschichte weiterverbreitete. Siehe dazu Wenk, Silke: «Mythen von Autorschaft und Weiblichkeit.» In: Hoffmann-Curtius, Kathrin (Hg.): *Mythen von Autorschaft und Weiblichkeit im 20. Jahrhundert*. Marburg1997, S. 17–23.

33 Siehe Hilmes, Carola: *Skandalgeschichten – Aspekte einer Frauenliteraturgeschichte*. Taunus 2004.

34 Siehe dazu etwa Ritz, German: «Maria Komornicka: Die gefährdete Autorschaft in den Wirren des Geschlechts. Die widerständige Identität der Transvestitin.» In: Frank, Susi et al. (Hg.): *Mystifikation – Autorschaft – Original* (= *Literatur und Anthropologie*). Tübingen 2001, S. 135.

Ordnungsmuster der literarischen Tradition der Goethezeit abgesprochen wurde. Die Doppelbödigkeit der Serie funktioniert über eine mediale Differenz der weiblichen Stimme, die nur die Zuschauer hören, und der schriftlich vermittelten Autorschaft des Blogs, die von den Figuren als weiblich angenommen und entsprechend adressiert wird. Das Changieren der Identitätsmuster erscheint dann entweder als Bestätigung einer hierarchischen Geschlechtercodierung, die sich bis in die Gegenwart fortsetzt, oder in einer positiveren Lesart als Spiel mit den medialen Potenzialen einer Serie, die ihr Publikum an die Klischeehaftigkeit und Beständigkeit von genderspezifischen Ideologismen erinnert. Die Konstruktion von Autorschaft findet in der Serie zwar unter modernen Bedingungen des digitalen Medienzeitalters statt, trägt ideologisch noch das Erbe vergangener Jahrhunderte in sich.

GOSSIP GIRL etabliert eine Form der allgegenwärtigen Beobachtung durch Medien und ihre Nutzer, die sich systematisch auf die Gegenwart mit ihren medialen Angeboten wie Blogs, Smartphones oder mobile Nachrichtendienste bezieht und nicht ähnlich offensichtlich wie etwa PRETTY LITTLE LIARS an einer Fortschreibung oder Umcodierung von Genregeschichte arbeitet. Auf der Basis des Umgangs der Serie mit Medien inszeniert GOSSIP GIRL die Flüchtigkeit und Austauschbarkeit von «News» als Zeitvertreib einer Generation, die – anders als Hank Moody in CALIFORNICATION – gar nicht mehr einer Form von narrativer oder künstlerischer Authentizität nachhängt und den Wandel einer omnipräsenten Medienkommunikation ohne eindeutige Zuschreibungsinstanzen vollzogen hat. Versucht Hank Moody noch erfolglos, das Konzept einer singulären Autorschaft zu leben, die Leben und Werk als individuellen Schaffensprozess vereint, negiert GOSSIP GIRL dieses Konzept für die Gegenwart sowohl bezogen auf den Lebensentwurf der Figuren, die wie Nathaniel oder Serena zwischenzeitlich ebenfalls schriftstellerisch tätig sind, wie auch auf ihren offensiven Umgang mit Medien.

Die Selbstverständlichkeit der Selbstinszenierung aller Figuren unterstützt diese Lesart, wie auch der nicht der reichen Oberschicht angehörende Jungschriftsteller Dan Humphrey belegt, der einen vermeintlich skandalösen Schlüsselroman über die mit ihm befreundeten Serena, Blair und Co. für sein eigenes Fortkommen verfasst. In Kombination mit CALIFORNICATION liegt nahe, dass der Wert der Literatur in der modernen Mediengesellschaft darin liegt, als bevorzugtes Medium einer Skandalisierung zu fungieren. Wie beide Serien durch ihre Skandale nahelegen, basiert dieses Potenzial auf einem Verständnis der Literatur als Vermittler subjektiver Authentizität, die von audiovisuellen Medien wie Vlogs oder Handyaufnahmen trotz ihrer Abbildfunktionen scheinbar gar nicht mehr erwartet wird. Dass gerade Literatur somit zum Medium der Vermittlung einer Sehnsucht nach emotionaler Authentizität, Intimität und einer Selbstbegründung der eigenen Subjektivität herangezogen wird, wie sie das Literatursystem des 18. Jahrhunderts etablierte[35], gilt

---

35 Siehe dazu Jahraus, Oliver: *Literatur als Medium. Sinnkonstitution und Subjekterfahrung zwischen Bewusstsein und Kommunikation.* Weilerswist 2003, S. 459–554.

als Pointe beider Serien.[36] Doch ebenso tritt in beiden Serien eine Enttäuschung über den Wert der Literatur in Aktion, die ihre Position als Marktführer medialer Erlebnis- und Selbstbeschreibungsangebote längst verloren hat. Einfach ausgedrückt: Hank Moody landet als Autor nicht umsonst am Set einer Serie, und Dan Humphreys Erfolg auf dem Buchmarkt fällt sehr bescheiden aus.

Wer wie Dan Humphrey schreibt, gilt als Autor oder gar Poet, muss allerdings das Klischee der brotlosen Kunst ertragen. Wer bloggt wie Gossip Girl und ihre Leserschaft, gilt als Antriebsmotor einer Welt des flüchtigen Scheins ohne die poetische Nachhaltigkeit eines Romans. So ist es in beiden Serien aus ihrem jeweiligen differenziellen Verständnis von Medien heraus geradezu konsequent, dem Blog oder der TV-Serie auch durch ihre kollektive Autorschaft eine andere Wertigkeit zuzuschreiben als der Literatur, die in den Serien für die potenzielle Zuschreibung einer Autorinstanz zur Personifizierung eines Skandals und seiner weiteren Eskalation genutzt wird. Das Skandalisierungspotenzial der Literatur verweist daher auf das symbolische Kapital, das ihr innerhalb des großbürgerlichen Gesellschaftsmodells der Upper East Side noch zugesprochen wird.

So steht die Literatur für ein anachronistisches Modell singulärer Autorschaft, das es erlaubt, die künstlerische Selbstreferenz des literarischen Textes im Gegensatz zum Modell der Kollektivautorschaft bei Gossip Girl auf eine identifizierbare Person zu projizieren. Dass es dann in der Bewertung des autobiografisch verschlüsselten Skandalromans von Dan Humphrey nicht um Fragen der Qualität innerhalb literaturkritischer Maßstäbe geht, da die genuin literarischen Qualitäten des Schriftstellers Humphrey nie angezweifelt werden, unterstreicht die Bedeutung der Fremdreferenz des Romans in Bezug auf dessen Skandalisierung. Anders formuliert: Würde es sich nicht um einen Schlüsselroman handeln, der aus seinen autobiografischen Bezügen im Kontext einer Demaskierung der Upper East Side keinen Hehl macht und sogar offen versucht, daraus Kapital zu schlagen, würde es nicht zu einer Skandalisierung innerhalb der Serie kommen.[37]

Oder weiter zugespitzt: Der Selbstentwurf eines männlichen Autors als geistiger Alleinherrscher seines Werkes, der in CALIFORNICATION schon in die Kollektivautorschaft des Films bis hin zur TV-Serie führte, verliert in GOSSIP GIRL schon durch die Verschiebung hin zu einem «Literaturbegriff» des Gossip- und Celebrity-Blogs als per se flüchtigem, austauschbarem und nicht an literarischer Authentizität interessiertem Begriff an Bedeutung. Insofern lässt sich anhand von GOSSIP

---

36   Zu vergleichbaren Tradierungen in der Gegenwartskultur siehe etwa Butter, Stella: *Literatur als Medium kultureller Selbstreflexion: Literarische Transversalität und Vernunftkritik in englischen und amerikanischen Gegenwartsromanen aus funktionsgeschichtlicher Sicht.* Trier 2007.

37   Zu den Funktionsregeln, Voraussetzungen und historischen Verläufen von Literaturskandalen siehe Neuhaus, Stefan: «Wie man Skandale macht. Akteure, Profiteure und Verlierer im Literaturbetrieb.» In: Freise, Matthias / Stockinger, Claudia (Hg.): *Wertung und Kanon.* Heidelberg 2010, S. 35–41.

GIRL und auch CALIFORNICATION ein historischer Umbruch nachweisen, der sich im Umgang der Serie mit ihren divergierenden Vorstellungen von Autorschaft und den Funktionen von Medien ausdrückt:

> Mit dem ausgehenden Jahrtausend vollzieht sich vor unseren Augen das, worin von Anfang an das Ziel der abstrakten Kunst bestand: das Ende der *Repräsentativen* [Hervorhebung im Original, A. S.] oder darstellenden Kunst, an deren Stelle eine Gegenkultur tritt, eine Kunst, die nur noch präsentiert.[38]

Das zeitgenössische Gesellschaftsmodell, wie es GOSSIP GIRL bezogen auf Medien und den Umgang mit ihnen repräsentiert, findet in der Anonymität, Manipulation und Simultanität des Internets und seiner Angebotsstrukturen seine mediale Entsprechung.

PRETTY LITTLE LIARS

Andere kontemporäre Serien wie PRETTY LITTLE LIARS inszenieren mit einer Blickkonstellation des nicht adressierbaren Blickes eine Thriller-Geschichte, die sich an den Genrekonventionen des Teen-Horrors orientiert. Eine scheinbar alles und jeden beobachtende Killerinstanz, die sich über medial vermittelte Botschaften wie Briefe, E-Mails, Videos oder Bandaufnahmen als ein für tot gehaltenes Mädchen ausgibt, tyrannisiert vier Mädchen, die zu ihrem mysteriösen Ableben mit der vermeintlichen Toten befreundet waren.[39] Die Geheimnisse der vier Freundinnen und ihre Verwicklungen in den unaufgeklärten Tod ihrer Freundin Allison, werden durch die permanente Bedrohung durch den Killer zum Grundmotiv der Serie. Der Killer kann sich mithilfe seiner Medienkompetenz in den Alltag der Mädchen und aller anderen Bewohner der Kleinstadt drängen und sie ganz nach seiner (oder ihrer) Vorstellung manipulieren. Die Beobachtungen des Killers werden hier allerdings nicht über die Stimme einer Erzählinstanz inszeniert, da PRETTY LITTLE LIARS im Unterschied zu GOSSIP GIRL schon aufgrund seiner Genredispositionen die ungeklärte Identität des Killers als zu lösendes Rätsel auch an die Zuschauer adressiert. Letztere nehmen nicht – wie beispielsweise in der Serie DEXTER programmatisch vorgeführt – an der Innensicht eines eindeutig identifizierten Killers teil.[40]

---

38   Virilio, Paul: *Die Kunst des Schreckens.* Berlin 2001, S. 17.

39   Zur kultur- und medienhistorisch hohen Affinität von Medien und Horror am Beispiel des Vampirs siehe etwa Keppler, Stefan: «Prolog zum Vampir. Paradoxierung und mediale Selbstreflexion in Literatur und Film.» In: Keppler, Stefan / Will, Michael (Hg.): *Der Vampirfilm. Klassiker des Genres in Einzelinterpretationen (= Film – Medium – Diskurs, Bd. 14).* Würzburg 2006, S. 7–28.

40   Wobei grundsätzlich angemerkt werden muss, dass die Frage der Identifikation des Killers in DEXTER schon deshalb keine Rolle spielt, weil das Konzept der Serie gerade der Frage nach den Identitätsmustern eines Killers und deren Vereinbarkeit mit seinem Privatleben als Familienvater anhand des Protagonisten Dexter nachgeht.

Das perverse Spiel des Killers entfaltet seine serielle Dynamik und Faszination auch mithilfe genderspezifischer Codierungen, die sukzessive eingesetzt, jedoch immer wieder unterwandert werden. Ob es sich bei der Killerfigur nun um einen Mann oder eine Frau handelt, bleibt lange ungewiss, obwohl oder gerade weil die Figur immer wieder mit ihrer medial inszenierten «Totenfigur» der Allison spielt und damit die vier Mädchen physisch wie psychisch terrorisiert.[41] Allisons Figuration einer Wiedergängerin zitiert den Mythos der toten Schönheit, die zu einer Bedrohung für die noch Lebenden wird.[42] Da die Figur in ihrer latenten Existenz zwischen (vermeintlich) totem Körper und lebendem Symptom changiert, steht sie für eine Subversion von genrespezifischen Gendercodes, die im Horror- oder Thrillerfilm den weiblichen Figuren meist nicht die aktive Rolle des Mörders zugestehen.[43] Werden weibliche Figuren zu aktiven Killern, tragen sie wie in PRETTY LITTLE LIARS zu einer Irritation von Gendercodierungen bei. Gerade die vier Freundinnen definieren sich in ihrer Unterschiedlichkeit und entsprechend ihrer Figuration als amerikanische Teenager über klassische Muster von Schönheit, die sie in der Serie zu erotisierten Objekten stilisiert. Die Beobachtung der Killerfigur führt im wahrsten Sinne vor Augen, wie ein Beobachterstatus, der zumeist männlichen Figuren vorbehalten bleibt, zu einem Blick der Uneindeutigkeit wird. Der Zuschauer beobachtet die vier Mädchen immer wieder aus dem Blickwinkel des Killers die Mädchen. Eine Spiegelung, die wiederum den Killer selbst in den Blick nehmen würde, erfolgt allerdings nicht, da der Blick der Mädchen nicht auf den Killer zuückfällt und der Zuschauer ebenfalls nur die Blickperspektive des Killers einnimmt.

Diese Blicksituationen finden in PRETTY LITTLE LIARS meist am Ende der Episoden statt, wenn sich die Killerfigur, oftmals sogar sehr vertraut, mit anderen Figuren unterhält, die sie entweder kennen oder in ihr zumindest keine Bedrohung vermuten müssen. Der Blick der Figuren fällt in diesen Situationen häufig als inszeniertes «Anblicken» des Zuschauers auf, der nun als komplizenhafter Mitbeobachter des Killers inszeniert wird. Damit unterstreicht die Serie die Ambivalenz von Blickkonfigurationen, wie sie die Genres des Thrillers oder des Horrorfilms besonders prägnant ausgebildet haben. Blickkonstellationen der Überwachung[44] und ihre

---

41 Rosie White sieht in den Verschiebungen weiblicher Handlungsmuster, die im Fall von PRETTY LITTLE LIARS auch positiv auf die vier Freundinnen umgelegt werden können, ein Qualitätsmerkmal moderner Serien. Sie diskutiert dies am Beispiel der Agentenserie ALIAS, die im Genre der Agentenserie ebenfalls weibliche Genrecodes und Identitätsmuster reflektiert. Siehe White, Rosie: *Violent Femmes. Women as spies in popular culture.* London/New York 2007, S. 126–146.

42 Siehe dazu Bronfen, Elisabeth: *Nur über ihre Leiche. Tod, Weiblichkeit und Ästhetik.* Würzburg 2004, S. 416–515.

43 Siehe dazu Clover, Carol: «Her Body, Himself: Gender in the Slasher Film.» In: *Representations 20,* 1987, S. 187–228.

44 Worauf anhand der Begriffe des Viewings und Monitorings in Kapitel 1 noch näher eingegangen wird.

spezifischen Umsetzungen zwischen Blickerwiderung und -verweigerung, (Erzäh-
ler-)Stimme und dem Einsatz moderner Medientechniken prägen daher unterschiedliche Genres und deren Dispositionen.[45]

HANNIBAL

Ein ganz anderes Modell von Gesellschaft, Medien und Autorschaft, das sich schon
aufgrund seiner Protagonisten eher einem Modell der Persistenz verpflichtet sieht
und nicht bereits über den Topos einer Schriftstellerfigur vordergründig an einer
Auseinandersetzung mit literarischen Konzepten interessiert scheint, verfolgt die
Serie HANNIBAL.[46] Vordergründig dem Genre der Krimiserie zuzuordnen, integriert sie mit einer verstörenden Ästhetisierung von Gewalt intensive Elemente
des Psychothrillers. Die Serie, die sich auf die berühmte Roman- und Filmfigur
des Kannibalen Dr. Hannibal Lecter stützt, stellt innerhalb des Erzählkosmos von
Autor Robert Harris die Vorgeschichte des Romans *Roter Drache* dar. Sie weist
Spuren einer Neuinterpretation auf, wodurch einige Brüche zur ursprünglichen
Geschichte der Buch- und Filmreihe entstehen. Der deutlichste Beweis hierfür liegt
in der zeitlichen Verortung der Serie in der Gegenwart. Aufgrund der bekannten
Ereignisse des Romans, müsste die Serie eigentlich in den 1970er-Jahren angesiedelt sein. Hinzu kommt eine sehr dichte Ästhetisierung der Handlungsorte, die um
Baltimore angelegt sind. Die extrem düstere Bildlichkeit in Verbindung mit einer
nahezu entvölkerten Umgebung der Wälder außerhalb der Stadt, vermeiden jeden
Realitätseindruck, wie er etwa mit der Inszenierung Baltimores in THE WIRE angestrebt wird. Analog zu ihren Grenzgängerfiguren Hannibal Lecter und Will Graham
inszeniert die Serie ihre zentralen Handlungsorte wie das FBI-Büro, die Pathologie
oder das Behandlungszimmer von Hannibal Lecter als phantasmatische Räume[47],
in denen vor allem Will zahlreiche psychedelische Traumerfahrungen durchlebt,
die seine instabile Identität mit der erratischen Ästhetik der Serie kombinieren.

---

45 Zu Narrativen der Überwachung, die sich filmhistorisch wie genrespezifisch entwickelt haben,
siehe Levin, Thomas Y.: «Rhetoric of the Temporal Index. Surveillant Narration and the Cinema
of Real Time.» In: Levin, Thomas Y. et al. (Hg.): CTRL [Space]: *Rhetoric of Surveillance from Bentham to Big Brother.* Karlsruhe 2002, S. 578–593.

46 Am Rande ist dabei erwähnenswert, dass HANNIBAL und CALIFORNICATION im Gegensatz zu
GOSSIP GIRL durch ihren Umgang mit Gewalt oder Sexualität ein Skandalisierungspotenzial in
sich tragen, das allerdings innerhalb des Diskurses über zeitgenössische Qualitätsserien gerade als
Qualität im Sinne einer Grenzüberschreitung bisheriger Inszenierungsstandards der Serie positiv bewertet wird. Siehe dazu Ritzer, Ivo: *Fernsehen wider die Tabus. Sex, Gewalt, Zensur und die
neuen US-Serien.* Berlin 2011, S. 26–53.

47 Die Raumstrukturen der Serie lassen sich mit Deleuze auch als «beliebige Räume» auffassen, da
die filmische Konstruktion der Raumzeitformationen jeden realen raumzeitlichen Realismus Baltimores oder auch die Möglichkeit genauer Angaben des Zeitverlaufs der Serie unterwandern.
Siehe Deleuze, Gilles: *Das Bewegungs-Bild. Kino 1.* Frankfurt a.M 1989, S. 153.

Hannibal Lecter wird als hochangesehener Psychiater zu Beginn der Handlung vom FBI-Direktor Jack Crawford gebeten, seinen hochbegabten, aber sehr labilen Profiler Will Graham bei den Ermittlungen zu einer Mordserie zu unterstützen. Hannibals Aufgabe besteht vor allem darin, Will Graham zu beobachten und zu verhindern, dass dieser seiner eigenen mentalen Labilität erliegt. Mit der literarisch wie filmisch bereits bekannten Figur des Hannibal Lecter ist die Suche nach dem eigentlichen Drahtzieher hinter zahlreichen Mordfällen und ihrer seriellen Ausbreitung im Verlauf der Staffeln für den Zuschauer von Anfang an gelöst. Der Weg Hannibals als überführter Killer in die psychiatrische Anstalt ist aufgrund der Vorlagen ebenfalls vorgezeichnet. Begreift man die Serie als Kriminal- und nicht als Detektivgeschichte, lässt sich mit Richard Alewyn eine markante Unterscheidung benennen, die in aller Prägnanz die ambivalente Struktur der Serie hinsichtlich ihrer beiden spiegelbildlich angeordneten Hauptfiguren auf den Punkt bringt: «Der Kriminalroman erzählt die Geschichte eines Verbrechens, der Detektivroman die Geschichte seiner Aufklärung.»[48] Infolge dieser Unterscheidung geht es in der Serie nicht um den Fakt der Aufklärung der Verbrechen, sondern darum, wie Hannibal von Will Graham überführt werden konnte und wie sich die Geschichte seiner Verbrechen auf Wills Aufklärung auswirkt.[49] Eine Geschichte anhand von Prequels in ihre Vergangenheit zu expandieren und umzuschreiben, gehört seit Jahren zu den prominentesten Erzählstrategien des Hollywoodfilms. Mithilfe einer Aktualisierung und Erweiterung bereits bekannter Erzählwelten, wie sie Reboots oder Remakes vorführen, soll ein möglichst breites Publikum adressiert werden, das Kenner der Stoffe und Vorlagen ebenso integriert wie Neueinsteiger.[50] HANNIBAL folgt dieser Strategie insofern, als dass spezielle Kenntnisse der Vorlagen zwar nicht zwingend vorausgesetzt werden, jedoch wie im Falle der Inhaftierung Hannibals einen erzählerischen Informationswert erzeugen. Ihr Eigenwert als Serie erschließt sich allerdings nicht primär über ihre Einbindung in den Erzählkosmos der Vorlagen, obwohl die Fortschreibung des bestehenden Erzählkosmos einen interessanten Aspekt serieller Autorschaft im Spannungsfeld transmedialer Wechselwirkungen markiert. Das Faszinosum der Serie ist in ihrem seriellen Konzept der Figuration des Hannibal Lecter zu finden, der als kannibalistische Geniefigur einen eigentümlichen Ansatz autorschaftlicher Praxis vorstellt.

Zu Beginn der Serie scheint der Schwerpunkt auf der Ermittlerfigur Will Graham zu liegen, der vom FBI aufgrund seiner besonderen empathischen Fähigkei-

---

48 Alewyn, Richard: «Die Anatomie des Kriminalromans.» In: Vogt, Jochen (Hg.): *Der Kriminalroman. Poetik – Theorie – Geschichte.* München 1998, S. 52.

49 Wobei als Grundvoraussetzung immer davon ausgegangen werden muss, dass die Serie die vorgegebene Logik der Gesamterzählung einhält und Hannibal tatsächlich von Will überführt wird.

50 Vgl. dazu Peltzer, Anja: «Identität für Alle! Der Hollywood-Blockbuster als global erfolgreicher Identitätsanbieter einer Weltgesellschaft.» In: *rabbit eye. Zeitschrift für Filmforschung.* Ausgabe 4, 2012, S. 89–101.

ten als Spezialermittler eingesetzt wird. Recht schnell verlagert und erweitert sich der Fokus zusätzlich auf Hannibal Lecter, der als titelgebende Figur sowie aufgrund des Wissens der meisten Zuschauer um seine Figuration als Kannibale und Serienmörder das eigentliche Epizentrum der Serie repräsentiert. Hannibals Interesse an der Zusammenarbeit mit Will und dem FBI rekrutiert sich aus zwei Faszinationsquellen, die den Verlauf der Serie maßgeblich definieren: Zunächst ist Hannibal an Wills Charakter als Grenzgänger zwischen Normalität und Wahnsinn interessiert. Will hat die Fähigkeit, sich in die Gefühlswelt von Serienkillern hineinzuversetzen und auf diesem Weg ihre Motive und Handlungen nachzuvollziehen. Will bezahlt diese Fähigkeit mit der permanenten Gefahr, selbst auf die dunkle Seite seiner Beobachtungen zu geraten und ebenfalls zum Killer zu mutieren.

Will Graham ist eine Detektivfigur zwischen Intuition, wissenschaftlicher Ratio und einem solitären bis unsozialen Verhalten, das dem Genremuster des genialen Ermittlers folgt. Mehr noch: Seine soziale Isolation ist gerade die Bedingung der Möglichkeit seines Talents, da er als emotional ausgewogener Mensch keine Form der Empathie für das Verhalten von Mördern aufbringen könnte. Will Graham scheint daher prädestiniert, Hannibal Lecter zu überführen. Hannibal spielt folglich ein subtiles Spiel mit Will Graham, da er herausfinden möchte, ob Will ihn durchschauen und seine Identität als Meisterkiller enttarnen kann. Hannibal übernimmt im Stile eines Dr. Watson die assistierende Rolle als Reflexions- und Helferfigur von Will, wobei er die Ermittlungen sabotiert.[51] Hannibal unterläuft das figurative Schema eines Assistenten oder Unterstützers. Er nutzt seine Position, um die jeweilige Situation zu überblicken, einzuordnen und gegebenenfalls abseits der Blicke der anderen Ermittler selbst aktiv ins Geschehen einzugreifen, um im Verlauf der ersten Staffel sogar Will als möglichen Decktäter seiner Verbrechen unbemerkt aufzubauen.

Um seine Aktivitäten als Spiel für sich zu gestalten, legt Hannibal Fährten bei den Ermittlungen zu anderen Tätern, um Will zu testen und ihn zu manipulieren. Schon in der Pilotfolge hat dies radikale Auswirkungen: Als Will kurz davor ist, einen berüchtigten Serienmörder in dessen Haus zu stellen, sich jedoch nicht sicher ist, ob es sich tatsächlich um den gesuchten Täter handelt, greift Hannibal mithilfe eines geheimen Anrufs beim Täter aktiv ein und warnt ihn. Es bleibt unklar, ob Will den Mörder wirklich enttarnt hätte, oder nicht Hannibals Anruf die Situation bewusst eskalieren ließ. Der Familienvater tötet nach dem Anruf seine Frau und auch beinahe seine Tochter, ehe Will ihn mit einigen tödlichen Schüssen davon abhalten kann.

Aus dieser Situation erklärt sich Hannibals zweite Faszination, nämlich sein Selbstverständnis als Manipulator und selbsternannter Schöpfer, der auch Abigail,

---

51 Zum Begriff der Watson-Figur als Assistent und Reflektor des Protagonisten siehe Knox, Roland: «A Detective Story Decalogue.» In: Haycraft, Howard (Hg.): *The Art of the Mystery Story – A Collection of Critical Essays*. New York 1976, S. 194–196.

die Tochter des von Will getöteten Serienmörders, und Jack Crawford in sein Spiel integriert, ohne selbst ins Fadenkreuz der Ermittler zu geraten. Wie bei seinen Patienten sucht Lecter bei Abigail oder Will gezielt nach psychopathischen bis mörderischen Veranlagungen, die er in seinem Sinne formen und einsetzen kann. Dabei scheint Lecter vorrangig von einer Motivation getrieben: der Lust an der Geheimhaltung seines schöpferischen Wirkens, das er allerdings in seinen Auswirkungen präsentieren möchte. Wie sich im Verlauf der Staffeln herausstellt, hat Hannibal bereits mehrere Psychopathen in ihrer Veranlagung gestärkt und geformt. Ganz nach dem Selbstverständnis eines Lehrers, der sich als Schöpfer seiner Kreationen betrachtet, nutzt er seine Rolle als Berater des FBI, um seine Schüler zu schützen und seinen eigenen mörderischen Kreationen ganz gezielt zu Aufmerksamkeit zu verhelfen. Begreift man Hannibals Morden und seine anspielungsreichen Inszenierungen der Taten als Werk, so geht es ihm letztlich um die Anerkennung seiner Meisterschaft durch Will, Jack Crawford und die mediale Öffentlichkeit, obwohl seine Urheberschaft nicht aufgedeckt werden darf. Figurativ ist in diesem Zusammenhang von Belang, dass Hannibal den Genuss seines Agierens hauptsächlich durch seinen Beobachterstandpunkt generiert. Das bedeutet zweierlei: Hannibal beobachtet Will und das FBI dabei, wie sie versuchen, einen Mörder zu enttarnen, der entweder Hannibal selbst ist oder der von ihm geschützt wird.[52] Das Vexierspiel zwischen Mörder, Beobachter, Aufklärer und Mentor weiterer Mörder macht aus Hannibal eine Figur des Bösen, die in ihrer manipulativen Veranlagung jeder – mittlerweile paradoxerweise sprichwörtlichen – Banalisierung des Bösen widerspricht[53], wie sie konventionelle Krimiserien mit einer rein funktionalen Inszenierung austauschbarer Episoden-Mörder verfolgen. Stattdessen erklären Serien wie CSI den Akt des Spurenlesens und Entzifferns zum eigentlichen Spektakel und marginalisieren den Täter als eine austauschbare und nur bis zum Ende der Episode leere Signifikation des Verbrechens.[54]

Die Serie fokussiert sich häufig auf Lecters Art der maskenhaften Beobachtung und sein perfektes Rollenspiel als scheinbar investigativer und an der Heilung seiner Patienten interessierter Psychiater. Sowohl an den Tatorten als auch in den Therapiesitzungen mit Will und weiteren Patienten präsentiert HANNIBAL eingescho-

---

52 Hannibal vereint figurativ ein dunkles Begehren kriminalistischer Manipulation, das der Zuschauer «mitgenießen» kann. Das Genre des Kriminalromans zeichnet sich generell durch eine Angebotsstruktur zwischen Überführung, Aufklärung und deren zumindest mögliche Negationen aus. Vgl. dazu Althans, Birgit / Tammen, Antke: «Das Begehren am Kriminalroman.» In: Jankowiak, Tanja et al. (Hg.): *Von Freud und Lacan aus: Literatur, Medien, Übersetzen. Zur Rücksicht auf Darstellbarkeit in der Psychoanalyse.* Bielefeld 2006, S. 134–136.

53 Obwohl in diesem Kontext nur peripher relevant, siehe aus ethischer Perspektive zur Vorstellung einer Banalisierung des Bösen Arendt, Hannah: *Über das Böse. Eine Vorlesung zu Fragen der Ethik.* München/Zürich 2006.

54 Siehe dazu Hollendonner, Barbara: «Der Zauber der Präsenz. Evidenzproduktion in CSI: Crime Scene Investigation.» In: *Zeitschrift für Kulturwissenschaften 1*, 2009, S. 27–40.

bene Naheinstellungen von Lecters Gesicht, das für den Zuschauer nur in leichten Akzentverschiebungen als möglicher Beweis für Lecters Überlegungen und Emotionen lesbar ist.[55] Er lotet in den Sitzungen mithilfe kleiner Andeutungen Grenzen aus, um Wills Fähigkeiten zu testen und dennoch die Kontrolle als Bestätigung seiner intellektuellen Überlegenheit zu behalten. Lecter integriert sogar die Beobachtung seiner eigenen Person in seine Machtspiele, indem er bei seiner Kollegin Dr. Bedelia Du Maurier Therapiesitzungen als ihr Patient abhält. Die Sitzungen dienen ihm der Verfeinerung seines Maskenspiels, da Hannibal als Psychiater den analytischen Blick der Psychotherapie als potenzielle Gefahr anzuerkennen scheint. Diese selbst implementierte Beobachterinstanz in Person von Dr. Du Maurier wird allerdings ebenfalls fester Bestandteil des mörderischen Marionettenspielers Hannibal, da er sich – entsprechend seiner Figuration als Serienmörder – weder therapieren lassen noch wirklich akzeptieren kann, dass jemand hinter seine Maske blicken und ihn besiegen könnte.

Zu diesem Konzept gehört seine Selbststilisierung als exquisiter Spitzenkoch, der in jeder Episode aus den Organen seiner Opfer kulinarische Kunstwerke schafft, die er regelmäßig seinen Gästen kredenzt und deren Rezepte er in einer handschriftlich verfassten Datei archiviert. Hannibal betreibt damit eine Literarisierung des Kulinarischen, die ihn in den Kontext des Kannibalen als einer kulturverschlingenden und kulturell unbehaglichen Figur einschreibt.[56] Kulturhistorisch verbindet sich mit dem Kannibalen vor allem die postkolonial besetzte Vorstellung von einem zu domestizierenden Wilden, der mit dem Geist des Humanismus erleuchtet oder als das radikal Unaufklärbare vernichtet werden muss. Über den Ausschluss dessen, wie Kannibalismus als inhumaner Akt der Barbarei ideologisch semantisiert wird, kann eine Kultur sich in der Selbstbeschreibung ihrer Werte und Normen bestätigen.[57] Der Kannibale legt als Figur indirekt Grenzen einer Kultur fest, da er ein Tabu bricht, das als Ultima Ratio nicht in das Selbstverständnis einer humanistischen aufgeklärten Gesellschaft passen kann.[58] Daher ist Hannibal Lecter ein figuratives Skandalon: Er ist als Menschenfresser per se ein lebender Tabubruch und verkörpert als kulturell gebildeter und hochintelligenter Psychologe das,

55 HANNIBAL widerspricht damit einer Lesbarkeit der Figur über ihr Gesicht, das als Maske jeden Affekt verbirgt anstatt Affekte und Emotionen lesbar zu machen. Vgl. dazu filmtheoretisch Balázs, Béla: *Der Geist des Films*. Frankfurt a. M. 2001, S. 18–26.

56 Siehe Fulda, Daniel: «Einleitung: Unbehagen in der Kultur, Behagen an der Unkultur. Ästhetische und wissenschaftliche Faszination der Anthropophagie. Mit einer Auswahlbibliographie.» In: Fulda, Daniel / Pape, Walter (Hg.): *Das andere Essen. Kannibalismus als Motiv und Metapher in der Literatur*. Rombach 2001, S. 7–51.

57 Vgl. dazu auch Horn, Eva: «Leichenschmaus. Eine Skizze zum Kannibalismus in der Psychoanalyse.» In: Keck, Annette et al. (Hg.): *Verschlungene Grenzen. Anthropophagie in Literatur und Kulturwissenschaften*. Tübingen 1999, S. 297–308.

58 Siehe Saupe, Anja: *Kannibalismus und Kultur: zu einer Poetik des Tabubruchs in der Fiktion – Drama, Comic und Film*. Frankfurt a. M. 2011, S. 7–38.

was nicht mit Kannibalismus vereinbar ist. Seine Morde zeugen von einer Form des Bösen, deren Gewalt weder durch rational erklärbare Gründe legitimiert noch mithilfe kultureller Sublimierung kompensiert werden kann. Trotz seiner offenkundigen Leidenschaft für Menschenfleisch ist er ebenso an der Psyche des Menschen als möglichem Spielfeld seiner Manipulationsfähigkeit interessiert. Lecter ist eine Spielerfigur, die mithilfe kultureller und intellektueller Brillanz Morde verschleiert und im Rahmen der Serie sowohl für seine Gäste wie für den Zuschauer seduktiv kredenzt.[59]

Anhand des Sujets des Kannibalismus und Hannibals Figuration reflektiert die Serie ihre eigenen seriellen Prinzipien. Sind es bei Krimiserien meist wöchentliche Mordfälle, die als Movens der Erzählung zwischen struktureller Wiederholung und singulärer Variation oszillieren, sind es bei HANNIBAL die exotisch angerichteten Speisen, die Lecter seinem Publikum serviert und an deren Genuss er sich in all seiner diabolischen Doppelbödigkeit erfreuen kann.[60] Seine Gäste sind stets von Hannibals Gastfreundschaft, seinen exzellenten Manieren und der perfekt aufeinander abgestimmten Zubereitung der einzelnen Speisen begeistert. Die (bisherigen) drei Staffeln der Serie vereinen drei kulinarische Traditionen, die sich als organisatorische Prinzipien in den Titeln der Episoden widerspiegeln. Steht die erste Staffel in der Tradition der französischen Küche und die zweite in der japanischen, führt die dritte Staffel die italienische Küche in den motivischen Kontext der Serie ein, da sich Hannibal hier in Italien aufhält. Die ausgewählten Gerichte künden daher in ihrer detailversessenen Exaktheit von der Perfektion Hannibals, einerseits traditionsbewusst zu kochen und zu kredenzen, andererseits aber mithilfe seiner eigenen Zutaten seine Eigenleistung hervorzuheben. Jede Speise erfüllt einen Zweck, der aufgrund der Gastlichkeit und des dezidiert gesellschaftlich-kommunikativen Charakters der Szenen, in denen Hannibal mit seinen Gästen speist, nicht auf die kulinarische Befriedigung reduzierbar ist.

Als soziale Praxis des täglichen Lebens ist Essen eine serielle Tätigkeit[61], die in verschiedenen Variationen rituell abgehalten wird und besonders im Gewand einer

---

59 Hannibal spielt daher ähnlich wie der Horrorfilm mit starken Affektpolitiken und Bildästhetiken, die den Zuschauer in Kombination mit tendenziell skandalösen Themen und Motiven zur Rezeption reizen. Siehe dazu grundlegend Stiglegger, Marcus: *Ritual & Verführung. Schaulust, Spektakel & Sinnlichkeit im Film.* Marburg 2006, S. 179–194.

60 Hannibal Lecter verweigert sich einer einfachen dramaturgischen Funktionalisierung als zu erledigender Bösewicht, die mit seiner Figuration des Bösen im klassischen Sinne einhergehen würde. Er ist Motivator wie Manipulator der Handlung und kann daher nicht final sanktioniert werden, bis die Serie endet. Vgl. dazu Hickethier, Knut: «Das narrative Böse. Sinn und Funktion medialer Konstruktionen des Bösen.» In: Faulstich, Werner (Hg.): *Das Böse heute. Formen und Funktionen.* München 2008, S. 238–240.

61 Wie auch Barthes mit seinen kultursemiotischen Überlegungen zur Bedeutung des Essens ausführt. Siehe Barthes, Roland: «Für eine Psycho-Soziologie der zeitgenössischen Ernährung.» In: *Freiburger Universitätsblätter 75,* 1982, S. 65–73.

nationalen Kochkultur auf einigen Konstanten und Grundzutaten basiert. Lecter beschreibt und kommentiert den Akt des Kochens sowie die Herkunft oder gar die Bedeutungen seiner Speisen im Stile eines Gelehrten, der die Mahlzeiten mit einer kulturellen Bedeutung belegt, um sie über eine bloße Nahrungsaufnahme zu erheben. Essen ist für Lecter eine gesellige Kunstform, die es in einer ästhetisch ansprechenden und gelehrigen Art der Konversation zu genießen gilt.[62] So wie jedes Gericht auf dem Prinzip einer Variation eines bereits bekannten Rezepts beruht, schreibt sich Lecter – wie die gesamte Serie – kulinarisch fort und entdeckt neue Zubereitungsarten, die im Falle eines Staffelwechsels radikalere Veränderungen und daher auch einen Wechsel der kulinarischen Ausrichtung erfordern. Die letzte Folge oder Staffel mag schließlich schon verdaut sein und der Zuseher nach mehr verlangen, ohne wieder dieselbe Mahlzeit vorgesetzt zu bekommen.[63]

Die exzessiv ausgestellte Bildlichkeit der Gewalt, die das durchgängig dystopische Weltbild der Serie in Kombination mit einer latent bedrohlichen Soundkulisse unterstreicht, folgt dem Gedanken einer Ausstellung der Mordtaten als singuläre Ereignisse, die nicht in der Austauschbarkeit der Mordfälle konventioneller Krimiserien aufgehen. Der serielle Grundgedanke einer zunehmend spektakulären und voyeuristischen Ausstellung immer grausamerer Mordinstallationen führt in HANNIBAL nicht zu einer Aufklärung und damit der ideologischen Eindämmung des Bösen, sondern profiliert eine Logik des Werkes, das sich aus mehreren Teilen zusammenfügt und erst durch die Zuschreibung einer Autorschaft – in diesem Fall des Täters – ihre eigentliche Anerkennung erfährt. An die Stelle eines zu lüftenden Geheimnisses nach der Identität des Täters oder dem motivierenden Auslöser der Tat tritt die seriell ausagierte Lust an der Beobachtung des beobachtenden Souveräns Lecter.[64] Deshalb kann HANNIBAL nicht in der für die Krimiserie konstitutiven Restabilisierung einer Ordnung aufgehen, die den Mörder als jeweils singuläre Störung einer Gesellschaft entfernt und sanktioniert.

Das mithilfe der expressiven Bilder der Leichen evozierte Gefühl des Ekels bleibt an Hannibals Werk bis zur Verköstigung und darüber hinaus erhalten. Ekel als «das direkte Gegenteil einer einfachen Naturgegebenheit, nämlich Effekt des

---

62 Darum kommt der Einnahme von Mahlzeiten auch eine dezidiert soziologische Bedeutung zu, die in ihren strukturellen Gegebenheiten Rückschlüsse auf ästhetische Inszenierungen nahelegt. Vgl. dazu Simmel, Georg: «Soziologie der Mahlzeit.» In: Ders.: *Aufsätze und Abhandlungen 1909–1918., Bd. 1.* Frankfurt a. M. 2001, S. 140–147.

63 Julika Griem weist darauf hin, dass sich speziell in der Kriminalliteratur immer wieder signifikante Trends hinsichtlich gastronomischer und kulinarischer Motive beobachten lassen, die den «Erlebnishunger» der Rezipienten reflektieren. Siehe Griem, Julika: «Mordshunger. Kulinarische Konjunkturen in Kriminalliteratur.» In: *Zeitschrift für Kulturwissenschaften 1*, 2012, S. 83–95.

64 Vgl. dazu Stiglegger, Marcus: «Der dunkle Souverän: Die Faszination des allmächtigen Gewalttäters im zeitgenössischen Thriller und Horrorfilm.» In: Faulstich, Werner (Hg.): *Das Böse heute. Formen und Funktionen.* München 2008, S. 271–273.

Übergangs in die Kultur»[65], impliziert als Körperreaktion eine «Unfähigkeit, nicht Nein zu sagen.»[66] Der Zuschauer kann abseits der ekelerregenden Affektbilder der Leichen sein Mehrwissen bezüglich der doppelgesichtigen Existenz Lecters genießen, wird jedoch durch die visuelle Opulenz und die Ritualisierung der Zubereitung von Menschenfleisch zur kulinarischen Haute Cuisine daran erinnert, welch perverser Akt sich zwischen der prämodernen Tötung menschlichen «Materials» und seiner Kultivierung zum Mahl als Ausweis kreationaler Autorschaft ereignet.[67] Mithilfe der Kunst konserviert, konsumiert und serviert die Serie HANNIBAL eine Perversion, die anzeigt, wie Kunst selbst zur Perversion und Passion mutiert und gerade deshalb immer wieder genossen wird. Dafür steht bereits die Popularität der Figur des Hannibal Lecter ein, der als fiktive Kannibalenfigur nicht umsonst eine Medienkarriere einschlagen durfte, die von der Literatur über den Film bis zur Serie führte.

Mag der Prozess der Verarbeitung des Menschenfleisches als Tabubruch einer fiktionalen Serie nicht so skandalträchtig sein, wie im Falle eines realen Hintergrundes[68], rüttelt Hannibals Ästhetisierung des Menschenfleischs dennoch an den Konventionen mörderischer Figurationen. Der Mörder in ihm, verzeiht weder Unhöflichkeit, wie es insbesondere in der zweiten Staffel Hannibals Gegenspieler Mason Verger zum Verhängnis wird[69], noch gestattet er sich selbst jede Form von Ausschweifung, die seinen Entwurf als Beherrscher seiner Affekte demaskieren könnte.[70] Seine Motivation hält sich nicht an einen die Gewalt letztlich rechtfertigenden Kodex – etwa wie im Fall des Serienmörders Dexter Morgan aus der Serie DEXTER. Hannibal tötet, weil er von seiner narzisstisch motivierten Neugierde eines Genies getrieben wird, das in der Manipulation seiner Umwelt und

---

65 Menninghaus, Winfried: *Ekel. Theorie und Geschichte einer starken Empfindung.* Frankfurt a. M. 1999, S. 9.

66 Ebd., S. 8.

67 Vgl. dazu aus präsenztheoretischer Sicht Hermann, Robert: «Die Haute Cuisine des Mordens. Eine präsenztheoretische Analyse der TV-Serie Hannibal.» In: *Medienobservationen.* http://www. medienobservationen.lmu.de/artikel/tv/tv_pdf/Hermann_Hannibal.pdf (letzter Zugriff: 4.9.2015).

68 Wie die Debatte um die Fiktionalisierung des realen Kannibalen von Rothenburg in all ihrer Ambivalenz zwischen Faszination, Schaulust und der Suche nach Verständnis dokumentiert. Siehe dazu Höltgen, Stefan: «Es hat (nicht) geschmeckt. Der Kannibale von Rothenburg und der verstehende Horrorfilm.» In: Biedermann, Claudio / Stiegler, Christian (Hg.): *Horror und Ästhetik. Eine interdisziplinäre Spurensuche.* Konstanz 2008, S. 150–166.

69 Als Hannibal von Mason Verger beinahe an dessen Schweine verfüttert wird, revanchiert sich Hannibal später dafür, indem er Verger unter Drogen setzt und dessen Gesicht an die Hunde von Will Graham verfüttert. Hannibal verweigert damit Verger das «Privileg», von Hannibal selbst im Modus seiner kulinarischen Ästhetisierung verspeist zu werden und überführt Vergers Gesicht stattdessen in den Kreislauf der Natur.

70 Zur Doppelcodierung Hannibals zwischen Monster und Galan siehe am Beispiel Dracula auch Grimm, Gunter E.: «Monster und Galan. Graf Draculas filmische Metamorphosen.» In: Jahraus, Oliver / Neuhaus, Stefan (Hg.): *Der Fantastische Film. Geschichte und Funktion in der Mediengesellschaft (= Film – Medium – Diskurs, Bd. 10).* Würzburg 2005, S. 41–60.

der gewaltsamen Ästhetik seiner eigenen oder fremder Gewalt Befriedigung findet. Genau diese Binnenreflexionen und Distanzierungen erheben Hannibal Lecter zu einer herausragenden Figur gegenwärtiger Serienkultur. In ihm konvergieren auf perverse bis paradoxe Art Kunst und Barbarei, was sich in seinen privat kredenzten Mahlzeiten ebenso wie in seinen öffentlich inszenierten Mordinstallationen zur Schau stellt.[71] Der Verderblichkeit des Essens und des menschlichen Körpers als Momenten natürlicher Immanenz setzt Hannibal das Prinzip der Kunst entgegen, das auf Transzendenz und Dauer ausgerichtet ist.[72]

Seine Maskerade basiert nicht auf einem Akt des offensichtlichen Sichversteckens, sondern auf einem Gestus des Sichausstellens und des Permanent-auf-sich-Verweisens. Während der Maskierung ein passives Element innewohnt, das den Aspekt der Beobachtung hervorhebt, gehört zur Maskerade ein Moment aktiven Handelns, das zumindest symbolische und damit als solche identifizierbare Konsequenzen nach sich zieht.[73] Der Opening Credit der Serie zitiert diese motivische Verschränkung bereits an. Entsprechend der Funktion von Credits, zentrale Motive einer Serie zu veranschaulichen, tauchen vor einem weißen Screen mehrere Blutfontänen auf, die sich nach wenigen Sekunden vereinen und ein Gesicht figurieren. Das Gesicht kommt allerdings eher einer Maske oder gar einer Puppe gleich, die nicht als individuelle Person identifiziert werden kann. Nach der Vervollständigung des Gesichts verschwindet es umgehend wieder. Vor dem weißen Hintergrund erscheint nun der Titel der Serie, ehe die Sequenz abbricht. Dieser sehr kurze Credit verweist auf das Motiv der Maske, das für die Figur des Hannibal Lecter eine geradezu ikonische Bedeutung einnimmt. In den chronologisch später angesetzten Spielfilmen trägt Lecter in der Psychiatrie eine Gesichtsmaske zum Schutz anderer Menschen, die ihn aber vor allem als Kannibalen und Mörder erst ausweist. Die Maske in der Psychiatrie ist als Maske sichtbar und stigmatisiert ihren Träger, während Lecters Maskerade in der Serie nicht als solche materiell signifiziert und damit sichtbar wird. Der weiße Hintergrund des Credits eröffnet noch eine weitere Interpretationsmöglichkeit. Er steht in Kombination mit den Blutfontänen für Lecters ambivalenten Charakter zwischen hygienischer Reinheit und mörderischer Brutalität, die sich im Zusammenspiel der beiden Farben symbolisch vereinen.

Hannibal performiert eine Beobachterfigur, die zwischen diesen Polen changiert, indem er sowohl scheinbar passiv beobachtet, aber auch immer wieder ein-

---

71 Siehe dazu auch Eschkötter, Daniel: «This is my design. Hannibal.» In: *Cargo 24*, 2015, S. 47.

72 Siehe dazu explizit aus kunsthistorischer Sicht Borkhardt, Sebastian: «Essens-Zeit. Zur Temporalität in Früchtebildern.» In: *Zeitschrift für Kulturwissenschaften 1*, 2012, S. 31–48.

73 Zu Maske und Maskerade, wie sie als Beschreibungskategorien speziell im Kontext der Gender Studies immer wieder eine Rolle spielen, siehe Lehnert, Gertrud: *Wenn Frauen Männerkleidung tragen.* München 1997, S. 36 oder auch grundlegend zu Gender-Maskeraden im Film Riviere, Joan: «Weiblichkeit als Maskerade.» In: Weissberg, Liliane (Hg.): *Weiblichkeit als Maskerade.* Frankfurt a. M. 1994, S. 34–47.

greift und dadurch seine Maskerade mithilfe seiner mörderischen Handschriften vor Will und dem FBI zur Schau stellt.[74] In dieser bemerkenswerten Wendung kommentiert die Serie geradezu offenkundig Ansätze einer Werkinterpretation, die an der Biografie und Identifizierung des Autors anzuknüpfen versucht: Der Künstler vermittelt sich nicht über seine Biografie, sondern über sein Werk, das sich auf der Basis seiner Handschrift entziffern lassen soll. Daher testet Hannibal Will in der ersten Staffel ganz gezielt darauf, ob dieser in der Lage ist, ähnliche Mordinstallationen im Detail zu unterscheiden und dem richtigen «Autorenmörder» zuzuordnen. Als Will etwa in der ersten Folge an einen Tatort mit einer expressiv ausgestellten Frauenleiche auf einem Hirschgeweih gerufen wird, erkennt er trotz des vergleichbaren Installationsaufbaus der Leiche signifikante Unterschiede zu den Morden des eigentlich von ihm gesuchten Mörders, die Will aus seinen Rekonstruktionen der Taten des Mörders abgeleitet hat. Bezeichnenderweise kann Will in dieser Tat kein Muster erkennen und verweist ironischerweise auf Lecter als mögliche Instanz, die ein Profil des offensichtlichen Nachahmungstäters erstellen könnte. In einer Parallelmontage zu dieser Szene wird deutlich, dass es sich bei diesem Nachahmungstäter um Hannibal handelt, der die Lunge des Opfers in seiner Küche zubereitet.

In diesem Zusammenhang lassen sich die beiden unterschiedlichen Aktions- und Interpretationsmuster von Will und Hannibal in ihrer spiegelbildlichen und einander seriell bedingenden Ausrichtung skizzieren. In der ersten Szene der Serie, die programmatisch Wills emphatische Lektürefähigkeit unter Beweis stellt, Morde detailgetreu zu rekonstruieren, befindet sich Will an einem Tatort mit zwei Leichen. Inmitten der polizeilichen Ermittlungen hält Will inne und konzentriert sich auf das begangene Verbrechen. Seine Fähigkeit, sich in die Mordsituation und deren Ablauf hineinzuversetzen, findet im Rahmen der Serieninszenierung eine visuelle Entsprechung, die auch in den weiteren Folgen zum Einsatz kommt. Das Verbrechen wird in Wills Vorstellung bis zum Ausgangspunkt der Tat zurückgespult und mit ihm selbst in der Rolle des Täters erneut gestartet. Jedes Element, das Wills Rekonstruktion stören könnte, wird von ihm im wahrsten Sinne ausgeblendet. Jeder Aspekt der Tat wird von Will imaginativ rekonstruiert und über die Visualisierung des Ablaufs als Prozess einer Wiederholung der Tat sichtbar. Die Inszenierung unterstreicht mithilfe dieser Technik Wills Rolle als potenzieller Täter für den Fall, dass er seine mentale Stabilität verlieren und selbst zum Mörder werden könnte. Während Will die Tat imaginativ im Modus der Identifikation für sich rekonstruiert, kommentiert er die einzelnen Schritte und plausibilisiert sie rational aus der Sicht eines Täters, dem es um ein möglichst effizientes Vorgehen im Kontext seiner Pathologie oder seines

---

74 Maskerade und Maskierungen werden auch in den Kulturwissenschaften im Kontext der (narzisstischen) Konstruktion männlicher Selbstbilder diskutiert. Siehe Erhart, Walter: «Mann ohne Maske? Der Mythos des Narziss und die Theorie der Männlichkeit.» In: Benthien, Claudia / Stephan, Inge (Hg.): *Männlichkeit als Maskerade. Kulturelle Inszenierungen vom Mittelalter bis zur Gegenwart.* Köln 2003, S. 60–80.

Plans geht. Diese Technik der imaginativen Aus- und Überblendung findet ihren in der Serie mehrfach wiederkehrenden Ausdruck in der Formel *This is my design*, die Will als zwischenzeitliches Fazit seiner Rekonstruktionsschritte auszusprechen pflegt. Seine Anordnung der Ereignisse überträgt Will wiederum auf die Psyche des Täters und kann mithilfe seines Einfühlungsvermögens Schlüsse über den Täter ziehen, die als Indizien oder gar Beweise funktionieren. Wills Technik eines rekonstruktiven Redesigns oder Remakings der Tat bildet einen Gegensatz zu Hannibals Ansatz eines Redesigns seiner Opfer, die er zu Mahlzeiten verarbeitet. Will rekonstruiert Prozesse, die Hannibal unter der Maßgabe eines von ihm einkalkulierten Wissens um Wills Lektüre vollzieht. Es geht daher für Will schlussendlich nicht um die einfache Überführung eines Mörders, sondern um die Aushebelung der Beobachtung seiner eigenen Person durch einen Killer, den er bis zum Ende der ersten Staffel nicht als Beobachtungsinstanz seiner eigenen Person identifizieren kann.

Unter dieser Perspektive erklärt sich Hannibals Allgegenwart in allen Räumen und Bereichen der Serie. Er hat als Berater Wills und Vertrauter des FBI-Chefs überall Zugang und unterhält jeweils individuelle Beziehungen zu nahezu allen Figuren der Serie. Sein prüfender und urteilender Blick entscheidet schließlich darüber, ob Will überhaupt als einsatzfähig gilt. So bestimmt Lecter selbst, wie nahe ihm sein vermeintlicher Gegenspieler kommen darf, der erst im Finale der ersten Staffel in Hannibal den Mörder erkennt, den er zuvor nur durch Visionen eines mystischen Hirsches phantasmatisch erahnt hat und der zunehmend eine anthropoide Form annimmt. Im Verlauf der ersten und vor allem in der zweiten Staffel versucht Hannibal Will sogar auf seine Seite zu ziehen, da Will ihn in seiner wahren Natur durchschaut hat, jedoch aus Mangel an Beweisen nichts gegen Hannibal ausrichten kann.[75] Dass Will beim Versuch, Hannibal zu töten, selbst festgenommen und in eine psychiatrische Anstalt gesperrt wird, unterstreicht das spiegelbildliche Verhältnis der beiden Protagonisten: Wie Hannibal Lecter in den Spielfilmen, der von der jungen Agentin Clarice Starling in DAS SCHWEIGEN DER LÄMMER (1991, R: Jonathan Demme) aufgesucht wird, ist es nun Will, der sich in einer Zelle befindet und Besuch von seinem nun erkannten Feind erhält. Dass Lecter in diesem Moment geradezu zärtlich auf Will blickt und sein Werk an ihm offenbar für noch nicht abgeschlossen hält, unterstreicht Lecters Ambition einer Autorschaft, die ohne ihr spielerisches Moment oder der Anerkennung seiner Meisterschaft nicht gleichermaßen fortgesetzt werden kann.

Lecters strikt auktoriales Verständnis seiner Herrschaft über sein Werk bestätigt sich in seinem Umgang mit Dr. Abel Gideon, der sich als Nachahmer Lecters

---

75 Hannibal geht es daher um eine Versuchung zum und eine Maskierung des Bösen, wie er im Verlauf der Serie auch anhand einiger Schüler vorführt. Vgl. dazu Hügel, Hans-Otto: «Spielformen des Bösen in der Populären Kultur.» In: Faulstich, Werner (Hg.): *Das Böse heute. Formen und Funktionen.* München 2008, S. 314–315.

versucht und von ihm daraufhin sukzessive verspeist wird, während Gideon selbst mit Lecter an der Tafel sitzt, um ihm einerseits bei der Verköstigung seiner eigenen Gliedmaßen zuzusehen, andererseits von seinem Peiniger in einem Akt größtmöglicher «kulinarischer» Barbarei sogar aufgefordert wird, die Chance seines unweigerlichen Todes dazu zu nutzen, sich doch selbst zu kosten. Lecter bemächtigt sich physisch seines ehemaligen Schülers und macht auch aus ihm eine seiner kulinarischen Kreationen, die im Umkehrschluss Gideons Vernichtung und seine Degradierung im Angesicht des ihn mit verspeisenden Kochs symbolisieren. Das ästhetische Konzept Hannibals fußt auf maximaler Kontrolle seines «Genusses», der nur einem von ihm bestimmten Kreis von Beobachtern und Adressaten zugänglich ist. Die Botschaft hinter diesem Konzept einer gottgleichen Autorschaft besteht in einer Selektion der Sicht- und Unsichtbarkeit: Die Urheberschaft des Originalautors, selbst wenn sie anonym bleiben muss, darf nicht durch ein Plagiat in Verbindung mit einer «gestohlenen» Autorschaft in Misskredit gebracht werden, die sich in die Öffentlichkeit begibt, während sie gerade diesen möglichen Kontrollverlusts über die Werkherrschaft Hannibals als nur für diesen (oder zunehmend auch Will) «lesbaren» Akt kommuniziert. Dieses Spiel um die Macht der Deutungshoheit findet eine seiner signifikantesten Entsprechungen in der zweiten Staffel, in der Will als Gegenspieler von Hannibal versucht, diesen mit seinen eigenen Mitteln der Manipulation zu besiegen und vor der Welt als Killer zu demaskieren. Die Kunst der subtilen Manipulation eröffnet einen zu diesem Zeitpunkt der Serie offenen Deutungskampf, der auch die Figur des Will Graham stärker als Autorenfigur hervortreten lässt, da er nicht mehr – in der Tradition einer Detektivfigur – die Spuren der Morde zu einer Deutungsgeschichte des Tathergangs kombinieren muss, sondern selbst Zeichen setzt, die dann als für das FBI lesbare Spuren zu Hannibal Lecter führen. Nur über eine aktive Autorschaft, die selbst Zeichen setzt, anstatt diese nur in ihrer Nachträglichkeit zu rekonstruieren, ist Lecter beizukommen.

Spuren eines auf Medien und ihre Reflexion bezogenen Wandels finden in HANNIBAL, etwa durch die Sensationsjournalistin Fredricka Lounds, die auf ihrem Blog über spektakuläre Serienmorde berichtet, reduzierteren Widerhall als bei GOSSIP GIRL und CALIFORNICATION. Hannibal, der sich beispielsweise mit der Bibliothek und den antiquarisch anmutenden Möbeln in seiner Praxis gekonnt als Reinkarnation eines kultivierten Dandys inszeniert[76], bedient sich kulinarisch, modisch oder auch bei der Drapierung von Leichen traditionsbewusst ästhetischer Prinzipen der Kulturgeschichte, in die er sich mithilfe seines Werks einschreibt. Seine Stilisierung als Koch geht im wahrsten Sinne über Leichen als Motive seiner kulinari-

---

76 Hannibal als eine Art maskierten Dandy zu betrachten fußt auf der Annahme, dass die Figur des Dandys per se eine Grenzgängerfiguration markiert, die sich über ihre Optik bzw. ihre äußerliche Erscheinungsform definiert. Siehe dazu Tietenberg, Anne Kristin: *Der Dandy als Grenzgänger der Moderne. Selbststilisierungen in Literatur und Popkultur* (= Literatur – Kultur – Medien, Bd. 14.). Berlin 2013, S. 22–86.

schen Autorschaft. Lecters Rezepte und Skizzen avancieren zu Materialisierungen seiner Praxis kultureller Einverleibung, die sich als persönliche Archive von der Flüchtigkeit des digitalen Zeitalters distanzieren. Lecter speichert und dokumentiert seine Rezepte ähnlich akribisch wie die Organe seiner Opfer. Hieran wird der Unterschied zwischen der Sichtbarkeit der Figur und ihrem Wesenskern hinter der Maske erneut offenkundig: Im Unterschied zu seiner Bibliothek, die als Wissensspeicher mit einem Archiv vergleichbar ist[77], zeichnet sich Letzteres dadurch aus, nicht für jeden und stets zugänglich zu sein. Außerdem trifft ein Archivar wie Lecter die Entscheidung, was archiviert werden soll und was nicht. Dass es sich bei einer solchen Selektion, Registration und Formation nicht um einen harmlosen, sondern hochgradig gewaltsamen Akt handeln kann, unterstreichen Lecters Kühlkammern, in denen er sorgsam nur gesunde Organe zum späteren Verzehr aufbewahrt und den Rest entsorgt.[78] Sein archivarisch verwaltetes Wissen wird in Form der Mahlzeiten für eine ausgewählte Gruppe an Gästen publik, ein Einblick in dessen Grundlagen ist jedoch nicht gestattet.

Seine Figuration, die als ein Gegenmodell zu jener modernen journalistischen Kommunikation des Internets lesbar ist, steht für die Möglichkeit einer Gleichzeitigkeit einander scheinbar widersprechender Stilisierungsmodelle in der Gegenwart ein. Denn Hannibals Stil performiert ein Modell der Zeitlosigkeit, das sich nicht an die Schnelllebigkeit des Internets oder anderer Medien anpasst und somit Hannibals Selbstentwurf als einzigartiges Individuum innerhalb der Erzählwelt unterstreicht. Er trägt stets maßgeschneiderte Dreiteiler, wie sie keine andere Figur der Serie im Kontext zeitgenössischer Mode trägt, er fertigt anatomisch präzise Skizzen von Körpern im Stile da Vincis mit Tusche an und archiviert seine Kochrezepte handschriftlich in einer Datei. Kurz gesagt: Wie bei der kulinarischen Verköstigung seiner Opfer stilisiert sich Hannibal über analoge Medien und Artefakte und nicht über digitale oder flüchtige Kanäle. Jede Facette dieser Figur zielt darauf ab, ein figuratives Gegenmodell der Gegenwart der Serie zu verkörpern, wohingegen der Journalismus der Fredricka Loundes auf ein schnell konsumierbares Spektakel und die jeweils an Aktualität gebundene Vergabe von flüchtigen Informationen ausgerichtet ist. Hannibals Figuration erweist sich auch auf dieser Ebene als Widerstreit verschiedener medieninduzierter Verständnisse von Autorschaft zwischen (Online-)Journalismus und einem tendenziell eratischen Kunst und letztlich Kulturverständnis. Dies unterstreicht die dritte Staffel mit Lecters Flucht nach Florenz, in der er sich – passenderweise – eine Stelle als Kulturattaché «erspeist», indem er den bisherigen auf seine gewohnte Art beseitigt. Hannibals Leben in Florenz ist

---

77   Siehe dazu Wirth, Uwe: «Archiv.» In: Roesler, Alexander / Stiegler, Bernd (Hg.): *Grundbegriffe der Medientheorie.* Paderborn 2005, S. 17–18.

78   Zum Themenkomplex Archiv und Gewalt siehe die Beiträge in Weitin, Thomas / Wolf, Burkhardt (Hg.): *Gewalt der Archive. Studien zur Kulturgeschichte der Wissensspeicherung.* Konstanz 2012.

geprägt von seiner Leidenschaft für die Kunst der Renaisance (vor allem die Male-rei Botticellis), die er epochentypisch selbst als eine Wiedergeburt seiner kulina-risch-ästhetischen Selbstkonzeption stilisiert. So fordert er die ansäßigen Intellek-tuellen-Kreise regelrecht mit seinem Wissen über Dante und dessen Werk heraus und hält begeistert aufgenommene Vorträge, um seine intellektuelle Überlegenheit zu demonstrieren. Jedoch bleibt er seinem Muster kultureller Ein- und Verspei-sung treu, da er einerseits sein kulturelles Wissen kommunikativ für hochgradig symbolische und zutiefst zynische Botschaften einsetzt, die jedoch fast immer nur von den Zuschauern als Mitwisser von Lecters Taten verstanden werden können, er andererseits seine Morde allerdings strategisch einsetzt, um sich neben seinem Genuss sehr pragmatische Vorteile wie die Bewahrung seiner wahren Identität zu sichern. Lecter nimmt in Florenz eine gänzlich neue Persona an, setzt sein Spiel mit Will allerdings nahtlos fort, indem er nach wie vor dessen Deutungsfähigkeit der von Lecter gesetzten Zeichenspur in sein Handeln einkalkuliert und sein Erschei-nen in Florenz regelrecht herbeisehnt. Willl und Hannibal werden immer mehr zur jeweils notwendigen Alter-Ego-Funktion des jeweils anderen, obwohl beiden klar ist, dass dies letztlich zur Vernichtung des einen durch den anderen führen muss. Bezeichnend ist dabei vor allem der von Will und auch von allen anderen um Lecter zirkulierenden Figuren geradezu anerkannte Status von Hannibal als gro-ßer Manipulator, dem man sich weder aktiv noch passiv zu widersetzen imstande ist. Eine Anerkennung von Autorität und Autorschaft, die Hannibal nicht nur als Initiator und Durchführer seiner langfristig geplanten Exzesse bestätigt, sondern mithilfe der geradezu mystischen Inszenierung Hannibals in Florenz und seiner historischen Räumlichkeiten unterstrichen wird. Dass im Zuge dessen seine ehe-malige Analytikern Bedelia Du Maurier von Lecter dazu gebracht wird, mit ihm als seine vermeintliche Ehefrau in Florenz zu leben und er somit ihre Reflexionsfunk-tion von der professionell therapeutischen in die private Sphäre verlagert, zeugt von einer Inkorporationsleistung der Autorschaft Hannibals, die nicht an lokale, institutionale oder auch funktional gezogene Grenzen gebunden zu sein scheint. Überhaupt könnte darin die vielleicht größte Leistung der (Selbst-)inszenierung Hannibals liegen: Er muss nicht immer aktiv agieren, um die vermeintliche All-gegenwärtigkeit seines legitimierenden oder sanktionierenden Blicks im Bewusst-sein seiner «Spielfiguren» am Leben zu erhalten. Seine Kontrolle, die sich in ihren Konsequenzen am deutlichsten in den bizarren Körperkonstruktionen – wie etwa einem «lebensgoßen» Herz als Botschaft an Will zu Beginn der dritten Staffel – äußert, und in der Lecter traditionelle Medien wie Briefe oder verschiedene Kul-turtraditionen verwendet, propagiert ein Konzept der «Überzeitlichkeit», das nicht an Aktualität gebunden ist. Doch als sich wandelnde Figur, die den Sprung vom angesehenen Psychotherapeuten in Baltimore zum dozierenden Kulturarchivar in Italien mühelos vollzieht, steht Lecter ebenso für das Konzept einer monströsen Anpassungsfähigkeit, die sich potenziell verschiedenster Medien und Kontexte zu bemächtigen imstande ist und ihre ästhetischen «Grundzüge» selbst unter gänzlich anderen Vorzeichen fortzuschreiben versteht.

Will man nun die Symptomatik hinter der Figur und der Serie HANNIBAL weiter auf das Phänomen kontemporärer Serien an sich weiterdenken, sind die bisher formulierten Befunde außerhalb der Erzählwelt von HANNIBAL auf die Heterogenität des seriellen Medienangebotes übertragbar. Ein Medienwandel oder besser eine Aufwertung der Serie als Medienphänomen findet auch auf der Produktionsebene statt. HANNIBAL exemplifiziert neben weiteren Beispielen wie FARGO, BATES MOTEL oder FROM DUSK TILL DAWN eine ansteigende Fortsetzung und Umschreibung literarischer wie filmischer Vorbilder in Serien. Der Roman wie der Kinofilm drängen ins Fernsehen, um dort als serielles Remake oder Prequel fortgesetzt und auch im dezidiert intertextuellen Austausch mit filmischen wie literarischen Vorbildern (re-)aktualisiert zu werden. Diese Entwicklung innerhalb der Serienlandschaft der letzten Jahre korrespondiert mit Hannibals Autorschaft als Kannibale und Schöpferfigur. Denn er schneidet die Fortsetzung des Lebens seiner Opfer zwar auf der einen Seite ab, motiviert jedoch mithilfe seiner Morde die serielle Fortsetzung der Serie. Bezogen auf Lecters Kannibalismus ließe sich dann folgern: Er inkorporiert die Organe seiner Opfer ebenso wie das Erbe der Filme und Romane, die in der Serie nicht einfach nur reproduziert, sondern spezifisch seriell umgeschrieben werden. Wo standardisierte Krimiserien den Mord als generisch austauschbares Genreprinzip im Kontext der Aufklärung eines Falles simplifizieren, verweisen die Morde in der Serie HANNIBAL auf ein von diesen Standards abweichendes Serienkonzept, das sich über den pervertierten Schöpfergedanken ihrer Hauptfigur erschließt und entfaltet.

Warum eine Typologie (de-)figurativer Autorschaft? – Fragen und Ziele

Die vorliegende Studie nimmt die bisher skizzierten Überlegungen und Untersuchungen als Basis für die Beobachtung eines medialen Wandels, der aufgrund seiner steten kulturgeschichtlichen Präsenz nicht an medienwissenschaftlicher Aktualität verliert. Oder zugespitzter angesetzt: Es geht nicht nur um eine Bestätigung einer wie auch immer gearteten konstanten Aktualität medialer Wandlungsprozesse, ihrer historischen Zäsuren und historiografischen Einordnungen, sondern vielmehr um radikale Erweiterungen und Fortschreibungen, die es nötig machen, sie bezüglich ihrer Konsequenzen für eine immer stärker konvergierende Medienwelt flexibler, gleichzeitig aber differenzierter zu denken. Es geht um die Verhandlung und Inszenierung von fiktionaler Autorschaft, die gerade in kontemporären TV-Serien eine Vielfalt und Ausdifferenzierung erfährt, welche Rückschlüsse auf die Funktionen und Potenziale serieller Inszenierungen und ihren medialen Dispositionen eröffnet.

Fiktive Akteure geben Auskunft über Akte der Vermittlung und deren Wandlungsprozesse. Die prominentesten Vertreter solcher Akteure sind Autoren- und Erzählerfiguren, um die es an dieser Stelle zentral geht. Formen serieller Autorschaft oder besser: Figurationen von Autorschaft in Serie, so eine Hypothese der Untersuchung, vermitteln zwischen den beiden miteinander verwobenen Entwicklungslinien einer reflexiven Verhandlung fiktionaler Autorschaft und den medialen Bedingungen der TV-Serie in ihrer thematischen wie inszenatorischen Brisanz für eine Beschreibung medialer Wandlungsprozesse und der sie historiografisch ordnenden Zäsuren. Die Analyse der Serien CALIFORNICATION, GOSSIP GIRL, PRETTY LITTLE LIARS und HANNIBAL zeigt auf, wie intensiv jede von ihnen bei aller Unterschiedlichkeit ihren eigenen Status als dezidiert kontemporäre Serie zwischen sich wiederholenden, variierenden und rekursiven Elementen thematisiert und sich in die Traditionslinien serieller Erzählformen einschreibt, sie jedoch neu besetzt und umcodiert. Egal, ob Erzähler, Schriftsteller, Journalisten, Drehbuchautoren, aber eben auch selbsternannte Schöpfer und morbide Künstler: Nie war serielle Autorschaft als fiktionales Phänomen medienhistorisch präsenter als in den Serien des aktuellen Jahrtausends.

Die hier analysierten Serien repräsentieren stellvertretend eine Modernität kontemporärer Serien, sich konzeptionell an den Gegebenheiten und Veränderungen der Medienkultur abzuarbeiten und diesen Prozess im Gegensatz zu früheren Serien offensiver zu reflektieren. Die gesteigerte Reflexion setzt die hier veranschlagte Grenze zwischen alter und neuer Serienkultur. Umcodierung von Genrestrukturen und Figurenprofilen (HANNIBAL/Krimiserie/Serienkiller) oder die der modernen Serie meist inhärent eingeschriebene Selbstbeobachtung durch eine entsprechende Erzählinstanz (GOSSIP GIRL/Off-Erzählerin) stehen in diesem Zusammenhang ebenso zu Buche wie die Verhandlung der Bedeutung der TV-Serie in der Gegenwartskultur (CALIFORNICATION/Serie in Serie). Die rekursive Selbstbeobachtung kontemporärer Serien ist gekoppelt an den differenziellen Umgang mit Medien und der Auseinandersetzung mit anderen Medienformen wie dem Film oder der Literatur und deren inhaltlichen, kultursemantischen sowie inszenatorischen Dispositionen.

Was die drei vorgestellten Serien intensiv verhandeln, ist die zentrale Bedeutung von Autorschaftskonzepten und entsprechend in den Serien stark dominanter Autorenfiguren, die als Kulminations- und Anknüpfungspunkte für alle hier angedachten Aspekte fungieren. Pointiert gesagt: Ohne Gossip Girl als ambivalente Figuration zwischen Autorin, Herausgeberin und Off-Erzählerin wäre die Serie GOSSIP GIRL letztlich kaum mehr als eine Ansammlung hochgradig konventioneller Genrestandards der Telenovela. Die Existenz und manipulativen wie rezeptiven Wirkungen von Gossip Girl als auktoriale Instanz eines Blogs sind den modernen medialen Bedingungen der Gegenwart geschuldet. Oder auch hier pointierter: GOSSIP GIRL kann es als Serie in dieser Form nur im neuen Jahrtausend geben. Das hat weitreichende Konsequenzen, da die Aktualität der Serie an ihren Umgang mit Medien und deren Einwirken auf jede Form von Gesellschaft und ihren Individuen gebunden ist. Ebenso entzünden sich an Hank Moodys Figuration als Schriftsteller Probleme kontemporärer Identitätsbestimmungen klassischer Autorschaft, die sich im Zuge eines medialen Wandels verändern muss, um in der Gegenwart bestehen zu können. Denn selbst wenn Literatur, Film oder andere Medien in den Serien einen Platz einnehmen, so ist dieser immer damit konfrontiert, nicht mehr für Aktualität einzustehen und vom Glanz der Tradition zu zehren.

Die Leistung von seriellen Erzählungen als aktuelle Organisatoren von Selbsterfahrungen und Selbstentwürfen werden durch Autoren wie Hank Moody, aber ebenso Autorinnen wie Hannah Horvath aus GIRLS, Belle aus SECRET DIARY OF A CALLGIRL oder einem Creative Director wie Don Draper aus MAD MEN entsprechend ihrer individuellen Lebenssituationen auf die Probe gestellt. Leben bedeutet für diese Figuren ein Leben in Serie, das sich als solche zur Schau stellt und sich im Normalfall einer längeren Laufzeit über Jahre erstreckt und ausbreitet. Problemlösungskompetenzen und Strategien der Figuren können daher wechseln, sich widersprechen oder linear fortfahren. Als Zuschauer einer Serie (er-)lebt man diese Pfade und Lebensentwürfe seiner bevorzugten Figuren und nimmt an ihren Serienbiografien teil. Wie ein Publikum seine Figuren (emotional) erlebt, ist nicht Thema dieser Arbeit. Ganz anders verhält es sich bei der Frage, wie sich eine Serie insbesondere über ihre Autorenfiguren arrangiert und ihre seriellen Muster an ihnen ausrichtet und spiegelt. Diese Konzeption, eine serielle Erzählung in ihrer inszenatorischen Identität unmittelbar mit dem Lebensweg einer Figur zu verschmelzen und in ihrer Entwicklung zum Höhepunkt einer Serienerzählung aufsteigen zu lassen, wird an dieser Stelle mit dem Begriff der Serienbiografie belegt.[1] Ein (auto-)biografisches Konzept der Serie, an dem Autorenfiguren mit ihren Einschreibeprozessen herausragend Anteil nehmen.

In einem nächsten Schritt ist zu prüfen, was Serienbiografien mithilfe ihrer Autorenfiguren über Serien und deren Status enthüllen können: Was verraten ihre Figuration über ihre ideologischen Verfahren und Positionierungen? Ist die Qualitätsserie wirklich so modern, wie sie immer wieder gelobt wird? Die Probleme einer Selbstbeschreibung von und mit Medien wird in kontemporären Serien nicht nur an zeitgenössischen Lebensentwürfen durchexerziert. Serien wie MARCO POLO entwerfen im Rahmen einer Historienserie Erzählungen über Autorschaft unter gänzlich anderen Voraussetzungen. Jede Figur gibt im Akt des Erzählens Auskunft über sich selbst. Unter welchen Bedingungen organisiert sich daher Autorschaft öffentlich wie privat? Inwiefern können Identitätsmuster, wie sie etwa die Literatur in ihrer langen Tradition anbietet, überhaupt noch greifen? Was kann, wird und muss (noch) erzählt werden unter dem Druck eines Wandels, der Individuen und ihr Medienumfeld gleichermaßen erfasst? Autorenfiguren klassischer Prägung tragen ein gewaltiges Problem mit sich herum: Sie müssen erzählen, weil das Konzept der Serie sie dazu zwingt, es von ihnen regelrecht verlangt.[2] Und das immer wieder neu in jeder Episode, die im Modus seriellen Erzählens nicht aus ihrem Korsett aus *Previously on...* bis *Next time on* entfliehen kann.[3] Bricht das Erzählen einer Figur ab, stirbt letztlich die Serienbiografie. Daher lässt sich eine Zuspitzung in diesem

---

1   Zur Theorie der fiktionalen Biografie, die in dieser Studie direkt mit der jeweiligen Serie und deren Entwicklung verknüpft ist, siehe Nünning, Ansgar: «Von der fiktionalen Biographie zur biographischen Metafiktion – Prolegomena zu einer Theorie, Typologie und Funktionsgeschichte eines hybriden Genres.» In: Zimmermann, Christian von (Hg.): *Fakten und Fiktionen. Strategien fiktionalbiographischer Dichterdarstellungen in Roman, Drama und Film seit 1970 (= Mannheimer Beiträge zur Sprach- und Literaturwissenschaft, Bd. 48).* Tübingen 2000, S. 15–35.

2   Zum Verhältnis der Selbsterfahrung durch Narration und deren Potenziale für eine Beschreibung der Gegenwart siehe Prokić, Tanja: *Kritik des narrativen Selbst. Von der (Un)Möglichkeit der Selbsttechnologie in der Moderne. Eine Erzählung (= Literatur – Kultur – Theorie, Bd. 6).* Würzburg 2011, S. 10.

3   Es sei hier nur kurz an die Erzählsituation in «1001 Nacht» erinnert, in der die Erzählerin Scheherazade mithilfe ihrer seriellen Erzählkunst ihre drohende Hinrichtung aufschieben kann, da der Wesir unbedingt wissen möchte, wie ihre Geschichten weitergehen.

Zusammenhang kaum vermeiden: Was verleitet oder besser zwingt Autorenfiguren zur Ausübung ihrer Autorschaft? Autorschaft signalisiert eine Selbstverortung des Subjekts innerhalb der sozialen Bedingungen und historischen Möglichkeiten, die das Handeln einer Autorenfigur potenziert oder limitiert. Serien operieren auf dieser Grundlage mit Figuren, in deren serielle Existenzen sich diese Problemkonstellationen einschreiben. Daher fragen Autoren stellvertretend für die Serie per se danach, was sie (die Figuren wie die Serie) gegenwärtig sind?[4]

Als komplexes Phänomen, so sollte bereits deutlich geworden sein, erfordert das Nachdenken über Autorschaft im Rahmen serieller Konzepte eine Neuausrichtung und Erweiterung bestehender Ansätze und Ausrichtungen. Serien wie THE FALL, THE FOLLOWING, BATES MOTEL oder HANNIBAL stehen für eine Weiterentwicklung eines experimentellen bis radikalen Verständnisses von Autorschaft, das sich unter den Bedingungen der gegenwärtigen Medienkultur nicht mehr über klassische Figurationen des Schriftstellers oder Regisseurs allein erfassen lässt. Ein Kannibale wie Hannibal verkörpert per se die andere, dunkle Seite jeder Auffassung von Kultur und Ästhetik. Dass sich der Typus eines radikal pervertierten Verständnisses von Werk, Autorität und Handeln, wie sie dem Begriff der Autorschaft inhärent sind, mit zahlreichen Negativfiguren wie Serienkillern oder Gangstern seriell fortschreibt, bedeutet vor allem eines: Autorschaft markiert nicht allein einen Akt der Selbstsetzung und Zitation kulturhistorischer Semantiken im Kontext einer Fortsetzung oder Umcodierung. Nein, Autorschaft prädestiniert ein Austesten von Begrenzungen, die im Akt ihrer Überschreitung prägnant sichtbar werden.[5]

Der Begriff der Figuration meint dann neben der Zusammenführung verschiedener Figuren unter einen Oberbegriff in Anlehnung an die soziologische Ausarbeitung durch Norbert Elias in einem ersten Schritt ein dynamisches Netzwerk der Figuren innerhalb ihrer jeweiligen spezifisch zu erfassenden textuellen wie narrativen Relationen.[6] Darüber hinaus gilt es innerhalb eines kulturwissenschaftlich geprägten Verständnisses, Figurationen als sich prozessual konstituierende Einheiten aufzufassen, die sich unter dem Einfluss gesellschaftlicher oder medialer Faktoren in latenten bis ständigen Veränderungs- und Anpassungsbewegungen befinden. Figurationen verändern und überlappen insofern, als dass sie sich neuen Einflüssen anpassen oder sich zu den Einflussfaktoren in irgendeiner Weise stellen. Als Instrumentarium für die Analyse von TV-Serien dient der Begriff der Figuration vor allem dazu, das Zusammenspiel gemeinsamer Figurenmerkmale bei gleichzeitig vorhandenen Abweichungstendenzen als konstitutiven Faktor für die Erarbeitung der Typologie zu berücksichtigen. Das terminologisch bewusst einge-

---

4   Siehe Prokić, Tanja: *Kritik des narrativen Selbst*, S. 13.

5   Zum Motiv des (poetischen) Autors als Übertreter von Grenzen und Schwellen siehe Görner, Rüdiger: *Grenzen, Schwellen, Übergänge. Zur Poetik des Transitorischen*. Göttingen 2001, S. 57–76.

6   Siehe Elias, Norbert: «Figuration.» In: Schäfers, Bernhard (Hg.): *Grundbegriffe der Soziologie*. Stuttgart 2003, S. 88–91.

führte Wechselspiel aus Figuration und Defiguration trägt diesem Umstand Rechnung, denn es wird davon ausgegangen, dass einzelne Figuren durchaus mehreren Kategorien gleichzeitig angehören und in verschiedenen sozialen wie medialen Konstellationen jeweils unterschiedliche Positionen einnehmen können. Figurationen von Autorschaft sind stets in Differenz und Austausch mit ihren Defigurationen zu denken. Der Terminus der Defiguration bezieht sich auf Formen der Radikalisierung von Autorfigurationen, wie sie der Serienkiller paradigmatisch mit seiner mörderischen Autorschaft kennzeichnet.[7]

Autorenfiguren wie Hannibal Lecter oder Gossip Girl dienen als exemplarische Belege und kategoriale Vertreter einer Figuration, wenn sich an ihnen prototypische Merkmale für die Beschreibung weiterer Figurenensembles entweder in Übereinstimmung oder aus der Differenz ergeben. Die einzelnen Kategorien der Typologie müssen in sich so konstruiert sein, dass sie eine mögliche Infragestellung ideologischer und genrespezifischer Konstanten einer Autorenfigur als Defiguration in sich aufnehmen und reflektieren.

Die exakte Zuordnung hängt von der Fokussierung spezifischer Erkenntnisinteressen ab und unterstützt daher den heuristischen Wert der Terminologie als einerseits flexible Konstruktion. Jede Form wissenschaftlicher Erkenntnis ist an die Bedingungen und Beobachtungsfähigkeit ihrer Zeit und ihres Beobachterstandpunktes gebunden. Die Typologie muss daher ein Grundproblem in Kauf nehmen, das jeder Typologie widerfährt, nämlich der konstitutiven Unkenntnis der Zukunft und ihres Einflusses auf die Langlebigkeit der Aussagekraft einer Typologie, die sich aus der Beobachtung von historisch konkreten Gegenständen qua Interpretation zusammenfügt und für einen ebenso konkreten Vergleich mit anderen Typen und ihren exemplarischen Vertretern herangezogen wird. Daher verliert eine Typologie gemäß ihres Gegenstandes auch nie ihren historischen Bezug, obwohl sie eine Abstraktion ihres Gegenstandes vornimmt.[8] Ihr kommt nichts von ihrer Aussagekraft abhanden, da sich diese gerade durch den Abgleich mit historisch vergleichbaren Gegenständen und Typen innerhalb eines fortlaufenden Prozesses erhält und sogar erhöht. Eine Qualität der Abstraktionsleistung einer Typologie besteht schließlich darin, Ähnlichkeiten wie Abweichungen sowohl innerhalb ihrer beobachteten Typen als auch bezüglich der Bildung neuer Varianten aufzuzeigen.[9]

---

7   Auf eine vergleichbare Verhältnisbestimmung der Begriffe Figuration und Defiguration greift beispielsweise Stefan Rieger in seiner Geschichte der Wissenschaften vom Menschen zurück. Auch für ihn sind beide Termini die zwei Seiten einer Unterscheidung. Siehe Rieger, Stefan: *Die Individualität der Medien. Eine Geschichte der Wissenschaften vom Menschen.* Frankfurt a. M. 2001, S. 42.

8   Vgl. dazu auch die theoretischen Überlegungen zu Voraussetzungen und Zielrichtungen einer Typologie in Kirchmeier, Christian: *Moral und Literatur. Eine historische Typologie.* München 2013, S. 124–128.

9   Vgl. dazu auch die Ausführungen aus einer dezidiert literaturwissenschaftlichen Perspektive zur Bildung einer Typologie schriftstellerischer Inszenierungskonzepte und deren historische Entwicklungen in Jürgensen, Christoph / Kaiser, Gerhard: «Schriftstellerische Inszenierungsprakti-

Eines der vorrangigen Ziele der Typologie serieller Autorschaftsfigurationen muss darin bestehen, ihren Arbeitsauftrag empirisch zu plausibilisieren und theoretisch zu bestätigen. Ein erster Schritt in diese Richtung wurde bereits empirisch durch die kursorische Analyse der für die moderne Serie der Gegenwart repräsentativ angesetzten Beispiele CALIFORNICATION, GOSSIP GIRL und HANNIBAL getätigt. Dieser Auftrag lautet in Kombination mit einer These folgendermaßen: Eine Analyse serieller Autorschaft als Grundlage einer Typologie verschiedener Figurationen erlaubt es wie kaum ein anderer Zugang, ein komplexes Phänomen wie die TV-Serie auf ihre fiktionalen Weltentwürfe und deren Verhältnis zu medialen Wandlungsprozessen zu befragen. Auf dieser Grundlage, so eine weitere Annahme, ist es möglich zeitdiagnostische Aussagen über den Status der TV-Serie in der gegenwärtigen Medienkultur zu treffen. Im Sinne einer strukturalen Analyse stehen im Fokus der zu erarbeitenden Typologie sowohl motivische, ästhetische und medienspezifische Typisierungen serieller Autorenfiguren und ihrer Strukturmerkmale, wie sie die jeweiligen Serien sowie deren Rezeption prägen.

Grundvoraussetzung dafür ist die Definition und Diskussion eines modernen Begriffs von Autorschaft, wie er sich durch die eingangs skizzierten Figuren abzeichnet. Ebenso müssen die mit und an ihnen exemplifizierten Wandlungsprozesse auf der Basis eines Begriffs medialen Wandels und dessen Implikationen für das Verständnis kontemporärer (TV-)Serialität überprüft und theoretisch funktionalisiert werden. Über eine dann mit diesen Grundlagen geschärfte Typologie ist es möglich, den Status von Autorenfiguren etwa als handelnde Akteure oder passive Agenten der narrativen Handlung, als Verdichtung spezifischer Motive und Diskurse, als symbolhafte Träger von Zeichenstrukturen oder als Bestandteil und Symptom eines transmedialen oder paratextuellen Wechselspiels zwischen verschiedenen Serienformen zu begreifen. Die Typologie stellt somit ein Begriffsinstrumentarium zur Verfügung, das die Analyse des Phänomens kontemporärer Serien, aber auch einzelner Episoden oder Staffeln bezüglich der Möglichkeiten ihrer Perspektivik verfeinert und hinsichtlich der konstatierten medialen Wandlungsprozesse kontextualisiert. Die Leistung einer solchen Typologie serieller Autorschaft besteht daher in ihrer Fähigkeit zur Abstraktion und Perspektivierung bestimmter Fragestellungen. Die jeweils singulären Darstellungsmodalitäten und Erzählweisen innerhalb der geradezu unüberschaubaren Vielfalt an TV-Serien und transmedial vergleichbarer audiovisueller Phänomene wie Webserien werden mit ihrer Hilfe terminologisch kategorisierbar und somit wissenschaftlich operationalisiert.

ken – Heuristische Typologie und Genese.» In: Dies.: *Schriftstellerische Inszenierungspraktiken – Typologie und Geschichte (Beihefte zum Euphorion 62)*. Heidelberg 2011, S. 9–17.

Making-of der Typologie: Methodik, Analysekorpus und Struktur der Untersuchung

Die Untersuchung konzentriert sich darauf, eine Typologie serieller Figurationen von Autorschaft zu entwickeln und anhand repräsentativer Beispiele für die kontemporäre Serienlandschaft gemäß der bisher vorgestellten Themenkomplexe vorzustellen. Die Typologie basiert auf der Annahme, dass zeitgenössische Autorenfiguren als Repräsentanten eines Wandels der TV-Serie vor allem seit Beginn des 21. Jahrhunderts interpretiert und auf der Basis eines Kategoriensystems zu verschiedenen distinktiv voneinander abgrenzbaren Typen zusammengefasst werden können. Dies kann nur gelingen, wenn die bis heute umtriebig geführte Debatte um das Phänomen Autorschaft auf eine für dieses Unterfangen anwendbare Grundlage komprimiert wird und definiert wurde, was unter Medienwandel und einem Wandel der TV-Serie zu verstehen ist.

Aus diesen Prämissen und Vorleistungen soll sich mithilfe der Beispiele die angesetzte Zäsur der Typologie für den Beginn des 21. Jahrhunderts erklären, da hier Innovationen im Bereich der Serie als solche verstärkt auftreten und sich weiterentwickeln. Um dies genauer zu bestimmen und einzugrenzen, wird auf eine gezielte Analyse von empirischen Autorschaften außerhalb der Serientexte verzichtet, wie sie im Kontext der TV-Serie etwa die bereits benannten Autoren David Chase und David Simon prominent besetzen. Paratextuelle Phänomene finden nur insofern Berücksichtigung, wenn sie Rückschlüsse auf die Rezeption und Interpretation der seriellen Erzählwelten und der in ihnen modellierten Autorenfiguren eröffnen et vice versa. Ebenso verhält es sich mit technischen und distributiven Innovationen wie der Einführung und Ausbreitung von Online-Anbietern wie Netflix oder Amazon oder der Veröffentlichungspolitik im Zuge der DVD oder Blu-ray. Technisch-institutionelle Faktoren, die sich als Zäsuren und Umbruchsituationen sowohl für die Serienproduktion, Distribution und Rezeption innerhalb des Wandels der Serie gravierend bemerkbar machen, werden nur dann behandelt, wenn sich aus den fiktionalen Erzählwelten der Serien selbst heraus Querverbindungen legen oder diese reflektieren. Dies ist beispielsweise dann der Fall, wenn die Serie anhand ihrer verschiedenen Distributionskanäle und vor allem über das Dispositiv des Fernsehens perspektiviert werden kann. Serielle Erzählungen müssen in solchen Fällen darauf befragt werden, inwiefern sie ihre eigenen medialen Dispositionen in ihre Inszenierungen narrativ integrieren.

Der Analysekorpus formuliert vor diesem Hintergrund keinen Anspruch auf Vollständigkeit und speist sich aufgrund seiner dezidiert gegenwartsbezogenen Ausrichtung vorwiegend aus Serien, die in diesem Jahrtausend produziert wurden oder werden. In Anbetracht der Notwendigkeit, das sehr heterogene und vielseitige Angebot an Serien einzugrenzen, muss eine Auswahl an Serien beispielhaft ausgewertet werden, um daraus Schlüsse für die allgemeine Serienlandschaft des 21. Jahrhunderts zu ziehen. Die ausgewählten Serien müssen daher gemäß der Erkenntnisinteressen und heuristischen Ordnungsfunktion der Typologie exemplarisch für andere Serien stehen können, die sich ebenfalls im Rahmen der Typologie subsumieren lassen. Aufgrund der längst transnational und global zirkulierenden Serienproduktion wird auf eine Reduktion der Auswahl im Sinne einer nationalen Serienphilologie verzichtet. Die Auswahl der Serien erfolgt daher weder auf der Grundlage bestimmter Anbieter wie HBO, deren Serien auch in der Forschung der letzten Jahre meist überproportional häufig im Zusammenhang mit Quality TV behandelt wurden, noch nach einem wie auch immer näher gefassten Kriterium der Popularität. Der Erfolg einer Serie bei Zuschauern und einem entsprechend umfassenden Feedback durch Fans, Kritikern und Wissenschaftlern spielt nur insofern eine Rolle, als sich daran entweder Rückschlüsse auf einen Medienwandel der Serie oder des Fernsehens als mediales Dispositiv ziehen lassen. Da der hier veranschlagte und noch näher zu spezifizierende Begriff von Autorschaft ebenso von einer Hybridität ausgeht wie im Falle der zahlreichen Mischformen der kontemporären Serie, gilt zunächst folgende Einschränkung der Textauswahl als Leitlinie: Als repräsentativ für die moderne Serie im Kontext des Analyseziels gelten Serien dann, wenn sich einerseits in ihnen eine Form von Autorschaft konstatieren lässt und diese andererseits gekoppelt ist an einen selbstreflexiven Umgang mit den eigenen Bedingungen und Potenzialen von Autorschaft im Rahmen einer TV-Serie.

Die Analyse der Serien muss sich einem grundsätzlichen methodischen Problem stellen, dass sich aufgrund des seriellen Charakters des Untersuchungsgegenstandes zwangsläufig ergibt. Es handelt sich dabei um die Verfügbarkeit bestimmter Serien und Staffeln, aber auch um das Problem einer textuellen Offenheit vieler Beispiele, die narrativ (noch) nicht abgeschlossen sind. So kann über Hank Moodys Autorschaft oder die Konsequenzen der medialen Bedingungen des Blogs bei Gos-

SIP GIRL durch die Abgeschlossenheit der beiden Serien ein finales Urteil abgegeben werden, während der Weg vieler Serien, die im Rahmen dieser Studie behandelt werden, noch nicht abgeschlossen ist. Die Abgeschlossenheit einer Serie gilt dennoch ebenso wenig als Ausschlusskriterium wie die Verfügbarkeit der Serie als materieller Datenträger. Schon aufgrund einer (vorzeitigen) Absetzung einer Serie oder der Verkürzung einer Staffel, ist es editionsphilologisch nicht möglich, den fragmentarischen Charakter eines Serientextes auszublenden. Ein weiterer Aspekt tangiert den Gegenstandsbereich, den die vorliegende Untersuchung zentral fokussiert, nämlich einen grundsätzlichen Wandel der Serienlandschaft. Da es immer mehr Serien gibt, die sich beispielsweise wie bei den Anbietern Netflix und Amazon als exklusive Veröffentlichung via Online-Streaming definieren, kann das vermeintlich textphilologisch exaktere Angebot einer zitierfähigen DVD-Ausgabe nicht grundsätzlich berücksichtigt werden. Dem Problem einer Nachvollziehbarkeit der Zitation der Serientexte, das sich als methodisches Dilemma auch aus der sehr unterschiedlichen Veröffentlichungspolitik von Serien innerhalb einzelner Länder ergibt, kann auch diese Studie nicht entgehen. Die editionsphilologische Textbasis und ihre wissenschaftliche Nutzung markieren ein methodisch noch nicht zufriedenstellend gelöstes Problem der Serienwissenschaft.

Um die gestellten Aufgaben der Studie methodisch zu bewerkstelligen und zu vertiefen, wird folgender Weg eingeschlagen: Das **erste Kapitel** bietet eine Sichtung einschlägiger Tendenzen und Ergebnisse der Film- und Fernsehforschung zur Serie. Dazu gehört vor allem eine Bestimmung des Fernsehens inklusive seiner medialen Praktiken, um dadurch serieninhärente Faktoren des Wandels herauszupräparieren. Neben der Klärung einschlägiger Fachtermini zur Definition der Serie und der sie als modernes Medienphänomen konstituierenden Faktoren soll verdeutlicht werden, unter welchen Prämissen und theoretischen Applikationen serielle Phänomene wie die TV-Serie wie auch Serialität als theoretisches Phänomen an sich wieder stärker in den Fokus der Wissenschaft rücken und welche Potenziale dies für die Entwicklung der Typologie offeriert.

Das **zweite Kapitel** steht ganz im Zeichen der begrifflichen Erläuterung und theoretischen Erörterung von Medienwandlungsprozessen. Die Typologie erhält hier ein konzeptionelles Profil, das im direkten Anschluss an die Ergebnisse des ersten Kapitels die im Zeitalter der Digitalisierung und Vernetzung veränderten Rahmenbedingungen der Rezeption, Produktion und Distribution als mit entscheidende Bezugspunkte der Fiktionalisierung und Reflexion innerhalb der Serien spezifiziert. Es wird deutlicher, wie Serien einerseits Teil medialer Wandlungsprozesse sind und diese Konstellation wiederum innerhalb ihrer Fiktionen aufgreifen.

Im **dritten Kapitel** wird der Begriff des Autors und der Autorschaft vor dem Hintergrund ihrer eigenen, immer wieder revitalisierenden Wandlungsgeschichte in den Geistes- und Medienwissenschaften diskutiert. Der Autorschaftsdiskurs an der Schnittstelle zwischen empirischem Autor und fiktiver Figur erhält eine besondere Beachtung, da sich aus ihm wesentliche Merkmale der Inszenierung von Autorschaft ableiten lassen. Aus der bisherigen Forschung und den verschiedenen Aktualisierungen rund um das Phänomen der Autorschaft, die sich insbesondere aus filmtheoretischer und literaturwissenschaftlicher Perspektive für den an dieser Stelle angestrebten Definitionsvorschlag ergiebig erweisen, wird anhand weiterer Beispiele ein Kategorienspektrum erarbeitet, das die Grundlage für die einzelnen Formen der Autorfigurationen bildet. Zusätzlich werden die für eine Analyse von Autorenfiguren hochgradig wichtigen Reflexionskategorien Gender und Genre in ihrer medialen Bedeutung für die analytische Leistung der Typologie profiliert.

Das **vierte Kapitel** destilliert die aus den vorangegangenen Kapiteln gewonnenen Erkenntnisse zu einer Typologie, die sich aus den fünf Haupttypen Autor, Erzähler, Creator, Remaker und Agent zusammenfügt. Die Vorstellung der einzelnen Typen erfolgt anhand einiger an sie angeschlossener Serienlektüren, die die Funktionalität der Typologie anhand der Analysen belegen, aber das Ziel verfolgen, über die Einzelanalysen hinaus das Abstraktionsniveau und die Konsistenz der Typologie zu untermauern.

Das **fünfte Kapitel** versammelt wesentliche Konsequenzen, die sich speziell aus der Auseinandersetzung mit Autorschaft und der modernen TV-Serie des 21. Jahrhunderts ergeben. So wird deutlich, wie sich innerhalb des untersuchten Zeitraumes Veränderungen in der wissenschaftlichen Reflexion abzeichnen und welche Potenziale und Anschlüsse mit der Typologie einhergehen. Aufgrund der transmedialen Ausrichtungen zahlreicher Serienuniversen innerhalb einer immer stärker konvergierenden Mediengesellschaft sowie der Annahme einer weiteren Zunahme serieller Erzählformen, verspricht die vorgestellte Typologie unter besonderer Berücksichtigung der jeweiligen Medienspezifik Erkenntnisse über weitere Veränderungen und mediale Überlappungsprozesse.

1 Serialität/TV/Serie(n): Recaps und Cliffhanger der Forschungsgeschichte

Jede TV-Serie muss vor dem Hintergrund ihrer Existenz als serielles Phänomen erfasst werden. Das bedeutet nichts anderes, als dass jede Analyse die spezifische Verfasstheit der TV-Serie als Textphänomen mit ihren seriellen Gesetzmäßigkeiten, Übertragungen und Abweichungen anzunehmen hat. Die Geschichte der TV-Serie setzt zwar im Grunde mit anderen seriellen Phänomenen aus der Frühzeit des Kinos oder des Radios weit vor der Etablierung des Fernsehens als Massenmedium an, bleibt jedoch in ihrer fundamentalen Bedeutung für die Mediengeschichte bis zum heutigen Tag hauptsächlich an die Komplexität des medialen Konzepts Fernsehen und an dessen transmediale Expansionsbewegungen gebunden. Um die Konsequenzen dieser Prämisse zu verdeutlichen, ist es ratsam, die Tragweite des Begriffs Serialität vorzustellen, der als eine Art Überbegriff der TV-Serie und jedes seriellen Phänomens gilt: Serialität ist eine auf «Fortsetzung, Wiederkehr und Ähnlichkeit von Formen und Inhalten basierende Struktur.»[1] Sie operiert stets zwischen «Strategien der Iteration und solchen der Um- und Fortschreibung»[2] und manifestiert sich in medialen Kontexten vor allem als Programmschema im Bereich des Fernsehens, in zahlreichen Filmreihen wie beispielsweise JAMES BOND, oder in der sogenannten seriellen Kunst.

Speziell aus einer umfassenden kulturwissenschaftlichen Sicht heraus bezeichnet Serialität eines der herausragenden Paradigmen der Kultur- und Mediengeschichte, das – auch als nicht rein fiktionales Phänomen – spätestens seit Beginn des 20. Jahrhunderts nahezu jede Form medialer Ästhetik und Produktion affiziert.[3] Medien

---

1 Ulreich, Anne / Knape, Joachim: «Serialität.» In: Dies.: *Medienrhetorik des Fernsehens. Begriffe und Konzepte*, Bielefeld 2015, S. 76.

2 Rothöhler, Simon: «Content in Serie.» In: *Merkur* 68/3, 2014, S. 232.

3 Vgl. Sielke, Sabine: «Transatlantische Serialität: Zur Transformation von Ästhetik, Wahrnehmung und Sinnstiftung im 20. Jahrhundert.» In: Böger, Astrid et al. (Hg.): *Dialoge zwischen Amerika und Europa:*

wie die Fotografie und der Film belegen dies deutlich durch ihren von Anfang an jeweils stark ausgeprägten Hang zu Serien und Fortsetzungen, obwohl sich bereits mit der Zeitschriftenkultur des 19. Jahrhunderts, dem Siegeszuges des Comics oder der seriellen Malerei andere Medien nennen ließen.[4] Dieser Prozess wird maßgeblich angetrieben und mitbestimmt von der zunehmenden Umstellung auf serielle Produktionsbedingungen im Bereich der Ökonomie infolge der Optimierung industrieller Massenherstellung. Ein so grundsätzlich einfaches wie im Detail hochkomplexes Verhältnisprinzip kann wiederum zu Anpassungen und Umstellungen im Bereich der Normierung gesellschaftlicher Zeit- und Verhaltensordnungen führen, da serielle Ordnungsprinzipien eng verbunden sind mit Formen der Ritualisierung, Schematisierung oder der Stabilisierung, und somit streng genommen auf nahezu jeden Bereich des Ablaufs gesellschaftlicher Prozesse und ihrer Kommunikation abgebildet werden können.[5] Dies geschieht zwar nicht zuerst, aber verstärkt zu Beginn der Moderne des 20.Jahrhunderts und bis in kontemporäre Mikroprozesse analoger wie digitaler Kultur hinein. Es soll an dieser Stelle aber nicht um eine detaillierte Rekonstruktion der Auswirkungen oder gar um eine kulturkritische Bewertung dieser historischen Entwicklung gehen.[6]

Stattdessen gilt es, den Blick zu schärfen für das umfassende Potenzial des Phänomens der Serialität, das ganz offensichtlich aufgrund seiner Ausdifferenziertheit auf mehreren gesellschaftlichen und kulturellen Ebenen verortet und weiter spezifiziert werden kann. Mit dem Prinzip der Serialität und insbesondere den zahlreichen Formen von Serien als konkreten Manifestationen dieses Prinzips stehen insbesondere mediale Praktiken zur Diskussion, die sich in ihrer Vielfalt und ihrer Einflussnahme untrennbar mit der Kultur des 20.und 21.Jahrhunderts verbunden haben. Medienkultur, so könnte man als Hypothese formulieren, ist grundsätzlich seriell zu denken. Serien sind daher nicht nur eine Form von Produktion, Ordnungskonstitution oder Distribution. Vielmehr geht es bei seriellen Phänomenen «um die Art und Weise, in der Prozesse der (Re-)Mediation (…), aber auch die Formen individueller und kultureller Erinnerung, die sie in Gang setzen, durch Momente von Serialität geprägt sind.»[7]

Transatlantische Perspektiven in Philosophie, Literatur, Kunst und Musik. Tübingen 2000, S. 243–256 sowie Kelleter, Frank: «Populäre Serialität. Eine Einführung.» In: Ders. (Hg.): *Populäre Serialität. Narration, Evolution, Distinktion. Zum seriellen Erzählen seit dem 19. Jahrhundert.* Bielefeld 2012, S. 11–48.

4   Siehe Sykora, Katharina: *Das Phänomen des Seriellen in der Kunst: Aspekte einer künstlerischen Methode von Monet bis zur amerikanischen Pop Art.* Würzburg 1983 sowie Türschmann, Jörg: «Spannung und serielles Erzählen: Vom Feuilletonroman zur Fernsehserie.» In: Ackermann, Kathrin / Moser Kroiss, Judith (Hg.): *Gespannte Erwartungen.* Berlin 2007, S. 201–221.

5   Siehe Winkler, Hartmut: «Technische Reproduktion und Serialität.» In: Giesenfeld, Günter (Hg.): *Endlose Geschichten. Serialität in den Medien.* Hildesheim 1994, S. 38–46.

6   Siehe dazu Baudrillard, Jean: *Der symbolische Tausch und der Tod.* München 1991, S. 86–88.

7   Sielke, Sabine: «Joy in Repetition. Acht Thesen zum Konzept der Serialität und zum Prinzip der

Mit den bisherigen, sehr kursorischen Ausführungen bereiteten ein Etappenziel vor, das für den Gesamtkontext dieser Studie essenzielle Auswirkungen nach sich zieht. Es handelt sich um eine grundsätzliche Bestimmung der TV-Serie. Dieses heterogene Phänomen gilt es unter dem theoretischen Banner der Serialität und mit Berücksichtigung der Geschichte der TV-Studies theoretisch zu fundieren und in seiner medienkulturellen Relevanz weiter zu diskutieren. Serielle Phänomene wie TV-Serien sind komplexe historische Konstellationen, die auf der Basis verschiedener Relationen zwischen Text, Medium, Technik und Rezeption ablaufen.[8] Jede Relation zwischen diesen Elementen ist Bedingung und zugleich Möglichkeit der Beobachtung von Wiederholung und Varianz.[9] Die Reflexion der Relation(en) innerhalb serieller Phänomene zwischen Text, Bild, Paratext und jeder weiteren spezifisch relevanten Bezugsdimension avanciert vor diesem Hintergrund zur programmatischen Aufgabe jeder wissenschaftlichen Auseinandersetzung mit seriellen Phänomen auf ihren jeweiligen Makro- wie Mikroebenen.

1.1 Reflexionen in Relationen oder: Was ist Serialität?

Serialität markiert als basales Prinzip der Reihung formale, technische, mediale und inhaltliche Beziehungen, die sowohl auf naturwissenschaftlichen, ökonomischen wie geistesgeschichtlichen Relationen zwischen Experiment, Produktion und Wissensordnung innerhalb eines definierten Wechselspiels der Wiederholung und Varianz aufgebaut sind.[10] Da jede Form von Ordnung nur innerhalb einer spezifischen Zeitkonstellation ablaufen kann, kommt diesem Faktor eine herausragende Bedeutung zu, die sich gerade bei seriellen Erzählungen in ihren jeweiligen Erzählzeiten und zyklischen Organisationen widerspiegelt. Es handelt sich dabei also um ein komplexes Wechselspiel, das beispielsweise mit der Pop Art eines Andy Warhol, den Superhelden-Comics aus dem Hause *Marvel* oder *DC* und insbesondere mit der unüberschaubaren Anzahl an TV-Serien ein populäres Eigenleben erlangte, das also die nicht nur sprichwörtlichen Gesetze einer jeweiligen Serie medienspezifisch wie inhaltlich zur Kunstform erhob, sie im Sinne eines medialen Gedächtnisses tra-

Serie.» In: Kelleter, Frank (Hg.): *Populäre Serialität. Narration, Evolution, Distinktion. Zum seriellen Erzählen seit dem 19. Jahrhundert.* Bielefeld 2012, S. 384.

8   Vgl. dazu aus semiotischer Perspektive Decker, Jan-Oliver / Krah, Hans: «Mediensemiotik und Medienwandel.» In: Barmeyer, Christoph et al. (Hg.): *Medien und Wandel. Passauer Schriften zur interdisziplinären Medienforschung, Band 1.* Berlin 2011, S. 63–89.

9   Vgl. dazu Stollfuß, Sven: «Always Already New!? American Quality Television und Fernsehtheorie: Ein Baustellenbericht.» In: Stollfuß, Sven / Weiß, Monika (Hg.): *Im Bild bleiben. Perspektiven für eine moderne Medienwissenschaft.* Darmstadt 2012, S. 89–112.

10   Vgl. Engell, Lorenz: «Fernsehen mit Unbekannten. Überlegungen zur experimentellen Television.» In: Grisko, Michael / Münker, Stefan (Hg.): *Fernsehexperimente. Stationen eines Mediums.* Berlin 2009, S. 15–45.

dierte und dadurch die Gesetze einer Serie und ihrer seriellen Organisation rekursiv beobachtbar machte.[11] Als narrativ strukturierendes Prinzip lässt sich Serialität aus kulturwissenschaftlicher Perspektive in nahezu allen Erzählformen vorfinden. Die TV-Serie stellt eines der wichtigsten Unterhaltungsformate des Fernsehens dar und avancierte spätestens Anfang der 2000er-Jahre zum beliebten Gegenstand medienwissenschaftlicher Auseinandersetzungen. Die kulturelle Vielfalt der unterschiedlichsten Serienformen muss in die Betrachtung des Seriellen einbezogen werden, um Aufschluss über die Vielschichtigkeit der Nutzungsweisen von Serien zu erhalten. Dies schließt dezidiert serielle Techniken wie den Cliffhanger oder das Erzählen in fortlaufenden Kapiteln und Staffelstrukturen mit übergreifenden dramaturgischen Spannungsbögen ebenso mit ein wie die aus einer seriellen Gesamterzählung hervorgehenden Begleit- und textuellen Erweiterungsphänomene Remakes, Sequels, Paratexte oder entsprechende Franchises.[12]

Eine serielle Erzählwelt läuft potenziell in verschiedenen möglichen Abzweigungen und Negationen des bisher Erzählten. Dies erfolgt mithilfe des Einsatzes unzuverlässiger Erzählinstanzen, verschiedener Zeit- und Erzählebenen oder in Form von Prequels, die einen zuvor gesetzten Anfang einer seriellen Erzählordnung in seiner narrativen Funktionsqualität als Ausgangspunkt einer Erzählwelt problematisieren oder destruieren können. Serielles Erzählen zielt aus dieser Perspektive nicht auf endgültige Abgeschlossenheit, sondern auf die potenziell unendliche Fortsetzbarkeit einer Erzählwelt und ihrer Figuren. Mit jeder Episode jedoch wird gleichzeitig – durch die Fortschreibung der Erzählung und ihrer narrativen Konsequenzen – der Erwartungsdruck auf ein Ende hin erhöht: eine Konstellation, die allerdings analog zum Anfang einer Erzählung, ebenfalls problematisiert und wieder negiert werden kann. Serielles Erzählen spielt daher mit dem ambivalenten Gleichgewicht aus bekannten Schemata und deren Variationen.[13] Ein Gleichgewicht, das seine eigene (Un-)Endlichkeit entweder durch die Grundanlage einer Erzählung verdrängt (z. B. Telenovelas als Endlosserien, die aber dann doch irgendwann ihr Ende finden), oder als narratives Problem innerhalb der eigenen Erzählung austrägt und reflektiert (z. B. durch eine Thematisierung der eigenen Endlichkeit bei Dramaserien wie SIX FEET UNDER, THE SOPRANOS oder LOST).[14]

---

11 Vgl. Rothemund, Kathrin: *Komplexe Welten. Narrative Strategien in US-amerikanischen Fernsehserien*. Berlin 2013, S. 40–44.

12 Siehe Fröhlich, Vincent: *Der Cliffhanger und die serielle Narration. Analyse einer transmedialen Erzähltechnik*. Bielefeld 2015, S. 569–613.

13 Vgl. Hickethier, Knut: *Die Fernsehserie und das Serielle des Fernsehens*. Lüneburg 1991, S. 30ff.

14 Siehe auch Schlicker, Alexander: «Anatomien serieller Thanatopraxie: (Über-)Setzungen zwischen Memento Mori und Carpe Diem in der TV-Serie Six Feet Under.» In: Hoffstadt, Christian et al. (Hg.): *Der Tod in Kultur und Medizin (= Aspekte der Medizinphilosophie, Bd. 14)*. Bochum/Freiburg 2014, S. 455–472.

Speziell transmediale Blockbuster-Formate wie das STAR WARS- oder das HERR DER RINGE-Universum, die nicht ausschließlich als (eine) TV-Serie ausgerichtet sind, gehen den Weg einer sich potenziell weit verzweigenden Erzählwelt, die in sich mit ihren flexibel erweiterbaren Narrativen verschiedene Anfänge und Enden entlang eines kanonischen und damit letztlich leitenden Haupterzählstranges integriert.[15] Dadurch erklärt sich einer der Hauptunterschiede zwischen Fortsetzungen von Filmen und Serien, wenn man Filmreihen wie STAR WARS explizit an ihren primären Ort – nämlich das Kino – bindet, und die Serie, wie noch zu diskutieren sein wird, primär als (post-)televisives Produkt betrachtet: Filmfortsetzungen haben meist nur eine sehr lose periodische Abfolge und werden nicht ähnlich regelmäßig gezeigt und ausgestrahlt wie TV-Serien, die sich meist in festen, jährlichen Saisons organisieren und gerade im amerikanischen Fernsehen traditionell außerhalb der Ferienzeit im Sommer starten. Flexibel ausgerichtete Erzähluniversen adressieren mit Filmen, Spielzeug, TV-Serien, Comics oder Computerspielen ein globales Multimediapublikum, sodass ihre Erfolge nicht zuletzt an ihrer seriellen Ausrichtung und den miteinander mehr oder minder stark verflochtenen, für weitere Handlungsbögen konstitutiv offenen Binnenerzählungen festgemacht werden können.[16]

Seriellen Erzählungen wie der TV-Serie ist aufgrund all dieser Aspekte eine konstitutive Spannung zwischen Offenheit und Geschlossenheit eingeschrieben, die ihre medienspezifische Flexibilität und ihre Anpassungsfähigkeit an unterschiedliche mediale Enviroments maßgeblich bestimmt.[17] Der Cliffhanger als eine Erzähltechnik, die eine serielle Erzählung in einem spannenden Moment unterbricht, steht für diese Qualität der Serie ebenso ein wie Techniken des Recaps, die darauf ausgelegt sind, den Rezipienten die Erinnerung an den Moment der abgebrochenen Erzählung und die wesentlichen Inhalte einer Episode wieder ins Gedächtnis zu rufen. Serielle Erzählungen kreieren daher durch ihre Unterbrechungen Momente der Diachronie, die sie wiederum mit der Wiederaufnahme der Handlung in eine Form der Synchronie umschlagen lassen.

Serialität steht somit als mediales, textuelles und ästhetisches Prinzip nicht für eine identische Reproduktion, versucht also nicht wie standardisierte Massenpro-

---

15 Vgl. dazu grundlegend Blanchet, Robert: *Blockbuster, Ästhetik, Ökonomie und Geschichte des Postklassischen Hollywoodkinos.* Marburg 2003 sowie spezifisch an der Schnittstelle Film/Fernsehen Eichner, Susanne: «Blockbuster Television. Neue Serien im Kontext von Produktion, Institution und Ästhetik.» In: Eichner, Susanne et al. (Hg.): *Transnationale Serienkultur. Theorie, Ästhetik, Narration und Rezeption neuer Fernsehserien.* Wiesbaden 2013, S. 45–65.

16 Siehe Rauscher, Andreas: *Spielerische Fiktionen. Transmediale Genrekonzepte in Computerspielen.* Marburg 2011.

17 Vgl. dazu die Bemerkungen zum Begriff des Enviroments bei Marshall McLuhan in Sprenger, Florian: «(Be-)Gründungen und Figurprobleme. Marshall McLuhans Denken über Medien und seine Folgen.» In: Wentz, Daniela / Wendler, Andre (Hg.): *Die Medien und das Neue (= Film- und Fernsehwissenschaftliches Kolloquium, Bd. 21)*, Marburg 2009, S. 81–83.

duktion (beispielsweise von Lebensmitteln) eine Form von Differenz innerhalb einer Produktionsreihe zu verschleiern. Daher ist es im Kontext dieser Ausführungen sinnvoll, zwischen serieller Produktion und Reproduktion zu unterscheiden.[18] Während die Reproduktion als vor allem technisch-ökonomisches Prinzip ganz darauf setzt, ein möglichst identisches Produkt innerhalb einer definierten Serie schon zur Wahrung seiner Funktionalität zu gewährleisten (man denke an das Beispiel eines Fahrzeugs innerhalb einer bestimmten Fahrzeugklasse), versteht man im Kontext serieller Erzählungen oder anderer Kunstformen unter serieller Produktion ein in sich bewusst offenes Prinzip, das zwischen den Polen der Wiederholung und der Variation changiert. Wie Hartmut Winkler in seinen Anmerkungen zur technischen Reproduktion weiter ausgeführt hat, erfüllt die Reproduktion eine Stabilisierungs- und Ordnungsfunktion innerhalb einer Gesellschaft, indem sie Wiederholungsstrukturen in Verbindung mit entsprechenden Erwartungen an ein Produkt bereitstellt. Auch wenn selbstverständlich nicht jedes Konsumprodukt exakt identisch ist, so kommt doch, um ein sehr alltägliches Beispiel zu zitieren, jede Zahnbürste einer Marke bzw. einer bestimmten Serie der Vorstellung von identischer Reproduktion ziemlich nahe.[19]

Ein ästhetisches Produkt wie die TV-Serie kann stets wiederholt gesendet werden. Der im Zusammenhang mit TV-Serien oftmals vorgebrachte Vorwurf ästhetischer Minderwertigkeit aufgrund einer Tendenz zur Reproduktion der immer gleichen Erzähl- und Inszenierungsschematas, wie er gerade bei Genres wie der Telenovela immer wieder erhoben wird, bezieht sich unterschwellig auf die Vorstellung einer industriellen Abfertigung der einzelnen Folgen für eine konstante Auffüllung von Fernsehprogrammen. Der Begriff der Serie bzw. der seriellen (Re-)Produktion suggeriert für viele Konsumenten bis heute latent, dass es sich bei Serien nicht um ein Kunstwerk handelt, das einem einzelnen Autor oder Schöpfer zugeordnet werden kann, sondern vielmehr um ein industrielles Massenprodukt.[20] Doch es gehört zum Kalkül jüngerer TV-Serien, in ihren Inszenierungen symbolische Wiederholungsstrukturen auszubilden und damit diesem Vorwurf offensiv zu begegnen, indem sie – wiebeispielsweise CALIFORNICATION – durch die explizite Thematisierung des eigenen Selbstverständnisses als Serie ihre Wiederholungsstrukturen als solche thematisieren. Durch die Reflexion serieller Strukturen in Form von Aktualisierungen, Umcodierungen oder Brüchen entkräften moderne TV-Serien den Vorwurf mangelhafter Kunstfertigkeit und werten ihre mediale Spezifik als serielles Produkt auf. Selbst bei Remakes geht es nicht um eine exakte Reproduktion, sondern stets um eine Form der Aktualisierung oder Umdeutung, die schon durch ihren kommuni-

---

18 Siehe dazu Winkler, Hartmut: «Technische Reproduktion und Serialität.» In: Giesenfeld, Günter (Hg.): *Endlose Geschichten. Serialität in den Medien.* Hildesheim 1994, S. 38–45.

19 Ebd., S. 40–41.

20 Vgl. Eco, Umberto: «Die Innovation im Seriellen.» In: Kroeber, Burkhart (Hg.): *Über Spiegel und andere Phänomene.* München 2001, S. 155 ff.

kativen Austausch mit dem Original bzw. Prätext keine Reproduktion sein kann.[21] Dies ist gerade für die in dieser Studie primär behandelte Thematik von Bedeutung, da sich speziell Autoren und Erzähler aufgrund ihrer Eigenschaft als (re-)produzierende Figuren dazu eignen, diese Differenzierung von Identität und Alterität der TV-Serie implizit wie explizit zu reflektieren.

Serielle Ästhetiken, wie sie in TV-Serien besonders prominent bildtheoretisch oder genrespezifisch evident werden, nutzen den (kalkulierten) Bruch einer ästhetischen Konvention oder die metaleptisch evozierte Reflexion der eigenen Materialität, Medialität und ihrer Diskursbedingungen als Moment einer Differenzerfahrung innerhalb einer seriellen Ordnung, die sich eben erst durch ein Wechselspiel aus Wiederholung und Varianz ergibt.[22] Denn so wie die Reihung als ästhetisches Prinzip gerade nach der Geschichte der Pop Art nicht mehr als eine «reine» Technik ohne interpretatorische Implikationen gelesen werden kann, ist jede Form des Zusammenspiels oder Bruchs einer Wiederholung durch Varianz (oder eben umgekehrt) in ihren medialen wie inhaltlichen Konsequenzen für eine serielle Ästhetik näher zu betrachten. Genau diese Konstellation bildet die Grundlage dessen, was als serielles Ereignis definiert werden kann. Nur über die dezidierte Abgrenzung einer linear ablaufenden (raumzeitlichen) Struktur von ihren sich wiederholenden Momenten kann ein Ereignis – wie etwa eine Live-Schaltung im Fernsehen anlässlich einer Krisensituation – auch als solches, d. h. als singulär in eine Struktur einbrechendes Moment wahrgenommen und kommuniziert werden.[23]

Serialität schlägt sich nicht nur in allgemeinen Ordnungs- oder spezifischen Programmstrukturen nieder, sondern eben auch in der narrativen, dramatischen und persuasiven Struktur von Serientexten.[24] Daher ist ihr Einfluss auf inhaltliche Ausgestaltungen und Strukturen von zentraler Bedeutung. Es ist daher immer zu fragen, inwieweit Erzählungen durch Serialität in ihren Narrationen geformt und bestimmt werden. Eine solche Fragestellung kommt dann nicht umhin, stets auch institutionelle oder mediale Aspekte einer Erzählung in den Blick zu nehmen. Bereits die basale Differenz zwischen einer werbefinanzierten Programmstruktur im Vergleich zu einer werbefreien kann anhand von Werbeunterbrechungen oder Kürzungen Eingriffe in den Serientext nach sich ziehen.[25]

---

21 Siehe dazu Oltmann, Katrin: *Remake/Premake. Hollywoods romantische Komödien und ihre Gender-Diskurse, 1930–1960.* Bielefeld 2007, S. 11–20.

22 Siehe dazu Bippus, Elke: «Ephemere Differenzbildung in Serie.» In: Blätter, Christine (Hg.): *Kunst der Serie. Die Serie in den Künsten.* München 2010, S. 165–178.

23 Zum Begriff des Ereignisses im Zusammenhang des Fernsehens und der Serie siehe Prokić, Tanja: «Serie und Ereignis. True Detective als visuelles Laboratorium an der Schnittstelle zum Postelevisuellen.» In: Arenhövel, Mark / Besandt, Anja / Sanders, Olaf (Hg.): *Wissenssümpfe. Die Fernsehserie True Detective aus sozial- und kulturwissenschaftlichen Blickwinkeln.* Wiesbaden 2016 (im Erscheinen).

24 Siehe Ulrich/Knape: «Serialität», S. 76.

25 Vgl. dazu Fahle, Oliver: «Im Diesseits der Narration. Zur Ästhetik der Fernsehserie.» In: Kelleter,

1.2 Forschung(en) und ihre Zäsuren: Was ist Fernsehen und was antworten die TV-Studies?

Die folgende Feststellung scheint nur auf den ersten Blick eine Binsenweisheit zu sein: Das Fernsehen markiert den primären Ort der TV-Serie. Ohne den Zusatz des primären Ortes hätte diese Aussage heutzutage nämlich eine ganze Reihe von Einschränkungen und Widerreden zur Folge, die vor einigen Jahrzehnten noch undenkbar schienen.[26] Dies betrifft neben der Stellung des Fernsehens im kommunikativen Alltag von Gesellschaften auch medienästhetische Aspekte wie die Entwicklung audiovisueller Techniken und die transmediale Ausrichtung von Erzählungen, die sich über die strategisch eingesetzte Vernetzung mehrerer medialer Plattformen definieren. So ist denn diese Aussage zunehmend nicht mehr ohne Einschränkungen zu formulieren infolge der Digitalisierung und ihrer Konsequenzen für die Speicherung, Distribution und nahezu beliebig oft wiederholbaren Rezeption von Serien.[27] Die Entwicklung der letzten Jahre tendiert zum heimischen und gleichzeitig mobilen Computer-Entertainmentsystem, das sich mit seinen jederzeit abrufbaren Angeboten wie Mediatheken oder YouTube als eigenständige multifunktionale Angebotsplattform längst nicht mehr dem Primat des klassischen Fernsehens unterordnet.[28] Dennoch behält die Aussage nicht nur historisch ihre Relevanz, weil sich sowohl die Entwicklung der TV-Serie als auch der wissenschaftliche Diskurs dazu nicht ohne den Bezugspunkt des Fernsehens verstehen und wissenschaftsgeschichtlich einordnen lassen.[29]

Das Fernsehen ist medienhistorisch ein vergleichsweise noch junges Medium.[30] Nachdem Mitte der 1930er-Jahre die ersten Sendungen ausgestrahlt wurden, erlebte das Fernsehen seinen Aufstieg zum Massenmedium ab den späten 1950ern, als sich gerade in den USA immer mehr Haushalte einen Fernsehapparat leisten

Frank et al. (Hg.): *Populäre Serialität. Narration – Evolution – Distinktion. Zum seriellen Erzählen seit dem 19. Jahrhundert*. Bielefeld 2012, S. 177.

26 Vgl. dazu Monaco, James: *Film verstehen. Kunst, Sprache, Geschichte und Theorie des Films und der Medien. Mit einer Einführung zu Multimedia*. Hamburg 2008, S. 491 ff.

27 Vgl. dazu Newman, Michael / Levine, Elana: «Fernsehbilder und das Bild des Fernsehens.» In: *montage av. Zeitschrift für Theorie und Geschichte audiovisueller Kommunikation*. Jg. 21, H. 1, 2012, S. 11–40.

28 Siehe etwa Kuhn, Markus: Zwischen Kunst, Kommerz und Lokalkolorit: Der Einfluss der Medienumgebung auf die narrative Struktur von Webserien und Ansätze zu einer Klassifizierung.» In: Nünning, Ansgar et al. (Hg.): *Narrative Genres im Internet. Theoretische Bezugsrahmen, Mediengattungstypologie und Funktionen*. (= *Handbücher und Studien zur Medienkulturwissenschaft 7*). Trier 2012, S. 54–59.

29 Zur Entstehung und Geschichte des (deutschen) Fernsehens speziell aus ökonomischer Sicht siehe Koch-Gombert, Dominik: *Fernsehformate und Formatfernsehen. TV-Angebotsentwicklung in Deutschland zwischen Programmgeschichte und Marketingstrategie*. München 2005, S. 32–160.

30 Siehe etwa Renner, Nikolaus: *Fernsehen*. Konstanz 2012, S. 7 sowie in aller (technik-)historischer Ausführlichkeit bei Abramson, Albert: *Die Geschichte des Fernsehens*. Paderborn 2002.

konnten. Ab den 1960ern wurde das Programm immer stärker ausgeweitet.[31] Dieser gesellschaftliche Wandel, der mit leichter Verzögerung auch in Europa immer stärker zur Akzeptanz des Fernsehens als Leitmedium führte, basiert auf der Leistung des Fernsehens, verschiedene Angebote zwischen Fiktion, Dokumentation und Live-Erleben in sich zu integrieren, und den Zuschauern dies auf einer Vielzahl von Kanälen jederzeit zur Verfügung zu stellen. Diese Spezifik des Fernsehens als Medium erklärt auch seine Widerständigkeit gegenüber Erfassungsversuchen, die sich anhand folgender Aussage der Herausgeber der Grundlagentexte zur Fernsehwissenschaft aus dem Jahr 2004 nachvollziehen lässt:

> Fernsehen ist paradox. Einerseits ist es in unserer Gesellschaft so allgegenwärtig, dass ständig über seine Wirkungen diskutiert wird. Andererseits ist Fernsehen so vielgestaltig, dass es sich jeder präzisen Beschreibung immer wieder zu entziehen scheint.[32]

Die Konsequenz dieser Umschreibung besteht in einer je nach Fachdisziplin unterschiedlich ausfallenden Konturierung der Frage, was denn Fernsehen letztlich sei und mit welchen Forschungsinteressen man sich ihm zu nähern habe. Vor diesem Hintergrund interessieren sich neben genuin fernsehwissenschaftlichen Zugängen, die sich nach dem Aufstieg des Fernsehens etablierten, auch Disziplinen wie die Soziologie, Publizistik, Philosophie oder die Psychologie für die Wirkungsweisen, Institutionen, gesellschaftlichen Reaktionen und die Praktiken des Fernsehens[33], das sich entlang seiner Sende- und Programmstrukturen, seinen technischen Bedingungen (z. B. die Fernbedienung, verschiedene Bildstandards etc.), aber auch empirisch auf der Seite der Rezipienten und ihres Konsumverhaltens untersuchen lässt.[34]

Alle Zugänge teilen letztlich die Überzeugung, dass es sich beim Fernsehen um einen komplexen Gegenstand handelt, der aufgrund seiner ihm inhärenten intermedialen Verbindung zu anderen Medien, Texten und kulturellen Prozessen als Hybridmedium anzusehen ist.[35] Diese Ausgangslage führte in den letzten Jahrzehnten zu einer Vielzahl gerade medienwissenschaftlicher Perspektivierungen auf das Fernsehen als Medium. Geht man etwa von Marshall McLuhans These aus, dass «kein Medium Sinn oder Sein aus sich allein hat, sondern nur aus der ständi-

31 Vgl. dazu Boddy, William: *Fifties Television and Its Critics*. Urbana 1993.

32 Adelmann, Ralf et al.: «Perspektiven der Fernsehwissenschaft.» In: Dies. (Hg.): *Grundlagentexte zur Fernsehwissenschaft. Theorie – Geschichte – Analyse*. Konstanz 2001, S. 7.

33 Siehe dazu etwa Horton, Donald / Wohl, Richard R.: «Massenkommunikation und parasoziale Interaktion. Beobachtungen zur Intimität über Distanz.» In: Adelmann, Ralf et al. (Hg.): *Grundlagentexte zur Fernsehwissenschaft. Theorie – Geschichte – Analyse*. Konstanz 2001, S. 74–104.

34 Siehe dazu etwa Engell, Lorenz: *Fernsehtheorie. Zur Einführung*. Hamburg 2012.

35 Vgl. Rajewsky, Irina O.: «Intermedialität und *remediation*. Überlegungen zu einigen Problemfeldern der jüngeren Intermedialitätsforschung.» In: Paech, Joachim / Schröter, Jens (Hg.): *Intermedialität Analog/Digital*. München 2004, S. 50.

gen Wechselwirkung mit andern Medien»[36], erscheint das Fernsehen durch seinen «Kontakt» mit anderen Medien wie Schrift, Ton oder Bild als paradigmatischer Ort der Bestätigung dieser These. Für McLuhan, der sich als einer der ersten Theoretiker mit dem Fernsehen als Gegenstand der Theoriebildung befasste, ist eine der wichtigsten Funktionen der Medien die Übertragung von Erfahrung in eine neue Form.[37] Somit bestimmen neue Medien entsprechend neue Wege der Perzeption, und schaffen durch die Umformungen medialer Erfahrungen immer neue Verhältnisse.[38] Auf diesem Ansatz McLuhans baut der mittlerweile nicht minder berühmte Ansatz der Remediation von Jay David Bolter und Richard Grusin auf. Sie gehen davon aus, dass heutzutage kein Medium «seems to do its cultural work in isolation from other media, any more than it works in isolation from other social and economic forces.»[39]

In dieser zentralen Annahme ihrer Theorie, welche die intermediale Relation zwischen sämtlichen Medien beschreibt, wird evident, dass Medien zwangsläufig eine kooperative Beziehung zu anderen Medien innewohnt, und dass sich dadurch auch die Betrachtung und Rezeption eines Mediums durch den Einfluss eines anderen verändert. Um von dieser allgemeinen These über Medien einen weiteren Schritt in Richtung von Analysen zu gehen, die sich dezidiert der Fernsehwissenschaft zurechnen lassen, erweist sich McLuhans bekannte Unterscheidung zwischen heißen und kalten Medien als hilfreich. Unter heißen Medien versteht McLuhan solche, die dem Rezipienten eine gesteigerte Dichte an Daten und Reizen bieten, während kalte Medien entsprechend das Gegenteil charakterisiert.[40] Das Fernsehen wird von McLuhan den kalten Medien zugerechnet, da er aus seiner historischen Position heraus von einem recht kleinen, kontrastarmen, oftmals noch schwarz-weißen und instabilen Fernsehbild ausgeht, das sich durch Detailarmut auszeichnet. Entscheidend für die Wirkungsweise des noch «kalten Fernsehens» ist der Grad an Eigenaktivität, den der Zuschauer leisten muss, um die lückenhaften Informationen und Daten des Fernsehens zu ergänzen. Eine Flut an Reizen und Informationen, wie sie heiße Medien versprechen, realisiert sich im Fernsehen erst Jahre nach McLuhans Thesen, die dieser in den 1960ern begleitend zum Aufstieg des Fernsehen formulierte. Neue HD-Geräte bieten beispielsweise einen audiovisuellen Detailgrad, der einen Rezipienten durchaus im Sinne McLuhans übersättigen kann. Hier zeigt sich eine typische Eigenschaft der Theorie McLuhans, nämlich das Selbstverständnis einer medienhistorischen Flexibili-

36 McLuhan, Marshall: *Die magischen Kanäle. Understanding Media.* Basel 1995, S. 50.
37 Ebd., S. 94.
38 Vgl. dazu Weiß, Monika: «Zur Wiederverwertbarkeit von Serien: Mit Marshall McLuhan über das Fernsehen zur DVD.» In: Stollfuß, Sven / Weiß, Monika (Hg.): *Im Bild bleiben. Perspektiven für eine moderne Medienwissenschaft.* Darmstadt 2012, S. 113–126.
39 Bolter, Jay David / Grusin, Richard: *Remediation. Understanding New Media.* Cambridge 1999, S. 15.
40 Siehe Engell: «Fernsehtheorie», S. 38–43.

tät der eigenen Begriffe in seine Theorien zu integrieren. McLuhan geht bei seinen Theorien grundsätzlich von der Wandelbarkeit ihrer Annahmen und Interpretationen aus, die sich im Lauf der Zeit verändern und an die Aktualität der Medien anpassen.[41]

Dieser Anpassungsprozess geht einher mit technischen und gesellschaftlichen Veränderungen innerhalb der Fernsehgeschichte, die wiederum die Theoretisierung und damit die Etablierung von fernsehwissenschaftlichen Zugängen innerhalb der verschiedenen Medienwissenschaften ankurbeln. Auf der einen Seite etablierten sich (medienhistorisch typischerweise) entlang der skeptischen Haltung zum Fernsehen als neuem Medium kulturkritische Ansätze, die das Fernsehen und seine Angebote als Ideologieverbreitung ohne offene Diskussionskultur und echte Beteiligung der Zuschauer kritisierten.[42] Damit einher gingen Ansätze, die den passiven Fernsehkonsumenten als ein von seiner Umwelt entfremdetes Wesen charakterisieren, dessen Aufmerksamkeit und Fähigkeit zur kritischen Reflexion tendenziell negiert wurde. Im Strom der zahlreichen Bilder und Angebote, die der Rezipient im Modus des Zappings oder des Flows jederzeit wechseln kann[43], verändere sich der Weltbezug des Menschen[44], der infolge der Schnelllebigkeit der Bilder nur noch fragmentarische bis unvollständige Eindrücke erhalte.[45]

Auf der anderen Seite entstanden Ansätze und Theorien, die sich zwar ebenfalls auf die Entwicklungspotenziale und Einflüsse des Fernsehens konzentrierten, jedoch nicht von einer kulturkritischen, sondern medienwissenschaftlichen Warte aus argumentierten und nach konkreten, medienimmanenten Ästhetiken und Inszenierungen Ausschau hielten. Dieser zweiten Richtung innerhalb der Auseinandersetzung mit dem Fernsehen, die fachwissenschaftlich durch berühmte Vertreter wie John Caldwell, Raymond Williams, John Ellis oder Stanley Cavell unter dem Begriff der TV Studies Anerkennung innerhalb der Medienwissenschaft

---

41 Vgl. dazu Spahr, Angela (2000): «Magische Kanäle. Marshall McLuhan.» In: Kloock, Daniela / Spahr, Angela (Hg.): *Medientheorien. Eine Einführung.* München 2000, S. 39–76.

42 Als berühmtes, wenn auch im Vergleich zu Kritikern wie Theodor W. Adorno etwas spätes Beispiel siehe Bourdieu, Pierre: *Über das Fernsehen.* Frankfurt a. M. 2002.

43 Zum sehr einflussreichen Konzept des Flow, das sich allerdings nicht primär als kulturkritischer Ansatz versteht, sondern die Eigenzeitlichkeit des Fernsehens und seiner unterschiedlichen Zeitkonzepte für den Zuschauer thematisiert siehe Williams, Raymond: «Die Programmstruktur als Sequenz oder Flow.» In: Adelmann, Ralf et al. (Hg.): *Grundlagentexte zur Fernsehwissenschaft. Theorie – Geschichte – Analyse.* Konstanz 2001, S. 33–43.

44 Am radikalsten (wenn auch nicht nur bezogen auf das Fernsehen) formuliert in der Simulationstheorie von Jean Baudrillard, die von einem zunehmenden Verschwinden der Repräsentationsfunktion und damit einer Abtrennung eines Senders vom Empfänger einer Botschaft ausgeht. Siehe Baudrillard, Jean: «Requiem für die Medien.» In: Ders.: *KOOL Killer oder Der Aufstand der Zeichen.* Berlin 1978.

45 Zu kultur- und machttheoretischen Positionen und ihren Revisionen innerhalb des fernsehwissenschaftlichen Diskurses siehe Stauff, Markus: *Das neue Fernsehen. Machtanalyse, Gouvernementalität und digitale Medien.* Münster 2005.

erlangte[46], kommt auch deshalb eine bedeutende Rolle zu, weil sich an ihr Kontinuitäten und Brüche der Fernsehgeschichte ablesen lassen, die folgerichtig für die TV-Serie wichtig sind. Dies ist gerade dann der Fall, wenn man sich nochmals vor Augen führt, dass das Fernsehen spätestens seit Beginn der 1960er gerade aufgrund zahlreicher Serien und Live-Shows sein erstes Goldenes Zeitalter erlebte[47], an das Robert J. Thompson mit seiner eingangs zitierten Ausrufung eines zweiten Goldenen Zeitalters anschließt.

Vor allem eine mit der fernsehwissenschaftlichen Forschung der letzten Jahrzehnte geradezu performativ mitvollzogene Zäsur ist für den aktuellen Serien-Diskurs relevant: Der sowohl von Umberto Eco wie auch von Francesco Casetti und Roger Odin in die Diskussion eingeworfene Wechsel vom sogenannten Paläo- zum Neofernsehen und die in diesem Zusammenhang aufgestellten Beobachtungen zur Bildlichkeit des Fernsehens von John Caldwell, Stanley Cavell und Oliver Fahle. Diese Diskurstradition, die zugleich einige wegweisende Fragestellungen der Fernsehwissenschaft in ihrer historischen Genese beleuchtet, soll nun näher vorgestellt werden, um als Grundlage für die späteren Serienanalysen dienen zu können.

Die Einsicht, dass sich spätestens mit den technischen Innovationen der Digitalisierung Grundsätzliches an der Bestimmung des Fernsehens verändert, hatte in der Fernsehtheorie radikale Auswirkungen auf die Vorstellung davon, wie Fernsehen überhaupt zu denken sei. Fernsehen wird nun nicht mehr als stabile Einheit betrachtet, deren Wesen man im Zusammenhang einer Ontologie des Mediums vereinfacht erklären könnte. Da sich das Fernsehen – angetrieben von Großereignissen wie der Mondlandung, die zum großen Live-Experiment des Fernsehens avancierte – längst als Medium der Ausweitung und Erneuerung bestehender Erfahrungshorizonte bewährt hatte, musste die theoretische Auseinandersetzung mit dem schaltbaren Bild diesen Entwicklungssprüngen folgen.[48]

Was Fernsehen ist, konnte auch infolge der zunehmenden Ausdifferenzierung in zahlreiche Spartenkanäle und vor allem infolge des Aufkommens des Privatfernsehens in den 1980er-Jahren nicht mehr primär über den technischen Apparat und seine Erweiterungen erklärt werden.[49] Die wissenschaftshistorisch prominenteste Art, mit den Veränderungen des Fernsehens umzugehen, fand auf der Ebene des

---

46 Vgl. dazu etwa Schneider, Irmela: «Medien der Serienforschung.» In: Meteling, Arno et al. (Hg.): ‹Previously on …›. Zur Ästhetik der Zeitlichkeit neuerer TV-Serien. München 2010, S. 56–60.

47 Vgl. dazu etwa die Tradition der Cineserie im Kino nach Weber, Tanja / Junklewitz, Christian: «Die Cineserie. Geschichte und Erfolg von Filmserien im postklassischen Kino.» In: Blanchet, Robert (Hg.): Serielle Formen. Von den frühen Film-Serials zu aktuellen Quality-TV und Onlineserien. Marburg 2010, S. 337–356.

48 Vgl. dazu Engell, Lorenz: «Die kopernikanische Wende des Fernsehens.» In: Bergermann, Ulrike et al. (Hg.): Das Planetarische. Kultur-Technik-Medien im postglobalen Zeitalter (= Mediologie, Bd.23). München 2010, S. 139–154.

49 Siehe dazu auch aus aktuellerer Sicht zur Definition des Fernsehens Bleicher, Joan: «Der Begriff Fernsehen wird auf etwas übertragen, das überhaupt kein Fernsehen ist.» (Interview) In: montage

Fernsehbildes und seiner sich entsprechend der bisher skizzierten Einflüsse wandelnden Bildlichkeit statt. Oder genauer: Auch auf der Ebene der Audiovisualität des Fernsehens, da das Verhältnis von Bild, Ton und Kommentar angesichts der immer zahlreicheren Sender und Programme und im Zuge der vor allem in den USA und Europa zunehmenden Deregulierung des Fernsehens an Brisanz gewann. Spartensender mit spezifischen Schwerpunkten auf Sport, Wirtschaft oder Politik sowie global aufsteigende Kanäle wie der Musiksender MTV, der das Musikvideo zu einer neuen und rasant populär werdenden Medienform erhob, entwickelten ein eigenes Profil, um im Wettbewerb der Sender bestehen zu können. Um sich eine eigene Markenidentität zu verleihen und sich von anderen Sendern abzugrenzen, setzten Sender wie MTV auf eine eigene Ästhetik, die das jeweils anvisierte Publikum ansprechen sollte. Während somit staatliche Sender schon aufgrund der Subventionierung durch die jeweiligen Länder an einer möglichst homogenen Abdeckung aller Zuschauerschichten interessiert sein mussten, konnten Privatsender, solange sie sich selbst durch Werbeeinnahmen refinanzierten, Programme und deren Inszenierung entsprechend variabel auf ihre Zuschauergruppen zuschneiden.

Diese Verschiebung innerhalb des Programmangebots, die nicht folgenlos blieb für die Entwicklung öffentlich-rechtlicher Sender und deren Angebote, nahmen Umberto Eco sowie Casetti und Odin recht früh in den 1980er-Jahren zum Anlass für die Formulierung einer fernsehhistorischen Unterscheidung, die Wissenschaftler wie Caldwell für ihre Überlegungen zum Wandel des Fernsehens heranzogen. Eco unterscheidet zwischen einem «alten» und einem «neuen» Fernsehen, das er Paläo- und Neofernsehen nennt.[50] Allen Ansätzen geht es speziell darum, dass sich das neue Fernsehen selbst zu einer Art Zentrum medialer Erfahrung stilisiert und nicht mehr hauptsächlich daran interessiert ist, eine Art transparentes Fenster zur Welt zu sein, das sich als Medium weitgehend zu invisibilisieren und zurückzunehmen versucht.[51] Das Paläofernsehen war stärker einem pädagogischen Auftrag verpflichtet und folgte kommunikationstheoretisch der Vorstellung einer einseitigen Adressierung der Zuschauer, während das Neofernsehen einen offeneren Weg einschlug. Diese Differenz skizziert Lorenz Engell als ein Phänomen des Fernsehens, das sich auf dessen Ästhetik niederschlug und damit sowohl Sender wie einzelne Sendungen definierte:

> Die Kommunikation [des Paläofernsehens, Einfügung A. S.] ist einseitig vom Sender auf den Empfänger gerichtet, und zwischen beiden besteht ein Wissensgefälle. Informationen fließen vom (allwissenden) Sender zum (passivierten) Empfän-

---

av. *Zeitschrift für Theorie und Geschichte audiovisueller Kommunikation.* Jg. 21, H. 1, 2012, S. 109–114.

50 Siehe Engell, Lorenz: «Fernsehtheorie», S. 44–49.

51 Siehe dazu aus filmtheoretischer Perspektive Elsaesser, Thomas / Hagener, Malte: *Filmtheorie. Zur Einführung.* Hamburg 2007, S. 23–48.

ger. Dem entspricht eine klare Ordnung der Genres und der Sendungen, je nach Wissensbezirk, um den es geht; und dem entspräche auch, von Casetti und Odin nicht eigens aufgenommen, die Eco'sche Transparenz, ein durchsichtiges, unauffälliges und stabiles Bild, das nicht als solches in Erscheinung tritt, sondern völlig hinter das übermittelte Wissen, hinter die Sicht auf die Wirklichkeit (oder Fiktion) zurücktritt. Im Neofernsehen dagegen herrschen partizipative Formen vor. Die Zuschauer werden von Schülern zu Mitspielern in einem Spiel.[52]

Der Unterschied zwischen den beiden Arten des Fernsehens im konkreten Umgang mit dieser Veränderung des Fernsehens als Kommunikations- und Partizipationsmedium lässt sich über das eben Zitierte hinaus primär mithilfe der Audiovisualität des Fernsehens belegen. Mitte der 1990er-Jahre prägte John Caldwell mit seiner Studie *Televisuality* (1995) die Auseinandersetzung mit der Bildlichkeit des Fernsehens bezogen auf genuin filmästhetische Aspekte und ihre Transformationen, wie sie das Neofernsehen gefördert hatte. Er setzte die schon bei Odin, Casetti und Eco wichtige Diskussion um eine Bestimmung ästhetischer Grundkategorien wie Stil, Genre oder Serie fort, wandte sie jedoch noch profunder auf das sich medientechnisch wie ästhetisch wandelnde Fernsehbild an. Das Fernsehbild verweist durch interaktive Shows und Live-Übertragungen intensiv auf sich selbst und macht sich aus medientheoretischer Sicht offensiv als Medium selbstreflexiver Praktiken erkennbar.

Denn das Neofernsehen – repräsentiert durch Sender wie etwa MTV, den Nachrichtensender CNN oder den amerikanischen Sportsender ESPN – inszenierten sich explizit durch die Ausstellung seiner eigenen Bildlichkeit und seinen Umgang mit neuen Techniken (bspe. Splitscreens, durch die direkte Adressierung eines Zuschauerpublikums, durch simultane Text-Bild-Einblendungen und Formen der aktiven Zuschauerbeteiligung am Programm mittels Spielshow-Elementen und Gewinnspielen, die alle Zuschauer sogar durch eingeblendete Quizfragen und weitere direkte Adressierungsarten live verfolgen können.[53] Video- und neue Kameratechniken, höhere Bildauflösungen und -formate steigern somit nach Caldwell die spezifische Inszenierungsidentität des Fernsehens. Es entwickelt sich eine Ästhetik des permanenten Verweisens auf aktuelle und anschließende Sendungen in Form von Einschüben und Unterbrechungen durch Werbeblöcke oder eingeblendete Programmhinweise. So wird weniger die vermeintliche Realität als vielmehr das Programm selbst zur Botschaft, das darauf ausgerichtet ist, sich immer wieder als endlos fortgesetztes Muster im Gedächtnis der Zuschauer wachzuhalten und zu aktualisieren.

---

52 Engell, Lorenz: «Fernsehtheorie», S. 45–46.
53 Siehe dazu auch die historische Aufbereitung bei Gormász, Kathi: «TV Sozial: Vom Must-See-TV zum Must-Tweet-TV.» In: *montage av. Zeitschrift für Theorie und Geschichte audiovisueller Kommunikation.* Jg. 21, H. 1, 2012, S. 42–44.

Das Fernsehen, das sich durch seine selbstreferenziellen Metabilder zur Botschaft stilisiert[54], wird so zu einem scheinbar sozialeren Medium, dessen zuvor abgeschlossener Raum sich in den Raum seiner Zuschauer ausdehnt. Casetti und Odin nehmen an, dass das Fernsehen darauf aus ist, den Studioraum sukzessive auf den Zuschauer und dessen Lebenssphären auszuweiten, um dadurch eine stärkere Programmbindung zu erreichen. Dass dies nicht zu einer Demokratisierung des Fernsehens führt, und dass das Neofernsehen letztlich durch seine Erweiterungen darauf abzielt, seine Profitabilität durch mehr Werbeeinnahmen zu steigern, wurde von Casetti und Odin in ihrer Studie bereits kritisch aufgezeigt.[55] Ebenso sind sich die Autoren einig über die Gleichzeitigkeit der Existenz beider Modellvorstellungen, die sich trotz der stärkeren wirtschaftlichen Ausrichtungen des Privatfernsehens als Überlappung verschiedener Teilaspekte der jeweiligen Pole ergibt. Das Neofernsehen fördert nach Casetti und Odin vor allem die Ausprägung neuer Bildlichkeiten, die sich dann wiederum auf TV-Serien und deren serielle Ästhetiken übertragen.

An diesen Befund schließt sich direkt eine Praxis an, die Adelmann/Stauff in ihren Analysen das Fernsehen als eine weitreichende Praxis der Revisualisierung kennzeichnen. Es handelt sich dabei um Bildformen, die in anderen medialen Konstellationen und Praxisbereichen wie dem Film definiert wurden, aber im Fernsehen eine modifizierte Form der Sichtbarkeit erhalten würden. Eine eigene Identität des Fernsehens, die sich dann aus einer eigenen ästhetischen Tradition speisen könnte, würde so letztlich systematisch untergraben.[56] Spricht man daher im Anschluss an kunsthistorische oder filmästhetische Begriffstraditionen von einem Stil[57], wie er in Caldwells Analysen bereits profiliert wurde, ist der Stil des Fernsehens untrennbar verbunden mit der Tradition des Films: der zunehmend selbstreferenzielle und damit letztlich selbstreflexivere Umgang mit eigenen stilistischen Merkmalen fungiert auch als Unterscheidungskategorie zwischen verschiedenen Medienangeboten seit der Entstehung des Neofernsehens.[58] Die Remediatisierung bzw. die bildästhetische Revisualisierung, wie sie Adelmann und Stauff als grund-

54 Siehe dazu auch Ellis, John: «Fernsehen als kulturelle Form.» In: Adelmann, Ralf et al. (Hg.): *Grundlagentexte zur Fernsehwissenschaft. Theorie – Geschichte – Analyse.* Konstanz 2001, S. 44–45.

55 Siehe Casetti, Francesco / Odin, Roger: «Vom Paläo- zum Neofernsehen. Ein semio-pragmatischer Ansatz» In: Adelmann, Ralf et al. (Hg.): *Grundlagentexte zur Fernsehwissenschaft. Theorie – Geschichte – Analyse.* Konstanz 2001, S. 330–332.

56 Adelmann, Ralf / Stauff, Markus: «Ästhetiken der Re-Visualisierung: Zur Selbststilisierung des Fernsehens.» In Fahle, Oliver / Engell, Lorenz (Hg.): *Philosophie des Fernsehens.* München 2006, S. 69.

57 Besonders einschlägig dazu aus filmhistorischer Sicht Bordwell, David: *Visual Style in Cinema. Vier Kapitel Filmgeschichte.* Frankfurt a. M. 2006, S. 11–64.

58 Zur Differenz zwischen Selbstreferenzialität und Selbstreflexion siehe Kirchmann, Kay: «Zwischen Selbstreflexivität und Selbstreferentialität. Überlegungen zur Ästhetik des Selbstbezüglichen als filmische Modernität.» In: Amann, Frank et al. (Hg.): *Selbstreflexivität im Film (= Film und Kritik, Bd. 2).* Frankfurt a. M. 1994, S. 23–37.

legendes Stil- und damit Identitätsprinzip des Fernsehens festlegen, definiert das Fernsehen als sich wandelndes Medium maßgeblich:

> Bezeichnenderweise resultiert das, was im Fernsehen als Stil prägnant wird, in der Regel aus einer Grenzüberschreitung zu anderen Medien. Während manche Sendungen mit hohen Produktionskosten ästhetische Aspekte des Kinos nachahmen (Caldwell bezeichnet diese stilistischen Performanzen als «cinematic») oder die visuellen Auffälligkeiten der Videotechnologie ausstellen («videographic»), inszenieren andere Sendungen digitale Stile, indem sie beispielsweise Vorgänge durch Computersimulationen rekonstruierender schlicht den Look von Internetseiten (einschließlich eines Mauszeigers) annehmen.[59]

Das Fernsehen nimmt somit vor allem visuelle Formen aus anderen Bildmedien auf und remediatisiert sie innerhalb seiner eigenen Dispositionen. Diese Dispositionen, die zusammengenommen den Stil oder besser: die Stilparameter des Fernsehens betreffen, lassen sich nach Joan Bleichers Konzeption eines Stilbegriffs des Fernsehens in drei Hauptparameter aufteilen: Zwischen der Ebene des Programms (das sich inhaltlich durch einzelne Sendungen und Genres definiert), der Ebene der Technik (die sich mit den apparativen Aspekten des Fernsehens befasst) und den ökonomischen Faktoren lassen sich ästhetische Stilkriterien wie der jeweils spezifische Bildaufbau, die Montage oder weitere audiovisuelle Mittel aufzählen und entsprechend der Gewichtung der Parameter bewerten.[60]

Das Fernsehen als «ein Strom simultaner Ereignisrezeptionen»[61] gewinnt seine mediale Identität hauptsächlich durch den Input anderer Formate (Filme) oder die Übernahme bereits vorhandener Medien und deren Qualitäten. Die fluktuierenden Fernsehbilder, die sich innerhalb der Programmvielfalt und der permanenten Selbstreferenzialität des Programmflusses nicht mehr im Modus der Sukzession, sondern nach Cavell im Modus der Simultanität bewegen, tragen zudem stets infolge des permanenten Flusses der Sendungen ohne definitiven Abschluss des Programms einen (über)zeitlichen Index, den Oliver Fahle mit Transtemporalität bezeichnet und als wesentliche Eigenschaft des Fernsehens als Rezeptionsmedium fundiert:

> Fernsehen ist mit diesen Parzellen verschiedener Temporalitäten besiedelt, denen zudem jeder Zuschauer mit der Fernbedienung eine eigene Dramaturgie verleihen kann. Diese entweder individuell gestaltete oder dramaturgisch in Szene gesetzte Zusammensetzung unterschiedlicher zeitlicher Inseln möchte ich als Transtempo-

59 Adelmann/Stauff: «Ästhetiken der Re-Visualisierung», S. 69.
60 Siehe Bleicher, Joan Kristin: «Medien-Stil = Medienästhetik? Die Bedeutung des Stils für die Medienforschung.» In: Dies. et al. (Hg.): *Fernsehstil. Geschichte und Konzepte* (= *Medialität – Crossmedialität. Beiträge zur Fernseh- und Onlineforschung, Bd. 2*). Berlin 2010, S. 30–31.
61 Cavell, Stanley: «Die Tatsache des Fernsehens.» In: Adelmann, Ralf et al. (Hg.): *Grundlagentexte zur Fernsehwissenschaft. Theorie – Geschichte – Analyse*. Konstanz 2001, S. 144.

ralität bezeichnen, weil sie Sukzession und Simultanität übersteigt ohne sie in eine kohärente Einheit zu zwingen. Die temporalen Formen werden vielmehr in gleicher Weise integriert wie desintegriert. Das Neo-Fernsehen produziert also nicht die Einheit der Differenz von Sukzession und Simultanität, sondern die Differenz der Differenz von beiden.»[62]

Die einzelne Sendung (wie ein in sich narrativ geschlossener Spielfilm) endet zwar in der Sukzession der einzelnen Segmente eines Programms und weist in sich durch die Dauer oder die Frequenz der Sendung eine je eigene Zeitlichkeit auf, die sich nicht aus den spezifischen Zeitstrukturen des Fernsehens und seiner fernsehspezifischen Sendungen (Nachrichtensendungen, Live-Events etc.) erschließt. Doch das gesamte Programm, oder besser die simultanen Programme des Fernsehens laufen permanent weiter in einer konstanten Form der Aktualisierung, Wiederholung oder der Umschreibung des zuvor Gesendeten, etwa durch neue Ereignisse und Kommentierungen.[63] Das bedeutet letztlich, dass sich auch fernsehunspezifische Programmangebote wie Kinofilme (wenn man diese Unterscheidung durch Phänomene wie den sogenannten Amphibischen Film als Zwischenkategorie überhaupt zulässt[64]) in den Programmfluss des Fernsehens integrieren.[65] Daher kommt dem Neofernsehen als Zäsur eine so hohe Bedeutung zu: Hier zeichnen sich die bis zu diesem Zeitpunkt prägnantesten Belege einer ästhetischen Wende in der Betonung der Eigenqualität und in der Inszenierung des Fernsehens ab.

Eine weitere Grundunterscheidung, auf die noch heute zur Differenzierung von Film und Fernsehen als distinktiv unterschiedliche, audiovisuelle Medien- und Rezeptionsformen zurückgegriffen wird, erlaubt es, die Programmstruktur des Fernsehens und damit der Fernsehserie in einer funktionalen Ästhetik zu beschreiben. Es handelt sich um die beiden Rezeptionsformen des *Viewing* und des *Monitoring*, wie sie Stanley Cavell besonders prominent formuliert hat. Monitoring versteht sich nach Cavell als Überwache; als eine Art des ungefilterten Im-Blick-Habens, das dem Fernsehen zugeordnet wird. Diesem ist das Viewing als Beob-

62 Fahle, Oliver: «Die Transtemporalität des Fernsehens.» In: Greiser, Katrin / Schweppenhäuser, Gerhard (Hg.): *Zeit der Bilder – Bilder der Zeit (=Grundlagenwissen Gestaltung, Bd. 2)*. Weimar 2007, S. 136.

63 Zu einer besonderen Berücksichtigung der Tonebene des Fernsehens, die sich für die Adressierung der Zuschauer sogar von der Bildebene durch den Kommentar emanzipieren kann, siehe Altman, Rick: «Fernsehton.» In: Adelmann, Ralf et al. (Hg.): *Grundlagentexte zur Fernsehwissenschaft. Theorie – Geschichte – Analyse*. Konstanz 2001, S. 394–407.

64 Zur Kategorie des Amphibischen Films als (u. a. ökonomisch bedingter) Zwischenform aus Kino- und Fernsehfilm siehe Mikos, Lothar: «Amphibischer Film versus transmediale Erzählung. Zu den komplexen Wechselbeziehungen von Film und Fernsehen.» In: Schick, Thomas / Ebbrecht, Tobias (Hg.): *Kino in Bewegung. Perspektiven des deutschen Gegenwartsfilms*. Wiesbaden 2011, S. 137–144.

65 Vgl. dazu auch Engell, Lorenz: «Das Ende des Fernsehens.» In: Fahle, Oliver / Engell, Lorenz (Hg.): *Philosophie des Fernsehens*. München 2006, S. 137–172.

achten und damit Sichtbar-Werden-Lassen der Medialität des Mediums gegenübergestellt. Diese Form wird tendenziell dem Spielfilm zugeschrieben.[66] Analog
zu Caldwells oder Bleichers Analysen zu einem Stilbegriff des Fernsehens geht
es bei Viewing und Monitoring darum, das Fernsehen entlang seiner Qualitäten
der Remediatisierung als eigenständiges Medium zu beschreiben und insbesondere vom Film abzugrenzen. Dies ist für die hier vorgestellte Gesamtthematik von
Bedeutung, da Remediatisierung, wie die Erneuerung des Fernsehens durch das
Neofernsehen, einen weiteren Blick darauf eröffnet, wie sich das Fernsehen einerseits als Medienkonzept wandelt, andererseits aber auch stets durch sich überlap-
pende Tendenzen seinen Charakter als Hybridmedium bewahrt.

Die Kombination der beiden Kategorien des Viewing und des Monitoring im
Kontext einer bildtheoretischen Unterscheidung basiert unter anderem auf der
Vorstellung des Spielfilms als geschlossener dramaturgischer Erzählform, die sich
vom Fernsehen auf dieser Ebene abgrenzen lässt. Oliver Fahle entwickelt die beiden Begriffe mit Rückgriff auf Casetti/Odin, Caldwell und Cavell zu einer Bildthe-
orie des Fernsehens weiter, um auf eine wesentliche Qualität und Potenzialität des
Fernsehbildes aufmerksam zu machen. Fahle geht es nämlich darum, das Fernsehbild in historischer Kontinuität zum Tafelbild der Malerei und des Films als ein Bild
zu denken, das sich über mehrere Dichotomien definiert, die bezeichnend für die
Moderne sind. Dies beinhaltet etwa das bereits angesprochene Spannungsfeld von
Simultanität und Sukzession oder das Verhältnis von bildlicher Zentrierung und
Dezentrierung, die beide für die Rezeption eines Bildmediums und seiner Darstel-
lungen theoretisch hochgradig relevant sind:

> Viewing meint einen Modus des Sehens, der von einer Fokussierung des Blicks
> getragen ist. Auf die Entstehung eines Bildes bezogen, meint Fokussierung die Kon-
> kretion des Blicks, die sich vor allem über die Kadrierung und Komposition her-
> stellt. Der Film ist also eine Sukzession von Fokussierungen, die in ihrem Zusam-
> menspiel eine Welt darstellen, womit in diesem Zusammenhang gemeint ist, dass
> eine Beziehung zwischen den Bildern entsteht und die Welt damit endlich und
> begrenzt ist – durch die Grenzen nämlich, die der Film mit Anfang und Ende
> immer selbst setzt. Monitoring dagegen ist ein kaum kadriertes und komponiertes
> Sehen und damit eigentlich gar kein Blick oder auch kein Bild, sondern ein offenes
> Sichtbares, das zugleich für mehrere Vorgänge offen ist, da es nicht einen einzigen
> allein fokussiert. Es ist also ein Simultanraum, der nicht eine begrenzte Welt sicht-
> bar macht, sondern offen ist, ein Ereignisraum also. Vorgänge können hier auch
> und vor allem an beliebigen Punkten wahrgenommen werden oder auch nicht.[67]

---

66 Siehe Cavell, Stanley: «Die Tatsache des Fernsehens», S. 144–163.
67 Fahle, Oliver: «Das Bild und das Sichtbare. Eine Bildtheorie des Fernsehens.» In: Fahle, Oliver /
    Engell, Lorenz (Hg.): *Philosophie des Fernsehens*. München 2006, S. 88.

Bezogen auf das Fernsehbild bedeutet dies letztlich folgende, nur auf den ersten Blick paradox anmutende Konsequenz: Das Fernsehbild zeigt nicht nur; es verweist auch ständig auf das, was Fahle mit Rückgriff auf Maurice Merleau-Ponty das Sichtbare nennt; nämlich auf ein Feld des Möglichen, aus dem «die Bilder kommen und in das sie vielleicht zurückkehren. Es ist das Außen des modernen Bildes.»[68] Es geht somit nicht nur um das, was ein Bild konkret zeigt oder zumindest anzeigt, sondern um das, was der Rezipient an möglichen weiteren Bildern und Möglichkeiten des Sehens außerhalb des konkret Sichtbaren erkennen oder erahnen kann.[69] Während das jeweils konkrete Bild einen spezifischen historischen und medialen Ort markiert und als eine Art Dokument bestimmter Raum- und Zeitbegriffe lesbar ist, steht das Sichtbare eines Bildes für den Sprung und die selbstreflexive Thematisierung der Grenzen des Bildes und des in ihm konkret Sichtbaren. Das Fernsehen trägt diese Potenzialität einer Sichtbarkeit außerhalb des Bildes seit Anbeginn des Neofernsehens verstärkt in sich aus und steht damit laut Fahle für eine Art des Sehens, die das Medium Fernsehen von anderen Medien wie dem Spielfilm unterscheidet.

An dieser Stelle wird ebenfalls deutlich, dass sich das Fernsehen nicht als eine häusliche Verkleinerung des Kinos begreifen und in seinen Wirkungen oder gar in seinen Entwicklungen erfassen lässt. Sämtliche Formen des Betrachtens des Fernsehens (das Sehen, der Blick, die Praktiken der Selbstreferenz, das Monitoring) als komplexes Wechselspiel von Audiovisualität, Apparat und Institution fordern ebenso wie die Formen des interpretativen Umgangs eine wissenschaftliche Pragmatik, die «nicht zur Gänze nach dem Modell der Textualität»[70] verfasst sein darf, und die der reproduzierenden und remediatisierenden Qualität des Fernsehens inklusive seiner (Um-)Schaltbilder gerecht wird. Friedrich Kittler hat bereits festgestellt, dass die Schaltbarkeit von Bildern mitunter den markantesten Einschnitt in der Geschichte der Medien bedeutet, da ein permanentes Umschalten der Bilder im dauerhaften Gebrauch eine Innovation darstellt.[71]

An der Schnittstelle der Schaltbarkeit wird zwischen der technischen Ontologie des Apparates und dessen psychosozialer Relevanz sowie dessen Rolle in der Gesellschaft vermittelt. Doch mit diesem komplexen Wechselverhältnis ist eine Diskussion des Fernsehens gerade in Zeiten der Konkurrenz mit anderen Medienformaten wie YouTube, die sich auch televisueller Inszenierungen bedienen, alles

68 Fahle, Oliver: «Das Bild und das Sichtbare. Eine Bildtheorie des Fernsehens» , S. 84.
69 Womit eine enge Verbindung zu Foucaults Analysen zum Sicht- und Sagbaren innerhalb einer Kultur und im Rahmen eines Diskurses naheliegen. Siehe dazu Foucault, Michel: *Die Malerei von Manet*, Berlin 1999, S. 27ff.
70 Mitchell, W. J. T.: «Der Pictorial Turn.» In: Kravagna, Christian (Hg.): *Privileg Blick. Kritik der visuellen Kultur.* Berlin 1997, S. 19.
71 Siehe Kittler, Friedrich: «Nur was schaltbar ist, ist überhaupt.» In: *werk und zeit. Vierteljahresschrift des Deutschen Werkbundes.* Jg. 38, H. 1, 1990, S. 6–8.

andere als beendet. Mit der Videotechnik, der Digitalisierung und dem Internet als Massenphänomen in allen Bereichen einer mediatisierten Gesellschaft haben sich Darstellungsweisen in sämtlichen medienästhetischen Feldern des Audiovisuellen verändert.[72] Was Fernsehen unter diesen Vorzeichen bedeutet, ist abhängig vom jeweiligen Blickwinkel.[73] Die intermedialen Zwischenspiele zwischen alten und neuen Medien, die sich in einer unüberschaubaren Formenvielfalt präsentieren, stellen das Fernsehen als Apparat, mediale Institution und Rezeptionsmodus stets vor die Aufgabe einer Anpassung und Neuausrichtung auf der Basis seiner Strukturen. Der Fernsehapparat hat in den letzten Jahren durch Flachbildschirme, HD- und Smart-TV eine mehr als offensichtliche Anpassung an die Internetkultur erfahren, und die aktive Einbindung von Second-Screen-Angeboten findet in immer mehr Sendungen statt. Dies führt zu neuen Möglichkeiten der Vernetzung verschiedener Geräte mit ihrer jeweiligen apparativen und rezeptiven Eigenlogik, was wiederum zeitliche wie räumliche Neuorganisationen medialer Inszenierung nach sich zieht. Die Tendenz des technisch-inhaltlichen Wandels verläuft daher nicht einseitig. Auch Blogs und Chanels auf YouTube oder dem Computerspielportal Twitch integrieren serielle wie visuelle Standards des Fernsehens und der TV-Serie. So muss jeder Wandel relational entlanh verschiedener morphologischer Austauschprozesse betrachtet werden und nicht eindimensional als eine Art Teleologie der Mediengeschichte.[74] Fernsehen ist daher ebenso apparative Anordnung wie Rezeptionsmodus, gleichzeitig permanente Remediation wie Programmstruktur mit einzelnen Sendesegmenten inklusive einer medienhistorisch längst ausgeprägten Diskussions- und Erinnerungskultur, die das Fernsehen sowohl zum Ort wie zum Objekt medialer Selbstreflexion avancieren ließ.[75]

Dieses Kapitel sollte einerseits aufzeigen, wie vielfältig das Schaltbild des Fernsehens gedacht wurde und im Zuge kontemporärer Medienentwicklungen zu den-

---

72 Zur Grundsätzlichkeit der auch historisch belegbaren und nach wie vor zunehmenden Mediatisierung speziell westlicher Gesellschaften siehe etwa Krotz, Friedrich: «Einleitung: Projektübergreifende Konzepte und theoretische Bezüge der Untersuchung mediatisierter Welten.» In: Ders. et al. (Hg.): *Die Mediatisierung sozialer Welten. Synergien empirischer Forschung.* Wiesbaden 2014, S. 8–15.

73 So ließe sich das Fernsehen auch abstrakt und auf seine Funktion als audiovisueller «Sehapparat» reduziert als mediales Blickregime neben zahlreichen weiteren Sehanordnungen wie dem Panoptikum oder dem Spiegel begreifen. Vgl. dazu Tholen, Georg Christoph: «Auge, Blick und Bild. Zur Intermedialität der Blickregime» In: Elia-Borer. Nadja et al. (Hg.): *Blickregime und Dispositive audiovisueller Medien.* Bielefeld 2011, S. 19–30.

74 Siehe dazu das Konzept der Morphologie der Medien bei Leschke, Rainer: *Medien und Formen. Eine Morphologie der Medien.* Konstanz 2010, S. 127–232.

75 Einschlägige Metafilme wie etwa THE TRUMAN SHOW (USA 1998, R: Peter Weir) oder ED TV (USA 1999, R: Ron Howard) belegen dies, da sie als Kinofilme verschiedene Fernsehformate zentral thematisieren und damit reflektieren. Siehe dazu Gotto, Lisa: «Nahsicht und Fernblick. Fernsehen im Film.» In: Kirchmann, Kay / Ruchatz, Jens (Hg.): *Medienreflexion im Film. Ein Handbuch.* Bielefeld 2014, S. 153–172.

ken ist. Andererseits sollte mit den Ausführungen zum Fernsehen als komplexem Medium, das seine eigenen Wandlungsprozesse in seinen Sendungen geradezu «anschaulich» ausstellt und reflektiert, der Boden bereitet werden für die TV-Serie als einem der wichtigsten Angebote, das diesem Wandel inhaltlich wie medial Rechnung trägt. Denn nur über die Kenntnis der medialen Voraussetzungen und Spannungsverhältnisse, wie sie etwa anhand der Unterscheidung von Viewing und Monitoring und vor allem am Beispiel der selbstreferenziellen bis selbstreflexiven Tendenzen des Neofernsehens als fernsehhistorischer Zäsur vorgestellt wurden, lassen sich die Serientexte als Beispiele und Transformatoren einer seriellen Logik televisueller Ästhetik begreifen.

1.3 Serienbiografien zwischen Series und Serials: Begriffe, Variationen, Distinktionen

Das Fernsehen zeichnet sich auf der Ebene seiner Programmangebote im Wesentlichen durch eine Taktung und «Rhythmisierung des Zeitflusses»[76] aus. Innerhalb dieser Taktung, die beispielsweise durch feste Programmsegmente wie Werbung, Nachrichtenformate oder Trailer strukturiert wird, stechen TV-Serien als ästhetische Erzählformen aufgrund ihres Hybridcharakters hervor. Als prominenter Repräsentant der seriellen Logik des Fernsehens zwischen Wiederholung und Varianz bietet die TV-Serie eine populäre Möglichkeit, «Aufmerksamkeit zu binden und in den Prozess der Wahrnehmung und Erfahrung einzugreifen.»[77] TV-Serien stellen daher eine optimale Verbindung und Vermittlungsfunktion dar zwischen der Fernseh- und einer dezidierten Seriengeschichte.[78]

Basistexte wie Robin Nelsons Studie *TV-Drama in Transition. Forms, Values and Cultural Change* (1997) prägten und entfachten eine Neugier an Serien des Quality TV. Der in seiner ideologischen Doppelbödigkeit problematische Begriff avancierte in den folgenden Jahren zur Speerspitze einer wissenschaftlichen Auseinandersetzung mit kontemporären TV-Serien. Die These einer im Vergleich zu früheren Fernsehformen gesteigerten narrativen wie inszenatorischen Komplexität wurde zum Ausgangspunkt vieler Studien, die sich theoretisch wie empirisch mit Serien beschäftigten.[79] Die TV-Serie, die (wie bereits angesprochen) lange aufgrund ihrer

---

76 Zitko, Hans: «Der Ritus der Wiederholung. Zur Logik der Serie in der Kunst der Moderne.» In: Hilmes, Carola / Mathy, Dietrich (Hg.): *Dasselbe noch einmal. Die Ästhetik der Wiederholung*. Opladen/Wiesbaden 1998, S. 159.

77 Ebd., S. 165.

78 Siehe Schabacher, Gabriele: «Serienzeit», S. 19.

79 Zu einem entsprechenden Überblick siehe beispielsweise Rothemund, Kathrin: «Komplexe Welten», S. 12–44.

scheinbaren kulturellen Minderwertigkeit keinen Platz in der Wissenschaft fand[80], avancierte zum Ausgangspunkt einer breiten Debatte über Qualitätsserien, die sich nicht nur um die kritische Aufarbeitung von Inhalten und Ästhetiken früherer Serien bemühte, sondern zunehmend auch das Konzept des Fernsehens als Dispositiv sowie die trans- und intermediale Qualität serieller Erzählmuster in den Blick nahm. Die Serienforschung der letzten Jahre konzentrierte sich unter anderem darauf, einzelne Serien als moderne Großerzählungen und als offene, fortlaufende oder abgeschlossene Werke mit ihren jeweiligen Rezeptionskulturen und Anforderungen zu untersuchen.[81] Ebenso wurden Serien unter dem Label der *Cinematic Series* ästhetisch mit Kinofilmen verglichen und als Erweiterung oder Spezifizierung filmästhetischer Konzepte nobilitiert.[82] Serien wie TWIN PEAKS oder THE SOPRANOS wiederum werden aufgrund ihrer komplexen, modernen und hochgradig reflexiven Bezüge als Vertreter eines epochalen Umbruchs für die Historiografie serieller TV-Erzählungen charakterisiert[83] und als Archetypen für weitere Qualitätsserien und deren Anpassungsfähigkeit an eine globale Konsumentenschaft herangezogen.[84] In all diesen Diskursen spielen die Zeitlichkeit als distinktives Merkmal des Seriellen sowie die narrativ-inhaltlichen Zeitstrukturen der Serien (Flashbacks, Recaps, Cliffhanger, textuelle Schwellenphänomene wie Trailer[85] oder Serien-Credit[86]) eine ähnlich wichtige Rolle wie die Strukturierung von Zeitlichkeit auf der Ebene der Rezeption, Distribution und der Organisation von Serien. Aber auch Untersuchungen, die sich speziell der Bildlichkeit der Serie zwischen Kino, Fernsehen und anderen Formaten widmen, wird mittlerweile ähnlich viel Beachtung geschenkt wie der detaillierten Aufarbeitung populärkultureller und paratextueller Phänomene. Doch wie ist die Serie oder besser «das Serielle» der Serie zu definieren? Diese Frage schließt unmittelbar an die zuvor angestellten Überlegungen zur Serialität an, muss sich aber zunehmend auf den konkreten Gegenstandsbereich der TV-Serie zubewegen.

---

80 Als einer der ersten Wissenschaftler thematisiert Stanley Cavell die Scheu der universitären Wissenschaft vor einer Auseinandersetzung mit dem Fernsehen. Siehe Cavell, Stanley: «Tatsachen des Fernsehens», S. 125–164.

81 Siehe dazu Griem, Julika: «Zwischen deutschem Gesellschaftsroman und The Wire. Das Werk-Potenzial des Tatort im Kontext internationaler Referenzen.» In: Hißnauer, Christian et al. (Hg.): *Zwischen Serie und Werk. Fernseh- und Gesellschaftsgeschichte im Tatort*. Bielefeld 2014, S. 385–389.

82 Siehe Thompson, Kristin: *Storytelling in Film and Television*. Cambridge/London 2003.

83 Siehe etwa die Beiträge in Lavery, David et al. (Hg.): *The Essential Sopranos Reader*. Kentucky 2011.

84 Siehe etwa besonders bekannt bei Mittell, Jason: «Narrative Komplexität im amerikanischen Gegenwartsfernsehen.» In: Kelleter, Frank (Hg.). *Populäre Serialität: Narration – Evolution – Distinktion. Zum seriellen Erzählen seit dem 19. Jahrhundert*. Bielefeld 2012, S. 97–122.

85 Mengel, Norbert: «Gemieden und geschnitten. Vor- und Abspanne in den Fernsehprogrammen.» In: Hickethier, Knut / Bleicher, Joan (Hg.): *Trailer, Teaser, Appetizer. Zu Ästhetik und Design der Programmverbindungen im Fernsehen*. Hamburg 1997, S. 241–260.

86 Prokić, Tanja / Schlicker, Alexander: «Vor der Serie. Eine Typologie von Opening Credits» (Typoskript).

Eine der gängigsten Definitionen des Seriellen stammt von Tanja Weber und Christian Junklewitz, und betrachtet Serien stets vom Medium unabhängig: «Eine Serie besteht aus zwei oder mehr Teilen, die durch eine gemeinsame Idee, ein Thema oder ein Konzept zusammengehalten werden und in allen Medien vorkommen können.»[87] Eine basale Definition wie diese schließt trotz ihres Bezugs zur Serie an den globaleren Begriff der Serialität an und inkludiert potenziell alle seriellen Phänomene, wie sie auch innerhalb serieller Erzählkonzepte trans- und intermedial vorkommen. Weber/Junklewitz plädieren demnach dafür, die kulturelle Vielfalt der unterschiedlichsten Serienformen in die Serialitätsforschung einzubeziehen, um Aufschluss über die Entwicklung von Serien und ihren jeweiligen Formaten zu erhalten.[88] Um speziell die TV-Serie als serielles Phänomen näher definieren und typologisch sortieren zu können, ist es nötig, einen profunderen Blick auf die Begriffsdiskussion der letzten Jahre in diesem Bereich zu werfen. Denn diese gibt zusätzlich Aufschluss über den Stand der gegenwärtigen Serienforschung (in Verbindung mit den TV Studies) und verdeutlicht, welche Implikationen mit der grundsätzlichen Ausdifferenzierung spezifischer Serienbegriffe einhergehen.

Insbesondere ein Blick auf einschlägige Studien zu einer Systematisierung prägnanter Präsentationsformen im TV-Bereich, wie sie prominent von Knut Hickethier oder Jörg Türschmann erarbeitet wurden, eröffnet produktive Perspektiven und Anschlussmöglichkeiten für die nähere Bestimmung der Serie und ihrer Variationen. Die in der Forschung standardisierten Unterscheidungsbegriffe der Episoden-(*Series*) und der Fortsetzungsserie (*Serial*) markieren Gegenpole, die in der Praxis seriellen Erzählens nur selten in Reinform auftreten. Diese beiden Extreme sind als doppelte Formstruktur der Serie zu begreifen, die zeitlich wie inhaltlich begrenzte Einheiten bietet, sich aber gleichzeitig auf einen größeren, vom Zuschauer häufig gekannten Gesamtzusammenhang bezieht.[89] Damit wird der historisch vielfältigen Ausprägung hybrider Serienformen Rechnung getragen, wie sie insbesondere in den letzten 20 Jahren zu beobachten ist.[90]

Ebenso verhält es sich mit Hickethiers Auflistung der – seiner Ansicht nach – im Fernsehbereich dominanten Grundformen des seriellen Erzählens, zu denen er beispielsweise den Mehrteiler, die Daily- bzw. Reality-Soap oder TV-Reihen zählt.[91] All diese Formen zeichnen sich durch eine nicht eindeutig voneinander abzugrenzende

87 Weber, Tanja / Junklewitz, Christian: «Das Gesetz der Serie – Ansätze zur Definition und Analyse.» In: *MEDIENwissenschaft: Rezensionen | Reviews.* 2008, H. 1, S. 18.

88 Zur Serialitätsforschung beispielsweise im Bereich des Computerspiels siehe Schlicker, Alexander: «Serialität – Spiel – Game Studies. Zu Formen, Distinktionen und Potenzialen der Game-Serie.» In: Hennig, Martin (Hg.): *Spielzeichen.* Glückstadt 2016, S. 193–211.

89 Siehe Hickethier, Knut: *Die Fernsehserie und das Serielle des Fernsehens.* Lüneburg 1991, S. 10.

90 Siehe Weber, Tanja / Junklewitz, Christian: «To be continued ...Funktion und Gestaltungsmittel des Cliffhangers in aktuellen Fernsehserien.» In: Meteling, Arno et al. (Hg.): ‹*Previously on ...*›. *Zur Ästhetik der Zeitlichkeit neuerer TV-Serien.* München 2010, S. 117.

91 Siehe Hickethier, Knut: *Film- und Fernsehanalyse.* Stuttgart 2007, S. 196–198.

Bündelung verschiedener Aspekte aus, die an dieser Stelle nicht im Einzelnen diskutiert werden müssen. Die tendenzielle Unschärfe der Begriffe – wie sie sich beispielsweise bei der Abgrenzung von Serie und Mehrteiler zeigt – erweist sich nicht als Defizit, sondern vielmehr als Beleg für die Innovations- und Anpassungsfähigkeit serieller Muster an neue mediale Kontexte und Anforderungen.[92] Hickethier macht dies vor allem daran fest, dass die Prinzipien des Seriellen nicht genuin an den Modus fiktionalen Erzählens gebunden und stets zahlreiche Neuformen entwickelbar sind. Diese sind ebenso im Dokumentarfilm als auch im Format der Spielshow denkbar.[93] Relevant für die vorliegende Untersuchung ist in diesem Zusammenhang folglich die von Hickethier konstatierte Ausprägung serieller Mischformen im Bereich der zeitgenössischen TV-Serie, die von ihm als produktiv eingestuft wird.

Im Gegensatz zu Hickethiers Typologie der Fernsehformen bzw. -formate[94] schlägt Jörg Türschmann in seiner Serientypologie ein sehr ausgeprägtes Untersuchungsraster vor, das sich dezidiert auch auf fiktional-diegetische Aspekte von Serien stützt. Vergleichbar mit der Unterscheidung von *series* und *serial* sowie auf der Grundlage der in der französischen Forschung geprägten Ausdrücke *mise en série* und *mise en feuilleton* setzt Türschmann folgende Basisdefinition für seine Serientypologie: «Ein Feuilleton ist die periodische Distribution offener Episoden, eine Serie ist die periodische Distribution geschlossener Episoden.»[95] Mit Verwendung eines ausdifferenzierten Unterscheidungskatalogs sowohl auf der Ebene der Erzählstrukturen und der Figuren als auch bezogen auf serienspezifisch temporale Relationen und Verknüpfungen ordnet Türschmann dem Feuilleton und der Serie einige jeweils spezifische Merkmale zu.[96] Im durchaus scharfen Gegensatz zum Feuilleton können sich Serien dadurch auszeichnen, dass die Reihenfolge der Episoden kausalgenetisch relativ beliebig angeordnet ist und deshalb auf figuraler Ebene kaum Entwicklungen oder gar radikale Veränderungsprozesse der Hauptfiguren zu verzeichnen sind. Des Weiteren zeichnet sich das Feuilleton nach Türschmann inhaltlich durch eine ausgeprägte Etablierung von Haupt- und Nebenhandlungen und eine stärkere Konzentration auf einen nach mehreren Staffeln abgeschlossenen Erzählverlauf aus. Damit wird dem Feuilleton ein regelrechter Gesamtwerkcharakter zugestanden, der einer Serie schon durch ihre achronische Erzählstruktur abgesprochen werden kann.

---

92 Ebd., S. 198.

93 Ebd., S. 200.

94 Zur Begriffsdiskussion und den Schwierigkeiten einer Definition von Fernsehformen und -formaten siehe exemplarisch Tschilschke, Christian von: «Dokufiktion – zur Entwicklung hybrider Formen und Formate im Fernsehen.» In: Türschmann, Jörg / Wagner, Birgit (Hg.): *TV global. Erfolgreiche Fernseh-Formate im internationalen Vergleich*. Bielefeld 2011, S. 37–46.

95 Türschmann, Jörg: «Aspekte einer Typologie von Fernsehserien.» In: Hißnauer, Christian et al. (Hg.): *Medien-Zeit-Zeichen*. Marburg 2007, S. 100.

96 Zu den einzelnen Kriterien siehe Türschmann, Jörg: «Aspekte einer Typologie von Fernsehserien», S.100–101.

Diese Betonung des Werkcharakters von Serien durch bestimmte Haupt- und Nebensegmente eines potenziell endlos weiterlaufenden oder zumindest nicht abgeschlossenen Textes widerspricht klassischen Grundsätzen der Abgeschlossenheit von Erzählungen als Bedingung eines Werkbegriffs: Die Flexibilität serieller Erzählungen wie der TV-Serie korreliert dann etwa mit der jeweiligen Zeitinszenierung in der Serie und im Feuilleton (nach Türschmann), da eine Cliffhanger-Struktur über einzelne Episoden hinweg gerade im Feuilleton schon durch die potenzielle Entwicklung der Figuren prototypisch stärker ausgeprägt sein kann als in einer Serie, in der selbst die Hauptfiguren primär über ihre soziale und damit unveränderte Funktion definiert werden. Gerade der Cliffhanger integriert als strategisches Moment der Unterbrechung gleichzeitig wiederum das Moment der Fortsetzung. Je nach Setzung innerhalb des Erzählflusses der Serie lassen sich vorwiegend zwei Kategorien unterscheiden: Folgen- oder Staffelcliffs markieren die Möglichkeit der Entwicklung innerhalb einer Serie, da sie speziell in Serials darauf abzielen, langfristige Veränderungen innerhalb einer Erzählung vorzubereiten und aufzulösen. Im Gegensatz dazu ist ein sogenannter Binnencliff werkimmanent eingebettet in den Erzählfluss einer Episode und wird meist unmittelbar wieder aufgelöst.[97] Man denke in diesem Zusammenhang vor allem an Werbeblöcke im Privatfernsehen als ökonomisch bedingte Unterbrechung. Cliffhanger können daher bezüglich ihrer funktionalen Verwendung unter ökonomischen, unterhaltungstheoretischen und narratologischen Gesichtspunkten analysiert werden, was ihre herausragende Stellung innerhalb des seriellen Gesamtkontextes einer Erzählung und deren Rezeption unterstreicht.[98] Der Binnencliff unterbricht zwar einen Handlungsstrang oder eine Szene, steht allerdings – im Vergleich zu Episoden- und Staffelcliffs – angesichts der Unmittelbarkeit der Auflösung der von ihm evozierten Leerstelle innerhalb des Rezeptionsprozesses nicht für eine ähnliche Kulmination und Kristallisation vor allem langfristig relevanter Einschnitte in eine (figurative) Serienbiografie. Zu solchen Einschnitten zählen dann in ihrer radikalsten Form der Tod einer Hauptfigur oder ein Sprung in der Erzählzeit der Serie, der strategisch dazu genutzt wird, die Auflösung einer sich zuvor zuspitzenden oder bereits dramatisch zugespitzten Situation auf eine spätere Folge zu verschieben. Eine Erzähltechnik wie der Cliffhanger vereint in sich nahezu alle Bausteine und Möglichkeiten, den seriellen Werkcharakter eines Serientextes auszustellen und über die im wahrsten Sinne «gestaffelten» Lebenszyklen einer Serienbiografie von ihrer Initiation bis zum Abschluss reflexiv zu bündeln:

> Der Cliffhanger umschließt viele Möglichkeiten: Er vermag den ökonomischen Hintergrund, die Struktur und die Inhalte eines Werks zu vereinen und zu spiegeln. Immer ist er Impulsgeber für die weitere Rezeption, markiert zentrale Momente

---

97 Siehe dazu Weber, Tanja / Junklewitz, Christian: «To Be Continued ...», S. 114.
98 Siehe ebd., S. 126.

und Höhepunkte, prägt sich ein und aktiviert damit zur Rezeption, zur Partizipation, zur Antizipation und zur Fan-Kultur. Am Ende eines Mikrotextes bildet er die
Brücke zwischen den Erzählpausen – er ist der Schöpfer vielsagender, vielschichti-
ger, vorausdeutender Perspektiven.[99]

Serienbiografie[100] meint dann in diesem Kontext eine Verschränkung, Verdichtung
und Fortschreibung der Serienerzählung, die sich in den Figuren und damit in der
Rezeption der Zuschauer anhäufen und prozesshaft verfestigen.[101] Dies beinhaltet sowohl die Figuration der Protagonisten über die gesamte Erzählzeit, als auch
gleichzeitig ästhetische Strategien wie den spezifischen Umgang mit Cliffhangern,
das Verhältnis von Erzählzeit und erzählter Zeit oder explizit eingebaute interpretatorische Leerstellen[102], die in ihrem Zusammenspiel eine Serie narrativ wie inszenatorisch prägen. Dieses Zusammenspiel, das sich auf allen – nicht nur narratologischen – Ebenen einer seriellen Textform entfaltet[103], wie es in der zuvor zitierten
Definition von Weber/Junklewitz anklingt, dokumentiert auch den Umgang mit
den eigenen seriellen Reflexionspotenzialen der Fortsetzung oder dem (Wieder-)
Anfangen und Aufhören einer einzelnen Serienhandlung sowie der ganzen Serie
und ihren Figuren. Denn mit jedem Anfang[104] oder Ende[105] ist ein Akt gesetzt, der
Konsequenzen (vor-)formt, negiert oder zumindest möglich erscheinen lässt. Serielle Erzählungen können dies, etwa im Gegensatz zur geschlossenen Erzählform
Film, mehrmals innerhalb einer Erzählung über mehrere Episoden und Staffeln
durchspielen und daher eine Komplexität aufbauen, die in ihrer radikalsten Form
(etwa in weiten Teilen der TV-Serie Lost) jeden Akt des Erzählens vermeintlicher
Faktizität als potenziell reversiblen und kontingenten Akt entlarvt.[106] Diese Spezifik
des seriellen Erzählens, sich potenziell ständig selbst zu revidieren und wieder neu

---

99 Fröhlich, Vincent: «Der Cliffhanger und die serielle Narration», S. 615.

100 Nicht zu verwechseln mit dem wesentlich komplexeren Begriff der seriellen Psychobiografie bei
    Schneid, Bernd: «Die Sopranos, Lost und die Rückkehr des Epos», S. 206–236.

101 Womit diese Definition einer neoformalistischen Lesart nahesteht, wie sie David Bordwell und
    Kristin Thompson filmwissenschaftlich definiert haben. Siehe etwa Bordwell, David: *Narration in
    the Fiction Film*. Madison 1985.

102 Zum Begriff der filmischen Leerstelle siehe Liptay, Fabienne: «Leerstellen im Film. Zum Wechsel-
    spiel von Bild und Einbildung.» In: Koebner, Thomas / Meder, Thomas (Hg.): *Bildtheorie und Film*.
    München 2006, S. 108–134.

103 Vgl. Hickethier, Knut: *Einführung in die Medienwissenschaft*. Stuttgart/Weimar 2010, S. 114.

104 Vgl. dazu Hartmann, Britta: «Anfang, Exposition, Initiation. Perspektiven einer pragmatischen
    Texttheorie des Filmanfangs.» In: *montage av. Zeitschrift für Theorie und Geschichte audiovisueller
    Kommunikation*. Jg. 4, H. 2, 1995, S. 101–122.

105 Siehe dazu auch die Überlegungen zu möglichen Schließungsfiguren im Bereich der TV-Serie
    nach Grampp, Sven / Ruchatz, Jens: *Die Enden der Fernsehserie*. Berlin 2014, S. 33–58.

106 Wie gerade die zahlreichen Flashbacks, Flashforwards, Zeitschleifen oder Träume vorführen.
    Siehe dazu Schabacher, Gabriele: «‹When Am I?› – Zeitlichkeit in der TV-Serie Lost, Teil 1.»
    In: Meteling, Arno et al. (Hg.): *‹Previously on…›. Zur Ästhetik der Zeitlichkeit neuerer TV-Serien*.
    München 2010, S. 207–229.

zu setzen, ist auf einer abstrakteren Ebene als Kritik an jeder Form der Vereinfachung im Sinne einer Ordnungsstiftung durch Erzählen zu deklinieren.[107] Um diesen Aspekt wieder auf die Basisdefinitionen dieses Kapitels zurückzuführen: Die Serie stellt durch eine Akzentuierung der Wiederholung potenziell die Stabilität von Ordnung zur Schau oder zumindest die Stabilität der grundsätzlichen Stabilisierungsleistung von Erzählungen. Rezent formuliert: «Erzählen bietet Orientierungen, indem es Ordnung schafft.»[108]

Wiederholung bedeutet im Fall von Series keine Komplexitätssteigerung, da sich die Figuren und Erzählungen kaum wandeln. Das Serial oder Feuilleton hingegen negiert durch die Anlage als sich weiterentwickelnde Serie diese Form der Stabilität, indem die Lebensläufe der Protagonisten stets an mehrere Indizes ihrer eigenen Vergangenheit und Zukunft gebunden sind, die sich nicht in Erzählordnungen, sondern verschiedenen Erzählspuren verorten oder verlieren. Als prominente Figurenbeispiele im Bereich des Feuilletons, die durch zahlreiche Einschnitte in ihrer Serienbiografie geradezu einen ikonischen Status in der Seriengeschichte erlangten, wären aufgrund ihrer biografischen Entwicklungswege etwa Tony Soprano aus THE SOPRANOS, Walter White aus BREAKING BAD, Don Draper aus MAD MEN oder Hank Moody aus CALIFORNICATION zu nennen. Angesichts ihrer intensiv verhandelten psychischen wie sozialen Krisensituationen, die die jeweilige Form der Erzählung maßgeblich prägen[109], erweisen sich die komplexen Lebenswege (nicht nur) der besagten Figuren als Beleg der Vielschichtigkeit serieller Erzählkomplexe, die sich über die Gelenkstelle des Erinnerns oder des Vergessens von narrativen Konsequenzen auch in den Serienkonzepten zwischen Series oder Serials bzw. Feuilleton und Serie widerspiegelt.[110]

Um dies an einem Beispiel mit Rücksicht auf die Bedeutung eines Staffelcliffs zu verdeutlichen: Am Ende der sechsten Staffel von MAD MEN fährt Vater Don Draper mit seinen drei Kindern, die er auch vor der Scheidung meist vernachlässigt und nie in seine Vergangenheit eingeweiht hat, zu dem heruntergekommenen Bordell, in dem er als Junge aufgewachsen ist. Es findet kein tieferer Dialog über die Situation statt und schon aufgrund des Alters der Kinder ist davon auszugehen, dass nur die älteste Tochter Sally überhaupt in der Lage ist, die Situation ernst-

---

107 Vgl. dazu eine grundsätzliche Bestandsaufnahme der Grenzen und Potenziale von Erzählentwürfen und Erzählen an sich als Ordnungssystem in der Gegenwart bei Prokić, Tanja: *Kritik des narrativen Selbst*, S. 201–227.

108 Müller, Corinna / Scheidgen, Irina: «Einleitung.» In: Dies. (Hg.): *Mediale Ordnungen. Erzählen, Archivieren, Beschreiben (= Schriftenreihe der Gesellschaft für Medienwissenschaft 15)*. Marburg 2007, S. 7.

109 Siehe hierzu bei THE SOPRANOS Schlicker, Alexander: «Paideia – Psychoanalyse – Serialität: Übertragungsdynamiken in der TV-Serie Sopranos.» In: Hoffstadt, Christian / Müller, Sabine (Hg.): *Von Lehrerkritik bis Lehrermord*. Bochum/Freiburg 2013, S. 39–49.

110 Zum Verhältnis von Komplexität, Narration und Serialität siehe auch Rothemund, Kathrin: «Komplexe Welten», S. 55–79.

haft einzuschätzen. Ein Blickwechsel zwischen ihr und Don hebt die Bedeutung dieser Situation gerade für ihr Binnenverhältnis hervor. Sally scheint zu realisieren, was dieser Besuch bedeutet oder zumindest bedeuten kann: den Versuch eines neuen, vielleicht endlich intimeren oder zumindest ehrlicheren Verhältnisses zu ihrem Vater, der sie bisher nur als ein zu maßregelndes Kind sah, mit dem er als emotional überforderter Vater bisher nichts anzufangen wusste.[111] Mit dem Blick auf das Haus endet die Folge und die Staffel. Die Besonderheit dieser Szene als Staffelende erschließt sich aufgrund ihres subtilen Charakters nur Kennern der bisherigen Staffeln. In ihr liegt eine Brisanz, die sich mangels Dramatik nicht allein über die Rezeption der Szene, sondern über das Wissen des Zuschauers vermittelt. Nur wer Dons bisherigen Umgang mit seiner Vergangenheit als andere Person kennt, die sich durch einen Trick die Identität des Don Draper erschlich und fortan ein bigottes Leben in Angst vor der Entdeckung seines Geheimnisses führt, kann dieser Szene eine für den bisherigen Verlauf der Serie hohen Stellenwert einräumen. Sie ist über die Serienbiografie der Figuren verständlich, die sowohl durch die Inszenierung dieses Endes wie auch der subtilen Aussage MAD MEN als komplette Serie in Grundzügen exemplifiziert. Die Kernfragen dieser Szene stehen musterhaft für die der ganzen sieben Staffeln von MAD MEN und fokussieren sich auf das Problem der Möglichkeit oder Unmöglichkeit des Wandels ihres Protagnisten. Wird Don Draper endlich – angefangen bei seinen Kindern – sein Leben ändern und Vertrauen zu anderen Menschen aufbauen können[112] oder wird er weiterhin in seine immer wieder gleichen Muster zurückfallen, die seine Männlichkeitskrise zwischen Karrieredruck und privatem Versagen ausmacht.

Im Gegensatz zu diesen komplexen Serien(kon)figurationen, die durch ihre dramaturgische Anlage als Serials eine Form des Erinnern ihrer eigenen Handlungsverläufe (Previously on ...) sowie die potenziellen Konsequenzen ihrer zukünftigen Handlungsverläufe (Next time on ...) in ihren Inszenierungen meist mitführen, lassen sich für die Serie nach Türschmann etwa die figurativ statisch angelegten Detektive Kojak, Columbo oder Derrick aus den (bezeichnenderweise meist) gleichnamigen Krimiserien anführen, deren Entwicklungen nur marginal verlaufen, um es vor allem neuen Zuschauern stets zu ermöglichen, immer wieder leicht in die Handlung und die Figurenkonstellation einzusteigen. Ebenso wird durch diese Strategie keine dramaturgisch geschlossene Erzählform mit fest aufeinander aufbauenden Episoden verfolgt, um auch eine nur periphe Zuschauerbindung zuzulassen. Speziell Detektivfiguren werden typischerweise bei der Aufklärung ihrer jeweils in einer Folge zu lösenden Fälle gezeigt und darüber hinaus nur selten im Kontext einer

---

111 Zur besonderen Funktion von Sally Draper als Tochterfigur in MAD MEN siehe Krützen, Michaela: «Sad Girl. Bad Girl! Mad Girl? Die Figur Sally Draper in der Fernsehserie Mad Men.» In: Möhrmann, Renate (Hg.): *Rebellisch. Verzweifelt. Infam. Das böse Mädchen als ästhetische Figur.* Bielefeld 2012, S. 103–136.
112 Siehe auch Sannwald, Daniela: *Lost in the Sixties. Über Mad Men.* Berlin 2014, S. 123.

Figurenentwicklung in einem über mehrere Episoden gespannten Handlungsbogen inszeniert.[113] Daher ist speziell der Detektiv in vielen älteren Serien gerade keine Figur des Serials oder des Feuilletons, da er durch die finale Aufklärung der Ereignisse am Ende einer Episode wieder zu seinem Ausgangspunkt als Aufklärungsfigur eines neuen Falls in der nächsten Episode zurückkehrt.[114]

Detektive wie Columbo, Kojak oder Derrick sehen letztlich immer genau das, was sie für die Lösung ihrer Fälle bis zum Ende der Episode benötigen. Aus diesem Grund werden speziell episodische Krimiserien oft als sogenannte *Procedurals* bezeichnet. Dieser Terminus steht für Serien, die in jeder Episode formelhaft die Prozeduren und Lösungsstrategien eines bestimmten Berufs durchspielen und zur Lösung eines bestimmten Problems führen.[115] Auch Arzt- oder Anwaltserien, die ebenfalls einer Ideologie der Problemlösungskompetenz vermittels bestimmter Prozeduren folgen, werden häufig dieser Untergruppe zugerechnet. Sie zeichnen sich insbesondere figurativ dadurch aus, dass sich die Protagonisten meist zwischen Gehorsam und situativer Aushebelung der standardisierten Regeln bewegen und sich im Sinne des Erfolgs diesen temporär widersetzen, ohne die grundsätzliche Notwendigkeit der beruflichen oder mit dem Beruf verbundenen Werte fundamental anzuzweifeln. In Procedurales spiegeln sich folglich häufig schon durch das Grundmuster einer beruflichen Profession und ihrer Implikationen eine ideologische Aussage und ein entsprechendes Weltbild wider. Mögliche erzählerische Überschüsse, etwa in Form einer moralischen Aussage über den spezifischen Fall, werden spätestens nach Abschluss der Folge wieder aus der seriellen Struktur ausgeschlossen und als episodisches Ereignis markiert. Lorenz Engell bringt dies auf den Punkt bei seinen Überlegungen zur operativen Gedächtnisleistung moderner TV-Serials oder Feuilletons im Gegensatz zu älteren Serien, die entsprechend der hier vorgestellten Begrifflichkeit der Series zuzuordnen sind:

> Indem das Fernsehen als operatives Gedächtnis einigen Ereignissen einen Erinnerungswert, anderen einen Vergessenswert zuordnet, löst es einen vertrauten oder unvertrauten Umgang mit ihnen aus. Noch genauer: Es umgibt das Ereignis, kontextualisiert es mit Umständen, die Vertrautheit oder Unvertrautheit auslösen und anzeigen. Unvertrautheit schafft die Unsicherheiten, die dann durch Vertrautheit

---

113 Vgl. dazu die Ausführungen zur Vielschichtigkeit kontemporärer serieller Detektivfiguren und ihrer figurativen Entwicklungen am Beispiel von TRUE DETECTIVE bei Prokić, Tanja: «Serie und Ereignis» (im Erscheinen).

114 Siehe dazu Hickethier, Knut: «Die umkämpfte Normalität. Kriminalkommissare im deutschen Fernsehen.» In: Ermert, Karl / Gast, Wolfgang (Hg.): *Der neue deutsche Kriminalroman.* Loccum 1985, S. 189–206.

115 Auch hier finden sich in zeitgenössischen Serien Mischtypen wie beispielsweise in DR. HOUSE. Siehe dazu Armbrust, Sebastian: «Serielle Perspektiven auf Patienten und Ärzte. Körper, Psyche und Serialität in Dr. House.» In: Eder, Jens et al. (Hg.): *Medialität und Menschenbild.* Berlin/Boston 2013, S. 103–106.

beseitigt werden. Solche Umstände, die beides leisten, natürlich, sind dann auch und besonders: die Fernsehserien (…) So kommt es zu einem Konflikt zwischen zwei Gedächtnissen, nämlich dem der einzelnen Folge, das sich auf die Seite der Erinnerung stellt, und dem der Serie, das sich auf die Seite des Vergessens stellt. Die Folge erinnert, die Serie vergisst.[116]

Es gehört daher zum Kern moderner TV-Serien, dieses Spannungsverhältnis in sich auszutragen und an verschiedenen Orientierungsmustern wie beispielsweise dem Genre der Detektiv-Serie auszuagieren. Das potenzielle oder tatsächliche Scheitern des Detektivs in modernen TV-Serien wie TRUE DETECTIVE korreliert mit einer fundamentalen Kritik an der aufklärerischen Lesbarkeit von Zeichen im Sinne einer narrativen Stabilisierung von Welt durch Ordnungsmodelle, wie sie der klassische Detektivroman tradiert. Als dessen Fortsetzung fungieren die bereits genannten Seriendetektive.[117] Ein modern gedachter Detektiv kann dies gerade nicht erfüllen und geht damit in einer Krise auf, die sich serientypologisch in den Regionen der Serials oder Feuilletons bewegt. Die Folgen dieser Verschiebung, die sich anhand von TRUE DETECTIVE besonders markant serienhistorisch belegen lässt, fasst Tanja Prokić pointiert zusammen:

> Nach der Postmoderne bildet jedoch nicht das Scheitern des Detektivs den Brennpunkt des Erzählens auch gerät nicht mehr alles unter Zeichenverdacht wie beispielsweise in TWIN PEAKS oder bei THOMAS PYNCHON (…) In diesem Sinne entzieht sich TRUE DETECTIVE der Überbietungspragmatik anderer serieller Narrationen, dockt sich parasitär und «sichtbar» an bestehende Ikonographien an, um die Obsession für visuelle Überbietung sowie Sichtbarmachungsprozesse gewissermaßen auflaufen zu lassen. Denn wo immer die TRUE DETECTIVES etwas sehen, sehen sie unvollständig, unzuverlässig oder eben anders. Das allerdings versetzt die Rezipient_innen in die Lage dort zu sehen, wo es nichts zu sehen gibt.[118]

Dies markiert eine komplexe Verschiebung von bisherigen Serienmustern und Konventionen, da die Detektive in TRUE DETECTIVE nicht mehr «aufklären», den Fall also trotz mehrerer Folgen nicht lösen und damit keine Repräsentanten einer klassischen Erzählordnung mehr sein können. Zeitgenössische Serials wie TRUE DETECTIVE lassen ein Scheitern nicht nur als singuläres Ereignis im Rahmen einer dieses Scheitern letztlich kompensierenden Gesamterzählung zu, sondern avancieren mit der Profilierung eines neuen, kritischen Figurentyps des Detektivs auch zum Vor-

---

116 Engell, Lorenz: «Erinnern/Vergessen. Serien als operatives Gedächtnis des Fernsehens.» In: Blanchet, Robert et al. (Hg.): *Serielle Formen. Von den frühen Film-Serials zu aktuellen Quality-TV- und Onlineserien.* Marburg 2011, S. 120–123.

117 Siehe Hudde, Hinrich: «Das Scheitern des Detektivs. Ein literarisches Thema bei Borges sowie Robbe-Grillet, Dürrenmatt und Sciascia.» In: *Romanistisches Jahrbuch 29*, 1978, S. 322–342.

118 Prokić, Tanja: «Serie und Ereignis» (im Erscheinen).

reiter seriellen Erzählens: Dieses verändert sich nicht nur – wie hier am Beispiel des Detektivs angedeutet werden sollte – in seinen genrespezifischen Grundannahmen und Ideologien, sondern trägt die Veränderung innerhalb seiner eigenen formalen Strukturen aus und macht sie auf dieser Ebene reflexiv beobachtbar. Denn TRUE DETECTIVE mag zwar grundsätzlich ein Serial mit mehreren Staffeln sein, doch eine in sich fortgesetzte Erzählung mit mehreren Protagonisten über die Staffeln hinweg entspricht nicht dem narrativen Programm dieser Serie, die mit ihren bisherigen acht Episoden pro Staffel als Subkategorie des Mini-Serials diskutierbar wäre. Ermittelten in der ersten Staffel noch die Detektive Rustin Cole und Martin Hart, die sich in Louisiana auf die Suche nach einem Serientäter begeben, so tritt in Staffel 2 ein gänzlich neues Ermittlerteam ohne eine direkte Anbindung an ihre seriellen Vorgänger auf den Plan. Aus dieser Perspektive erfüllt TRUE DETECTIVE zwar die oben genannten, sehr basalen Kriterien des Seriellen nach Weber/Junklewitz: Eine Anhäufung serienbiografischer Komplexität im Sinne der staffelübergreifenden Lebenskrisen eines Don Draper oder Hank Moody findet allerdings nicht statt. Eine einheitliche These über die grundsätzliche Modernität qua Serienform muss somit stets am aktuellen Stand der Serienlandschaft überprüft werden.

Türschmann, Hickethier und Weber/Junklewitz heben – wie im Grunde alle typologischen Ansätze zur Serie – den prototypischen Charakter ihrer Basisbegriffe hervor. Serielle Mischformen, die in der gegenwärtigen Serienlandschaft eher die Norm als die Ausnahme bilden[119], gehen in diese Überlegungen ebenso mit ein wie weitere Begrifflichkeiten, die sich jedoch nicht weiter etablieren konnten.[120] Die beiden konträren und dennoch förmlich miteinander verschalteten Begriffe der Series und des Serials bilden das Gerüst der kontemporären Serienforschung, wobei Serials gerade durch ihre mehrfach gelagerten Strategien der Fortsetzung einen höheren Stellenwert in der akademischen Welt einnehmen, da sie letztlich die Frage nach der Fortsetzbarkeit einer Serie an sich und den sowohl intra- wie extratextuellen Komponenten serieller Inszenierungszusammenhänge stärker fokussieren als die serienhistorisch statischeren Series. Aufgrund ihres Hybridcharakters gelten moderne Serien als Medienangebote, die in sich verschiedene Formen und Strukturen serieller Anschlussfähigkeit als hochgradig medienbewusstes wie selbstreflexives Spiel betreiben, und als kritische Bestandsaufnahme der jeweiligen Gegenwartskultur funktionieren.[121]

119 Siehe dazu auch am Beispiel des Genres der Dokufiktion bei Tschilschke, Christian von: «Dokufiktion – zur Entwicklung hybrider Formen und Formate im Fernsehen.» In: Türschmann, Jörg / Wagner, Birgit (Hg.): *TV global. Erfolgreiche Fernseh-Formate im internationalen Vergleich.* Bielefeld 2011, S. 37–57.

120 Wie vor allem die sogenannte *Saga*, die sich über spezifische temporale Relationen als weiterer Begriff anführen lässt. Siehe Türschmann, Jörg: «Aspekte einer Typologie von Fernsehserien», S. 102.

121 Siehe Koch, Lars: «‹I – I'm just making sure we don't get hit again.› Serientext und Weltbezug in der TV-Serie Homeland.» In: *Indes. Zeitschrift für Politik und Gesellschaft.* Jg. 4, 2014, S. 42–54.

Verstanden als komplexe (auto-)biografische Entwürfe sind Serienerlebnisse gekoppelt an die Entwicklungen der Protagonisten und deren je eigene Vergangenheit und Gegenwart, die jeweils zu Beginn einer neuen Staffel in eine noch zu erzählende Zukunft hineinragen. Innerhalb dieses Miterlebens der Zuschauer, die sich während der gesamten Erzählzeit in die Lebenswege der Figuren und ihrer Inszenierungen rezeptiv «einschalten», bis die Serie an ihr (erzwungenes) Ende gelangt, entfalten kontemporäre Serien wie MAD MEN, BETTER CALL SAUL, GIRLS oder GAME OF THRONES komplexe Erzählwelten zwischen den basalen Polen der Series und Serials.

1.4 Das Dispositiv der TV-Serie: Programm, Rezeption, Serial Frames (Opening Credits)

Wie die bisherigen Kapitel gezeigt haben, definiert sich eine TV-Serie, wie im Grunde jeder Text, nicht allein über ihre Kernerzählung oder das, was man mit Story oder Plot erzähltheoretisch auf den verschiedenen Narrationsebenen eines Textes fundieren könnte.[122] Die spezifischen medialen Dispositionen des Fernsehens, verschiedene Distributionsoptionen über DVD oder Online-Video, die wiederum für die Rezeption der Serie als Episode, Staffel oder Gesamtwerk Bedeutung reklamieren, oder die Einbettung der Serie in verschiedene Programmstrukturen, die als weitere Faktoren benannt und erörtert wurden: Alle diese Teilaspekte lassen sich mit dem Begriff des Mediendispositivs zusammenführen und analytisch ausbauen.

Mit Blick auf die letzten Jahrzehnte hat das Mediendispositiv eine erstaunliche Karriere in verschiedenen medienwissenschaftlich orientierten Disziplinen hinter sich. Sein Aufstieg zu einem medienwissenschaftlichen Superbegriff, der ganz unterschiedliche Konzepte und Themen in sich zu vereinen imstande ist, verdankt sich Michel Foucault, in dessen Denken das Konzept des Dispositivs eine wichtige strategische Funktion einnimmt.[123] Foucault fokussiert mit seinem Ansatz die Offenlegung fundamentaler Ordnungen des jeweils Sag- und Sichtbaren innerhalb eines Diskurses.[124] Das bedeutet zunächst ganz abstrakt, dass sich etwas empirisch zeigt, was sich im Rahmen einer Anordnung verschiedener Elemente theoretisch als eine Verknüpfung bzw. als Dispositiv begreifen lässt. Nach Foucault verfügen Dispositive, somit verstanden als das Netz zwischen den Elementen einer diskursiven Ordnung, über jeweils spezifische Funktionen, die sich aus ihrer Entstehung

---

122 Siehe dazu aus filmnarratologischer Sicht Heiss, Nina: *Erzähltheorie des Films (= Film – Medium – Diskurs, Bd. 38)*. Würzburg 2011. S. 25–56.

123 Siehe grundlegend Foucault, Michel: *Dispositive der Macht. Über Sexualität, Wissen und Wahrheit*. Berlin 1978.

124 Vgl. Sieber, Samuel: «Zur Politik medialer Dispositive.» In: Elia-Borer, Nadja et al. (Hg.): *Blickregime und Dispositive audiovisueller Medien*. Bielefeld 2011, S. 297–298.

und Wirkung innerhalb einer Gesellschaft oder einer anderen Struktur heraus verfestigen: «Verknüpfen die Diskurse einzelne Aussagen nach bestimmten Formationsregeln, stellen die Dispositive Verknüpfungen von Diskursen, Praktiken und Macht dar.»[125] Es handelt sich bei Dispositivstrukturen also um hochgradig abstrahierte, heterogene und nach Foucault äußerst produktive Ensembles, die in ihren Ordnungen ganz unterschiedliche Faktoren wie Institutionen, architekturale Einrichtungen, technische Apparate, administrative Maßnahmen oder die Reglementierung bestimmter Verhaltensweisen durch Gesetze und Normen in sich vereinen. Wie besonders prominent Giorgio Agamben in seiner Lektüre des Dispositivbegriffes als wesentlichem Terminus technicus in Foucaults Denken herausgearbeitet hat, kommt dabei der Analyse der innerhalb eines Diskurses wirkenden Macht und Wissensverhältnisse eine besondere Bedeutung zu, da sie das Dispositiv maßgeblich in seiner Konstruktion und bezüglich seiner Effekte formt und erhält.[126] Es werden somit sowohl materielle, gesellschaftliche als auch subjektspezifische Aspekte in ein Dispositiv integriert, wobei es nicht darum geht, Dispositive als reine Machtinstrumente entlang einer rationalistisch-instrumentellen Logik falsch zu verstehen. Es ist gerade eine Stärke des Dispositivbegriffs, eine solche Perspektive zwar zu eröffnen, sie jedoch nicht als oberstes Ziel des Dispositivs in irgendeiner Art vorauszusetzen und damit das gesamte Dispositivmodell letztlich nur auf einen Fluchtpunkt zulaufen zu lassen. Ohne die Diskussion einer vertieften Lektüre Foucaults an dieser Stelle weiterzutreiben[127], ist zusätzlich der Hinweis hilfreich, dass Dispositive nach Foucault auf eine krisenhafte Dringlichkeit reagieren und diese zu ordnen versuchen. Dispositive sind daher Ordnungen, die nicht ohne konkrete Bezüge und Wirkungszusammenhänge existieren, und bieten daher auch die Möglichkeit einer variablen Anpassung an divergierende Kontexte und sich verändernde Aktualitäten.

Der Begriff des Mediendispositivs eröffnet in seiner sehr grundlegenden theoretischen Anlage Zugänge zur Analyse der Verfasstheit und Performanz der TV-Serie. Ein solcher Zugang zu einem Textphänomen wie der Serie erschließt sich bereits historisch durch die film- und medienwissenschaftliche Tradition des Mediendispositivs, das als Begriff vor allem durch Joachim Paech im Anschluss an Jean-Louis Baudrys Studien zur Apparatustheorie für die Filmwissenschaft aktualisiert wurde.[128] In Fortsetzung der Apparatustheorie, die sich primär für die inhärenten

125 Seier, Andrea: «Kategorien der Entzifferung: Macht und Diskurs als Analyseraster.» In: Bublitz, Hannelore et al. (Hg.): *Das Wuchern der Diskurse. Perspektiven der Diskursanalyse Foucaults.* Frankfurt a. M. 1999, S. 80.

126 Agamben, Giorgio: *Was ist ein Dispositiv?* Zürich/Berlin 2008, S. 9.

127 Siehe dazu vor allem die präzisen Lektüren und Erläuterungen zum Dispositiv in Bührmann, Andrea / Schneider, Werner: *Vom Diskurs zum Dispositiv. Eine Einführung in die Dispositivanalyse.* Bielefeld 2008, S. 9–74.

128 Siehe Paech, Joachim: «Überlegungen zum Dispositiv als Theorie medialer Topik.» In: Albersmeier, Franz-Josef (Hg.): *Texte zur Theorie des Films.* Stuttgart 2003, S. 465–498.

ideologischen Effekte des Kinoraums in seiner apparativen Gestaltung und den Auswirkungen auf den (passivierten) Zuschauer infolge seiner spezifischen Einordnung und Adressierung innerhalb der Filmrezeption interessierte[129], erweitert der zunächst filmwissenschaftlich geprägte Begriff des Mediendispositivs diese verengte Perspektive und wird im Lauf der Jahre anschlussfähig an zahlreiche Disziplinen wie die Gender Studies oder die Cultural Studies. Denn über dispositive Strukturen (und in diesem Fall gerade über den Faktor Macht) können beispielsweise Geschlechterordnungen und deren Repräsentationen in modernen Gesellschaften kenntlich gemacht werden.[130] Die Stärke des Mediendispositivs als Analyseinstrument besteht daher in seiner Vielseitigkeit bei gleichzeitiger Vielschichtigkeit:

> Der Medienbegriff beinhaltet an sich schon das Vorhandensein eines vermittelnden Apparates, sei es das beschriebene Papier, seien es Kamera, Bildschirm oder Leinwand. Der Vorteil des Dispositivbegriffs besteht darin, dass er eine Schnittstelle zwischen den technischen Apparaten und den von ihnen vermittelten Inhalten, Bedeutungen und Strukturen herstellt. Er eröffnet daher eine Chance, Gegensätze zu überwinden, binäre Dichotomien aufzulösen, wahrnehmungstheoretische, technische und politische Aspekte miteinander zu verschränken.[131]

Wie lässt sich nun die TV-Serie als Mediendispositiv beschreiben? Die meisten Faktoren, die dazu notwendig bis sinnvoll sind, wurden bereits skizziert oder ausführlich vorgestellt und diskutiert. Entsprechend der theoretischen Vorlage Foucaults und der weiteren begrifflichen Ausarbeitungen umfasst eine Analyse mediendispositiver Ordnungen idealerweise mehrere Ebenen zwischen Rezipient, Text und Produktion, die dann in ihrer Verhältnismäßigkeit innerhalb einer übergeordneten Struktur spezifiziert werden. Um diesen Vorsatz adäquat umzusetzen, wird auf eine funktionale wie umfassende Definition des Mediendispositivs von Knut Hickethier zurückgegriffen, die mehrfach ausgearbeitet und erweitert wurde:[132]

> Mediendispositive entstehen aus dem Zusammenwirken von technischen Bedingungen, gesellschaftlichen Ordnungsvorstellungen, normativ-kulturellen Faktoren und mentalen Entsprechungen auf der Seite der Zuschauer/innen (…) Hinzu kommen habitualisierte Rezeptionsweisen, verinnerlichte Formen des Medienkon-

---

129 Siehe dazu Baudry, Jean-Louis: «Das Dispositiv: Metapsychologische Betrachtungen des Realitätseindrucks.» In: Pias, Claus et al. (Hg.): *Kursbuch Medienkultur. Die maßgeblichen Texte von Brecht bis Baudrillard.* Stuttgart 2004, S. 381–404.

130 Siehe dazu Bührmann, Andrea: «Die Normalisierung der Geschlechter in Geschlechterdispositiven.» In: Bublitz, Hannelore (Hg.): *Das Geschlecht der Moderne.* Frankfurt a. M. 1998, S. 71–94.

131 Ackermann, Kathrin: «Dispositiv und Format des Fernsehens am Beispiel der US-amerikanischen Fernsehserie Battlestar Galactica (2004–2009).» In: Türschmann, Jörg / Wagner, Birgit (Hg.): *TV global. Erfolgreiche Fernseh-Formate im internationalen Vergleich.* Bielefeld 2011, S. 60.

132 Siehe Hickethier, Knut: «Dispositiv Fernsehen. Skizze eines Modells.» In: *montage av. Zeitschrift für Theorie und Geschichte audiovisueller Kommunikation.* Jg. 4, H. 1, 1995, S. 63–84.

sums, die bis in die Mikrostruktur unserer Wünsche und Sehnsüchte hineinreichen und sich in Ritualen und Routinen des Zuschauens niederschlagen. Mediendispositive regeln die Wahrnehmung der Medien, indem sie Gewissheiten und unhinterfragte Selbstverständlichkeiten schaffen, den Blick und das Ohr auf das Gezeigte hin akzentuieren.[133]

Das Zusammenwirken technischer, normativ-kultureller und gesellschaftlicher Bedingungen rekurriert auf den medialen Ort der TV-Serie, der sich mit dem Fernsehen und seinen Programmstrukturen einerseits und alternativen Rezeptionsformen wie materiellen Datenträgern (DVD, Blu-ray) oder Streaming-Diensten (Netflix, Amazon etc.) andererseits benennen lässt. Die technische Ebene wirkt sich auf die Ästhetik einer Serie konkret aus, da Serien in ihrer Herstellung den jeweiligen Anforderungen der verschiedenen Plattformen entsprechen müssen. Als kulturelles Populärphänomen positioniert sich die Serie wie jeder andere Text unhintergehbar in einem historischen Kontext und in ein synchrones Feld anderer TV-Serien und Programmstrukturen. Diese implizite wie explizite Gedächtnisleistung der Serie führt dazu, dass sie sich an bestehende Trends und Historien ihrer selbst anschließt, sich anpasst oder abgrenzt oder gar in einer durch den Konkurrenzdruck mit anderen Serien oder die Zuschauerreaktion auf vorherige Staffeln evozierten Dynamik serieller Selbstüberbietung in sich die «Möglichkeiten und Risiken fortgesetzter Reproduktion reflektier[t].»[134] Dies führt in letzter Konsequenz dazu, dass «auch dort, wo Originalität als höchster Wert gilt (…), eine Qualitätsfernsehserie in einem Feld von Qualitätsfernsehserien nicht alles anders als andere Produktionen machen [kann]; immer steigert sie auch Qualitäten, die als solche bereits etabliert sind.»[135] In einem ökonomisch durchkalkulierten Feld ist die TV-Serie produktionsbedingten Restriktionen unterworfen, die sich im radikalsten Fall in der vorzeitigen Absetzung Ersterer aus dem Programm zeigt. Jeder TV-Serie ist daher schon aufgrund ihrer konstitutiven Integration in ein ökonomisches Feld ihr eigenes Ende entweder vorgegeben; oder aber es zeichnet sich zumindest durch die Abhängigkeit vom Zuschauerzuspruch eine latente Bedrohung ab, was sich wiederum in Änderungen der Story oder bestimmten Besetzungen äußern kann. Die TV-Serie füllt als serielles Konzept Programmstrukturen aus und schafft durch den Wiedererkennungswert, der sich aus der seriellen Abfolge der Folgen und Staffeln ergibt, eine Art Corporate Identity, von der auch die Sender im Erfolgsfall profitieren.

---

133 Hickethier, Knut: «Film- und Fernsehanalyse», S. 20.

134 Jahn-Sudmann, Andreas / Kelleter, Frank: «Die Dynamik serieller Überbietung. Amerikanische Fernsehserien und das Konzept des Quality-TV.» In: Kelleter, Frank (Hg.): *Populäre Serialität: Narration – Evolution – Distinktion. Zum seriellen Erzählen seit dem 19. Jahrhundert.* Bielefeld 2012, S. 215.

135 Ebd., S. 215.

Das Programm, verstanden als «tatsächlich realisierte Veranstaltungsabfolge, in der einzelne Sendungen eingebunden sind»[136], stellt eine eigene dispositive Binnenstruktur innerhalb des Fernsehdispositvs dar, da es verschiedene audiovisuelle Texte wie eben TV-Serien oder Live-Shows in einen Gesamtkontext überführt. So muss eine Serie im regulären Fernsehprogramm zu einem bestimmten Programmkontext passen, der meist schon in der Produktion berücksichtigt wird. Geläufige Bezeichnungen wie Vorabend- oder Prime-Time-Serie[137], die nur sehr wenig mit den tatsächlichen Inhalten der Serie zu tun haben, sind verbunden mit verschiedenen Sendeformaten, die vor oder nach der jeweiligen Serie laufen. Ausgehend vom schwindenden, jedoch vor allem historisch bedeutsamen Konzept fester Sendeplätze innerhalb einer Programmstruktur oder der sehr unterschiedlichen Serienlängen muss die spezielle Zeitlichkeit von Serien in Verbindung mit den Auswirkungen auf das Rezeptionsverhalten und mit den jeweiligen Inszenierungskonzepten Beachtung finden.[138] Pay-TV-Sender wie HBO oder AMC definieren ihre Serien bzw. die Qualität ihrer Serien gerade über Abweichungen von üblichen Zeitrastern, wie sie das reguläre Fernsehen durch seine normierten Sendezeiten und Sendeplätze vorgibt.[139] So müssen etwa häufig einzelne Episoden einer Serie gekürzt werden, um überhaupt in das Sendeschema eines Senders zu passen, der keine flexiblen Zeitvorgaben innerhalb seines Programms hat. Hier fließt somit auch der normativ-kulturelle Aspekt des Mediendispositivs ein, der als Macht der Sender gedeutet werden kann. HBO und Konsorten entwickelten auf dieser Grundlage ihr Konzept sowie die Vermarktung des Quality TV, da sich ihre Serien als herausragende Produkte für alle Rezeptionsformen verstehen. Denn die Veröffentlichung via Streaming oder als opulente DVD-Box wird genutzt, um sich selbst mit mittlerweile fast sprichwörtlich zu nehmenden Labels (*It's not TV, It's HBO*) als innovativ und neu zu inszenieren.[140] Speziell die mehrfache Rezeption der Serien auf DVD oder als Download bildet die Grundlage für zahlreiche Detail- wie Ganzheitsrezeptionen, die sich innerhalb der Zuschauerschaft sogar zu festen Fangemeinschaften mit jeweils unterschiedlichen Rezeptionsschwerpunkten weiterentwickeln können. So werden verschiedene Mikrophänomene einer Episode ebenso unter Fans und Zuschauern diskutiert wie der Kontext der ganzen Serie.[141]

---

136 Ebd., S. 20.

137 Zu diesen Subgenres der Fernsehgeschichte siehe etwa Klein, Thomas / Hißnauer, Christian: «Einleitung.» In: Dies.(Hg.): *Klassiker der Fernsehserie*. Stuttgart 2012, S. 10–13.

138 Siehe Schabacher, Gabriele: «Serienzeit», S. 19–23.

139 Zur Positionierung insbesondere amerikanischer Serien siehe: Schneider, Irmela (Hg.): *Amerikanische Einstellung. Deutsches Fernsehen und US-amerikanische Produktionen*. Heidelberg 1992.

140 Zur Selbststilisierung des Senders HBO siehe etwa Santo, Avi: «Para-television and discourses of distinction: The culture of production at HBO.» In: Leverette, Marc et al. (Hg.): *It's not TV. Watching HBO in the Post-Television Era*. New York 2008, S.19–45.

141 Was wiederum das Spannungsverhältnis verschiedener Textverständnisse zwischen Werk und Einzeltext problematisiert. Vgl. dazu grundlegend aus literaturwissenschaftlicher Sicht Martus,

Die Serie wird zu einem Event, über das in Online-Foren, Live-Chats oder eigenen Wikis gesprochen wird.[142] Gerade der Staffelstart oder das Finale werden zu einem Erlebnis stilisiert, das auf der Programmstruktur der Sender und einer Stilisierung der Serienepisode zum einzigartigen Ereignis der Erstausstrahlung basiert.[143] Diese Exklusivitätsversprechen, die sich dann in der Relektüre auf DVD oder via Stream unter dem Modus einer interpretativen Detaillektüre einzelner Szenen und Verbindungslinien unter Fans bewähren, fokussieren sich hauptsächlich auf den Anschluss und die Bedeutung einer Episode im Kontext der gesamten Serie, und verweisen damit auf das serielle Prinzip der narrativen Öffnung und Schließung eines Serientextes, um (spekulative) Interpretationen anzuheizen und damit das Interesse der Zuschauer hochzuhalten.[144]

Das unverwechselbare Profil einer Serie speist sich daher nicht zuletzt durch die Sender, die sich mit ihren Serien definieren und diese durch ein bestimmtes Programmumfeld oder die Ausstrahlung mehrerer Folgen am Stück nobilitieren. Im Gegensatz dazu zeigen Streaming-Portale wie Netflix, dass der völlige Wegfall fester Sendeplätze ebenfalls eine marktstrategische bis ästhetische Relevanz hat. Netflix profiliert sich ähnlich wie Amazon Prime über Serien, die als Netflix Original eine eigene Form autorschaftlicher Signatur des Senders erhalten und meist zum Komplettabruf einer ganzen Staffel für die Abonnenten bereitstehen. Es ändert sich folglich auch die Zuschreibung der Zuschauer, die sich in Abonnenten, in aktive Fans/Kommentatoren in sozialen Netzwerken und in reguläre Zuschauer ausdifferenzieren. Der Serientext bleibt von diesen Entwicklungen neben einer dramaturgischen Anpassung seiner Episoden- und Staffelerzählungen an die jeweilige Episodenzahl nicht unberührt. Ganz im Gegenteil: Es finden Eingriffe in den Serientext statt, da beispielsweise durch den automatischen Fluss der Episoden, der wiederum auf das technische Dispositiv hinweist, etwa die Vor- und Abspannsequenzen übersprungen werden.[145]

Steffen: *Werkpolitik. Zur Literaturgeschichte kritischer Kommunikation vom 17. bis ins 20. Jahrhundert mit Studien zu Klopstock, Tieck, Goethe und George.* Berlin/New York 2007, S. 1–51.

142 Siehe hierzu Proulx, Mike / Shepatin, Stacey: *Social TV. How Marketers Can Reach and Engage Audiences by Connecting Television to the Web, Social Media and Mobile.* Hoboken 2012, S. 7–32 sowie Bobineau, Julien: «SaveWalterWhite.Com – Audience Engagement als Erweiterung der Diegese in Breaking Bad.» In: Nesselhauf, Jonas / Schleich, Markus (Hg.): *Quality-TV. Die narrative Spielwiese des 21. Jahrhunderts.* Berlin 2014, S. 227–240.

143 Siehe dazu etwa den Hype um das Finale von Lost in Borcholte, Andreas et al.: «Start der letzten Lost-Staffel. Sind wir reif für die Auflösung?» In: *www.spiegel.de/kultur/tv/0,1518,674339,00.html* (letzter Zugriff: 15.3.2014).

144 Siehe dazu Packard, Stephan: «Homerische Intentionen. Notizen über Continuity in populären Serien.» In: Scheffer, Bernd / Jahraus, Oliver (Hg.): *Wie im Film. Zur Analyse populärer Medienereignisse (=Schrift und Bild in Bewegung, Bd.8).* Bielefeld 2004, S. 165–199.

145 Siehe dazu Mengel, Norbert: «Gemieden und geschnitten. Vor- und Abspanne in den Fernsehprogrammen.» In: Hickethier, Knut / Bleicher, Joan (Hg.): *Trailer, Teaser, Appetizer. Zu Ästhetik und Design der Programmverbindungen im Fernsehen.* Hamburg 1997, S. 241–260.

Dadurch entfallen gerade bei einem Anbieter wie Netflix oftmals paratextuelle Schwellenphänomene der Serie, so wie beispielsweise die bei wöchentlichen Ausstrahlungen fast obligatorischen Recaps, die Teaser-Trailer (die auf die nächsten Folgen hinweisen) oder eben das starre Programmumfeld. Onlineportale siedeln sich nicht im Modus des Programms, sondern in dem eines medialen Archivs an[146], auf das die Abonnenten jederzeit kompletten Zugriff haben und das sich durch Genres, Neuvorstellungen und vor allem Vorschläge auf der Basis erhobener Nutzerdaten organisiert.[147] Die habitualisierte Rezeption und Erwartungshaltung der Zuschauer erfährt daher eine zunehmende Veränderung, da Onlineportale infolge ihrer wachsenden Verbreitung immer mehr zu einem Standard medialer Rezeption avancieren. Dies bringt wiederum neue Formen der Ritualisierung hervor, da sich sowohl die Rezeption als auch die Kommunikation über Serien stärker ausdifferenzieren. Die gesellschaftliche Bedeutung von Serien, die zu einer bestimmten Zeit auf einem bestimmten Sendeplatz in einem bestimmten Programmumfeld mit einer meist exakt terminierten Länge laufen, nimmt dadurch aber nicht völlig ab, da es gerade mit sehr beständigen Genres wie den bereits angesprochenen Vorabendserien oder Daily Soaps genug Beispiele für dieses klassische Serienmuster im TV-Programm zahlreicher Sender gibt.

Die Verschränkung aller Faktoren bezieht das mit ein, was in den vorherigen Kapiteln über Ästhetik, Formen und verschiedene Modi der Serie in Verbindung mit dem Diskurs des Fernsehens vorgestellt wurde. Über den Begriff des Mediendispositivs sind allerdings weitere Zugänge zur Beschreibung der TV-Serie als eine konkrete Form verschiedener Wirkungszusammenhänge möglich. Im Sinne des Dispositivgedankens soll daher ein weiterer Bereich skizziert werden, um das Gesamtkonzept TV-Serie weiter abstecken zu können; nämlich die Paratextualität an der Grenze zwischen intradiegetischem Serientext und extradiegetischer Umwelt. Dies ist gerade deshalb von Bedeutung, weil sich die Rezeption und Ästhetik der TV-Serie maßgeblich über paratextuelle Elemente erschließt.

Jonas Nesselhauf und Markus Schleich haben auf der Basis von Gérard Genettes einflussreichem Begriff des Paratextes und seiner Unterkategorien das Konzept der Serial Frames entwickelt, das sich um eine Typologie der Grenz- und Schwellenphänomene eines Serientextes bemüht.[148] Um diesen Ansatz einfacher in seiner Genese und Ausrichtung verstehen zu können, ist eine Erläuterung des Ansat-

---

146 Man kann an dieser Stelle bei einer näheren Bestimmung des Archivbegriffs moderner Medien von einer Logik der Database (einer strukturierten Sammlung von Daten und Angeboten) sprechen, die als wesentliches Kennzeichen kontemporärer Medienkultur fungiert. Siehe Manovich, Lev: *The Language of New Media*. Cambridge/London 2001, S. 218–226.

147 Womit erneut der Machtaspekt angesprochen ist. Siehe dazu auch die Beiträge in Reichert, Ramón (Hg.): *Big Data. Analysen zum digitalen Wandel von Wissen, Macht und Ökonomie*. Bielefeld 2014.

148 Siehe Nesselhauf, Jonas / Schleich, Markus: «Bausteine des Seriellen. TV-Serien und der Serial Frame.» In: *Journal of Serial Narration on Television*. Journal 1, 2013, S. 25–31.

zes von Genette sinnvoll. Paratexte, die sich in Genettes literaturwissenschaftlicher Ausarbeitung konsequenterweise auf die Literatur beschränken, beinhalten grundsätzlich alle Möglichkeiten, die einen Text erweitern und ergänzen. Dazu zählen beispielsweise Buchcover und Umschlagtexte ebenso wie Interviews des Autors oder zusätzliche Materialien des Verlags; aber auch Zusätze wie Fußnoten, Zwischentitel, Einleitungen oder Kommentare, die sich direkt an den Basistext anschmiegen oder ihn innerhalb der Lektüre begleiten.[149] Eine wichtige Pointe dieses viel zitierten Ansatzes besteht in der Leistung von Paratexten, einen Basistext grundlegend zu formen und zu repräsentieren:

> Der Paratext ist also jenes Beiwerk, durch das ein Text zum Buch wird und als solches vor die Leser und allgemeiner, vor die Öffentlichkeit tritt. Dabei handelt es sich weniger um eine Schranke oder eine undurchlässige Grenze als um eine Schwelle (…), um eine «unbestimmte Zone» zwischen innen und außen, die selbst wieder keine feste Grenze nach innen (zum Text) und nach außen (dem Diskurs der Welt über den Text) aufweist.[150]

Genettes Ansatz eignet sich daher besonders, Rahmen- und Einheitsbildungen von Texten in den Blick zu nehmen, da Paratexte eine kommunikative Funktion übernehmen, die Auskunft gibt über die jeweiligen Grenzziehungen und Übergänge eines Textes. Man könnte es auch so formulieren: Als Beiwerk unterstützen Paratexte zwar das, was als Basistext fungiert. Doch erst über Paratexte wird überhaupt ein Basistext als solcher konstituiert und für den Leser als solcher evident. Genette unterscheidet Paratexte entsprechend dieser Gedankengänge grundsätzlich in Peritexte und Epitexte. Während Peritexte direkt innerhalb des Basistextes als werkinterne Texte fungieren, stehen Epitexte wie Interviews oder Begleitmaterialien werkextern mit dem Basistext in Kontakt. Besonders bemerkenswert ist dabei eine zusätzliche Unterscheidung Genettes zwischen paratextuellen Eingriffen des Autors oder anderer Instanzen:

> Diese Anhängsel, die ja immer einen auktorialen oder vom Autor mehr oder weniger legitimierten Kommentar enthalten, bilden zwischen Text und Nicht-Text nicht bloß eine Zone des Übergangs, sondern der Transaktion: den geeigneten Schauplatz für eine Pragmatik und eine Strategie, ein Einwirken auf die Öffentlichkeit im gut oder schlecht verstandenen oder geleisteten Dienst einer besseren Rezeption des Textes und einer relevanteren Lektüre – relevanter versteht sich, in den Augen des Autors und seiner Verbündeten.[151]

Dem Autor bzw. der Autorinstanz kommt in Genettes Konzept eine dezidierte Machtposition bezogen auf die Steuerung der Rezeption des Basistextes durch

---

149 Genettes Konzept verleitet dazu, grundsätzlich über Textbegriffe und Vorstellungen von Textgrenzen nachzudenken, da die Grenzziehung zwischen Paratext und Basistext fließend ist.
150 Genette, Gérard: *Paratexte. Das Buch zum Beiwerk des Buches.* Frankfurt a. M. 2001, S. 10.
151 Ebd., S. 10.

paratextuelle Eingriffe zu. Ein Autor markiert allerdings selbst eine Form der Rahmung, da er durch seine Existenz und die Erwartungen, die an ihn als Schöpfersubjekt adressiert werden, eine Art Klammer darstellt, die implizit reguliert, was zu einem Text gehören kann oder als Teil eines Werkes akzeptiert wird.[152] Paratexte bilden durch ihre Existenzbedingungen als textdurchlässige Schwellenphänomene die Möglichkeit, gezielt zwischen den Ebenen des Textes zu vermitteln und die Grenze selbst als vermeintliche Ebenen- und Vermittlungsüberschreitung zwischen Fiktion und außertextuellem Diskurs zu inszenieren. Ein solches Spiel kann nicht nur von einem realen Autor ausgehen, sondern sich auch an der Grenze zwischen werkinterner Figur und außertextuellem Diskurs abspielen. Paratexte können daher als Praxis und Ort eines auktorialen Spiels genutzt werden, das gerade Autorenfiguren inkludiert. Diese Annahme rekurriert auf die eingangs gesetzte These, wonach gerade Autorenfiguren durch ihre Anlage als kreative Mediennutzer prädestiniert und profiliert sind, mediale Konstellationen prominent sichtbar zu machen und zu reflektieren.[153]

Fiktive Autoren wie Hank Moody aus CALIFORNICATION oder Playboy Barney Stinson aus der Sitcom HOW I MET YOUR MOTHER werden außerhalb ihrer Serienwelten zu Autoren mit real veröffentlichten Büchern stilisiert. Moodys *God hates us all*, das entsprechend der Autorennennung auf dem Cover ebenso wie Stinsons vermeintlich selbst verfasstes Werk *The Playbook* gleichzeitig Teil der jeweiligen intradiegetischen Serienwelt ist, erschien als Buch auch in der faktualen Welt. Beide Werke folgen einer langen Tradition der literarischen Autor- und Herausgeberfiktion[154] und bauen auf dem Wissen der Rezipienten um den wirklichen Status der Autoren als fiktive Wesen auf. Sie entwerfen damit ein stilisiertes (Selbst-)Bild literarischer Autorschaft, das sich als selbstreferenzielles Spiel mit der Urheberschaft des faktualen Buches aus der Feder eines fiktiven Autors und damit der Ausstellung eines Maskenspiels zu erkennen gibt.[155] Speziell im Fall von CALIFORNICATION lässt sich diese transmediale und paratextuelle Erweiterung neben den offensichtlichen ökonomischen Interessen entweder als weiterer Beleg für die (Selbst-)Ironie der Serie deuten, oder aber als erneute Bestätigung für die innerhalb der Serie vorgenommene, kulturelle Kennzeichnung der Literatur als ein herausragendes Medium künstlerischer Selbstentwürfe.

---

152 Zu diesem Aspekt, der im Zusammenhang mit Michel Foucaults einflussreichen Überlegungen zu verschiedenen Autorschaftsfunktionen steht, auf die noch einzugehen sein wird, siehe auch Böhnke, Alexander: *Paratexte des Films. Über die Grenzen des filmischen Universums.* Bielefeld 2007, S. 14–17.

153 Daher wird auch dieser Aspekt für die Analysen serieller Autorschaft von Interesse sein.

154 Siehe dazu Wirth, Uwe: *Die Geburt des Autors aus dem Geist der Herausgeberfiktion. Editoriale Rahmung im Roman um 1800: Wieland, Goethe, Brentano, Jean Paul und E. T. A. Hoffmann.* München 2009, S. 19–43.

155 Zum Themenkomplex der Autorschaft als Maskenspiel siehe Man, Paul de: «Autobiographie als Maskenspiel.» In: Menke, Christoph (Hg.): *Die Ideologie des Ästhetischen.* Frankfurt a. M. 1993, S. 131–146.

Wie kann nun diese knappe Einführung in Genettes Theorie auf die TV-Serie übertragen werden? Die Übertragung der Paratext-Theorie auf audiovisuelle Medien ist nicht neu. Bereits der Filmwissenschaftler Robert Stam hat in seinen Arbeiten zur Reflexivität des Films auf das Potenzial des Paratextes für die Filmwissenschaft hingewiesen.[156] Speziell im Bereich der Selbstinszenierung von Autorenfilmern wie Godard, Hitchcock oder Tarantino, die eng verknüpft ist mit selbstreflexiven Elementen und Potenzialen verschiedener filmischer Texte (Trailer, Opening Credits etc.) wird paratextuellen Strategien eine hohe Bedeutung beigemessen.[157] Wie die knappen Anmerkungen zu Hank Moody und Barney Stinson zeigen, wird dieses Potenzial des Paratextes gerade dann besonders interessant, wenn sich über bestimmte Inszenierungsstrategien Anschlüsse zur Untersuchung von Autorschaft und den mit ihr verknüpften Medien als Ort ihrer Konstitution und Entfaltung ergeben. Nesselhauf und Schleich erweitern die Tradition paratextueller Untersuchungen und übertragen sie auf kontemporäre TV-Serien unter dem Begriff des sogenannten Serial Frame. Sie gehen mit ihrer Konzeption ebenfalls von einer binären Unterscheidung zwischen direkten und indirekten Serial Frames aus. Beide Gruppen rahmen und prägen eine Serie vergleichbar wie Paratexte in Genettes Theorieentwurf.

Der direkte Serial Frame organisiert sich analog zum Peritext um eine einzelne Episode herum und greift in die Textualität ein, während der indirekte Serial Frame vergleichbar mit Epitexten zusätzliche Informationen und Zusatzangebote zu einer Serie liefert. Folglich gehören zum direkten Serial Frame Elemente wie der Episodentitel, der Opening Credit, der Recap oder das Outro einer Episode. Alle diese Elemente müssen entsprechend ihrer dispositiven Ordnungsfunktion für eine Serie betrachtet werden. So werden etwa der Opening Credit und das Outro, wie bereits erwähnt, oftmals bei der TV-Ausstrahlung verkürzt oder vollständig weggelassen, obwohl sie eine für die jeweilige Folge tragende Aussage beinhalten können. Narrativ komplexe Serials werden häufig mit Recaps ausgestrahlt, um die Zuschauer auf prägnante Story-Entwicklungen und Cliffhanger erneut einzuschwören, und um bestimmte dramaturgische Akzente zu setzen. Der Cliffhanger selbst kann wiederum als Episodencliff eine Folge abschließen; jedoch greifen manche Serien und Sender mit einer Vorschau auf die nächste Folge voraus, anstatt nach dem Cliffhanger keinerlei Informationen über kommende Episode mehr preiszugeben.[158] Der indirekte Serial Frame zeichnet sich nach Nesselhauf und Schleich als ein optio-

---

156 Siehe Stam, Robert: *Reflexivity in Film and Literature. From Don Quixote to Jean-Luc Godard.* New York 1992, S. 23–25.

157 Siehe dazu allgemein Nitsche, Lutz: *Hitchcock – Greenaway – Tarantino. Paratextuelle Attraktionen des Autorenkinos.* Stuttgart/Weimar 2002 oder spezieller Hediger, Vinzenz: «Reiz, Qualität und Ausdruck. Zur Funktion der Schrift und Typographie in Kinotrailern.» In: Friedrich, Hans-Edwin / Jung, Uli (Hg.): *Schrift und Bild im Film.* Bielefeld 2002, S. 139–162.

158 Zu weiteren Beispielen und Möglichkeiten der Anordnung verschiedener Elemente des direkten Serial Frames siehe Nesselhauf, Jonas / Schleich, Markus: «Bausteine des Seriellen», S. 27–28.

nales Angebot für die erweiterte Rezeption aus. Dennoch ergibt sich bei näherer Betrachtung eine weitere Binnendifferenzierung, die ebenfalls an Genettes Konzept anknüpft, indem sie auf der Ebene der Auktorialität des Textes ansetzt. Innerhalb des indirekten Serial Frame muss unterschieden werden zwischen offiziellen Erweiterungen des jeweiligen Serienuniversums wie etwa Webserien und Webisodes[159], die von den Autoren oder Produzenten der Serie als transmedialer Teil der Erzählwelt legitimiert und hergestellt werden, und der aktiven Einschaltung der Zuschauer in Form von sozialen Netzwerken oder anderen Kommentaroptionen[160], die sich im Falle gebündelter Meinungsäußerungen sowohl auf die Rezeption als auch die weitere Gestaltung einer Serie auswirken können. Formen optionaler Partizipation sind daher längst Teil des Seriendispositivs, das auch in dieser Hinsicht nicht allein auf das Fernsehen als apparatives Medium reduziert werden kann.

Serial Frames integrieren sich in das Gesamtkonzept der TV-Serie als Mediendispositiv, indem sie die Grenzen und Übergänge verschiedener Textphänomene und deren Funktion für den Basistext sichtbar zur Disposition stellen. Die Stärke einer umfassenden Definition des Mediendispositivs liegt auch darin, durch die Verschränkung der verschiedenen Ebenen und Elemente einen Blick dafür zu öffnen, wie einzelne Segmente des Dispositivs Einfluss nehmen auf die Rezeption oder die Gesamtperformanz eines audiovisuellen Textes. Dieses Potenzial paratextueller Schwellenphänomene im Gesamtrahmen des seriellen Mediendispositivs soll nun exemplarisch am Beispiel eines Opening Credits vorgestellt werden.

Als Opening Credits gelten sich wiederholende Einstiegstexte in eine Serienepisode, die durch ihren konstanten Einsatz zum Markenzeichen einer Serie schlechthin avancieren können. Die Praxis, Credits als ökonomisch erforderliches Beiwerk für die Vermarktbarkeit und Steigerung des Wiedererkennungswertes vorschnell aus einer detaillierten Forschungsarbeit auszuklammern , geht auf die oftmalige Missachtung des inszenatorischen Eigenwertes der Opening Credits zurück, die sich schon in der Marginalisierung im Bereich des Spielfilms manifestiert.[161] Gerade weil Opening Credits oft nur als Beiwerk behandelt werden (man denke

159 Siehe hierzu am Beispiel der TV-Serie Stromberg in Kuhn, Markus / Noldt, Johannes: «Stromberg transmedial. TV-Serien und serielle Werbeclips im Netz als Form des transmedia storytelling.» In: *rabbit eye. Zeitschrift für Filmforschung*. Ausgabe 5, 2013, S. 40–55.

160 Als besonders markantes Beispiel dieses soziokulturellen Phänomens kann die Tatort-Reihe genannt werden, die sowohl auf ihrem eigenen Twitter-Kanal oder anderen Netzwerken regelmäßig von tausenden Usern kommentiert wird. Aufgrund der vielen User wird die mediale Begleitung des Tatort selbst immer wieder zum Thema als Beispiel einer sich verändernden Rezeption der Zuschauer. Siehe dazu *www.daserste.de/unterhaltung/krimi/tatort/interaktiv* (letzter Zugriff: 1.7.2015).

161 Als berühmtes Gegenbeispiel sei hierzu auf die opulenten und sehr berühmten Opening Credits der James Bond-Reihe hingewiesen, die jeweils sehr markante Akzente setzen. Siehe dazu Planka, Sabine: «Weiblichkeit als Appetizer. Frauenkörper in den James Bond-Title Sequences.» In: Kleinberger, Lisa / Stiglegger, Marcus (Hg.): *Gendered Bodies. Körper, Gender und Medien*. Siegen 2013, S. 53–70.

an Genettes eben zitierte Formulierung), eignen sie sich hervorragend dazu, die Bedeutung paratextueller Verfahren für das Gesamtverständnis einer Serie zu profilieren. Das Prinzip der Wiederkehr, welches der seriellen Narration inhärent ist, ist dem Opening Credit als einstimmendem und in die Episode überführendem Textelement eingeschrieben. Opening Credits werden meist entweder nach einem Recap über die Ereignisse vorangegangener Episoden oder nach einer sogenannten Opening Scene gezeigt, die Handlungsbögen aufgreifen und in vielen Fällen einen ersten Cliffhanger setzen kann, der dann durch den nachfolgenden Opening Credit seine Wirkung entfaltet. Gerade kontemporäre Serien verzichten allerdings auch auf vorangestellte Recaps und steigen direkt mit dem Opening Credit in die Episode ein. Dem Opening Credit kommt daher als Teil der Signatur von Serien und ihrem Wiedererkennungswert im Sinne der Zuschauerbindung und der Vielzahl an Inszenierungen in der Forschung ein besonderer Stellenwert zu.[162] Er führt auf der Seite der Rezipienten zu einer stetigen Reaktualisierung der Merkmale einer Serie und bietet dem Zuschauer die Möglichkeit einer ersten oder wiederholten Orientierung bezüglich Faktoren wie Figuren, Setting oder Genre. So verstanden dienen Opening Credits oftmals als Lektüreanleitungen der Serie und werden zum Ankerpunkt für den seriellen Textverarbeitungsprozess. Sie können allerdings ebenso zum Ort der Reflexion mutieren, an dem eine Serie ihre eigene Verfasstheit als serielle Erzählung spiegelt, oder mithilfe von Eingriffen und Kommentierungen markante Veränderungen innerhalb des ritualisierten Ablaufs der Credits vornimmt, die wiederum bedeutsam für die jeweilige Episode oder einen anzitierten Kontext sind.[163] Eine differenzielle Lektüre von Opening Credits bietet neben der Möglichkeit einer Relektüre vor allem eine Fokussierung der strukturalen Eigenschaften und Eigenheiten.

Ein Typologiemodell, wie es Prokić und Schlicker vorlegen, differenziert Opening Credits entsprechend ihrer Schwerpunktsetzungen.[164] Nach ihrem Modell lassen sich Opening Credits in fünf Hauptkategorien aufteilen, die allerdings auch Mischtypen und Überlappungen zulassen. Folgende Kategorien werden im Modell vereint: Topografie, Figuration, motivisch gelagerte Narration, metaphorisch angelegte Narration und grafische Reduktion. Figurative Opening Credits wie zu How I Met Your Mother oder Brooklyn Nine-Nine legen ihren inszenatorischen Schwerpunkt auf die Vorstellung des Figurenpersonals der Serie, während topografische Credits wie zu Mike & Molly oder 2 Broke Girls die Figuren einem

---

162 Vgl. dazu Hüser, Rembert: «Der Vorspann stört. Und wie.» In: Kümmel, Albert / Schüttpelz, Erhard (Hg.): *Signale der Störung*. München 2003, S. 237–260.

163 Mustergültig lässt sich dies am Opening Credit der Simpsons feststellen und beobachten. Siehe dazu Klein, Thomas: «‹I will not mess with the Opening Credits›. Der Vorspann der Simpsons.» In: Felix, Jürgen et al. (Hg.): *Die Wiederholung*. Marburg 2001, S. 595–602.

164 Siehe Prokić, Tanja / Schlicker, Alexander: «Vor der Serie. Eine Typologie von Opening Credits» (Typoskript/ erscheint voraussichtlich in *rabbit eye. Zeitschrift für Filmforschung*).

Ort oder Setting unterordnen. Der Handlungsort der Serie versammelt die Figuren und bindet sie an eine bestimmte Vorstellung und zeitliche Verortung der Serie. Die Topografie vermittelt dabei, wie alle Credits, eine verdichtete Form der Grundstimmung, die das Setting ausstrahlt und damit auch die Erzählung prägt. Als prototypisches Beispiel gilt etwa der Serienklassiker DALLAS, da in diesem Fall der Ort bereits durch den Titel als Bezugspunkt markiert und im Credit zentral vorgestellt wird. Narrative Credits informieren über bestimmte Handlungsmotive einer Serie, die dann sowohl das Setting wie auch die Figuren betreffen. Der narrative Credit kann einen Schwerpunkt entweder motivisch oder metaphorisch setzen. Wesentlich für den narrativen Credit ist, dass dieser in verdichteter Form eine Geschichte anzitiert oder sogar in sich kompakt erzählt, die zentrale Motive der Serie beinhaltet und thematisiert. Narrative Credits eignen sich besonders dafür, komplexere Strukturen einer Serie implizit vorzustellen. Als Beispiele für einen motivisch-narrativen Credit gilt etwa SHERLOCK oder GREY'S ANATOMY. Beispiele für den metaphorisch-narrativen Credit sind DEXTER oder MAD MEN. Alle Credit-Formen verwenden letztlich einen schriftlich stilisierten Opening Titel, um sich eindeutig identifizieren zu lassen. Grafische Opening Credits hingegen reduzieren ihre Inszenierung meist nur auf wenige Sekunden und zitieren dabei meist nur sehr knapp die Grundatmosphäre und ein Leitmotiv der Serie an. Dies geschieht bei Serien wie GOSSIP GIRL oder LOST durch ein kompaktes Zusammenspiel eines stilisierten Opening Titels in Kombination mit einem Sound Theme und einer kurzen Einblendung, die auf eine Vorstellung der Figuren oder gar eine kompakte Erzählung gänzlich verzichtet.

Eine Trennung der Kategorien dient vor allem der heuristischen Fixierung basaler Tendenzen, entspricht allerdings, wie bereits im Fall der Serientypen diskutiert, kaum der Empirie. Auch in diesem Fall gilt das Primat der Mischformen. Allen Formen ist des Weiteren gemein, dass sie ihre Vermittlungsfunktion meist erst im Verlauf einer Serie ganz ausschöpfen. Das bedeutet, dass Zuschauer erst durch die Kenntnis der Serie bestimmte Assoziationen oder motivische Strukturen als solche erkennen können, obwohl sie bereits von Anfang an in den Credits vorgetragen wurden. Da speziell narrative Opening Credits oftmals mit ungefähr zwei Minuten Länge einen beachtlichen Umfang einnehmen, kann der Grad an Anspielungen, Symboliken oder anderen Informationen beträchtlich ausfallen. Daher stehen Opening Credits letztlich als kompakte Schwellentexte einerseits für sich als distinktiv abgrenzbare Textform; andererseits sind sie so mit dem Basistext verwoben, dass sie ohne ihn keine Funktion haben und nur mehr oder minder gut inszenierte Kurzfilme sind. Da sich Serien generell stärker als Spielfilme über ihre Opening Credits als Identifikationselement definieren[165], werden serielle Credits zum viel-

---

165 Vgl. dazu Harris, Adam Duncan: «Das goldene Zeitalter des Filmvorspanns. Die Geschichte des ‹Pacific Title and Art Studios›.» In: Böhnke, Alexander et al. (Hg.): *Das Buch zum Vorspann. ‹The Title is a Shot›*. Berlin 2006, S. 123–136.

leicht markantesten Ort inszenatorischer Experimente, um Serien eine möglichst einzigartige und einprägsame Identität zu verleihen.

Dass sich in Opening Credits darüber hinaus Konstellationen wie Figurationen manifestieren, die in sich die bereits mehrfach propagierte Schnittstelle zwischen medialen Wandlungsprozessen und Autorschaft reflektieren, zeigt exemplarisch die Serie MARCO POLO, die seit 2014 von Netflix produziert wird. Eingebettet in den historischen Rahmen der Reisen des Marco Polo, widmet sich die Serie leitmotivisch der Verschränkung von Macht, Wissen und Kommunikationsstrukturen: Diese unterliegen den Gesetzmäßigkeiten der prämodernen Kultur des 13. Jahrhunderts und prägen Polos exotische Position eines außerkulturellen Beobachters. Zum Ausgangspunkt der Erzählung nimmt MARCO POLO nach der Ankunft des Protagonisten in Asien dessen anfängliche Gefangenschaft, aber vor allem seinen Aufstieg zum Berater und Vertrauten des Mongolischen Großkhans Kublai Khan im 13. Jahrhundert. Die Serie fokussiert sich bei der Ausgestaltung ihrer Hauptfigur sehr stark auf dessen Fähigkeit, seine Beobachtungen in Geschichten und narrative Deutungen so zu kleiden, dass er als Erzähler Macht und Einfluss gewinnt, obwohl er mit den praktischen wie rhetorischen Konventionen des Hofes nicht vertraut ist. Polo muss sich sein Wissen über das ihm fremde Land und über seine komplexe (Hof-)Kultur erst aneignen und Rückschläge erleiden. Sein Aufstieg, der nicht ohne Rückschläge und Demütigungen durch andere Bewohner des Hofes verläuft, gestaltet sich als ein Lernprozess kommunikativer Spielregeln, die nur situativ eine individuelle Handschrift seitens der Akteure erlauben. Denn das Primat obliegt dem Großkhan als gottgleichem Sprecher, der über Akzeptanz und Ausschluss entscheidet. Der Opening Credit, der sich als eine komplexe Mischform vor allem narrativ-motivischer, typografischer und grafischer Elementen gestaltet, inszeniert dieses Verhältnis in einer komplexen Anordnung verschiedener Elemente und Ebenen, die sich analog zu Polos Entwicklung einer immer besseren Lektürekompetenz der Konventionen des Hofs generiert als prozesshafte Entfaltung von Zeichen aus einem materiellen Fundament. Zunächst breiten sich mehrere Wellen aus Tusche auf einer papierartigen Fläche aus. Die Kamera inszeniert ein Schrift-Bild-Verhältnis, das zu Beginn des Credits allerdings bewusst Schriftlichkeit vermeidet und stattdessen hochartifizielle Bilder zeigt, die sich erst nach und nach formen und verfestigen. Pointiert gesagt zeigt der Opening Credit hier folgende Grundoperation, wie sie konstitutiv für mediale Prozesse ist: Medien entwickeln Formen[166], die gerade durch ihre prozesshafte Ausstellung mithilfe der sich langsam ausbreitenden Tusche den Weg bildlicher Vermittlung und Interpretation hin zur Schrift als abstrahierendem Kommunikationsmittel.[167] Die scharfen Hell-Dunkel-Kontraste for-

---

166 Zur Medium-Form-Differenz als mediendifferenzieller Basisunterscheidung siehe Luhmann, Niklas: *Die Politik der Gesellschaft*. Frankfurt a. M. 2000, S. 30–31.

167 Vgl. dazu grundlegend Paech, Joachim: «Die Szene der Schrift und die Inszenierung des Sch-

men sich nach und nach zu verschiedenen Motiven und metaphorischen Anspielungen, die etwa das Mongolische Reich in seiner ausufernden Topografie, den sich in der Serie entwickelnden Krieg oder einschlägige Symbole der asiatischen Kultur visuell ausformen. Die Tusche erzeugt Formen und Bilder, die sich nicht immer auf den ersten Blick oder gar eindeutig identifizieren lassen. Es bleibt ein interpretatorischer Überschuss, der auf die kontingente Perspektive einer Rezeption hindeutet, die Polos Lektürekompetenz bezüglich seiner neuen Umgebung entspricht.[168]

Aus den sinnlich erzeugten Bildern entsteht zum Ende dieses epischen Opening Credits der grafische Schriftzug des Serientitels[169], der den Schriftgelehrten Polo vom Protagonisten eines Entwicklungsprozesses hin zum Autor einer längst vergangenen Epoche erklärt. Mehrmals wird Polo in der Serie mit dem Problem einer Vermittlung sinnlicher Erfahrungen mithilfe der abstrahierenden wie distanzierenden Form einer Erzählung konfrontiert. Tusche und Papier unterstreichen daher als anachronistische Medientechnik sowohl den mythischen Status der Erzählung wie auch Polos Weg zu einer noch unzeitgemäßen Autorschaft, die ihm schon in der ersten Staffel eine Art Autorennamen einbringt. Polo wird nämlich am Hof auch aufgrund seiner venezianischen Herkunft – die mit seiner Erzählkunst in Verbindung gebracht wird – der «Lateiner» genannt. In dieser Hinsicht ist es nur konsequent, wenn Polos Erzählungen innerhalb der Serie immer stärker an Bedeutung gewinnen und zwischen Mündlichkeit und Schrift changieren, wie es bereits der Opening Credit andeutet. Das für die Serie MARCO POLO zentrale Thema einer sich entwickelnden Autorschaft vor dem Hintergrund einer imperial geprägten Gesellschaft, die aufgrund eines kriegerischen Konflikts mit China und einiger innerterritorialer Konflikten vor enormen Herausforderungen und Umbrüchen steht, wird durch den Opening Credit zentral thematisiert und in einer Art verdichtet, die den Credit als textuell komplexes Schwellenphänomen in mehrfacher Weise ausweist.

Wie dieses Kapitel zu zeigen versuchte, verbindet sich mit dem Begriff des Mediendispositivs vor allem die Möglichkeit, die TV-Serie von verschiedenen Seiten aus zu beschreiben und ihre Einflüsse sowie die sie definierenden Einflussfaktoren in ihren Wechselwirkungen zu untersuchen. Serial Frames bieten als paratextuelle Phänomene eine besonders eindringliche Möglichkeit, Grenzen und Übergänge der Textualität auszuloten. Dies ist auch deshalb nötig, weil Serien selbst Medien-

---

reibens im Film.» In: Friedrich, Hans-Edwin / Jung, Uli (Hg.): *Schrift und Bild im Film (=Schrift und Bild in Bewegung, Bd.3)*. Bielefeld 2002, S.67–79.

168 Vgl. dazu Packard, Stephan: «Eine Ästhetik der Überforderung. Imaginäre Lesbarkeit und Opazität in Schriftfilmen.» In: Scheffer, Bernd / Stenzer, Christine (Hg.): *Schriftfilme. Schrift als Bild in Bewegung (=Schrift und Bild in Bewegung, Bd.16)*. Bielefeld 2009, S. 167–181.

169 Zu verschiedenen Integrationsmöglichkeiten von Schrift im Film aus historischer und systematischer Sicht siehe Stenzer, Christine: «Filmische Schrift. Ein Überblick.» In: Scheffer, Bernd / Stenzer, Christine (Hg.): *Schriftfilme. Schrift als Bild in Bewegung (=Schrift und Bild in Bewegung, Bd.16)*. Bielefeld 2009, S. 35–71.

dispositive und dispositive Mikrophänomene in ihre Erzählungen integrieren und reflektieren, wie die Analyse des Opening Credits zu MARCO POLO exemplarisch ausführte.[170]

1.5 Zu welchem Ende studiert man Quality TV? Paradigmen der Serienforschung

Mit der Definition des Mediendispositivs und seiner konzeptionellen Übertragung auf die TV-Serie unter besonderer Berücksichtigung der Serial Frames ist ein weiterer wichtiger Schritt gegangen worden in Richtung einer inhaltlichen Auseinandersetzung mit den seriellen Basistexten. Nun soll es darum gehen, einige Kernmerkmale und Paradigmen der kontemporären TV-Serie bezogen auf ihre Inhalte näher zu betrachten, um die Beschreibung der TV-Serie als modernem Medienphänomen in ihren Grundzügen abzuschließen. Dafür ist es hilfreich, den Begriff des Quality TV näher zu beleuchten, um seine Implikationen und Aussagen genauer verstehen und innerhalb des wissenschaftlichen Seriendiskurses einordnen zu können.

Die Diskussion um sogenannte Qualitätsserien spielt eine bedeutende Rolle in der Auseinandersetzung mit TV-Serien, da sie einen Paradigmenwechsel in mehrfacher Hinsicht markiert. Denn sowohl in der öffentlichen wie wissenschaftlichen Wahrnehmung firmieren kontemporäre Serien wie nahezu alle bisher in dieser Studie genannten als neue, moderne oder eben qualitativ hochwertige Serien und werden im Gegensatz zu früheren auch als solche bezeichnet. Sie erhalten somit stets eine Art Signum, das in sich eine Unterscheidung zu früheren Serienkulturen mitführt.[171] Diese Setzung markiert eine Unterscheidung, die die wissenschaftliche Sichtweise auf TV-Serien nachhaltig verändert hat. Dies belegen allein die Zahlen an Publikationen, Tagungen und Forschungsprojekten, die in den letzten Jahren aus der Taufe gehoben wurden. Diesen Umschlag als Paradigmenwechsel zu fassen, rekurriert auf den von Thomas S. Kuhn prominent in die Wissenschaftstheorie eingeführten Ansatz des Paradigmas. Kuhn begreift ein Paradigma als Instrument, mit dem sich wissenschaftsgeschichtliche Epochenstrukturierungen sortieren und in ihren Auswirkungen auf ein Wissenschaftsfeld beschreiben lassen. Dies beruht auf Kuhns Definition des Paradigmas als des innerhalb eines Fachgebietes «festumrissenen Forschungskonsens»[172], ohne den wissenschaftliche Forschung inner-

---

170 Zu anderen Beispielen der Reflexion verschiedener Mikrodispositive und dispositiver Strukturen siehe Ackermann, Kathrin: «Dispositiv und Format des Fernsehens», S. 72–73.

171 Siehe etwa besonders prägnant Nelson, Robin: «Quality Television: THE SOPRANOS is the best television drama ever…in my humble opinion.» In: *Critical Studies in Television. Scholarly Studies in Small Screen Fictions 1, 1*. 2006, S. 58–71.

172 Kuhn, Thomas S.: *Die Struktur wissenschaftlicher Revolutionen*. Frankfurt a. M. 1976, S. 30.

halb einer Forschergemeinschaft über einen bestimmten Zeitraum nicht produktiv stattfinden könnte. Dieser Konsens beinhaltet alle Sichtweisen eines Faches auf ihren Gegenstand, ihr theoretisches Verständnis und ihre jeweiligen Problemlösungsstrategien innerhalb ihrer Fragestellungen.[173] Dass Kuhn einen Wechsel von einem Paradigma zum nächsten gar als wissenschaftliche Revolution bezeichnet, liegt daran, dass jeder Wechsel hin zu einem neuen Konsens stets bedeutet, dass sich auch das basale Selbstverständnis eines Fachgebietes verändert, was wiederum Auswirkungen auf die Nachwuchsförderung oder das Auftreten einer Disziplin außerhalb ihrer Fachgrenzen haben kann. Der Wechsel von einem Paradigma zum nächsten wird nicht zwingend als Krise verstanden, denn «Paradigmenwechsel treten an Differenzierungssituationen auf, die auch als Verwerfungslinien erfahren werden können; neue Paradigmen sind dementsprechend als Vermittlung zwischen Positionen gedacht, die sich in ein Oppositionsverhältnis manövriert haben.»[174]

Die sogenannten Revolutionen führen nach Kuhn zu einer neuen Normalisierung dessen, was die jeweilige Disziplin ausmacht und bedingen so zu neue Ansätze und Ergebnisse, die vor der Revolution vielleicht nicht denkbar gewesen wären, da sie außerhalb des bisher geltenden Wissenschaftsbegriffs lagen.[175] Die Auswirkungen auf die wissenschaftliche Praxis bestehen folglich darin, einen neuen Standard zu setzen, der als «normale Wissenschaft»[176] betitelt wird. Für die medienwissenschaftliche Auseinandersetzung mit TV-Serien mag zwar aufgrund der Heterogenität der Einzeldisziplinen keine einheitliche Fachrevolution definiert werden können. Dennoch kann mit Kuhns Ansatz unterstrichen werden, wie markant sich aus einem Oppositionsverhältnis der Ablehnung der Fernsehserie früherer Jahre als Forschungsgegenstand ein Konsens herausbildet, der die bisher geltende Ablehnung nahezu völlig umkehrt. Über Serien zu forschen, ist mittlerweile nicht mehr per se erklärungsbedürftig. Dies hängt jedoch fundamental mit der Prämisse einer gesteigerten Qualität der Serie zusammen, wie die folgenden Ausführungen zeigen möchten. Daher ist die Bezeichnung Quality TV oder Qualitätsserie nicht als bloß geschickter Marketingtrick zu unterschätzen. Sie ist, wenn man so will, essenzieller Teil einer forschungshistorischen Erzählstrategie, die einen Gegenstand für spezifische Fachinteressen nobilieren und als relevant auszeichnen will.

Vor diesem Hintergrund gestaltet sich eine konzise Gegenstandsbestimmung der Qualitätsserie aufgrund der Vielzahl an Publikationen zu diesem Thema kom-

---

173 Siehe dazu beispielsweise auch Vaasen, Bernd: *Die narrative Gestalt(ung) der Wirklichkeit. Grundlinien einer postmodern orientierten Epistemologie der Sozialwissenschaften*. Braunschweig 1996, S. 41–42.

174 Jahraus, Oliver: *Literaturtheorie. Theoretische und methodische Grundlagen der Literaturwissenschaft*. Tübingen/Basel 2004, S. 228.

175 Vgl. dazu auch die konzeptionellen Überlegungen einer Weiterführung von Kuhns Ansatz in Prokić, Tanja: *Kritik des narrativen Selbst*, S. 25–27.

176 Kuhn, Thomas S.: *Die Struktur wissenschaftlicher Revolutionen*, S. 212.

plex, da die Kategorie des Quality TV mittlerweile auf fast jede kontemporäre TV-Serie übertragbar scheint. Zwar gibt es beispielsweise mit THE SOPRANOS, LOST, DOWNTON ABBEY oder DEADWOOD Serien, die im Sinne eines Kanons der modernen Seriengeschichte immer wieder genannt und behandelt werden, während Serien wie DAMAGES oder ARRESTED DEVELOPMENT trotz relativ zeitgleicher Ausstrahlung und ihrer zumindest punktuell nachweisbaren Qualität entsprechend der Merkmalskataloge eher selten bis gar nicht in diesen Diskurs aufgenommen werden. Schon daran lässt sich die normative bis ideologische Einflussnahme des Diskurses um Quality TV ablesen, die ihre eigenen Ausschlusskriterien je nach Perspektive flexibel handhabt.

Die mittlerweile ziemlich umfangreiche Forschungsliteratur zu Quality TV umfasst sowohl zahlreiche Einzelserienanalysen wie auch theoretisch-methodische Perspektivierungen und Historisierungen serieller Erzählkultur.[177] Grundsätzlich lässt sich die wissenschaftliche Auseinandersetzung unterteilen in verschiedene Perspektivierungen zu Fragen der medialen Spezifik, genretypischer Merkmale und Inszenierungen, der Modellbildung möglicher Zielgruppen sowie der kulturellen Einbindung der Serie in verschiedene historische Konstellationen und Bezugssysteme. Bei der historischen Verortung der modernen Serie besteht im Anschluss an Richard Thompson, Robin Nelson oder Jane Feuer weitgehend Konsens darüber, dass spätestens Ende der 1990er-Jahre mehrere Serien das Licht der Fernsehwelt erblickten, die das mit Serien wie MIAMI VICE, TWIN PEAKS oder THE X-FILES bereits hochwertig bestückte Feld weiter anreicherten und zur eigenständigen Qualitätsmarke erhoben.[178] Gerade an der Schnittstelle übergreifender kultur- und medientheoretisch relevanter Entwicklungen dienen die neuen Serien der späten 1990er als Beleg eines Umbruchs[179], der vor allem der amerikanischen Serienlandschaft bescheinigt, sich durch neue Erzählweisen von der Network-Ära alter Prägung zu verabschieden und das bisherige, streng konventionelle televisuelle Dispositiv sukzessiv zu hinterfragen, zu reflektieren und durch neue Erzähl- und Distributionsformen hinter sich zu lassen.

Ein nahezu einhelliger «Diskurs der Bewunderung»[180] lässt heute fast jede Serie als qualitativ hochwertig gelten.[181] Bestand der Fundus an geeigneten Serien zu

177 Siehe dazu Rothemund, Kathrin: «Serielle Textproduktionen – Zeitgenössische Fernsehserienforschung.» In: MEDIENwissenschaft. 1, 2012, S. 8–21.

178 Siehe Feuer, Jane: «Quality Drama in the US: The New Golden Age?» In: Hilmes, Michelle (Hg.): The Television History Book. London 2003, S. 98–102.

179 Zur wissenschaftlichen Auseinandersetzung mit amerikanischen Fernsehserien bis in die 1990er hinein siehe Schneider, Irmela: Serien-Welten. Strukturen US-amerikanischer Serien aus vier Jahrzehnten. Opladen/Wiesbaden 1995.

180 Kirchmann, Kay: «Einmal über das Fernsehen hinaus und wieder zurück: Neuere Tendenzen in US-amerikanischen TV-Serien.» In: Meteling, Arno et al. (Hg.): ‹Previously on…›. Zur Ästhetik der Zeitlichkeit neuerer TV-Serien. München 2010, S. 61.

181 Wobei eine besondere Paradoxie darin besteht, dass in Deutschland vor allem Serien aus den USA

Beginn der 2000er-Jahre noch vorwiegend aus einer überschaubaren Anzahl an fast immer gleichen Nennungen von THE SOPRANOS, LOST oder THE WIRE, scheint heute jede Serie bestimmte Qualitäten aufzuweisen, die sie in den Kreis der Qualitätsserien aufnehmen.[182] Selbst die Auflistung serienhistorischer Vorbilder, die auf unterschiedliche Weise durch ihre Ästhetik oder ihre spezifische Verhandlung kontroverser Themen den Weg moderner Qualitätsserien geebnet haben, verläuft geradezu streng kanonisch. Vor allem TWIN PEAKS von David Lynch und Mark Frost, das in der Rezeption von der Aura Lynchs und der filmwissenschaftlichen Bewunderung seines Werkes zu profitieren scheint[183], und MIAMI VICE gelten innerhalb des akademischen Diskurses als die wohl wichtigsten Vorformen. In beiden Serien, so Oliver Fahle, lassen sich für die damalige Serienlandschaft innovative Verfahren erkennen, die sich in den Serien der späten 1990er in gesteigerter Form wiederfinden. Beide Serien stellen in herausragender Weise bisherige Konventionen in Bezug auf die Ordnung seriellen Wissens zur Disposition, wie es durch etablierte Genre- oder Erzählstrukturen vermittelt wird:

> TWIN PEAKS etabliert eine epistemische Ordnung, die auf dem Zusammenspiel rationaler und intuitiver Erkenntnismodi aufbaut, platziert dabei – strukturell ähnlich wie Miami Vice – verschiedene ikonische Ebenen nebeneinander und schafft auf diese Weise Serialisierungsverläufe, die sich über alle Episoden verstreuen. Wie in Miami Vice vervielfältigt sich das serielle Prinzip und kann nicht mehr nur als narratives Organisationsprinzip verstanden werden. Serien gewinnen damit – durchaus im Sinne der Postmoderne – eine stärkere intertextuelle Form, indem sie sich auf andere Formate (Werbung, Clip), Genres (Horrorfilm, Western) und andere Serien (etwa die Serie in der Serie: Invitation to Love in Twin Peaks) beziehen. Die Konsequenzen dieser neuen Form der Serialisierung zeigen sich auf verschiedenen Ebenen, von denen Intermedialität, Narration und Temporalität zu den wichtigsten gehören (…).[184]

Der Begriff Quality TV dient daher einerseits zwar als Bezeichnung einer Zäsur, die vor allem durch die Medienwissenschaft selbst mit ihren zahlreichen Publikationen unter diesem Label kommuniziert wurde; andererseits lässt sich durch die Unschärfe der Kriterien und Auswahl nicht von einem Raster sprechen, das für

---

oder Skandinavien gefeiert werden, während einheimische Produktionen bis auf wenige Ausnahmen wie STROMBERG oder DER TATORTREINIGER als grundsätzlich minderwertiger (aufgrund kleinerer Budgets) eingestuft werden.

182 Siehe etwa die Einzelbeiträge in Nesselhauf, Jonas / Schleich, Markus (Hg.): *Quality TV*.

183 Zu TWIN PEAKS als Zäsur der Seriengeschichte siehe vor allem Engell, Lorenz: «Die Wiederkehr des Ähnlichen. Das Geheimnis von Twin Peaks: Fernsehen als Nachspiel der Ordnung der Dinge.» In: Ders.: *Ausfahrt nach Babylon: Essays und Vorträge zur Kritik der Medienkultur.* Weimar 2000, S. 31–61.

184 Fahle, Oliver: «Im Diesseits der Narration. Zur Ästhetik der Fernsehserie.» In: Kelleter, Frank (Hg.). *Populäre Serialität: Narration – Evolution – Distinktion. Zum seriellen Erzählen seit dem 19. Jahrhundert.* Bielefeld 2012, S. 172.

eindeutige kategoriale Einteilungen stehen würde. Der von Robert Thompson in den 1990ern eingeführte Kriterienkatalog, der von Robert Blanchet einige Jahre später aktualisiert wurde[185], benennt als Merkmale sehr heterogene Faktoren wie die Etablierung eines Seriengedächtnisses innerhalb einer sich zunehmend weiterentwickelnden Handlung, ein umfangreiches Figurenensemble, einen bewusst kritischen Umgang mit gesellschaftlichen Problemen und die generelle Haltung, sich von üblichen Konventionen und Betrachtungsweisen des Fernsehens abzuheben. Thompsons Katalog ist letztlich fast eine Art aktive Medienpolitik, die in ihrem Gestus und ihrer Rhetorik versucht, ein Bewusstsein zu schaffen für ein besseres Image der Fernsehserie. Wie auch Blanchet in seiner Aktualisierung betont, steht Quality TV für einen emphatischen Impetus von Autorschaft, der den Produzenten und Showrunnern einer Serie den Status von Künstlern zuspricht, die sich in ihren Werken mit einer eigenen Handschrift verwirklichen.[186]

Brigitte Frizzoni hat bereits vor einigen Jahren darauf hingewiesen, Quality TV vorwiegend als Begriff zu betrachten, der zwischen verschiedenen Diskursen und vor allem Diskursgemeinschaften verwendet wird und der daher eine kommunikative Verständigungsgrundlage schafft.[187] Sie differenziert im Anschluss an Jürgen Link und Anne Waldschmidt zwischen den sogenannten Elementardiskursen, wie sie in der öffentlichen Debatte oder unter Fans geführt werden, und den wissenschaftlichen Spezialdiskursen, die sich je nach Interesse um eine eine spezifische Fragestellung innerhalb des akademischen Feldes bemühen. Quality TV ist nicht nur ein Begriff akademischer Serienforschung, sondern findet auch im Feuilleton und unter Serienfans und Marketingstrategen Verwendung. Hierin zeigt sich auch die Leistung des Begriffs, sowohl eine Zäsur innerhalb der Serienlandschaft zu markieren als auch gleichzeitig eine Vorstellung von Merkmalen in sich zu bündeln, die innerhalb einer serienaffinen Sprechergemeinschaft Anschlusskommunikationen herstellt. Beide Diskursebenen verwenden also einen Begriff, der trotz seiner speziellen Zuschreibungen und historischen Verortung in mehreren Sprechergemeinschaften zirkulieren kann, ohne anscheinend radikale Missverständnisse und Ausschlussverfahren kommunikativer Verständigung zu produzieren. Es herrscht in allen Diskursgemeinschaften die Grundüberzeugung vor, mit der modernen Qualitätsserie ein Abgrenzungsmedium gegenüber schlechten Fernsehangeboten vor-

---

185 Siehe Blanchet, Robert: «Quality TV. Eine kurze Einführung in die Geschichte und Ästhetik neuer amerikanischer Fernsehserien.» In: Ders. et al. (Hg.): *Serielle Formen. Von den frühen Film-Serials zu aktuellen Quality-TV- und Onlineserien.* Marburg 2011, S.37–70.

186 Auf diesen Punkt wird später in Kapitel 3 noch näher einzugehen sein, wenn es um einen Vergleich zwischen den Begriffen und Implikationen des sogenannten Autorenfernsehens im Kontext der filmwissenschaftlich etablierten Begrifflichkeit des Autorenfilms geht.

187 Frizzoni, Brigitte: «Zwischen Trash-TV und Quality-TV. Wertediskurse zu serieller Unterhaltung.» In: Kelleter, Frank (Hg.). *Populäre Serialität: Narration – Evolution – Distinktion. Zum seriellen Erzählen seit dem 19. Jahrhundert.* Bielefeld 2012, S. 339–351.

zufinden und grundsätzlich zu akzeptieren, dass es gerade die amerikanische Serienlandschaft ist, die federführend auf die Entwicklung der TV-Serie einwirkt. Eine weitere Eingrenzung, die beispielsweise auch nach Genres differenzieren würde, konnte sich bisher nicht etablieren. Dies scheint vornehmlich dem Umstand des sich rapide erweiternden Angebots an Serien innerhalb der letzten Jahre geschuldet und exemplifiziert ein basales Problem jeder Systematisierung nach Genres.[188]

Zentral für alle genannten und ebenso alle anderen Kriterien ist die Frage, auf welcher Grundlage man nun gute von schlechten Serien unterscheiden kann. Quality TV ist daher ein hochgradig normativ aufgeladenes Label, das die vermeintlich überwundenen Minderwertigkeits-Polemiken des Fernsehens nur oberflächlich verlagert und in das eigene System überführt. Kristina Köhler weist in ihren Ausführungen zum Entstehungskontext des Qualitätsbegriffs besonders scharf darauf hin, dass mit ihm die Debatten um die Wertigkeit des Fernsehens kaum beendet werden könnten, da die Vorstellungen von Minderwertigkeit und kultureller Medienhierarchien letztlich fortgesetzt würden:

> [W]ährend die Vergleiche mit dem Kino einerseits aufwertende Allianzen entstehen lassen, ziehen sie andererseits eine empfindliche Demarkationslinie durch die Fernsehlandschaft, die entlang des Qualitätsbegriffs in vermeintlich gutes und schlechtes Fernsehen eingeteilt wird. Die Rede vom guten Fernsehen droht dabei auch immer, den Trivialitätsverdacht zu erneuern und zu perpetuieren; denn nur vor der Negativfolie schlechter Fernsehsendungen, wenn nicht gar der Vorstellung vom Fernsehen als minderwertigem Medium an sich, kann sich das vermeintliche Qualitätsfernsehen absetzen und profilieren.[189]

Der Diskurs um Qualitätsserien steht folglich unter dem Verdacht, verschiedene Medien ideologisch gegeneinander auszuspielen. War dem Fernsehen hinter dem Kino lange Zeit nur eine äußerst marginale Rolle auf der Skala kultureller Wertigkeit zugedacht, verschob sich diese Hierarchie in den letzten Jahren zunehmend. Nun sind es erfolgreiche und kulturell hochangesehene Filme wie Hitchcocks Psycho (1960) oder Fargo (1996) von Joel und Ethan Coen, die als Serien das kulturelle Kapital ihrer Vorlagen abschöpfen und jeweils neu aufpolieren. Will man in groben Umrissen die wichtigsten Tendenzen der Forschungen der letzten Jahre zusammenfassen, die sich insbesondere unter dem Themendach des sogenannten Quality TV versammeln, ergibt sich ein im Detail komplexes, jedoch grundsätzlich schnell umrissenes Feld an Schwerpunkten: TV-Serien neuerer Provenienz sind narrativ wie inszenatorisch komplex, hochgradig selbstreflexiv, bedienen sich inter-

---

188 Siehe dazu auch das entsprechende Kapitel zu Genre und Genretheorie in dieser Studie.
189 Köhler, Kristina: «You people are not watching enough television. Nach-Denken über Serien und serielle Formen.» In: Blanchet, Robert et al. (Hg.): *Serielle Formen. Von den frühen Film-Serials zu aktuellen Quality-TV- und Onlineserien.* Marburg 2011, S. 21.

textueller, transmedialer und vor allem paratextueller Referenzsysteme und zeichnen sich durch einen bewussten Umgang mit seriellen Stilmitteln aus. Als einer der ersten Medienwissenschaftler bringt das Jason Mittell auf den Punkt, wenn er, ebenfalls vor dem Hintergrund eines von ihm so bezeichneten Paradigmenwechsels, die Auffassung vertritt,

> dass in den letzten zwei Dekaden ein neues Paradigma des Geschichtenerzählens im amerikanischen Fernsehen entstanden ist. Zu diesem Paradigma gehört die Neufassung des Verhältnisses von episodischen und fortsetzungsorientierten Formaten, ein größeres Maß an Selbstreflexion bei der Ausgestaltung von Erzählmechanismen sowie gestiegene Ansprüche an das Zuschauerengagement, und zwar sowohl auf der Ebene des diegetischen Vergnügens als auch bezüglich formaler Kenntnisse und Kompetenzen.[190]

Komplexität auf narrativer Ebene ergibt sich, wie nicht nur Mittell oder Robert Thompson propagieren, vor allem aus der Verflechtung verschiedener Erzählstränge, die sich über mehrere Staffeln entwickeln und immer wieder die Gedächtnis- und Verknüpfungsleistung der Zuschauer herausfordern. Wie etwa das zuvor skizzierte Beispiel des Endes der sechsten Staffel von MAD MEN belegen sollte, setzen kontemporäre Serien oftmals subtile Zeichen, die in ihrer Konsequenz für den Erzählprozess nur dann adäquat verstanden werden können, wenn man die bisherige Handlung vollständig und exakt verfolgt hat. Insofern präfigurieren Serien einen «idealen» Modellzuschauer, der sich im Modus einer intensiven Lektüre mit den Serienbiografien der Protagonisten und im besten Falle auch aller weiterer Faktoren des Textes vertraut macht. Dieses «Bewohnen» einer Serie stellt sich allerdings nur dann ein, wenn man der Serie konstant folgt und sich auf ihre Spielregeln und Brüche einlässt. Die intensive Lektüre verkörpert das Bewohnen der Serie und markiert damit den hier verfolgten Ansatz eines Begriffs der Serienbiografie auf der Seite der Rezipienten. Der seriellen Erzählweise kommt dabei eine eminente Bedeutung zu aufgrund ihrer potenziellen Langlebigkeit über mehrere Staffeln und mehrere Jahre an Erzählzeit hinweg. Das Charakteristikum der Serie, Figuren ausgiebig erforschen und ausleuchten zu können, hängt unmittelbar mit dem komplexen Zeitregime einer TV-Serie zwischen Erzählzeit / erzählter Zeit und Rezeption/ Ausstrahlung zusammen, da eine Serienerzählung ihre Geschichten in Episoden und Staffeln unterteilt, deren erzählerische Ordnungen durch Stasis und Dynamik bzw. Offenheit und Geschlossenheit geprägt sind.

Für eine Analyse der inhaltlich-textuellen Komplexität der Serien muss daher auch berücksichtigt werden, wie globale Bezüge und staffelübergreifende Makro-

---

190 Mittell, Jason: «Narrative Komplexität im amerikanischen Gegenwartsfernsehen.» In: Kelleter, Frank (Hg.): *Populäre Serialität: Narration – Evolution – Distinktion. Zum seriellen Erzählen seit dem 19. Jahrhundert.* Bielefeld 2012, S. 120.

strukturen mit den dramatischen Mikrostrukturen einer Folge oder Szene verbunden sind. Denn gerade in Serials führt jede Episode die Erinnerung an vorherige Episoden mit sich und generiert zusätzlich über die Vorausschau auf kommende Folgen Momente von Simultanität. Darauf aufbauend lassen sich mit Sebastian Armbrust verschiedene Wissensbestände der Zuschauer unterscheiden, die zwischen einer intratextuellen Ebene (das serielle Gedächtnis des Erzählverlaufs und seiner narrativen Strukturen), einer intertextuellen Ebene (das Genre-, Serien- oder Medienwissen) sowie einer extratextuellen Ebene (historisches und kulturelles Weltwissen) changieren.[191] Die Verschaltung und konstante Erweiterung unterschiedlicher Wissensbestände ohne eine radikale Reduktion, wie sie etwa eine redundante Wiederholung längst etablierter und auserzählter Motive nach sich ziehen könnte, führt zu dem, was als narrative Komplexität in der Wissenschaft aufgefasst wird. Diese Vorstellung basiert darauf, dass Serien eine Form von ideologischer, pragmatischer oder kohärenzstiftender Sukzession verfolgen, die sich in ihren Episoden- und Staffelstrukturen widerspiegelt und konkret auf die erzählerischen Weltmodelle ausstrahlt.[192] Dies wiederum führt unter anderem dazu, narrativ komplexe Serien wie MAD MEN oder GIRLS aufgrund ihrer konkreten historischen und gesellschaftskritischen Implikationen als realitätsnahe Verdichtungen zu betrachten, da diese Serien die Vorstellung einer steigenden Komplexität innerhalb der Lebenswelt westlicher Gesellschaften zu einem wesentlichen Kern ihrer Erzählung stilisieren:

> Ganz entscheidend bleibt, dass die Aushandlungsprozesse, die diese Figuren mit ihrer jeweiligen Gesellschaft führen, an die allgemeine menschliche Erfahrung anknüpfen, gesellschaftliche Normen und Erwartungen mit individuellen Vorstellungen und Bedürfnissen in Einklang bringen zu müssen. Dass dieser *Integritätsprozess* [Hervorhebung im Original, A. S.] in beiden Serien [MAD MEN und THE WIRE, A. S.] so tragisch verläuft, mag eine allgemeine Stimmung widerspiegeln. Die Vorstellung von einer Gesellschaft, die als immer komplexer und ausdifferenzierter gilt, dem Individuum immer mehr Flexibilität abverlangt, deren Teilsysteme sich aber zunehmend verselbstständigen und nicht mehr auf das Wohl des Einzelnen gerichtet funktional erscheinen. Andererseits entsteht auch nur so die spannungsreiche Komplexität, die für zeitgenössische Qualitätsserien so entscheidend ist.[193]

Wie gerade THE WIRE mit seinen zahlreichen Lobeshymnen herausragend belegt, werden Qualitätsserien trotz ihres dezidiert fiktionalen und seriell selbstrefle-

---

191 Siehe Armbrust, Sebastian: «Konflikt in Serie. Aushandlungen zwischen Individuum und Gesellschaft in The Wire und Mad Men.» In: *rabbit eye. Zeitschrift für Filmforschung*. Ausgabe 4, 2012, S. 73.

192 Zu einer detaillierten Auseinandersetzung mit seriellen Erzählmodellen und ihren Implikationen siehe Krah, Hans: «Erzählen in Folge. Eine Systematisierung narrativer Fortsetzungszusammenhänge.» In: Schaudig, Michael (Hg.): *Strategien der Filmanalyse – reloaded. Festschrift für Klaus Kanzog*. München 2010, S. 85–114.

193 Armbrust, Sebastian: «Konflikte in Serie», S.86.

xiven Charakters aufgrund ihrer gesellschaftskritischen Botschaften mit literarischen Werken der realistischen Tradition des 19. Jahrhunderts verglichen und gewürdigt.[194] Im Kern, so eine mögliche Anschlussdeutung, die sich aus dieser Traditionslinie ergibt, wird THE WIRE angetrieben durch das Spannungsfeld aus der Fiktionalisierung von Gesellschaftskritik und dem gegenteiligen Effekt einer Authentifizierung der Fiktion durch die realhistorischen Bezüge der Stadt Baltimore und ihrer Gesellschaftsschichten.[195] Diese symbolische Aufladung der Serie mithilfe der literarischen Tradition und eines darin etablierten Kunstverständnisses zeigt eine weitere diskursive Strategie auf, neuen Serien und ihren Autoren einen avancierten Status in der Medienkultur zuzuweisen und vor allem ein bildungsbürgerliches Publikum anzusprechen, das sich auf eine anspruchsvolle Rezeption einlassen möchte. Autoren wie David Simon, der als Schöpfer von THE WIRE mit seinen Äußerungen und Interpretationen selbst maßgeblich den Diskurs der Gesellschaftskritik in der Tradition früherer Epochen befeuert, werden als Instanzen kultureller Wertigkeit ernstgenommen. Daraus lässt sich ein durchaus folgenreicher Schluss ziehen: Während fiktive Autorenfiguren wie Hank Moody oder Hannah Horvath gerade um ihre weitere Anerkennung oder ihren Aufstieg zum etablierten Schriftsteller kämpfen müssen, gewinnen empirische Serienautoren wie David Simon, Matthew Weiner (MAD MAN), Lena Dunham (GIRLS) oder zuvor durch ihre Filmkarriere berühmte Autoren wie Alan Ball (SIX FEET UNDER, TRUE BLOOD) in ihrer Rolle als Autor innerhalb des Seriendispositivs an Einfluss und Bedeutung.[196] Der Seriendiskurs adressiert mit Qualitätsserien auch über diese Zuschreibungen ein meist eher anspruchsvolles Publikum und formt daher ein bestimmtes Modell von Zuschauerschaft. THE WIRE ist aus diesem Blickwinkel eben keine vernachlässigbare Serie vergangener Tage, sondern ein Text, der eine konstante Aufmerksamkeit und präzise Lektüre verlangt.

Dennoch muss betont werden, dass es sich bei dieser Modellbildung grundsätzlich um einen Spezialdiskurs der Serienkultur und Forschung handelt, da andere zeitgenössische Serien wie LOST, BATTLESTAR GALACTICA, GAME OF THRONES oder HOMELAND ebenfalls aufgrund ihrer dichten Erzählweisen und ausufernden Erzählstränge eine präzise Beobachtung sowie ein sehr ausgeprägtes Gedächtnis der Zuschauer einfordern, ohne auch nur eine annähernd vergleichbare sozialkriti-

---

194 Beispielsweise nachzulesen in Eschkötter, Daniel: THE WIRE. Zürich 2012, S. 9–19.

195 Siehe dazu konkret Ahrens, Jörn: «Authentifizierung der Fiktion. The Wire und die Möglichkeit einer Erfahrung von Gesellschaft.» In: Ders. et al.: *The Wire. Analysen zur Kulturdiagnostik populärer Medien.* Wiesbaden 2014, S. 113–146.

196 Wobei sich diese gegensätzliche Tendenz wohl am besten an GIRLS nachvollziehen lässt, da Lena Dunham durch ihre mittlerweile veröffentlichte Autobiografie außerhalb der Serie als Autorin präsent ist und damit implizit auf die geringe Anzahl an Frauen innerhalb der Autorenriege der Serien hinweist. Vgl. dazu Dunham, Lena: *Not That Kind of Girl: A Young Woman Tells You What She's «Learned».* New York 2014.

sche Komponente im Sinne bildungsbürgerlicher Kunstauffassungen zu bedienen. Somit ist die Bildung eines Zuschauermodells im Kontext des Komplexitätsdiskurses der Serien nicht primär nach den transportierten moralischen oder sozialkritischen Werten auszurichten, sondern vor allem danach, welche Kompetenzen für die fortlaufende Rezeption der Serie jeweils von den Zuschauern eingefordert werden. Alle genannten Serien vereint somit das Rezeptionsmodell einer Rewatchability, das als Knotenpunkt der bisher schon ausgeführten Eigentümlichkeit serieller Texte als offener Werke fungiert. Damit ist gemeint, dass Serien aufgrund ihrer komplexen Erzählungen mit mehreren Handlungssträngen und einer großen Anzahl an Figuren schon bei der Produktion darauf ausgerichtet werden, zu einer Mehrfachrezeption einzuladen, um entweder ältere Narrationszusammenhänge zu (re-)aktualisieren oder bisher nicht genug beachtete Szenen und Hinweise in ihrer Aussagekraft zu überprüfen.[197]

Die Annahme einer komplexen Inszenierung kontemporärer Serien beinhaltet eine weitere Bedingung, die ebenfalls als Qualitätsmerkmal kontemporärer Serialität klassifiziert wird, allerdings in eine andere Richtung zielt als die eben skizzierte, und dadurch für die enorme Heterogenität des Komplexitätsdiskurses der Serien einsteht. Es handelt sich um das Spiel mit audiovisuellen und erzählerischen Attraktionen, die Mittell in Anlehnung an Tom Gunnings Ansatz zum Kino der Attraktionen als «Strategien narrativer Komplexität» oder «operationale Ästhetik»[198] bezeichnet. Moderne Serien wie HANNIBAL, 24, TRUE DETECTIVE oder DR. HOUSE vermitteln ihren Zuschauern das Spiel mit Fiktionen als Attraktionen durch aufwändige Spezialeffekte und Stile, ohne die Wahrnehmung eines fiktionalen Zusammenhangs in Frage zu stellen. Dazu gehören Kamerafahrten in den menschlichen Körper ebenso wie spektakuläre Computeranimationen bei der Rekonstruktion von Mordfällen. Die Effekte werden zum intrinsischen Bestandteil der Serie und dienen, wie etwa im Fall von 24 durch das Splitscreen-Verfahren, der Etablierung und Stabilisierung einer für den Zuschauer ästhetisch reizvollen Identität der Serie.[199] Dies funktioniert aber auch deshalb, weil Serien wie 24 ihre ästhetischen Verfahren mit ihrer Motivik verschalten und nicht immer wieder zu einem motivisch leeren, primär dem audiovisuellen Spektakel verpflichteten Selbstzweck verkommen lassen. So wurde schon häufiger in der Wissenschaft angemerkt, dass 24 das Motiv der Angst vor Verbrechen und einer daran gekoppelten gesellschaftlichen Hysterie, die sich vom Ausnahmezustand in einen Dauerzustand zu verwan-

---

197 Kelleter, Frank: «Populärkultur und Kanonisierung: Wie(so) erinnern wir uns an Tony Soprano?» In: Freise, Matthias / Stockinger, Claudia (Hg.): *Wertung und Kanon*. Heidelberg 2010, S. 64–65.

198 Siehe Mittel, Jason: «Narrative Komplexität», S. 102–109.

199 Siehe beispielsweise Hagener, Malte: «Komplexität, Präsenz und Flexibilität in den Zeiten der Netzwerkmedien. Pragmatik und Ästhetik des Splitscreens in 24.» In: Eichner, Susanne et al. (Hg.): *Transnationale Serienkultur. Theorie, Ästhetik, Narration und Rezeption neuer Fernsehserien*. Wiesbaden 2013, S. 139–152.

deln droht, mittels der Inszenierung von Einzelfolgen als vermeintlichen Echtzeitepisoden an einen explizit seriellen Erzählmodus bindet, welcher der Serie eine eindeutige Unterscheidbarkeit gegenüber anderen Krimiserien verleiht.

Mittels Begrifflichkeit platziert noch eine weitere Spur in Richtung selbstreflexiver Tendenzen. Die aktive Teilhabe des Zuschauers erfordert nicht nur ein konstantes Fortschreiben langlebiger Serienbiografien: sie muss sich auch mit dem arrangieren, was Mittell selbst als spielerisches Moment bezeichnet, und was aus filmwissenschaftlicher Sicht eng mit Genres wie dem Mind-Game-Movie korrespondiert.[200] Serien spielen mit dem Wissen und den Erwartungen ihrer Zuschauer und bilden dies wiederum innerhalb ihrer Erzählung ab.[201] Kaum eine Serie versteht sich darauf aktuell besser als GAME OF THRONES, da das Spiel bzw. dessen Perversion durch die meist grausamen wie kontingenten Konsequenzen für die «Verlierer» hier dezidiert das entscheidende Element der Serie markieren. So wie die überbordend vielen und ohne eine intensive Lektüre kaum mehr zu unterscheidenden Figuren in GAME OF THRONES immer wieder zum Spielball sich wandelnder Machtgefälle und Koalitionen werden, spielt die Serie mit ihren Rezipienten, die immer wieder akut um das Leben ihrer Lieblingsfiguren fürchten müssen. Die Serie definiert sich geradezu über ihre überraschenden Todesfälle innerhalb des scheinbar ewig gleich ablaufenden Regelbretts der Welt von Westeros, das bereits der Opening Credit als Spielbrett inszeniert. Wie schon angedeutet verlangt GAME OF THRONES eine intensive Lektüre und inszeniert sich als besonders komplexer Text, der Komplexität als konstitutives Identitätsmerkmal kultiviert.[202] Die Serie inkludiert durch ihre Erzählstrukturen allerdings implizit ein damit zusammenhängendes Ausschlusssystem auf der Ebene der Kommunikation, das prototypisch für viele Serien zwischen den verschiedenen Wissensbeständen der Zuschauer und deren Grad an Aktualität unterscheidet. Es gehört zu den Merkmalen vieler zeitgenössischer Serien, ihre Zuschauer durch die Radikalität der Konsequenzen ihrer Erzählungen zu einer konstanten Lektüre der Serie zu animieren. Doch das bedeutet letztlich nichts anderes, als dass sich der Begriff der Qualität im Zusammenhang mit Serien radikal verschoben hat. Galt etwa der Cliffhanger, wie er schon immer genretypisch speziell für Soap Operas oder Telenovelas war, gerade aufgrund seines konstitutiven und sich damit oft wiederholenden Einsatzes als redundantes Stilmittel, nobilitieren Serien wie GAME OF THRONES (und zuvor bereits in besonders

---

200 Siehe dazu Elsaesser, Thomas: «Film als Möglichkeitsform: Vom post-mortem-Kino zu mindgame movies.» In: Ders.: *Hollywood heute. Geschichte, Gender und Nation im postklassischen Kino*. Berlin 2009, S. 237–263.

201 Siehe dazu Klein, Thomas: «Diskurs und Spiel. Überlegungen zu einer medienwissenschaftlichen Theorie serieller Komplexität.» In: Kelleter, Frank (Hg.): *Populäre Serialität: Narration – Evolution – Distinktion. Zum seriellen Erzählen seit dem 19. Jahrhundert*. Bielefeld 2012, S. 227–228.

202 Die Annahme und Theoretisierung eines impliziten (Ideal-)Lesers geht zurück auf Iser, Wolfgang: DER AKT DES LESENS. München 1976.

radikaler Form Lost) den Cliffhanger als Qualitätsmerkmal, indem sie jede Szene schon allein durch die latente Möglichkeit eines immer wieder unerwartet eintretenden Todes zumindest bedrohlich erscheinen lassen. Die Erzählung betreibt somit ein doppelbödiges Spiel mit den Rezipienten, das sich aber aufgrund der engen Verquickung mit der Handlung der Serie nicht davon abhebt und sich somit selbst plausibilisiert.[203] Mittell deutet, ähnlich wie nach ihm Moritz Bassler oder Thomas Klein, diese Konstellation einer Verschränkung komplexer Erzählung und spielerischer Selbstreferenzialität und Selbstreflexivität als Zeichen einer zunehmenden Angleichung verschiedener Mediendispositive zwischen Comic, Literatur, Film und Computerspiel.[204]

Mit Qualitätsserien und dem Label Quality TV verbinden sich eine Vielzahl an Perspektiven, die nicht nur Serien als Forschungsobjekt profilieren, sondern auch Ansätze und Probleme der Selbstbeschreibung wissenschaftlicher Forschung in diesem Bereich offenlegen. Die aufgezeigten Paradoxien, die mit der begrifflichen Verwendung von Quality TV einhergehen[205], führen zunehmend dazu, Quality TV verstärkt selbst als Begriff zu historisieren und eher neutralere Umschreibungen anzusetzen. Dies führt dann dazu, dass beispielsweise von modernen oder gegenwärtigen Serien gesprochen wird oder es im Zuge der Historisierung zu Begrifflichkeiten wie Post-TV-Serien kommt, die speziell der multimedialen Ausbreitung und Ausdifferenzierung serieller Erzählformen nachspüren. Alle hier vorgestellten Zugänge stellen letztlich ein und dieselbe Frage, die bezüglich ihrer Konsequenzen für einen wissenschaftlichen Konsens im Sinne von Kuhns Definition des Paradigmas schlicht lautet: Was definiert die TV-Serie und wie lässt sich ihr Einfluss auf die Kultur medienwissenschaftlich erfassen? Dabei ist es nicht unbedingt entscheidend, wie diese Frage im Detail gestellt und beantwortet wird. Wissenschaftshistorisch einschneidender ist vielmehr die Tatsache, dass die Frage selbst nicht mehr infrage gestellt wird.

---

203 An dieser Stelle kann sogar die These aufgestellt werden, dass sich das selbstreferenzielle und selbstreflexive Spiel einer Serie wie GAME OF THRONES oder HOUSE OF CARDS von der Erzählung als primärer Sinnträger einer Serie abhebt und sogar ablöst. Siehe dazu Bassler, Moritz: «Bewohnbare Strukturen und der Bedeutungsverlust des Narrativs. Überlegungen zur Serialität am Gegenwarts-Tatort.» In: Hißnauer, Christian et al. (Hg.): *Zwischen Serie und Werk. Fernseh- und Gesellschaftsgeschichte im Tatort.* Bielefeld 2014, S. 352–353.

204 Zu Bedingungen, Problemen und Grenzen einer medienübergreifenden Adaptionsfähigkeit am Beispiel des Superhelden-Comics siehe Meteling, Arno: «Comic Book Heroes. Superhelden zwischen Comic und Fernsehen.» In: Ders. et al. (Hg.): ‹*Previously on ...*›. *Zur Ästhetik der Zeitlichkeit neuerer TV-Serien.* München 2010, S. 170–177.

205 Siehe hierzu nochmals mit Bezug zur deutschen Serie bei Fröhlich, Vincent: «Spurensuche: Warum es die deutsche Quality-TV-Serie so schwer hat.» In: *Journal of Serial Narration in Television.* Journal 2, 2013, S. 35–51.

1.6 Fazit: Der Tod des Fernsehens und die Wiedergeburt als Post-TV? Serien als komplexe Dispositive

Serien, die unter dem Begriff Quality TV subsumiert werden, sind mittlerweile selbst ein historisierter Teil der Medienlandschaft und ihrer Geschichtsschreibungen. Die Rede von Qualitätsserien, die dann in Verbindung mit Sendern wie HBO oder AMC sogar zu Markenlabels wie *HBO-Serie* oder *Netflix-Original* führt, darf allerdings nicht verschleiern, dass die Fernsehserie ihre Geburt und Etablierung im Fernsehmedium erlebte, sich ihre Evolution als Mediendispositiv allerdings längst nicht nur mehr in den Programmstrukturen und im Bild(-schirm) des Fernsehens abspielt. Labels wie die eben genannten sind nicht mehr mit den Assoziationen des klassischen Fernsehens der Broadcast-Ära früherer Jahre zu verwechseln. In enger Kopplung mit Ende der 1990er-Jahre aufkommenden Techniken (z. B. DVD, Festplattenrekordern etc.) und digitalen Angeboten wie Streaming-Diensten wird die Emanzipation der Serie von ihrem ursprünglichen Trägermedium vorangetrieben. Dies wird auch vom Erfolg von Serien wie THE SOPRANOS, THE WALKING DEAD und GAME OF THRONES oder im deutschen Kontext etwa von STROMBERG unterstrichen, die vor allem abseits des Programmflusses des Fernsehens durch Ihre DVD-Veröffentlichungen ein größeres Publikum erschließen konnten. Doch gerade über die mit diesen technischen Innovationen korrelierenden Veränderungen der Rezeption schließen sich Fragen nach dem Wandel bezüglich der Konzeptionen von Serien an, die Volker Wortmann bezeichnenderweise schon am «älteren» Medium des Films angedacht hat:

> Fernsehen, Video und DVD sind eben nicht nur alternative Distributionsformen des Films (…). Offensichtlich evozieren diese Medien jeweils unterschiedliche Umgangsformen mit Film, sodass sich schließlich die Frage stellt, ob es sich bei einem Film, den man im Kino, im Fernsehen, auf DVD oder im Internet sieht, noch jeweils um etwas Identisches handelt.[206]

Mit Wortmanns Überlegungen wird klar, inwiefern sich auch andere Medien wie der Film und das Kino mit den veränderten dispositiven Strukturen anfreunden müssen, um ihre Zuschauer- und Absatzzahlen zu halten. Anders formuliert: So wie sich die Serie im Schatten des Films entwickelt und auf der Skala der kulturellen Wertigkeit aufgeholt hat, wird nun auch der Film immer stärker in seiner audiovisuellen Hegemonialposition herausgefordert. Abseits einer medienkonkurrierenden Sicht lässt sich behaupten, dass die Einführung neuer technischer Möglichkeiten den Umgang mit den Inhalten stets verändert, da sie beispielsweise durch eine neue, im Falle der DVD und des Streamings nun permanente Verfügbarkeit zu

---

206 Wortmann, Volker: «DVD-Kultur und Making of. Beitrag zu einer Mediengeschichte des Autorenfilms.» In: Mertens, Matthias / Wortmann, Volker (Hg.): *Medien. Diskurs. Geschichte. Festschrift für Jan Berg*. Salzhemmendorf 2009, S. 147.

anderen Lektüren einlädt, die unter den früheren Bedingungen der flüchtigen Ausstrahlung nicht möglich gewesen wären. Unmittelbar damit im Zusammenhang steht auch eine neue Tendenz der Historisierung von Serienkultur, da selbst ältere Serienklassiker aus der Zeit vor dem Quality TV nun aufgelegt und verfügbar werden. Es geht somit nicht nur um eine vermeintliche Qualität der Inhalte, wenn man über TV-Serien spricht. Zentral ist zusätzlich die Frage der Verfügbarkeit und der Rolle der Serie innerhalb einer Mediengesellschaft, die auch andere Mediendispositive affiziert, sich mit ihnen überlappt und daher im Kontext eines globalen Verständnisses von Medientransformation gesehen werden muss.[207]

Der Veränderungsprozess medialer Dispositive zeigt sich auch daran, wie beispielsweise etablierte Nutzungsweisen und Bildpraktiken des Fernsehens von Onlineportalen wie YouTube übernommen und entsprechend der eigenen Anwendungsstrukturen adaptiert werden.[208] Auch die seriellen Produktionen von Nutzern, die sich in Form von eigenen Webgenres wie Vlogs aus dem Formenkanon der Serie bedienen, indem sie etwa Episodenstrukturen oder serientypische Merkmale wie Recaps oder Cliffhanger in die Inszenierung integrieren, nehmen an Bedeutung zu und finden wiederum ihren Widerhall in zahlreichen TV-Serien. Genau dies führt letztlich zu neuen definitorischen Mischformen wie dem Begriff der Webserie, der für Serien auf Onlineportalen wie YouTube ebenso verwendet wird wie etwa für HOUSE OF CARDS von Netflix (das allerdings auch im regulären Fernsehprogramm ausgestrahlt wird). Nach Bolter/Grusin etabliert sich Serialität fernsehhistorischer Provenienz auch formalästhetisch in den Adaptionsformen des Internets. Wie Thomas Klein ausführt, scheinen im Anschluss an diese These zwei Tendenzen im Kontext der Webserie dominant zu sein, die Klein im Rückgriff auf die Remediationstheorie von Bolter/Grusin entsprechend in zwei Lager aufteilt: Serielle Formate wie Webserien zeichnen sich demnach entweder durch Merkmalsstrukturen der Hypermediacy oder der Immediacy aus. Hypermediacy bedeutet, dass Webserien ihren eigenen Status als Internetserie offensichtlich zur Schau stellen, selbst wenn Merkmale der Fernsehserie offensichtlich übernommen wurden. Mit Immediacy ist hingegen gemeint, dass Webserien inszenatorisch darauf ausgerichtet sind, ihren Status entsprechend zu verschleiern und nicht in erster Linie als dezidiert erkennbare Webserien wahrgenommen werden.[209]

207 Vgl. dazu auch Weiss, Monika: «Zur Wiederverwertbarkeit von Serien: Mit Marshall McLuhan über das Fernsehen zur DVD.» In: Stollfuß, Sven / Weiss, Monika (Hg.): *Im Bild bleiben. Perspektiven für eine moderne Medienwissenschaft*. Darmstadt 2012, S. 113–126.

208 Siehe dazu Bleicher, Joan Kristin: «Zirkulation medialer Bilderwelten. Wechselwirkungen zwischen Fernsehen und Youtube.» In: Birr, Hannah et al. (Hg.): *Probleme filmischen Erzählens (= Beiträge zur Medienästhetik und Mediengeschichte, Bd. 27)*. Berlin 2009, S. 177–200.

209 Klein, Thomas: «Von der Episode zur Webisode. Serialität und mediale Differenz.» In: Renner, Karl et al. (Hg.): *Medien – Erzählen – Gesellschaft. Transmediales Erzählen im Zeitalter der Medienkonvergenz*. Berlin/Boston 2013, S. 121.

Die amerikanische Webserie WEB THERAPY, die seit 2008 auf der Videoplatt-
form L/Studio.com ausgestrahlt wird und auch bereits auf DVD erschienen ist,
spiegelt diese Tendenzen exemplarisch wider. Inhaltlich geht es in der Serie um
die Psychotherapeutin Fiona Wallice (gespielt von der berühmten amerikanischen Schauspielerin Lisa Kudrow), die ihre Psychotherapiesitzungen nicht mehr
mit ihren Patienten in ihrem Büro abhält, sondern nur noch via Live-Chat. WEB
THERAPY greift die für YouTube-Formate typische Cliplänge: Die einzelnen Folgen
dauern nur wenige Minuten. Diese Abkehr von standardisierten, deutlich längeren
«Erzählzeiten» der TV-Serie, die sich je nach Genre und Format nach wie vor zwischen ungefähr 20 und 60 Minuten bewegen, wird innerfiktional durch Fiona Wallice selbst plausibilisiert, da sie es als Therapeutin nicht für nötig hält, eine Sitzung
im gewöhnlichen Stundentakt abzuhalten. Denn dies wäre ihr, so ein immer wieder in der Serie aufgegriffenes Motiv, schlicht zu langweilig. Die Therapiesitzungen
verfehlen jedoch in den meisten Episoden ihr ursprüngliches Ziel einer kompakten Therapie in wenigen Minuten, da Fiona Wallice im Grunde nur an ihrer eigenen Psyche interessiert ist und sich in narzisstische Selbstbespiegelungen verliert.
Das Konzept der Therapie mag zwar auf komödiantische Art in der Serie scheitern. Allerdings kann Fiona Wallice als personifizierte Selbsterzählerin par excellence angesehen werden, die damit genau das verkörpert, was viele Vlogs ausmacht,
nämlich den Hang zur expressiven Selbstdarstellung, die als moderne Form von
Autorschaft immer mehr Zulauf im Netz erfährt.[210] Es handelt sich daher bei Fionas
immer wieder vor der Kamera vorgetragenen Selbstdarstellungen um ein Erzählen,
das konstitutiv an die Bedingungen der Medientechnik des Vlogs gebunden ist und
diesen Umstand durch die Inszenierung unterstreicht.[211] So wie Fiona Wallice, die
sich stets mit ihren Blicken direkt in die Kamera als Gesprächspartner des Zuschauers darstellt, sich unter dem Mantel der Therapie nur ihr eigenes Leben «erzählt»
und stets neue Erklärungen für ihre Probleme zu finden scheint, bietet YouTube
eine geradezu unüberschaubare Anzahl an semifiktionalen Vlogs mit genau solchen, scheinbar kommunikativ-partizipatorischen Inszenierungen[212], wie sie WEB
THERAPY übernimmt und im Modus der Fiktion inszeniert.

WEB THERAPY steht stellvertretend für serielle Mischformen, die zwischen eindeutig fiktionalen bzw. semi-fiktionalen Erzählungen und beispielsweise den als
authentische Autobiografie inszenierten Vlogs changieren. Die Selbstinszenierung
zahlreicher Vlogs bildet in Verbindung mit ihrer vermeintlichen Authentizität und

210 Siehe dazu Lüdeker, Gerhard Jens: «Identität als virtuelles Selbstverwirklichungsprogramm: Zu
den autobiografischen Konstruktionen auf Facebook.» In: Nünning, Ansgar et al. (Hg.): *Narrative Genres im Internet. Theoretische Bezugsrahmen, Mediengattungstypologie und Funktionen (=
Handbücher und Studien zur Medienkulturwissenschaft, Bd. 7).* Trier 2012, S. 139–146.
211 Zu den theoretisch-historischen Bedingungen der Selbsterzählung in der Moderne siehe Prokić,
Tanja: *Kritik des narrativen Selbst*, S. 103–147.
212 Siehe dazu Klein, Thomas: «Von der Episode zur Webisode» , S. 126–130.

ihren Interaktionen eine moderne Form autobiografischer Autorschaft aus, die auch bisherige Zuschauermodellierungen verändert. Denn aus dem Zuschauer wird der Follower, der über Clicks, Bewertungen und Comments Spuren seiner Zuschauerschaft hinterlassen kann. Doch wenn dieser Zuschauertypus noch bis vor einigen Jahren relativ neu gewesen sein mag, können selbst klassische TV-Formate wie der TATORT auf eine große Anzahl an Followern im Internet bauen, die sich als Kritiker wie Fans zu Wort melden. Webserien wie WEB THERAPY stehen generell für die These einer nach wie vor ansteigenden Medienkonvergenz ein, reflektieren allerdings die speziell mit dem Internet aufgekommene, wenn auch oft nur scheinbar authentische Partizipationskultur der Follower serieller «Erzählungen».[213] Dieser Austausch erschwert einerseits typologische Unterscheidungen, wie sie ohnehin durch die «klassischen» Serienformate bereits herausgefordert werden. So legt etwa eine Definition von Markus Kuhn nahe, Webserien aufzugreifen als «audiovisuelle Formen im Internet, die sich durch Serialität, Fiktionalität und Narrativität auszeichnen und die für das Web als Erstveröffentlichungsort produziert worden sind.»[214]

Eine solche sehr allgemein gehaltene Definition vermeidet die Vielfalt der Verflechtungen von Inszenierungen, Fiktionalität und Authentizität, wie sie gerade für Vlogs und andere serielle (Erzähl-)Formate des Internets signifikant sind. Auf der anderen Seite wird allerdings durch Serien wie WEB THERAPY sehr deutlich, wie sich Erzählprozesse in ihren konkreten Inszenierungen und der Umgang mit Erzählen als Fiktion grundlegend verändern.[215] Auch dieses Spannungsverhältnis zwischen traditionellen und neuartigen Erzählkonzepten muss berücksichtigt werden, wenn man sich dem Seriendispositiv in seiner Komplexität widmet. Denn der Austauschprozess zwischen klassischen Fernseh- und moderneren Internetästhetiken findet nicht nur in eine Richtung statt. YouTube-Clips sind mittlerweile fester Bestandteil vieler TV-Formate, und Sender wie Pro7 integrieren in ihre Programmsequenzen vermeintliche Ladebildschirme, um etwa die Zeit zwischen einem Werbeblock und der nächsten Sendung zu «verkürzen».

Serielle Formate machen somit vielfältig in transmedialer Form von TV-Serien, Webserien, Computerspielen oder veränderten Konzepten des Kinofilms darauf

---

213 Zur Partizipationskultur im Internet und der Medienkultur allgemein siehe Jenkins, Henry: *Convergence Culture. Where Old and New Media Collide.* New York 2006.

214 Kuhn, Markus: »Zwischen Kunst, Kommerz und Lokalkolorit: Zum Einfluss der Medienumgebung auf die narrative Struktur von Webserien.« In: Nünning, Ansgar et al. (Hg.): Narrative Genres im Internet. Theoretische Bezugsrahmen, Mediengattungstypologie und Funktionen. Trier 2012, S. 55.

215 Vgl. dazu die Überlegungen zur Ordnungsfunktion von Serien als gesellschaftlichem Gedächtniselement, wie es die eben besprochenen Formen in neuartiger Weise ausstellen in Mielke, Christine: «Die funktionale Ordnung der Serie. Medienhistorische und narrative Entwicklung eines gesellschaftlichen Gedächtniselements.» In: Müller, Corinna / Scheidgen, Irina (Hg.): *Mediale Ordnungen. Erzählen, Archivieren, Beschreiben (= Schriftenreihe der Gesellschaft für Medienwissenschaft 15).* Marburg 2007, S. 166–186.

aufmerksam, wie ausdifferenziert Medienwissenschaft heute zwischen Produktion, Rezeptionsbedingungen, Medium, Text und paratextuellen Phänomenen unterscheiden muss, um seriellen Formen in ihrem komplexen Zusammenspiel analytisch gerecht zu werden.[216] Dies alles hat Auswirkungen sowohl auf die formalästhetischen wie inhaltlichen Formen der Serie und ihrer dispositiven Strukturen, die sich einem umfassenden Wandel ausgesetzt sahen und sehen:

> Die Fernsehserie ist nicht nur eine Form bzw. ein Format *des* [Hervorhebung im Original, A. S.] Fernsehens, sondern auch ein Medium *für* [Hervorhebung im Original, A. S.] das Fernsehen. Oder noch zugespitzter gesagt: Das Format Fernsehserie kann durch seine seriellen Formenbildungen als ein Medium gelten, durch welches sich etwas über ein zweites Medium, das Fernsehen, kommuniziert.[217]

Daher müssen die TV-Serie wie auch das Fernsehen als flexible Konzepte gehandhabt werden. Dies bedeutet nicht, dass das Fernsehen als Institution keinen Einfluss mehr auf die Serie hätte. Es bedeutet lediglich, die Formenvielfalt und die der Serie inhärenten Entwicklungspotenziale zu berücksichtigen, wie sie die TV-Studies schon vor einigen Jahrzehnten durch Ihre basalen Studien und Theorien zu unterschiedlichen Formen der Rezeption, Bildlichkeit oder der Partizipation[218] herausgearbeitet und für nachfolgende Analysen zur Wandlungsfähigkeit des Fernsehdispositivs und seiner seriellen (Erzähl-)Angebote initiiert haben. Wenn daher in jüngerer Vergangenheit mehrfach die These eines vermeintlichen Ablebens oder Endpunktes des Fernsehens in mehreren Forschungspublikationen erhoben wurde, so müsste man diese These schon bezüglich ihrer Prämissen revidieren. Gerade im Zeitalter des Post-TV und speziell infolge der Vielzahl an variablen Mischformen der TV-Serie auf so vielen verschiedenen Plattformen und Kanälen erlebt Fernsehen als heterogenes Konzept, das sich konsequenterweise wohl besser im Plural beschreiben lässt[219], die Wiedergeburt nach einem Tod, den es medienhistorisch ohnehin nie erlitten hat.

---

216 Zur komplexen transmedialen Dimension dieses Befundes siehe Rauscher, Andreas: «Helden des Comic-Alltags. Transmedia Storytelling in der Serie Heroes.» In: Seiler, Sascha (Hg.): *Was bisher geschah. Serielles Erzählen im zeitgenössischen amerikanischen Fernsehen.* Köln 2008, S. 10–23.

217 Ernst, Christoph / Paul, Heike: «Einleitung.» In: Dies.(Hg.): *Amerikanische Fernsehserien der Gegenwart. Perspektiven der American Studies und der Media Studies.* Bielefeld 2015, S. 12.

218 Auf die Probleme einer gesteigerten Partizipation der Zuschauer für das, was man als redaktionelle Einheit eines Massenmediums wie dem Fernsehen bezeichnen könnte und was letztlich dessen interne Unterscheidung zwischen Zuschauern und eigener Kontrolle ausmacht, hat bereits Luhmann in seinen Überlegungen zur Funktionsweise der Massenmedien hingewiesen. Siehe dazu Luhmann, Niklas: *Die Realität der Massenmedien.* Opladen 1996, S. 11.

219 Zur Konzeption und Formulierung von Televisions statt Television siehe Lotz, Amanda. D.: *The Television will be Revolutionized.* London/New York 2007, S. 78.

2 Kommunizierte Umbrüche: Zur Theorie von Medienwandel

Wie die bisherigen Ausführungen verdeutlicht haben, untersteht die TV-Serie und mit ihr das Fernsehen als primäres, wenn auch äußerst heterogenes Bezugs- und Ausgangssystem einer permanenten Veränderung. Dieser Befund geht auf die medienwissenschaftlich vielfach geäußerte These zurück, wonach Fernsehen als Konzept zu komplex und zu heterogen in seinen Erscheinungsformen ist, um in einer kohärenten Definition aufgehen zu können.[1]

Medienwandel, wie er als Begriff nun schon mehrfach in dieser Studie benannt wurde, ist eines der bestimmenden Schlagwörter in der medienwissenschaftlichen Auseinandersetzung mit Medienprozessen und ihren Auswirkungen auf gesellschaftliche Kommunikation und Rezeption. Vergleichbar mit dem bereits vorgestellten fachwissenschaftlichen Diskurs zu kontemporären Serien, wird Medienwandel mit jeweils neuen bzw. neueren Medien und ihren Technologien sowie den durch sie erwarteten weiteren Innovationspotenzialen assoziiert.[2] Die Grundannahme, dass sich Medien und mit ihnen Medienkultur wandelt, ist in verschiedenen medienwissenschaftlichen Ansätzen und Theorien äußerst präsent. Dies hängt mit der intensiven Verbindung von Medien und Gesellschaft zusammen. So geht etwa Niklas Luhmann aus soziologischer Sicht von einem entscheidenden Beitrag der Medien für den Wandel von Gesellschaft aus. Dies begründet er vorrangig mit

---

1   Siehe dazu Keilbach, Judith / Stauff, Markus: «Fernsehen als fortwährendes Experiment. Über die permanente Erneuerung eines alten Mediums.» In: Elia-Borer, Nadja et al. (Hg.): *Blickregime und Dispositive audiovisueller Medien.* Bielefeld 2011, S. 155.

2   Dass Medienwandel ein historisch zu jeder Zeit erfassbarer Prozess ist, soll aufgrund der Selbstverständlichkeit dieser Aussage nur am Rande erwähnt werden. Siehe dazu Hörisch, Jochen: *Eine Geschichte der Medien,* S. 9–19.

ihrem Einfluss auf Kommunikationsweisen und einer damit korrespondierenden Plausibilisierung von öffentlicher Wahrnehmung, wie sie durch Medien transportiert wird. Damit einher geht die Folgerung, nach der sich gesellschaftliche Veränderung auch historisch «nicht ohne neuartige Formen der Kommunikation integriert und erhalten werden.»[3] Luhmann belegt die Relevanz eines Mediums für einen sich verändernden kommunikativen Umgang innerhalb einer Gesellschaft im Rahmen seiner historischen Analysen beispielsweise mit der Einführung der Schrift. Die Schrift markiert eine Zäsur, die weitreichende Folgen für den Prozess der Kommunikation nach sich zieht und daher einen umfassenden, fundamentalen und jedes Mitglied einer Gesellschaft inkludierenden Effekt zeitigt. Waren archaische Gesellschaften aufgrund ihrer meist geringen Größe noch von einer unmittelbaren, sich zwischen den einzelnen Mitgliedern ereignenden Kommunikation geprägt, kommunizieren komplexere Kulturen nun mithilfe der Schrift auch über größere Entfernungen und zeitliche Verschiebungen hinweg. Eine direkte Kommunikation durch Anwesenheit wird dadurch in ihrer Notwendigkeit für das Funktionieren einer Gesellschaft suspendiert und es besteht die Möglichkeit, durch die Schrift bessere Verwaltungsstrukturen oder ein dokumentiertes Handelswesen einzuführen.[4] Dennoch geht Luhmann nicht von der generell gelten Hypothese einer zwingend primären Rolle von Medien innerhalb eines Wandels von Gesellschaft aus. Es muss sich stets auf empirisch-praktischer Ebene zeigen, ob und welche Medien Einfluss ausüben auf das, was sich als Wandel von Gesellschaft bezeichnen lässt.[5]

Neuere Theorien wie von Craig Calhoun, die auch die Funktion moderner digitaler Medien stärker im Blick haben (können) als Luhmann, nehmen aus kommunikationswissenschaftlicher Sicht eine striktere Position ein und sehen den Wandel einer Gesellschaft unhintergehbar verknüpft mit dem Wandel von Medien.[6] Dieser Gedanke lässt sich weiter spezifizieren. Gerade die Kommunikationswissenschaft geht im Kontext einer Analyse medialer Kommunikation von einer starken Verbindung von gesellschaftlich-kulturellen und sich wandelnden Praktiken medienvermittelter Kommunikation unter Einbeziehung existierender Medientechnologien aus.[7] Speziell die Mediatisierungsforschung, die vor allem mit dem Namen Friedrich Krotz in Verbindung gebracht wird, hat sich in den letzten Jahren der umfas-

---

3 Luhmann, Niklas: *Die Gesellschaft der Gesellschaft*. Frankfurt a. M. 1997, S. 357.

4 Siehe dazu auch Luhmann, Niklas: «Veränderungen im System gesellschaftlicher Kommunikation und die Massenmedien.» In: Ders.: *Soziologische Aufklärung 3. Soziales System, Gesellschaft, Organisation*. Opladen 2005, S. 355–369.

5 Vgl. dazu auch die besonders einflussreichen Ausführungen von Habermas, Jürgen: *Strukturwandel der Öffentlichkeit*. Frankfurt a. M. 1990, S. 11–50.

6 Siehe Calhoun, Craig: »Communication as social science (and more).» In: *International Journal of Communication 5*, 2011, S. 1480–1482.

7 Vgl. dazu Kinnebrock, Susanne et al.: «Theorien des Medienwandels – Konturen eines emergierenden Forschungsfeldes.» In: Dies.(Hg.): *Theorien des Medienwandels (= Öffentlichkeit und Geschichte 8)*. Köln 2015, S. 12.

senden Überprüfung dieser Hypothese in der gegenwärtigen Mediengesellschaft verschrieben.[8]

Mediatisierung beschäftigt sich vorrangig mit der Aufgabe, inwieweit sich eine Gesellschaft in ihren alltäglichen kulturellen und institutionellen Abläufen medial verändert. Diese Fragestellung weitet sich auf allen Mikro- und Makroebenen einer Gesellschaft aus, weil nur so der umfassende Ansatz eines grundlegenden Wandels innerhalb einer Gesellschaft und unter dem Einfluss umfassender Veränderungen greifen kann. Mediatisierung ist daher ein Metaprozess, der bezüglich seiner Beobachtungsleistung nicht mit Medienwirkungsforschungen zu verwechseln ist.[9] Angenommen wird unter anderem eine vor allem durch digitale und mobile Medien immer flexiblere Art der Kommunikation mit und durch Medien, die alle Bereiche und Schichten moderner Gesellschaften betrifft:

> Mediatisierungsforschung rückt damit das situative kommunikative Handeln in Bezug auf sich wandelnde und neue Medien in den Mittelpunkt und fragt nach den darin gründenden, auch strukturellen, Veränderungen in den verschiedenen Lebensbereichen des Menschen.[10]

Ein empirisch erfassbarer Strukturwandel wird somit unmittelbar an die Einführung und Etablierung von Medien und Technologien geknüpft und es wird davon ausgegangen, dass sich ein solch umfassender Wandlungsprozess nur dann vollzieht, wenn er einerseits in möglichst viele Alltagsprozesse integriert wird und andererseits zwischen verschiedenen Anwendungsbereichen vermitteln kann. Aus gegenwärtiger Sicht wäre das Musterbeispiel schlechthin hierfür das Internet oder Smartphones als materielle Medien. Dennoch verengt sich die Mediatisierungsforschung nicht allein auf eine historische Profilierung der Innovationskraft technisch-apparativer Medien, sondern nimmt dezidiert den Einfluss von Medien auf kulturell etablierte Institutionen in den Blick, wobei hier nicht von einer monokausalen oder gar teleologischen Einflussnahme ohne mögliche Rückläufe des medialen Einflusses ausgegangen wird. Soziale Strukturen und ihre Kommunikationsverhältnisse, so die vielleicht grundlegendste Prämisse der Mediatisierungsforschung, müssen in ihren Wechsel-, Aushandlungs- und Wandlungsbeziehungen mit und durch Medien interpretiert und historisch sortiert werden.

Da moderne Gesellschaften so grundsätzlich von Medien Gebrauch machen und ihr Alltag ohne sie kaum vorstellbar wäre, bezeichnet die Mediatisierungs-

---

8   Krotz, Friedrich: *Die Mediatisierung kommunikativen Handelns. Wie sich Alltag und soziale Beziehungen, Kultur und Gesellschaft durch die Medien wandeln.* Opladen 2001.

9   Siehe dazu explizit Krotz, Friedrich: Was unterscheidet die Mediatisierungsforschung von der Medienwirkungsforschung?» In: *Publizistik 53,* 2008, S. 326–338.

10   Krotz, Friedrich: «Einleitung: Projektübergreifende Konzepte und theoretische Bezüge der Untersuchung mediatisierter Welten.» In: Krotz, Friedrich et al. (Hg.): *Die Mediatisierung sozialer Welten. Synergien empirischer Forschung.* Wiesbaden 2014, S. 13–14.

forschung das Sozialgefüge einer Gesellschaft auch als mediatisierte Welt.[11] Dieser kurze Exkurs dient der Verdeutlichung der umfassenden Beschäftigung mit Medien im Wandel, wobei noch einmal betont werden sollte, dass Medien aus Sicht der Mediatisierungsforschung eine offenbar intrinsische Wandlungsfähigkeit im Rahmen einer Gesellschaft zukommt.[12] Medien stehen folglich aus Sicht der Forschung per se mit Wandlungsprozessen zumindest in engem Kontakt und reflektieren nicht nur bestimmte Normierungen, Wertvorstellungen oder Fiktionen, sondern ermöglichen es, Wandlungsprozesse durch sie zu erkennen und einzuordnen. Oder anders formuliert: Der Wandel von Medien wird zum Medium des Wandels. Dies gilt es anhand der TV-Serie weiter zu verfolgen. Denn auch sie steht durch ihre flexiblen und umfassenden Praktiken als Erzähl- und Medientext (des Fernsehens) in enger Verbindung zu Prozessen medialen Wandels[13], wie schon der im letzten Kapitel konturierte Begriff des seriellen Mediendispositivs angezeigt hat.

Der Wandel von Medien wie der TV-Serie kann allerdings nur dann sinnvoll erörtert werden, wenn die mit ihm korrelierenden Begriffe des Umbruchs, der Zäsur, der Transformation oder der Evolution hinreichend geklärt sind.[14] Denn die gewählte Begrifflichkeit und deren nähere Definition spiegeln sich in der Reichweite und Fokussierung des jeweiligen Ansatzes wider. Um nur ein leicht nachvollziehbares Beispiel zu geben: Wenn Umbrüche als abrupte Ereignisse aufgefasst werden, steht dies im Gegensatz zur Annahme eines sich kontinuierlich andeutenden und vollziehenden Prozesses von Wandlung. Ebenso entscheidend ist die Vorstellung, ob unter Wandel eine radikale Veränderung zu verstehen ist, die einen vorherigen Zustand vollkommen verändert (wie etwa ein Krieg oder die Erfindung des Buchdrucks) oder ob es sich um eine Tendenz handelt, die zwar markant oder gar dominant innerhalb eines Feldes beobachtet werden kann, dennoch für sich betrachtet nur eine unter vielen innerhalb eines Feldes darstellt. TV-Serien und generell serielle Phänomene, wie sie hier diskutiert werden, sind sicher der zweiten Kategorie zuzuordnen, da sie nur eine, wenn auch in ihrer Vielfalt markante Prägung medienkultureller Kommunikation vornehmen. Dennoch muss geklärt werden, wie Serien konkret auf mediale Ordnungen einwirken und damit an Wandlungsprozessen partizipieren, die sie dann wiederum selbst reflektieren. TV-Serien folgen damit einem Grundgesetz medialer Ordnung, das nachfolgend noch stärker

---

11 Ebd., S. 23–24.

12 Siehe Hepp, Andreas / Hitzler, Ronald: «Mediatisierung von Vergemeinschaftung und Gemeinschaft: Zusammengehörigkeiten im Wandel.» In: Krotz, Friedrich et al. (Hg.): *Die Mediatisierung sozialer Welten. Synergien empirischer Forschung.* Wiesbaden 2014, S. 35–52.

13 Daher ist es nicht verwunderlich, dass TV-Serien auch im Kontext der Mediatisierungsforschung diskutiert werden. Siehe dazu Engell, Lorenz et al.: «Das Fernsehen als Akteur und Agent.» In: Krotz, Friedrich et al. (Hg.): *Die Mediatisierung sozialer Welten. Synergien empirischer Forschung.* Wiesbaden 2014, S. 145–164.

14 Siehe Kinnebrock et al.: «Theorien des Medienwandels», S. 13.

als bisher theoretisch fundiert wird: «Medien schaffen einerseits Diskursbeiträge, bringen andererseits diese in Umlauf und wirken so (intentional oder nicht-intentional) auf die gesellschaftlichen Wissensordnungen ein.»[15]

2.1 Selbstreflexive Meta-Repräsentationen: Lektüren medialer Historiografie

Wie auf der Basis des Paradigmenansatzes von Kuhn im Hinblick auf den Diskurs der Qualitätsserie diskutiert wurde, bieten Zäsuren Orientierungen für das Verständnis eines Prozesses, indem sie Abgrenzungen schaffen und den Gegenstand ihrer Beschreibung in ein historisches «Davor» und ein «Danach» aufteilen. Diese Unterscheidung wird durch wissenschaftliche Beobachtungen historiografisch erst in der Nachträglichkeit ihres Auftretens und entsprechend ihrer Aussagekraft unter den jeweiligen disziplinären Prämissen und Erkenntnisinteressen als solche generiert und markiert.

Die Geschichte eines Mediums lässt sich auf vielerlei Weise rekonstruieren und historiografisch sortieren, wobei stets mitgedacht werden muss, dass sich Zäsuren und Umbrüche nicht ohne ein zumindest implizit vorausgesetztes Bild von Geschichte und ihren sehr verschiedenen Schreibweisen begreifen lassen. Ein kursorischer Blick bestätigt die nahezu unüberschaubare Bandbreite: Neben ausführlichen Darstellungen zu einzelnen Medien bzw. Medientechniken wie Schrift, Bild, Radio, Film oder Fernsehen, Medieninstitutionen wie Kino und Museen, Medienformaten wie visuellen oder literarischen Medien und natürlich auch Medienprodukten wie Buch und DVD, die über die letzten Jahrzehnte immer wieder neu geschrieben und aktualisiert wurden[16], existieren ebenfalls grundlegendere Entwürfe, die auch die Geschichtlichkeit bestimmter Konstellationen selbst als Produkt historiografischer Perspektivik theoretisieren.[17] Der vielleicht berühmteste und vielzitierte Ansatz dazu stammt von Walter Benjamin, der schon Ende der 1930er-Jahre anmerkt, wie stark Gesellschaft, Wahrnehmung und Mediennutzung bereits historisch miteinander einhergehen:

> Innerhalb großer geschichtlicher Zeiträume verändert sich mit der gesamten Daseinsweise der menschlichen Kollektiva auch die Art und Weise ihrer Sinnes-

---

15 Engell, Lorenz et al.: «Das Fernsehen als Akteur und Agent», S. 146.

16 Siehe etwa in aller Ausführlichkeit und Systematik Hörisch, Jochen: *Eine Geschichte der Medien. Vom Urknall zum Internet.* Frankfurt a. M. 2004.

17 Die vielleicht grundlegendste Kritik an Geschichtsschreibungen, die sich ihres Konstruktionscharakters nicht bewusst sind und diesen zu verdecken suchen, stammt von Foucault, der mit seinem Ansatz der Archäologie einen Gegenentwurf zur Geschichtsschreibung als Anhäufung von Ideengeschichten verfolgt. Siehe dazu Foucault, Michel: *Archäologie des Wissens.* Frankfurt a. M. 1981, S. 191–253.

wahrnehmung. Die Art und Weise, in der die menschliche Sinneswahrnehmung sich organisiert – das Medium, in dem sie erfolgt –, ist nicht nur natürlich, sondern auch geschichtlich bedingt.[18]

Die Auffassung, dass Medien in ihrer Geschichtlichkeit und Wirkung umfassend zu dokumentieren sind, geht vor allem einher mit der Etablierung der Vorstellung von technisch-apparativen Massenmedien als wesentliche Einflussfaktoren gesamtgesellschaftlicher Kommunikation.[19] Unter einer Mediengeschichte kann vor allem der Versuch verstanden werden, Innovationen und Zäsuren, die sich markant auf medial vermittelte Kommunikationsprozesse auswirken, hinsichtlich ihres zeitlichen Auftretens in ihrer Signifikanz hervorzuheben und entsprechend einzuordnen.[20] Dieser Prozess der Gewichtung und Einordnung, der schon allein fundamental darauf beruht, was man als Innovation und Zäsur gelten lässt, hängt unmittelbar mit der spezifischen Schwerpunktsetzung einer Geschichtsschreibung zusammen.[21] Ob als übergreifende Technik-, Sozial- oder Kulturgeschichte kann jede Form der Historiografie unter anderem politische, ökonomische oder ästhetische Verschiebungen in Blick ihrer Beobachtungen nehmen, um diese als Signaturen von Umbruchphasen auszuzeichnen. Diese wiederum werden dann vor allem in historiografischen Bestandsaufnahmen einzelner Medien wie dem Film und der Literatur zum Ausgangspunkt genommen, die Veränderung von Kunstgattungen und Genres oder gar der Entstehung neuer Formen und ihren Stilentwicklungen zu beschreiben.

Eine besondere Schwierigkeit der Geschichtsschreibung besteht in der Auswahl und Organisation ihres Materials, da sich daran ein besonderes Spannungsverhältnis zwischen Gegenwart und Vergangenheit aufspannt, das jeder Historiografie innewohnt. Jede Geschichtsschreibung trennt durch Unterscheidungsakte die Gegenwart von einer Vergangenheit und hebt dadurch ihre jeweilige Andersartigkeit hervorhebt. Andersartigkeit wird zur Grundlage der historiografischen Unterscheidung, die meist der Vergangenheit einen Mangel zuschreibt, der sich in der Gegenwart entweder fortsetzt oder verbessert hat. Medienwissenschaftliche Disziplinen mit entsprechend unterschiedlichen Ausrichtungen und Prämissen arbei-

18 Benjamin, Walter: *Das Kunstwerk im Zeitalter seiner technischen Reproduzierbarkeit (= Suhrkamp Studienbibliothek 1)*. Frankfurt a. M. 2007, S. 15. Dass sich Benjamins Ausführungen auch innerhalb des Serialitätsdiskurses eine historische Relevanz haben, sei aufgrund der Offensichtlichkeit nur der Vollständigkeit halber erwähnt.

19 Siehe dazu Schanze. Helmut: «Integrale Mediengeschichte,» In: Ders.(Hg.): *Handbuch der Mediengeschichte*. Stuttgart 2001, S. 207–283.

20 Siehe dazu grundlegend Schröter, Jens / Schwering, Gregor: «Modelle des Medienwandels und der Mediengeschichtsschreibung.» In: Schröter, Jens (Hg.): *Handbuch Medienwissenschaft*. Stuttgart/ Weimar 2014, S. 179–180.

21 So ließe sich etwa Kittlers Theorie der Aufschreibesysteme mit ihren Zäsuren, die eben auf der Basis des spezifischen Theoriedesigns der Aufschreibesysteme als solche definiert werden, nicht unbedingt mit anderen medienhistorischen Konzeptionen kongruent in Einklang bringen. Vgl. dazu Kittler, Friedrich: *Grammophon, Film, Typewriter*. Berlin 1986, S. 3–33.

ten sich folglich an historischen Unterteilungen und den sie bedingenden Zäsuren gemäß ihrer wissenschaftlichen Objekte und heuristischen Erkenntnissinteressen ab, obwohl sich die größtenteils sehr heterogenen Ausrichtungen nur schwer auf einen gemeinsamen Nenner bringen lassen. Speziell technisch orientierte Historiografien interpretieren die Vergangenheit als Epoche eines noch nicht erreichten Fortschrittsstandpunktes[22], während Einzelmediengeschichten durchaus gerade ästhetische Prozesse nicht als Fortschritts-, sondern sogar als Krisengeschichte beschreiben.[23] Lorenz Engell betont im Kontext seiner Grundsatzüberlegungen zu einer kinematografischen Historiografie, das jede Art der historiografischen Aufarbeitung letztlich als Erzählakt zu verstehen sei, denn «Geschichte ist bekanntlich keineswegs das, was geschieht (oder geschah); dies wäre das Geschehnis. Geschichte ist vielmehr eine (Re-)Konstruktion der Geschehnisse und insbesondere der Zusammenhänge zwischen Geschehnissen.»[24] Das Zusammenspiel aus gesammeltem Material und fachwissenschaftlicher Perspektive bringt letztlich kein Dokument im Sinne eines völlig objektiven Textes hervor, sondern folgt eher dem Modus der Erzählung, die auf einer bestimmten Art der Lektüre des Materials durch den Verfasser basiert.

Jeder Akt historiografischer Produktion unterliegt daher selektiven und ordnenden Prozessen, die als Lektüre des jeweiligen Historiografen ablaufen. Diese Prämisse, die in den Geisteswissenschaften eng verbunden wird mit dem New Historicism und seinem reflexiv-kritischen Umgang mit Geschichtsschreibungen und ihren Traditionen[25], eröffnet einige Anschlussfragen, die durchaus folgenreich sind. Wer erzählt vom welchen Standpunkt aus eine Historiografie? Welcher Medienbegriff liegt der Historiografie zugrunde und welche Schwerpunkte werden dabei gesetzt? Des Weiteren ist es hochgradig erklärungsbedürftig, wie Wandel und Wandlungsprozesse in ihren Abläufen und (inter-)disziplinären Implikationen definiert werden. Alle diese Fragenkomplexe unterliegen einem Klärungsbedarf, der sich in den jeweiligen Studien implizit oder explizit äußert. Während die Frage nach dem Medienbegriff, den Schwerpunktsetzungen oder der Definition von Wandlung als Prozess noch relativ unproblematisch zu handhaben scheinen, stellt die Frage nach dem Autor im Kontext wissenschaftlicher Textproduktion scheinbar ein Problem dar, da sich das Verständnis eines Autors als eine sichtbare und sich möglicherweise selbst inszenierende Instanz wissenschaftlichen Kriterien zuwiderläuft. Die Vorstellung eines Historiografen als wissenschaftlicher Erzähler

---

22   Beispielsweise in Bezug auf den Computer und das Internet in Beck, Klaus et al.: *Zukunft des Internet*. Konstanz 2000, S. 47.

23   Siehe etwa für die Geschichte des deutschen Films Wedel, Michael: *Filmgeschichte als Krisengeschichte. Schnitte und Spuren durch den deutschen Film*. Bielefeld 2011, S. 14–18.

24   Engell, Lorenz: «Erzählung. Historiographische Technik und Kinematographischer Geist.» In: Ders.: *Ausfahrt nach Babylon. Essais und Vorträge zur Kritik der Medienkultur*. Weimar 2000, S. 112.

25   Vgl. Bassler, Moritz (Hg.): *New Historicism. Literaturgeschichte als Poetik der Kultur*. Tübingen/Basel 2001.

bildet eine sehr spezifische Form von Autorschaft, da es in der wissenschaftlichen Auseinandersetzung gerade um eine Reduktion oder gar Ausblendung eines erzählerischen Einflusses eines Wissenschaftlers auf die Darstellung und Auswahl seines Materials geht.[26] Dennoch geht auch hier unweigerlich ein hervorbringendes Autorsubjekt dem Schreibprozess voraus und wird durch die Lektüre des Textes bezüglich seiner Annahmen, Auslassungen und Präferenzen lesbar. Was hier nicht als Infragestellung ethischer Prinzipien wissenschaftlicher Autorschaft missverstanden werden soll, steht neben den bereits genannten Aspekten programmatisch für eine (selbst-)kritische Auseinandersetzung historiografischer Tradition und der sie bedingenden Implikationen. Bereits die grundsätzliche Entscheidung, ob eine Historiografie sich eher mit Systemprozessen aufseiten der Gesellschaft und ihrer Institutionen oder eher bezüglich technikgeschichtlicher Innovationen als Grundlage ihres Aufbaus beschäftigt, hat Auswirkungen sowohl auf die Perspektive wie auch die Ergebnisse ihrer «Erzählung».[27]

Michel de Certeau macht in diesem erweiterten Kontext einer kritischen Bestandsaufnahme historiografischer Darstellungen darauf aufmerksam, dass jede historiografische Glättung im Sinne etwa einer teleologisch verlaufenden Geschichtsschreibung, die darauf aus ist, eine möglichst lückenlose bis logische Erzählung abzuliefern[28], mit dem Problem von Diskontinuität und Widerständigkeit konfrontiert wird:

> Was auch immer aber dieses neue Verständnis der Vergangenheit für irrelevant hält – ein durch Materialauswahl geschaffener Abfall, von einer Erklärung vernachlässigter Rest –, kehrt trotz allem an den Rändern des Diskurses oder in seinen Brüchen wieder zurück: Widerstände, Überbleibsel oder Verzögerungen stören unauffällig die schöne Ordnung eines Fortschritts oder eines Interpretationssystems.[29]

Diese Einsicht hat zur Folge, Mediengeschichte nicht linear als Genealogie des Fortschritts zu denken, sondern als diskontinuierlichen Verlauf, der von Überschüssen geprägt wird, die nicht in einer einheitlichen und in sich bruchlosen Rekonstruktionsgeschichte aufgehen können. Wie die bisherigen Ergebnisse dieser Studie nahelegen, gilt dies für das Fernsehen und die Serie ebenso wie für die Forschungs-

---

26 Siehe dazu die differenzierte Auseinandersetzung wissenschaftlicher Probleme der (Selbst-)Darstellung in Texten in Steiner, Felix: *Dargestellte Autorschaft. Autorkonzept und Autorsubjekt in wissenschaftlichen Texten.* Tübingen 2009, S. 15–19.

27 Vgl. dazu auch Uricchio, William: «Medien des Übergangs und ihre Historisierung.» In: Engell, Lorenz / Vogl, Joseph (Hg.): *Mediale Historiographien.* Weimar 2001, S. 68–71.

28 Zur Form und Problematisierung narrativer Geschichtsschreibung im Bereich der Filmgeschichte siehe Schaudig, Michael: «Filmphilologie und Filmgeschichte. Eine Einführung in den Objektbereich.» In: Ders.(Hg.): *Positionen deutscher Filmgeschichte. 100 Jahre Kinematographie: Strukturen, Diskurse, Kontexte (= diskurs film. Münchner Beiträge zur Filmphilologie, Bd. 8).* München 1996, S. 21–22.

29 Certeau, Michel de: *Das Schreiben der Geschichte.* Frankfurt a. M./New York 1991, S. 14.

landschaft in diesem Bereich in gesteigerter Form. Zäsuren wie der Wechsel des Fernsehmarktes vom Paläo- zum Neofernsehen oder vom Multiplattformangebot hin zum Post-TV unterliegen in ihren Schematisierungen ebenso den von de Certeau angezeigten Störungen des sie generierenden historiografischen Ordnungssystems wie auch die zahlreichen Serien in ihrer Heterogenität nicht als bruchlose Serienhistoriografien oder auch nur als Einzelstudien zu bestimmten Genres dargestellt werden können. Wichtige Schlagworte wie Qualität, Komplexität, Fernsehen als Experimentalraum oder Post-TV, die fast alle Forschungen und zahlreiche Publikationen der letzten Jahre zur Serie und die mit ihr zusammenhängenden Distinktionsprozesse mitbestimmen, werden getragen von einem Diskurs des Neuen oder der Neuheit[30], was wiederum eine paradigmatische Zäsur innerhalb der Diskussion um alte und neue Serien bedingt.[31]

Die Brüche und Veränderungen, die sich damit in Verbindung bringen lassen, sind zwar in ihrer Bedeutsamkeit nicht anzuzweifeln. Es geht jedoch darum, anhand der Serien und ihrer jeweiligen Thematisierungen festzustellen, welche Diskurse dominant in den Vordergrund treten und sowohl «Neues» wie «Altes» gleichzeitig in sich austragen und funktionalisieren. Jede Historiografie (und auch die vorliegende Studie) wird von dem Grundgedanken geleitet, wonach sich gegenwärtige und historische Perspektive gegenseitig befruchten und gleichzeitig einer steten Relevanzprüfung unterliegen.[32] Über die Sichtung des historischen Materials aus einer gegenwärtigen Perspektive, erfolgt stets die Überprüfung der latent einfließenden Fragen, inwiefern erstens der gegenwärtige Blick die Vergangenheit besser versteht als der vergangene Blick seine damalige Gegenwart und zweitens, welche Auswirkungen die Vergangenheit auf das gegenwärtige Material der Beobachtung ausübt. Auf die TV-Serie übertragen bedeutet dies, die im Anschluss an das Konzept serieller Autorschaft ausgewählten kontemporären Serien daraufhin zu überprüfen, wie sie ihr serienhistorisches Erbe reflektieren und welche Schlüsse sich aus den Serien selbst möglicherweise für ein besseres Verständnis der vergangenen Seriengeschichte ziehen lassen. Daher gilt für die Serie das, was Friedrich Kittler für seine Medienarchäologie als eine Art Leitsatz formuliert hat, wenn er anmerkt, dass neue Medien ältere nicht obsolet werden lassen. Stattdessen weisen sie ihnen «andere Systemplätze»[33] zu, was letztlich dazu führt, die Einwirkungen

---

30 Zu den medienhistorisch immer wieder in Theorien, Selbstentwürfen und Medienprogrammatiken aufgegriffenen Versprechungen und Implikationen einer Topik des Neuen als neuer Erfahrungs- und Erlebnisraum siehe Rusch, Gebhard et al.: *Theorien der Neuen Medien. Kino – Radio – Fernsehen – Computer.* Paderborn 2007, S. 27–30.

31 Beispielsweise Gripsud, Jostein (Hg.): *Relocating Television. Television in the Digital Context.* London/New York 2010, Turner, Graeme / Tay, Jinna (Hg.): *Television Studies After TV. Understanding Television in the Post-Broadcast Era.* London/New York 2009 oder Morsch, Thomas et al. (Hg.): *Post TV – Debatten zum Wandel des Fernsehens.* Bielefeld 2016.

32 Vgl. dazu auch Wedel, Michael: *Filmgeschichte als Krisengeschichte,* S. 11.

33 Kittler, Friedrich: «Geschichte der Kommunikationsmedien.» In: Huber, Jörg / Müller, Alois Mar-

älterer Texte und Medien sowie ihre Verbreitung und variable Adressierung innerhalb einer Gesellschaft trotz veränderter Situation anzuerkennen.[34]

Dieser Gemengelage wurde an dieser Stelle mit dem erweiterten Konzeptgedan-
ken des seriellen Mediendispositivs begegnet, das sich der Heterogenität des Fernsehens und seiner historischen Verschiebungen bewusst ist und in der Integration
sowohl alter wie neuer Formen des Fernsehens und der Serie eine Reflexivität eröffnet, die über disparate Beobachtungen technischer oder rezeptionsästhetischer
Aspekte hinausgeht. Dies ist auch deshalb von Vorteil, da sich in der Serie verschiedene mediale Bezugsebenen verschalten und nur in ihrem Zusammenspiel eine
adäquate operationale Beobachtung ermöglichen. Da die Ausdifferenzierung von
Medien ihre Gewichtung und Bedeutung als Einzelmedium innerhalb des gesamten Medienverbundes tendenziell abschwächt, können medientheoretische Analysen, die von Einzelmedien als alleiniger Bezugsgröße für einen Kommunikations-
prozess ausgehen, längst nicht mehr der Diffundierung von Medienbegriffen oder
gar der Komplexität von Medienkommunikation gerecht werden.[35] Einem Mediendispositiv, das einen solchen systematischen Zugriff erlaubt, muss ein Medienbegriff zugrundeliegen, der zwischen den einzelnen Bezugsdimensionen vermittelt.
Ein rein technischer Medienbegriff, der einer Beschreibung der Serie als primär
technischem Erzeugnis vorangestellt wäre und von den narrativen Inhalten weitgehend abstrahieren würde, müsste beispielsweise alle Faktoren auf technische
Effekte reduzieren und somit auch Medialität selbst letztlich technisch definieren.

Ein zeitgemäßer wie anschlussfähiger Medienbegriff muss ebenso auch allen
anderen relevanten Aspekten eines Erzähltextes im Rahmen seiner rezeptiven Zirkulation Rechnung tragen. Siegfried J. Schmidt und Guido Zurstiege lieferten mit
ihrer Formulierung eines Kompaktbegriffes, der sich als Kombination aus medien-
und kommunikationswissenschaftlichen Theorieansätzen zusammenfügt, genau
das.[36] Ihr auch explizit so betitelter Medienkompaktbegriff stützt sich im Wesentlichen auf vier Ebenen, die miteinander im Austausch stehen. Die erste Ebene bilden Kommunikationsinstrumente wie materielle Zeichen, die dann auf der zweiten
Ebene als Medientechniken eingesetzt werden, um konkrete Medienangebote wie
Filme, Bücher oder Serien herzustellen, zu nutzen und auch kommunikativ zu verbreiten. Mit der dritten Ebene der institutionellen Einrichtungen sind dann Orga-

tin (Hg.): *Raum und Verfahren*. Basel/Frankfurt a. M. 1993, S. 178.

34 Der Begriff der Medienkarriere beschreibt diese Konstellation näher. Siehe dazu Ruchatz, Jens:
    Licht und Wahrheit. Eine Mediengeschichte der photographischen Projektion. München 2003,
    S. 50ff.

35 Vgl. dazu Karpenstein-Eßbach, Christa: *Einführung in die Kulturwissenschaft der Medien*. Pader-
    born 2004, S. 7–12 sowie Tholen, Georg Christoph: «Überschneidungen. Konturen einer Theorie
    der Medialität.» In: Schade, Sigrid / Tholen, Georg Christoph (Hg.): *Konfigurationen. Zwischen
    Kunst und Medien*. München 1999, S. 15–35.

36 Siehe Schmidt, Siegfried J. / Zurstiege, Guido: *Orientierung Kommunikationswissenschaft. Was sie
    kann, was sie will*. Reinbek bei Hamburg 2000, S. 170.

nisationen wie Verlage oder Sender gemeint, die bestimmte Medientechniken ver-antworten, verwalten, herstellen oder ausstrahlen. Dies führt auf der vierten Ebene zum Medienangebot selbst, das sich aus dem Zusammenwirken aller bisherigen Ebenen in Form von Fernsehsendungen, Zeitungen oder Büchern ergibt. Ein so fundamentaler, wie gleichzeitig auch durch weitere Aspekte wie paratextuelle Ele-mente erweiterbarer Medienbegriff, bildet die Basis eines systematischen Zugriffs auf alle relevanten Bereiche medialer Kommunikation, der darüber hinaus auch historische Verschiebungen in der Analyse sichtbar werden lassen kann.

Ein systematischer Medienbegriff, wie er dem in dieser Untersuchung profilier-ten Mediendispositiv der TV-Serie zugrundeliegt, bietet für die Interpretation sogar noch weitere Vorteile, denn er «kann alle am Prozess medialer Vermittlung beteilig-ten Faktoren berücksichtigen (…) Systematisch ist ein Medienbegriff dann, wenn er technisch nicht reduktionistisch angelegt ist und statt dessen die mediale Selbstrefle-xion beobachten und auswerten kann.»[37] Die Selbstbeobachtung eines Mediums, wie sie gemäß der hier angestellten Überlegungen besonders durch dessen dispositive Strukturen erfahr- und analysierbar wird, spielt eine eminent wichtige Rolle in die-sem Zusammenhang. Mit ihr lassen sich besonders evident Aussagen und Ordnun-gen eines Phänomens im Kontext von Wandlungsprozessen nachvollziehen, da durch selbstreflexive Prozesse der Umgang eines Medientextes mit seinen Bezügen betont und referenzierbar wird. Über selbstreflexive Prozesse thematisieren sich moderne TV-Serien selbst als serielle Texte, die sich ihrer Stellung innerhalb der Mediengesell-schaft und den Angebotsstrukturen des Post-TV bewusst sind. Was Serien dann in ihrer eigentümlichen Konstitution als serielles, mitunter kanonisches Werk zwischen textueller Offenheit und Geschlossenheit auszeichnet, ist eine «differenzierte Fähig-keit zu kulturellen Meta-Repräsentationen», die beispielsweise über diegetisch inte-grierte Mediendiskurse, intertextuelle Bezüge oder paratextuelle Serial Frames kon-ventionelle «Erwartungen und Identitäten zugunsten der Schaffung selbstbewusst neuer Wahrnehmungs- und Formmöglichkeiten verunsichern.»[38]

Die Leistungsfähigkeit des Mediendispositivs als einem variablen Beschrei-bungsansatz, der alle bisher erörterten Vorteile in sich vereint, lässt sich mit Gil-les Deleuze in seinen Anknüpfungen an Foucaults Dispositivkonzeption zusätz-lich unterstreichen. Nach Deleuze ist ein Dispositiv niemals ahistorisch, doch jede Geschichte, und damit auch jedes Dispositiv, trägt stets auch den Index eines Wer-dens in sich. Daher sind Dispositive keine starren Konstruktionen, sondern sind fähig zur Transformation und Anpassung: «In jedem Dispositiv muss man unter-scheiden zwischen dem, was wir sind (was wir schon nicht mehr sind) und dem,

---

37 Jahraus, Oliver: «Mediale Selbstreflexion und die Dialektik des Subjekts am Beispiel des Films Die fabelhafte Welt der Amélie.» In: Scheffer, Bernd / Jahraus, Oliver (Hg.): *Wie im Film. Zur Analyse populärer Medienereignisse.* Bielefeld 2004, S. 143.
38 Kelleter, Frank: «Populärkultur und Kanonisierung» , S. 74.

was wir im Begriff sind zu werden: der Anteil der Geschichte und der Anteil des Aktuellen.»[39]

Jedes Dispositiv, um Deleuze zu folgen, trägt wie jede Historiografie Signaturen der Vergangenheit, der Gegenwart und letztlich auch der Zukunft in sich aus und kann nicht ohne dieses Spannungsverhältnis begriffen werden. Damit ist nicht eine Art wissenschaftsphilosophischer Prognostik gemeint.[40] Vielmehr geht es darum, Dispositive zwar als jeweils in einer konkreten historischen Situation spezifisch verankerte Konstellationen zu verstehen, doch gerade deshalb auch die Vergangenheit und (mögliche) Zukunft bzw. die Möglichkeit des Wandels eines Dispositivs anzunehmen. Diese Wechselwirkungen innerhalb eines Mediendispositivs spiegeln Prozesse wider, die nun als Medienwandel grundsätzlich beschrieben werden können.

2.2 Medienwandel als Prozess: Irritation, Variation, Reflexion

Die bisherigen Ausführungen vertreten die Hypothese, dass serielle Phänomene aufgrund ihrer Potenziale der Variation, Rekursion und damit auch der Reflexion als prominente wie komplexe Anordnungen für die Beobachtung medialer Wandlungsprozesse fungieren.[41] Auf der Basis des Konzepts von Historiografie und ihren Bruchstellen aufgrund variabler Prämissen und Lektüreprozesse, gilt es zu klären, was Medienwandel vor dem Hintergrund der eben angestellten Überlegungen bedeuten kann. Wie lassen sich Wandlungsprozesse theoretisch beschreiben und letztlich auf den Objektbereich der Serie übertragen? Über ein konziseres Verständnis von Medienwandel, so eine weitere Arbeitshypothese, wird deutlich, wie Serien über selbstreflexive Meta-Repräsentationen Wandlungsprozesse thematisieren und diese Lektüren, verstanden als Selektion, wiederum produktiv für ihre Inszenierungen nutzen.

Nach Schröter/Schwering kristallisierten sich in den letzten Jahrzehnten im Bereich der Modellierung und Erforschung von Medienwandel sechs Schwerpunkte heraus, die in ihren spezifischen Prämissen auch unterschiedlichen medienwissenschaftlichen Ausrichtungen folgen: An erster und zweiter Stelle stehen Modelle, die versuchen, über Daten Mediengeschichte und ihre Abläufe in Form von Chroniken abzubilden und die Geschichte der Medien, wie etwa Marshall McLuhan, als sukzessive Ausweitung des Menschen begreifen. Modelle, die unter

---

39 Deleuze, Gilles: «Was ist ein Dispositiv?» In: Ewald, François / Waldenfels, Bernhard (Hg.): *Spiele der Wahrheit. Michel Foucaults Denken.* Frankfurt a. M. 1991, S. 160.

40 Zum Unterschied zwischen Wissenschaft und Prognostik vgl. Jahraus, Oliver: *Literaturtheorie,* S. 32.

41 Womit auch das enge Verhältnis zwischen Mediengeschichte und Medientheorie unterstrichen wird. Siehe dazu Spangenberg, Peter-Michael: «Mediengeschichte – Medientheorie.» In: Fohrmann, Jürgen / Müller, Harro (Hg.): *Literaturwissenschaft.* München 1995, S. 31–76.

Rückgriff auf evolutionstheoretische Termini die Gesellschaft zum wichtigsten Faktor des Wandels erklären stehen ebenso im Fokus der Wissenschaft wie die Medienarchäologie, die wiederum die Technik in den Mittelpunkt rückt sowie diskursanalytische Ansätze, die diskursiven Praktiken eine entscheidende Rolle zusprechen. Zu guter Letzt benennen Schröter/Schwering noch explizit Ansätze zu Medienumbrüchen als eigene Kategorie, da diese zwischen verschiedenen Modellen und Faktoren zu vermitteln versuchen.[42]

Obwohl alle Ansatzcluster durch ihre Grundsätzlichkeit Anspruch erheben können, Wandlungsprozesse der TV-Serie zu erklären, sticht dennoch der letzte Cluster der Medienumbrüche hervor, da er aufgrund seiner Vermittlung verschiedener Faktoren und seiner expliziten Fokussierung auf Umbruchphasen als Markierung von Wandel einen besonders akkuraten Ansatz liefert. Wenn man nun darauf aufbauend davon ausgeht, dass Seriengeschichte als Wandel serieller Ästhetiken und Praktiken innerhalb eines umfassenden Dispositivs nicht mithilfe eines einzelnen Ansatzes erschöpfend erfasst werden kann, ist es besonders wichtig, eine terminologische Grundlage zu schaffen, um potenziell variable Zugänge wählen zu können. Diese basieren jedoch auf dem Grundverständnis bestimmter Begrifflichkeiten, die alle Theorien des Medienwandels mit sich führen. Ein zentrales Beispiel ist der Begriff des Umbruchs, der jeder Analyse von Wandel vorausgeht, und Wandel als Kategorie selbst. So simpel dies zunächst klingen mag: Nur über eine distinktive Veränderung eines Zustandes hin zu einem anderen, kann Wandel als solcher angenommen werden. Gemäß des zuvor beschriebenen Verständnisses von Historiografie, muss jeder Wandel eines Mediensystems bewirken, dass sich bisher konstant etablierte Medienkonfigurationen umstrukturieren und Ereignisse folgen lassen, «die als Folge gedeutet werden können (...) wobei die Folgen wiederum auf – wie auch immer multiple – mögliche Ursachen zurückweisen. Wandel ist also eine einmalige Veränderung, die in mehr oder weniger kohärenten kausalen und finalen Zusammenhängen beschrieben werden kann.»[43]

Ein offensichtliches Beispiel hierfür markiert die Umstellung von analogen zu digitalen Medien[44], da der Siegeszug des digitalen Zeitalters nicht gänzlich und auch nicht sofort nach der Einführung der Digitalisierung dazu führte, nun ältere Medien wie Schallplatten oder Tonbandträger zu verbannen. Gerade an Tonträgern wie Kassetten, CDs oder Schalplatten lässt sich die Veränderung der Zuschrei-

42 Siehe Schröter, Jens / Schwering, Gregor: «Modelle des Medienwandels und der Mediengeschichtsschreibung», S. 180.

43 Engell, Lorenz: «Die genetische Funktion des Historischen in der Geschichte der Bildmedien.» In: Engell, Lorenz / Vogl, Joseph (Hg.): *Mediale Historiographien*. Weimar 2001, S. 35.

44 Zur Diskussion dieser beiden Begriffe vor dem Hintergrund der Unterscheidung zwischen «neu» und «alt» siehe Schröter, Jens: «Analog/Digital. Opposition oder Kontinuum?» In: Schröter, Jens / Böhnke, Alexander (Hg.): *Analog/Digital – Opposition oder Kontinuum? Zur Theorie und Geschichte einer Unterscheidung*. Bielefeld 2004, S. 7–30.

bung innerhalb einer Medienkultur sehr stichhaltig belegen, da besagte Tonträger zwar nicht mehr als primäre Bezugsmedien für aktuelle Musik gelten, jedoch nun vor allem unter Sammlern einen nicht zu unterschätzenden Wert als Retromedien einnehmen.[45] Ältere Medien dienen folglich auch durch ihr Weiterexistieren als Moment der Abgrenzung neuer Medien von alten, da die Differenz durch die Existenz beider Formen sichtbar bleibt. Wenn neue Medien allerdings zum Standard werden und sich innerhalb einer Gesellschaft sogar über Generationen hinweg etabliert haben, schwindet die Erinnerung der Gesellschaft an ältere Techniken, die wiederum beispielsweise ökonomisch kaum bis gar nicht mehr präsent sind.[46]

Damit ist ein bedeutender Aspekt medialer Innovationen benannt, da sich Medien nicht vom Tag ihrer Erfindung sofort radikal verändern (wie häufig durch Werbung etc. suggeriert wird), sondern es zunächst zu einem Prozess der Anpassung und Verbreitung innerhalb einer Gesellschaft kommt. Dies kann aber auch dazu führen, dass Innovationen eben nicht oder nicht sofort angenommen werden und aufgrund verschiedener Annahmen oder Widerstände einer Gesellschaft nicht zu einem neuen Standard avancieren können.[47] Umbrüche, wie Ralf Schnell hervorhebt, markieren daher nicht allein Ereignisse, die in ihrem Auftreten unmittelbar gesamtgesellschaftliche Wirkungen entfalten würden als vielmehr Phasen, welche «die Perspektive auf ihre Vorgänger-Medien ändern, ohne diese zwangsläufig zu verdrängen. Pointiert wird mithin ein Moment des (Um-)Bruchs, in dem Mediendiffusion und -dynamik sich zu einem Prozess verdichten, der nachträglich als Umwälzung vorheriger Parameter gewertet werden kann.»[48] Dennoch steht gerade in Bezug auf Medien und Mediengeschichte häufig ein spektakulärer Premierenauftritt in der Öffentlichkeit als Ereignis zu Buche. Ob nun die Präsentation der Foto- oder der Filmtechnik, lineare Mediengeschichten fokussieren in ihren Beschreibungen von Wandlungsprozessen Momente der Premiere, die sowohl die medialen Faszinationen des jeweiligen Mediums offenbaren (sollen) als auch selbst wiederum durch ihren Inszenierungscharakter auffallen.[49]

45 Dass diese Differenz auch selbstreflexiv in der Mediengeschichte funktionalisiert und verhandelt wird, lässt sich vor allem im Umgang des Films mit Tonträgern nachvollziehen. Siehe dazu Distelmeyer, Jan: «Belebung im Raum oder: «Da ist er, das ist seine Stimme!» Grammophon, Schallplatte und CD im Film fragen nach der Wirklichkeit des Tons.» In: Kirchmann, Kay / Ruchatz, Jens (Hg.): *Medienreflexion im Film. Ein Handbuch.* Bielefeld 2014, S. 336–344.

46 Ein Beispiel hierfür wären ältere Konsolen aus dem Bereich der Videospiele, die nach Einführung neuerer Generationen und Modelle sukzessive verdrängt werden.

47 Man denke, wenn auch nicht aus medienhistorischer Sicht, hierbei etwa an technische Innovationen im Bereich der Automobil- und Umwelttechnik wie das Elektroautomobil, das trotz jahrelanger Entwicklung und Förderung bezüglich seiner Absatzzahlen (bisher) nicht mit dem Standard der benzinbetriebenen Automodelle mithalten kann.

48 Schnell, Ralf: «Medienumbrüche – Konfigurationen und Konstellationen. Zur Einleitung in diesen Band.» In: Ders. (Hg.): *MedienRevolutionen. Beiträge zur Mediengeschichte der Wahrnehmung* (= *Medienumbrüche, Bd. 18*). Bielefeld 2006, S. 7.

49 Siehe Engell, Lorenz: «Die genetische Funktion des Historischen in der Geschichte der Bildmedien», S. 48.

Umbrüche werden zunächst durch eine Neuerung eingeleitet und in die Gesellschaft transportiert. Dabei entstehen allerdings Irritationen des bestehenden Mediensystems, das sich zunächst versucht, den neuen Gegebenheiten anzupassen. Bezogen auf die TV-Serie kann dies mit fernsehtechnologischen und -ästhetischen Innovationen untermauert werden. So konnte sich das Neofernsehen mit seinen einzelnen Sendern und Formaten erst im Verlauf der 1980er-Jahre etablieren und verdrängt eben nicht alle Formen des Paläofernsehens. Dies gilt auch für die Quality TV Serie, die sich langsam sowohl als Begriff wie auch hinsichtlich ihrer mehr oder minder deutlich definierbaren Merkmale als Innovation in der Serienlandschaft etablieren und neue Standards setzen konnte. Auch auf technischer Seite dauerte es beispielsweise bei der Einführung des Fernsehens, der Umstellung auf Farbefernsehen oder in jüngster Zeit von analogen zu digitalen Sendern Jahre, bis sich eine technische Innovation durchsetzte und als neuer Standard fungierte.

Innovationen stellen zunächst bezüglich ihres Werts als etwas «Neues» eine Herausforderung dar, die auf der Seite älterer Medien Probleme schafft: «In diesem Sinne bezeichnet das Auftauchen einer bahnbrechenden Innovation eine Leerstelle, mit der die Abläufe, Zirkulationen und Routinen zunächst ins Stocken geraten.»[50] Was als bahnbrechend oder überhaupt dann im Rahmen der Nachbetrachtung als Innovation begriffen wird, die einen Umbruch innerhalb einer Gesellschaft oder zumindest eines Subsystems einleiten konnte[51], wird nicht im unmittelbaren Auftauchen einer Innovation zwingend ersichtlich.[52] Die spezifische Einführung und Umsetzung eines Umbruchs ist geprägt von «sich gegenseitig verstärkenden und hemmenden Prozessen.»[53] Folglich kann erst dann von einem Medienumbruch die Rede sein, wenn «wenn die wechselseitige Verformung und Verschiebung ein bestimmtes Niveau der öffentlichen Wahrnehmung und Reflexion erreicht.»[54] Die

---

50 Glaubitz, Nicola et al.: *Eine Theorie der Medienumbrüche 1900/2000*. Siegen 2011, S.15.

51 An dieser Stelle sei zumindest die Nähe dieses Ansatzes zu dem von Reinhart Koselleck entwickelten Modell der Sattelzeit erwähnt. Mit Sattelzeit meint Koselleck insbesondere eine Umbruchphase zwischen 1770 und 1830, die sich durch bestimmte Teildynamiken innerhalb einer gesellschaftlichen Ordnung Europas aufbaut, bis eine kritische Masse an sich überlappenden, auch durchaus gegensätzlichen Interessen erreicht ist. Dies führte dann zu Ereignissen wie der französischen Revolution, deren Vorlauf und Nachwirkungen nicht mit den «Höhepunkten» hinreichend beschrieben werden können. Siehe dazu Koselleck, Reinhart: «Wozu noch Historie?» In: *Historische Zeitschrift Jg. 95*, Nr. 212, 1971, S. 1–18.

52 Daher spielen in der theoretischen Beschreibung an dieser Stelle diskursanalytische Ansätze eine besonders große Rolle, da sie durch ihre Annahme eines diskontinuierlichen Verlaufs von Geschichte und der Wirkung diverser diskursiver Ensembles die Heterogenität von Umbruchphasen per se in ihr Theoriedesign integrieren. Zu einer diskursiven Analyse des Fernsehens siehe Bartz, Christina: *MassenMedium Fernsehen. Die Semantik der Masse in der Medienbeschreibung*. Bielefeld 2007.

53 Glaubitz, Nicola et al.: *Eine Theorie der Medienumbrüche*, S. 25.

54 Ebd., S. 31.

Wahrnehmung eines Umbruchs bildet somit eine wesentliche Grundlage für die Etablierung einer Umbruchphase. Die damit einhergehende Reflexion führt dann zur Historisierung dieser Phase und der Profilierung einer Innovation, die nun eben auch erst in ihrer Tragweite gewürdigt werden kann. Die Reflexion über und zu einem Medium bezüglich seiner Etablierung, Entwicklung und potenziellen Degradierung gehören fundamental zum Diskurs der medienhistoriografischen Bestandsaufnahme, aber zugleich findet sich diese Form der Reflexion eben auch in Medientexten wie der TV-Serie selbst.[55]

Nach dieser Vorstellung impliziert im Verlauf eines Wandelungsprozesses die Bildung von Institutionen und die Eingliederung in Kontexte, die sowohl entsprechende Verwendungsweisen wie auch etwa die Aufführungs- und Distributionspraktiken einer medialen Innovation regeln und vorantreiben. Dabei spielen Marktmechanismen ebenso eine Rolle wie programmatische Selbstentwürfe, wie sie gerade narrative Medientexte formulieren. Medienwandel ist daher unmittelbar an Wandel von Gesellschaft und ihren sozialen, temporalen und ritualisierten Praktiken gebunden. Wie Joseph Garncarz am Beispiel des Films als Medieninnovation im Umbruch zu Beginn des 20. Jahrhunderts thematisiert, besteht in der Flexibilität von Medien gerade zu Beginn ihrer Einführung eine besondere Qualität, die sich innerhalb der eben benannten Einflussfaktoren sukzessive an medienkulturelle Kontexte anpassen lässt:

> Neue Technologien ermöglichen zwar bestimmte Verwendungsweisen, schreiben sie aber nicht vor. So ermöglicht der Film zwar die Reproduktion der Natur in Bewegung, um Bewegungsabläufe zu studieren oder um Menschen zu unterhalten. Erst durch die Art seiner Verwendung erhielt der Film ein unverwechselbares kulturelles Profil. Wenn wir Film sagen, denken wir in erster Linie an einen abendfüllenden, für das Kino produzierten Spielfilm. Dies ist ein Anzeichen dafür, dass sich eine dominante Verwendungsweise einer Medientechnologie herausgebildet hat (...) Nur wenn eine Technologie wie der Film zu einem Massenmedium wird, ist eine nachhaltige Rückwirkung auf die bereits vor der Markteinführung des Films etablierten Mediensysteme zu erwarten.[56]

Die Einbettung eines neuen Phänomens in ein bestehendes System bedingt nicht nur die Veränderung des Systems, sondern auch eine potenzielle Weiterentwicklung des Mediums selbst, das sich nun ebenfalls nachfolgenden Innovationen und sich verändernden Anforderungen an seine Grundbedingungen ausgesetzt

---

55 Ein sehr markantes Beispiel wäre etwa eine Serie wie THE NEWSROOM, die nicht nur die Geschichte und die Entwicklung von Nachrichtenformaten in der Fernsehgeschichte widerspiegelt, sondern diese Veränderung auch explizit in die eigene Narration integriert.

56 Garncarz, Joseph: «Medienevolution oder Medienrevolution? Zur Struktur des Medienwandels um 1900.» In: Schnell, Ralf (Hg.): *MedienRevolution. Beiträge zur Mediengeschichte der Wahrnehmung (= Medienumbrüche, Bd 18)*. Bielefeld 2006, S. 65.

sieht. Daher spricht beispielsweise die Mediatisierungstheorie von verschiedenen Dimensionen und Richtungen von Medienwandel. Zum einen ist dann die Rede von einer Weiterentwicklung eines Mediums in seiner Verbreitung, Bedeutung und Nutzungsform. Dies wird als extensiver Medienwandel bezeichnet. Zum anderen wird mit der Formulierung eines intensiven Medienwandels die Verdichtung und Spezifizierung eines Mediums innerhalb des Alltags oder einer bestimmten Kommunikationsform zusammengefasst.[57] Während die Verbreitung der Serie als Format auf verschiedenen Kanälen und Distributionsmedien als extensiver Medienwandel bezeichnet werden kann, meint intensiver Medienwandel dann die spezifische Ausdifferenzierung der Serie bezüglich ihrer Formate sowie Erzähl- und Inszenierungsweisen. Beide Dimensionen korrespondieren miteinander. Ähnlich verhält es sich bei der Frage nach der Initialisierung von medialen Wandlungsprozessen. Diese können, je nach Modellvorstellung, sowohl durch externe wie interne Modifikationen und Anreize ausgelöst werden.

Das Medium wird also entweder durch ökonomische oder gesellschaftliche Interessen von außen angepasst oder es entwickelt auch ohne diesen Druck von außen Selbstoptimierungen, wobei letztlich gerade im medialen Bereich häufig angezweifelt werden kann, ob etwa eine neue Version eines Betriebssystems oder die Verbesserung fernsehtechnischer Darstellungen via HD überhaupt ohne ein externes Interesse vorstellbar wären. Gerade lineare Geschichtsschreibungen gehen häufig von einer Initialisierung durch externe Dynamiken aus, die dann auf Ästhetiken und Formate eines Mediums Auswirkungen zeigen.[58] Als dritte bzw. erweiterte Möglichkeit, die insbesondere in der medienwissenschaftlichen Auseinandersetzung mit dem Fernsehen als fluktuierendes und variables Dispositivkonzept diskutiert wird, gilt das Experiment. Damit ist gemeint, dass sich ein Medium wie das Fernsehen nicht nur fortwährend Veränderungen ausgesetzt sieht, sondern aufgrund seiner dispositiven Strukturen per se ein auf Dauer gestelltes Transformationsmedium ist. Zu dessen Kern gehört es, sich mithilfe fortwährender Veränderungen an das Publikum und dessen Sehgewohnheiten und Wünsche anzupassen. Fernsehen ist ein Beispiel für ein Medium, das speziell davon «lebt», nicht stabil zu sein, da es sich ständig gesellschaftlichen oder technischen Trends anpasst oder sie selbst initiiert. Nun mag dies noch nicht ausreichen, das Fernsehen als Experiment hinreichend zu beschreiben. Medien als Experimente zu begreifen, setzt voraus, «dass immer wieder neue Instrumente und undeutliche, ambivalente Objekte in die Anordnung eingebunden werden.»[59]

---

57 Siehe dazu Krotz, Friedrich: «Medienwandel in der Perspektive der Mediatisierungsforschung. Annäherung an ein Konzept.» In: Kinnebrock, Susanne et al. (Hg.): *Theorien des Medienwandels.* Köln 2015, S. 127–130.

58 Siehe dazu Engell, Lorenz: «Die genetische Funktion des Historischen in der Geschichte der Bildmedien», S. 34.

59 Keilbach, Judith / Stauff, Markus: «Fernsehen als fortwährendes Experiment», S. 162.

Fernsehen testet sich mit seinen Programmen und Sendungen stets neu aus. Dies geschieht in Form neuer Sendungen und Formate wie beispielsweise Live-Shows oder Ereignissen wie der Live-Übertragung der Mondlandung.[60] Ob ein Experiment glückt oder nicht, mag zwar in der Logik des Fernsehens auf den ersten Blick nur anhand der Resonanz der Zuschauer entschieden werden können. Doch auf den zweiten Blick testen Medien wie das Fernsehen durch die Inszenierung und Übertragung bis dato unkonventioneller Inhalte ihre Innovations- und Inklusionsfähigkeit.[61]

Am Beispiel von Sendeformaten wie BIG BROTHER und anderer Reality-TV-Sendungen oder Kriegsberichterstattungen direkt aus Krisengebieten durch sogenannte «eingebettete Journalisten», lässt sich das Konzept experimenteller Versuchsanordnungen des Fernsehens prominent nachvollziehen. Fernsehen lotet hier die eigenen medialen Bedingungen und Anpassungsfähigkeiten als «Fenster zur Welt» sowie der nicht vorhersehbaren Annahme der Formate durch die Zuschauer und deren unmittelbares Feedback aus.[62] Was dann zunächst kontrovers erscheinen mag, wird zunehmend akzeptiert und sogar zu einer Art Standard. So gilt BIG BROTHER als einer der wichtigsten Vorläufer des Reality-TV, das seither in unzähligen Varianten nicht mehr als per se kontroverses Formatfernsehen gilt. Formate und Innovationen, die sich nicht durchsetzen, finden keine Fortsetzung und Nachahmungen (wie im Fall der zahlreichen Anschlussformate an BIG BROTHER), die sich dann als Systemstandards des Fernsehens beschreiben lassen. Fernsehen beobachtet sich somit durch seine Experimente bezüglich seiner Inklusions- und Innovationsfähigkeit rekursiv selbst. Wie Keilbach/Stauff ebenso wie Engell betonen, markiert diese Qualität des Fernsehens seit seiner Einführung im Wesentlichen dessen fortwährende Anpassungsfähigkeit und Relevanz als Massenmedium.

Ein sehr grundlegendes und mittlerweile in Bezug auf mediale Wandlungsprozesse aufgrund seiner abstraktionsfähigen und universellen Anwendbarkeit vielfach profiliertes Begriffsinstrumentarium, legte Niklas Luhmann vor. Dieses Modell integriert und pointiert nahezu alle bisher vorgestellten Facetten im Kon-

---

60 Speziell zu diesen Beispielen im Kontext einer Beschreibung des Fernsehens als Experiment siehe Engell, Lorenz: «Fernsehen mit Unbekannten. Überlegungen zur experimentellen Television.» In: Grisko, Michael / Münker, Stefan (Hg.): *Fernsehexperimente. Stationen eines Mediums*. Berlin 2009, S. 38–43.

61 Wobei Keilbach/Stauff trotz ihrer theoretischen Nähe zu naturwissenschaftlich geprägten Definitionen des Experiments (vor allem nach Hans-Jörg Rheinberger) eingestehen, dass die Übertragung dieses Begriffes durchaus problematisch ist wie jede Übernahme fachwissenschaftlicher Termini zwischen Natur- und Geisteswissenschaft. In diesem Fall liegt dies etwa daran, dass Fernsehexperimente durch ihre Ausstrahlung nicht beliebig oft wiederholbar sind wie die meisten Laborexperimente.

62 Siehe Stähli, Urs: «Big Brother: Das Experiment Authentizität – zur Interdiskursivität von Versuchsanordnungen.» In: Balke, Friedrich / Stähli, Urs (Hg.): *Big Brother. Beobachtungen*. Bielefeld 2000, S. 55–77.

text der Theoretisierung medialer Wandlungsprozesse und dient daher als eine Art Zusammenfassung der Sichtung der Forschung und Theorie medialer Wandlungsprozesse. Mit Luhmann, der sich, wie bereits angedeutet, systemtheoretisch mit Prozessen gesellschaftlichem und damit auch potenziell medialem Wandel auseinandersetzte, kann man den Wandlungsprozess innerhalb einer Gesellschaft in die drei Phasen der Variation, Selektion und Restabilisierung unterteilen.[63] Variation meint das Auftreten einer Veränderung, die entweder zufällig entstehen kann oder intendiert herbeigeführt wird durch (etwa durch die Markteinführung eines Produktes).

Wandel basiert folglich auf Zäsuren, die einen Zustand in ein Davor und ein Danach unterteilen. Doch sind diese Zäsuren gerade nicht unbedingt im Moment ihrer Emergenz schon als solche erkennbar, da es auch sein kann, dass eine Innovation oder ein eine bereits laufende Selektion zwischen einem alten und einem neuen Zustand nicht dazu führt, dass sich die Innovation durchsetzt und etabliert. Sie werden meist erst durch die Geschichtsschreibung als Zäsuren und Umbrüche erkannt und klassifiziert.[64] Dies liegt unter anderem daran, dass sich eine (mediale) Veränderung zuerst in ihren Folgen innerhalb einer Gesellschaft ausbreiten und schließlich etablieren muss.

Dies ist mit dem Begriff der Selektion umrissen, da eine Veränderung stets auch Folgen haben muss, die in einer Gesellschaft wahrgenommen werden müssen. Der nachfolgende Prozess der Etablierung hängt sowohl von der dauerhaften Wiederholung und rekursiven Einübung der Begleitumstände der Veränderung als auch von einer sukzessiven Einsicht bezüglich der innovativen Vorteile dieser Varianz im Vergleich zum vorherigen Status ab. Medienwandel vollzieht sich über die sozialen wie kommunikativen Strukturen einer Gesellschaft, welche die Auswirkungen des Wandels letztlich (mit-)trägt, weiterkommuniziert und dadurch stabilisiert. Der Erfolg eines medialen Wandelungsprozesses bemisst sich daran, ob sich ein Medium, wie beispielsweise der Computer oder das Mobiltelefon, von einem anfänglichen Nischenprodukt zu einem Alltagsgegenstand entwickelt, der möglichst viele Ebenen gesellschaftlichen Lebens beeinflussen kann.[65] Dies führt

---

63 Siehe primär Luhmann, Niklas: *Die Gesellschaft der Gesellschaft*, S. 456–505 sowie im konkreten Bezug zu Serien bei Beil, Benjamin et al.: «Die Fernsehserie als Reflexion und Projektion des medialen Wandels.» In: Krotz, Friedrich / Hepp, Andreas (Hg.): *Mediatisierte Welten. Forschungsfelder und Beschreibungsansätze.* Wiesbaden 2012, S. 197–223.

64 Beispiele für solche «Faszinationskerne», welche als Essenz eines Umbruchs gelten, wären etwa die Veränderung der Wahrnehmung durch Medien wie dem Film oder die Entstehung von digitalen Netzwerken durch die Erfindung des Internets. Zum Begriff Faszinationskern und einigen weiteren signifikanten Beispielen für die Medienumbrüche um 1900 und 2000 siehe Glaubitz, Nicola et al.: *Eine Theorie der Medienumbrüche*, S. 57–166.

65 Vgl. Krotz, Friedrich: «Medienwandel in der Perspektive der Mediatisierungsforschung: Annäherung an ein Konzept.» In: Kinnebrock, Susanne et al. (Hg.): *Theorien des Medienwandels.* Köln 2015, S. 119–140.

gerade in der gegenwärtigen Medienkultur zu einer Gleichzeitigkeit verschiedener Angebote und permanenter Neuerungen, wie sie speziell die Internetkultur im Bereich serieller Phänomene durch Blogs und Webserien antreibt.[66]

Die TV-Serie nimmt in dieser Konstellation eine markante Rolle ein. Sie steht als Format, das seit Anbeginn des Fernsehens existiert und floriert, für eine Zwischenform fernsehserieller Angebote zwischen außen- wie selbstinduzierter Wandlungen und Experimente. Da sich Serien zwar permanent in ihren Formen und Inhalten verändern, aber gleichzeitig durch ihre jeweilige serielle Struktur auf beständige, sich wiederholende und rekursiv anschließende Elemente zurückgreifen, vermitteln Serien mit am eindringlichsten, wie sich Medienwandel sowohl im Kontext der gesellschaftlichen Rahmenbedingungen wie auch innerhalb der eigenen Inszenierungslogiken vollziehen kann. Gerade durch die Serialitätsprinzipien der Reihung, Wiederholung, Variation, Sequenzierung und der Anordnung, stellt eine TV-Serie wie beispielsweise 24 durch die Selbstinszenierung als Echtzeit-Serie mit ihrer Deckungsgleichheit aus erzählter Zeit und Erzählzeit die medialen Bedingungen und bestehenden (Sende-)Konventionen der Serie und des Fernsehens zur Disposition und lässt sich somit als innovatives Fernsehexperiment lesen. Da 24 ein großer Erfolg und nicht von den Zuschauern abgelehnt wurde, ging sie in das Seriengedächtnis der Fernsehgeschichte ein und wird in der Serienhistoriografie nun als wichtige Innovation gewürdigt, die auch weiteren innovativen Serienkonzepten den Weg bereitet hat, obwohl das Format der Echtzeit-Serie nicht zu einem Standard avancierte, der wie im Falle des Reality-TV zahlreiche Nachahmer fand. 24 ist ein Beispiel dafür, wie ein einzelnes Serienkonzept zwar für die grundsätzliche Wandlungsfähigkeit der TV-Serie einstehen kann, ohne jedoch einen fundamentalen Wandel der gesamten Serienlandschaft herbeizuführen. Dafür ist der Serienmarkt schlicht zu heterogen. Durch ihre beständig vielfältige Existenz in immer neuen Varianten wie unter anderem auch Reboots, Sequels, Prequels, Miniserien oder Webisodes, stellen Serien wie 24 ein Verfahren medialen Wandels dar, «das nie gänzlich aufhört, eine Funktion als epistemisches Objekt einzunehmen, das immer auf dem Prüfstand steht und stets nur bis zum Beweis des Gegenteils gilt.»[67]

Jede Serie wie auch die Serienlandschaft an sich fungieren so betrachtet als Seismografen gesellschaftlicher und medialer Wandlungsprozesse, die sich stets an der Grenze zwischen der Eigenlogik der Serie als Medienphänomen und den Einflüssen durch externe Faktoren gesellschaftlicher Rezeption und Anforderung an die Serie bewegen. Dass dies zu paradoxen Überlagerungen führt, die letztlich jede wie auch immer begründete Prognostik bezüglich der Richtungen und Dimensionen

---

66 Siehe dazu Puschmann, Cornelius: «Technisierte Erzählungen? Blogs und die Rolle der Zeitlichkeit im Web 2.0.» In: Nünning, Ansgar et al. (Hg.): *Narrative Genres im Internet. Theoretische Bezugsrahmen, Mediengattungstypologie und Funktionen.* Trier 2012, S. 93–114.

67 Engell, Lorenz: «Fernsehen mit Unbekannten», S. 45.

weiterer Wandlungsprozesse erschwert, wenn nicht gar verhindert, liegt in dieser Spannungslogik begründet:

> Das Fernsehen [und mit ihr die Serie, Einfügung A.S.] muss sich also einer Entwicklung anpassen, deren Teil es zugleich ist und die durch es hindurch zieht. Mindestens Selbstanpassung oder -optimierung einerseits und Außenanpassung andererseits fallen hierbei zwar nicht zusammen, aber sie überlagern einander. Ein Anpassungsziel kann dabei offenbar nicht sistiert werden, denn jeder Anpassungsschritt verändert eben dieses Ziel.[68]

Jede TV-Serie wäre dann potenziell nicht nur als Produkt ihrer Entstehungszeit und ihrer jeweils dominant auf sie einwirkenden Einflussfaktoren zu begreifen. TV-Serien sind Mediendispositive, die sich auch innerhalb ihrer Episoden- und vor allem Staffelstrukturen all den eben genannten Faktoren ausgesetzt sehen (können). Egal, welche Schwerpunkte und Perspektiven man an eine Historiografie auch anlegen mag und ob man sie mit Hilfe eines paradigmatischen Distinktionsbegriffs wie Quality TV auflädt oder nicht: Es ist gerade bei langlebigen und heterogenen Serienformaten wie dem TATORT nicht verwunderlich, dass Serien bezüglich ihrer Aussagekraft als Text exemplarisch sowohl für die Medien- wie auch die Zeitgeschichte einer Gesellschaft gleichermaßen einstehen.[69]

2.3 Reflexive Schichten: Wandel der Serien – Serien des Wandels?

Die Hybridisierung serieller Formen, wie sie in allen Medien bereits anhand der Vielfalt an unterschiedlichen Angeboten zu verzeichnen ist, bezeugt die Relevanz der Serie als wandlungsfähiges Phänomen. Dieser Befund impliziert auch eine Vielfalt an Lektüren, die an kontemporären Serien vorgenommen werden können. Es zeichnet die Modernität zahlreicher Serien aus, durch verschiedene Zugänge ein letztlich sehr heterogenes Publikum adressieren zu können, das im Verlauf einer Serienbiografie sowohl mit verschiedenen Motiv- wie Figurenkonstellationen oder auch kulturellen Bezügen konfrontiert wird. Der Wandel einer Serie bedeutet daher nicht nur eine Veränderung ihrer Entwicklung und Einbettung in technische, distributive oder medienkulturelle Rahmenbedingungen, sondern auch eine Integration dieser Aspekte in ihre Narrationen. Serien erzählen daher speziell als Serials nicht nur klassische Heldenreisen entsprechend monomythischer Dramaturgie-

---

68 Beil, Benjamin et al.: «Die Fernsehserie als Reflexion und Projektion des medialen Wandels», S. 199.

69 Siehe dazu beispielsweise Buhl, Hendrik: «Zwischen Fakten und Fiktionen. Gesellschaftspolitische Themen in der Krimireihe Tatort.» In: Hißnauer, Christian et al. (Hg.): ZWISCHEN SERIE UND WERK. FERNSEH- UND GESELLSCHAFTSGESCHICHTE IM TATORT. Bielefeld 2014, S. 67–87.

modelle[70], sondern sie erzählen von sich als Objekte und Artefakte in der Medienkultur. Die verschiedenen Lektüren von Wandel und Wandlungsfähigkeit einer Serie innerhalb ihrer narrativen und inszenatorischen Dispositionen aufzuspüren und mit den verschiedenen Ebenen des Mediendispositivs TV-Serie stichhaltig in Kontakt zu bringen, ist eine Hauptaufgabe der Interpretation.

Um die Gleichzeitigkeit verschiedener Doppel- oder Mehrfachcodierung als Paradigma moderner Serientexte zu unterstreichen, hilft ein Blick auf die Filmwissenschaft, die dieses Phänomen für eine Beschreibung des Wandels der Filmgeschichte geradezu prototypisch ausgebildet hat. In der Filmwissenschaft ist es üblich, die Geschichte des narrativen Spielfilms auf einer Makroebene abseits einzelner Genre- oder länderspezifischer Entwicklungen in vier Grundtendenzen zu unterteilen, die in ihrer konkreten begrifflichen Unterfütterung durchaus variieren und nicht immer einheitlich Verwendung finden. Die vier Tendenzen, die zusammen ein Phasenmodell der Filmgeschichte bilden, bestehen aus der klassischen, der postklassischen/modernen, der postmodernen sowie der nachmodernen Phase des Films, wobei die Phase der Nachmoderne als historiografischer Begriff erst jüngeren Datums ist. Was unter einer dieser Tendenzen konkret zu verstehen ist, hängt unmittelbar mit den dominierenden Erzählweisen und den Darstellungskonventionen zusammen, die sich seit der Etablierung des Films als narratives Medium herausgebildet haben. Die klassische Epoche des Films findet ihre Hochphase mit Filmen wie CASABLANCA (1942) von Regisseur Michael Curtiz in den 1940er-Jahren. Mit klassisch ist dann ein sich herausgebildeter Kanon an Regeln und Kompositionen gemeint, der darauf aus ist, die Erzählungen der Filme als in sich abgeschlossene Einheit und ohne metareflexive Brüche zu inszenieren. Klassisches Kino zielt auf in sich geschlossene Weltbilder und Dramaturgien, die Hand in Hand gehen mit einer Inszenierung, die sich nicht etwa selbstironisch oder selbstkritisch als Fiktion zu erkennen gibt.

Die Entstehung der klassischen Epoche des Kinos ist maßgeblich mit Hollywood und dessen Studiosystem verbunden. Hollywood propagierte ein Filmverständnis, das der geschlossenen und in ihrer Ideologie meist nicht hinterfragten Erzählweise mit meist geradlinigen, weil stark konventionalisierten Figurenschemata folgte. Diese Prämisse hat Auswirkungen auf alle Inszenierungsebenen filmischer Narration und Vermittlung:

> Entscheidend an dieser klassischen Form der Repräsentation ist, dass Darstellung und Dargestelltes, Signifikant und Signifikat, nicht auseinanderfallen, sondern in konventionalisierten und weitgehend unzweideutigen Verweisungsbeziehungen zueinander stehen. Das Figürliche der visuellen Darstellung und der Sinn der dargestellten Welt bilden eine Einheit. Filmische Mittel wie Rahmung und Komposi-

---

70 Siehe hierzu das Standardwerk von Krützen, Michaela: *Dramaturgie des Films. Wie Hollywood erzählt.* Frankfurt a. M. 2006.

tion, Einstellungswechsel, Montage, Kameraführung und Ton stellen sich in den Dienst der Abstimmung zwischen Figur und Sinn.[71]

Dass dieses Kategorisierung in ihrer Pauschalität nicht in Gänze der Realität des Films entspricht, wird vor allem deutlich, wenn man mit Filmklassikern wie CITIZEN KANE (1941) von Orson Welles argumentiert, die in der sogenannten Hochphase des klassischen Films dieser Vereinheitlichung bereits getrotzt haben.[72] CITIZEN KANE ist daher (neben weiteren möglichen Regisseuren wie Hitchcock, Lang oder Renoir) der mit berühmteste Widerhaken jeder filmhistorischen Vereinheitlichung dieser Zeit vor 1945 und steht daher in vielen Filmgeschichtsschreibungen durch seine inszenierte Intransparenz der Figur des Charles Foster Kane und der extrem vielschichtigen Erzählweise als eine Art Zäsur innerhalb des klassischen Erzählkinos.[73]

Der sogenannte postklassische Film, der auch als moderner Film bezeichnet wird und mit dem Aufkommen des Autorenfilms Ende der 1950er eng verknüpft ist, steht der klassischen Epoche kritisch gegenüber und hinterfragt dessen filmisches Weltbild auf allen Ebenen. Dabei gestaltet sich die terminologische und zeitliche Abgrenzung als durchaus schwieriges Unterfangen[74], da unter Postklassik häufig nur Hollywood-Filme nach 1960 gefasst werden, die sich von den Konventionen der Klassik abwenden oder diese zumindest reflektieren.[75] Dies führte in Hollywood zu einer neuen Ära des Blockbusterkinos, das stilistischen Fragen der Filmgestaltung speziell durch den Einsatz spektakulärer Effekte eine große Bedeutung beimisst. Die Postklassik betreibt einen selbstreflexiven Umgang mit der eigenen Filmgeschichte und dem filmischen Vorwissen seines Publikums und ruft die mediale Verfasstheit des Mediums Film zurück in das Bewusstsein der Zuschauer. Es gilt das Primat, sich von den vermeintlichen Selbstverständlichkeiten des klassischen Films zu lösen, was eine veränderte Einstellung zur Darstellbarkeit der Welt durch die Narration ebenso implizierte wie die Abkehr von geschlossenen Dramaturgien oder den Darstellungskonventionen stark typisierter Figurenprofile. Auf den Punkt gebracht: Film ist nun nicht mehr eine Illusionsmaschine, die ihre eigene Künstlichkeit verschleiert, sondern diese effektiv dazu nutzt, um eine kritische Haltung einzunehmen.

---

71 Fahle, Oliver: *Bilder der zweiten Moderne (= serie moderner film, Bd. 3)*. Weimar 2005, S. 14.

72 Siehe dazu besonders prägnant Bordwell, David: «Citizen Kane und die Künstlichkeit des klassischen Studio-Systems.» In: Rost, Andreas (Hg.): *Der schöne Schein der Künstlichkeit*. Frankfurt a. M. 1995, S. 117–149.

73 Siehe etwa Mulvey, Laura: *Citizen Kane*. Hamburg 2000.

74 So setzen etwa Bordwell/Staiger/Thompson die Kernzeit des klassischen Hollywoodfilms zwischen 1917–1960 an, während andere Historiografien schon um 1950 ansetzen. Siehe Bordwell, David et al.: *The Classical Hollywood Cinema: Film Style and Mode of Production to 1960*. London 1985.

75 Siehe Kramer, Peter: «Post-classical Hollywood.» In: Hill, John / Church Gibson, Pamela (Hg.): *The Oxford Guide to Film Studies*. Oxford 1998, S. 289–309.

Zu den wichtigsten Merkmalen dieser Tendenz zählen dann beispielsweise eine losere Verkettung der Handlung, weniger zielgerichtete Helden bzw. regelrechte Antihelden, offene Erzählabschlüsse wie auch eine meist unklare Backstory der Protagonisten, eine Affizierung der Zuschauer durch explizit in die Erzählung eingebaute Selbstbezüge und metaleptische Brüche. Regisseure wie Fellini, Godard, Truffaut oder Bergman, die im Kontext des europäischen Autorenkinos zwar ebenfalls durch ihre Reflexion des amerikanischen Kinos als postklassisch bezeichnet werden können, vollziehen durch ihre Abkehr von klassischen Formen und einer kritischen Auseinandersetzung mit ihnen eine Wende, die gerade mit ihren Autorenfilm-Erben wie David Lynch, Tim Burton oder Quentin Tarantino eben entweder als postklassisch, modern oder sogar postmodern klassifiziert und je nach genauer Betrachtung spezifiziert wird. Merkmalskategorien wie Intertextualität, Selbstreferenzialität oder dekonstruktive bis mehrsträngig verschachtelte Erzählweisen, wie sie in Verbindung mit einer starken Tendenz der Ästhetisierung zur Beschreibung des postmodernen Films herangezogen werden[76], lassen sich innerhalb der einzelnen Bezeichnungen des modernen Films nicht eindeutig nur einer Begrifflichkeit oder auch nur generell einer Epoche zuschreiben. Denn auch wenn die meisten Studien davon ausgehen, dass etwa die Postmoderne im Verlauf der 1980er-Jahre und damit nach der postklassischen Phase aufkommt und sich als filmhistorische Tendenz etabliert, überlappen sich die Merkmale zwischen beiden Begriffen. Michaela Krützen hat nun in jüngerer Zeit einen Vorschlag unterbreitet, wie man aus der terminologischen Komplexität und Unschärfe eine Beschreibungskategorie des gegenwärtigen Kinos ableiten könnte. Mit ihrem Begriff der Nachmoderne impliziert Krützen keine weitere Abkehrbewegung des Kinos von zuvor etablierten Konventionen und Denkweisen, sondern setzt den Fokus auf eine Harmonisierung der Perspektiven:

> Postmoderne, Postklassik – ganz offensichtlich handelt es sich beim Kino der Gegenwart um ein weites Feld, dessen wichtigstes Kriterium die Nachfolge zu sein scheint. Die beiden Begriffe legen nahe, dass entweder eine Ablösung oder gar eine Überwindung der Klassik (respektive der Moderne) vorliegt (…) Die neu hinzukommende Schicht setzt sich vielmehr zusammen aus Filmen, die sich in Kenntnis der Moderne auf die Klassik beziehen – allerdings ohne sich gegen sie zu wenden. In dieser Abwendung von der Abwendung besteht zugleich der Unterschied zur Moderne. Die Nachmoderne hat sich vom kritischen Impetus des Gegenkinos verabschiedet.[77]

In diesem Fall wird erneut deutlich, wie unterschiedlich Historiografien verfasst und erzählt werden können. Während die meisten Filmgeschichten gerade

76 Siehe dazu Eder, Jens: «Die Postmoderne im Kino. Entwicklungen im Spielfilm der 90er Jahre.» In: Ders. (Hg.): *Oberflächenrausch. Postmoderne und Postklassik im Kino der 90er Jahre.* Hamburg 2008, S. 11–12.
77 Krützen, Michaela: *Klassik, Moderne, Nachmoderne. Eine Filmgeschichte.* Frankfurt a. M. 2015, S. 26–27.

im Bereich des Autorenfilms eine Abkehr vom klassischen Hollywoodfilm zur Erhöhung seiner Vertreter als Instanzen eines neuen, kritischen Filmansatzes oftmals emphatisch feiern[78], schärft Krützen mit ihrem Ansatz der Nachmoderne das Bewusstsein für einen Vorgang, der geradezu selbstverständlich wirkt, wenn man ihn tatsächlich ausspricht: Die Abkehr einer Tendenz bedeutet eben nicht zwangsläufig das Ende der vorherigen. So, wie zuvor bei den Theorien von Medienwandel von einer Neubesetzung und Umpositionierung von älteren Medien durch neue gesprochen wurde, lässt sich auch die Filmgeschichte nicht primär als Geschichte der Auslöschung, sondern nur der tendenziellen Aufschichtung kritisch ordnen. Filme, die ganz im Sinne einer klassischen Erzähldramaturgie und Inszenierung folgen, werden nach wie vor ebenso produziert wie kritische Autorenfilme oder postmoderne Blockbuster. Thomas Elsaesser geht sogar in seinen Analysen des postklassischen Films davon aus, dass Filme wie DIE HARD (1988, R: John McTiernan) schon deshalb sowohl klassisch wie postklassisch rezipiert werden können, «da die Differenz zwischen beiden Erzählformen mindestens ebenso stark von der ideologischen oder ästhetischen Sichtweise des Betrachters abhängt wie von den »objektiv« beschreibbaren formalen oder ideologischen Merkmalen des Films.»[79] Eine genaue Betrachtung der einzelnen Begriffe offenbart somit eher deren Unschärfe und heuristische Begrenztheit abseits einer groben historischen Differenzierungsleistung unterschiedlicher Stilepochen des Films.

Zwei Aspekte sind aus dieser nur sehr kursorischen und in der Filmwissenschaft vielfach präziser erzählten Geschichte des Films[80] zwischen klassisch, postklassisch, postmodern und nachmodern an dieser Stelle von Bedeutung: Zum einen definiert sich Wandel in der Filmgeschichte (aus filmwissenschaftlicher Sicht) primär über die Steigerung und die Ausstellung reflexiver Prozesse. Egal, wie man nun die Wende vom klassischen Film bezeichnen mag, entscheidend ist, dass eine Vielzahl an Filmen ein reflexives Verhältnis zu sich selbst ausgebildet haben, das sich auf alle Ebenen filmischer Praxis niederschlägt.[81] Dies betrifft neben Reflexionen filmischer Medialität auch vor allem das Verständnis des Films in Relation zu seiner Außenwirklichkeit. Moderne Filme verhandeln in ihren fiktiven Erzählwelten Wirklichkeitskonstruktionen mit Rückbezügen zu den Potenzialen des Films und seiner Stellung in der Mediengesellschaft.[82] Sie sind daher

---

78 Siehe dazu etwa Frisch, Simon: *Mythos Nouvelle Vague: Wie das Kino in Frankreich neu erfunden wurde.* Marburg 2007, S. 22–44.

79 Elsaesser, Thomas: «(Post-)Klassisches Hollywoodkino: Die Hard.» In: Ders.: *Hollywood heute. Geschichte, Gender und Nation im postklassischen Kino.* Berlin 2009, S. 54.

80 Siehe etwa am Beispiel des Werks und Werdegangs von Walter Hill bei Ritzer, Ivo: *Walter Hill. Welt in Flammen.* Berlin 2009.

81 Siehe Fahle, Oliver: *Bilder der Zweiten Moderne,* S. 15.

82 Siehe auch Engell, Lorenz: *Bilder des Wandels (= serie moderner film, Bd. 1).* Weimar 2003, S. 9–11.

Spiegelbilder zu Veränderungen, die sie selbst mit betreiben, befördern und meta-filmisch ergründen.[83]

Wie bereits erörtert stehen TV-Serien als audiovisuelle Mediendispositive in enger Tradition und Konkurrenz zum Film. Selbst wenn sich die historischen und begrifflichen Modelle der Filmwissenschaft nicht auf die Serie aufgrund ihrer eigenen Gesetzmäßigkeiten adaptieren lassen, fungiert Reflexivität auch (und wie aufgezeigt wurde gerade) für die TV-Serie als Signum ihrer Modernität. Reflexion und vor allem eine Steigerung sowie die Ausdifferenzierung reflexiver Prozesse auf alle Bereiche serieller Inszenierung und Thematisierung ist für die TV-Serie ebenso leitend wie für den Film.[84] Diese These ist nicht an Begriffe wie Quality TV oder Qualitätsserie gekoppelt, sondern nimmt diese Terminologie aufgrund ihrer Implikationen als historischen Beleg für die gesteigerte Aufmerksamkeit und Signifikanz ihrer Komplexität im Bereich der TV-Serie.

Der zweite Aspekt betrifft die zuvor angesprochene Doppel- oder Mehrfach-codierung serieller Texte und greift den eben bei Michaela Krützen vorgefundenen Ausdruck der Schicht auf. Analog zur kontemporären Gleichzeitigkeit der historisch entstandenen Tendenzen des Films muss man die Geschichte der Serie ebenfalls als eine Genealogie der Aufschichtung und gegenseitigen Bezugnahme der Schichten verstehen. Doppel- und Mehrfachcodierung meint dann nicht den Umstand, dass TV-Serien unterschiedliche Interpretationen zulassen, da dies selbstverständlich für jeden halbwegs komplexen Text angenommen werden kann und muss.[85] Die Metapher der Schicht bzw. der Aufschichtung fokussiert das Potenzial moderner wie klassischer Serien, Bezüge aus früheren Epochen der Fernsehserie in sich aufzunehmen. Der Unterschied besteht dann in der kritischen Haltung und Umsetzung der Bezugnahmen, die im Begriff der Reflexion und der Selbstreflexivität der Serie zusammenlaufen.

Serien wie MAD MEN, THE WIRE oder THE AMERICANS, deren Serienkonzepte darauf ausgerichtet sind, eine Vielzahl an historischen und medialen Referenzen aufzunehmen, werden beispielsweise aufgrund ihrer sozialkritischen Darstellungen als Spiegelbilder gesellschaftlicher Veränderungen interpretiert. Sie reihen sich unter den Bedingungen der Fernsehserie in die Tradition realisti-

---

83 Zum letzten Punkt siehe auch beispielsweise Christen, Thomas: «Die Thematisierung des Erzählens im Film.» In: *Film und Kritik: Selbstreflexivität im Film.* H. 2, 1994, S. 39–53.

84 Dies unterstreichen auch die Analysen in Gymnich, Marion: «Meta-Film und Meta-TV. Möglichkeiten und Funktionen von Metaisierung in Filmen und Fernsehserien.» In: Hauthal, Janine et al. (Hg.): *Metaisierung in Literatur und anderen Medien. Theoretische Grundlagen. Metagattungen. Funktionen.* Berlin/New York 2007, S. 127–154.

85 Beispielsweise Roland Barthes hat dies mit seinen Überlegungen zu sogenannten schreib- und lesbaren Texten im Kontext des Poststrukturalismus, die durch die individuelle Rezeption von Lesern einem potenziell unendlichen Verweisungsspiel bezüglich ihrer Interpretierbarkeit unterliegen, schon vor Jahrzehnten unterstrichen. Siehe dazu die Erläuterungen in Eagleton, Terry: *Einführung in die Literaturtheorie.* Stuttgart 1988, S. 122.

schen Erzählens ein und beteiligen sich an der Rekonstruktion von historischen oder zeitgenössischen Realitätsentwürfen.[86] Sie vermitteln ein historiografisches Bild, das zwar den Anspruch erhebt, Wissen über Realität und deren historisch bedingte Konstruktion zu vermitteln[87], jedoch insbesondere im Fall von MAD MEN und THE AMERICANS auch die ästhetische Selbstreferenz und ein Bewusstsein der eigenen Bedingungen als fiktionale Serie diskursiv auszustellen. THE WIRE erzählt in fünf Staffeln den sozialen, finanziellen und moralischen Verfall der Stadt Baltimore, der sich durch die von Staffel zu Staffel wechselnden Milieus und Figuren in seiner unausweichlichen Drastik immer mehr zuspitzt. Es geht um verlassene Wohnblocks, Armut ohne Perspektive, Rassismus, Drogen, eine Struktur der Ganggewalt, die sich nicht sozialisieren lässt und ein politisches System, das vollständig zwischen Korruption und internen Machtkämpfen zerrieben wird. Doch das ist nur eine Lesart, die an THE WIRE herangetragen werden kann. Nicht minder plausibel ist es nämlich, THE WIRE als kritische Auseinandersetzung mit Medientechnologien und ihren Grenzen wie Potenzialen zu betrachten. Schon der Titel ist bezeichnend, verweist er doch auf Abhörgeräte, Telefone, Netzwerke und Verbindungen, die in der Serie sowohl von der Polizei wie von den Drogengangs permanent genutzt werden, um sich ein gegenseitiges Katz-und-Maus-Spiel zu liefern. THE WIRE ist als serielle Erzählung in dieser Form ohne Medien gar nicht denkbar, da gerade die permanente Verwendung von Medientechnologien den Rahmen für alle Konflikte und Zerfallserscheinungen der Gesellschaft Baltimores in mehrfacher Hinsicht abbildet und einfängt.[88]

So drückt sich die Hilflosigkeit der Polizei beim vergeblichen Versuch der Ausrottung der Drogenkriminalität vor allem in ihrer Jagd nach Codestrukturen und deren Entschlüsselung aus. Ob Überwachungskamera, Telefonwanzen, Abhöranlagen oder versteckt aufgenommene und digital nachbearbeitete Fotografien; die Polizei produziert ständig Bilder, Aufnahmen und Dokumente, kann sie aber nur in den seltensten Fällen dekodieren und in einen Sinnzusammenhang setzen, um die Drahtzieher der Gangs überführen zu können. Die Serie zeigt nicht nur eine realitätsnahe Studie des in sich kollabierenden American Dream, dessen Realisierung für Farbige aus armen Verhältnissen ohnehin kaum auch nur theoretisch erreichbar scheint. Jens Schröter arbeitet in seiner umfassenden Studie zu THE WIRE her-

---

86 Dass Serien wie The Wire in der Diskussion häufig mit Erzählkonzepten des literarischen Realismus in Verbindung gebracht werden belegt stellvertretend für viele weitere Quellen Kämmerlings, Richard: «The Wire: Ein Balzac für unsere Zeit.» In: http://www.faz.net/aktuell/feuilleton/buecher/the-wire-ein-balzac-fuer-unsere-zeit-1581949.html (letzter Zugriff: 10.10.2015).

87 Vgl. dazu Titzmann, Michael: «Skizze einer integrativen Literaturgeschichte und ihres Ortes in einer Systematik der Literaturwissenschaft.» In: Ders. (Hg.): *Modelle des literarischen Strukturwandels.* Tübingen 1991, S. 408.

88 Siehe dazu Eschkötter, Daniel: THE WIRE, S. 32.

aus, wie die die beiden Lesarten der Serie miteinander medientheoretisch kommunizieren und erzähllogisch harmonieren:

> Ähnlich wie die ANT [Akteur-Netzwerk-Theorie nach Bruno Latour, Einfügung A. S.] beschreibt die Serie die Gesellschaft als eine, die aus Menschen und Medien (bzw. Medientechnologien) in immer auf Neue sich wandelnden Konfigurationen besteht (…) Die Zeichen und Signalflüsse, die die Polizisten beobachten, dienen wesentlich der Stabilisierung und Durchführung einer illegalen Ökonomie – dem Drogenhandel. Damit zeigt sich, das hinter dem Kampf um die Medien in THE WIRE letztlich der [Hervorhebung im Original, A. S.] Kampf um *das* [Hervorhebung im Original, A. S.] Medium steht: das Geld. Die Kämpfe gibt es nur, weil es für große Teile der Bevölkerung Baltimores keine andere Möglichkeit mehr gibt, an Geld zu kommen, als durch den Handel illegaler Drogen. Die Darstellung in The Wire zeigt die Gesellschaft nicht nur als von technischen Medien, sondern auch und vor allem durch das Geld *mediatisierte* [Hervorhebung im Original, A. S.].[89]

Eine Serie wie THE WIRE eröffnet folglich differente und vielschichtige Lektüren, indem sie ihr gegenwärtiges Medienumfeld in seinen Auswirkungen und historischen Rückkopplungen in die Erzählung integrieren. Dies gilt auch für weitere moderne Serien, die eine Form der Selbstbeobachtung ihrer medien- und serienhistorischen Konstitutionsbedingungen inszenieren und dies nicht nur als Subtext, sondern konstitutives Motiv in die Serienbiografie ihrer Protagonisten einschreiben. Eine solche Einschreibepraxis, die sogar eine politische Ebene integriert, findet in THE AMERICANS statt. Die Serie erzählt die Geschichte zweier KGB-Spione, die als amerikanisches Ehepaars unter dem Namen Elizabeth und Philip Jennings mit ihren ahnungslosen Kindern in einem Vorort von Washington leben. THE AMERICANS spielt zur Zeit des Kalten Krieges in den 1980er-Jahren und inszeniert eine komplexe Agenten-Story, die den Kampf um Informationen als doppelbödiges Machtspiel mit der Tarnung einer scheinbar typischen amerikanischen Bilderbuchfamilie kombiniert. Elizabeth und Philip gehen als Mitarbeiter eines Reiseunternehmens tagsüber ganz normalen Berufen und Alltagsroutinen mit ihren in Amerika geborenen und aufgewachsenen Kindern nach, während sie selbst aufgrund ihrer ideologischen Überzeugung für den langfristigen und allumfassenden Einsatz als Spione in Amerika ausgebildet und Ende der 1960er dorthin geschickt wurden.

Ihre vom KGB arrangierte Ehe markiert innerhalb der Erzählung einen stets prekären Moment, da Elizabeth wie Philip aufgrund ihrer permanenten Tarnung als normale Familie nicht eindeutig zwischen ihrer Profession als Agenten, die um jeden Preis auch auf eigene Faust zu funktionieren haben, und ihren ambivalenten Gefühlen füreinander trennen können. Die Serie stellt dabei mehr als latent die Frage, ob es möglich ist, Liebe und Familie trotz dieser Konstellation emotio-

---

89 Schröter, Jens: *Verdrahtet. The Wire und der Kampf um die Medien.* Berlin 2012, S. 90–91.

nal authentisch leben zu können oder ein Leben unter der ideologischen Vorgabe der Politik jedes Opfer des eigenen Lebens rechtfertigt. Politik und Biografie sind in THE AMERICANS daher untrennbar miteinander verwoben und erlauben nicht, dass sich das eine vom anderen ablöst. Oder anders gesagt: Die Kernfamilie Jennings unterliegt stets der Kontrolle der übergeordneten Autorität des KGB, sodass Familie und Politik zu einer Ideologie verschmelzen. Die Doppelbödigkeit drückt sich gerade auch in der Zusammenstellung der Familie aus, die ganz bewusst das Klischee einer amerikanischen Mittelschicht in den Vororten vorspielt, um nicht aufzufallen. In den Fällen, in denen allerdings etwa Philip aufgrund der Lebensumstände in den USA an der ultimativen Richtigkeit der Mission zu zweifeln droht und ein Leben ohne Agentenstatus zumindest für möglich erachtet, kippt das Vertrauen zwischen ihm und Elizabeth, da sie an ihrer Mission keine Zweifel zu hegen scheint. Die Beziehung der beiden Partner erlaubt somit keine Vertrauensbasis, die über eine Partnerschaft als Agenten hinaus krisenfest ist. Jede Ehekrise der Jennings wird immer zu einer Belastung für die Mission, da ihre Tarnung, wie etwa durch eine zwischenzeitliche Trennung der beiden in der ersten Staffel, in Gefahr zu geraten droht. Dies wird gerade dann virulent, wenn Philip und Elizabeth in ihren auch tödlichen Einsätzen dennoch aufeinander angewiesen sind, sich jedoch nicht vollständig vertrauen können.

Die Serie spielt dadurch ein typisches Motiv des Agentenfilms aus, indem die Grenze zwischen Vertrauen und Misstrauen hybrid wird. Gleichzeitig verbindet sie diese Konstellation mit der sehr detailgetreu rekonstruierten Geschichte des Kalten Krieges aus amerikanischer Sicht. Zahlreiche Originalberichte und Ereignisse, werden beispielsweise durch das Fernsehen oder das Radio in die Fiktion eingebaut. Die Bezüge unterstreichen in ihrer Ähnlichkeit zu aktuellen Berichterstattungen die Vergleichbarkeit zwischen damaligen und gegenwärtigen Diskussionskulturen im Bereich der Terrorangst. THE AMERICANS reiht sich in die Tradition von Serien wie HOMELAND und 24 ein, die ebenfalls als Reflexion amerikanischer Paranoia und Ängste im Zeichen des globalen Terrorismus gelten.[90] THE AMERICANS verfährt dabei hochgradig medienreflexiv, indem die Parallelen und Differenzen der beiden Großmächte bezüglich ihrer Mediennutzung im Kontext ihrer jeweiligen Spionagetätigkeiten gegenübergestellt werden. Dies wird anhand der aus heutiger Sicht veralteten Medientechnologie der 1980er-Jahre und dem beständigen Kampf um einen jeweiligen technologischen Vorsprung mithilfe geheimer Überwachungstechniken verdeutlicht, die sowohl Amerikaner wie Sowjets gegenseitig ausspionieren. Wie die Handlung anhand dieses Wettlaufs immer wieder offenbart, mögen die kulturellen und vor allem ideologischen Differenzen radikal anmu-

---

90 Siehe dazu Koch, Lars: «24: »It will get even worse« – Zur Ökologie der Angst.» In: Seiler, Sascha (Hg.): *Was bisher geschah. Serielles Erzählen im zeitgenössischen amerikanischen Fernsehen.* Köln 2008, S. 99–107.

ten, die Funktionalisierung von Kriegsgerät und Medientechnologien folgt jedoch der gleichen strukturellen Verbindung von Macht und Wissen.[91] Beides ist nicht nur per se mit Medien und Medienkompetenz verbunden, sondern vor allem mit der Fähigkeit, Medientechnologie zu verbessern und sich den damit geschaffenen Bedingungen flexibel anzupassen. Elizabeth und Philip müssen daher ähnlich wie ihre amerikanischen «Gegenspieler» vom FBI sowohl Meister der Tarnung als auch Meister in der Lektüre medialer Codes und Zeichen sein.

THE AMERICANS belegt, wie stark das Verhältnis von Macht, Wissensstrukturen und Medialität vor dem Hintergrund eines historischen Themas zum Vorschein kommt. Der Kalte Krieg steht schließlich für eine Epoche des Wettrüstens sowohl militärisch wie medientechnisch und plausibilisiert die oft in der Medienwissenschaft vorgebrachte These einer engen bis grundlegend strukturellen Verzahnung von Medien- und Kriegstechnologie.[92] Das hohe historische Reflexionsniveau der Serie zeigt sich neben der engen Verflechtung aus Politik, Medien(manipulation) und Gesellschaftswandel bereits an der genretypisch unkonventionellen Auswahl der sowjetischen Agenten als Protagonisten. Insbesondere ihre innerfamiliäre Gespaltenheit, die sich vor allem anhand der beiden Kinder als geborene bzw. «echte» Amerikaner zeigt, folgt letztlich ideologisch ungewollt dem amerikanischen Urmythos eines besseren Lebens im Kapitalismus nach der Einwanderung der Elterngeneration und bildet damit eine subversive Komponente innerhalb des subversiven Vorgehens der Agenten.[93]

Die ideologische Unterwanderung der amerikanischen Gesellschaft durch die sowjetischen Agenten, so könnte man schließen, erfährt durch ihre Kinder und deren Sozialisation selbst eine subversive Unterwanderung ihrer ideologischen Prämissen. Denn so wie sich der amerikanische Kapitalismus historisch betrachtet Ende der 1980er gegen den Kommunismus der Sowjetunion durchsetzte, kündigt sich auch im Familienleben der Jennings und der Allgegenwärtigkeit westlichen Medienkonsums in THE AMERICANS der Sieg der USA bereits am Anfang der Serie latent an.

Als weiteres prägnantes Beispiel für die vielschichtige Reflexionsleistung moderner Serie kann an dieser Stelle erneut MAD MEN dienen, da sich hier mehrere der in diesem Kapitel skizzierten Diskursstränge systematisch auf eine figurative Serienbiografie beziehen lassen, nämlich die des Protagonisten Don Draper. Wenn man die hochgradig stilisierte Welt der 1960er-Jahre als historische Kulisse durchgehen lässt,

91 Vgl. dazu auch die Beiträge in Drügh, Heinz / Mergenthaler, Volker (Hg.): *Ich ist ein Agent. Ästhetische und politische Aspekte des Spionagefilms (= film medium diskurs, Bd. 5)*. Würzburg 2005.

92 Siehe hierzu die zahlreichen historisch bis zeitgenössisch fundierten Beiträge unter anderem von Paul Virilio, Friedrich Kittler oder Manuel Delanda in Stocker, Gerfried / Schöpf, Christine (Hg.): *Infowar – Information, Macht, Krieg. Ars Electronica 98*. Wien/New York 1998.

93 Vgl. dazu Mrozek, Bodo: «Im Geheimdienst Seiner Majestät, des Kapitalismus. Helden der Popkultur: Spione und Agenten im Kalten Krieg.» In: Bohrer, Karl-Heinz / Scheel, Kurt (Hg.): *Heldengedenken. Über das heroische Phantasma (= Merkur Sonderband 724/725)*. Stuttgart 2009, S. 982–988.

erzählt Matthew Weiners Historienserie nicht nur die Geschichte des Werbegenies Don Draper als Exemplifizierung krisenbehafteter Männlichkeitsbilder im Kontext der ansteigenden Emanzipation von Frauen ab den 1960er-Jahren. Vielmehr zeigt MAD MEN stellvertretend für viele andere kontemporäre Serien, wie Serien Mediengeschichte ins Zentrum ihrer Erzählungen rücken und damit moderne Medien in ihrer Wirkung und Einbettung in der Gesellschaft thematisieren:

> Die Serie [MAD MEN, Einfügung A. S.] lässt sich nämlich als spezifische Reflexion von Mediengeschichte, genauer: als Reflexion auf die Mediatisierung von Welt und Geschichte verstehen. Denn sie rekurriert nicht nur auf tatsächliche historische Ereignisse, sondern bezieht sich mit ihrem historischen Fokus der 1960er-Jahre auf eine spezifische Epoche, die sich selbst, insbesondere mit der Entwicklung von Fernsehen und Werbung, als unter medialen Bedingungen stehende begreift.[94]

In der Figur des Don Draper als leitender Creative Director einer Werbeagentur laufen alle Aspekte und Bezüge der Serie zwischen Mediengeschichte, Genderkritik und Gesellschaftsporträt zusammen. Die verschiedenen Ebenen des Wandels, die in MAD MEN aufeinandertreffen, eröffnen in ihrer wechselseitigen Bezugnahme interpretative Zugänge, die sowohl auf der Seite der Serie als Medienprodukt wie auch bezüglich Drapers Figuration angesetzt werden können. Liest man beispielsweise die in der Serie fortschreitende Mediatisierung der Arbeitswelt und der Privatsphäre als unaufhaltsamen Prozess, der in seiner Rasanz Menschen überfordert, steht Don Drapers geradezu widerständiges Medienverhalten, das sich unter anderem an seiner geringen arbeitspragmatischen Flexibilität zeigt, symptomatisch für seine Figuration als lebender Anachronismus.

Der in MAD MEN vielfach problematisierte Gestus historischer Nostalgie, den Don Draper durch seinen beruflichen wie auch optischen Traditionalismus verkörpert, geht Hand in Hand mit seinem Scheitern als Vater und Ehemann. Pointiert ausgedrückt bleibt Draper privat wie beruflich stehen und schafft es nicht, sich als Familienvater, Ehemann oder auch innerhalb seines beruflichen Umfeldes von seinen ohnehin nur nach außen von ihm vertretenen Idealen der Nachkriegszeit zu lösen und sich selbst weiterzuentwickeln.

Draper lässt sich daher unter dieser Perspektive als scheiternder Held interpretieren, der im wahrsten Sinne nicht mit dem umfassenden Wandel der Zeit Schritt halten kann. Dies kündigt sich bereits in der Inszenierung des Opening Credits latent an. Dieser ist durchgehend im Stil von Werbeanzeigen der 1950er-Jahre gezeichnet. In aller Kompaktheit erzählt er vom Alltag, Fall und Ankunft eines Werbegenies Draper. Zunächst betritt die animierte Figur des Don Draper sein Büro in der Man of the Madison Avenue, also jener Straße, in der sich die großen

---

94 Maeder, Dominik / Wentz, Daniela: «Einleitung.» In: Dies.(Hg.): *Der Medienwandel der Serie. Navigationen. Zeitschrift für Medien- und Kulturwissenschaften.* Jg. 13, H.1, 2013, S. 8.

Werbeagenturen New Yorks niedergelassen haben. Die Kamera fängt dabei explizit seine scheinbar geradlinig fortschreitenden Schritte ein, ehe er aus dem Fenster des sich auflösenden Büros fällt. Elegant überführt die Montage den buchstäblichen Sturz Drapers in ein nonchalantes Sitzen auf der Couch als wäre der dramatische Fall entlang eines Werbeplakats Teil des gängigen Alltagsgeschäfts eines Mannes, der den Tag gemütlich bis statisch vor dem Fernseher ausklingen lässt.[95]

Drapers Position vor dem Fernseher spiegelt den Blick des Zuschauers sowie die damit anzitierte Selbstbeobachtung der Serie wider. Das Fernsehen wird als dominantes Leitmedium im Alltag der amerikanischen Gesellschaft eingeführt, was sich im Verlauf der Serienhandlung auch in der zunehmenden Bedeutung des Fernsehmarktes für die Werbeindustrie und deren Anpassungsprozesse durch neue Abteilungen und Kreativkonzepte äußert. In Verbindung mit den ikonischen Werbeplakaten, die Draper während seines Sturzes passiert, wird der mediale Wandel hin zur Dominanz des Fernsehdispositivs der amerikanischen Broadcast- und Networkära unmittelbar mit den audiovisuellen Bewegungsbildern des Opening Credits verkoppelt. Will man den Opening Credit an dieser Stelle durch seine ständige Widerkehr als paratextuelles Element jeder Episode interpretatorisch ernstnehmen, ließe sich Dons im Credit inszenierte Routine als Ausweis seines immer wiederkehrenden Scheiterns deuten, das in MAD MEN ebenso dauerpräsent durchexerziert wird wie die ansteigende Bedeutung des Fernsehens. MAD MEN zeigt als eine der populärsten Vertreter der modernen, hochgradig reflexiven Serie prototypisch den historischen Verlauf einer zunehmenden Mediatisierung und exemplifiziert durch seine umfangreiche Erfolgs- und Rezeptionsgeschichte den Aufstieg der amerikanischen TV-Serie zu einem Kulturgut, das wahlweise als moderner Roman oder etwa als größtes Erzeugnis gegenwärtiger Populärkultur gepriesen wird.[96]

Was alle bisher vorgestellten und analysierten Serien vereint, ist der Gestus einer Reflexion, die an einen Wandel von Medien und Gesellschaft gebunden ist. Die kontemporäre TV-Serie zeigt in all ihren modernen, d. h. explizit reflexiven und daher medienhistorisch wie narrativ komplexen Formen an, wie sich ihr Status im Kontext medialen Wandels verändert hat und weiterhin ändert. Die moderne TV-Serie der Gegenwart lässt als Mediendispositiv «den medialen Evolutionsprozess nicht einfach nur durch sich hindurchlaufen, indem [sie] sich dem anpasst, was [sie] selbst mitverursacht hat. Vielmehr versucht [sie] beständig, Form und Ziel des Medienwandels, dessen Teil [sie] ist und den [sie] zugleich mitbestimmt, zu beobachten, zu erkennen und zu beschreiben, während er abläuft.»[97]

---

95 Zur Statik des von Don Draper verkörperten Männlichkeitsbildes siehe auch Sannwald, Daniela: *Lost in the Sixties*, S. 110–112.

96 Vgl. hierzu nochmal die Zusammenstellung zahlreicher Lobgesänge und zeitgenössischer Essays in Ritzer, Ivo: *Fernsehen wider die Tabus*, S. 15–25.

97 Beil, Benjamin et al: «Die Fernsehserie als Reflexion und Projektion des medialen Wandels», S. 199.

3 (De-)Figurationen des Autors: Autorschaft im Spannungsfeld medialer Inszenierung und Zuschreibungen

Wie speziell THE WIRE, THE AMERICANS und MAD MAN ähnlich signifikant wie zuvor CALIFORNICATION, GOSSIP GIRL oder HANNIBAL aufzeigen, werden die Modalitäten und Konsequenzen medialen Wandels der Biografie ihrer Serienfiguren eingeschrieben. Don Draper ist eben nicht nur durch seinen egoistischen Lebenswandel ein pervertiertes Spiegelbild der Männlichkeitsideale der Nachkriegszeit, er ist auch als Creative Director ein Akteur in der aufkommenden Medienbranche, der Menschen – ganz wie ein Medium – durch seine Werbekampagnen in ihrer Weltwahrnehmung beeinflusst, prägt und manipuliert. Geht man an dieser Stelle von einem flexiblen Textbegriff aus, der Werbung als textuelles, bildliches oder auch audiovisuelles Medium an die Seite literarischer, filmischer oder musikalischer Werke stellt, steht Don Draper als Texter und kreativer Kopf als Autor seiner Werke ein. Er ist der adressierbare, juristisch benennbare Schöpfer von Werbebotschaften, die (wie es MAD MEN immer wieder aufzeigt) als Auftragsarbeiten zwischen dem genialen Moment seines Schöpfertums, der kollektiven Autorschaft seiner Mitarbeiter und Assistenten sowie den Vorstellungen seiner Auftraggeber und seiner Chefs in ihrer «Werkhaftigkeit» oszillieren. So wie die Serie MAD MEN als Erzählung über den Wandel einer Gesellschaft anhand des Aufstiegs der Werbeindustrie Auskunft gibt, eröffnet sie durch Don Draper als Werbe-Auteur einen Blick auf moderne Formen von Autorschaft, die nicht allein mit gängigen Begriffsinstrumentarien aus der Literatur- oder Filmwissenschaft zu erfassen sind, obwohl sie sich innerhalb ihrer medialen Konstellationen und vor allem durch einen expliziten Umgang mit Medien in entsprechende Traditionslinien und Zuschreibungen der Mediengeschichte eingliedern und sich von ihnen absetzen.

Wenn auch nicht in einem klassischen, primär den literarischen Traditionen des 18. Jahrhunderts entlehnten Verständnis wie bei Hank Moody oder Hannah Horvath folgend[1], ist Don Draper auf seine Art der Mediennutzung genauso als moderne Autorenfigur lesbar wie auch Hannibal Lecter in seiner Art auktorialer Selbststilisierung und seinen medialen Inszenierungspraktiken. Lecter, Draper, Moody oder Horvath, sie alle nehmen innerhalb der fiktionalen Welt eine für ihre Serienhandlung unverzichtbare Funktion als Protagonisten ein, die unmittelbar mit ihrer Form von Autorschaft geprägt ist. Kompakt gesagt: Die Modernität der kontemporären TV-Serie ist untrennbar an ihre Selbstbeobachtung im Kontext medialen Wandels gekoppelt. Diese Kopplung, so die bisher profilierte Hypothese dieser Studie, ist in der TV-Serie vor allem anhand ihrer Figurationen von Autorschaft dechiffrierbar. Alle bisher genannten Figuren stehen symptomatisch für einen Wandel von figurativer Autorschaft, der mit dem Wandel der TV-Serie als Teil der Medienkultur eine markante bis untrennbare Allianz eingeht. Darüber hinaus verbindet alle Figuren bezüglich ihrer Autorschaft, dass sie ganz im Sinne der Nachmoderne nach Michaela Krützen die Gleichzeitigkeit verschiedener Traditionen und Traditionsbrüche innerhalb des Gesamtkontextes der kontemporären TV-Serie zur Schau stellen. Dabei stellt sich vor allem die Frage, wie sich das Selbst- und Fremdbild von Autorschaft im Zuge der jeweiligen Wandlungsprozesse innerhalb der Serien funktionalisiert und reflektiert.

Autorschaft ist ein Begriff, der selbst durch seine Theorie- und Praxisgeschichte permanent von Wandel geprägt ist. Im Zuge der Anhäufung medialer Konzepte zeichnet sich auch wissenschaftshistorisch keine Genealogie, sondern – analog zur Heterogenität der Serie – eine Überschneidung und diskontinuierliche Bezugnahme verschiedener Formen von Autorschaft als leitendes Paradigma der Gegenwart ab. Dabei besteht in der Forschung Konsens darüber, dass mit der Inszenierung von Autorschaft und vor allem Autorenfiguren in fiktionalen Werken Traditionen bestimmter Verständnisse von Autorschaft und Medien reflektiert werden.[2] Autorschaft vermittelt sich vorrangig über explizite Inszenierungen, die über Medien und bestimmte Textstrategien wie paratextuellen Erweiterungen bezüglich ihrer inszenatorischen Qualität erfass- und beschreibbar werden. Neben der Grundsatzfrage, ob man sich mit dem Autor als einer realen, biografischen Instanz der Zuschreibung, Vermittlung und Adressierung von Inhalten und Erwartungshaltung im Gegensatz zu fiktionalen Autorenfiguren unter dann gänzlich anderen Vorzeichen widmet, konzentriert sich der Blick auf Autorschaft vor allem

---

1 Siehe dazu etwa die Beiträge in Schabert, Ina / Stauff, Barbara (Hg.): *Autorschaft. Genus und Genie in der Zeit um 1800 (= Geschlechterdifferenz und Literatur, Bd. 1)*. München 1994.

2 Dies gilt auch für das Verhältnis von Autor und Werk, da letzteres untrennbar mit Mediennutzung und Inszenierung assoziiert werden muss. Siehe dazu etwa Amstutz, Nathalie: *Autorschaftsfiguren. Inszenierungen und Reflexion von Autorschaft bei Musil, Bachmann und Mayröcker*. Köln 2004, S. 1–3.

darauf, wie ein Autor ein Selbstbild entwirft und damit die «Wahrnehmung seiner Autorschaft in Abhängigkeit zu den gewählten Mediengattungen»[3] steuert. Daher muss sich jede Auseinandersetzung mit Formen von Autorschaft der Vielfalt und den diskursiven Einflüssen variabler Medienkonstellationen widmen, um Aspekten der Stilisierung von Autoren und (im Kontext dieser Arbeit) Autorenfiguren ebenso wie deren Einbindung in einen medienvermittelten und fiktional motivierten Erzählrahmen nachzugehen. Zu den grundsätzlichen Untersuchungsinteressen einer solchen Ausrichtung gehört die Miteinbeziehung der Medien von Autorschaft wie Briefe, Interviews, Tagebücher, Reden, Vorträge, Autobiografien oder Vlogs und ihren spezifischen Bedeutungen im Kontext der Fiktionalisierung von Autorschaft. Denn Medien und ihre Reflexion drücken jeder Form von Autorschaft ihren Stempel auf, da sich selbst in der wissenschaftlichen Analyse realer Autoren längst nicht mehr die Frage stellt, ob sie sich außerhalb oder innerhalb ihrer Textproduktion inszenieren, sondern vielmehr wie dies jeweils konkret passiert und ob sich daran Zäsuren und Umbrüche der Medienkultur oder zumindest des jeweiligen Kunstdiskurses anschließen.[4]

Den unterschiedlichen Bezügen und Tendenzen von Autorschaft im Hinblick auf die Typologie serieller Autorschaftsfigurationen trägt das terminologische Spannungsverhältnis Rechnung, das sich mit dem Begriff der Figuration assoziiert und der Typologie als Basis zugrundeliegt. Figurationen vereinen in sich gleichermaßen auf der einen Seite Momente der Generierung und Konstruktion sowie auf der anderen Seite Aspekte der Auflösung und Subversion.[5] Eine Figuration ist daher nicht bloß eine Ansammlung bestimmter Eigenschaften, die sich abstrahieren, generalisieren und bündeln lassen. Figurationen zeichnen sich als «eine prozessual konstituierende Einheit» aus, «die sich jedoch in einer ständigen Veränderungsbewegung befindet.»[6] Von Figurationen innerhalb eines Phänomens zu sprechen, bedeutet daher, die permanente Wandlungs- und Anpassungsfähigkeit der De- und Refiguration eines dynamischen Phänomens zu betonen.[7] Eine Figu-

3   Meyer, Urs: «Tagebuch, Brief, Journal, Interview, Autobiografie, Fotografie und Inszenierung. Medien der Selbstdarstellung von Autorschaft.» In: Gisi, Lucas Marco et al. (Hg.): *Medien der Autorschaft. Formen literarischer (Selbst-)Inszenierung von Brief und Tagebuch bis Fotografie und Interview.* München 2013, S. 9.

4   Siehe dazu Künzel, Christine: «Einleitung.» In: Künzel, Christine / Schönert, Jörg (Hg.): *Autorinszenierungen. Autorschaft und literarisches Werk im Kontext der Medien.* Würzburg 2007, S. 13.

5   Figurationen ist per se das Moment des Wandels und der Veränderbarkeit inhärent. Siehe dazu auch Brandl-Risi, Bettina et al. (Hg.): *Figuration. Beiträge zum Wandel ästhetischer Gefüge.* München 2000.

6   Onuki, Atsuko / Pekar, Thomas (Hg.): «Einführung.» In: Dies. (Hg.): *Figuration – Defiguration. Beiträge zur transkulturellen Forschung.* München 2006, S. 9.

7   Daher steht die Idee der (De-)Figuration auch Derridas Konzept der Dekonstruktion durchaus nahe. Siehe dazu beispielsweise Engelmann, Peter: *Dekonstruktion. Jacques Derridas semiotische Wende der Philosophie.* Wien 2013.

ration ist daher nicht ohne ihre (möglichen) Defigurationen als latent aufscheinende Unterscheidungs- und Veränderungsoption denkbar und bietet als offenes Konzept die Möglichkeit, verschiedene Phänomene wie etwa Gender, Genre oder Mediendiskurse innerhalb eines gesetzten Rahmens zu vereinen. Daher soll im Folgenden stets von (De-)Figurationen die Rede sein, um dieses latente bis potenzielle Kippmoment in seiner heuristischen Qualität zu würdigen. Die Betonung der Dynamik und damit eines dezidiert temporalen Aspekts von Figurationen grenzt Figurationen darüber hinaus stark von naheliegenden Begriffen wie Struktur oder Form ab und untermauert deren Eigenständigkeit innerhalb eines terminologischen Feldes.

Der (De-)Figuration als «insistierbarer Darstellungsform des Werdens und Seins von Figur[en]»[8] kommt im Kontext dieser Untersuchung eine Schlüsselfunktion als Gelenkstelle zu: Wurden insbesondere die letzten beiden Kapitel davon getragen, das Fernsehen wie die TV-Serie als hybride, sich wandelnde Konzepte zu beschreiben, so gilt es diese beiden Bereiche nun mit dem Themenkomplex der Autorschaft so in Dialog zu bringen, um in einem darauffolgenden Schritt die Typologie serieller Autorenfiguren vorstellen zu können. Serielle Autorenfiguren, d. h. Figuren, die in kontemporären Serien als Autoren oder Träger einer autorschaftlichen Signatur kenntlich gemacht werden, tragen ähnlich wie das Fernsehen und die TV-Serie als Mediendispositiv nicht nur die Bedingungen der Möglichkeit von Wandel in ihren Figurationen, sondern agieren diese Bedingungen und Möglichkeiten auch latent bis virulent innerhalb ihrer jeweiligen Serienerzählungen aus. (De-)Figuration ist dann nicht darauf zu reduzieren, sich als Begriff changierender oder hybrider Figurenentwürfe zu positionieren.

(De-)Figuration bezeichnet im Kontext der kontemporären TV-Serie eine Grundoperation und Konstellation der Nachmoderne (wenn man bei diesem Begriff bleiben möchte), verschiedene Konzepte von Autorschaft anzubieten, die sich in ihrer Divergenz nicht widersprechen, sondern sich innerhalb der Gegenwartskultur ergänzen. Gegenwärtige Medienkultur, so die diesem Ansatz zugrundeliegende These, generiert sich vorwiegend über Widersprüche und Überkreuzungen innerhalb ihrer Textangebote. Die gemeinsame Fluchtlinie, die es ermöglicht, innerhalb dieser komplexen bis paradoxen Gemengelage eine Form kontinuierlicher Medienpraxis zu beobachten, besteht in der Kopplung aus Wandel, Reflexion und Autorschaft, die sich als Signum der Modernität von Serienkultur interpretieren lässt.

---

8   Müller Nielaba, Daniel et al.: «Figur/a/tion. Möglichkeiten einer Figurologie im Zeichen E. T. A. Hoffmanns.» In: Dies. (Hg.): *Figur, Figura, Figuration: E. T. A. Hoffmann*. Würzburg 2011, S. 7.

3.1 Zum Begriff der Autorschaft: Geboren, Gestorben, Zurückgekehrt

Zunächst gilt es zu klären, welche Bezüge und thematischen Anknüpfungspunkte mit dem Begriff der Autorschaft grundsätzlich zusammenhängen. Die Frage, was ein Autor ist und was dies für Auswirkungen auf die Praxis von Autorschaft hat, ist theoriegeschichtlich häufig in ihrer Relevanz für alle Epochen, Schwellen- und Umbruchphasen der Kulturgeschichte untersucht worden. Kaum ein Phänomen nimmt in seiner Vermittlungsfunktion zwischen Text und Rezipient eine so prominente Stellung in der Kulturgeschichte ein wie der Autor, dessen (Werk-)Autorität sich vielfach aus seiner Funktion als Begründer, Bezugspunkt und (vermeintlicher) Interpretationszugang eines Textes ergibt.[9] Die paradoxen Überkreuzungen, die sich aus den empirischen, fiktionsinternen oder diskursiv erzeugten Formen von Autorschaften ableiten lassen, bezeugen das nach wie vor hohe Interesse der Forschung in nahezu allen medien- und sozialwissenschaftlich orientierten Disziplinen. Die insbesondere in literarischen, allerdings im Verlauf der letzten Jahrzehnte zunehmend auch in anderen Medienkontexten virulenten Aspekte der Zuschreibung und Adressierung von Personen als Autoren innerhalb dieser wissenschaftlichen Gemengelage, können bezüglich ihrer verschiedenen Problemhorizonte etwa folgendermaßen skizziert werden:

> Ob Skandale im Literaturbetrieb oder die Authentizität von Autorinnen und Autoren zur Diskussion stehen, ob die Wertigkeit anonymer politischer Meinungsäußerungen im Internet debattiert wird oder es um die Zurechnung von wissenschaftlicher Reputation geht, ob literarische oder wissenschaftliche Plagiate oder die Verletzung von Persönlichkeitsrechten feuilletonistisch oder juristisch zu verhandeln sind, ob ein Maßstab für Faktualität und Fiktionalität oder auch Autorität gesucht wird, all diesen Fragen liegt immer der gemeinsame Problembereich zugrunde, wer denn der Autor von ‹etwas› ist und die Verantwortung für Ergebnisse und Folgen seines Kommunizierens, Schreibens oder Handelns zu übernehmen hat – oder auch nicht![10]

Am Begriff des Autors schließen sich vielfältige Fragen nach Intention, Stil, Inspirationsquellen, Identität oder Interpretation von Texten an, die dazu führen, dass Historiografien im Bereich der Kunst häufig nicht nur anhand von Epochensignaturen unterteilt werden, sondern diese Unterteilungen meist explizit mit den

---

9 Siehe dazu Jannidis, Fotis et al.: «Autor und Interpretation.» In: Dies. (Hg.): *Texte zur Theorie der Autorschaft*. Stuttgart 2000, S. 16–25.
10 Schaffrick, Matthias / Willand, Marcus: «Autorschaft im 21. Jahrhundert. Bestandsaufnahme und Positionsbestimmung.» In: Dies. (Hg.): *Theorien und Praktiken der Autorschaft (= spectrum Literaturwissenschaft, Bd. 47)*. Berlin/Boston 2014, S. 3.

jeweils wichtigsten Autoren, Künstlern oder Filmemachern einer Epoche gleichgesetzt werden.[11] Der Literatur kommt in diesem Zusammenhang eine besondere Bedeutung zu, da sich die Literatur im 18. Jahrhundert als ein System etabliert, das grundsätzlich auf einer Profilierung des Autors als Schöpfer und Werkherrscher basiert. Diese Umwälzung geht einher mit einer veränderten Auffassung von Kunst, die den Autor als nun eigenständigen Künstler und nicht länger als weitgehend anonymen Kunsthandwerker verstand, der nach Vorgaben für einen Auftraggeber arbeiten musste.[12] War die Suche nach der Bedeutung eines Textes speziell in der bürgerlichen Literatur des 19. Jahrhunderts mit einem hermeneutischen Autorbild eng verknüpft, das der im 18. Jahrhundert «geborenen» Genieästhetik (wenn auch nun unter anderen juristischen und produktionsökonomischen Vorzeichen) nachfolgte[13], so wird dieses Verständnis des Prinzips Autorschaft als eine Art Schlüssel zum Textverständnis im 20. Jahrhundert zunehmend in Frage gestellt.[14]

Speziell die Literaturwissenschaft hat seit den 1960er-Jahren zahlreiche Modelle von Autorschaft und ihren Zuschreibungen entwickelt, die insbesondere durch poststrukturalistische Theorieansätze von Roland Barthes und Michel Foucault einschneidende Impulse erhielten und zu einem Paradigmenwechsel in der Auseinandersetzung mit Autoren und den mit ihnen verbundenen Vorstellungen führten.[15] Über Autorschaft nachzudenken, bedeutet, sich mit einer Begrifflichkeit auseinanderzusetzen, die vor allem literaturwissenschaftlich mehrfach de- und rekonstruiert wurde.[16] Der von Barthes 1968 ausgerufene Tod des Autors wandte sich gegen die Versuchung, den Autor als Letztbegründungsinstanz eines literarischen Textes

11 Siehe exemplarisch Schröder, Nicolaus: *50 Klassiker. Filmregisseure. Von Georges Méliès bis Zhang Yimou.* Hildesheim 2003.

12 Zu diesem Wandel des Autorenbildes siehe stellvertretend für eine fast unüberschaubare Anzahl an möglichen Referenztexten Weiß, Michael Bastian: *Der Autor als Individuum.* Hildesheim 2007, S. 43–74.

13 Vgl. dazu Zelle, Carsten: «Auf dem Spielfeld der Autorschaft. Der Schriftsteller des 18. Jahrhunderts im Kräftefeld von Rhetorik, Medienentwicklung und Literatursystem.» In: Städtke, Klaus / Kray, Ralph (Hg.): *Spielräume des auktorialen Diskurses.* Berlin 2003, S. 1–37.

14 Meyer, Urs: «Tagebuch, Brief, Journal, Interview, Autobiografie, Fotografie und Inszenierung. Medien der Selbstdarstellung von Autorschaft», S. 11.

15 Autorschaft bzw. Vorstellungen und Konzepte von Autorschaft weit vor dem 18. Jahrhundert sind ebenfalls vielfach Gegenstand literaturwissenschaftlicher Untersuchungen. Obwohl sich in ihnen auch mediale Umbruchsituationen widerspiegeln und medienhistorisch nachvollziehen lassen (z.B. durch die Einführung des Buchdrucks), sei auf ihre grundsätzliche Relevanz im Kontext einer größeren Mediengeschichte serieller Autorschaft zumindest hingewiesen. Vgl. dazu beispielsweise die zahlreichen historischen Beiträge zu Theorien und Perspektiven von Autorschaft im Alten Testament oder im Hochmittelalter in Meier, Christel / Wagner-Egelhaaf, Martina (Hg.): *Autorschaft. Ikonen – Stile – Institutionen.* Berlin 2011.

16 Die Debatte kann auch als wissenschaftliche Auseinandersetzung zwischen Hermeneutik (u.a. vertreten von Hans-Georg Gadamer) und Dekonstruktion (Jacques Derrida) grundsätzlich verfolgt werden. Siehe dazu etwa Fohrmann, Jürgen: «Über Autor, Werk und Leser aus poststrukturalistischer Sicht.» In: *Diskussion Deutsch 21.116*, 1990/1991, S. 577–588.

anzupreisen, der bezüglich seiner verschiedenen Intentionen ein in sich geschlossenes Werk an den aufnahmebereiten Leser abtritt:

> Ein Text ist aus vielfältigen Schriften zusammengesetzt, die verschiedenen Kulturen entstammen und miteinander in Dialog treten, sich parodieren, einander in Frage stellen. Es gibt aber einen Ort, an dem diese Vielfalt zusammentrifft, und dieser Ort ist nicht der Autor (wie man bislang gesagt hat), sondern der Leser (...) Die Geburt des Lesers ist zu bezahlen mit dem Tod des Autors.»[17]

Die Kritik von Barthes zielte vor allem auf hermeneutische Verfahren der Interpretation, die von einer Trennung der Trias Autor – Text/Werk – Leser ausgehen und dem Autor die alleinige Autorität der Deutung und Produktion seines aus zahlreichen intertextuellen Bezügen bestehenden Textes zusprechen. Gerade dieses kritische Erbe der Befreiung des Lesers als «mitschreibender» Instanz führte dazu, verstärkt nach dem Ort des Autors und seiner Funktionen innerhalb diskursiver Ordnungen zu suchen und bisher dominante Werkbegriffe in ihrem Anspruch auf Geschlossenheit zu hinterfragen.[18] Michel Foucault war es als prominentem Initiator vorbehalten, in seinem Beitrag *Was ist ein Autor?* (1969) verschiedene Funktionen von Autordiskursen in unterschiedlichen historischen Kontexten herauszuarbeiten und insbesondere der Autorfunktion einen prominenten Platz in der literaturwissenschaftlichen Theoriebildung der letzten Jahrzehnte zuzuweisen. Der Autor ist dann beispielsweise adressiert als Urheber im rechtlichen Sinne, als personale Instanz, die sich möglicherweise vor der Zensur zu verantworten hat oder als ein Autorenname, mit dem selbst ein Diskurs in Verbindung gebracht und eine Werkeinheit erst begründet wird.[19] Die Macht eines Autors über sein Werk schrumpft vor dieser Folie zusammen, da der Autor nach Foucault letztlich darauf reduziert wird, «eine historische Funktion für die Existenz-, Verbreitungs- und Funktionsweise bestimmter Diskurse in einer Gesellschaft»[20] einzunehmen.

Obwohl sich dieser Ansatz einer kritischen Revision hermeneutischer Zugänge bis heute in nahezu jeder Arbeit über Autorschaft und ihrer wissenschaftlich dominanten Zäsuren seines prominenten Platzes sicher sein kann, verschwand der Autor als wichtigste Bezugsfigur literarischer und auch literaturwissenschaftlicher Zuwendung keineswegs. Barthes wie Foucault gelten heute mit ihren Einlassungen zum Thema Autorschaft weniger als Propheten eines allzeit gültigen Wahr-

17 Barthes, Roland: «Der Tod des Autors.» In: Jannidis, Fotis et al. (Hg.): *Texte zur Theorie der Autorschaft*. Stuttgart 2000, S. 192–193.

18 Siehe Japp, Uwe: «Der Ort des Autors in der Ordnung des Diskurses.» In: Fohrmann, Jürgen / Müller, Harro (Hg.): *Diskurstheorien und Literaturwissenschaft*. Frankfurt a.M. 1988, S. 223–234.

19 Siehe Foucault, Michel: «Was ist ein Autor?» In: Jannidis, Fotis et al. (Hg.) : *Texte zur Theorie der Autorschaft*. Stuttgart 2000, S. 202–227.

20 Hammerschmidt, Claudia: *Autorschaft als Zäsur. Vom Agon zwischen Autor und Text bei d'Urfé, Rousseau und Proust*. München 2010, S. 15.

heitsanspruches, sondern als historisch wichtige Demarkationspunkte und Initiatoren für neuere theoretische Perspektiven im Bereich der Autorschaftsdiskussion. Dem Postulat des Todes stand einige Jahrzehnte später die nicht minder einflussreiche Rückkehr oder Wiedergeburt des Autors gegenüber[21], die den Autor nun prominent als eine sich aktiv selbst inszenierende Instanz in den Blick nahm. Auch wenn die Sichtweise einer gesteigerten Selbstinszenierung von Autoren im Rückblick auf zahlreiche, sich ebenfalls mithilfe verschiedenster Text- und Medienstrategien sowie explizit paratextueller Verfahren inszenierende Autoren der letzten Jahrhunderte keineswegs eine empirisch stichhaltige Innovation der Literaturgeschichte bedeutete[22], sollte mit dem Postulat der Rückkehr ein Perspektivenwechsel markiert werden. Dies wird noch deutlicher, wenn man die Geschichte der literaturwissenschaftlichen Auseinandersetzung mit Autorschaft in Phasen bzw. Kategorien unterteilt, die von der hermeneutischen über die poststrukturalistische bis hin zur jüngsten Kategorie der Theoretisierung von Inszenierungspraktiken verläuft.[23] Dabei sollte nicht vergessen werden, dass Autorschaft in der Narratologie und Fiktionstheorie eine beständige Rolle einnimmt.

Wayne Booths theoretisch umstrittene Konstruktion des *implizitem Autors* dient hierfür als wissenschaftlicher Parade- wie Grenzfall.[24] Der implizite Autor bezeichnet nach Booth eine Instanz, die sich vom realen Autor eines Textes ebenso unterscheidet wie von dessen fiktivem Erzähler. Die Schwierigkeit dieses Begriffs liegt vor allem in seiner nur relationalen und daher recht vagen Verortung. Der implizite Autor, so Booth, «bestimmt bewusst oder unbewusst, was wir lesen; wir sehen in ihm eine ideale, literarische, gestaltete Version des wirklichen Menschen; er ist die Summe seiner eigenen Entscheidungen.»[25] Jedes Werk drückt somit Intentionen aus, die man zwar nicht dem biografischen Autorensubjekt direkt unterstellen, andererseits aber auch nicht gänzlich von ihm ablösen kann. Booth spricht in seinen Ausführungen etwas kryptisch von einem zweiten Selbst des Autors, das sich im Text personifiziert und «eine mehr oder weniger große Distanz zum Leser»[26]

---

21   Siehe dazu Jannidis, Fotis et al. (Hg.): *Rückkehr des Autors. Zur Erneuerung eines umstrittenen Begriffs*. Tübingen 1999.

22   Siehe exemplarisch dazu am Beispiel von Franz Kafka bei Strobel, Jochen: «Die Geschichte von Franz und Felice. Über Brieflektüre und Erzähltheorie.» In: Gisi, Lucas Marco et al. (Hg.): *Medien der Autorschaft. Formen literarischer (Selbst-)Inszenierung von Brief und Tagebuch bis Fotografie und Interview*. München 2013, S. 69–86.

23   Zu dieser Kategorisierung siehe Schaffrick, Matthias / Willand, Marcus: «Autorschaft im 21. Jahrhundert», S. 6–9.

24   Zur kritischen Auseinandersetzung mit Booths Konzept aus Sicht der Filmnarratologie siehe etwa Kuhn, Markus: *Filmnarratologie. Ein erzähltheoretisches Analysemodell*. Berlin/Boston 2013, S. 105–108.

25   Booth, Wayne: «Der implizite Autor.» In: Jannidis, Fotis et al. (Hg.) : *Texte zur Theorie der Autorschaft*. Stuttgart 2000, S. 148.

26   Ebd., S. 151.

halten würde. Gerade Formulierungen wie diese, die aufgrund ihrer Offenheit zur Revision einladen, provozierten entsprechend kritische Einwände gegen Booths Konzept. Mit Blick auf die Nachwirkungen des impliziten Autors sowohl in der Literatur- wie Filmwissenschaft, sieht man sich in der These bestätigt, nach der nichts ein Konzept mehr am Leben erhält wie eine permanente Kritik daran.[27] Der postulierte Tod des Autors führte somit ebenso wenig wie andere Konzeptionen gänzlich weg vom Autor, sondern beließ ihn mindestens weiterhin als Bezugs- oder Abstoßungspunkt für theoretische Positionierungen des Rezipienten oder inner-diegetischer Erzähl(er)konstruktionen.

Die Umkehr vom toten zum wiederauferstandenen Autoren ist nicht mit einer radikalen Abkehr von Roland Barthes und seiner geradezu euphorischen Verab-schiedung des Autors als Objekt literarischer (Leser-)Begierde gleichzusetzen. Viel-mehr wird der Versuch angestrebt, die Erkenntnisse poststrukturalistischer Ansätze in aktuelle Theorien und Untersuchungen einzubauen, ohne damit der Fragestel-lung nach der Bedeutung auktorialer Inszenierungen und der Rolle von Autorbil-dern das Wasser abzugraben. Denn ein wegweisendes, wenn nicht gar paradoxes Ergebnis lieferte der Poststrukturalismus in jedem Fall: Schon allein die provokante Rhetorik, die sich bereits in den Titeln der Texte von Barthes und Foucault abzeich-nete, führt bis heute dazu, gerade das Interesse an der Instanz des Autors lebendig zu halten.

Die von Autoren entworfenen und explizit stilisierten Bilder ihrer Selbst in der Öffentlichkeit bringen unter den Bedingungen gerade des ausgehenden 20. Jahrhunderts das hervor, was unter anderem als Medienautor oder Textjong-leur bezeichnet wird.[28] Autoren nutzen Medien, um sich und ihr Werk in unter-schiedlichen Kontexten und mit variablen Zielen zu inszenieren. Im Idealfall ergibt sich so ein Netz verschiedener Bezugsmedien, die alle bei einer Autoreninstanz zusammenlaufen.[29] Speziell anhand dieser Konstellation lässt sich auch eine wich-tige Grundunterscheidung innerhalb des Autorschaftsdiskurses nochmals beto-nen: Autorenbilder, die sich Rezipienten von Autoren (ob nun implizit oder real) machen, sind nicht zu verwechseln mit einer real existierenden Autorinstanz, die sich für eine Textproduktion verantwortlich zeichnet.[30] Wie Autorenbilder zwi-schen Fiktion und Faktualität changieren und auf diesem Weg diskursiv aushan-

---

27 Siehe dazu die Beiträge in Kindt, Tom / Müller, Hans-Harald: *The Implied Author. Concept and Controversy.* Berlin/New York 2006.

28 Siehe dazu Fischer, Frank: Der Autor als Medienjongleur. Die Inszenierung literarischer Moder-nität im Internet.» In: Künzel, Christine / Schönert, Jörg (Hg.): *Autorinszenierungen. Autorschaft und literarisches Werk im Kontext der Medien.* Würzburg 2007, S. 271–280.

29 Als Musterbeispiel kann hier Alexander Kluge genannt werden, der bereits seit vielen Jahrzehnten als multimedialer Autor mit Büchern, Filmen und TV-Sendungen operiert. Siehe dazu Arnold, Heinz Ludwig (Hg.): *Alexander Kluge (= Text + Kritik, Heft 85/86/Neufassung).* München 2011.

30 Manche Ansätze bezeichnen das Verhältnis von realem Autor zu Text auch als grundsätzlich ago-nal. Siehe dazu Hammerschmidt, Claudia: *Autorschaft als Zäsur,* S. 18.

deln, was Authentizität überhaupt innerhalb einer Mediengesellschaft bedeuten kann[31], zeugt von der Beständigkeit auktorialer (Selbst-)Bilder als Gelenkstelle medialen und diskursiven Wandels.

Dass sich Autorenbilder als Masken- und Rollenspiele «demaskieren» lassen, gehört ebenso zur Tradition von Autorschaft seit dem 18. Jahrhundert.[32] Wenn Autoren sich etwa literarisch, filmisch oder im Internet durch Blogs inszenieren, anstatt wie ihre Vorgänger etwa Briefe zu schreiben, zeigt sich die enge Verbindung zwischen Autorschaft und ihren jeweiligen historischen Bedingungen, die sich im Wandel befinden. Wie anhand des Remediationansatzes von Bolter/Grusin deutlich wird, ist beispielsweise der Internetblog als digitale, wenn auch schriftliche Form der Selbstäußerung vor der Folie der Tradition des Briefes zu betrachten.[33] Autorschaft und jede Form von Autorinszenierung stehen in einer langen Traditionslinie, die viele Autoren selbst reflektieren.[34] Zu dieser Reflexion geht die Annahme einher, den Autor in den Mittelpunkt einer Inszenierungsstrategie zu stellen und die Suche nach potenziellen Sinnangeboten in der Rezeption auf ihn auszurichten.

Boris Tomaševskij, seines Zeichens einer der einflussreichsten Vertreter des russischen Formalismus der 1920er-Jahre, wies in seiner Beschäftigung mit dem Autor im Spannungsfeld biografischer Entwürfe darauf hin, «dass ihr Leben zu einer ständigen Leinwand für ihre Werke wurde.»[35] Dem russischen Formalismus ging es bekanntermaßen nicht um eine Stärkung der Instanz des Autors, da es ihren Vertretern im Kontext der Herausstellung der spezifisch literarischen Merkmale und Qualitäten von Texten darum ging, den aus der Sicht der Formalisten naiv psychologisierenden Biografismus aus der Literaturwissenschaft auszuklammern. Tomaševskij ist nicht daran gelegen, das selbst gedrehte Rad der Theoriegeschichte zurückzudrehen. Er unterscheidet zunächst zwischen der Literatur- sowie der Kulturgeschichte, wobei für die Literaturgeschichte die Negation des realen Autors als Bezugspunkt der Interpretation zunächst bestehen bleibt. Für die Kulturgeschichte

---

31 Das (literarische) Phänomen der Autofiktion, das zwischen diesen beiden Polen vermittelt und eine Art Zwischenposition in der Inszenierung von Autorschaft einnimmt, spielt an dieser Stelle aufgrund des Untersuchungsgegenstandes und der Fokussierung auf fiktionale Autorenfiguren keine Rolle. Zu Autorfiktion siehe etwa Wagner-Egelhaaf, Martina (Hg.): *Auto(r)fiktion. Literarische Verfahren der Selbstkonstruktion.* Bielefeld 2013.

32 Zur literarischen Diskurstradition der Maske/Maskerade im Kontext der Vorstellung von Authentizität vgl. etwa Geisenhanslüke, Achim: *Masken des Selbst. Aufrichtigkeit und Verstellung in der europäischen Literatur.* Darmstadt 2006.

33 Siehe Paulsen, Kerstin: «Von Amazon bis Weblog. Inszenierung von Autoren und Autorschaft im Internet.» In: Künzel, Christine / Schönert, Jörg (Hg.): *Autorinszenierungen. Autorschaft und literarisches Werk im Kontext der Medien.* Würzburg 2007, S. 257–270.

34 Siehe Amstutz, Nathalie: *Autorschaftsfiguren,* S. 15.

35 Tomaševskij, Boris: «Literatur und Biographie.» In: Jannidis, Fotis et al. (Hg.) : *Texte zur Theorie der Autorschaft.* Stuttgart 2000, S. 52.

gilt dies allerdings nicht. Denn für sie vermittelt der Autor als Träger historischer Kontexte relevante Informationen, die dann auch für das Verständnis eines Textes wichtige Hinweise liefern können. Dies ist auch dann der Fall, wenn Autoren sich eine eigene Legende ihres Lebens schaffen, die als notwendige Voraussetzung einer Deutung von Texten zuarbeitet oder sie sogar bedingt. Die Lebensbiografien von Autoren, so die Konsequenz einer Engführung zwischen Leben und Werk, sind laut Tomaševskij selbst literarische Funktionen, die dazu führen, dass vor allem sich selbst stilisierende und öffentliche Autoren wie Lord Byron oder Voltaire «im Leben epische Motive (...) inszenieren und sich andererseits eine künstliche biographische Legende mit einer bewussten Zusammenstellung realer und erdachter Ereignisse zu schaffen.»[36]

Die Möglichkeit einer Inszenierung und Mythisierung solch epischer Motive unterliegt den Bedingungen der jeweiligen Epoche, in der sich die Autoren befinden. Nimmt man an, dass vor dem 18. Jahrhundert weder das Interesse am individuellen Dichtersubjekt noch ein entsprechender Buchmarkt vorhanden war, um dieses Interesse werbewirksam (wie heute) zu schüren, markiert Tomaševskij mit seiner historisch fundierten Differenzierung (ähnlich wie nach ihm Michel Foucault) den Autor als Instanz, über die sich die mit ihr verknüpften Mythen auch lange nach dessen Ableben erhalten. Biografische Autorenlegenden geben über die Jahrhunderte und Epochen hinweg Auskunft über die Tradition und Ausformung von literarischen Gattungen wie der Auto- oder der Dichterbiografie, die sich mit einer Autorenlegende notwendigerweise verknüpft. Somit liefert Tomaševskij als einer der ersten eine historisch fundierte Theoretisierung von Medienwandel, der sich mit Autorschaft konstitutiv verknüpft, ohne einem simplen Biografismus zu verfallen. Ob allerdings unter den temporal wesentlich schnelleren und damit zugleich medial flüchtigeren Bedingungen des 21. Jahrhunderts und im Zusammenhang mit einer geradezu überbordenden Flut an potenziellen Autorenlegenden überhaupt noch von Legendenbildungen im Sinne Tomaševskijs gesprochen werden kann, muss an dieser Stelle dahingestellt bleiben.

Zum Phänomen der Reflexion von Autorschaft gehören speziell unter den gegenwärtigen Medienbedingungen des Internets auch Formen kollektiver oder anonymer Autorschaft, die kollektive Werkbegriffe als hypermediale Texte und Gemeinschaftsarbeiten ohne erkennbare autorschaftliche Hierarchisierung fabrizieren und publizieren.[37] So löste erst der individualistische Geniebegriff des 18. Jahrhunderts, der auch die Idee einer individuellen Eigentumskonzeption bezüglich der von einem Autor geschaffenen Werke hervorrief, ein eher sozial und kol-

---

36 Ebd., S. 52.
37 Zum Phänomen des Verschwindens und Vermehrens von Autorschaft in kollaborativen Schreibprojekten siehe Simanowski, Roberto: «Autorschaft und digitale Medien. Eine unvollständige Phänomenologie.» In: Gisi, Lucas Marco et al. (Hg.): *Medien der Autorschaft. Formen literarischer (Selbst-) Inszenierung von Brief und Tagebuch bis Fotografie und Interview.* München 2014, S. 249–251.

lektiv ausgerichtetes Verständnis kreativer Praxis ab, wie es die bildende Kunst etwa durch das Prinzip einer Verteilung der Arbeiten innerhalb hierarchischer Kollektive mit einem Meisterkünstler an der Spitze ausübte.[38] Die Signatur eines «Werkstattmeisters» wie dem niederländischen Barockmaler Rembrandt van Rijn galt als Auszeichnung des abgeschlossenen Werkes, das in mehr oder weniger großen Teilen auch von ungenannten und weitgehend unbekannten Schülern mitausgearbeitet wurde. Insofern bilden kollektive Autorschaften, wie sie der Film als per se arbeitsteiliges Medium auch in die Kultur des 20. Jahrhunderts prominent trug, historische Vorbilder für die Autorschaft im Seriendispositiv. So steht der Creator, Regisseur oder Showrunner einer Serie letztlich als hauptverantwortliche Instanz eines episodisch wie folgenübergreifenden Werkprozesses für das Gelingen der Staffel ein, obwohl sich sein Einfluss auf nun allerdings weit weniger unbekannte und ausgewiesene Mitarbeiter verteilt.

Arbeitsteilungsprozesse als legitimierte Form einer individualisierten Zuordnung von Leistungen innerhalb eines Werkprozesses nehmen im 20. Jahrhundert eine ähnlich bedeutende Stellung innerhalb autorschaftlicher Diskurse ein wie die rechtliche Klärung von Urheberschaft oder gar die Aufklärung von Plagiatsverstößen unter der Hand eines «falschen» Autors.[39] Speziell die Medientechniken des 21. Jahrhunderts und eine gesteigerte Sensibilisierung trotz einer geradezu unmöglich zu überblickenden Flut und Diversität an Texten und Formaten, ermöglichen zumindest vordergründig eine leichtere Identifikation von Verstößen im Rahmen des Urheberrechts. Wie bereits am Beispiel von CALIFORNICATION und GOSSIP GIRL erläutert, bergen Verletzungen des Urheberrechts oder zumindest das Spiel damit ein Skandalisierungspotenzial, das wiederum indirekt Auskunft darüber gibt, wie eine Gesellschaft Authentizität und Originalität im Bereich des (Kunst-)Werks semantisiert. Denn jede Form von Plagiat oder Fälschung basiert und platziert sich auf dem, was man (trotz aller poststrukturalistischer Einwände[40]) als Original und bezogen auf einen Autor als originäre Leistung akzeptiert. Plagiate oder Fälschungen bringen die Normierungen und Praktiken zum Vorschein, die eine Gesellschaft als Richtlinien eines Werkes definiert: «Fälscher selbst rekurrieren viel eher auf traditionelle Modelle des Originalen, als sie in Frage zu stellen (...) Ist doch der Fälscher einer, der sich auf Urkunden, Signaturen, Statistiken und Beglaubigungspraktiken bezieht wie kein anderer.»[41] Aufgedeckte Vergehen führen

38 Siehe dazu Woodmansee, Martha: «Der Autor-Effekt. Zur Wiederherstellung von Kollektivität.» In: Jannidis, Fotis et al. (Hg.): *Texte zur Theorie der Autorschaft*. Stuttgart 2000, S. 298–314.

39 Zum Problem der Urheberschaft im Netz siehe Plumpe, Gerhard: «Der Autor im Netz. Urheberrechtsprobleme neuer Medien in historischer Sicht.» In: Städtke, Klaus / Kray, Ralph (Hg.): *Spielräume des auktorialen Diskurses*. Berlin 2003, S. 177–194.

40 Vgl. dazu Derrida, Jacques: «Die différance.» In : Ders.: *Die différance. Ausgewählte Texte*. Stuttgart 2004, S. 110–149.

41 Reulecke, Anne-Kathrin: «Fälschungen – Zu Autorschaft und Beweis in Wissenschaften und Kün-

zu einer Skandalisierung, die eine Verunsicherung von Zuschreibungen offenlegt, die sich mit dem Gedanken einer Originalität und Einzigartigkeit von Werken verbindet, obwohl die massenhafte Serialisierung nicht nur innerhalb der Populärkultur genau diese emphatischen Vorstellungen von autorschaftlicher «Echtheit» und Einzigartigkeit im Anschluss an Medientechnologien wie die Fotografie tiefgreifend problematisierte.[42]

Die Grenze zwischen Fälschung und Original verläuft dann entsprechend der Unterscheidung zwischen Autor und Fälscher. Fällt beides zusammen, kann dies innerhalb eines Kunstdiskurses – wie etwa illusionistische Kunsttechniken wie Zaubershows nahelegen –, noch als internes Spiel mit dieser Grenze akzeptiert und zur internen Notwendigkeit der Kunstfertigkeit und ihrer Rezeption erklärt werden.[43] Selbiges gilt für Autoren, die ihre Autorschaft per se über Akte der Fälschung definieren und in der Perfektion einer Täuschung bezüglich der Unterscheidbarkeit zwischen Original und Fälschung paradoxerweise selbst eine Form von Originalität zweiter Stufe für sich reklamieren.[44] Verlässt das Plagiat oder die Fälschung hingegen das Kunstsystem oder betritt ein moralisch heikles Feld gesellschaftlicher Tabuisierung wie die Ökonomie oder die Religion[45], verliert sich die Möglichkeit eines spielerischen Umgangs und mutiert zum Verbrechen, das den Autor zum Unruheherd gesellschaftlicher Normalität und moralischer Integrität erklärt:

So verliert sie [die Fälschung, Einfügung A.S.] immer dann ihre spielerische Bedeutung, wenn gesellschaftlich sensible Komplexe wie NS-Geschichte oder das Dokumentarische der Medien, wenn finanziell relevante Forschungsgebiete wie die Biowissenschaften oder die Medizin betroffen sind. Unversehens treten juristisch-ökonomische Termini wie der Betrug in den Vordergrund, vor allem aber verbinden sich die Kategorien der Objektivität und des Faktischen mit ethisch-moralischen Werten wie Glaubwürdigkeit, Wahrhaftigkeit und Verantwortlichkeit.[46]

sten. Eine Einleitung.» In: Dies. (Hg.): *Fälschungen – Zu Autorschaft und Beweis in Wissenschaften und Künsten.* Frankfurt a. M. 2006, S. 14.

42 Vgl. dazu die Anmerkungen zur Fotografie als komplexes Bildsystem in Jäger, Gottfried: «Bildsystem Fotografie.» In: Sachs-Hombach, Klaus (Hg.): *Bildwissenschaft. Disziplinen, Themen, Methoden.* Frankfurt a. M. 2005, S. 349–353.

43 Vgl. dazu Diederichsen, Diedrich: «Sampling und Montage. Modelle anderer Autorschaften in der Kulturindustrie und ihre notwendige Nähe zum Diebstahl.» In: Reulecke, Anne-Kathrin (Hg.): *Fälschungen – Zu Autorschaft und Beweis in Wissenschaften und Künsten.* Frankfurt a. M. 2006, S. 390–405.

44 Wohl niemand hat diese Konstellation «origineller» filmisch inszeniert und reflektiert als Orson Welles mit F FOR FAKE (1973).

45 Unter religiösen Gesichtspunkten markiert schließlich Gott die höchste Autoreninstanz, die es entsprechend der Glaubensrichtungen «richtig» zu lesen gilt. Zur diskursiven «Gleichstellung» von Autorschaft und Gottesstatus siehe auch Schulz-Buschhaus, Ulrich: «Ein Autor wie Gott, unsichtbar und allmächtig – Über Formen diskursiver Autorität und Kontingenz.» In: Städtke, Klaus / Kray, Ralph (Hg.): *Spielräume des auktorialen Diskurses.* Berlin 2003, S. 49–64.

46 Reulecke, Anne-Kathrin: «Fälschungen», S. 14–15.

Autorität, wie sie als unweigerlicher Faktor zur Konstitution jeder Autorschaft gehört, schlägt dann um und wendet sich als staatliche Ordnungsmacht gegen den Autor als Fälscher oder Plagiator. Durch diesen Umkehrungsprozess wird deutlich, dass Autorschaft, verstanden als Handlungs- und Verordnungsmacht nicht allein im juristischen Umfeld, nicht ausschließlich an den kreativen Prozess eines (künstlerischen) Werkes angeschlossen ist. Autorschaft ist als umfassendes Konzept auktorialer Selbst- und Fremdsetzung im Kontext eines Werkprozesses flexibel zu denken, der sich auf einer der einfachsten und alltäglichsten Ebenen schon in Praktiken wie der Unterschrift unter einen Vertrag vollzieht und wohl auch deshalb sowohl im Rahmen verschiedener Diskurse und (fiktionaler) Texte zum dominanten Thema wird.[47] Können Momente der Täuschung und des Plagiats im Falle künstlerischer Autorschaftsentwürfe durchaus zum inszenatorischen Spiel einer Autorinszenierung gehören, die nicht an der Originalität des Autors im Rahmen seiner Tätigkeit Anstoß erregen, dreht sich diese Ausgangslage außerhalb der Kunst um. Positiv gewendet und von Rechtsfragen oder der Infragestellung kultureller Praktiken der Sanktion und Legitimation losgelöst, kann aus einer Position der Uneindeutigkeit oder Verschleierung wiederum ein inszeniertes Maskenspiel entstehen, das Autoren ebenso zum Zweck der Selbstinszenierung einzusetzen bereit sind wie Formen der Mystifikation ihrer selbst, um sich mit einer Aura der Undurchschaubarkeit zu umhüllen.[48]

Anonyme Autorschaften hingegen unterwandern gezielt oder latent den Grundgedanken eines Werkzusammenhangs, der durch eine Autorinstanz hergestellt oder interpretativ konstruiert wird. Daher lässt sich das Fehlen einer eindeutig als Autor klassifizierbaren Instanz dazu nutzen, den alltäglichen wie wissenschaftlichen Nutzen von Autorschaft trotz poststrukturalistischer Einwände zu präzisieren, der sich auf alle Medienformen übertragen lässt:

> Das Wissen vom Autor definiert den Bereich der Texte, die er gelesen und der anderen Autoren, die er gekannt haben kann (...) Wenngleich in diesen Daten nicht das Bewusstsein und die Intentionen eines Autors stecken, sie markieren doch den Horizont, in dem Texte gelesen werden können. Der Autor definiert nicht die Bedeutung, aber er konstelliert doch die Annahmen, die herangezogen werden können, um historische Bedeutungen zu (re-)konstruieren. Der Zugang zum Text wird nach wie vor durch die Idee des Autors im Sinne einer solchen Schaltstelle unterschiedlicher Wissensvoraussetzungen reguliert.[49]

47 Etwa an der Schnittstelle zwischen Privatsphäre und Öffentlichkeit, die im 21. Jahrhundert fiktional aufgrund ihrer gesellschaftspolitischen Brisanz eine besondere Aufmerksamkeit zukommt. Siehe

48 Siehe dazu etwa Grob, Thomas: «Autormystifikation, kommunikatives Framing und gespaltener Diskurs.» In: Frank, Susi K. (Hg.): *Mystifikation – Autorschaft – Original (= Literatur und Anthropologie, Bd. 9).* Tübingen 2001, S. 107–134.

49 Pabst, Stephan: «Anonymität und Autorschaft. Ein Problemaufriss.» In: Ders. (Hg.): *Anonymität*

Aus diesem Zusammenschnitt einiger markanter Stationen der Forschungs-tradition lassen sich einige Punkte für die folgenden Ausführungen funktionali-sieren: Mit dem Begriff des Autors wird allgemein entweder namentlich eine Per-son erfasst, die als Verfasser oder Urheber eines Textes gilt. Zu unterscheiden wäre dabei, ob es sich um eine auktoriale Instanz handelt, die durch Interpretation oder etwa eine paratextuelle Inszenierung als Autor dem Text zugerechnet wird. Zusätz-lich ist zu diskutieren, ob Autoren und Autorschaft für Funktionen stehen, die den Umgang mit Diskursen mitbestimmen oder zumindest initiieren. Historisch betrachtet konstituierte sich Autorschaft als Diskurs traditionell als literarische Praxis und damit im Medium der Schrift. Über die Literatur bildet sich sowohl in Theorie wie Praxis eine Traditionsgeschichte, auf der andere Medien und Modell-vorstellungen von Autorschaft aufbauen. Die wissenschaftliche Diskussion um Autorschaft bewegt sich innerhalb eines Spektrums zwischen personalen Zuschrei-bungen und gesellschaftlich-diskursiven Bedeutungszusammenhängen, die wie-derum vor dem Horizont erzähltheoretischer, subjektphilosophischer oder sozio-logischer Zugänge aufgespannt werden. Wie insbesondere der bereits erwähnte Diskurs um den Autorenfilm belegt, wird in anderen Künsten und Medienforma-ten spätestens seit den 1960er-Jahren wahlweise von der Handschrift, den Gren-zen[50] oder gar von der zunehmenden Auflösung einer mehr oder minder autono-men Schöpferinstanz gesprochen, deren Autorschaft durch mehrere werkinterne und externe Faktoren in ihrer vermeintlichen Kontinuität oder Diskontinuität zu bestimmen wäre. Als kommunikative Bezugsinstanz, über die sich einzelne Texte als Werk bündeln sowie Referenzverhältnisse zu anderen Texten herstellen lassen, bleiben Autoren sowohl innerhalb wie außerhalb fachwissenschaftlicher Debatten stets eine nützliche Kategorie, deren dauerhaftes Fortleben auch nach mehreren Ableben innerhalb der Wissenschaft gesichert ist.

3.1.1 Diskursive Ebene: Autorenfilm gleich Autorenserie?

Die Debatte um komplexe Qualitätsserien im Rahmen des Quality TV erfuhr in den letzten Jahren eine Einbettung und Fortsetzung innerhalb eines Diskursstran-ges, der sich vordergründig mit Autorschaft in TV-Serien zu decken scheint, jedoch eine forschungsgeschichtliche Eigendynamik aufweist, die wesentlich Unterschiede

---

und Autorschaft. Zur Literatur- und Rechtsgeschichte der Namenlosigkeit (= Studien und Texte zur Rechtsgeschichte der Literatur, Bd. 126). Boston/Berlin 2011, S. 1.

50 Eine weitere und besonders prekäre Grenze wäre mit dem Prinzip des Ghostwriting zu assozi-ieren, da hier beispielsweise im Bereich der Autobiografie oder der politischen Rede häufig ein Autor hinzugezogen wird, der die Texte ganz «offiziell» verfasst, jedoch nicht als Autor dieser Texte prominent in Erscheinung tritt oder im Fall der politischen Rede per se gar nicht in Erschei-nung treten darf. Vgl. dazu eine der wenigen Arbeiten, die sich mit dem Phänomen des Ghostwri-ting auseinandersetzt, nämlich Volkening, Heide: *Am Rande der Autobiographie. Ghostwriting – Signatur – Geschlecht.* Bielefeld 2006.

aufdeckt. Die Rede ist vom Diskurs des Autorenfilms und der filmischen Autorschaft, die mit Deklarierungen wie Autorenserie innerhalb der Auseinandersetzung mit Qualitätsserien weitergeführt wird.[51] Damit wird eine Form des Kunstanspruchs, wie er spätestens seit Ende der 1950er-Jahre im Zuge der Autorenpolitik der französischen Nouvelle Vague für den Film propagiert wurde, auf die Serie übertragen. Stand die Serie, wie überhaupt jedes serielle Phänomen der Populärkultur, über Jahrzehnte sowohl akademisch wie in der öffentlichen Debatte nicht im Verdacht, künstlerische Ambitionen zu hegen und ausprägen, werden neueren Serien diese Ansprüche zugestanden. Dieses Zugeständnis hebt Showrunner, Regisseure und Serienautoren in den Stand des Autorenfilms. Damit tradiert sich ein Geniekult, der sich zwar aufgrund der medialen und produktionsbedingten Ähnlichkeiten zwischen TV-Serie und Film stärker an der Autorenpolitik orientiert, allerdings im Wesentlichen die Idee der Autonomieästhetik des 18. Jahrhunderts aufruft. Berühmte Serienschöpfer wie David Chase, Matthew Weiner oder Lena Dunham werden als Instanzen adressiert, die sich in ihren Werken verwirklichen und scheinbar eine Botschaft vermitteln.

Diese Annahme ist allerdings im Serienbereich nicht völlig neu, da Regisseure wie Michael Mann für Miami Vice oder David Lynch für Twin Peaks (obwohl Mitschöpfer Mark Frost immer wieder – bezeichnenderweise – «vergessen» wird) bereits lange vor der neuen Welle ambitionierter Serienautoren aktiv an einer Mythologisierung serieller Autorschaft im Fernsehen zumindest mitgearbeitet haben. Gleiches lässt sich über Serienschöpfer wie Gene Roddenberry sagen, der mit mehreren Serien das Star Trek-Universum über Dekaden hinweg zu einer der erfolgreichsten Marken weltweit werden ließ. Im Fall von Michael Mann spielt sicher dessen Tätigkeit als Produzent eine Rolle. Sein Einfluss auf die Serie Miami Vice wird daher nicht mit einer unmittelbaren kreativen Tätigkeit in Verbindung gebracht. Bezeichnenderweise übernahm Mann die Regie für die Kinoadaption der Serie und verknüpfte sie damit stärker mit seinem filmischen Lebenswerk, obwohl bereits die Serie durch ihre Inszenierung und Thematisierung amerikanischer Urbanität und ihrer Gewaltpolitiken sehr genau in das filmische Gesamtwerk von Michael Mann passt. Bezeichnenderweise konzipierte Michael Mann fast 30 Jahre nach der Serie Miami Vice mit Luck für HBO eine weitere Serie, die sich eingedenk ihrer großen Nähe zu Manns Gangster-Dramen wie Heat (1995) oder Collateral (2004) ebenfalls in sein filmisches Gesamtwerk einfügt, nun jedoch stärker als eine Serie von Michael Mann wahrgenommen wurde.

Bei David Lynch liegt der Fall ähnlich. Twin Peaks wird als serielle Fortsetzung und Station des surrealistischen Kerngedankens in das filmische Gesamt-

---

51 Siehe dazu Stiglegger, Marcus: «Splitter. Filmemacher zwischen Autorenfilm und Mainstreamkino.» In: Ders. (Hg.): *Splitter im Gewebe. Filmemacher zwischen Autorenfilm und Mainstreamkino.* Mainz 2000, S. 14–16.

werk Lynchs integriert.[52] Dass es sich bei TWIN PEAKS um eine zunächst erfolgreiche TV-Serie handelt, wird häufig auch dann angeführt, wenn vom Scheitern der Serie die Rede ist, da sie bereits nach der zweiten Staffel abgesetzt wurde und Lynch offenbar immer weniger mit der Serie zu tun hatte. Wenn die Abkehr Lynchs mit dem Scheitern der Serie in Verbindung gestanden haben soll, obwohl Lynchs gesamtes filmisches Werk durch ein hohes Maß an Surrealismus gerade nicht für hohe Zuschauerzahlen sorgte, spricht dies (ob nun wahr oder falsch) für das hohe Mythisierungspotenzial, das einem Autorenfilmer wie David Lynch zuteil wird. Der nachträglich von Lynch zur Stammserie realisierte Prequel-Film FIRE WALK WITH ME (1992) unterstützt diese Tendenz sogar, obwohl Lynch unter anderem mit ON THE AIR (1992) sogar weiter Fernsehserien mitentwickelte, die allerdings im Gegensatz zu TWIN PEAKS nicht einmal kurzzeitig Erfolge feiern konnten. Deshalb gilt David Lynch letztlich als geistiger Urvater gegenwärtiger Serienautoren[53], der aufgrund der allgemein noch geringschätzigen Meinung über Serien Anfang der 1990er weiterhin als Filmauteur und weniger aufgrund seiner Vorreiterposition im Fernsehbereich geschätzt wurde. Dieser Umstand irritiert schon deshalb, da Lynch in TWIN PEAKS das Seriendispositiv in mehrfacher Hinsicht thematisierte und reflexiv aufgriff, wie die innerfiktional von den Bewohnern von Twin Peaks konsumierte Soap Opera INVITATION TO LOVE dokumentiert. Invitation to Love ist als Serie innerhalb der Serie (analog zum Konzept des Metafilms) sowohl Kommentar wie Inversion der Ereignisse der Serie TWIN PEAKS. In ihr spiegelt TWIN PEAKS nicht nur die innerfiktionalen Handlungen und Gefühle der Figuren, sondern legt über den damit in die Serie integrierten Metadiskurs den spezifisch televisuellen Konstruktionscharakter einer Serie im Fernsehdispositiv offen.

So wie die Figuren von TWIN PEAKS immer wieder den überzeichneten und reißerischen Episodenfragmenten von Invitation to Love folgen und sie trotz abschätziger Kommentare immer wieder einschalten oder schlicht nebenher laufen lassen, schalten auch die Zuschauer von TWIN PEAKS ein, um sich von den surrealen wie melodramatischen Momenten der Serie unterhalten zu lassen.[54] Lynch wäre somit einer der ersten, bis heute zumindest in cinephilen Zirkeln noch berühmte Regisseur, der innerhalb des Fernsehseriendispositivs schon früh explizit selbstreferenziell und selbstreflexiv sowohl das Fernsehen wie auch dezidiert die seriellen

---

52 Siehe Glaubitz, Nicola / Schröter, Jens: «Surreale und surrealistische Elemente in David Lynchs Fernsehserie Twin Peaks.» In: Lommel, Michael et al. (Hg.): *Surrealismus und Film. Von Fellini bis Lynch* (= *Medienumbrüche, Bd. 25*). Bielefeld 2008, S. 281–300.

53 Man könnte Lynch auch mit Lars von Trier in Verbindung bringen, der mit GEISTER (1994–1997) ebenfalls eine Serie entwickelte, die sich in sein Gesamtwerk einfügen lässt und nicht dazu führte, dass Lars von Trier seine Laufbahn als Filmregisseur zugunsten des Fernsehens aufgab.

54 Zum Metadiskurs in TWIN PEAKS anhand von INVITATION TO LOVE siehe Wagner, Birgit: «Invitation to Love, oder wie Fernsehserien im Autorenkino zitiert werden.» In: Ackermann, Kathrin / Laferl, Christopher F. (Hg.): *Transpositionen des Televisiven. Fernsehen in Literatur und Film.* Bielefeld 2009, S. 169–188.

Prinzipien der TV-Serie in ihren Strukturen verarbeitet. Durch das Aufkommen des Quality TV und seiner diskursiven Nebeneffekte um die Jahrtausenwende, veränderte sich diese Situation grundlegend, obwohl Serienautoren wie Matt Groening (SIMPSONS) oder Hans W. Geißendörfer (LINDENSTRASSE) zuvor ebenfalls Starpotenzial erreichen konnten, ohne eine Hochphase der Autorenserie heraufzubeschwören. Über Gene Roddenberry, der im Alter von 70 Jahren 1991 verstarb, könnte man unter dieser Perspektive ähnlich urteilen. Auch er fand keinen Eingang mehr in die Hochphase serieller Autorschaft im öffentlichen und akademischen Bewusstsein. Trotz der ungebrochenen Popularität von STAR TREK findet Roddenberry im Diskurs der Autorenserie kaum Erwähnung.

Wenn man also davon ausgeht, mit Mann, Lynch und Roddenberry trotz ihrer sicherlich sehr unterschiedlichen Autorschaften drei zu früh «aufgekommene» Vorreiter des modernen Diskurses der Serienautorschaft aufzuzählen, verkennt allerdings einen wesentlichen Aspekt, der auch David Chase oder David Simon von der Autorenpolitik des Films trennt und mit dem Serial Frame in Verbindung steht. Im Gegensatz zu Autorenfilmern, wie sie im Umfeld der Nouvelle Vague oder im Zuge des Oberhausener Manifestes und seiner Erben im Neuen Deutschen Film ebenso wie mit der skandinavischen Dogma-Bewegung aufblühten, betreiben die Serienautoren keine kritische Auseinandersetzung und programmatische Politisierung des Mediums Fernsehserie im Sinne der genannten oder anderer Bewegungen. Während Autorenfilmer wie Jean-Luc Godard, Rainer Werner Fassbinder oder Ingmar Bergman nicht nur in ihren Filmen, sondern auch außerhalb anhand von Texten[55], Interviews und Büchern das filmische Medium sowie seine gesellschaftspolitische Bedeutung kritisch reflektierten[56], fehlt bis heute ein solch ausgeprägter und auch in Form von Filmbewegungen zumindest historiografisch adressierbarer Autorendiskurs im Bereich der Serie.

Dies ist auch dann der Fall, wenn man eher den Bezug zur literarischen Kulturtradition des Romans bemüht, um einen Autor zu goutieren, wie es exemplarisch anhand der diskursiven Zuschreibungen im Fall von David Simon gezeigt werden kann. David Simons THE WIRE wird immer wieder als großer realistischer Serienroman gefeiert, der seinen Autor zu einer Art Charles Dickens der Gegenwart avancieren lässt.[57] Dieses Zugeständnis, das sich auch mit Simons Schriftstellertätigkeit durch seine Reportageromane wie *Homicide* in Einklang bringen lässt[58], scheint Simon selbst viel näher zu kommen, wie er mit manchen Aussagen zu Protokoll

55 Siehe exemplarisch Fassbinder, Rainer Werner: *Filme befreien den Kopf. Essays und Arbeitsnotizen.* Frankfurt a. M. 1992.

56 Siehe dazu etwa Freybourg, Ann-Marie: *Film und Autor. Eine Analyse des Autorenkinos von Jean-Luc Godard und Rainer Werner Fassbinder.* Hamburg 1993.

57 Vgl. dazu Williams, Linda: »Ethnographic Imaginary: The Genesis and Genius of The Wire.« In: *Critical Inquiry, Volume 38, Issue 1.* 2011, S. 208–226.

58 Siehe Simon, David: *Homicide. A Year on the Killing Streets.* New York/Melbourne 2006.

gibt, in denen er mit Bezug zu THE WIRE vom Beginn der Literarisierung des Fernsehens spricht: «Jetzt kann man eine Serie wie einen Roman schreiben. Ein Schriftsteller fragt ja auch nicht, ob der Leser das Buch nach einer schwierigen Stelle auf Seite vier ins Regal stellt.»[59]

Die Fernsehserie in die Nähe des Romans zu rücken, mag einerseits eine Steigerung des kulturellen Kapitals nach sich ziehen. Dadurch bestätigt sich, wie Qualität diskursiv verhandelt und verteilt wid, nämlich nicht nur über die Serie an sich, sondern auch über ihren Abgleich zu Literatur und Film als Qualitätsmedien. Andererseits spiegelt sich jedoch gerade an dieser Stelle, wenn man David Simons Selbstaussagen als Selbststilisierung auffassen will, eine Haltung der Entfremdung des Autors vom Medium des Fernsehens wider. Folgt man David Simon geht das diskursiv erworbene Kapital einer Deklarierung als Autorenserie somit nicht zwingend mit einer Zuneigung oder gar Identifikation mit dem Seriendispositiv zusammen. Ein Mangel an (polemischer) Theoriebildung kann ebenso wenig wie eine nicht erfolgte Organisierung in einzelne Filmbewegungen als entscheidendes Kriterium für eine Nobilitierung als Serienautor gelten. Zuviele berühmte Filmautoren wie Alfred Hitchcock, Takashi Miike, Quentin Tarantino, Tim Burton oder auch in viel früheren Zeiten Fritz Lang oder Friedrich Wilhelm Murnau erfüllten diese Kriterien ebenfalls nicht.

Die cinephile Autorentheorie verfolgte und initiierte einen anderen Weg im analytischen Umgang mit den von ihr präferierten Filmautoren: Ihr Status wurde über ihr Werk im Verständnis eines rekonstruierenden und kontextualisierenden Gesamtkunstwerkansatzes definiert, der sich in erster Linie aus verschiedenen Konstanten des filmischen Textes zusammenfügt. Der Autor wird anhand bestimmter Themen, der historischen Kontextualisierung seiner Biografie sowie seiner filmästhetischen Herangehensweisen als Code lesbar[60], der Zusammenhänge eröffnet und eine aktive Lektüre seitens der Rezipienten befördert. Die Aufladung des Autors als entscheidende Instanz erfolgte über eine emphatische Rhetorik, die von künstlerischer Ambition, Idealismus oder der Aufrichtigkeit eines Autors als Weg hin zu einem neuen Filmverständnis sprach.[61] Die Qualitäten eines Filmautors sollten sich in seinen Filmen direkt erkennen lassen. Analog zur literaturwissenschaftlichen Debatte um den Autor und der letztlich wenig produktiven

---

59 Nicodemus, Katja: «Am Anfang war die Wut.» In: DIE ZEIT, Nr. 1, 2006 [zitiert nach: Ahrens, Jörn et al.: «Einleitung. Die TV-Serie The Wire und ihre Kontextualisierungen.» In: Dies.: THE WIRE. Analysen zur Kulturdiagnostik populärer Medien. Wiesbaden 2014, S. 11.].

60 Zum Begriff des Codes im Zusammenhang mit dem Autorenfilm und dessen Abgrenzung zu anderen Filmen siehe Nowell-Smith, Geoffrey: «Six authors in pursuit of The Searchers (extract).» In: Caughie, John (Hg.): Theories of Authorship. London 1981, S. 221–224.

61 Kaum ein Vertreter der Autorenpolitik und –theorie bringt dies bereits besser auf den Punkt als Truffaut. Siehe vor allem Truffaut, François: «Une certaine tendance du cinéma français.» In: Ders. : Le plaisir des yeux. Paris 1987, S. 192–207.

Suche nach dessen vermeintlichen Intentionen, wird zunächst ohne poststruktura-
listischen Theorieimport davon ausgegangen, dass sich ein Autor-Subjekt erschließen lässt, das vor allem eine Funktion als präsenter Konnex der Filme erfüllt. Der
Autor wird einerseits zu einem subversiven Element des filmischen Textes erklärt,
das über die Erschließung intratextueller Elemente wiederum eine Identifikation
mit ihm als extratextuelle Instanz ermöglicht.[62] Der Unterschied besteht dann letztlich in einer Akzentverschiebung innerhalb der Wahrnehmung von Filmen, da
nicht mehr nur von einem neuen Western oder Krimi gesprochen wurde. Die Rede
war nun etwa explizit von den neuen Westernfilmen von Howard Hawkes oder
dem neuesten Thriller von Alfred Hitchcock, die sich über die Autoreninstanz in
ihrer Originalität auch dann würdigen lassen, selbst wenn der einzelne Film nicht
an seine Vorgänger heranreicht.

Die Kombination der in einem filmischen Werk verwendeten Zeichenstrukturen und symbolischer Inhalte wird auf der Ebene der Konnotation zu einer Aussage
oder gar Haltung zusammengefügt, die dann in einen breiteren Sinnzusammenhang subsumiert wird.[63] Über die Rekonstruktion dieser Konstanten auf mehreren
Ebenen der Filmästhetik als Markenzeichen der inszenatorischen Qualitäten sowie
zusätzlich flankiert durch eine ausgeprägte paratextuelle Zuschreibung der Autoren,
die durch eine ansteigende Interview- und Informationsnachfrage der Öffentlichkeit weiter unterfüttert wurde, vervollständigt sich das Bild einer auktorialen Schöpferinstanz. In der vergleichenden Werkanalyse können Schemata und Konstanten
erkannt und als Stil eines Autors ausgewiesen werden. Das Prädikat Autorenfilmer
verdient sich ein Regisseur somit erst durch einen rekonstruierbaren Konnotati-
onszusammenhang innerhalb des Werkes, das sich über Kategorien wie Kameraführung, Montage oder Erzählstruktur definiert, obwohl der Regisseur, analog zum
Werkstattprinzip eines Rembrandt van Rijn, nicht für alles selbst Hand anlegt.

Dieser Zugang birgt in sich zahlreiche Fallstricke, die in der Geschichte der Filmwissenschaft schon unzählige Male beleuchtet wurden und dadurch die Dominanz
und Präsenz des Paradigmas des Autorenfilms sowie des Auteurs als seiner Figuration wissenschaftshistoriografisch von den 1950er-Jahren bis heute bestätigen.[64] Die
Wurzeln des Autorenfilms als Terminus liegen jedoch tiefer. Bereits in den 1910er-
Jahren fand er Verwendung, meinte allerdings nur, dass in dieser Zeit zahlreiche

---

62 Vgl. dazu die Aufarbeitung der filmhistorischen und theoretischen Positionen inerhalb der Debat-
tenkultur der Cahier du cinéma in Arenas, Fernando Ramos: *Der Auteur und die Autoren. Die
Politques des Auteurs und ihre Umsetzung in der Nouvelle Vague und in Dogme 95 (= Media-Studien, Bd. 15)*. Leipzig 2011, S. 146–157.

63 Vgl. dazu die semiotischen Überlegungen von Eco, Umberto: «Die Gliederung des filmischen
Code.» In: Knilli, Friedrich (Hg.): *Semiotik des Films. Mit Analysen kommerzieller Pornos und
revolutionärer Agitationsfilme*. München 1971, S. 70–93.

64 Siehe auch Felix, Jürgen: «Autorenkino.» In: Ders. (Hg.): *Moderne Film Theorie*. Mainz 2007,
S. 13–18.

Werke von Schriftstellern ihren Weg auf die Leinwand fanden. Der mögliche Kunstwert eines Films wurde nicht dem Regisseur oder dem Kameramann zugeschrieben, sondern beim Autor des Drehbuchs oder der literarischen Vorlage angesiedelt. Der frühe Film suchte in seiner Frühphase in der An- wie Ablehnung anderer Künste noch seine Identität als Medium, das seine eigene Form von künstlerischer Integrität umzusetzen imstande sein sollte.[65] Die Ausbildung eines persönlichen Stils als ein Schreiben mit der Kamera (*caméra stylo*), wie es Alexandre Astruc und nach ihm in theoretisch ausgereifterer Form vor allem François Truffaut mit seinen pointierten bis polemischen Texten im Umfeld der Cahiers du cinéma forderten, sucht für den Film als künstlerisches Medium konsequenterweise nur scheinbar die Nähe zur Literatur.

Das vorrangige Ziel der Etablierung eines Kinos der Autoren bestand darin, den Filmen jener Zeit dazu zu verhelfen, ihren Status als Kunstwerke auszubauen und diesen zentral an die Instanz des Regisseurs zu binden. Nicht primär das Drehbuch, das verfilmt wurde, sollte als Text mit seinen spezifisch literarischen Qualitäten den Maßstab für das Gelingen eines Films vorgeben, sondern dessen konkret filmische Umsetzung mithilfe der medienspezifischen Dispositionen des Films.[66] In den Filmen, so das Postulat der Kritiker Truffaut, Godard, Rivette oder Rohmer, sollte die individuelle Handschrift einer Regiepersönlichkeit immanent erkennbar sein.[67] Der Auteur, der im Idealfall Drehbuchautor und Regisseur in Personalunion verkörpert und als Begriff den Autorenfilmer weitgehend ablöste, zeige eine persönliche Haltung zu den Themen, die er filmisch besetzt und realisiert. Die Tatsache des Films als per se arbeitsteiliges Gesamtkunstwerk, das durch Schauspieler, Techniker oder Produzenten nicht wie die Literatur potenziell an einen einzigen Schöpfer rückgebunden werden kann, wurde zugunsten dieses emphatischen Postulats in den Hintergrund gedrängt.[68] Auf diesem Wege konnten Regisseure wie Hitchcock und vor allem auch Western-Regisseure wie Howard Hawkes oder Anthony Mann plötzlich zu Genies und Vorbildern erklärt werden, obgleich sie zuvor – entsprechend des filmkulturellen Mainstreams der damaligen Zeit –, eben gerade nicht als filmische Genies in weiten Teilen der Öffentlichkeit rezipiert wurden.[69]

Ein entscheidender Unterschied zu Astrucs Ansatz bestand in einer Politisierung und Öffnung des Filmverständnisses, das sich nicht an einer neuen filmischen Avant-

---

65 Zur intensiven Diskussionskultur um den Film als junges Medium und seiner Konsequenzen für die anderen Medien und deren Verortung siehe Liptay, Fabienne: «Von der Ziffer zur Vision. Fragwürdige Leitdifferenzen zur Ordnung der Künste.» In: Keppler-Tasaki, Stefan / Liptay, Fabienne (Hg.): *Grauzonen. Positionen zwischen Literatur und Film 1910-1960.* München 2010, S. 15–40.

66 Vgl. dazu Bickerton, Emilie: *Eine kurze Geschichte der Chiers du cinéma.* Zürich 2010, S. 33–46.

67 Siehe die gesammelten Schriften und Kritiken in Rivette, Jacques: *Schriften zum Film.* München 1989 oder Truffaut, François: *Die Filme meines Lebens. Aufsätze und Kritiken.* Frankfurt a. M. 1997.

68 Siehe auch Stiglegger, Marcus: «Splitter. Filmemacher zwischen Autorenfilm und Mainstreamkino», S. 15–16.

69 Vgl. dazu Kites, Jim: *Horizons West. Anthony Mann, Budd Boetticher, Sam Peckinpah: Studies of Autorship within the Western.* London 1969.

garde ausrichtete, sondern kommerzielle Hollywoodfilme und deren Regisseure als paradigmatische Beispiele für die Schärfung des eigenen Profils heranzog. Denn dieser programmatische Ansatz sollte dazu dienen, den damals jungen Kritikern selbst den Weg hinter die Filmkamera zu ebnen. Damit einher geht bezeichnenderweise eine Ablehnung der Cahier-Kritiker des sogenannten Qualitätskinos, das sich primär im Rückgriff auf literarische Stoffe und konservative Themen stützen würde. Der Mythos der Nouvelle Vague mündet letztlich in einer nur zu bekannten Pointe: Die Geburt der «neuen Welle» erfolgt über den Tod der filmischen Väter des antiquierten Qualitätskinos.[70] Nicht umsonst wird auch das Oberhausener Manifest in Deutschland nur wenige Jahre später ebenfalls explizit den Tod des Kinos der Väter einfordern. Gerade die Manifeste und der polemische Grundton, den die französischen wie deutschen Autorenfilmer in ihren Texten und Filmen an den Tag legten, zeugt von dem, was man in diesem Umfeld unter Autorenpolitik (*politique des auteurs*) versteht.

Die eigene Profilierung als Vertreter eines neuen Kinos führte vor Augen, wie wichtig die Inszenierung als scheinbar authentische Regiepersönlichkeit oder Kunstfigur für die Selbst- und Fremdwahrnehmung durch die Öffentlichkeit war. Stilisierung setzt sich als innerhalb und außerhalb der Filme als Beschreibungskategorie des Autorenfilms durch und fest. Um sich als Auteur innerhalb des filmischen Textes zu manifestieren, greifen Auteurs beispielsweise zu Cameo-Auftritten innerhalb ihrer Filme oder übernehmen selbst die Hauptrolle. Mithilfe selbstreferenzieller oder selbstreflexiver Strategien kreieren Auteurs Figuren, die zu einer Überblendung eben von realem Auteur und fiktiver Persönlichkeit genutzt werden können. Mittels der Inszenierung vermeintlicher Gemeinsamkeiten wie Abweichungen, integriert der Auteur seine Zuseher in ein selbstreflexives Spiel verschiedener Bezugsebenen zwischen Realität und Fiktion. Diese Strategie, wie sie Alfred Hitchcock etwa durch seine Cameo-Auftritte[71], Woody Allen durch seine zahlreichen Hauptrollen, in denen er mit Klischees der Psychoanalyse spielt oder Truffaut mit seiner Rolle als Regisseur in LA NUIT AMÉRICAINE (1973) ausfüllen, ziehen ihren Reiz aus der bewussten Selbstbezüglichkeit, die sich zwischen biografischer Persönlichkeit, (stilisiertem) Auteur und fiktiver Figur aufspannt.[72]

Als weitere prominente Strategien der Selbstreferenzialität des Films gelten Metalepsen und mise en abyme-Techniken, die auf das filmische Medium ver-

70 Auch deshalb wird mit dem Diskurs der Autorenpolitik auch die Frage nach dem Umgang mit Autorität durchaus ambivalent perspektiviert. Siehe dazu etwa Brauerhoch, Annette: «Der Autorenfilm. Emanzipatorisches Konzept oder autoritäres Modell?» In: Deutsches Filmmuseum Frankfurt am Main (Hg.): *Abschied von Gestern. Bundesdeutscher Film der sechziger und siebziger Jahre.* Ausstellungskatalog, S. 154–166.

71 Vgl. dazu Bellour, Raymond: «Hitchcock, the enunciator.» In: *Camera obscura* Nr. 2, 1977, S. 66–91.

72 Vgl. dazu Müller, Jürgen E.: «Das Genie und die Passion des Filmemachens. Zur Auto(r)präsenz von Jean-Luc Godard in seinen Filmen.» In: Felix, Jürgen (Hg.): *Genie und Leidenschaft. Künstlerleben im Film.* St. Augustin 2000, S. 234–245.

weisen und dadurch den Unmittelbarkeitseindruck, wie ihn speziell das klassische Hollywood-Kino vorgaukeln möchte, aufbrechen.[73] Das Idealbild des Selbstentwurfes eines Auteurs, wie es Truffaut in seinem autobiografisch angehauchten Filmzyklus um die Figur des Antoine Doinel realisiert, besteht unter dieser Perspektive in einer Filminszenierung, die den Auteur als Erzähler und Schöpferinstanz in mehrfacher Hinsicht in Erscheinung treten lässt:

> Die Nouvelle Vague führt den Autor als «Erzähler» für den Film ein – der sich als subjektiv reflektierendes «Bewusstsein» bemerkbar macht über das Offenlegen des filmischen Erzähl- Konstrukts, etwa über eine eigenwillige Kameraführung, kleine in die Erzählhandlung eingefügte autonome Geschichten oder eine fragmentarische (widersprüchliche) Erzählung. Der mentale Blick eines auteur der Nouvelle Vague auf die Welt, seine Ideen über das Leben werden über die Bilder des Films entlarvt als das, was sie sind: *wahre* [Hervorhebung im Original, A. S.] Imaginationen ihres Autors, dessen Ich über den Film als Kommunikations-Instrument einen Zugang zur Welt sich erhofft.[74]

Die Reflexion filmischer Mittel und ihres Einsatzes im Kontext der Vermittlung eines Werk- und damit Weltbildes, nimmt innerhalb des Diskurses um den Autorenfilm eine Schlüsselposition ein. Die Nobilation des Autors setzt in den 1960er-Jahren einen weiteren Umschwung frei, der erneut weitreichende Konsequenzen nach sich zieht, nämlich den nicht nur terminologischen Wechsel von der Autorenpolitik zur Autorentheorie. Andrew Sarris, seines Zeichens Herausgeber der englischsprachigen Ausgabe der Cahiers du cinéma, importiert den Begriff der Autorenpolitik in den englischsprachigen Raum und verleiht ihm durch das, was man einen groben Übersetzungsfehler nennen könnte, eine eigentümliche Neuausrichtung als Autorentheorie.[75]

Obwohl Sarris selbst darauf hinweist, seine Übersetzung und Ausführung dazu nicht als zumindest theoriegeleitetes Manifest missszuverstehen, wird es letztlich genau das. Sarris benennt drei wesentliche Kategorien, über die sich eine filmische Autorschaft realisiert: Die technische Kompetenz, die distinktive Unterscheidbarkeit einer Persönlichkeit sowie die innere Bedeutung des Films, die sich aus dem Zusammenwirken der ersten beiden Faktoren inklusive der ökonomischen und technologischen Produktionsbedingungen ergibt. Über das Zusammenspiel der ersten beiden Faktoren ist Generierung einer inneren Bedeutung der Filme überhaupt möglich. Die grundsätzliche Korrespondenz des Autors mit dem Prinzip der Serialität wird bei Sarris besonders evident. Denn der Auteur bedient sich zwar

---

73 Siehe Heiss, Nina: *Erzähltheorie des Films*, S. 203.

74 Dannenberg, Pascale Anja: *Das Ich des Autors. Autobiografisches in Filmen der Nouvelle Vague* (= *Marburger Schriften zur Medienforschung 28*). Marburg 2011, S. 260.

75 Sarris, Andrew: «Notes on the Auteur Theory in 1962.» In: Mast, Gerard/Cohen, Marshall (Hg.): *Film Theory and Criticism*. New York 1985, S. 528–540.

generischer Muster des Films, doch durch seine persönliche Handschrift und die innere Bedeutung seiner Filme, die sich mit seiner Persönlichkeit verkoppelt, übersteigt das Filmwerk des Auteurs generische Filme, wie sie häufig fälschlicherweise mit der etwas abschätzigen Bezeichnung Genrefilm gleichgesetzt werden.[76] Der Unterschied zwischen Autorentheorie und Autorenpolitik, der gewichtige Spuren hinterlassen hat, kann vor allem mit dem ihm zugrundeliegenden Perspektivenwechsel begründet werden:

> Die Autorentheorie zielt auf die Erkenntnis über den Autor ab und sucht nach der Möglichkeit eines Autors im Kino. Die politiques des auteurs machte hingegen den auteur zum Ausgangspunkt und zielte auf das Kino ab. Im Autor war eine Art archimedischer Punkt gefunden, der die Entwicklung einer Haltung und einer eigenständigen Sprache der Filmkritik ermöglichte, die sich über die Jahre zu einer vielfältig anschlussfähigen Ästhetik des Films ausbauen ließ.[77]

Das Programm der Autorenfilmer war kein in sich geschlossenes Theoriewerk, das im akademischen Sinne als für damalige Verhältnisse avancierte Theoriebildung hätte durchgehen können. Die theoretischen Impulse zum Begriff des Autorenkinos, die einer theoriekritischen Überprüfung standhalten können, kamen von eingefleischten Theoretikern wie Christian Metz oder, wenn auch deutlich später, etwa von David Bordwell und Kristin Thompson.[78] Sarris selbst wird mit etwas Abstand zu seinen ersten Einlassungen darauf hinweisen, dass es sich bei seinen drei Kategorien nicht um eine stringente Theorie handelt.[79] Die filmpolitisch wirksame Einflussnahme auf den weiteren Diskurs filmischer Autorschaft, bleibt dabei historiografisch völlig unbestritten.[80]

Dass Autoren wie David Chase oder Lena Dunham als hauptverantwortliche Schöpfer bezeichnet werden, mutet speziell vor dem Hintergrund der Komplexität des Seriendispositivs als arbeitsteiliger Schaffensprozess ebenso problematisch an wie im Bereich des Films. Hinzu kommen die besonderen Labels der Sender

---

76 Zu einer Aufhebung der gegensätzlichen Positionierung von Autoren- und Genrefilm im Kontext einer produktiven Verschränkung beider Kategorien siehe Ritzer, Ivo: «Die Regeln des Spiels. Zur Différence zwischen Genre und Autor.» In: *rabbit eye. Zeitschrift für Filmforschung.* Ausgabe 6, 2014, S. 6–24.

77 Frisch, Simon: «Politiques des auteurs: der subjektive Faktor in Film und Filmkritik.» In: Becker, Andreas R. et al. (Hg.): *Medien – Diskurse – Deutungen. Dokumentation des 20. Film- und Fernsehwissenschaftlichen Kolloquiums.* Marburg 2007, S. 164.

78 Siehe Metz, Christian: *Die unpersönliche Enunziation und der Ort des Films (= Film und Medien in der Diskussion, Bd. 6).* Münster 1997 sowie Bordwell, David / Thompson, Kristin: *Film Art. An Introduction.* New York/St. Louis 1993.

79 Sarris, Andrew: *The American Cinema. Directors and Directions 1929–1968.* New York 1996, S. 278.

80 Zum Einfluss der Autorentheorie siehe auch Wollen, Peter: *Signs and Meaning in the Cinema.* London 2013, S. 58–96 oder mit einem (post-)modernen Hintergrund Gunden, Kenneth: *Postmodern Auteurs: Coppola, Lucas, De Palma, Spielberg, Scorsese.* Jefferson 1991.

und Anbieter, die einen Originalitätsanspruch der Autoren als hauptverantwortliche Kreative sogar unterwandern. In einer Netflix-Serie wie HOUSE OF CARDS wird trotz mehrfacher Beteiligung des berühmten Regisseurs David Fincher hauptsächlich von einer Netflix-Originalserie gesprochen, wie es auch die Opening Credits innerhalb des Serial Frame vorgeben. Mag sich dieses Verhältnis zwar wiederum bei einer Netflix-Originalserie wie SENSE 8 durch die prominentere Auszeichnung und öffentliche Wahrnehmung der Wachowskis in Kollaboration mit dem deutschen Regisseur Tom Tykwer zugunsten einer Autorschaft zumindest diskursiv verschoben haben, ist die Rolle der Sender und Anbieter als «Verlag» dennoch so dominant, dass die meisten Serien nach wie vor überhaupt nicht als Autorenserien adressiert werden. Dies gilt selbst für HBO- oder AMC-Serien, obwohl beide Networks stark an einer Aktualisierung des Autorendiskurses mitgewirkt haben, um das eigene Image kulturell aufzuwerten und damit attraktiver für ein gebildetes Publikum und Regisseure, Schauspieler oder Drehbuchautoren aus dem Filmbereich zu werden. Somit haftet dem Autorendiskurs ein strategisches Moment an, das mit einer künstlerischen Botschaft der Autoren zunächst nur sehr wenig gemein hat.

Wie ist die Übertragung des Autorenfilm-Diskurses auf die Serie weiter einzuschätzen? Als eine der ersten Wissenschaftlerinnen hat Kristin Thompson mit Ihrer Publikation *Storytelling in Film and Television* 2003 mit auf diese Spur hingewiesen.[81] Anhand von David Lynch und natürlich im Rückgriff auf TWIN PEAKS, allerdings zuvor vor allem anhand der BBC-Serie THE SINGING DETECTIVE, versucht sich Thompson daran, eine Verbindungslinie zwischen *Art Films* und *Art Television* zu ziehen. Sie greift dazu auf das von David Bordwell entwickelte Kategoriensystem zurück, das Bordwell bereits Ende der 1970er-Jahre für seine Definition des Kunstfilms ausgearbeitet hatte.[82] Thompson überträgt somit ein System von einem Medium auf ein anderes in der Annahme, aufgrund der audiovisuellen Medialität beider Medien eine Vergleichbarkeit begründen zu können. Nun mögen Bordwells Kategorien wie die Verletzung einer klaren Verortung der Figuren innerhalb der Raum- und Zeitdispositionen des Films, ein größerer psychologischer Realismus oder Brüche innerhalb des Erzählflusses, wie sie Thompson auch im Serienbereich feststellt, zwar grundsätzlich als Analyseinstrumentarium des Serientextes angewandt werden. Dass Thompson mit ihrer Begriffsübertragung serienspezifische Eigenheiten weitgehend vernachlässigt, mag ebenfalls in den Problembereich fast jeder Theoriebildung fallen.

Verwunderlich ist hingegen auf den ersten Blick Thompsons Modifikation des Filmauteurs, den sie für die Serie mit der Person des Drehbuchautors ansetzt, dem

81 Siehe Thompson, Kristin: *Storytelling in Film and Television*, S. 110–112.
82 Siehe Bordwell, David: «The Art Cinema as a Mode of Film Practice.» In: Fowler, Catherine (Hg.): *The European Cinema Reader*. London 2002, S. 94–102.

das Primat der Serienautorschaft gegenüber dem Regisseur zukommt. Diese Wendung überrascht vielleicht aufgrund der Entwicklung des Autorenfilms als Emanzipationsgeschichte des Regisseurs als hauptverantwortlicher Schöpferinstanz. Der Schöpfer oder Showrunner, so die Botschaft, drängt den klassischen Regisseur im Bereich der Serie in dessen Bedeutung zurück. Die vermeintliche Umkehr zurück zum schreibenden Autor in Person des Showrunners, der den Produktionsprozess einer Serie kreativ überwacht und ebenso (ökonomisch) pragmatisch in die Umsetzung eingreift, findet im Diskursumfeld der Qualitätsserie starken Widerhall. Serienschöpfer wie David Chase oder Lena Dunham sind in mehrfacher Hinsicht in die Umsetzungsprozesse ihrer Serien involviert, doch leitet sich ihr Status nicht davon ab, ob sie in jeder Episode auch Regie führen oder nicht. Ihr Schöpfertum organisiert sich, so zumindest die Idealvorstellung, über ihren Einfluss auf alle wesentlichen kreativen Entscheidungen, die innerhalb eines jahrelangen Arbeitsprozesses über mehrere Staffeln zu treffen sind und sogar das Recht auf den endgültigen Schnitt einer Episode (dem sogenannten Final Cut) beinhalten können. Ob der Showrunner einer Serie häufig oder überhaupt als Regisseur tätig ist, scheint kaum relevant. Auch wenn dieses Idealbild im konkreten Fall durch die offensichtliche Einflussnahme der Sender sicher ebensowenig Realität ist wie im Filmgeschäft, liegt die konzeptionelle Nähe zur Idee des Auteurs für die Vertreter dieser Position trotz des eben skizzierten Unterschiedes auf der Hand. Der Qualitätsdiskurs der Serie macht vor den Kreativen des Fernsehens nicht halt und setzt sie nahezu bruchlos in eine Reihe mit den Vertretern des Autorenfilms. Der Showrunner wird zum Idealbild der neuen Epoche des Fernsehens, da er mit seinen Qualitäten in der Lage ist, mit seinem Team Visionen umzusetzen und einer Serie ein unverwechselbares Profil zu verleihen. «Beim Fernsehen», so heißt es dann etwa bei David Lavery, «bekommt Autorschaft eine ganz neue Bedeutung.»[83] Diese These geht Hand in Hand mit der Forderung, «jene Männer und Frauen [zu] verstehen, welche die uns begeisternden Fernsehprogramme machen.»[84] Der Autor wird nicht nur (wieder) zur Zuschreibungsinstanz, sondern in einer scheinbar naiven Rückbesinnung auf die Tugenden der Autorenpolitik zum Schlüssel der Interpretation.

Diesem übersteigert emphatischen Verständnis folgend, ist eine Serie von David Simon, Matthew Weiner oder Ted Mann analog zum Postulat der Autorentheorie anhand ihrer Autorentätigkeit als exzeptionelle Serie charakterisiert. Bezogen auf Simon könnte man dann folgern, dass die von ihm konzipierte Miniserie SHOW ME A HERO (2015) über das Prädikat seiner Arbeit als qualitativ hochwertige Serie gilt. Da SHOW ME A HERO aufgrund seiner sozialkritischen Aufarbeitung politischer

---

83 Lavery, David: «The Imagination will be televised: Die Rolle des Showrunners und die Wiederbelebung der Autorschaft im amerikanischen Fernsehen des 21. Jahrhunderts.» In: Dreher, Christoph (Hg.): Autorenserien: Die Neuerfindung des Fernsehens. Stuttgart 2010, S. 75.
84 End., S. 65.

Themen wie dem virulenten Rassismus innerhalb der amerikanischen Gesellschaft und einer als realistisch eingeschätzten Erzählweise aufwartet, wird sie in Kontinuität zu HOMICIDE oder THE WIRE von der Kritik als Fortsetzung der kritischen Autorschaft David Simons gelobt.[85] Seine Autorschaft steht für diese Auszeichnung ein und prägt daher den Diskurs, der sich um Simons Serien rankt, selbst wenn sein kreativer Input nicht anhand klarer Kriterien serienanalytisch eingeholt werden kann.

In einer Bestandsaufnahme der Übertragung der Autorentheorie auf die TV-Serie kritisiert Sven Stollfuß vor allem die «Reflexionsarmut in Hinblick auf fernsehserielle Adaptionsmodellierungen»[86], die in ihrer Schwäche eine Stärkung des Autorenbegriffs für die TV-Serie problematisch werden lassen: Da die Bedeutung der Autorentheorie inklusive ihrer Impulse historisch bedingt waren, lassen sich sowohl ihre Voraussetzungen wie ihre Konsequenzen nicht mit den Bedingungen der kontemporären Serie in Einklang bringen. Stollfuß' Einlassungen zielen in diesem Punkt darauf ab, die Autorenpolitik als Spezifikum der Filmgeschichte an die damaligen politischen, ökonomischen und institutionellen Bedingungen der zweiten Hälfte des 20. Jahrhunderts ernstzunehmen.[87] Dies schließt eine Übertragung auf das Seriendispositiv aus, da die Autorenpolitik immer mit einem entsprechend filmpolitischen Programm assoziiert wird, das im Reich der medial etablierten und wohlfinanzierten HBO-, AMC- oder Netflix-Serien ohne gemeinsame kulturpolitische Agenda nicht existiert. Ein Oberhausener Manifest hat es ebenso wenig gegeben wie ein Gründungsmanifest der Dogma-Bewegung. Showrunner wie Serienschöpfer, so könnte man dieses Argument polemisch überspitzen, mussten sich ihren Status nicht erst «erschreiben», wie es die Vertreter der Nouvelle Vague Ende der 1950er tun mussten, um ihrem Medium Geltung zu verschaffen. Die Kritik von Stollfuß mag in ihrer historischen Perspektive berechtigt sein. Sie unterschlägt allerdings die möglichen Funktionen, die ein Serienautor einnehmen und bedienen kann, ohne sich aufgrund der historischen Aufladung des Autorenbegriffs ins Abseits zu stellen. Wie die Bemerkungen und Selbstäußerungen von David Simon belegen, lassen schon allein auf diskursiver Ebene Schlüsse über den Status der Serie und ihrer Zuschreibungen innerhalb der kontemporären Medienkultur über die Position des Autors zumindest initiieren und nachverfolgen. Die von Stollfuß zurecht geforderte Betrachtung der komplexen Eigenspezifik der Seriendispositivs und ihrer Transformationsschübe, schließt eine Perspektivierung des

---

85   Siehe etwa Scheer, Ursula: «Bürgermeister in der Stadt der Heimatlosen. TV-Serie Show Me a Hero.» In: http://www.faz.net/aktuell/feuilleton/medien/sky-zeigt-die-amerikanische-serie-show-me-a-hero-13760519.html (letzter Zugriff: 7.10.2015).

86   Stollfuß, Sven: «Always Already New?! American Quality Television und Fernsehtheorie: Ein Baustellenbericht.» In: Stollfuß, Sven / Weiss, Monika: *Im Bild bleiben. Perspektiven für eine moderne Medienwissenschaft.* Darmstadt 2012, S. 93.

87   Ebd., S. 95.

Serienautors bezüglich möglicher Implikationen, die sich mit seinen Funktionen und Adressierungen verbinden lassen, selbst abseits anachronistischer Trennlinien zwischen Kunst und Populärkultur nicht aus.

Die kontemporäre Funktion des Showrunners als kreative Hauptinstanz innerhalb der kollaborativen und kollektiven Serienautorschaft weist bei aller Emphase, wie sie David Lavery im Anschluss an die Autorenpolitik vorträgt, dem Auteur-Begriff eine wichtige ökonomische Funktion zu. Der Auteur wird ab den 1970er zu einer Kategorie, die nicht mehr nur durch die Evaluation und Heuristik der Filmkritik oder –wissenschaft konstruiert wird. Vor allem Timothy Corrigan wies auf diese Verschiebung innerhalb des Filmdiskurses hin. Er sieht das polemische Konzept der Autorenpolitik als ebenso schwindend in seiner Wirkung wie weite Teile der Autorentheorie. Dies liegt laut Corrigan daran, dass der Autor längst zu einem Verkaufsargument der Film- und Medienindustrie transformiert wurde.[88] Ging es somit in den 1950er-Jahren noch um eine Emanzipation des Autors und einer Affirmation seiner Autorschaft, ist er einige Jahrzehnte später ein Label, um Filme besser vermarkten zu können. Diese Form einer ökonomischen Funktionalisierung des Auteurs steht für einen Wandel, der sich bis heute fortsetzt und speziell unter den medialen Möglichkeiten der Gegenwart floriert:

> Im Zeitalter der Heimmedien fungiert der Director's Cut eines Films sowohl als rezeptionslenkende Größe wie auch als Kaufanreiz, mit dem die Industrie (nicht nur) cinéphile Konsumenten lockt. Werbeslogans wie ‹From the director of …› zieren Plakate in Kinos und Hüllen auf DVDs gleichermaßen. Der Name über dem Titel dient als anthopoides Distinktionskriterium innerhalb industrieller Verwertungsstrategien. So sehr ist der Autor zum Fetisch geworden, dass die filmische Rezeption im institutionalisierten Rahmen ohne ihn nicht mehr möglich scheint. Presse und Promotion schaffen eine eigene Inszenierung, die die filmische mise-en-scène zusehends verdrängt.[89]

Der Autor wird somit nicht mehr nur zur Sammelstelle aller möglichen Zuschreibungen, die das Publikum oder die Kritik an ihn heranträgt. Mithilfe seiner Inszenierung und seines Werkes produziert der Autor im Schulterschluss werbewirksamer Vermarktungsmethoden eine Erwartungshaltung, die eben nicht primär den Autor und dessen Haltung im Film sucht, sondern den eigentlichen Film durch das «kommerzielle Imago»[90] des Autors bezüglich seiner Aussagen geradezu verdeckt sieht.

---

88 Corrigan, Timothy: *A Cinema without Walls. Movies and Culture after Vietnam.* New Brunswick 1991, S. 101–136.
89 Ritzer, Ivo: «Charisma und Ideologie: Zur Rückkehr des Autors im Quality TV.» In: Nesselhauf, Jonas / Schleich, Markus (Hg.): *Quality-TV. Die narrative Spielwiese des 21. Jahrhunderts.* Berlin 2014, S. 108–109.
90 Ebd., S. 109.

Die Selbstvermarktung der Autorenfilmer fällt zusammen mit einer medial öffentlichen Selbstinszenierung, die Regisseure jeder Couleur wie Quentin Tarantino, Tim Burton, David Lynch, J.J. Abrams oder Woody Allen auf mehreren Ebenen durch ihr Image und dessen Ausstellung beflügeln. Diese in sich häufig widersprüchliche Selbstvermarktung der Autorenfilmer ist allerdings unter ökonomischen Gesichtspunkten nötig, um sich selbst als Ware und Branding attraktiv zu halten und nicht nach einigen Flops an den Kinokassen keinen Auftrag mehr zu erhalten. Dieser Kreislauf setzt sich im Serienbereich fort. Denn selbst ein David Simon oder ein Alan Ball, der nicht nur einen Oscar gewann, sondern mit TRUE BLOOD und SIX FEET UNDER gleich zwei sehr erfolgreiche Serien seit Beginn des neuen Jahrtausend realisieren konnte, könnte nach einigen Flops um sein Prestige fürchten müssen. Der Autor dient somit neben seiner konkreten Tätigkeit als Gütesiegel einer Sicherung der künstlerischen Integrität, die Qualitätsserien für ihre Eigenvermarktung und eine damit einhergehend notwendige Abgrenzung von anderen Sendeangeboten nutzen. Eine besonders auffällige Vermarktungsstrategie besteht darin, berühmte Auteurs wie Quentin Tarantino als Gastregisseure oder Schauspieler in populären Serien wie CSI oder ALIAS auftreten zu lassen, um mithilfe ihres kulturellen Kapitals werbewirksame Highlights zu setzen und Zuschauer für Serien zu gewinnen, die sie sonst vielleicht nicht erreichen.[91]

Der Serienautor oder Showrunner erfüllt mehrere Funktionen. Er ist eine künstlerische Instanz, deren Handschrift sich innerhalb einer Serie, paratextuell oder auch serienübergreifend verfolgen lässt. Wie besonders prägnant David Lynch, David Simon oder Alan Ball aufzeigen, lassen sich Werkkonstanten sogar intermedial über die Grenzen der Serie hinaus in die Literatur oder den Kinofilm verfolgen. Doch das muss bei weitem nicht die wichtigste Anlaufstelle einer Auseinandersetzung mit dem Serienautor sein. An ihm als Institution, die sich innerhalb des wissenschaftlichen wie öffentlichen Diskurses stets an der Grenze zwischen Leben, Tod und Untot bewegt[92], lässt sich beobachten, welche Stellung Serien innerhalb der Gegenwartskultur einnehmen und welche Zuschreibungskriterien an ihn und damit die Serie adressiert werden. Er ist daher eine hochgradig diskursive Figur, deren Funktionen an das anschließen, was Boris Tomaševskij und insbesondere Michel Foucault anhand ihrer Beschäftigungen mit der Rolle des Autors innerhalb einer Gesellschaft und unter konkreten historischen Bedingungen herausgearbeitet haben.

Der Serienautor ist an die Institution des Seriendispositivs gebunden, die sich ebenso wandelt wie der Autor und dessen Adressierung innerhalb des Seriendis-

---

91 Siehe Ritzer, Ivo: «Charisma und Ideologie», S. 110–117.

92 Vgl. dazu Rakow, Katja: «Take the *un* out of the *un*dead! Zur diskursiven Konstruktion der Attribute ‹lebendig›, ‹tot› und ‹untot› in der amerikanischen Fernsehserie True Blood.» In: Ahn, Gregor et al. (Hg.): *Diesseits, Jenseits und Dazwischen? Die Transformation und Konstruktion von Sterben, Tod und Postmortalität.* Bielefeld 2011, S. 93–120.

kurses. Er kann symbolisches Kapital ebenso generieren, wie er durch seine Selbst-stilisierung als Metafigur zwischen den einzelnen Ebenen des Seriendispositivs in Erscheinung tritt. David Lynch übernahm beispielsweise in seiner Serie Twin Peaks mit Chief Gordon Cole, dem Vorgesetzten des Protagonisten Dale Cooper, selbst eine mehr als signifikante Rolle, die sich über Lynchs Metaposition zwischen Schauspieler, Regisseur und Showrunner der Serie in ihrer Signifikanz deutlich stärker erschloss, als wenn sie ein anderer Schauspieler übernommen hätte. Konnte Invitation to Love als Metaserie innerhalb der Serie Twin Peaks als Reflexion des Fernsehdispositivs und seiner Attraktionswerte für die Zuschauer gelesen werden, so ließ sich Lynchs Verkörperung des schwerhörigen wie exzentrischen Agenten-chefs als Spiegelung seiner eigenen Rolle als «Chef» der Serie deuten.[93]

Wie man einen Auteur wie Lynch als Ansatzpunkt einer Analyse nutzbar machen kann, ohne sich in den Aporien der Autorentheorie zu verlieren, hat Anne Jerslev in ihrer Lektüre der von ihr bezeichneten Figuration ‹Lynch› vorzuführen vesucht. ‹Lynch› unterscheidet sich zwar von der empirischen Person David Lynch, klammert sie allerdings nicht vollständig aus. Für Jerslev besteht ‹Lynch› nicht aus einer in sich geschlossenen Autoreneinheit, die sich innerhalb der Filme oder aus-schließlich außerhalb konstruieren lässt. Sie setzt sich aus verschiedenen Stimmen und Akzenten zusammen, die David Lynch bewusst oder unbewusst legt oder sich diskursiv mit seiner Autorenposition in Verbindung bringen lassen. Jerslev geht es daher nicht um eine Exegese der Textinterpretationen von David Lynch, die die-ser im Rahmen seiner Selbststilisierung ohnehin weitgehend vermeidet und torpe-diert, obwohl Lynchs Verweigerungshaltung durchaus wiederum symptomatisch für sein Werk und noch mehr für seine Selbststilisierung gelesen werden kann. Jerslevs Ansatz, einen Dialog über «unsere Kultur und ihre Bilder zu führen»[94], mündet nicht in der Absicht, «zu beantworten, was Lynch will, sondern Bilder von dem zu konstruieren, was ‹Lynch› sagt.»[95]

Über dieses Gesamtbild erschließt sich nicht zwingend (oder auch gar nicht) ein stimmiger Zugang für eine Werkinterpretation. Einen Einblick in die diskursiven Voraussetzungen und Adressierungen des Werkes zwischen der Selbstreferenz des Autors und der Fremdreferenz der Rezeption, erlaubt ein solches Vorgehen aber durchaus. Denn es geht um ein vielstimmiges Gesamtbild, das Faktoren wie das Image eines Auteurs, die Mittel, mit dem es errichtet und am Laufen gehalten wird oder auch die Konsequenzen, die das auf die Rezeption der Filme innerhalb eines paratextuell organisierten Umfeldes des «Filmereignisses» ausübt, mit einkalkuliert.[96]

93 Siehe dazu Höltgen, Stefan: *Spiegelbilder. Strategien der ästhetischen Verdoppelung in den Filmen von David Lynch.* Hamburg 2001, S. 63–92.

94 Jerslev, Anne: *David Lynch: Mentale Landschaften.* Wien 1996, S. 22.

95 Ebd., S. 23.

96 Siehe Distelmeyer, Jan: «Vom auteur zum Kulturprodukt. Entwurf einer kontextorientierten

Dass Serienautoren aber auch ohne Verweigerung explizit außerhalb ihrer Serien Texte liefern, die sich auf ihre Autorschaft und vor allem das von ihnen gestützte Autorenbild abbilden lassen, beweist exemplarisch MAD MEN-Creator Matthew Weiner im Rahmen eines Interviews, in dem er seine Arbeit an der Serie beschreibt:

> Ich überprüfe jedes einzelne Wort, das in die Serie kommt. Nichts wird ohne meine Beteiligung gedreht. Die Drehbücher werden mehrmals überarbeitet, und ich arbeite mit den Autoren in jeder Phase. Ich bin in den Schreibprozess eingebunden. Ich nehme an jedem Casting teil (…) Ich arbeite mit den Regisseuren zusammen. Wir treffen uns und ich erkläre ihnen das Drehbuch Seite für Seite und Wort für Wort. Oft spiele ich es ihnen sogar vor – das ist peinlich, aber wahr (…) Außerdem bin ich in die Post-Produktion involviert, beteilige mich intensiv am Schnitt, der Tonmischung und der Farbkorrektur. Ich habe eigentlich so etwa neun Jobs.[97]

Was sich auf den ersten Blick wie eine Stellenbeschreibung des idealen Showrunners lesen mag, offenbart bei genauerer Betrachtung, wie Weiner ein hochgradig auktoriales Portrait von sich als Autorengott präsentiert, wie es wohl kaum einem Dichter des 18. Jahrhunderts oder einem Verfechter der Autorenpolitik profilierter über die Lippen gekommen wäre. Weiner legt mit seiner Selbstdarstellung ein Zeugnis davon ab, warum Autoren immer wieder metaphorische Tode und Wiedergeburten «erleben». Die Geister, die spätestens mit der Genieästhetik beschworen wurden, finden immer wieder neue Körper und Medien. Als Instanz bleibt der Autor eine unverzichtbare Größe.

3.1.2 Figurative Ebene: Autoren als fiktionsinterne Metafiguren (Metafilm, Sitcom, Dramedy)

Abseits der Diskussionen um die Wertigkeit und Eingliederung der Serie in die Tradition des Autorenfilms und die funktionalen Rolle(n) des Autors, präsentieren sich Filme wie Serien auch als medienhistorisch herausragende Schnittstellen für fiktionsinterne Konstruktionen von Autorenbildern. Das diskursiv erzeugte, rekonstruierte oder auch durch die Autoren selbst stilisierte Bild von Autorschaft findet ihre Expansion in der Inszenierung von Autorenfiguren, die zirkulierende Vorstellungen von Autoren und ihrer Autorschaft fiktionalisieren. Daher geht es nun darum, anhand einiger Schlaglichter auf die Film- und Seriengeschichte zu skizzieren, wie klassische Autorenfiguren als Akteure Eingang finden in Erzählungen und welche Topoi mit ihnen assoziiert und audiovisuell verhandelt werden. Auf

---

Werkgeschichtsschreibung.» In: Nolte, Andrea (Hg.): *Mediale Wirklichkeiten (= Dokumentation des 15. Film- und Fernsehwissenschaftlichen Kolloquiums)*. Marburg 2003, S. 95.

97 Matthew Weiner im Interview mit Scott Tobias. Zitiert nach Lavery, David: «The Imagination will be televised», S. 79.

dieser Basis soll dann in den folgenden Kapiteln herausgearbeitet werden, wie sich Autorschaft als figuratives Konzept weiter ausdifferenzieren lässt und sich daher nicht nur auf die klassische Lesart des Autors als Künstlerfigur beschränkt. Autoren als Figuren können als «kommunikativ konstruierte Artefakte» konzipiert werden, die «als wiederkehrende fiktive Wesen»[98] mit einem meist hochgradig komplexen Innenleben ausgestattet werden. Über gesellschaftliche Vorstellungen von Autoren als Träger bestimmter Ideale und Werte, die meist unmittelbar mit ihrer Autorschaft in Verbindung gebracht werden, entstehen Figurenkonstellationen, die sich als textuelle Bausteine und Handlungsträger einer fiktionalen Erzählung wiederum genrespezifisch variieren lassen.[99] Autorenfiguren treten sowohl in Tragödien wie auch Komödien gleichermaßen auf, da ihr figuratives Profil gerade in einen klassischen Verständnis von Autoren als Künstlerfiguren zwischen Statik und Dynamik offen genug scheint[100], um verschiedenste Formen von Krisen- oder Erfolgssituationen mit ihnen dramaturgisch in Verbindung zu bringen.

Generell lässt sich feststellen, dass fiktionsextern Autoren in der Film- wie Literaturgeschichte zur Projektionsfläche bestimmter Imagination von Autorschaft avancieren, die sehr häufig fiktionsintern dazu führen, beispielsweise die Vereinbarkeit von Kunst und Leben und die meist prekäre Stellung des Autors in einer Gesellschaft zu thematisieren.[101] Der Autor gilt als eine liminale, meist prekäre Figur, die nicht in einem einzigen Umfeld aufgeht, sondern häufig zwischen mehreren pendelt, die er nicht vereinbaren kann. Gerade der klassische bis klischeehafte Topos der (Un-)Vereinbarkeit von Kunst und Leben führt im Kern meist die Vorstellung der Genialität und Einzigartigkeit einer Autorenfigur mit sich, die sich dadurch von der Masse der anderen Menschen abhebt. Autoren sind daher gerade als Künstler Figuren, denen innerhalb ihrer Werke und Schaffensprozesse zwar Machtpotenzial zugesprochen wird, es jedoch oftmals zweifelhaft erscheint, ob sie diese Macht auch vollständig umsetzen können oder sie ihnen nicht gar aus den Händen gleitet.

Eine berühmte Klassiker der Filmgeschichte wie Federico Fellinis 8 1/2 (1963), Rainer Werner Fassbinders WARNUNG VOR EINER HEILIGEN NUTTE (1971), Jean-Luc Godards PASSION (1982) oder DER STAND DER DINGE (1982) von Wim Wenders gelten als Metafilme, die sich dadurch auszeichnen, Elemente filmischer Media-

---

98   Eder, Jens: *Die Figur im Film. Grundlagen der Figurenanalyse.* Marburg 2008, S. 708.

99   Zur Theorie der Darstellung und Bedeutung von Figuren in Film und Fernsehen siehe Hickethier, Knut: *Film- und Fernsehanalyse*, S. 121–125.

100 Zu verschiedenen Figurenkonzeptionen im Film siehe Beil, Benjamin et al: *Studienhandbuch Filmanalyse. Ästhetik und Dramaturgie des Spielfilms.* München 2012, S. 245–248.

101 Vgl. dazu exemplarisch anhand einiger Fallstudien der Literaturgeschichte, die in Summe das umreißen, was man als klassische Antagonismen von Kunst und Gesellschaft klassifizieren kann. Siehe Böndel, Paula: Die Künstlerthematik in den frühen Romanen von Marcel Proust, Robert Musil und James Joyce. Heidelberg 2010.

lität und Narrativität explizit autoreferenziell zu thematisieren.[102] Speziell Filme mit fingierten selbstreflexiven Einschreibungen, in denen eine Autorenfigur vorkommt, die beispielsweise der «reale» Drehbuchautor des jeweiligen Films sein soll[103], bietet die Möglichkeit zu einem Vergleich zwischen faktualen und fiktionalen Produktions- und Inszenierungsbedingungen. Solche Konstruktionen heben zumeist darauf ab, die innerfiktionalen Grenzen und Ebenen einer Erzählung zu unterlaufen.[104]

Metafilme heben in ihren filmischen Inszenierungen das Spannungsfeld zwischen dem Konstruktionscharakter eines Films im Sinne einer fiktionalen Erzählung und der expliziten Reflexion dieser konstruierten Situation hervor. Regisseur wie Drehbuchautor stehen in besagten Filmen meist im Zentrum dieser Konstellation. Gerade der Regisseur eines Filmes gilt in den fiktionalen Metafilmen als exzeptionelle Figur, an der sich vor allem Krisensymptome künstlerischen Schaffens figurativ entfalten und auf sein Umfeld ausstrahlen. Da die Krise einer Autorenfigur meist in direkter Verbindung zu dessen Arbeit steht und damit speziell im Bereich des Films im komplexen Produktionsumfeld eines Filmteams ausgetragen wird, verhandeln Metafilme anhand ihrer Autorenfiguren oftmals die Bedingungen und Möglichkeiten des Films innerhalb seiner produktionsökonomischen, inszenatorischen und diskursiven Grenzen.

Die Auslotung medialer Grenzen, lässt sich dann wiederum als eine möglicherweise krisenhafte Standortbestimmung des Films im Spannungsfeld seiner gesellschaftlichen wie medienkulturellen Rahmenbedingungen analysieren. Dass es sich dabei nicht nur um genuin filmhistorische, sondern ebenso um intermediale Aushandlungsprozesse zwischen Kinofilm und anderen Mediensystemen handeln kann, belegt etwa Peter Weirs TRUMAN SHOW (1998). In diesem Film wird das Leben der «realen» Figur Truman Burbank von seiner Geburt an als Fernsehshow inszeniert. Truman ist dabei die einzige Person, die nicht um ihren fiktionalen Status weiß und daher als echte Person der Reality Sendung The Truman Show fungiert. Sein ganzes Leben spielt sich ausschließlich im Rahmen eines vorgegebenen Skripts ab, das innerhalb einer eigens für Truman kreierten Welt voller Darsteller all seine Freundschaften wie Liebesbeziehungen für ihn organisiert. Erst am Ende des Films erkennt Truman die wahre Natur seines künstlichen Lebens und verlässt das gigantische Fernsehstudio seines bisherigen Lebens.

Relevant ist dabei an dieser Stelle weniger die Figur des Truman als «realer», unfreiwilliger Darsteller. Denn TRUMAN SHOW inszeniert vor allem ein Phantasma auktorialer Kontrolle, das sich anhand des Schöpfers der innerfiktionalen Truman

---

102 Zur theoretischen Grundlage des Metafilms siehe Schleicher, Harald: *Film-Reflexionen: autothematische Filme von Wim Wenders, Jean-Luc Godard und Federico Fellini.* Tübingen 1991.

103 Ein sehr berühmtes Beispiel der Filmgeschichte hierfür wäre ADAPTION (2002) von Regisseur Spike Jonze. Zu einer Deutung dieses Films unter dramaturgischen Gesichtspunkten siehe Krützen, Michaela: *Dramaturgien des Films. Das etwas andere Hollywood.* Frankfurt a. M. 2010, S. 503–526.

104 Siehe dazu Kuhn, Markus: *Filmnarratologie*, S. 118.

Show organisiert. Mit der Figur des Christof, der als Produzent und Regisseur Trumans Leben steuert, wird die ultimative Werkherrschaft eines Schöpfers über sein Werk exemplifiziert. Christof imaginiert und schreibt Trumans Leben so, wie er meint, damit die Zuschauer der Show über Jahrzehnte bestens unterhalten und an die Show gebunden werden können.

Am Ende des Films, als Truman das Studio verlassen möchte, um ein richtiges Leben ohne Werkherrschaft des Autors zu beginnen, wendet sich Christof über das Außenmikrophon an Truman, um ihn zum Bleiben zu bewegen. Truman, der an den Grenzen des Studios und damit fiktionsintern an der Schwelle zwischen der inszenierten Fiktion der Sendung Truman Show und der metadiegetischen Ebene innerhalb der Fiktion des Films Truman Show angelangt ist, wird von Christof über die Kameras des Studios beobachtet, während Christof selbst wiederum nur für die Rezipienten des Films sichtbar wird.[105] Auch Christofs Versuch einer Überredung Trumans misslingt, wird in dieser Szene das Phantasma einer ultimativen Autorschaft auf die Spitze getrieben, ehe sie kollabiert. Denn Christof spricht im wahrsten Sinne wie Gott zu Truman, da er sich nur über die Mikrophone an ihn wendet und für Truman nur als Stimme präsent wird, der er nicht von Angesicht zu Angesicht gegenübertreten kann. Christof selbst adressiert Truman in dieser Schlussszene explizit als eine Vaterfigur, die ihren Sohn davon abhalten möchte, das gewohnte Umfeld zu verlassen, obwohl der eigentliche Realitätsvertrag zwischen den Zuschauern und der Show bezüglich der Darstellung eines völlig authentischen Charakters durch Trumans Einsicht in seine Existenz als Fernsehfigur zerstört wurde.

Das Erlebnis, das die fiktionsinterne Truman Show versprach, wird durch Trumans symbolischen Biss in den Apfel der Erkenntnis seines Schöpfergottes Christof zum Einsturz gebracht. Was die Truman Show somit auf der Ebene der Inszenierung von Autorschaft bietet, ist eine Dekonstruktion des Phantasmas vollkommener Werkherrschaft. Der Autor kann sein Werk nicht vollständig kontrollieren und durchkomponieren. Daher droht ihm eine folgenschwere Konsequenz, die auch die Truman Show durch das Zurückbleiben Christofs andeutet: Der Autor wird wie seine nun nicht mehr für die Zuschauer interessante Serie abgesetzt. Daher ist Peter Weirs Film eine filmhistorisch meisterhafte Verdichtung einer Konstellation, die außerfiktional auf die Rolle des Showrunners oder anderer Autorenfiguren im Bereich der Serie übertragbar ist. Autorenfiguren wie Christof verweisen trotz ihrer geradezu fantastisch anmutenden Allmacht auf die Rolle und die Funktion des Autors für eine Serie, da der Serienautor über einen längeren Zeitraum und vor allem innerhalb der spezifischen Konstellationen des Fernsehens eine kontinuierlich fortlaufende Serie mit möglichst viel Spannung innerhalb der Prämissen der Show präsentieren muss. Peter Weirs Truman Show folgt nicht dem oftmals zum Klischee verkommenen Motiv des Regisseurs als krisengeplagtes Genie, das sich

---

105 Siehe dazu auch die filmnarratologische Analyse bei Kuhn, Markus: *Filmnarratologie*, S. 347–351.

in den Wirren einer Filmproduktion mit all seinen Interessenparteien zurechtfinden muss, sondern konzentriert sich auf den Mythos des scheinbar allmächtigen Schöpfers, dessen Werk ihm dennoch aus der Hand gleitet und ein eigenes Leben ohne seine Autorität beginnt.

Einen gänzlich anderen Weg schlägt Marc Forsters Filmkomödie STRANGER THAN FICTION (1996) ein. Hier begibt sich die Filmfigur des Harold Crick notgedrungen auf die Suche nach seiner vermeintlichen Schöpferin, der Autorin Karen Eiffel. Der Clou dabei: Harold Crick ist keine von Anfang an fiktionalisierte Figur innerhalb der Fiktion des Films STRANGER THAN FICTION. Der Film beginnt mit Harold als gewöhnlichem Angestellten in einer US-Behörde, ehe er plötzlich im Alltag die Stimme einer Frau hört, die er weder sehen noch zuordnen kann. Es handelt sich dabei um die Off-Stimme der Autorin Karen Eiffel, die parallel zu Harolds Leben einen Roman schreibt, in dem es um einen gewissen Harold Crick geht, der bald sterben wird. Was sich über Karens Stimme als Off-Erzählerin für den Zuschauer des Films STRANGER THAN FICTION präsentieren würde, wird für die Figur des Harold plötzlich ebenfalls hörbar. Der Film inszeniert also einen innerfiktionalen Bruch, der die Wahrnehmung der Filmfigur und des Zuschauers in Eins fallen lässt.

Die Konsequenzen der Autorschaft trägt allein Harold, da Karens Kommentare Auswirkungen auf seinen Alltag haben. Kurz gesagt: Karen übernimmt als Autorin die Kontrolle über ihre Figur Harold, die sich jedoch der Problematik dieser Konstellation zunehmend bewusst wird und gegen ihren Tod vorgehen möchte. Es findet also auch hier eine Art Aufbegehren der Schöpfung gegen ihre Schöpferinstanz statt. Auch im Fall von Marc Forsters Film, meint es das Ende gut mit dem Protagonist, dessen Tod durch eine Änderung der Autorin verhindert wird. Karen, deren Figuren in der Regel am Ende der Erzählungen das Zeitliche segnen, lässt sich durch die Begegnung mit ihrer vermeintlichen Figur Harold erweichen und ändert ihre narrativen Gewohnheiten als Autorin. Zumindest an dieser Stelle ihres Werkes. Der direkte Kontakt mit einer Figur, die ihrer Herrschaft über Leben und Tod unterlag, war für Karens Autorposition zu viel Verantwortung, wie bereits der Titel des Films symptomatisch andeutet. Denn für Karen stellte sich aufgrund der fiktionsinternen Metalepse die Frage nach Leben und Tod nicht mehr unter den Bedingungen fiktionalen, sondern paradoxerweise faktualen Schreibens.

TRUMAN SHOW und STRANGER THAN FICTION gelten beide als berühmte Metafilme, die auf recht unterschiedliche Weise Autorenfiguren inszenieren, obgleich ihr gemeinsamer Nenner in der Wahl einer klassischen Autorenfigur liegt (Regisseur/Produzent bei TRUMAN SHOW, Schriftstellerin bei STRANGER THAN FICTION). Beide Filme führen vor, wie über metaleptische Zusammenbrüche Krisensituationen ausgelöst werden, die direkt auf die Figuren und ihr Weltbild einwirken. Eine kompakte Definition der Metalepse, die anschlussfähig ist an beide Filme, findet sich bereits bei Genette in *Die Erzählung*:

Jedes Eindringen des extradiegetischen Erzählers oder narrativen Adressaten ins diegetische Universum (bzw. diegetischer Figuren in ein metadiegetisches Universum usw.) oder auch (...) das Umgekehrte, zeitigt eine bizarre Wirkung, die mal komisch ist (...), mal phantastisch. Wir wollen den Ausdruck *narrative Metalepse* [Hervorhebung im Original, A. S.] so weit fassen, dass er alle diese Transgressionen abdeckt.[106]

Es lassen sich daher basal zwei Figuren metaleptischer Kurzschlüsse und Übergänge differenzieren: Zum einen Metalepsen innerhalb einer Diegese und zum anderen Metalepsen zwischen diegetischer und extradiegetischer Ebene.[107] Metalepsen verfolgen als Inszenierungsstrategie das Ziel einer Ebenendivergenz, die jedoch innerfiktional nicht zwangsläufig Krisen auslösen muss, sondern ebenso dazu genutzt wird, Funktionen der «Anspielung, des Euphemismus, der Litotes, der Hypotypose und der Allegorie»[108] auszufüllen. Daher weisen Metalepsen kunsthistorisch eine hohe Affinität mit Epochen wie der Romantik oder der Postmoderne auf, «die das Vexierspiel zwischen Illusion und Wirklichkeit in den Mittelpunkt stellen.»[109]

Wie filmhistorisch etwa besonders prominent die Filme von Woody Allen belegen, der in vielen seiner Filme wie ANNIE HALL (1977) als Hauptdarsteller direkt mit dem Publikum kommuniziert und die eben verfolgte Handlung ironisch kommentiert oder auch innerfiktional die Grenzen zwischen Fiktion und Binnenfiktion wie in THE PURPLE ROSE OF CAIRO (1985) durchbricht, bedienen sich Filme metaleptischer Verfahren auch für explizit komödiantische Verfahren. Auch hier wird das Potenzial von Autoren als Figuren als Metalepse des Autors als paradigmatischer Figur medialer (Selbst-)Inszenierung ausgeschöpft, indem metaleptische Brüche häufig an der Schwelle zwischen Kunst, Medium und Realität angesiedelt sind. Autorenfiguren gelten daher in der Filmtradition als metaleptische Figuren par excellence. Im Bereich der Serie finden klassische Autorenfiguren (wie z. B. Hank Moody) ebenfalls ihren Platz, wobei gerade Sitcoms besonders häufig Gebrauch von ihnen machen.

Schon SEINFELD, eine von Comedian Jerry Seinfeld in Zusammenarbeit mit Larry David von 1989–1998 produzierte Sitcom, spielte mit dem Autor als metaleptischer Figur. In diesem Fall ist es Jerry Seinfeld, der sich in der Serie selbst verkörpert. Als Comedian lebt Jerry mit seinen drei Freunden George, Elaine und Cosmo Kramer in New York und erlebt mit ihnen größtenteils absurde Ereignisse, die in ihrer spezifisch selbstreflexiven Inszenierung und Betonung ihres dezidiert episo-

106 Zitiert nach Thon, Jan-Noël: «Zur Metalepse im Film.» In: Birr, Hannah et al. (Hg.): *Probleme filmischen Erzählens (= Beiträge zur Medienästhetik und Mediengeschichte, Bd. 27)*. Berlin 2009, S. 86.
107 Siehe Kuhn, Markus: *Filmnarratologie*, S. 359–364.
108 Türschmann, Jörg: «Die Metalepse.» In: *montage av. Zeitschrift für Theorie und Geschichte audiovisueller Kommunikation*. Jg. 16, H. 2, 2007, S. 105.
109 Ebd., S. 110.

dischen Charakters serienhistorisch stilprägend wirkte für die Sitcom als Fernseh-genre.[110] In den ersten Staffeln der Serie wird jede Episode mit einer Stand-Up-Per-formance von Jerry eingeleitet, wie sie Jerry Seinfeld als Comedian auch außerhalb der Serienfiktion bei seinen Auftritten vorführt. Durch diese Spezifik wird einer-seits der serielle Charakter der Serie zwischen Wiederholung und Varianz akzen-tuiert, andererseits das subversive Spiel mit Seinfelds doppelter Existenz als fiktiver Serienfigur und realer Autorenfigur vorangetrieben. Einer der berühmtesten Nach-fahren dieses Konzepts rekrutierte sich bezeichnenderweise direkt aus der Serie SEINFELD selbst.

Larry David übernahm nach dem Ende von Seinfeld ab 2000 bis 2011 selbst das Zepter des Hauptdarstellers seiner «eigenen» Serie namens CURB YOUR ENTHU-SIASM, in der er sich selbst darstellt, nachdem SEINFELD längst in die Annalen der Fernsehgeschichte eingegangen ist. Der Autor Larry David wird selbst zur Figur. Durch zahlreiche Gastauftritte weiterer realer Stars, Davids fiktiver Ehefrau (gespielt von der Schauspielerin Cheryl Hines) und einer Dramaturgie, die oft-mals nicht als solche erkennbar ist, fingieren die Folgen von CURB YOUR ENTHUSI-ASM den scheinbar realen Alltag von Larry David, ohne sich allerdings etwa durch die offensichtliche Präsenz von Kameras oder weiterer filmischer Metareferenzen als Reality-TV zu inszenieren. Die Serie basiert darauf (oder fingiert), dass Larry David jeder Episode nur einen skizzierten Ablauf verpasst, aber kein Drehbuch mit vollständig vorgegebenen Dialogen vorlegt. Der rote Faden der Serie ergibt sich daher aus Davids Vorgaben als Autor und dem Improvisationstalent seiner Kolle-gen und ihm selbst. Die Mischung erklärt den Kultstatus von CURB YOUR ENTHU-SIASM, der sich primär über die wechselseitige Inszenierung Larry Davids als Autor und innerfiktionale Figur der Serie generiert und reflektiert.[111] Trotz des Doku-Charakters vieler Szenen bleibt der Status der Serie als fiktionaler Text grundsätz-lich unangetastet. CURB YOUR ENTHUSIASM lädt mithilfe der zahlreichen außerfik-tionalen Referenzen zu einem seriellen Spiel ein, die Bezüge in ihrer Ambivalenz zwischen Realität und Fiktion zu genießen und der Selbstinszenierung Davids als impliziter Showrunner seiner Selbststilisierung zu folgen. Die Serie kann daher als Fortsetzung des von SEINFELD angestoßenen Prinzips metareferenzieller TV-Seri-alität goutiert werden, die ihre eigenen Voraussetzungen und Vorläufer in diesem Fall sogar direkt thematisiert und damit letztlich auch historisiert. Das von CURB YOUR ENTHUSIASM immer wieder zitierte Erbe von Seinfeld ist daher eine Form aktiver serieller Historiografie, das die Serie selbst betreibt.

---

110 Siehe dazu auch Kelleter, Frank: «Seinfeld.» In: Klein, Thomas / Hißnauer, Christian (Hg.): *Klassi-ker der Fernsehserie.* Stuttgart 2012. S. 203–209.

111 Siehe dazu auch die Huldigungen und Kritikerlobreden zu CURB YOUR ENTHUSIASM, die sich direkt aus Larry Davids «Rolle» als Autor ableiten lassen in Jaschensky, Wolfgang: «Ich denke, also spinn ich.» In: http://www.sueddeutsche.de/medien/lieblingsserien-curb-your-enthusiasm-ich-denke-also-spinn-ich-1.75441 (letzter Zugriff: 29.9.2015).

In der Sitcom THE COMEBACK, die 2005 ihre erste Staffel erlebte, spielt Lisa Kudrow (vergleichbar mit ihrer Rolle in WEB THERAPY) eine mehr als doppelbödige Rolle. Sie übernimmt als ehemaliger Sitcom-Star der Serie FRIENDS, die Kudrow einst erst berühmt machte, die Rolle der Valerie Cherish, die wiederum innerfiktional ebenfalls eine ehemalige Sitcom-Darstellerin ist. Wie Kudrow selbst, spielte Cherish in ihrer Sitcom nicht die Hauptrolle und wurde daher hinter den eigentlichen Stars weit weniger beachtet. Vergleichbar mit Lisa Kudrow, deren Karriere nach Abschluss von FRIENDS ebenfalls nicht zu einem Höhenflug ansetzte, versucht sich Cherish an einem Comeback, um ihre Karriere wieder in Schwung zu bringen. Das Problem dabei: Im Jugendwahn Hollywoods wird sie bereits als verbraucht und fast zu alt für eine Hauptrolle betrachtet. Um eine neue Rolle zu bekommen, muss Cherish daher einen Umweg einschlagen, der vielen ehemaligen und unterklassigen Stars blüht. Sie muss eine Reality-Show annehmen, die ihr Leben einfängt. Innerfiktional peripher vergleichbar mit zeitgenössischen «realen» Reality-Shows der letzten Jahre wie THE OSBOURNES (MTV) wird Cherish daher stets von einem Kamerateam begleitet und als vermeintlich authentischer Star inszeniert, der seinen Alltag bestreitet. THE COMEBACK übt daher sowohl innerfiktional wie auch mit Lisa Kudrows Besetzung Kritik an den Schönheitsidealen der ewig jungen Unterhaltungsindustrie, die ihre Stars schnell fallen lässt, sobald sie nicht mehr dem vorgegebenen Leitbild entsprechen. Gleichzeitig zeigt die Serie auf, wie sich die Medienbranche durch ihre Formate verändert hat. Das Format der Reality-Show als Medium der Selbstinszenierung, ist seit der Jahrtausendwende nicht mehr aus dem Programm zahlreicher Fernsehsender wegzudenken. Der vermeintliche Einblick in eine Realität, die dem Zuschauer ansonsten verborgen bleiben würde und die er nun durch die Illusion einer aktiven Teilhabe und Transparenz scheinbar ungefiltert miterlebt, wird in THE COMEBACK kritisch zur Disposition gestellt.

Ebenfalls aus dem ehemaligen Cast der Serie FRIENDS stammt Matt LeBlanc, der in der Sitcom EPISODES sich selbst spielt. Diese Sitcom, die von 2011 ab von FRIENDS-Erfinder David Crane produziert wurde, handelt von dem britischen Autorenehepaar Sean und Beverly Lincoln, das in Hollywood ein amerikanisches Remake seiner erfolgreichen britischen Fernsehserie produzieren soll. Die Serie zeigt in typisch bissiger Sitcom-Art, wie Hollywood als Ort des Geldes und des scheinbar reinen Kommerzes jede Form von Kreativität für den Profit funktionalisiert. Im Kern dreht sich EPISODES daher um den Kampf des britischen Autorenehepaares, das die kreative Vision ihrer Originalserie in das Remake transportieren und übertragen möchte, gegen die völlig unambitionierten und nur an Profit und Einschaltquoten interessierten US-Kollegen.

Matt LeBlanc fügt sich in diese klischeehafte Dichotomisierung zwischen Kunst und Kommerz auf der amerikanischen Seite ein, da er anfangs weder an der Serie interessiert ist noch von den Lincolns als Hauptbesetzung gewünscht wird. In einer eigenmächtigen Entscheidung des Senderchefs und einigen finanziellen Anreizen, die LeBlancs Interesse sprunghaft steigerten, wird er als Star der Show besetzt. Als solcher versucht er immer wieder, seine persönlichen Forderungen nach Änderungen der Serie durchzudrücken, um in seiner Rolle eine möglichst optimale Selbstvermarktung seiner eigenen Persönlichkeit betreiben zu können, da sich LeBlanc fiktionsintern längst nicht mehr nur als Schauspieler begreift und in den Folgen der Serie mehrere Geschäftszweige verfolgt. Fasst man LeBlanc als Autorenfigur auf, steht auch er für eine Kommerzialisierung von Künstlerschaft, die in ihren ambivalenten Prämissen und Zuschreibungen ebenfalls innerhalb der Serienhandlung von EPISODES reflektiert wird.

Die Pilotfolge führt dies bereits stichhaltig vor: Nachdem der englische Original-Schauspieler der englischen Serie der Lincolns (bezeichnenderweise ein hochdekorierter Theater-Schauspieler) aufgrund seines Alters und seines zu britischen Akzentes für die Hauptrolle in der Remake-Serie vom Studio abgelehnt wurde, schlägt der Studioboss eigenmächtig Matt LeBlanc vor, da er verschiedene Gruppen als Zuschauermagnet binden könnte.[112] Die irritierte bis fassungslose Reaktion der Lincolns am Ende der Folge spricht Bände, denn sie können sich LeBlanc aufgrund seiner Paraderolle als dümmlicher Joey Tribbiani in der Sitcom FRIENDS nicht als intellektuelle Figur vorstellen. Die Lincolns gehen daher ebenfalls von einer Überlappung von Schauspiel-Image und realer Person aus, was sich auch daran ablesen lässt, dass sich Beverly nach einigen persönlichen Begegnungen mit LeBlanc von dessen, wenn auch nur oberflächlich aufgesetzten Intelligenz und verbaler Schlagfertigkeit förmlich überrascht sieht. EPISODES deutet mit dieser Facette ein Phänomen an, das als typische Strategie der Selbstinszenierung von Stars speziell im Kontext des Hollywood-Blockbusters Anwendung findet, nämlich der scheinbaren Überlappung der Charakterzüge und Wertevorstellungen eines Schauspielers und seiner Rollen. Oder um es plakativ zu verdeutlichen: Gerade Schauspieler früherer (postklassischer) Tage wie Bruce Willis, Arnold Schwarzenegger oder Sylvester Stallone übernahmen vorwiegend Rollen, die ihr Image als Heldendarsteller weiter ausbauten und förderten, um zu suggerieren, dass sie auch außerhalb ihrer Filme für die Werte stehen, die sie in ihren Filmen verkörpern.[113] So wird innerhalb einer Karriere auch häufig der bewusste Bruch mit einem aufgebauten Image als Film- oder Serienheld Teil einer Strategie der Erzeugung medialer und publikumswirksamer Aufmerksamkeit.[114]

---

112 Zur Vermarktung von Filmen mithilfe des Starprofils mitwirkender Hauptdarsteller siehe Lowry, Stephen: «Glamour und Geschäft. Filmstars als Marketingmittel.» In: Hediger, Vinzenz / Vonderau, Patrick (Hg.): *Demnächst in ihrem Kino. Grundlagen der Filmwerbung und Filmvermarktung*. Marburg 2009, S. 282–284.

113 Kaum ein Schauspieler könnte hierfür besser als Beleg angeführt werden als Arnold Schwarzenegger, der sowohl in seiner Zeit als Gouverneur von Kalifornien wie auch davor oder danach stets mit seinem Filmimage als starker, durchsetzungsfähiger Held kokettierte. Selbst seine innerfiktionale Wandlung vom bösen Terminator des ersten Teils der TERMINATOR-Reihe hin zu einem guten in den darauffolgenden Teilen, bestätigt diese Kontamination aus realer Person und Figur.

114 Als berühmte Beispiele könnten der vorwiegend durch seine Komödien bekannte Schauspieler

Die Eingriffe verändern das Showkonzept der produzierten Remake-Serie nachhaltig bis drastisch und führen vor Augen, wie in diesem Fall Autoren von Schauspielern und Produzenten manipuliert werden. So wird aus dem englischen Original der Serie über einen älteren Internatsdirektor eine Serie über einen deutlich jüngeren Eishockeycoach. Auch im weiteren Cast werden massive Veränderungen vorgenommen, um über typische Schauwerte wie Frauen als Sexobjekte die Zuschauerzahlen eines offenbar sensationslüsternen amerikanischen Publikums zu steigern, das sich nicht auf das kultivierte, in England höchst erfolgreiche Original einzulassen scheint. Auch sexuelle Manipulation gegenüber den Autoren spielt innerhalb dieses Gesamtgefüges eine Rolle, da die Ehe der Lincolns durch die permanenten Eingriffe in ihr Skript auf die Probe gestellt wird. Definierte sich das Paar in England als stets erfolgreiches Autorenduo, das sich den Idealen ihrer Erzählungen verpflichtet fühlte, führt die manipulative und zunehmend in ihrer Falschheit entzauberte Maschinerie amerikanischer Network-Politik dazu, ihre Ideale zu zerstören.

Die Serie nutzt daher eine kulturelle Kontrastierung zwischen dem scheinbar intellektuellen englischen Fernsehen, wie es beispielsweise von DOWNTON ABBEY prominent vorgeführt, und dem auf Starkult, Sex und leichter Konsumierbarkeit ausgerichteten US-Fernsehen, das sich vorwiegend über plakative Genres definiert. Bereits der Opening Credit richtet sein Augenmerk auf diese Unterscheidung, die als eine nahezu imperialistische Vereinnahmung der Fernsehkultur der Autoren dargestellt wird. Der Credit zitiert motivisch wie narrativ-metaphorisch die Grundproblematik der Serie. Zu Beginn des Credits liegt ein grafisch animiertes Drehbuch mit klassischem Typoskript-Stil einer Schreibmaschine auf einem Schreibtisch, als plötzlich ein Windstoß das Drehbuch aus dem Fenster weht und über London hinweg bis nach Hollywood trägt. Durch typische Insignien wie dem Big Ben in London oder dem legendären Hollywood Sign auf den Hollywood Hills nimmt der Credit in der Bewegung des «Werks» den Eingriff und die Transformation des Autorenpaars Lincoln vorweg und akzentuiert die nationalen wie künstlerischen Klischees, die sich mit England und Amerika in das kulturelle Gedächtnis eingeschrieben haben. Der typografische Schreibakt als Auszeichnung der Autorschaft von Autoren kommt zusätzlich etwa in den Titeln der jeweiligen Episoden der Serie zum Einsatz. Dass es sich innerfiktional um eine Umschrift und Umcodierung der Originalserie der Lincolns handelt, betont der Credit durch seinen Schluss. Das Skript, das während seiner Reise nichts von seinem betonten Glanz verliert, landet nach einem lauten Pistolenknall über Hollywood als durchlöcherte Restseite in einem Swimmingpool und wird völlig durchnässt. Deutet man insbesondere den Pistolenschuss als Symbol für das amerikanische Action- oder Wes-

Robin Williams, Heath Ledger oder auch Karl-Heinz Böhm genannt werden, die alle jeweils ihrer Karriere eine Wendung geben wollten, indem sie Mörder und Bösewichter entgegen ihrer bisherigen Rollenprofile spielten.

ternkino, wird klar, wie plakativ EPISODES den Abschuss eines kultivierten europäischen Autorenkinos als Klischee in sein eigenes Serienkonzept inkorporiert. Die typografische Handschrift als Zeichen auktorialer Souveränität[115] wird somit von der privat familiären Umgebung (die Wohnung der Lincolns, in der der Schreibtisch steht) in die opulente, jedoch brüchige Fassade Hollywoods verfrachtet. Die Bewegung des Skripts symbolisiert daher den Verlust der Souveränität und kreativen Unabhängigkeit, die man im Kontext des semantisch aufgeladenen Bewegungsablaufs der Bilder auf das Fernsehen als Krisengenerator von Autorschaft übertragen könnte.[116] Diese Wendung, die Autorschaft und eheliche Partnerschaft der Lincolns gleichermaßen in die Krise stürzt, findet dann konsequenterweise in ihrer vom Studio gemieteten Prachtvilla ein passendes Pendant, da dort beispielsweise noch einige Kulissen aus zuvor dort gedrehten Reality-Shows herumstehen und die Lincolns nur im Falle des Erfolges der Serie bleiben dürfen. Dass EPISODES selbst allerdings dieses Klischee dazu nutzt, eine ironische Comedy daraus zu machen, zeigt wie selbstverständlich Serien mittlerweile mit solchen Klischees umgehen.

Sich verändernde Star-Images und Zuschauerwerte nehmen in EPISODES auch deshalb eine wichtige Bedeutung an, da LeBlanc, wie auch die Serie insgesamt, im Verlauf der Staffeln immer wieder mit seinem Marktwert konfrontiert wird, der sich über die wechselhaften Einschaltquoten der Serie in einer schnelllebigen Serien- und Filmlandschaft definiert. Die Serie reflektiert ihren eigenen Status als Medienprodukt, das durch Nachahmer-Serien, ungünstige Sendeplätze oder schlechte Publicity an Einschaltquoten und damit an Marktwert verliert. Speziell das Finale der ersten Staffel treibt dies auf eine fiktionsintern dramatische Spitze, als nach dem Dreh der Pilotfolge des Remakes nicht klar ist, ob die ganze Serienstaffel tatsächlich gedreht und anschließend gesendet wird. Erst im letzten Moment endet die Staffel mit der für die Lincolns nicht unbedingt erlösenden Botschaft, nach der PUCKS!, so der Name der Remakeserie, als komplette Staffel ins Fernsehen kommt. Eine Schwebesituation, die viele Serien (und nicht nur EPISODES selbst) erleben. Dieser Abschluss der ersten Staffel offenbart, wie doppelbödig EPISODES mit seinen Figuren verfährt. Denn die Ehe der Lincols ist neben der ohnehin angespannten künstlerischen Situation zusätzlich nach einigen sexuellen Verwicklungen und

---

115 Zu diesem Mythos bzw. der Mythisierung dieses Ideals im Sinne einer rhetorischen Initialisierung und nachfolgenden Politisierung des Autorendiskurses siehe filmhistorisch besonders einschlägig aus dem Jahre 1948 den Text von Astruc, Alexandre: «Die Geburt einer neuen Avantgarde: die Kamera als Federhalter.» In: Kotulla, Theodor (Hg.): *Der Film. Manifeste, Dokumente, Gespräche. Band 2*. München 1964, S. 111–115.

116 Obgleich an dieser Stelle mit Blick auf die bereits thematisierten Produktionsbedingungen des Films und des Fernsehens jede radikal individualistische Vorstellung einer gänzlich autonomen Autorschaft ins Reich medialer Fabeln und inszenierter Mythen verbannt werden muss. Siehe dazu nochmal exemplarisch Gaut, Berys: «Film, Authorship and Collaboration.» In: Allen, Richard / Smith, Murray (Hg.): *Film, Theory and Philosophy*. New York 1997, S. 149–172.

Missverständnissen so angespannt, dass eine Trennung möglich ist. In die nahezu melodramatische Schlussszene bricht dann die Nachricht von der Fortsetzung der Serie nach einem äußerst erfolgreichen Prescreening in die Situation ein. Der Staffelcliffhanger von EPISODES besteht somit in einer Aufklärung darüber, wie es in der Ehe und der Autorschaft der Lincolns weitergeht, die nun mehr denn je nicht voneinander zu trennen sind. Während innerfiktional also Pucks! so modifiziert wurde, um aus einer dramatischen Historienserie eine möglichst leicht zu konsumierende Unterhaltungsshow zu machen, setzt EPISODES selbst innerhalb seiner eher humoristischen Erzählweise am Ende der Staffel gerade auf einen melodramatischen Effekt als Cliffhanger. Episodes nimmt daher speziell in dieser Szene Züge einer *Dramedy* als serielle Mischform an.

Diese zuweilen kritische Reflexion des Serienmarktes macht deutlich, wie schnelllebig das Seriengeschäft speziell seit Beginn der Ära des Quality TV geworden ist durch immer neue Ableger und nur wenigen seriellen Dauerbrennern, die wie DALLAS, BAYWATCH, SEINFELD oder MURDER, SHE WROTE ganze Dekaden prägen konnten. Man könnte auch abstrahiert folgern, dass EPISODES die Notwendigkeit permanenter Selbsterneuerung der Serie in sich inszenatorisch aufgenommen hat und als relevantes Strukturmuster der eigenen medialen Bedingungen ausstellt. Das den meisten kontemporären Serien inhärente Bewusstsein, sich spätestens von Staffel zu Staffel verändern zu müssen, ohne jedoch durch zu radikale oder aus Sicht der Zuschauer schlicht «falsche» Entscheidungen an Bedeutung zu verlieren, findet in EPISODES auf der inhaltlichen Ebene statt. Schon der Titel EPISODES, so könnte man als These in den Raum stellen, bringt die Ambivalenz der Serie zwischen episodischer Beständigkeit (Serie) und fortlaufender Variation (Serial) zum Ausdruck.

Dass an dieser Stelle ausgerechnet Komödien herangezogen wurden, liegt unter anderem an der historisch einflussreichen Tradition an Filmen und Serien, die sich metafilmischer Verfahren bedienen. Die hier genannten Filmkomödien inszenieren ihre selbstreferenziellen bis metaleptischen Momente bewusst als erkennbare Eingriffe in innerfiktionale Grenzziehungen, um das medial selbstreflexive Potenzial ihrer Erzählungen hervorzuheben.[117] Im Bereich der Comedy besitzt die Rolle des Autors und Protagonisten in Personalunion eine lange Tradition, wie besonders prominent Woody Allen oder Charlie Chaplin belegen.[118] Eine Fortsetzung dieses Konzeptes, wie sie SEINFELD und CURB YOUR ENTHUSIASM vorführen, zeigt erneut, wie Fernsehserien vor allem filmische Traditionen adaptieren und in ihre Serienformate eingliedern.

---

117 Vgl. dazu auch die Beiträge in Horton, Andrew S. (Hg.): *Comedy/Cinema/Theory*. Berkeley/Los Angeles 1991.
118 Siehe dazu Heller, Heinz-B. / Steinle, Matthias (Hg.): «Einleitung.» In: Dies. (Hg.): *Filmgenres. Komödie*. Stuttgart 2005, S. 18–19.

Der kursorische Blick auf einige Konzepte und Umsetzungen innerhalb der Inszenierung klassischer Autorenfiguren im Metafilm und der Sitcom/Dramedy-Serie belegt vor allem die Aktualität der Auseinandersetzungen, die sich an Autorenfiguren dramaturgisch ankoppeln lassen. Nahezu alle hier diskutierten Serien und Filme verhandeln Prozesse des explizit thematisierten Remakings, die sich beispielsweise bei CURB YOUR ENTHUSIASM anhand Larry Davids Vergangenheit als wiederkehrender Autor von SEINFELD oder der amerikanischen Remake-Serie in EPISODES nachverfolgen lassen.

Da der Fernsehserie per se durch ihre Existenzbedingung als serieller Text ein Moment des Remakings anhaftet, nutzen zahlreiche Serien diese Prämisse in Form autothematischer Verhandlungen für ihre Erzählungen. Gerade Autorenfiguren werden als Gelenkstelle funktionalisiert, an der sich Prozesse und Akte des Remakings meist als Krisensymptome figurativer oder sogar medialer Natur erzählen lassen. Deshalb weisen speziell TRUMAN SHOW, THE COMEBACK oder EPISODES ihren Protagonisten krisenhafte Lebensentwürfe zu, die mit dem Fernsehen in Verbindung stehen. Das schlechte Image serieller Fernsehunterhaltung, so könnte man schlussfolgern, wird durch die selbstreferenziellen Bezüge der Serien zu realen Personen, Institutionen und vor allem den Klischees, die sich mit dem Fernsehen assoziieren lassen, innerhalb der Fernsehserien selbst beobachtet und komödiantisch tradiert.[119]

3.2 Autor/schaft als Figuration: Serienbiografische Reflexionen

Im letzten Kapitel stand eine Bestandsaufnahme des autorschaftlichen Diskurses im Zentrum, der sich hauptsächlich an der Schnittstelle zwischen real fassbaren Autoreninstanz(en) klassischer Prägung und einer Fiktionalisierung von Autorschaft bewegt. Wie die vorliegenden Ausführungen programmatisch vorgeben, realisiert sich jede Form von Autorschaft über einen Schaffensprozess, der dazu führt, ein Werk zu kreieren, aktiv darauf Einfluss zu nehmen und sich selbst etwa als Schöpfer, Erzähler oder Manipulator zu generieren und selbst zu inszenieren. Dieses Kapitel soll nun dazu dienen, auf einige markante Leitlinien figurativer Entwürfe von Autorschaft und die Einbindung bestimmter grundsätzlicher Themenschwerpunkte innerhalb des reflexiven Umgangs mit Serienautorschaft einzugehen, die sich von einer klassischen Lesart des Autors als Künstlerfigur ablösen lassen. Eine Existenz als Autorfigur impliziert vordergründig ein scheinbar offenkundiges Bedürfnis nach Öffentlichkeit und Wahrnehmung durch ein Publikum,

---

119 Als weitere Serien, die in dieses Schema passen, könnten auch aus dem deutschen Fernsehen TV-Satiren wie LERCHENBERG (ZDF) oder PASTEWKA (SAT1) aufgezählt werden. Im amerikanischen Kontext ließen sich unter anderem auch noch die über 8 Staffeln erfolgreiche HBO-Serie ENTOURAGE sowie NBCs 30ROCK nennen.

welches das Schaffen des Autors zur Kenntnis nimmt und es entsprechend dessen Leistung würdigt oder kritisiert. Insbesondere als kollektive oder anonyme Existenzen ohne singuläre Identifikation und Zuschreibung lassen sich im Sinne des hier verfolgten Konzeptes auch Figuren als Träger einer Autorschaft bestimmen, die aus dem Hintergrund agieren und nicht als öffentliche oder zumindest innerhalb ihres Tätigkeitsfeldes individuelle Instanzen eines Werkprozesses anerkannt werden.

Anders formuliert: Wo klassische Autorenfiguren wie Schriftsteller und Regisseure durch ihr Werk per se auf eine öffentliche Wirkung abzielen, die sie zumindest (wie im Metafilm oder der Serie) als Teil des komplexen Werkes anerkennt, inszenieren Serien auch Formen von Autorschaft, die nicht auf solche Prozesse ausgerichtet sind und sehr differenzierte Modelle von Individualität verhandeln, die sich über die Serienbiografie der Autorenfiguren definieren. Die folgenden Überlegungen und Beispiele wollen nun verschiedene Aspekte und Richtungen autorschaftlicher Dispositionen und ihre Konsequenzen für eine Interpretation der reflexiven Prozesse kontemporärer Serien ausloten und beleuchten. Dies soll helfen, sowohl die konzeptionelle Ausrichtung der Analyseschwerpunkte der Typologie wie auch deren Kategorien besser erfassen und begründen zu können. Die Auswahl der Beispiele erfolgt nicht nach genrespezifischen Kriterien wie im Kapitel zuvor. Dieses Vorgehen stellt sicher, dass serielle Autorenfiguren im Kontext medialen Wandels hinsichtlich des Potenzials kontemporärer Serien, Autorschaft jenseits einseitiger Genrezuschreibungen komplex zu beobachten, in ihrer grundsätzlichen Symptomatik bestärkt werden.

Autorschaft ist nicht allein durch ein zu (er-)schaffendes Werk definiert, sondern ebenso als eine Lebensform, die sich etwa auf das soziale und gesellschaftliche Umfeld einer Autorenfigur auswirkt. Der Topos des genialen Schriftstellers etwa, der sich nicht mit seiner Umwelt arrangieren kann, ist ebenso ein gängiges Figurenklischee wie ein sich in der Schaffenskrise befindender Autor, der seine Schreibblockade überwinden muss. Im Kern geht es dann einerseits um die Lösung eines Problems, das sich zwar an der Tätigkeit des Autors entzündet, jedoch meist nur symptomatisch und geradezu allegorisch für seine eigentlichen Probleme innerhalb seines sozialen und emotional aufgeladenen Umfeldes steht.

Entsprechend der hier vertretenen Auffassung eines erweiterten Autorschaftsbegriffs, der nicht vorrangig oder ausschließlich an eine explizit künstlerische Tätigkeit gebunden sein muss, trifft dieses Los auch andere Berufsgruppen. Geniale Mathematiker wie John Forbes Nash in Ron Howards Film A BEAUTIFUL MIND (2001) oder Alan Turing in Morten Tyldums THE IMITATION GAME (2014) müssen den Preis ihrer Genialität im privaten und sozialen Bereich bezahlen. Während Nash zunehmend an Schizophrenie erkrankt und nicht mehr zwischen Wahrheit und Fiktion zu unterscheiden vermag, muss Turing bei der Erfindung einer Entschlüsselungsmaschine im Kampf gegen die Nazis im Zweiten Weltkrieg ebenfalls aufgrund seines arroganten und herablassenden Charakters im Umgang mit seinen

Kollegen darauf bedacht sein, dieses Verhalten mit seinen einzigartigen Fähigkeiten zu rechtfertigen. Speziell Detective-Serien wie SHERLOCK schließen an diese Tradition an, indem sich die Genialität der Autorschaft von Serlock Holmes scheinbar nur über den Preis seiner sozialen Inkompetenz erhalten kann.

Nur über den emotional ungetrübten Blick, so die mitlaufende These, ist es Sherlock Holmes in der Serie möglich, Zusammenhänge zu erschließen und zu rekonstruieren, die anderen verborgen bleiben. Um jedoch einerseits diese psychische Disposition dramaturgisch konsequent ausspielen und auch mit einer dezidiert «menschlichen» Reflexionsfigur serienbiografisch spiegeln zu können, wird einer Figur wie Sherlock Holmes Dr. Watson oder Dr. House in der gleichnamigen Arzt-Serie sein (sicher nicht nur zufällig ähnlich klingender) Kollegenfreund Dr. Wilson an die Seite gestellt.[120] Eine kontemporäre Sitcom wie THE BIG BANG THEORY nutzt das Klischee des genialen Außenseiters dazu, mithilfe der unmittelbaren Spiegelung zwischen Normalität und Abweichung einen fortlaufenden Comedy-Prozess in Gang zu halten. Der geniale Physiker Dr. Sheldon Cooper aus THE BIG BANG THEORY lernt im Verlauf der Serie nur bedingt dazu, was es heißt, sich im Alltag und vor allem mit normalen Menschen und ihren emotionalen Bedürfnissen zu arrangieren. Seine Reaktion auf Menschen und deren Probleme, fällt meist so aus, dass er sie entweder falsch einschätzt, sie zu ignorieren versucht oder nur auf sich bezieht. Coopers Figurenentwurf ist gekennzeichnet durch einen starken Narzissmus, der allerdings im Gegensatz zu den dramatischen Entwürfen von Alan Turing und John Forbes Nash keine drastischen Konsequenzen nach sich zieht. Coopers Handeln bleibt meist folgenlos und im Sinne der Episodenserie in der nächsten Folge «vergessen».

Da die Sitcom gerade auf dieser Idiosynkrasie Coopers im Wesentlichen ihr serielles Comedy-Potenzial aufbaut, ist ein Wandel seines Charakters auch nur innerhalb eingeschränkter Bahnen möglich. Kurz gesagt: Ein umfassender Wandel Coopers hin zu einem sozialverträglichen Menschen würde das Serienkonzept von THE BIG BANG THEORY torpedieren und wohl schnell zum Einsturz bringen. Als serielle Figur, deren Gedächtnis und Erzeugnisse meist ohne weitere Konsequenzen im narrativen Äther der Episodenserie verschwinden[121], steht Cooper für eine Form von Autorschaft, die zwar durch sein Umfeld immer wieder aufgerufen, jedoch nur selten mithilfe eines konkreten Ergebnisses untermauert wird. Cooper gilt zwar stets als genialer Physiker, dessen Arbeiten in der Fachwelt Eindruck schinden, doch hat sein Schaffen kaum Auswirkungen auf die Handlung der Serie und ihrer wesentlichen Selbstbeschreibung als Sitcom, die auch innerhalb eines ande-

---

120 Vgl. dazu auch Toadvine, April: «The Watson Effect. Civilizing the Sociopath.» In: Porter, Lynette (Hg.): *Sherlock Holmes for the 21st Century. Essays on new Adaptions.* Jefferson 2012, S. 48–64.

121 Siehe dazu Denson, Shane / Mayer, Ruth: «Grenzgänger. Serielle Figuren im Medienwechsel.» In: Kelleter, Frank (Hg.): *Populäre Serialität. Narration – Evolution – Distinktion. Zum seriellen Erzählen seit dem 19. Jahrhundert.* Bielefeld 2012, S. 189–194.

ren Berufsfeldes seiner Protagonisten in dieser Form funktionieren würde. Somit bildet Cooper einen Gegensatz zu anderen Autorenfiguren wie Don Draper, Hank Moody oder Hannibal, deren Autorschaft im Kontext eines Werkprozesses einerseits handfeste Konsequenzen für die Handlung hat, andererseits aber auch durch die Serie selbst in ihren Auswirkungen reflektiert wird. So erscheint Hannah Horvath als blockierte Schriftstellerin zu Beginn von GIRLS ebenfalls als Wiederkehr eines Klischeebildes, doch genau dieser Umstand wird in der Serie konkret zum Thema. Ebenso wie die Ursache für Hannahs Blockade, die nicht wie bei genialen Außenseitern durch eine emotionale Reife überwunden werden kann, sondern mit ihrem Selbstentwurf als Schriftstellerin, der zunächst nicht ihrem Talent entspricht und dazu durch ihre angespannte Finanzlage eher als utopische Flucht vor der grauen Realität ihres Alltags zu deuten ist.

Dass die Unterschiede zwischen Cooper und den anderen Autorenfiguren nicht allein damit zu erklären sind, dass es sich bei THE BIG BANG THEORY um eine episodische Sitcom handelt[122], kann exemplarisch mit einem Abstecher zur Sitcom COMMUNITY erläutert werden.

In COMMUNITY geht es um eine Lerngruppe am Greendale Community College, die zusammen versucht, neben den Kursen auch den Alltag am College zu überstehen. Neben Jeff Winger, der als ehemaliger Anwalt einen Abschluss in Greendale nachholen muss, um seine berufliche Karriere fortsetzen zu können, besteht die von ihm initiierte Lerngruppe unter anderem aus Britta Perry, einer früheren Aktivistin, dem gealterten Großindustriellen Pierce, der frisch geschiedenen afroamerikanischen Christin Shirley oder dem Filmstudenten Abed Nadir. Die genretypisch sehr heterogene Lerngruppe erlebt im Verlauf der Serie zahlreiche absurde Erlebnisse, die mit dem Alltag an einem College nur sehr bedingt etwas zu tun haben. Speziell die Figur des Abed Nadir sticht dabei als Autorenfigur besonders hervor. Durch seine Unfähigkeit, offen über seine Gefühle zu kommunizieren, entspricht er ebenfalls zunächst dem Klischee des Außenseiters. Seine Genialität drückt sich jedoch nicht in herausragenden schulischen Leistungen aus. Abed ist vielmehr ein wandelndes Zitatenbuch der Popkultur, das jede Lebenssituation wie einen fiktionalen Text kommentiert. Abed kann sein Leben nur medial ordnen und nur im Rückgriff auf Medientexte über sich und andere reflektieren. Zwar ist auch THE BIG BANG THEORY durchtränkt mit popkulturellen Zitaten und Referenzen und sie sind dort ebenfalls zentral für den Selbstentwurf ihrer Protagonisten als gemeinschaftsstiftendes Element. Doch es findet keine metareferenzielle Auseinandersetzung statt, wie sie Abed in COMMUNITY permanent betreibt. Denn Abed kommentiert nicht nur die innerfiktionalen Handlungen der Serie; er kommentiert ebenso

---

122 Wobei auch hier gilt, dass es sich bei THE BIG BANG THEORY um eine Mischform handelt, da die Sitcom zumindest immer wieder gerade im Bereich des Privatlebens der Figuren fortlaufende Entwicklungen einbaut.

die Tatsache, dass diese Handlungen serienfiktional ablaufen und bestimmten Konventionen folgen oder ihnen widersprechen.

Hinzugesellen sich Abeds Eingriffe in die Handlung, die er mit eigenen Filmen begleitet oder manipuliert. An ihm macht sich eine Autorschaft fest, die nicht dem klassischen Geniegedanken eines autonomen Schöpfers folgt, sondern sich als ein Metaerzähler beschreiben lässt, der in die Fiktion der Serie (und auch in die Lerngruppe) vollständig eingebunden ist, jedoch ihren Wandel als Serie «aktiv» mitbeobachtet. Abed steht wie andere moderne Autorenfiguren nicht für Offenheit und Unbestimmtheit, die sich wie bei Superheldenfiguren wie Superman oder Batman aufgrund ihrer ideologischen Konzeption als «gute Helden» leicht adaptieren und aneignen lässt:

> Serielle Figuren [wie beispielsweise klassische Superhelden, A.S.] sind nie völlig präsent, nie völlig greifbar, weil sie ihre Gestalt im impliziten oder expliziten Verweis auf vorherige Dramatisierungen oder auf mögliche zukünftige Entwicklungen erhalten (...) Neue Formen und Formate des Seriellen etablieren sich, und die serielle Figur in ihrem klassischen Zuschnitt mag ausgedient haben.[123]

Das dem nicht so ist, beweisen kontemporäre Sitcoms und Dramaserien, die nicht in einer Reflexion ihrer eigenen Bedingungen aufgehen. Der Ritualisierung und Standardisierung solcher seriellen Grundfiguren, die sich historisch unter anderem mit klassischen Sitcom-Protagonisten der 1980er-Jahre mühelos weiterverfolgen lässt, setzen Seriencharaktere wie Abed durch ihre Autorschaft das moderne Bild einer Reflexion der Variation entgegen. Abeds Autorschaft innerhalb seiner filmischen Produktionen und Projektionen verdeutlicht, wie serielle Autorenfiguren mithilfe ihrer Selbstinszenierung erst die Bedingungen und Möglichkeiten medialer Inszenierung zur Ansicht bringen.

Die Reflexionsleistung moderner Serien geht soweit, die seriellen Bedingungen ihrer Protagonisten zu verhandeln. Dies kann beispielsweise durch genre- oder textreflexive Momente erreicht werden, wenn etwa serienhistorische Genredispositionen transformiert werden oder auch der Status einer Serie als endlicher Text in die Figuration eines Protagonisten eingeschrieben wird. Serialität, Existenz und (Serien-)Tod gehen so Hand in Hand. Ein berühmtes Beispiel hierfür stellt die Serie Breaking Bad dar, die in 5 Staffeln von 2008–2013 produziert und ausgestrahlt wurde. Breaking Bad dreht sich im Kern um das Leben des Walter White, der sich von einem biederen, völlig frustrierten Chemielehrer in einen rücksichtslosen Kriminellen verwandelt. Whites Abkommen vom Weg, wie der Titel bereits suggeriert, trägt in sich selbst bereits mehrere Momente seriellen Wandels. Zunächst wäre sein Status als Protagonist der Serie zu nennen. Walter Whites Weg zu einem Kriminellen bzw. die Besetzung einer kriminellen Figur als Held einer Serie haftete 2008

---

123 Denson, Shane / Mayer, Ruth: «Grenzgänger. Serielle Figuren im Medienwechsel», S. 198–199.

trotz berühmter «Vorbilder» wie Mafia-Boss Tony Soprano oder Serienkiller Dexter Morgan durchaus kontroverses Potenzial an. Whites Weg ist entgegen der eben genannten Figuren allerdings nicht nur durch familiäre Umstände (Tony Soprano) oder eine innere Veranlagung (Dexter Morgan) prädestiniert.[124]

Sein Heldenweg nimmt ihren Anfang durch seine Erkrankung an Lungenkrebs, die für ihn ein Todesurteil ist. Da White seine Familie nicht im Stich lassen möchte, versucht er im Verlauf der Serienhandlung, mit selbstproduzierten Drogen genug Geld zu verdienen, um seiner Familie etwas hinterlassen zu können und ihre Existenz zu sichern. Walter kann seine Kenntnisse als Chemielehrer nun dazu nutzen, selbst Drogen herzustellen und eine andere Art Lehrer für seine Komplizen zu sein. Bezeichnenderweise wird Walters ehemaliger Schüler Jesse zu seinem wichtigsten Partner, obwohl Walter ihn selbst unter den veränderten Umständen einer Drogenpartnerschaft immer wieder wie einen Schüler behandelt, der seinem Lehrer nicht ebenbürtig werden kann. Auch Walters Familie bildet keineswegs ein stabiles Gebilde, da gerade seine Ehe sowohl unter den Folgen seiner Wandlung wie auch den zuvor herrschenden Bedingungen davor problematisiert wird. Unter dem vielsagenden Pseudonym «Heisenberg» steigt White immer mehr zu einem bedeutenden Faktor in der Drogenszene Albuquerques auf. Whites Weg wird somit durch den Schicksalsschlag einer sich ausbreitenden und tödlichen Krankheit eingeleitet und bestimmt. Seine Motivation mag zu Beginn durch ihren moralischen Impetus noch plausibel erscheinen, jedoch wird Walters ohnehin zweifelhaftes Anliegen, mit Drogen Geld zu verdienen, zunehmend durch Begleiterscheinungen wie Mord vollständig pervertiert. Walters Egomanie, die sich aus seinem Aufstieg nährt, gewinnt bis zum Serienende immer mehr Oberhand über eine Figur, die in ihrer moralischen Zwiespältigkeit auch entsprechend kontrovers rezipiert wurde. Doch gerade das kontroverse Potenzial von BREAKING BAD, das unter anderem mit weiteren skandalträchtigen Motiven wie dem Tod von Kindern aufwartet, wurde zum Markenzeichen und Erfolgsgarant der Serie.[125]

BREAKING BAD endet folgerichtig mit Walters Tod und der Gewissheit, einem Killer dabei zugesehen zu haben, wie er seine Rolle als solcher zunehmend genoss und auch seine anfänglichen Motive längst nicht mehr als Schutzschild seiner Egomanie benötigte. So gibt Walter gegenüber seiner Frau im Serienfinale zu, sich als

---

124 Vgl. dazu Eick, Dennis: «Das Wesen des Bösen oder: Warum wir in der TV-Serie Dexter mit einem Serienkiller mitfiebern. Eine handwerkliche Betrachtung der US-Serie aus Sendersicht.» In: Seiler, Sascha (Hg.): *Was bisher geschah. Serielles Erzählen im zeitgenössischen amerikanischen Fernsehen.* Köln 2008, S. 148–159.

125 Zur Rezeption von BREAKING BAD, die insbesondere das Finale der Serie begeistert begleitete, siehe beispielsweise Schmieder, Jürgen: «Du bekommst, was du verdienst. Finale von Breaking Bad.» In: http://www.sueddeutsche.de/medien/finale-von-breaking-bad-du-bekommst-was-du-verdienst-1.1783669 (letzter Zugriff: 10.9.2015) oder Rehfeld, Nina: «Ich war richtig lebendig! Das Finale von Breaking Bad.» In: http://www.faz.net/aktuell/feuilleton/medien/das-finale-von-breaking-bad-ich-war-richtig-lebendig-12597740.html (letzter Zugriff: 10.9.2015).

Krimineller lebendiger gefühlt zu haben als zuvor. Sein (Ab-)Leben, das sich durch zahlreiche Anspielungen wie den Handlungsort New Mexico, einige Showdowns oder Walters optische Entwicklung auf das Westerngenre bezieht, spielt durch seinen figurativen Wandel mit der in vielen Western dichotomisch aufgebauten Unterscheidung zwischen gut und böse. Eine vereinfachte Weltsicht, wie sie viele genretypischen Serien predigen, kann es bei BREAKING BAD nicht geben.[126]

Was BREAKING BAD neben seiner figurativen Kontroversen auszeichnet, ist die strukturelle Verbindung zwischen Walters Entwicklung und der Serie im Sinne einer Serienbiografie, die sich selbst reflektiert. Man könnte nun einwerfen, dass jede Serie einmal endet und dies selbst auf eine potenzielle Unendlichkeit ausgerichtete Formate wie Soap Operas zutrifft.[127] Die Selbstreflexion markiert den entscheidenden Unterschied zu anderen Serien. Dies hängt in erster Linie mit Walters Ableben zusammen, das sich durch seine Krankheit von Anfang an abzeichnet. Die Serie richtet zwei temporale Fixpunkte ein, die ihren Anfang und Endpunkt bedeuten: Den Beginn von Walters ablaufender Lebenszeit und sein tatsächliches Ende. BREAKING BAD ohne Walter White, so die selbstaufgestellte These der Serie selbst, wäre nicht denkbar. Aus Walters Tod entsteht somit vor allem eines, nämlich das Ende der Serie BREAKING BAD. Die Zeit bis zu Walters prognostiziertem Todeszeitpunkt schreitet unerbittlich fort und wird in der Serie permanent als drohendes Ende platziert. Serie und Serienbiografie gehen somit in BREAKING BAD eine enge Verbindung ein, da Serie ihr eigenes Sein zum Tode sowohl an Walters Leben wie auch den Abschluss der Serie knüpft. Das selbstreflexive Moment der Serie äußert sich nun einerseits am konkreten erzählerischen Umgang mit diesem seriellen Sein zum Tode als auch Walters Autorschaft als sich wandelnder Charakter. Beides hängt unmittelbar miteinander zusammen. Erzählerisch geht BEAKING BAD nämlich den Weg der Verzögerung. Das bedeutet, dass der Weg zu Walters Ende immer wieder durch erzählerische Einschübe und einer Anhäufung figurativer wie narrativer Komplexität, die analog zu Walters persönlicher Entwicklung als krimineller Egomane, der sein Ende nicht mehr akzeptieren möchte, dem Tod der Serie scheinbar zuwiderläuft. Lorenz Engell bringt diese für BREAKING BAD bezeichnende Konfliktsituation auf den Punkt:

> Obschon das Ziel völlig klar und vorhersehbar ist, werden die Schritte der Annäherung an dieses Ziel immer kleiner. Zwischen zwei absehbare oder vorhergesehene Vorkommnisse kann immer noch ein anderes eingefügt werden. Die Schritte in

---

126 Womit allerdings keines gesagt sein soll, dass das Western-Genre stets nach einfachen Mustern verfährt. Vielmehr steht gerade der Western mit zahlreichen hochgradig subversiven Meta-Western innerhalb seiner Genretradition dafür ein, mit etablierten Konventionen zu brechen und oftmals nur vordergründig einer einfachen Ideologie zu folgen. Siehe dazu etwa die Beiträge in Klein, Thomas et al. (Hg.): *Crossing Frontiers. Intercultural Perspectives on the Western (= Marburger Schriften zur Medienforschung, Bd. 22).* Marburg 2012.

127 Siehe hierzu nochmal Grampp, Sven / Ruchatz, Jens: *Die Enden der Fernsehserien*, S. 7–8.

der erzählten Zeit werden (…) immer kleiner (…) So entsteht nicht trotz, sondern gerade aufgrund der Begrenztheit der Zeit – der Held wird sterben, und zwar bald – der Eindruck eines unendlichen Anwachsens oder Wucherns der Serie.[128]

Um diesen folgenreichen Gedankengang von Lorenz Engell weiterzuverfolgen: Was wuchert nun in BREAKING BAD? Möchte man zunächst meinen, es wären mit dieser Metapher von Engell allein Walters Krebsmetastasen angesprochen, so gibt die Serie neben einem Anstieg an Figuren und Nebenhandlungen eine komplexere Antwort, die mit Walters Fähigkeiten als Chemiker und damit seiner Autorschaft als krimineller Drogenchemiker einhergeht. Denn durch sein Wissen gepaart mit seinem Erfolg, kann sich Walter eine Behandlung leisten, die sein Ableben verzögert und sogar langfristig stillzulegen scheint. Walter White, der anfangs nicht in der Lage ist, sein Leben in den Griff zu bekommen, avanciert durch sein «Werk» zu einer pervertierten schöpferischen Instanz, die dem (Serien-)Tod zu trotzen vermag. Walters zwischenzeitliche Rettung hängt daher untrennbar mit seiner amoralischen Entwicklung zusammen.

BREAKING BAD spielt durch die ultimative Setzung des Todes am Anfang und den folgenden Aufschüben somit zumindest bis zum Abschluss mit den Erwartungen der Zuschauer. Dennoch bedeutet das Ende der Serie trotz aller Erwartungsbrüche, die mit Walters paradoxer Metastasierung als sich ausweitender Drogenboss einhergehen, dass Walter zwar in immer neuen Variationen dem Ende entging, doch letztlich vom Tod eingeholt wird. Abstrakt formuliert: Ein konkret ausgegebener Zielpunkt der Handlung wird durch den Serienverlauf immer unwahrscheinlicher, um dann am Ende trotz aller Mühen und erzählerischer Kniffe in aller Finalität dort anzukommen. Eine Veränderung und Umkehr des Serientodes ist nur dann möglich, wenn die Serie «von ihrem eigenen Skript abweicht, also letztlich die Kausalkette umbiegen kann, der sie ihre eigene Entstehung verdankt.»[129]

Das serielle Gesetz einer Kausalität aufeinanderfolgender Episoden eines Serials erfährt daher in diesem Fall eine Reflexion ihrer Grundbedingungen, die letztlich eines verdeutlicht: Moderne Serien denken anhand ihrer Protagonisten nicht nur über deren figurative Serienbiografie nach, sondern auch über ihre eigene. BREAKING BAD brachte zwar mit BETTER CALL SAUL eine Spin-Off-Serie hervor, doch erzählt diese die Vorgeschichte des Anwalts Saul Goodman und schließt daher (zumindest bisher) nicht direkt an Walter Whites Serienbiografie an. Dennoch fügt sich selbst dieses Spin-Off gerade mit dieser Trennung in die eben skizzierte Inter-

128 Engell, Lorenz: «Zur Chemie des Bildes. Bemerkungen über Breaking Bad.» In: Freyermuth, Gundolf / Gotto, Lisa (Hg.): *Bildwerte. Visualität in der Digitalen Medienkultur (= Bild und Bit, Studien zur Digitalen Medienkultur, Bd. 1).* Bielefeld 2013, S. 201.
129 Engell, Lorenz: «Folgen und Ursachen. Über Serialität und Kausalität.» In: Kelleter, Frank (Hg.): *Populäre Serialität. Narration – Evolution – Distinktion. Zum seriellen Erzählen seit dem 19. Jahrhundert.* Bielefeld 2012, S. 256.

pretation ein, da sie anhand der Figur des Saul Goodman ebenfalls von der ersten Folge an einer Finalität seiner Entwicklung entgegen strebt, die mit Sauls Figuration in BREAKING BAD rückwirkend vorgezeichnet ist.

Dass moderne Serien die Konstellation des Serientodes als Abschluss einer Serienbiografie (der Figur / der Serie) bei kriminellen Figuren ganz unterschiedlich handhaben, belegen etwa die Serienabschlüsse von THE SOPRANOS und DEXTER. Während Tony Sopranos Schicksal trotz oder gerade aufgrund einiger markanter Todeshinweise in der letzten Szene zwischen Tod und Leben in der Schwebe bleibt, zieht sich Dexter Morgan nach dem Tod seiner Schwester in die Einsamkeit der Wälder Kanadas zurück, obwohl er damit seinen Sohn letztlich verlässt und ihn allein in die Obhut seiner Geliebten gibt. Da Dexter sich selbst den Tod seiner Schwester und seiner Ehefrau Rita nicht verzeihen kann, da er annimmt, sie wären nur aufgrund seiner mörderischen Veranlagung geschehen, versagt sich Dexter ein erneutes Familienglück und wählt die Selbstisolation als Form der Bestrafung. Gerade DEXTER lässt somit ein Fortbestehen und Weiterleben seines Protagonisten zu. Dass Dexter selbst seinen Drang zum Morden ablegen kann, obwohl die gesamte Serie im Rückgriff einer immer wiederkehrenden Problematisierung dieser Konstellation darauf hinauslief, dies zu verneinen, erscheint vor dem Hintergrund seiner Veranlagung als Serienkiller konsequent. Dexter Morgan ist ein modernes Exponat des seriengeschichtlich immer wiederkehrenden Motivs des Serienkillers[130], das gerade aufgrund seines Berufs als Polizeiermittler und dessen subversiver Unterwanderung als Killer nicht in einer Ordnung juristischer oder moralischer Wertmaßstäbe aufgeht.[131] Daher verfällt das Ende der Serie nicht dem Impetus klassischer Krimiserien, ihren Protagonisten mit einer Verhaftung oder Tötung final zu richten.

Was bei Dexter Morgan ebenfalls an dieser Stelle ins Gewicht fällt, ist sein Verstummen als Erzähler am Ende der Serie. Dexter ist wie Gossip Girl, Abed, Frank Underwood in HOUSE OF CARDS oder Carrie Bradshaw aus SEX AND THE CITY eine Erzählerfigur, die als Kommentator die Handlung rahmt und begleitet. Bei Dexter spielt dies vor allem deshalb eine Rolle, da die Zuschauer über ihn Einblick in seine Gedankengänge als Serienkiller erhalten. Dexter kommentiert und reflektiert sein Weltbild ebenso wie sein Selbstbild und ist damit eine reflexive Autorfigur par excellence. Denn die Serie DEXTER lebt von der innerfiktionalen Diskrepanz zwischen der Selbst- und Fremdreferenz Dexters, der in seinen Alltagsroutinen als Blutspurenanalyst und (Familien-)Vater seine geheime Passion verber-

---

130 Siehe dazu Seither, Hendrik: «Die Serialität des Tötens. Zur Homologie zwischen Serienmord und Fernsehserie am Beispiel Dexter.» In: Höltgen, Stefan / Wetzel, Michael (Hg.): *Killer/Culture. Serienmord in der populären Kultur* (= *Medien/Kultur 1*). Berlin 2010, S. 78–89.

131 Siehe dazu Wünsch, Michaela: «Sehen – Töten – Ordnen. Der Serienkiller in der Funktion des Herrensignifikanten.» In: Höltgen, Stefan / Wetzel, Michael (Hg.): *Killer/Culture. Serienmord in der populären Kultur* (= *Medien/Kultur 1*). Berlin 2010, S. 50–60.

gen muss. Sein Alltagsleben ist geradezu die Simulation von gesellschaftlicher Normalität, die seinem eigentlichen Wesen und Empfinden fundamental widerspricht. Sein Erzählen und Kommentieren adressiert den Zuschauer als Mitwisser seiner wahren Intentionen und Motivationen, die seinem innerfiktionalen Umfeld notgedrungen verborgen bleiben müssen. Die Introspektion Dexter Morgans stellt ein weiteres, bis dato unkonventionelles Moment der Darstellung von Serienkillern dar und weist der Serie DEXTER damit einen Platz an der Seite innovativer Vertreter in der Seriengeschichte zu. Denn Dexter hat im Spektrum der Krimi- und Detektivgeschichten ein Genre für weite Teile des Publikums salonfähig gemacht, das man als Killerserie bezeichnen könnte. Neuere Serien wie THE FALL und vor allem HANNIBAL radikalisieren die in DEXTER etablierte Konstellation und Figuration des Serienkillers durch eine doppelte Umkehrung.

Die Erzählerperspektive des Killers als subversives Element der Anteilnahme und suggerierten Komplizenschaft entfällt ebenfalls wie ein moralischer Kodex, der Dexters Handeln zumindest halbwegs legitimiert. Hannibal Lecter wie auch Dexter Morgan bezeichnen ihr mörderisches Schaffen als Werk, das sie mit bestimmten Teilen ihrer Opfer entweder als Sammlung von Blutproben (Dexter) oder essbaren Körperteilen (Hannibal) wie Reliquien behandeln. Folgt Dexter dem Prinzip der Sammlung und Archivierung seiner Opfer, geht es Hannibal um die Einverleibung und die Weiterverarbeitung seiner Sammlung. Seine Kochkunst ist ein Werk, das sich aufgrund seiner scheinbaren Normalität als Speise als letztlich extrovertiertes Spiel des um die Zutaten wissenden Hannibals präsentiert, während Dexters Sammlung ein solitär fetischistisches, die innere Abschottung des Killers Dexters symbolisierendes Werk darstellt. Lecters bewusste Manipulation des FBI zugunsten einer Befriedigung seiner narzisstischen Lust am Spiel ohne moralische Bindung steht allerdings für eine Steigerung der Amoralität eines Werkbegriffs. Dexters Bindung an einen Kodex, der von seinem Adoptivvater auf der Grundlage moralischer Werte entwickelt wurde und seinen Morden zumindest eine moralische Legitimation verleiht, könnte für Hannibal Lecters Selbstentwurf keine Geltung beanspruchen, da es zu Hannibals Programmatik gehört, sich jenseits einer Kategorisierung gesellschaftlicher Werte zu verorten. Sein Handeln etwa als Erzähler wie Dexter zu kommentieren, würde dem Maskenspiel Hannibals zuwiderlaufen, da es gerade die Undurchschaubarkeit Lecters ist, die das Konzept seines narzisstischen Handelns definiert.

Ein weiterer reflexiver Aspekt, der sich signifikant und symptomatisch in die Serienbiografien einschreibt, umfasst die Bindung autorschaftlicher Selbstentwürfe an soziokulturelle Fragen und die Thematisierung von Gendercodierungen. Nimmt man Hank Moody aus CALIFORNICATION als Maßstab im Bereich der Inszenierung einer Schriftstellerfigur, ist seine Figuration übersteigert mit nahezu allen männlichen Klischees des 20. Jahrhundert. Moody ist ein Außenseiter, dessen Schaffen ihm genug Renommee einbringt, um nahezu jede Frau zu verführen, die er will.

Frauen sind für ihn letztlich nur Zeitvertreib, Muse oder eine Zwischenlösung bis zu seinem nächsten Drama mit seiner wahren Liebe Karen. Moodys Tochter Becca, die im Verlauf der Serie ihrem Vater als Autorin nachfolgen möchte, erfährt von Moody kaum Unterstützung und tritt nicht als Erbin ihres Vaters nachhaltig in Erscheinung, da nach Hanks Meinung ihre Lebenserfahrung nicht ausreicht, um, wie ihr Vater, authentisch über das Leben schreiben zu können. Es bestätigt sich erneut, wie CALIFORNICATION dem Mythos des männlichen Autors nacheifert und weibliche Autorschaft in den Hintergrund drängt.

Weibliche Autorschaft ist in der früheren Seriengeschichte selten explizit Thema einer Serie und wird dann meist nur im Rahmen einer unkritischen Form mit einer Serienhandlung verwoben. Als berühmtes Beispiel wäre die Serie MURDER, SHE WROTE (dt: Mord ist ihr Hobby) zu nennen, die zwischen 1984–1996 produziert wurde. Die Krimiautorin und ehemalige Lehrerin Jessica Fletcher löst in dieser Krimiserie selbst Kriminalfälle, in die sie meist zufällig hineingezogen wird. Analog zum Aufbau der meist genretypischen Fälle, die Jessica Fletcher zu lösen hat, folgen auch Fletchers Bücher dem Standard handelsüblicher Kriminalgeschichten, die mit der erfolgreichen Aufklärung des Falles enden. Als Protagonistin folgt Fletcher der Tradition berühmter Kriminalistinnen wie Miss Marpel, die der Feder der berühmten Autorin Agatha Christie entsprang. Kontroverse oder gar gesellschaftskritische Themen finden auf beiden Text- bzw. Fallebenen nicht statt und die Serie reflektiert nur sehr eingeschränkt ihren eigenen Status als Krimiserie, die sich zwischen den Medien der Literatur und des Fernsehens bewegt. Zwei Momente dieser Reflexion sind dann allerdings prägnant. Zum einen zeigt sich in einer Veränderung des Opening Credits das Bewusstsein eines gesellschaftlich umfassenden medialen Wandels, der in allen Teilen der amerikanischen Gesellschaft angekommen ist, da in den späteren Episoden der Serie ein Computer anstelle einer Schreibmaschine zu sehen ist.

Auch ältere Damen wie Jessica Fletcher gehen somit mit der Zeit. Die Abkehr von der Schreibmaschine als Schreibwerkzeug des ausgehenden 19. Jahrhunderts[132], welches das bis dato vorherrschende Primat der Handschrift als Hauptreferenz von individueller Autorschaft zugunsten einer Mechanisierung der Schrift in den Hintergrund drängte, unterstreicht den technischen Wandel, der sich im Fall von MURDER, SHE WROTE aber nicht auf den Inhalt auswirkt. Dennoch ist es medienhistorisch interessant, dass die Serie speziell die Schreibmaschine ins Zentrum rückt, da ihr nach Friedrich Kittler eine genderspezifische Codierung zufällt. Die Schreibmaschine gilt als Schreibinstrument der Frau, die das diktierte Wort des Mannes aufnimmt und somit vervielfältigt.[133] Der Frau käme somit, etwa als Sekretärin, die Funktion zu, die Gedanken des Mannes für weitere Leser aufzuschreiben. Diese historische Konstellation, wie sie soziologisch etwa auch Siegfried

---

132 Vgl. dazu Kittler, Friedrich: *Grammophon, Film, Typewriter*, S. 27.
133 Ebd., S. 275–286.

Kracauer mit den Tippmamsells ebenfalls auf seine Art prominent für die Beschäftigungsverhältnisse vieler Frauen als Bedienstete beschrieben hat[134], findet mit Jessica Fletcher eine bemerkenswerte Wendung. Sie schreibt dezidiert ihre eigenen Texte und überführt sowohl literarisch wie in ihren eigenen Fällen Männer ebenso wie Frauen. Zum anderen dient die Literatur oftmals als Ausgangspunkt der Serienfälle, die Jessica Fletcher zu lösen hat, da sie häufig gerade aufgrund ihrer Tätigkeit zu Lesungen oder im späteren Verlauf der Serie auch als Literaturdozentin auf Reisen geht, die sie wiederum mit neuen Fällen in Kontakt bringt. Ohne die Literatur und deren Tradition, so die unterschwellige These von MURDER, SHE WROTE, gibt es keine Fortsetzung der Fälle von Jessica Fletcher. Der Titel impliziert neben der Genrereferenz des Kriminalromans auch beide unterschwellig vermittelten Codierungen der Serie. Es ist allein eine Autorin, die hier öffentlich schreibt[135], und vor allem eine Autorin, die sich sowohl in ihrem Schreiben wie auch bei der Aufklärung ihrer außerliterarischen Fälle, von den vorwiegend männlichen Kollegen der schreibenden und kriminalistisch tätigen Zunft emanzipiert.

Die HBO-Serie SEX AND THE CITY, die auf dem gleichnamigen Roman von Candace Bushnell basiert, widmet sich hingegen Ende der 1990er-Jahren dezidiert der Figur der Autorin, die progressiv mit ihrer Rolle als weibliche Autorin umgeht. Carrie Bradshaw schreibt in ihren Kolumnen für ein New Yorker Magazin aus einer explizit weiblichen Perspektive über Mode und Lifestyle ebenso wie über gesellschaftlich kontroverse Themen wie Sex.[136] Ausgangspunkt der Serie ist in der Pilotepisode Carries Recherche zur Frage, ob Frauen, ähnlich wie Männer, Sex ohne Gefühle haben können. Carrie widmet sich folglich immer wieder Themen zu, die gängige Klischees verhandeln und von Carrie durch ihre eigenen Erfahrungen auf den Prüfstand gestellt werden. SEX AND THE CITY verhandelt über Carries Perspektive diese Themen vor allem unter einem bestimmten soziokulturellen und sozialen Gesichtspunkt, da es um Sexualität und Beziehungen der städtischen Frauen ab 30 im New York um die Jahrtausendwende geht. Es findet somit kein grundsätzlich dekonstruktiver Gestus von Gender- oder Genderzuschreibungen statt, sondern die Reflexion bestehender Konventionen und gesellschaftlicher Sichtweisen stehen im Vordergrund.[137] Die Serie reflektiert spielerisch Klischees und Rollenzuschreibungen des Geschlechterverhältnisses, die sich zwischen althergebrachten

---

134 Siehe Kracauer, Siegfried: *Das Ornament der Masse*. Frankfurt a. M. 1977, S. 280.

135 Zum Problem der (erzwungenen oder gebilligten) Anonymität zahlreicher Autorinnen in der Literaturgeschichte (etwa schon aufgrund einer Namensänderung durch Heirat, religiöser Konversion usw.) siehe Hahn, Barbara: *Unter falschem Namen. Von der schwierigen Autorschaft der Frauen*. Frankfurt a. M. 1991, S. 8–10.

136 Zur Progressivität und kritischen Funktion von Frauenbildern, wie sie etwa durch Sex and the City transportiert werden, siehe Lenzhofer, Karin: *Chicks Rule! Die schönen neuen Heldinnen in US-amerikanischen Fernsehserien*. Bielefeld 2006.

137 Vgl. dazu Akass, Kim / McCabe, Janet: *Reading Sex and the City*. London/New York 2004.

Klischees wie weiblichem Modefetisch und einem Wandel bezüglich ihrer Offenheit zum Thema Sex einsortieren.[138] Daher oszilliert SEX AND THE CITY anhand Carries subjektiver Sicht permanent zwischen Selbst- und Fremdreferenz hinsichtlich der Frage, wie Frauenbilder gerade in westlichen Konsumgesellschaften konstruiert und tradiert werden. Dass Medien innerhalb der Serie durch zahlreiche mediale Referenzen und Systeme wie die Literatur (Buch, Magazine) oder dem Film als Akteure dieser Konstellation in Erscheinung treten, versteht sich vor dem soziokulturellen und historischen Hintergrund der Serie fast von selbst. Der oftmals komödienhaft leichte Unterton der Serie bietet dies alles publikumstauglich an und unterstützt den Anspruch der Serie, den Unterhaltungsaspekt nie aus den Augen zu verlieren.

In den einzelnen Folgen fungiert Carrie, fast als eine Art Vorbild für spätere Serien wie GOSSIP GIRL, als eine kommentierende Erzählinstanz, die über ihr Leben und ihre Erkenntnisse aus den Ereignissen spricht. Dies wird zu Beginn der ersten Staffel noch mit Techniken wie direkten Blicken in die Kamera als filmische Subjektivierungs- und Adressierungsstrategien des Publikums unterstützt.[139] Ihr Autorschaftsmodell versteht sich als authentisch-subjektive Reflexion ihres eigenen Lebens, das als Vorlage für ihre Kolumne *Carrie Bradshaw knows good Sex* dient und das sich auch aus Carries Austausch mit ihren drei besten Freundinnen Charlotte, Samantha und Miranda speist. Wie Carries Kolumnentitel in seiner leicht spielerischen Umschreibung andeutet, definiert sich Carrie offen über ihre Sexualität, was auch ihr Schreiben prägt. Alle vier Protagonistinnen verkörpern jeweils ein unterschiedliches Profil von Weiblichkeit zwischen Karrierebewusstsein, Mutterschaft und konservativer Lebenseinstellung. Damit spiegeln die Vier die sozialen Lebensumstände des gehobenen Bürgertums New Yorks wider, was auch Carries Schreiben bedingt und ermöglicht. Denn ihre Sicht ist nicht der Blick eines Dan Humphrey aus GOSSIP GIRL, der als Außenseiter auf eine Gesellschaft blickt, zu der er trotz all seiner Bemühungen mangels eigenen Wohlstand und einer entsprechenden Familienherkunft nicht gehört. Carrie Bradshaw ist Teil der Gesellschaft, über die sie schreibt und daher verwendet sie auch die Medien, die ihre Gesellschaft prägen. In diesem Fall handelt es sich um Magazine, die ein vorwiegend weibliches Publikum adressieren und damit eine spezifische Leserschaft figurieren, die sich diesen Luxus leisten kann oder zumindest (vergleichbar mit GOSSIP GIRL) über die Lektüre Anteil an einem Lebensstil nehmen, der mit ihrem Alltag nichts oder nur wenig zu tun hat. Die Magazinkolumne ist per se ein Medium, das es Carrie erlaubt, sich als dezidiert subjektive Autorin auszustellen. Durch den seriellen Veröffentlichungsmodus eines Magazins, kann Carrie aktuelle Trends kommentieren oder auch durch ihre Autorität als vielgelesene Autorin setzen. Außerdem gehört die subjektive Perspektive gera-

---

138 Siehe dazu Arthurs, Jane: «Sex and the City and consumer culture. Remediating postfeminist drama.» In: *Feminist Media Studies 3*, 2003, S. 83–98.
139 Siehe dazu Kuhn, Markus: Filmnarratologie, S. 112–115.

dezu per se zur Identität einer Magazinkolumne, die als eine Art öffentliches Tagebuch gelesen werden kann, das zwischen vermeintlich authentischen und stilisierten Elementen changiert und sie zusammenlaufen lässt. Carries Autorschaft wäre folglich unter anderen Publikationsbedingungen nicht auf diese Weise möglich.

In Verbindung mit entsprechenden Codierungen spielen auch in Sex and the City Mediendifferenzen eine große Rolle. So etwa zwischen Buch und Magazin, als Carrie ihre gesammelten Kolumnenwerke als Buch publizieren lässt. Anfangs noch unentschlossen, ob dies wirklich relevant für sie und ihre Leserschaft wäre, lässt sich Carrie erst spät davon überzeugen, dass eine Buchpublikation einen kulturellen Wert als dauerhafter und vor allem hochwertiger Beleg ihrer Autorschaft einnimmt. Dennoch ist die Spezifik von Carries Autorschaft nicht allein mit dem Format, dem Publikationsrhythmus oder auch nur mit der Thematik in Verbindung mit der entsprechenden Leserschaft zu erfassen. Als Carrie am Ende der vierten Staffel für das *Vogue*-Magazin arbeitet, wird von ihr verlangt, ihr gesamtes Autoren-Profil neu zu überdenken und ihrem neuen Arbeitgeber anzupassen. Diese Veränderung kann Carrie nicht vollziehen, da die Anpassung verlangt, ihre persönliche Sichtweise zu minimieren. Carries Autorschaft kann für sie selbst nur über ihren Selbstentwurf als Autorenindividuum funktionieren und seriell weiterlaufen. Damit propagiert die Serie auch an dieser Stelle ein emanzipatorisches Element.

Carrie erfüllt in ihren Kolumnen kein implizit männliches (Leser-)Begehren, das sich an der pornografischen oder einseitig sexualisierten Darstellung klischeehafter Sexualität delektieren könnte. Sex and the City thematisiert Sexualität als potenzielles Problem oder Diskussionsthema partnerschaftlicher Beziehungen ebenso wie die Serie weibliches Sprechen und das Ausleben freier Sexualität nicht als gesellschaftlich exotisch oder gar sanktionswürdig darstellt. Männlichem Begehren wird ein weibliches entgegengesetzt. Gerade das an öffentlich präsente Frauen wie Carrie adressierte männliche Begehren spiegelt sich in der Serie vielfältig wider. So etwa im Opening Credit, der Carries laszives Werbekonterfei für ihre Kolumne auf einem Stadtbus zeigt, der Carrie bezeichnenderweise beim Abbiegen mit Wasser bespritzt, als sie auf den Straßen New Yorks unterwegs ist. Das Werbeplakat suggeriert, wie eng die Kopplung aus weiblicher Autorschaft und einer Sexualisierung der Autorin in der westlichen Gesellschaft verankert ist. Man könnte auch sagen: Die Legitimation einer Aussage wie *Carrie Bradshaw knows good Sex* erfolgt diskursiv über den bildlichen Beweis ihrer Attraktivität, die dafür einstehen soll, dass Carrie Bradshaw tatsächlich viel und guten Sex hat. Carrie ist ein Blickobjekt, das sich allerdings nicht mit dem Status des Angesehenwerdens durch die Männerwelt begnügt. Sie blickt und schreibt «zurück».[140]

---

140 Und richtet sich damit gegen das Primat eines männlichen Autorenbildes. Siehe dazu Weigel, Siegrid: *Topographien der Geschlechter. Kulturgeschichtliche Studien zur Literatur.* Reinbek 1990, S. 45.

Diese Konstellation wird in der Serie immer wieder ins Zentrum gerückt, wenn Carrie für die Öffentlichkeit inszeniert werden soll. Nachdem Carrie ihre gesammelten Artikel als Buch veröffentlicht, wird in der fünften Staffel über das Cover diskutiert. Verkauft sich das Buch nun besser, wenn Carrie erotisch oder seriös abgebildet wird? Entscheidend sind dabei die latenten Zuschreibungen innerhalb dieser polaren Struktur, die wiederum auf das rekurrieren, was bereits der Opening Credit anzeigt. Während es für männliche Autoren wie Hank Moody aus CALIFORNI-CATION oder Rick Castle aus der Krimiserie CASTLE keine Rolle zu spielen scheint, wie sie sich auf den Covern ihrer Werke präsentieren, ist bei Carrie in jedem Fall *sex sells* die erste Option, die an sie als Autorin herangetragen wird. Egal, ob über Carrie ein großes Portrait herauskommt, das sie als Prototyp der erfolgreichen Frau um die 30 zelebriert, oder sie sogar in einer Folge zu Beginn der vierten Staffel als Model für Dolce & Gabana laufen darf; Carrie wird ständig zum Blickobjekt, das von Fotografen abgelichtet und deren Fotos dann in der Öffentlichkeit diskutiert werden.

Speziell das Magazinporträt über sie wird aufgrund eines Fotos, das Carrie ungeschminkt nach einer langen Partynacht zeigt, fast zum Skandal, da hier der schöne Schein der Erwartungen an eine erfolgreiche Karrierefrau gebrochen wird, die Schönheit und beruflichen Erfolg permanent als öffentlich sichtbare Einheit zu verkörpern hat. Ähnlich verhält es sich mit Carries Gastauftritt als Model, als sie während ihrer Auftritts auf dem Catwalk stürzt. Dieser Verlust an Grazie, der trotz seiner Kontingenz für die Karriere eines jeden professionellen Models zum skandalträchtigen Ereignis wird, verweist in dieser Folge unverhohlen auf reale Modelvorbilder wie Naomi Campbell und deren Negativpresse nach ähnlichen Vorfällen. Dieses Verfahren unterstreicht das Konzept der Serie, weibliche Geschlechterbilder in mehreren medialen Umfeldern zu zeigen, die Normen von Weiblichkeit definieren und innerhalb ihrer jeweiligen Ordnungsmuster zirkulieren und an die Öffentlichkeit adressieren. SEX AND THE CITY führt geradezu paradigmatisch vor, wie Geschlechtercodierungen über und vor allem als medial vermittelte Bilder einer perfekten Glamourwelt Projektionen generieren, die in ihrer Unerreichbarkeit letztlich destruktiv auf die Aktanten der Glamourwelt in Form von permanentem Performancedruck zurückwirken können. Dies betrifft auch den Film als Medium, als Carrie in der dritten Staffel nach Los Angeles fliegt, da ihre Kolumnen in Hollywood verfilmt werden. Der Film wird in dieser Folge über die plakativen Ausstellungen der routinierten Produktionscodes und der Einbeziehung typischer Hollywoodkonventionen als manipulatives, regelrecht unechtes Medium diffamiert, da Carries Texte den filmischen Eingriffen des Studios nicht entgehen. SEX AND THE CITY baut über diese Mediendifferenz eine Dichotomie zwischen Los Angeles/Hollywood als Traumfabrik auf, die mit Carries Heimat New York als vermeintlich weniger künstlichem Ort in Konflikt steht.

Das Figurenpersonal von SEX AND THE CITY bewegt sich innerhalb eines gehobenen sozialen Standards, was sich sowohl in den Berufsbildern der Frauen wie auch ihrem intensiven Interesse an teurer Mode und einem entsprechenden Lifestyle ablesen lässt. SEX AND THE CITY eröffnet daher den Blick auf Fragen der Geschlechterzuschreibung ebenso wie auf Class oder Race, da es innerhalb und um die Kerngruppe der vier Frauen fast nur weiße Frauen zu geben scheint. Nachfolgende Serien wie GOSSIP GIRL, SECRET DIARY OF A CALLGIRL und vor allem GIRLS entwickeln, zumindest bezogen auf die Bedingungen und Möglichkeiten von weiblicher Autorschaft in der Gegenwart, Konzepte, die sich beispielsweise in anderen soziokulturellen bzw. ökonomischen Feldern behaupten müssen und daher Geschlechterklischees innerhalb einer Gesellschaft kritisch hinterfragen (GIRLS) oder letztlich affirmieren (GOSSIP GIRL, SECRET DIARY OF A CALLGIRL). Neben der dann serienspezifisch problematischen Frage nach einer möglichen Bestätigung von Genderklischees ist bezogen auf die Thematik der Autorschaft weiter zu untersuchen, unter welchen Kommunikationsbedingungen sich Autorschaft entfaltet und entfalten kann. Dass Jessica Fletcher ihre Schreibmaschine zugunsten eines Computers austauscht, bedeutet mediengeschichtlich schließlich längst nicht das Ende.

In der Netflix-Serie GRACE AND FRANKIE, in der sich zwei betagte Ex-Frauen in ihrem Alltag damit arrangieren müssen, dass ihre beiden Ex-Männer nach jahrzehntelangen Ehen mit ihnen nun gemeinsam eine homosexuelle Paarbeziehung führen, kann ein wichtiger Aspekt medialen Wandels als symptomatische Erweiterung von MURDER, SHE WROTE interpretiert werden. Wo Jessica Fletcher und Carrie Bradshaw noch mit ihren Schreibmaschinen oder Computern texten, nutzt Grace auf Anraten ihrer Freundin Frankie ihr Smartphone, um sich selbst bei der Bewältigung ihres aktuellen Frusts zu filmen. Ähnlich wie Web Therapy avanciert die Selbstbeobachtung in Verbindung mit dem Selbstgespräch mit der Handykamera zu einem geradezu therapeutischen Moment. Grace ist dazu in einem Alter, in dem die alltägliche Nutzung moderner Medien bisher nicht zum Standard medialer Inszenierugen gehört. Man möchte fast sagen: Grace entdeckt in der letzten Folge der ersten Staffel das Handy als jederzeit verfügbare Möglichkeit, sich selbst zu erklären und über Dinge zu sprechen, die sie im direkten Kontakt nicht diskutieren kann oder möchte. Dazu gehört bei Grace auch die Möglichkeit des Online-Datings, die sie als Praxis gegenwärtiger Medienkultur in den Jahren ihrer Ehe nie für sich wahrgenommen hat. Zumal Grace als langjährige Chefin und Repräsentantin eines Kosmetikunternehmens einem Bild von Weiblichkeit folgte, das sowohl auf visuelle Schönheit wie auch einer perfekten Fassade ihres gesamten Lebens ausgerichtet sein musste. Als sie im Zuge ihres Ruhestandes das Unternehmen an ihre Tochter übergibt, vollzieht sich ein doppelter Wandel: Mit dem Abgang von Grace wird das Schönheitsbild, für das Grace als Frau mittleren Alters lange stand, gegen ein aktuelles und deutlich jüngeres ausgetauscht. Aus ihrer aktiven Autorschaft, die sich vor allem aus ihrer Weiblichkeit ergab und die durch ihre Werbeauftritte als Markenbotschafterin auch öffentlich zu besichtigen waren, wird nun durch das Smartphone und den Computer eine private.

Die Serie durchzieht daher permanent eine Reflexion der Mediatisierung, die sich auf Grace und Frankie auswirkt. Beide haben im Verlauf der ersten Staffel damit zu tun, zu lernen, wie man Computer nutzt und sich beispielsweise ein persönliches Online-Profil anlegt. Trotz anfänglicher Schwierigkeiten und Überwindungsphasen etablieren sich moderne Tätigkeiten wie die Nutzung einer Online-Dating-Plattform bei Grace. Die Serie zeigt hierbei, wie sich soziale Kommunikation und veränderte Konzepte von Privatheit auch auf das alltägliche Leben älterer Frauen auswirken, die speziell im Fall von Grace ihre Hemmungen überwinden und damit das exemplifizieren, was mit den Theorien von Medienwandel mithilfe der notwendigen Breitenwirksamkeit und Akzeptanz eines Mediums innerhalb einer Gesellschaft erläutert wurde.

GRACE UND FRANKIE zeigt hinsichtlich des Wandels von Medien und der Serie, wie Medien auch zum Teil der Alltagskultur älterer Menschen werden. Die Möglichkeiten der Kommunikation mit anderen Menschen, aber gerade auch mit sich selbst durch Blogs, Homepages oder Vlogs verändert das Konzept autorschaftlicher Selbstbespiegelung, da jeder Mediennutzer die Werkzeuge besitzt, die man für eine öffentliche Präsenz benötigt. Der Unterschied, so zeigt es die Serie, besteht allerdings nicht in der Verfügbarkeit, sondern der Selbstverständlichkeit des Einsatzes der Mittel als Praktiken der Stilisierung und Kommunikation, die nicht allein Menschen vorbehalten bleibt, die mit diesen Techniken aufwächst. Für Grace bedeutet daher ihre Mediennutzung eine Erweiterung ihres sozialen und vor allem privaten Handlungsraumes, der für sie gleichbedeutend ist mit einem persönlichen Wandel, dem sie sich im Verlauf der ersten Staffel zunehmend stellt: Von einer sehr öffentlichen Ehefrau hin zu einer selbstbestimmten Singlefrau. Für sie bedeutet dies ein Leben, das wieder in Konjunktiven verläuft. Grace akzeptiert diese Erkenntnis symptomatischerweise zum Abschluss der ersten Staffel im Gespräch mit Frankie und zeichnet damit eine abstrakte Programmatik für den nächsten «Lebensabschnitt» der Serie vor.

3.3 Metadiskurse der Autorfigurationen: Gender und Genre im Seriendispositiv

Serien verhandeln Autorschaft und ihre Konsequenzen für die Inszenierung biografischer Figurenentwürfe auf sehr unterschiedliche Weise. Die einzelnen Figurenentwürfe unterscheiden sich grundlegend sowohl inszenatorisch wie thematisch und spiegeln so das schon mehrfach als heterogen beschriebene Feld serieller Vielefalt wider. Die TV-Serie als sich stets wandelndes und komplexes Dispositiv entwickelt dazu, wie bisher reichhaltig dargestellt, serielle Erzählkonzepte, die «vor allem hinsichtlich der Erforschung neuer narrativer Möglichkeiten»[141] Gren-

---

141 Seiler, Sascha: «Abschied vom Monster der Woche.» In: Ders. (Hg.): *Was bisher geschah. Serielles Erzählen im zeitgenössischen amerikanischen Fernsehen.* Köln 2008, S. 6.

zen ausloten. Die bisherigen Kapitel haben allerdings aufgezeigt, dass sich auf narrativer Ebene kaum eine einheitliche Perspektive auf die diskursiv verhandelten Themen der Serie entfalten lässt. Die zuvor diskutierten Kategorienmuster narrativer Komplexität, wie sie als eine Art Mainstream innerhalb der wissenschaftlichen Auseinandersetzung mit Fernsehserien kursieren, geben für sich genommen keine ausreichende Auskunft darüber, was Serien in ihren Erzählungen grundsätzlich über ihre Metadiskurse über die Gesellschaft aussagen und damit ihren Rezipienten auf ihren Metaebenen interpretativ anbieten.

Drei Beispiele aus zeitgenössischen wissenschaftlichen Publikationen mögen dies in aller Knappheit illustrieren. Für ihre Zusammenstellung wichtiger *Klassiker der Fernsehserie*, die ein möglichst breites Spektrum der Historiografie serieller Erzählformate abdecken soll, bedienen sich Thomas Klein und Christian Hißnauer folgendem Kriterienkatalog: Die in ihrer Anthologie aufgenommenen Serien müssten genreprägend, ästhetisch, narrativ oder formal innovativ, gesellschaftlich bedeutsam, zeit- und/oder fernsehhistorisch relevant, programmprägend und mit einem Kultstatus ausgestattet sein.[142] Fast alle genannten Kriterien sind sehr flexibel in ihrer Auslegung zu diskutieren und daher nicht sonderlich trennscharf. Da dies allerdings publikationsbedingt auch nicht die Aufgabe und Anforderung einer Anthologie mit dieser selbstdefinierten Aufgabenstellung ist, ist diese Herangehensweise auch nur bedingt zu kritisieren. Schließlich geht es den Herausgebern darum, mehrere Jahrzehnte der Fernsehseriengeschichte sowohl genreübergreifend wie unter Berücksichtigung nationaler wie internationaler Vertreter anzubieten. Daher fehlen auch konkrete inhaltliche oder spezifisch diskursive Vorannahmen, die das Feld der Serien in seiner Heterogenität limitieren und die Auswahl, angefangen von THE AVENGERS und abgeschlossen mit KDD – KRIMINALDAUERDIENST, weiter argumentativ problematisieren würde.

Andere Publikationen wie der von Frank Kelleter herausgegebene Band *Populäre Serialität: Narration – Evolution – Distinktion. Zum seriellen Erzählen seit dem 19. Jahrhundert* legen zwar ebenfalls einen großen und letztlich durch ihre intermediale Ausrichtung sogar noch größeren historischen Fokus. Der Zuschnitt erfolgt hier vorwiegend über Momente und Aspekte der seriellen Vernetzung und explizit seriell geprägten Ausbildung spezifischer (populärer) Ästhetiken in verschiedenen Medien, die wiederum gesellschaftliche Rückbezüge offerieren.[143] Ganz anders stellt sich die Situation in Sammelbänden wie dem von Claudia Lillge et al. herausgegebenen *Die Neue Amerikanische Fernsehserie. Von Twin Peaks bis Mad Men* dar. Durch die zeitliche Vorgabe mithilfe der beiden Serien folgt man weitgehend der gängigen Historiografie des fachwissenschaftlichen Diskurses, wie er bereits an dieser Stelle zuvor vorgestellt wurde. Als gemeinsames Moment der ausgewähl-

142 Klein, Thomas / Hißnauer, Christian: «Einleitung», S. 23.
143 Siehe Kelleter, Frank: «Populäre Serialität», S. 36.

ten Serien gelten der Bezug zu aktuellen politischen und kulturellen Diskursen der amerikanischen und generell westlichen Gesellschaft zu Beginn des 21. Jahrhunderts. Diese Verbindungslinie eines an gesellschaftlichen Rückkopplungseffekten zwischen Serie und Rezeption interessierten Ansatzes, wird durch eine Akzentuierung formaler Entsprechungen zusätzlich gestützt, da sich mit Ausnahme von TWIN PEAKS alle Analysebeispiele des Bandes auf realitätsnahe Darstellungen und Erzählentwürfe innerhalb der Serienlandschaft konzentrieren.[144]

Alle drei Publikationen eint stellvertretend für weitere die grundsätzliche Schwierigkeit einer Eingrenzung und Plausibilisierung der methodischen Zusammenstellung ihres Materials. Diesem Umstand, der symptomatisch für die wissenschaftliche Auseinandersetzung mit Serien und überhaupt jeder Form von medienwissenschaftlicher Eingrenzung unter den Vorzeichen medialer Vielfalt insbesondere in der Gegenwart steht, möchte die vorliegende Studie dadurch Rechnung tragen, dass sie insbesondere drei zentrale metadiskursive Aspekte innerhalb ihrer Analysen hervorhebt, die der bisher aufgezeigten Problematik serieller Autorschaftsfigurationen eine diskursive Zuspitzung verleihen. Es handelt sich dabei um die in den Serien stets hochgradig virulenten Aushandlungen von Genre, Gender und Medium. Alle drei Diskurse lassen sich auf die hier behandelten Autorenfiguren hinsichtlich ihrer Funktion für die Narration und Ausstellung metareflexiver Themenbezüge beziehen und hängen unmittelbar mit der Modernität und Reflexivität kontemporärer Serien zusammen. Die diskursive Verhandlung medialer, genre- und genderspezifischer Codierungen bildet aus diesem Blickwinkel eine Signatur moderner Autorschaftskonzeptionen und damit auch der kontemporären Serie. Zahlreiche Serien thematisieren sich verändernde Vorstellungen von Gender und Genre, was wiederum Rückschlüsse auf serielle Figurationen erlaubt. Diesen Aspekt gilt es noch zu schärfen, da sie basaler Bestandteil jedes figurativen Entwurfs sind.

Der mediale Diskurs hingegen wird bereits durch die Definition der Serie als Dispositiv hinreichend aufgefangen und durch die vielfache Selbstthematisierung (eigener) televisueller oder intermedialer Bezüge explizit. Wie anhand von Fernsehserien wie THE WIRE, EPISODES, CALIFORNICATION, THE AMERICANS, GOSSIP GIRL, MAD MEN und vieler weiterer bereits hinsichtlich ihrer expliziten Referenzierung medialer Selbst- und Fremdbezüge exemplifiziert wurde[145], gehören Ansätze medialer Selbstreflexion zum Grundkonzept moderner Serien und wurden mithilfe der Kapitel zur Definition des Seriendispositivs und zum Medienwandel bereits in ihrer Relevanz aufgefächert.

---

144 Siehe Lillge, Claudia et al.: «Große Fernseherzählungen und ihre Lektüren.» In: Dies. (Hg.): *Die Neue Amerikanische Fernsehserie. Von Twin Peaks bis Mad Men*. Paderborn 2014, S. 14.

145 Siehe hierzu nochmals ausführlich am Beispiel von THE SOPRANOS bei Grimm, Philip: «Intertextuelle und intermediale Verweise in der TV-Serie The Sopranos.» In: Dörr, Volker C. / Kurwinkel, Tobias (Hg.): *Intertextualität, Intermedialität, Transmedialität. Zur Beziehung zwischen Literatur und anderen Medien*. Würzburg 2014, S. 136–154.

3.3.1 Watching Gendered Bodies

Feministische Kulturtheorien gehen grundsätzlich davon aus, dass mediale Repräsentationen und Praktiken wie Literatur, Film, Computerspiel oder TV-Serien geschlechtlich codiert sind.[146] Diese Prämisse betrifft alle fiktiven Figuren ebenso wie die hier vorgestellten Autorenfiguren und bezieht ihre argumentative Stärke aus der Allgegenwärtigkeit der Geschlechterkategorien, die Teil jeder Gesellschaftsform sind und innerhalb ihrer Texte und Praktiken tradiert werden. Daraus leitet sich wiederum die Interdisziplinarität der Gender Studies ab.[147] Welche Rolle Gender und Geschlecht als soziale und kulturelle Kategorien einnehmen, wird vorwiegend von den Gender Studies untersucht und anhand folgender Leitfragen auf den Prüfstand gestellt: Wie werden Geschlechterordnungen in Gesellschaften repräsentiert und symbolisch aufgeladen? Welche Muster können dazu in Texten sowohl diachron wie synchron beobachtet werden? Die Gender Studies gehen davon aus, dass Geschlechterordnungen innerhalb eines weltweit vorwiegend patriarchalischen Gesellschaftssystems darauf ausgerichtet sind, Männlichkeit vor Weiblichkeit zu hierarchisieren und alle Formen von Geschlechtlichkeit und queerer Lebensformen mit unterschiedlichen Semantiken zu belegen, die Hierarchisierungen und mit ihr verknüpfte Begehrensstrukturen einerseits stützen, andererseits jedoch dies auch wiederum verschleiern.[148]

Eine der Hauptaufgaben der Gender Studies, die sich als wichtiger Zweig der kultur- und medienwissenschaftlichen Fachdiskussion seit einigen Jahrzehnten etabliert hat, besteht daher darin, die Differenzierung zwischen männlichen und weiblichen Zuschreibungen innerhalb gesellschaftlicher Ordnungen offenzulegen und in ihren Implikationen kritisch aufzuarbeiten.[149] Die Kulturgeschichte wird «nicht nach Fakten, sondern nach der Beschaffenheit von Bedeutungszusammenhängen»[150] abgefragt und folgt damit einem offenem Konzept historiografischer Analyse. Der Textbegriff der Gender Studies ist daher ähnlich angelegt, um manifeste (Zeichen-) Strukturen ebenso wie latent vorhandene Projektionen gesellschaftlicher Zuschreibungen erfassen zu können. Diese Ausrichtung beschäftigt sich nicht ausschließlich mit Geschlechterdifferenzierungen und ihren möglichen Überschreitungen und Vexierspielen zwischen männlichen wie weiblichen Projektionen.[151] Gender

---

146 Eine der grundlegendsten und programmatisch einflussreichsten Studien dazu siehe Bovenschen, Silvia: *Die imaginierte Weiblichkeit. Exemplarische Untersuchungen zu kulturgeschichtlichen und literarischen Präsentationsformen des Weiblichen.* Frankfurt a. M. 1979.

147 Siehe Schößler, Franziska: *Literaturwissenschaft als Kulturwissenschaft. Eine Einführung.* Tübingen/Basel 2006, S. 109–119.

148 Siehe dazu Hof, Renate: *Die Grammatik der Geschlechter. Gender als Analysekategorie der Literaturwissenschaft.* Frankfurt a. M./New York 1995, S. 122.

149 Siehe Liebrand, Claudia: «Als Frau lesen?» In: Bosse, Heinrich / Renner, Ursula (Hg.): *Literaturwissenschaft. Einführung in ein Sprachspiel.* Freiburg 1999, S. 385–400.

150 Osinski, Jutta: *Einführung in die feministische Literaturwissenschaft.* Berlin 1998, S. 107.

151 Siehe dazu etwa Kaltenecker, Siegfried: *Spiegelformen. Männlichkeit und Differenz im Kino.* Basel 1996.

Studies untersuchen auf der Mikroebene performative Akte und Zeichenstrukturen wie Kleidung, Sprechweise oder Gestik, um Codierungen differenzieren und phänomenübergreifend innerhalb eines textuellen und gesellschaftlichen Bedeutungszusammenhang analysieren zu können. Dabei treten zusätzliche kategoriale Binnenunterscheidungen wie ethnische Zugehörigkeit (*Race*) und soziale Klasse (*Class*) in Erscheinung, da ethnische Zugehörigkeiten ebenso wie schichtspezifische Kontexte entscheidende Konsequenzen für die Definition und Wirkung von realen Personen wie figurativen Repräsentationen nach sich ziehen.[152]

Bezogen auf audiovisuelle Repräsentationsformen wie den Film oder die TV-Serie argumentieren Genderstudien im filmwissenschaftlichen Kontext[153], dass feste Vorstellungen von Männlichkeit und Weiblichkeit in vielfältiger Hinsicht Einfluss auf Dramaturgie und Genre haben. Die Semantiken, die durch filmische Erzählungen tradiert werden, verfestigen sich zu Gender-Topiken und Ikonografien, die wiederum als immer wieder aufgegriffenes Bildrepertoire in weiteren Nachfolgefilmen und Texten zirkulieren. Das primär männlich codierte Hollywoodkino kennt beispielsweise vorwiegend starke männliche Heldenfiguren, denen meist eine deutlich schwächere, vom Held beschützte Frauenfigur an die Seite gestellt wird. Mit solchen Stereotypen tradieren Filme nicht nur Erzählmuster, sondern vor allem Ideologien. Die enge Kopplung von Gender und Erzählmodellen, die unter anderem eine Semantisierung von geografischen Räumen nach sich zieht, erfasst Claudia Liebrand mit dem Begriff der Gender-Topografie. Am Beispiel des Western-Genres wird deutlich, wie Raumvorstellungen mit Gender-Topiken durchsetzt und in narrativ vermittelten (Bild-)Strukturen tradiert werden:

> Wenn (…) im konventionellen Western der Held in die Weite der Prärie reitet, ist das eine mit genderspezifischen Bedeutungen aufgeladene Aktion. Der aktive und mobile, traditionell männlich kodierte Held dringt – eine Aktion, die sich als Penetration konzeptionalisieren lässt – in einen weiblich semantisierten Raum ein, der gefahrenvoll, rätselhaft, unheimlich ist, also jenen dunklen unbekannten Kontinent figuriert, den nicht erst Freud mit Weiblichkeit gleichsetzte. Die Landschaft substituiert hier den Frauenkörper.[154]

Diese und ähnliche Aussagen basieren auf den zwar hinsichtlich ihres rigiden und unflexiblen Schematismus oft kritisierten Theorien von Laura Mulvey, die mit *Visual Pleasure and Narrative Cinema* im Jahre 1975 einen der bahnbrechendsten

---

152 Siehe dazu etwa Muttenthaler, Roswitha / Wonisch, Regina: *Gesten des Zeigens. Zur Repräsentation von Gender und Race in Ausstellungen.* Bielefeld 2006, S. 25–29.

153 Zu weiteren wichtigen Arbeiten und Stationen der Gender Studies in der Filmwissenschaft siehe einführend Klippel, Heike: «Feministische Filmtheorie.» In: Felix, Jürgen (Hg.): *Moderne Film Theorie.* Mainz 2007, S. 168–185.

154 Liebrand, Claudia: *Gender-Topographien. Kulturwissenschaftliche Lektüren von Hollywoodfilmen der Jahrhundertwende.* Köln 2003, S. 7.

und mit am häufigsten referierten Texte der Gender Studies vorlegte.[155] Ausgehend von der Apparatus-Theorie und psychoanalytischen Studien zieht Mulvey anhand der Filme Alfred Hitchcocks eine Verbindungslinie zwischen der Schaulust (*Skopophilie*) eines vorwiegend männlichen Kinopublikums und dessen Begehrensstrukturen, die auf der Grundlage eines patriarchalen Bildes von Weiblichkeit im Kino bedient werden. In der Dunkelheit des Kinoraums wird der Narzissmus der Zuschauer durch die Illusion voyeuristischer Distanz aktiviert und konstant durch das Gezeigte stimuliert. Der männliche Protagonist als Repräsentant des Zuschauers gilt folglich als Träger des Blicks (*determing male gaze*), der das weibliche Figurenpersonal zum Objekt eines Begehrens macht. Diese Blickkonstellation setzt sich auf allen Ebenen filmästhetischer Mittel wie Montage, Kameraperspektive oder Ton fest. Gerade der Hollywoodfilm, so Mulveys Kritik, versucht den männlich codierten Blick der Kamera als solchen dennoch zu unterschlagen, indem versucht wird, den Blick als natürliche und damit neutrale Sicht auf das Geschehen auszuweisen. So wird die Kamera zum impliziten männlichen Blick, der sich im Sinne der Verschleierung der Künstlichkeit des filmischen Mediums nicht selbst als explizit männlich zu Erkennen geben möchte. Scheinbar natürliche Schnitte und Blickwinkel sind in zahlreichen Filmen bei genauerer Betrachtung an einen Blick gebunden, der mit den männlichen Figuren in Einklang steht.[156] Weibliche Rollenfigurationen werden speziell über ihre Körperlichkeit zum Schauobjekt als Projektions- und Einschreibeflächen gesellschaftlicher Zuschreibungen und Normierungen, die sich oftmals in stereotypen Darstellungen wiederholen.[157] Weibliche Rollen werden dann häufig zentral auf vermeintlich primär weibliche Attribute wie Schönheit, Passivität und eine masochistische Veranlagung reduziert, während männliche Figuren mit Aktivität und einem Hang zum Sadismus ausgestattet werden, die beide meist im Wechselspiel mit den weiblichen Figuren legitimiert werden. Die Blickstrukturen des Films orientieren sich primär an den Blicken männlicher Protagonisten, die ihre weiblichen Pendants beobachten und somit für den Zuschauer als vorwiegend passive Objekte zur Verfügung stellen. Die mit dem Blick unterstellte Passivität der weiblichen Figuren korrespondiert dann auch meist mit einer Art Mangel und innerer Passivität weiblicher Figuren innerhalb ihrer Charakterisierungen, die der männliche Held sanktionieren oder kompensieren muss. Eine von Mulveys Kernaussagen zielen darauf ab, den Blick der Kamera als eben nicht neutrale Beobachtungsinstanz des Films offenzulegen. Ein differenziertes Rollenspektrum, so eine Konsequenz aus dieser Aussage, wäre

155 Mulvey, Laura: «Visuelle Lust und narratives Kino.» In: Albersmeier, Franz-Josef (Hg.): *Texte zur Theorie des Films.* Stuttgart 2003, S. 389–408.

156 Ebd., S. 397–405.

157 Siehe dazu Hoffman, Dagmar: «Sinnliche und Leibhaftige Begegnungen – Körper(-Ästhetiken) in Gesellschaft und Film.» In: Dies. (Hg.): *Körperästhetiken. Filmische Inszenierungen von Körperlichkeit.* Bielefeld 2010, S. 24–28.

möglich, wenn die Einheit aus männlicher Perspektive und Kamerablick aufgelöst wird.[158]

Kaja Silverman brachte mit *The Acoustic Mirror* im Jahre 1988 eine Erweiterung dieses Sachverhaltes in die filmwissenschaftliche Debatte ein.[159] Der männlich codierte Blick wird um eine entscheidende Komponente erweitert, nämlich die Stimme. Silverman kommt in ihren Filmlektüren zu dem Ergebnis, dass weibliche Stimmen im Film hauptsächlich mit Motiven der Kastration, der Immanenz und der Maskerade belegt werden, während männliche Stimmen eher mit Autorität, Transzendenz und Macht konnotiert sind. Die Stimme als Teil des Körpers überträgt die mit ihr assoziierten Qualitäten auf die gesamte Figur und ihre filmische Präsenz. Dies äußert sich bezogen auf männliche Figuren in der Verwendung von Voice-over oder Voice-off, die ihr als Erzähler oder Kommentator des Geschehens eine Autorität verleihen, die sich auf weibliche Figuren erstreckt. Die sprichwörtliche Macht des Erzählers, der seine Sicht in den Vordergrund stellt, marginalisiert sein stummes Pendant auf der Ebene der Deutung und Konstitution von Handlungen, die sich im Rahmen der filmischen Narration ereignen.

Während Silvermans Studien in ihrer Grundsätzlichkeit kaum widersprochen wurde, richteten zahlreiche Kritiker ihr Augenmerk auf Mulveys Text, dessen Thesen mehrfach modifiziert und aktualisiert wurden. Kritisiert wurde unter anderem die Nichtberücksichtigung weiblicher Hauptfiguren, die sich männlichen Blickstrukturen widersetzen und diesen ihre eigenen entgegensetzen. Die Prämisse, es herrsche im Kinofilm ausschließlich ein männliches Register vor, welches (nur) Frauen diskriminiert, stand ebenso zur Disposition wie die Annahme, dass Frauen selbst das Prinzip männlich codierter Filme nicht etwa in Form einer dekonstruktiven Umschrift und Umcodierung männlich besetzter Narrative und filmisch vermittelter Strukturen genießen könnten.[160] Daher stellte besonders prominent E. Ann Kaplan im Jahre 1983 in ihrer Antwort auf Mulveys Theorie zur Debatte, ob man überhaupt von einem männlichen Blick im Allgemeinen sprechen könnte.[161]

Das explizit politische Anliegen Mulveys, über wissenschaftliche Analytik Stellung gegen eine Marginalisierung von weiblicher Rollenprofile zu beziehen, hat nichts von seiner grundsätzlichen Relevanz verloren. Auch wenn zurecht von subversiven Dekonstruktionen und weiblichen Maskeraden innerhalb der Filmgeschichte ausge-

158 Siehe Mulvey, Laura: «Visuelle Lust und narratives Kino», S. 407–408.

159 Siehe Silverman, Kaja: *The Acoustic Mirror: The Female Voice in Psychoanalysis and Cinema.* Bloomington 1988.

160 Siehe dazu die besonders filmanalytisch präzisen Ausführungen im Kontext einer aktiven filmischen Umschrift bestehender Genderklischees bei Quentin Tarantino von Prokić, Tanja: «Gaze & Gender. Oder: Die Praxis der Umschrift in Quentin Tarantinos Death Proof (2007).» In: Kleinberger, Lisa / Stiglegger, Marcus (Hg.): *Gendered Bodies. Körper, Gender und Medien* (= *Massenmedien und Kommunikation 193/194*). Siegen 2013, S. 169–188.

161 Kaplan, E. Ann: «Is the Gaze Male?» In: Dies. (Hg.): *Feminism and Film.* Oxford 2000, S. 119–138.

gangen wird, welche die hierarchischen (Blick-)Verhältnisse unterlaufen, kann nicht ernsthaft von einer Ausgeglichenheit oder positiven Balance innerhalb der Zuschreibungspraktiken gesprochen werden. Dies ist speziell unter den Bedingungen einer Gesellschaft relevant, in der uneindeutige Lebens- und damit Repräsentationsmodelle frei von Festlegungen biologischer und sozial determinierter Geschlechtlichkeit und Sexualität als zunehmend anerkannt werden.[162] Wie bereits Claudia Liebrands Konzept der Gender-Topografie auf der Basis des Mainstreamfilms andeutet, gehen aktuellere Studien nicht von einer rein manipulativen Wirkungsintention etablierter Genres aus, sondern sehen in ihnen Artefakte, die hinsichtlich ihrer Aushandlungsprozesse ideologischer Gender- oder auch generell Gesellschaftskonstruktionen äußerst ertragreich ausfallen. Das subversive Potenzial des Films, immer wieder auch bestehende Konventionen durch sich verschiebende Gender-Positionen zu durchkreuzen und zu unterlaufen ist schließlich als Konstante der Filmgeschichte mehrfach bemerkt und auch theoretisch erfasst worden.[163]

Motive der Travestie, des Crossdressings oder auch die Dekonstruktion männlicher Heldenfiguren sind als Momente der Ambivalenz innerhalb einer scheinbar stabilen Gendermatrix filmischer Ordnungen durch Figuren wie der Femme fatale oder den Rape-and-Revenge-Movies auch historisch präsent.[164] Speziell vor dem Hintergrund des kontemporären Hollywoodkinos lässt sich anhand filmischer Strategien optionaler Lektüren, die bewusst unterschiedliche, uneindeutige oder sogar widersprüchliche Lesarten ihrer Narrationen und Figurationen befördern, feststellen, dass kohärente Welt- und Geschlechterbilder zugunsten der Inkohärenz und des Widerspruchs zurückgehen.[165]

Bezogen auf die TV-Serie kann ein ähnlicher Befund formuliert werden wie für die gesamte Kino- oder gar Kulturgeschichte: Es dominiert das Ideal des männlichen Helden als Protagonist und Identifikationsmodell. Schon ein Blick auf zahlreiche hier verhandelte Serien bestätigt dies, obwohl mit Hannibal Lecter, Dexter Morgan, Tony Soprano oder Walter White aufgrund ihrer Kriminalität keine positiven Bilder von Männlichkeit transportiert werden. Die Einbeziehung weiterer Serien wie MAD MEN, MARCO POLO, TWIN PEAKS, MIAMI VICE, SHERLOCK, 24, DAREDEVIL, THE NEWSROOM oder CALIFORNICATION bestärkt die These eines Primats männlicher Protagonisten. Als Leitbild serieller Protagonisten gilt bis heute der männliche Weiße, obwohl neben anderen männlichen Idealen auch Frauen in

---

162 Siehe dazu Kleinberger, Lisa: «Geschlecht in der Grauzone. Intersexuelle Körper und die Grenzen der Natürlichkeit.» In: Kleinberger, Lisa / Stiglegger, Marcus (Hg.): *Gendered Bodies. Körper, Gender und Medien.* (= *Massenmedien und Kommunikation* 193/194). Siegen 2013, S. 19–33.

163 Siehe dazu Lauretis, Teresa de: *Technologies of Gender. Essays on Theory, Film and Fiction.* Bloomington 1987.

164 Siehe dazu etwa Reed, Jacinda: *The new avengers. Feminism, feminity and the rape-revenge-cycle.* Manchester/New York 2000.

165 Siehe hierzu nochmals Elsaesser, Thomas: «(Post-)Klassisches Hollywoodkino: Die Hard».

den letzten Jahren verstärkt in den Vordergrund rückten und immer mehr Serien wie GIRLS, DAMAGES, THE L-WORD, BROAD CITY, PRETTY LITTLE LIARS, NEW GIRL oder HOW TO GET AWAY WITH MURDER Frauen als Protagonistinnen besetzen. In vielen Fällen werden sie auch mit einem modernen bis emanzipierten Frauenbild ausgestattet, das Themen wie Emanzipation (GIRLS), Homosexualität (THE L-WORD) oder generell die Unabhängigkeit beruflicher wie familiärer Stereotypen (SUITS, HOW TO GET AWAY WITH MURDER) wie von der Hausfrau früherer Jahre erlaubt.[166] Dennoch fällt mit Blick auf die Serienlandschaft auf, wie selten speziell in den Bereichen Race und Class differenzierte Modelle angeboten werden. Gerade Frauen verschiedener ethnischer Herkünfte treten nur selten als Protagonistinnen in Erscheinung, wie beispielsweise in HOW TO GET AWAY WITH MURDER, THE MINDY PROJECT oder SCANDAL.

Wie die Analysen zu MURDER, SHE WROTE, SEX AND THE CITY und GRACE AND FRANKIE bereits zeigen wollten, sind auch Autorenfiguren in hohem Maße mit den Implikationen und Traditionen genderspezifischer Zuschreibungen konfrontiert. So ist bei Grace aus GRACE AND FRANKIE bezeichnend, dass sie als ehemaliges Gesicht eines Kosmetikunternehmens nun mit ihrem Altersruhestand ohne ihren Ehemann konfrontiert wird. Gerade mit ihrer Ehe verliert Grace ein identifikatorisches Moment, mit dessen Verlust sie sich bis zum Ende der ersten Staffel intensiv auseinandersetzen muss. Dass sie dabei stets gerade über ihre vielfach als makellos gelobte optische Präsenz eine Form von Souveränität zur Schau stellen möchte, passt allerdings aufgrund der Reflexion dieser Strategie innerhalb der Serie nicht in das Muster klassischer weiblicher Rollenklischees. Speziell anhand der Autorenfigur der Carrie Bradshaw aus SEX AND THE CITY wurde deutlich, wie intensiv Autorschaft und Geschlecht zusammenhängen. Carrie verkörpert im wahrsten Sinne eine moderne Autorin, die sich nicht zum passiven Schauobjekt degradieren lässt, sondern eine aktive Form der Umschrift weiblicher Stereotypen betreibt. Die Serie zeigt immer wieder anhand der Körperbilder der Modewelt, unter welchem Druck Frauen stehen, diesen möglichst zu entsprechen und mit beruflichem wie privatem Erfolg beizubehalten. Das bedeutet gerade nicht, dass Carie sich jeder Art der persönlichen Zurschaustellung entzieht, wie bereits der Opening Credit programmatisch vorgibt. Carrie spielt wie die ganze Serie mithilfe ihrer Autorschaft als Kolumnistin mit Klischees und setzt ihnen eine eigene Perspektive entgegen, die sie auch mit ihrer Performance innerhalb der Episoden vertritt. Über Gesellschaft zu Schreiben heißt dann nicht nur (wie bei Jessica Fletchers Wechsel von der Schreibmaschine zum Computer), Formen von Wandel mitzuvollziehen. Es bedeu-

---

166 Vgl. dazu auch mit Blick auf das Familienbild früherer TV-Serien Dechert, Andre: «Von der zeitgenössischen Fiktion zur Dokumentation historischer Realität? Gender in US-amerikanischen Family Sitcoms der 1950er und frühen 1960er-Jahre.» In: Cheauré, Elisabeth et al. (Hg.): *Geschlecht und Geschichte in populären Medien*. Bielefeld 2013, S. 209–231.

tet, der vorgeschriebenen Konstruktion von Weiblichkeit und jeder Form festgelegter Identität etwas entgegenzusetzen.

Auch wenn die Identitätsmuster von Jessica Fletcher oder Carrie Bradshaw unter den Bedingungen der Gegenwart nicht mehr greifen mögen, da sich die Vorstellungen einer Gesellschaft der 1980er und 90er nicht auf die Lebens- und Serienrealität übertragen lassen, so bilden sie dennoch eine historische Bezugsfolie für nachfolgende Entwürfe von Identität, die sich in TV-Serien aktualisieren und dadurch vergangene Identitätsmuster in ihrer Stabilität oder Negation reflektieren. Ein geschärfter Blick muss die einzelnen Schichten der Angebotsstrukturen von Identifikation auf differente oder sich widersprechende Modelle untersuchen. Aktuelle Serien wie ONCE UPON A TIME oder SENSE 8 integrieren zahlreiche heroische Frauenfiguren, die sich männlicher Dominanz widersetzen oder binären Gendercodierungen ambivalente Entwürfe entgegensetzen.[167] Es bleibt allerdings zu fragen, ob diese Entwürfe nicht zwischen den Zeilen ihrer Serienbilder letztlich doch der Logik einer Ideologie folgen, die unter der Hand ein traditionelles Gesellschaftsbild propagiert, das beispielsweise Heroismus nur an klassische Konzepte von Mutterschaft und der Vorstellung einer heterosexuellen Familienstruktur zurückbindet.[168] Ebenso ist auszutesten, inwiefern Figurationen, die sich als modern deklarieren, letztlich auf ein Inventar prämoderner Mythologien und Narrative zurückgreifen, die diesem Anspruch serieller Biografien widersprechen. An dieser Stelle gilt erneut das, was bereits bezogen auf die gesamte Diskurskultur der Qualitätsserie festgestellt wurde: Nicht alle Entwürfe aktueller Serien, die sich als modern bezeichnen, erfüllen diesen Anspruch. Progressiv oder konservativ? Die Serie der Gegenwart kennt beide Richtungen.[169]

3.3.2 Hybride Genre/Reflexionen

Genre wie Gender sind als Kategorien Leitbegriffe filmwissenschaftlicher Analyse, die einander zwar bedingen, sich jedoch ebenso auch kreuzen und widersprechen. So wie Genderzuschreibungen in ihren intensiven Wandlungsprozessen speziell seit

---

167 Wobei auch männliche Figuren einer Umschrift bezüglich ihrer genrekulturellen Charakterisierung unterzogen werden, wie immer wieder am Beispiel von Tony Soprano aufgezeigt wird, der als Mafiaboss in die Psychotherapie geht und mit seinen ambivalenten Gefühlen und Aggressionen oft unkontrolliert konfrontiert wird. Siehe dazu Nirmalarajah, Asokan: *Gangster Melodrama. The Sopranos und die Tradition des amerikanischen Gangsterfilms.* Bielefeld 2011, S. 123–176.

168 Vgl. dazu Prokić, Tanja: «Väter, Lehrer und Mentoren – Die Rache der Braut in Kill Bill Volume 1 & 2.» In: Hoffstadt, Christian / Müller, Sabine (Hg.): *Von Lehrerkritik bis Lehrermord (= Komik und Gewalt, Bd. 5).* Bochum/Freiburg 2013, S. 63–72.

169 Bezogen auf mehrere, auch ältere HBO-Serien verfolgen Kim Akass und Janet McCabe dieses Spannungsverhältnis aus feministischer Sicht. Siehe Akass, Kim / McCabe, Janet: «Was hat HBO je für Frauen getan? Annäherung an eine feministische Kritik des Fernsehens.» In: Dreher, Christoph (Hg.): *Autorenserien. Die Neuerfindung des Fernsehens.* Stuttgart 2010, S. 252–285.

dem 20. Jahrhundert nicht essenzialistisch formuliert werden dürfen, erweisen sich analog dazu auch Genre-Traditionen als extrem wandelbare Modelle. Wie bereits die Ausführungen von Claudia Liebrand zu Gender-Topografien am Beispiel des Western-Genres zeigten, herrscht zwischen Gender und Genre ein enges Bündnis. Beide Kategorien verschränken einander in Bezug auf filmische Repräsentationssysteme, da Genres ohne bestimmte figurative Modellvorstellungen beispielsweise weder als Speicher kultureller Normen noch als Kommunikator möglicher Erwartungshaltungen der Zuschauer funktionieren würden, die sich anhand von Genrebegriffen in ihrer Mediennutzung orientieren. In Genres konzentrieren sich kulturelle Werte, die etwa bezüglich der Normierung gesellschaftlicher Vorstellungen von Geschlechtlichkeit und deren Akzeptanz Einblick in ideologische Strukturen gewähren. Dies liegt vor allem daran, wie unmittelbar Genderbilder auf Filmerzählungen einwirken. Denn Genderkonstruktionen organisieren Narrationsprozesse und ihre audiovisuellen Inszenierungen ebenso wie symbolische Ordnungen, die mit ihnen vorangetrieben und als generische Genrecodes tradiert werden.[170] Die Konventionalität von Genderbildern geht meist Hand in Hand mit der Etablierung von Genres, über die wiederum in einer Art Zirkelschluss Vorstellungen von Gender tradiert und gegebenenfalls modifiziert werden. So geben eine Screwballkomödie der 1950er-Jahre genauso wie ein Science-Fiction-Film der 1990er dezidiert Auskunft über die geltenden Wertvorstellungen und Ideologien ihrer Zeit und eröffnen im Abgleich mit anderen Genres oder einzelnen Genrevertretern historisch-systematische Einblicke in Genretraditionen.[171] Dies führt dazu, dass einzelne Genres per se mit einem bestimmten Weltbild assoziiert werden, da Weltbilder sich in Form von Genderkonfiguration innerhalb der narrativen Muster eines Genres verankern.

Genres, die seit den 1970er-Jahren zum Gegenstand filmwissenschaftlicher Theoriebildung avancierten[172], sind in ihrer Konstitution und Tradition allerdings nicht allein an Genderaspekte gekoppelt. In ihnen amalgamieren alle möglichen Wertvorstellungen und Ideologien, die innerhalb eines gesellschaftlichen Umfeldes diskursiv kommuniziert werden. Genres sind daher herausragende Seismografen gesellschaftlicher Vorstellungen von Stabilität und Wandel, da sich anhand einzelner Vertreter oder mehrerer Filme, die einem Genre zugerechnet werden, strukturelle Aussagen über die Verfasstheit von Genres sowohl auf ästhetischer wie inhaltlicher Basis treffen lassen. Die Untersuchung einzelner Genres und ihrer Traditionen ist ebenso fester Bestandteil wissenschaftlicher Forschung wie die grundsätzliche theoretische Auseinandersetzung über Genre als Kategorie filmhistorischer und filmanalytischer Beschreibung.

---

170 Siehe nochmals Liebrand, Claudia: *Gender-Topographien*, S. 7–12.

171 Siehe dazu etwa Schößler, Franziska: «Von kommenden Geschlechtern. Gender- und Genre-Turbulenzen in Science-Fiction-Filmen der 90er-Jahre.» In: Liebrand, Claudia / Steiner, Ines (Hg.): *Hollywood hybrid. Genre und Gender im zeitgenössischen Mainstream-Film*. Marburg 2004, S. 264–284.

172 Siehe Hickethier, Knut: «Genretheorie und Genreanalyse.» In: Felix, Jürgen (Hg.): *Moderne Film Theorie*. Mainz 2007, S. 65–69.

Das Ziel genretheoretischer Ansätze besteht darin, intersubjektiv nachvollzieh-bare Genrebegriffe auf der Grundlage theoretischer und methodischer Prämis-sen in der ihnen unterstellten Mehrdimensionalität zu entwickeln.[173] Ein metho-disch offenkundiges Problem liegt bereits in der Auswahl geeigneter Korpora und Auswahlkriterien, wie sich anhand einiger exemplarischer Fragen aufzeigen lässt: Beschränkt man sich auf große Klassiker und populäre Filme? Ab welcher Anzahl von Filmen lässt sich stichhaltig von einem Genre sprechen? Worauf basiert die jeweilige Vorstellung eines Genres und welche Implikationen gehen dieser voraus? Genres fungieren als multifunktionale Begriffe, da sie sowohl die Produktion, Dis-tribution und Rezeption von Filmen beeinflussen und eine Verständigung über die maßgeblichen motivischen und erzählerischen Grundtendenzen ermöglichen.[174] Genres stehen daher innerhalb eines Spannungsfeldes zwischen Text, Kontext und Kultur, das sich in den Filmen selbst aber auch innerhalb para- und extratextuel-ler Diskurse widerspiegelt. Die Vorstellung, was etwa von einer Romantic Comedy, einem Road Movie oder einem Action-Blockbuster zu erwarten oder eben nicht zu erwarten ist, prägt die Diskussions- und Rezeptionskultur zwischen Zuschauern, Filmjournalismus und Wissenschaft, die sich mit werkinternen Aspekten einzelner Filme oder werkübergreifenden Bezügen im Kontext eines Abgleichs mit bisheri-gen Wissensbeständen bemüht.[175]

Mit Genres als Kategorisierungs- und Gruppierungsmöglichkeiten innerhalb des Angebots an Filmen, subsumieren sich unter theoretischen Gesichtspunkten verschiedene Ansätze einer näheren Bestimmung des Phänomens Genre: Sie sind ebenso wissenschaftliche wie alltägliche Verständigungsbegriffe als auch analy-tische Konzepte. Die Vorstellung von Genres und Genre als Begriff stellt bereits einige Weichen für den analytischen Umgang. Als theoretische Prämisse einer Analyse ist daher zu klären, ob man Genres als intrinsische Bestandteile von Fil-men festlegt, deren textuelle Merkmale anhand von Plotstrukturen oder Figure-nensembles in ihrer tendenziellen Beständigkeit herauszuarbeiten sind oder Gen-res vorrangig als historisch wandelbare Konstruktionen behandelt werden, die dem jeweiligen Film vorausgehen.[176] Die Komplexität dieses Grundproblems lässt sich folgendermaßen auf den Punkt bringen:

---

173 Siehe etwa Kuhn, Markus et al.: «Genretheorien und Genrekonzepte.» In: Dies. (Hg.): *Filmwissen-schaftliche Genreanalyse. Eine Einführung*. Berlin/Boston 2013, S. 8–30.

174 Siehe unter anderem dazu Casetti, Francesco: «Filmgenre, Verständigungsvorgänge und kommu-nikativer Vertrag.» In: *montage av. Zeitschrift für Theorie und Geschichte audiovisueller Kommuni-kation*. Jg. 10, H. 2, 2001, S. 155–173.

175 Vgl. dazu Hediger, Vinzenz / Vonderau, Patrick: «Landkarten des Vergnügens: Genres in Filmwer-bung und Filmvermarktung.» In: Dies. (Hg.): *Demnächst in ihrem Kino. Grundlagen der Filmwer-bung und Filmvermarktung*. Marburg 2005, S. 240–248.

176 Zur ersten, eher klassisch zu nennenden Position siehe Buscombe, Edward: «The Idea of Genre in the American Cinema.» In: Grant, Barry Keith (Hg.): *Film Genre Reader III*. Austin 2003, S. 12–27 sowie für die zweite, moderne Tendenz Schweinitz, Jörg: «Genre und lebendiges Genrebewusst-

Das Genre (von dem wir doch eigentlich annehmen, dass es dem Film vorrangig ist), ist also immer ein *Effekt* [Hervorhebung im Original, A.S.] jener Filme, in denen es sich ausdrückt/konkretisiert/dokumentiert. Wir haben es also mit der Schwierigkeit zu tun, dass das Genre nicht Film ist, aber uns nur im Film begegnet: Das Genre geht dem Film (logisch) voraus und ist doch faktisch sein Effekt (...) In Filmen konkretisieren sich Genres, *und* [Hervorhebung im Original, A.S.] die Filme gestalten, modifizieren diese Genres – setzen sie in Szene.[177]

Jeder Film bezieht sich im Grunde direkt oder indirekt auf filmische Konventionen, die einem Genre zugeordnet werden können.[178] Daher lässt sich die These formulieren, wonach letztlich jeder Film mehr oder minder ein Genrefilm ist und sich mit seinem konkreten Umgang mit einem Genre oder einem Merkmal, das sich einem Genre zuordnen lässt, in die jeweilige Genretradition einschreibt oder sich zu ihr in Bezug setzen lässt.[179] Ein Genre wird entweder in seiner bisherigen Tradition bestätigt, irritiert oder im Falle einer seriellen Ausbreitung bestimmter Merkmale sogar durch einen neuen Subgenrebegriff erweitert. Daher sind Genres letztlich nie als vollkommen stabile Einheiten zu definieren, da sie per se wandel- oder zumindest erweiterbare Merkmale in sich vereinen, die im Falle einer Variation Auswirkungen auf eine intersubjektiv bislang gültige bis kohärente Vorstellung eines Genrebegriffs haben können.[180]

Allgemein gehaltene, in ihren Kerneigenschaften aber filmhistorisch stabile Genres wie der Horrorfilm, erfuhren beispielsweise seit ihrer Entstehung und Etablierung in der Filmgeschichte zahlreiche Modifikationen, die sich etwa mit der Einführung neuer Figurentypen (z.B. der Slasher- oder Vampirfilm) oder unter Berücksichtigung nationaler Spezifikationen (z.B. der sehr medienaffine J-Horror aus Japan) zu zahlreichen Subgenres erweitert haben.[181] Wie das Horror-Genre

---

sein.» In: *montage av. Zeitschrift für Theorie und Geschichte audiovisueller Kommunikation.* Jg. 3, H. 2, 1994, S. 99–118.

177 Liebrand, Claudia / Steiner, Ines: «Einleitung.» In: Dies. (Hg.): *Hollywood hybrid. Genre und Gender im zeitgenössischen Mainstream-Film.* Marburg 2004, S. 8.

178 Dies gilt auch (und gerade) für den Autorenfilm, der häufig viel zu schematisch als Gegensatz des Genre-Kinos bezeichnet wird. Siehe dazu Wood, Robin: «Ideology, Genre, Auteur.» In: Grant, Barry Keith (Hg.): *Film Genre Reader III.* Austin 2003, S. 60–75.

179 Das dies keineswegs nur ein Phänomen des postmodernen Kinos, sondern ein Strukturmerkmal der gesamten Filmgeschichte ist, belegen Neale, Steve: *Genre and Hollywood.* London/New York 2000, S. 248–260 oder Schweinitz, Jörg: *Film und Stereotyp. Eine Herausforderung für das Kino und die Filmtheorie. Zur Geschichte eines Mediendiskurses.* Berlin 2006, S. 79–97.

180 Dass dies ebenso für Genre-Konzepte in anderen Medien wie dem Computerspiel virulent ist, kann hier nur am Rande erwähnt werden. Siehe dazu die genretheoretischen Überlegungen in Schlicker, Alexander: *Computerspiel-Horror. Untersuchungen zur medialen Codierung des Survival-Horrors in Theorie und Praxis.* Saarbrücken 2010, S. 73–84.

181 Vgl. dazu Shelton, Catherine: *Unheimliche Inskriptionen. Eine Studie zu Körperbildern im postklassischen Horrorfilm.* Bielefeld 2008 oder zur allgemeinen Übersicht Vossen, Ursula (Hg.): *Filmgenres. Horrorfilm.* Stuttgart 2004.

in seiner historischen Entwicklung und stetigen Ausdifferenzierung exemplarisch nahelegt, setzt die «Fixierung einzelner Genres eine simplifizierende Lektüre einer Konstellation voraus, die immer schon die Einzelgenres transgrediert.»[182]

Die Zuordnungen einzelner Filme zu einem Genre unterliegt dem grundsätzlichen Problem einer eindeutigen Auswahl der Zuschreibungskriterien und deren Trennschärfe. Genres können mithilfe spezifischer Milieus, Settings, Figuren oder Themen ebenso beschrieben werden wie über spezifische emotionale wie affektive Dispositionen, die sie evozieren.[183] So könnte, je nach Fokus der Analyse, beispielsweise ein Historiendrama eventuell ebenso als Liebesfilm oder Melodram gelesen und als solcher bezeichnet werden, ohne damit die Dispositionen des Historiendramas innerhalb des jeweiligen Films zu negieren. Die Rekonstruktion von eindeutigen Strukturmustern, die eine Abgrenzung von spezifischen Genres von anderen erlaubt, kann daher im konkreten Fall problematisch ausfallen. Die Vielfalt an unterschiedlichen Filmen führt demnach zu einem ebenso vielschichtigen Katalog möglicher Genrebezeichnungen, die vor allem der Existenz vieler Hybridformen Rechnung trägt, die sich aus mehreren Traditionen und Strukturmustern bedienen.

Als dynamische Konstruktionen bleiben Genres stets offen für neue Einflüsse und widersetzen sich als fortwährend wandelnde Hybride einer Fixierung geschlossener Genre-Entitäten. Eine Genreanalyse kann daher nicht mithilfe eines ahistorisch statischen Merkmalkatalogs verfahren. Nur vor dem Horizont einer Erwartungshaltung, die sich mit bestimmten Genretraditionen oder Zuschreibungen verbindet, lassen sich Verschiebungen semantischer, symbolischer und inszenatorischer Aspekte als solche erfassen und analysieren. Genres sind daher komplexe Textphänomene, die verschiedensten Einflüssen unterliegen und sich permanent oder zumindest potenziell im Wandel befinden, da nahezu jeder Genrefilm bereits durch seine jeweilige kontextuelle Aktualisierung Genretraditionen zitiert und damit historisiert. Die JAMES BOND-Reihe führt dieses Prinzip paradigmatisch für die Filmgeschichte vor. Jeder neue JAMES BOND zitiert das serielle Grundmuster der Filmreihe, nimmt jedoch Aktualisierungen vor, die jeden Bond-Film als spezifisch historisch verortbaren Teil der Reihe auszeichnen. Dies kann schon allein auf der Basis der Ausstattung und des technischen Equipments der Bond-Figur und seiner jeweiligen Mit- oder Gegenspieler fixiert werden. Im Moment des Wechsels von einem Bond zum nächsten und von einem Film zum nächsten, vollzieht sich eine Historisierung der vergangenen Konkretisierung der Reihe. Oder einfach gefolgert: Jeder Bond-Film ist ein Kind seiner Zeit und nicht einer vorherigen oder zukünftigen, wie alle Bond-Filme großzügigerweise auf allen Ebenen der Inszenierung preisgeben. Die Genre-Regeln der Reihe bleiben mit jedem Film bestehen,

---

182 Liebrand, Claudia / Steiner, Ines: «Einleitung.», S. 8–9.
183 Siehe dazu etwa Carroll, Noël: «Film, Emotion, and Genre.» In: Plantinga, Carl / Smith, Greg M. (Hg.): *Passionate Views. Film, Cognition and Emotion*. Baltimore/London 1999, S. 21–47.

doch da jeder Ableger der Reihe neue Schauwerte und Kontexte bietet, die nicht in ihrer konkreten Umsetzung deckungsgleich mit ihren Vorgängern sind, historisiert jeder neue Bond den vorherigen, obwohl er ihn und seine Vorgänger seriell zitiert. Daher ist James Bond als serielle Figur nicht nur ein Agent ihrer Majestät, sondern vor allem eine Figur zwischen Wiederholung und Variation.[184]

Auf der Grundlage der zuvor diskutierten Medienwandel- und Historiografie-theorien lassen sich Genres in ihren Ausprägungen zwischen den seriellen Polen Wiederholung/Variation sowie Statik/Dynamik höchst unterschiedlich beschreiben und in ihrer vermeintlichen Genese historiografisch (re-)konstruieren und «erzählen». Genres bieten neben der Erfassung formaler Phänomene eine Möglichkeit, medienhistorische Prozessualität innerhalb eines definierten Textkorpus nachzuverfolgen und mit anderen Genres zu vergleichen. Individuelle Produktionsabläufe wie «Veränderungen von Aufführungspraktiken und Rezeptionserwartungen, die Herausbildung kultureller Dispositionen ebenso wie gesellschaftspolitische Verschiebungen und ideologische Inanspruchnahmen des Mediums und seiner Institutionen»[185] wirken sich auf ihre Wesensmerkmale maßgeblich aus.

Genres ist die Idee von Wandel innerhalb ihrer Strukturen und Dispositionen per se eingeschrieben. Ähnlich wie das Fernsehen und insbesondere die Serie, stehen auch Genres permanent im Zeichen serieller Redundanz und Transformation. Die Filmwissenschaftlerin Linda Williams spricht im Zusammenhang mit Filmgenres explizit davon, dass diese nicht als monolithische Einheiten missverstanden werden dürfen, da ihre Popularität hochgradig von ihrer Fähigkeit abhängt, sich einem gesellschaftlichen Wechsel von Genderbildern anzupassen.[186] Genres versteht Williams daher ähnlich wie Liebrand nicht als Probleme, sondern vielmehr als potenzielle Lösung gesellschaftlicher Problemstellungen. Sie bleiben nach Williams zwar bei aller Modifikation in ihren Grundzügen erkennbar, die inkorporierten Verschiebungen in ihre (Sub-)Strukturen sorgen für eine Etablierung potenziell neuer symbolischer Ordnungen und Umcodierungen. Eine Analyse von Genremischungen und Hybridformen muss daher auf der Grundlage einer Minimaldefinition der jeweiligen Genremuster mögliche Abweichungen und Redundanzen vor dem Hintergrund der medialen Bedingungen und ideologischen Rahmungen in den Blick nehmen, um Genres in ihrer Entwicklungsdynamik adäquat auf ihre Aussagen zu überprüfen.

Als inter- und transmediale Passagen manifestieren sich Genremuster in verschiedensten Medien, prägen jedoch trotz terminologischer Überlappungen eigene

---

184 Siehe dazu die verschiedenen Beiträge in Brusberg-Kiermeier, Stefani / Greve, Werner (Hg.): *Die Evolution des James Bond. Stabilität und Wandel.* Göttingen 2014.

185 Wedel, Michael: *Der deutsche Musikfilm. Archäologie eines Genres 1914–1945.* München 2007, S. 30.

186 Williams, Linda: «Film Bodies: Gender, Genre, and Excess.» In: *Film Quarterly* 44, Nr. 4, 1991, S. 12.

Gesetzlichkeiten aus, die mit den Eigenqualitäten von Medien und Formaten korrespondieren. Dies adressiert die TV-Serie in ihrer Spezifik als filmisches, jedoch televisuell serielles Artefakt, das seinen eigenen Gesetzen gehorcht. Daher können selbst klassische Filmgenres wie die Romantic Comedy nur bedingt auf Serien übertragen werden, da diese durch die serielle Abfolge von Episoden und Staffeln einer eigenen dramaturgischen Struktur folgt, die beispielsweise ihr mögliches Happy End lange hinauszögern und immer wieder torpedieren muss, um als Serienbiografie weiterlaufen zu können. Nicht umsonst gilt die Soap Opera als letztlich reinster Urtypus serieller Fernsehinszenierung, da sie sich als ewig weiterspinnende Narration generieren darf, ohne den Druck einer serienimmanenten Innovation ihrer Figurationen und Ereignisstrukturen in sich auszutragen. Schon aufgrund ihrer seriellen Struktur ist die Soap Opera nicht konzeptionell auf den Kinofilm übertragbar. Mit Blick auf die gegenwärtige Serienlandschaft zeigt sich jedoch, wie viele Serien auf Genremuster und Figurationen des Kinos zurückgreifen und sie in ihre eigenen seriellen Dispositionen übertragen. Serien wie BOARDWALK EMPIRE, THE SOPRANOS, PEAKY BLINDERS – GANGS OF BIRMINGHAM, HANNIBAL, FARGO oder SCREAM: THE TV-SERIES rekurrieren bewusst auf Genremuster oder sogar konkrete Kinofilmvorlagen und importieren den Kinofilm inklusive seiner Genres ins Fernsehen. Galt bis vor wenigen Jahren meist der umgekehrte Weg als Maßstab, wie ihn Filmadaptionen wie THE A-TEAM (2010, Regie: Joe Carnahan) oder MIAMI VICE (2006, Regie: Michael Mann) bestritten, drängen nun immer mehr Kinofilme in das Format der Serie. Dieses Spannungsfeld wirkt sich nicht nur auf die Dramaturgie aus, sondern gleichfalls auf die mit diesem Medienwechsel korrespondierenden Einflüsse auf die Figurationen der Protagonisten.

Das primäre Erkenntnisinteresse besteht an dieser Stelle nicht in einem Vergleich dramaturgischer Genremuster. Auffälliger und figurativ signifikanter ist vielmehr, wie gerade Autorenfiguren mit einem Genrewissen ausgestattet werden, das sie im Verlauf der Serie implizit oder explizit reflektieren. Dieses Wissen reduziert sich nicht allein auf Konventionen des Kinos, sondern speist sich ebenso aus anderen Medienformaten wie der Literatur oder dem Computerspiel inklusive deren spezifischer Ikonografien und Traditionen und geht über einen Abgleich der dramaturgischen Ebene weit hinaus. Autorenfiguren wie Abed aus COMMUNITY, John Dorian aus SCRUBS, Emma Swan aus ONCE UPON A TIME oder Frank Underwood aus HOUSE OF CARDS reflektieren explizit ihren Umgang mit Genrezitaten sowie deren Traditionen und Implikationen.

Entsprechend des seriellen Grundprinzips des Genres, sich über die Aufrufung seiner Muster performativ zu aktivieren, schreiben sich die Figuren in eine Tradition ein und führen diese fort. Dieser Schreibakt offenbart das Spannungsfeld zwischen Tradition und Aktualisierung, indem sich die Figuren bewegen, selbst wenn sie nicht als Metafiguren wie Abed oder Frank Underwood ihre Erzählwelt metaleptisch transzendieren. So wie sich Genre und Gender als Kategorien der

Beschreibung figurativer Identifikation und medialer Performanz nicht voneinander trennen lassen, lässt sich die Serie auch nicht in all ihrer Heterogenität in eine in sich geschlossene Historiografie stabiler Genremuster aufteilen. Hybridgenres wie die Dramedy als Mischform zwischen Melodram und Komödie stellen daher im Serienbereich keine Seltenheit dar, sondern veranschaulichen mit ihrem Auftreten Entwicklungen, wie sie serielle Formate in ihrer hochgradigen Anpassungsfähigkeit zu leisten imstande sind. Fortwährende Hybridisierungen müssen daher stets in Kauf genommen und für unterschiedliche Genres in ihrer konkreten historischen Situation bestimmt werden. Zu unterscheiden wäre dann, ob Hybridbildungen (ebenso wie weiterlaufende Genrestrukturen ohne Hybridisierungstendenzen) diesen Umstand explizit innerhalb ihrer Erzählstrukturen reflektieren oder nicht.[187]

Kulminationspunkte, wie sie historiografisch etwa mit der Entstehung neuer Anbieter wie Netflix, neuen digitalen Rezeptionsformen oder Serieninhalten als Reaktion auf gesellschaftliche Krisenerfahrungen wie mit 24 oder HOMELAND nachträglich definiert werden können, lassen sich in ihren formalästhetischen wie inhaltlichen Konsequenzen besonders an Genreentwicklungen festmachen. Dieses Spannungsfeld perspektiviert Autorenfiguren als prominente Träger serieller Genremuster. Denn sie sind nicht nur Akteure innerhalb dieser Muster, sondern auch deren bevorzugte Beobachter und Kommentatoren.

3.4 Was können fiktive Autorenfiguren sein? Autorschaften und ihre (De-)Figurationen

Ziel dieses Kapitels ist es nun, das Spektrum autorschaftlicher Strukturverhältnisse weiter zu abstrahieren, um nachfolgend die Begriffe der Typologie definieren und vorstellen zu können. Dazu muss die Komplexität, wie sie speziell der wissenschaftliche Diskurs mit sich führt, auf ein paar wesentliche Basiselemente reduziert werden. Komplexität ist dabei aufzuteilen in die Komplexität des Diskurses um Autorschaft und die notwendige Erweiterung der Komplexität bezogen auf die Bestimmung von Autorenfiguren innerhalb des weiten Spektrums fiktionaler Erzählungen. Autorschaft nur im klassischen Sinne als künstlerischen Prozess aufzufassen, versagt sich der Komplexität, die sich über die Konnotation der Autorität und ihrer strukturbildenden Konsequenzen aufspannt. Die zurückliegenden Ausführungen machten deutlich, wie umfassend biografische Einschnitte der Protagonisten Seriennarrationen formen. Serienbiografien verändern sich mit ihren Figuren, deren Autorschaft der Identität einer Serie maßgeblich ihren inszenatorischen und narrativ ideologischen Stempel aufdrückt. Autorschaft bedeutet als Werkpro-

---

187 Vgl. dazu den Vorschlag zu einer Unterscheidung von inhärenter und selbstreflexiver Hybridisierung bei Kuhn, Markus et al.: «Genretheorie und Genrekonzepte», S. 30.

zess ein aktives Handeln der Figuren, das sich als Auseinandersetzung mit sozialen oder psychischen Barrieren narrativ vermittelt. Dieser Prozess, egal ob abgeschlossen oder nicht, positioniert sich innerhalb eines Feldes an Möglichkeiten und Hindernissen, die seine dramaturgische Funktionalität prägen.[188] Das heißt nichts anderes, als dass Autorenfiguren, wie jede andere dramaturgisch relevante Figur einer Erzählung, eine Entwicklung durchlaufen, die sie entweder an ihr angestrebtes Ziel bringt oder aufgrund einer Wendung einen zuvor unerwarteten Ausgang nimmt.[189]

Autorschaft muss daher nicht mit einem abgeschlossenen oder gemäß seiner anfangs formulierten Prämissen als erfolgreiches Werk zur Vollendung kommen, wie eine Vielzahl an Texten, Filmen und Serien belegt, in denen Autorschaft vor allem als Ausdruck eines Krisenbewusstseins funktionalisiert wird.[190] Dies muss zwar nicht notwendigerweise der Fall sein, dennoch ist es symptomatisch für den Einsatz von Autorschaft, dass sich ein reibungsloser Werkprozess in Verbindung mit einer Auflösung der eingebundenen Problemstellungen nicht als zentrales Movens herausstellt. Weder in den bisher analysierten Serien noch innerhalb der Film- oder Literaturgeschichte. Autorschaft ist als Motiv vorwiegend darauf ausgerichtet, die Inkohärenz figurativer Identitätsentwürfe offenzulegen, die sich anhand von Schriftstellern, Drehbuchautoren, Erzählern oder Schöpferfiguren vorwiegend im unmittelbaren Zusammenhang mit Medien und deren Qualitäten und Implikationen äußert. Autorenfiguren durchlaufen daher in den meisten Fällen Momente der Krise, die mit einer ihnen figurativ eingeschriebenen Reflexion der Bedingungen und Handlungszusammenhänge ihrer Mediennutzung einhergehen und einen Blick darauf erlauben, wie Medien als Krisensymptome verhandelt werden. Auf den Punkt gebracht: Autorenfiguren sind aufgrund ihrer Disposition als sich entwerfende, prozessorientierte, ergebnisoffene und medienaffine Figurationen prädestiniert, Weltentwürfe und deren Medien in ihren Strukturen zu reflektieren.[191] Denn ihre Figurationen schreiben im wahrsten, aber nicht im alleinigen Sinne an Weltentwürfen, die in sich die Grenzen und Möglichkeiten von Identität und Alterität zur Schau stellen. Serienautoren wie das Ehepaar Lincoln in EPISODES, Schrift-

---

188 Nathalie Weidenfeld spricht daher in ihrem filmdramaturgischen Modell ebenfalls von Autorschaft. Weidenfeld betont damit den Willen der Protagonisten, Kontrolle über ihr Leben und ihre Entscheidungen zu erlangen, wie sie beispielsweise in ihrer Analyse von Christopher Nolans Film MEMENTO (2000) ausführt. Siehe Weidenfeld, Nathalie: *Das Drama der Identität.* Marburg 2012, S. 141–142.

189 Zu Wendepunkten und Plotpoints aus filmdramaturgischer Sicht siehe Krützen, Michaela: *Dramaturgie des Films*, S. 107–124.

190 Siehe dazu auch Hohnsträter, Dirk: *Autorschaft im Spielfilm. Figuren, Schreibszenen, Unzuverlässigkeiten.* Berlin 2014, S. 14–15.

191 Vgl. dazu auch die einführenden Erläuterungen von Sandro Zanetti zur Kulturtechnik des Schreibens, in denen eine ähnliche Begriffskette gebildet wird. Siehe Zanetti, Sandro: «Einleitung.» In: Ders.(Hg.): *Schreiben als Kulturtechnik. Grundlagentexte.* Berlin 2012, S. 34.

steller wie Hank Moody in CALIFORNICATION oder eine Kolumnistin wie Carrie Bradshaw aus SEX AND THE CITY verhandeln und formen über ihre Medien Identitätsentwürfe und deren Gültigkeit unter sich verändernden Bedingungen ihres Schaffens, die sich in ihrem Fall direkt auf ihre Identität auswirken. Serien können wie alle anderen Medien schon bei der Auswahl ihrer Autorenfiguren verräterisch agieren. Denn Identität ist mit Kategorien wie Gender, Race, Class oder Genre in ihrer konkreten historischen Verortung bereits voreingestellt und unterliegt den Bedingungen ihrer Zusammenstellung. Die weibliche Autorschaft einer wohlhabenden New Yorkerin wie Carrie Bradshaw in den 1990er-Jahren (SEX AND THE CITY) findet unter anderen Vorzeichen der Krise statt als Frank Underwoods männlicher Erzählergestus im politischen Haifischbecken Washingtons (HOUSE OF CARDS). Und der Status einer Teenagerin im Kontext einer Thriller-Serie (wie PRETTY LITTLE LIARS) ist gänzlich anders als der eines Vaters als Oberhaupt einer schwarzen Musikerfamilie in einer Drama-Serie (wie EMPIRE).

Autorschaftsfiktionen verhandeln neben Krisensymptomen wie den Unsicherheiten gesellschaftlicher oder medialer Wandlungsprozesse aber auch Irritationen und Radikalismen, an denen sich die Grenzen kultureller Wertvorstellungen zu erkennen geben. Serienkiller oder Verbrecher bilden die defigurative Kehrseite positiv besetzter Autorschaftsfigurationen. Ein Serienkiller wie Dexter aus der gleichnamigen Serie wandelt bei Tag als Blutspurenanalyst für die Polizei von Miami auf den Pfaden der Justiz, während er, vorwiegend im Schutze der Nacht, zu einer geradezu vampirischen Gestalt mutiert, die ihrer Blutprobensammlung weitere Exemplare hinzufügen möchte. Dass Dexter Morgan seine analytischen Fähigkeiten für die persönliche Befriedigung seiner Mordlust einsetzt, obwohl er gemäß eines Kodex nur Verbrecher und keine Unschuldigen tötet, provoziert im Verlauf der Serie immer wieder die Frage nach der Rechtmäßigkeit seiner Taten. Ist der Eingriff einer Figur, die sich über geltendes Recht und Gesetz stellt, in manchen Fällen nicht notwendig, um einen Straftäter zu stellen? Ab welcher Straftat ist Mord zu rechtfertigen? Ist der Mord an Mördern gerechtfertigt, wenn sie nicht ohnehin bei Überführung die Todesstrafe zu befürchten hätten?

Die Serie DEXTER lotet diese und weitere Grenzen anhand eines Killers aus, der seine mörderische Passion ins Zentrum seines Lebens stellt und die Frage nach seiner Menschlichkeit entsprechend der Werte und Normen seines Umfeldes selbst nach Beginn seiner Vaterschaft nicht eindeutig zu beantworten weiß. Da sich Dexter gemäß seiner Doppelidentität als Forensiker und Mörder exakt an der Grenze zwischen Normalität und Abnormalität bewegt, ist ein Paradebeispiel für eine Figuration von Autorschaft, die ihre eigene Defiguration konstitutiv in sich birgt. Dexter lebt für sein mörderisches Begehren, seine Blutprobensammlung als persönlichen Fetisch zu vergrößern. Er nutzt dazu wie ein Parasit seine Profession, die sich innerhalb der polizeilichen Ordnung passenderweise ebenso am Tod verdient. Denn Dexters forensischer Blick lastet nur auf den Toten und den Zeichen, die sie hinterlassen. Der tote Körper wird für ihn zur lustvollen Lektüre, an der Dexter seine Brillanz des Tötens und der Interpretation genießen und an der seriellen Fortsetzung des ewigen Todeskreislaufs partizipieren kann.[192] Die mörderische Seite dominiert die Figur des Dexter Morgan, jedoch ist seine defigurative Seite innerhalb der Logik der Serie nicht ohne ihre figurative zu denken. Die eine Seite seiner Beobachtung arbeitet der jeweils anderen zu, da der Forensiker Dexter mehrfach den Serienkiller Dexter decken und daher Spuren umdeuten muss. Dexter kann weder nur Mörder sein, wie er auch aufgrund seiner Natur nicht allein auf seine Rolle als Familienvater und Blutspurenanalyst reduzierbar ist. Seine analytischen Rekonstruktionsfähigkeiten bei der Deutung eines Tathergangs allein über die Blutspuren, die Dexter in exakten, von seinen Kollegen als brillant bezeichneten Berichten dokumentiert, gehören gleichberechtigt zu seiner (De-)Figuration wie seine Sammlung an Blutproben, die er seinen Opfern direkt vor deren Tod entnimmt. Dennoch ist seine Autorschaft nicht primär an diesen beiden Tätigkeiten ausgerichtet. Dexter ist die Erzählinstanz der Serie. Seine Sicht prägt daher das Geschehen und unterstreicht die symbiotische Einheit der Serienbiografie, die Figur und Serieninszenierung eingehen.

Eine Erörterung der Strukturverhältnisse von Autorschaft muss noch eine weitere Präzisierung vornehmen, die bisher nicht zur Sprache kam. Die bisherigen Lektüren legen eine bewusste Aktivität von Figuren nahe, sich als Autoren selbst zu entwerfen und ihre Handlungspotenziale in den Dienst eines Werkprozesses oder Zieles zu stellen. Dies impliziert eine Selbstbestimmung der Mittel und Wege, die eine Autorenfigur zu wählen und einzuschlagen hat, um ihre Ziele möglicherweise zu erreichen. Eine grundsätzliche Aktivität, einen Werkprozess auf der Basis einer bestimmten Motivation zu verfolgen, setzt das Motiv der Autorschaft voraus. Die Bahnen, in denen sie sich bewegt und überhaupt bewegen kann, determinieren den Aktionsradius der Figuren. Die Rahmenbedingungen können daher systembedingt zum Hindernis werden. Agentenserien wie THE AMERICANS oder HOMELAND führen vor, wie Agenten ihre Informationen und Aktionen aus dem Verborgenen und mithilfe komplexer Codesysteme und Übermittlungsrituale ausführen. Speziell im Vergleich der beiden Genrevertreter, wie er auf der Basis ihrer zeitlichen Verortungen in den 1980er-Jahren (THE AMERICANS) und in der Gegenwart (HOMELAND) auf der Hand liegt, wird der Unterschied ihrer Handlungsoptionen offensichtlich. Die Agenten in Homeland operieren mit modernster Technik, die etwa Satellitenunterstützung bei der Ortung verdächtiger Personen mit einschließt. In THE AMERICANS muss es im Falle der russischen Undercover-Agenten oftmals reichen, sich geschickt zu maskieren, um nicht enttarnt zu werden. Die Ziele und

---

192 Zum Begriff der «lustvollen Lektüre» und ihrer Lesarten, die man auch auf ein Konzept der Körperlektüre ausweiten könnte, siehe Barthes, Roland: *Die Lust am Text*. Frankfurt a.M. 1974, S. 19–33.

Problemstellungen sind in beiden Serien aus der jeweiligen Perspektive der amerikanischen und russischen Agenten ähnlich geblieben, die strukturellen Voraussetzungen sind es jedoch aufgrund des Wandels der Waffentechnologien und Mediensysteme nicht.

Aus diesen Bemerkungen kann nun das Spektrum der Figurationen fiktiver Autorenfiguren zusammengefasst werden. In erster Instanz sind Autorenfiguren als fiktive Handlungsträger autorschaftlicher Prozesse und Wirkungszusammenhänge innerhalb einer Erzählwelt tätig. Zu den klassischen Paradebeispielen zählen Künstler oder Figuren, die wie Journalisten im Rahmen ihrer Figuration direkt mit Medien zu tun haben. Als besondere Formen lassen sich Erzählerfiguren benennen, die wie Gossip Girl oder Dexter als metafiktionale Figuren inszeniert werden können, die sich scheinbar direkt an die Zuschauer wenden, obwohl sie Teil der fiktionalen Welt sind. Ihre Perspektive prägt maßgeblich die erzählte Welt sowie deren Vermittlung. Dies schließt explizit auch ihre Selbstbeschreibung mit ein, da jeder Erzählakt der Figuren Auskunft über sie selbst gibt, selbst wenn sie sich scheinbar um einen bewusst objektiven Gestus bemühen. Daher stellen metafiktionale Erzählerfiguren als potenzielle Grenzgänger zwischen verschiedenen Erzählebenen eine besondere Form von Autorschaft dar. Als Erzähler sind Autorenfiguren Mediennutzer wie auch Medieneffekt. In den meisten Fällen vermitteln sie sich über eine Erzählerstimme aus dem Off. Als Medieneffekt ist das relevant, wenn es zu Irritationen oder Abweichungen der jeweils seriell gesetzten Erzählstandards kommt und ein spezifischer Effekt innerhalb des Erzählablaufs erzielt werden soll.

Der Begriff des Schöpfers, der mit Blick auf die wissenschaftliche Auseinandersetzung von Autorschaft mehrfach auftritt, bezieht seine semantischen Implikationen aus der Vorstellung des Autors als Erschaffer, wie er bereits exemplarisch in den Mythen des Pygmalion oder gar in der Vorstellung eines gottähnlichen Schöpfers anklingt. Dem Akt der Schöpfung eines Werkes liegt auch ein destruktiver Ansatz zugrunde, da die Figur des Schöpfers für sich eine Werkherrschaft reserviert, die auch dessen potenzielle Zerstörung oder die Opferung anderer Ressourcen für die Erschaffung miteinkalkulieren kann. Dieser Gedanke führt die latente Negativität des Begriffsfeldes der Autorschaft mit, wie sie die Defiguration anhand der Serienkiller anzitiert. Defigurationen wie der Serienkiller setzen die eben im Kontext des Erzählens erwähnte Grenzgängerschaft auf motivisch-semantischer Ebene fort. Die exponierte Stellung einer Autorenfigur bemisst sich daran, inwiefern sie nicht allein textuelle, sondern ebenso inhaltliche Grenzen auszuloten imstande ist.

Zu guter Letzt kann Autorschaft als Maskerade in Erscheinung treten. Figuren bemächtigen sich etwa einer Form von Autorschaft und deren Zuschreibungen, um ihre wahre Identität oder ihre eigentlichen Ziele und Intentionen zu verbergen. Ebenso ist ein subversives Spiel mit Rollenklischees und deren Unterwanderung gemeint. Eine andere Variante bedeutet die komplette Verschleierung einer Autorschaft oder eines bestimmten autorschaftlichen Zusammenhangs. GOSSIP GIRL wäre mit Dan Humphreys Maskerade als weibliche Bloggerin ein Beispiel für die erste Variante, Hannibal Lecter oder Dexter hingegen für die zweite.

Im Kontext eines flexiblen Ansatzes von Autorschaft, bietet es sich an, einen Werkbegriff zu wählen, der diese Flexibilisierung unterstützt und an den offenen Zugang anschließt, der bereits für das textuelle Konzept der Serie diskutiert wurde.[193] Werk-Konzepte, wie sie als Erbe der Aristotelischen Tradition lange dominant in der Literaturwissenschaft vertreten wurden, sind längst reformuliert und erweitert worden.[194] Die Vorstellung von Ganzheit und Geschlossenheit eines Werkes lässt sich speziell unter seriellen Gesichtspunkten nicht stichhaltig aufrechterhalten. Ein einfluss- wie folgenreicher Vorschlag zu einer Aktualisierung klassischer Ansätze stammt von Steffen Martus.[195] Sein literaturwissenschaftliches Konzept beruht auf einer Umstellung ontologischer Perspektiven auf eine diskursanalytische. Martus kümmern daher weniger immanente Eigenschaften existierender Werke zu deren Bestimmung, sondern werkpolitische. Unter dieser Perspektive gilt es zu untersuchen, welche Zuschreibungen an einen Text oder eine Serie herangetragen werden, die eine Vorstellung von Homogenisierung und Abschließung hervorrufen. Das, was sich dann als Werkartigkeit bezeichnen lässt, setzt diese nicht voraus, sondern entsteht performativ als Effekt der Zuschreibungen. Diese Idee geht über die Annahme eines werkkonstituierenden Gesamtzusammenhanges, der mithilfe einer Ideologie oder eines künstlerischen Ideals assoziiert werden kann, weit hinaus, da in ihr verschiedene Modelle von Zuschreibungsperspektiven veranschlagt werden, die nicht einer einzelnen Vorstellung von Werkhaftigkeit folgen müssen. Nun geht es Martus mit seiner diesen Grundgedanken weiterführenden terminologischen Binnendifferenzierung aus Detail- und Ganzheitsbeobachtungen nicht um die innerfiktionale Sicht einer Figur. Er untersucht Formen der Interaktion zwischen Produktions- und Rezeptionsprozessen[196], um Kompetenzen der Detailbeobachtung wie einer Ganzheitswahrnehmung unterscheiden und miteinander in Kontakt bringen zu können.

Im Zusammenhang mit Autorenfiguren soll auf der Basis dieser diskursanalytischen Flexibilisierung nur festgehalten werden, dass das Werk einer fiktiven Autorenfigur ebenfalls nicht von vornherein in seiner Aus- und Entfaltung vorab definiert werden kann. Was zumindest die grundsätzliche Richtung eines Werkes ist, ergibt sich in den meisten Fällen aus der Konstitutionsbestimmung der Figur. Auch

---

193 Siehe nochmals Griem, Julika: «Zwischen deutschem Gesellschaftsroman und The Wire», S. 385–389.

194 Siehe dazu Thierse, Wolfgang: «Das Ganze aber ist das, was Anfang, Mitte und Ende hat. Problemgeschichtliche Beobachtungen zur Geschichte des Werkbegriffs.» In: Barck, Karlheinz et al. (Hg.): *Ästhetische Grundbegriffe. Studien zu einem historischen Wörterbuch.* Berlin 1990, S. 378–414.

195 Siehe nochmals Martus, Steffen: *Werkpolitik,* S. 1–51.

196 Daher versteht Martus seine Arbeit auch dezidiert als Beitrag zu einer Kulturgeschichte der Kritik. Siehe Ebd., S. 10.

wenn es banal anmutet dies im Fall von Journalisten oder Schriftstellern festzustellen. Auf der Seite autorschaftlicher Defigurationen ist es das nicht, da sich beispielsweise aus der seriellen Ermordung von Menschen nicht per se ein Werk mit spezifischen Implikationen und werkpolitischen Motivationen abzeichnen muss wie bei einem Drehbuchautor, der eine Episode für eine TV-Serie abzuliefern hat. Was unter einem Werk also konkret zu verstehen ist, muss aus der seriellen Disposition einer Figur selbst herausgelesen werden. Selbst im Falle vergleichbarer oder gar ähnlicher Tätigkeitsfelder kann die Werkauffassung bezüglich der Ziele und Grundausrichtungen stark variieren. Dies kann etwa bei Schriftstellern der Fall sein, wenn sie sich entweder als Poet oder Auftragsschreiber verstehen und daher ein jeweils differentes Konzept von Autorschaft unter spezifischen Bedingungen exemplifizieren. Gerade daran ist werkpolitisch interessant, welche Zuschreibungen mit einer solchen Differenz tatsächlich einhergehen und ob sich historische, genre- oder genderpolitische Verschiebungen erkennen lassen. Da es sich in diesem Kontext um serielle Figurationen handelt, muss das Konzept der Gleichzeitigkeit historischer Schichtungen Berücksichtigung finden. Das heißt nichts anderes, als dass ein diskursiv einheitlicher Werkansatz selbst innerhalb einer distinktiv markierten Figurengruppe kaum bis unmöglich zu destillieren sein dürfte.

Ein Werkbegriff kann sich über mehrere Staffeln hinweg sowohl auf der Ebene der Serie selbst wie innerhalb ihrer fiktionalen Erzählkonstruktion wandeln. Das eine schließt nicht das andere per se ein, allerdings ist speziell unter den Bedingungen einer seriellen Unabgeschlossenheit von Serien, wie im radikalsten Fall aufgrund einer (vorzeitigen) Absetzung, auch eine potenziell vorgezeichnete und von einer Autorenfigur verfolgte Konzeption von Werk nicht mehr einzuhalten. Wenn man jedoch ohnehin von einer Unabgeschlossenheit serieller Erzählwelten ausgeht, da nahezu jede Serie entweder weiter verlängert werden könnte, sich bewusst mithilfe eines entsprechend ambivalenten Endes eine Fortsetzungsoption offen hält oder in transmedialen Universen mit Spin-Offs weitererzählt wird, liegt ein werkpolitischer Gedanke nahe: Da serielle Werkbegriffe mit kategorialen Setzungen des Abschlusses ohnehin nicht adäquat zu beschreiben sind, verbleibt jede Form von Geschlossenheit oder Ganzheit im Moment temporaler Virtualität. Selbst wenn ein Werk innerfiktional abgeschlossen scheint, könnte es schon in der nächsten Folge, Staffel oder Spin-Off in seiner Finalität wieder aufgebrochen werden.

3.5 Fazit: Autorschaft und Autorenbild als figurative Grenz- und Schwellenphänomene

Wie die bisherigen Überlegungen gezeigt haben, ist das Feld der Autorenfiguren weit bestellt. Autorschaftliche Figurenkonzepte geben Einblicke in thematische sowie diskursive Schwerpunkte, die Serien höchst heterogen besetzen und verarbeiten. Speziell der wissenschaftliche Diskurs zum Thema Autor und Autorschaft zeigt vor allem zweierlei: Erstens wurde und wird der empirische Autor als Bezugsgröße nach wie vor mit einer Fülle von Bedeutungen aufgeladen, die in Summe ein sehr breites Spannungsfeld zwischen Mystifizierung, Marginalisierung, Inszenierung und Ökonomisierung offenlegen. Autorschaft evoziert Bedeutung, die wiederum auf den Autor als Bezugsinstanz zurückschlägt und Anschlusskommunikation produziert. Ob Autoren daraus wiederum bewusst Kapital schlagen oder sich andere Konsequenzen daraus ergeben, fällt in den aporetischen Bereich der Intentionalität, an der sich wissenschaftliche Auseinandersetzungen zu diesem Thema längst nicht mehr abarbeiten. Dennoch ist festzustellen, dass Serienautorschaft spätestens mit der aktuellen Generation prominenter Autoren wie David Simon, Lena Dunham oder Matthew Weiner eine ähnliche Präsenz und Aufmerksamkeit erfährt wie im Film oder der Literatur. Daher lohnt sich trotz der spezifischen Arbeitsteilung und Fallstricke des Seriendispositivs zwischen Fernsehen, Sendern und kollaborativer Produktion der Blick auf die Inszenierungen und Zuschreibungen der Autoren. Selbstinszenierung ist mittlerweile ein Faktor der Serienautorschaft, die über das alte Klischee des unambitionierten und antikünstlerischen Fernsehens, wie es im 20. Jahrhundert noch vielfach durchexerziert wurde, längst hinausgewachsen ist.

Zweitens hat diese Gemengelage Auswirkungen auf fiktive Autorenfiguren. Klassische Figurationen von Autorschaft finden Einzug in moderne Serien wie EPISODES, CURB YOUR ENTHUSIASM oder GIRLS und werden eben nicht nur als Klischee oder peripheres Thema abgehandelt. Eine exponierte Figur wie Hannah Horvath aus GIRLS verweist auf ihre Darstellerin und Schöpferin Lena Dunham, die wiederum mit ihrer Selbstinszenierung sowohl Stellung zu kontroversen Themen wie der Flut an unrealistischen bis sexistischen Schönheitsidealen in westlichen Gesellschaften bezieht. Themen wie diese finden wiederum auch in Dunhams Serie und vor allem «anhand» ihrer Figur Hannah Horvath statt. Damit ist nicht der Gleichsetzung zwischen empirischer Person und Figur das Wort geredet, denn es gilt an dieser Stelle nach wie vor, zwischen Fiktion und Empirie hinsichtlich ihrer jeweils eigenen Vermittlungsregeln und ontologischen Differenzen zu trennen.[197]

Der Tatbestand eines rekursiven Bezugssystems, das aus Lena Dunham diskursiv eine profilierte Autorenfigur emporsteigen lässt, die über ihre Selbstinszenierung als Autorin der Serie und ihrer Performanz als fiktive Figur in der Serie Bezüge legt, sollte allerdings für eine Interpretation serienkultureller Phänomene und textueller Wechselwirkungen nicht unterschätzt werden. Ganz so, wie es andere Autoren wie Woody Allen, Quentin Tarantino oder Alfred Hitchcock mit

---

197 Zum Begriff der Fiktion aus filmwissenschaftlicher Sicht siehe Koch, Gertrud / Voss, Christiane: «Einleitung.» In: Dies.(Hg.): ‹Es ist, als ob›. Fiktionalität in Philosophie, Film und Medienwissenschaft. München 2009, S. 7–11.

ihren metafiktionalen Inszenierungen im Film vorgemacht und für den Film auch ohne werkintentionale Aporien salonfähig gemacht haben. Wie vor allem GIRLS oder EPISODES aufzeigen, ist Autorschaft prädestiniert, Genre- und Genderpolitiken zu hinterfragen. Die enge Verbindung beider Kategorien über ein ideologisches Weltbild, das sich als Konstante oder deren Dekonstruktion durch viele Genrefilme in einer jeweils spezifischen Art und Weise zieht, wird von Autorenfiguren häufig gespiegelt. Insbesondere als Metafiguren treten Autoren oder Erzähler nicht nur als einfache innerfiktionale Akteure auf, sondern nehmen häufig die Rolle eines Beobachters, Kommentators oder Kritikers ein, der Genretraditionen zitiert oder sogar bezüglich ihres Status reflektiert.

Prägnant formuliert: Der Diskurs prägt die Figuren und daher deren Figurationen; wobei mit Rücksicht auf das hier vorgestellte Konzept eines flexiblen, explizit defigurativen Autorschaftsansatzes hinzugefügt werden sollte, dass die Projektion diskursiv erzeugter Autorenbilder vorwiegend auf klassische Figuren und Erzähler einwirken. Klassische Autorenbilder inklusive der mit ihnen assoziierten Semantisierungen nehmen Defigurationen metaphorisch oder im Rahmen einer motivischen Pervertierung seriell in sich auf. Die Faszination von Autorenbildern bei defigurativen Autorschaften nährt sich aus einer Tendenz der Negation, Verklärung und Radikalisierung, die meist psychopathische Züge annimmt. THE FOLLOWING führt dies programmatisch am Beispiel Edgar Allen Poes vor, dessen Werk für den Literaturprofessor Joe Carroll zum Vorbild wird. Seine Passion für die Literatur resultiert aus Carrolls Apotheose Poes, dessen Biografie und Werk ebenso faszinierend auf Carroll wirken wie das Autorenbild, das sich die Nachwelt von Poe erhalten und erzählerisch weiter mythisiert hat. Carrolls Autorschaft zielt an einer Fortschreibung dieses Mythos, was gleichbedeutend ist mit einer Einschreibung in den Mythos. Auf den ersten Blick scheint es, als hätten Dexter Morgan, Hannibal Lecter und Joe Carroll nichts gemeinsam. Auf den zweiten Blick schon. Sie sind alle Serienkiller mit autorschaftlicher Passion.

4 Typologie und Analysebeispiele: (De-)Figurationen serieller Autorschaft

Auf der Basis der bisher erarbeiteten Paradigmen und Begrifflichkeiten kann nun die Typologie in ihren Bestandteilen vorgestellt werden. Jeder Typus geht zurück auf das im dritten Kapitel eingegrenzte Spektrum autorschaftlichen Handelns sowie den Zuschreibungen, die sich aus dem Diskurs um das Thema Autorschaft ableiten lassen. Historisch setzt sich die Typologie aus Figurationen zusammen, die in fiktionalen TV-Serien dieses Jahrtausends in Erscheinung treten und sich zu distinktiv voneinander unterschiedbaren Kategorien ordnen lassen. Jede Figuration schließt an thematischen, medienhistorischen oder diskursiven Traditionen an, wie in diesem Kontext anhand literatur- und filmhistorischer Autorschaftsdiskurse rekapituliert wurde. Über Differenzierungen zu früheren Formen lassen sich Überlegungen anstoßen, die als Reflexion von Wandel die innerfiktionale Präsentation von Autorenfiguren beeinflusst. Figurationen erfahren somit Aktualisierungen, die Auskunft geben über ihre ideologischen und medialen Anpassungsfähigkeiten, ohne sich als heuristische Kategorie zu negieren und aufzulösen. Sie vereinen in sich einen figurativen Kern, der mit Autorschaft fundamental korrespondiert, sich allerdings an zeitgenössische Tendenzen anpasst. Daher sind Figurationen serieller Autorschaft nicht als ahistorische Konstanten misszuverstehen, was sich insbesondere mithilfe ihrer Defigurationen unmittelbar erschließt.[1]

---

1   Ein solches Verständnis würde auch der begrifflichen Vorstellung der (performativen) Wandlungspotenziale von Figurationen gemäß der ihnen inhärenten Flexibilität und Anpassungsfähigkeit widersprechen. Siehe dazu nochmal speziell aus theaterwissenschaftlicher Perspektive Brandl-Risi, Bettina et al.: «Prolog der Figuration. Vorüberlegungen zu einem Begriff.» In: Brandl-Risi, Bettina et al. (Hg.): *Figuration. Beiträge zum Wandel der Betrachtung ästhetischer Gefüge.* München 2000, S. 10–29.

Serielle Figurationen, so wurde bereits mehrfach im Einklang mit den theoretischen Prämissen der Serialität und des Seriendispositivs erörtert, unterliegen einem permanenten Veränderungs- und Anpassungsdruck, der sie als Produkte ihrer Zeit deklariert. Speziell Autorenfiguren gehen im wahrsten Sinne mit ihrer Zeit, da an ihnen mediale wie gesellschaftliche Bezüge besonders prominent in Erscheinung treten. Vergleichbar mit den Kategorien Gender und Genre können Figurationen historisch verortet und systematisch miteinander in Bezug gesetzt werden. Eine dann spezifisch definierte Figuration von Autorschaft gibt über ihren Kern einen Reflexionsrahmen vor, der sich von anderen Figurationen oder ihren defigurativen Radikalisierungen und Negationen unterscheiden lässt. Wie bereit angedeutet, schließt das nicht die Möglichkeit variabler Zugehörigkeit einer Autorenfigur aus, da es sich bei den Figurationen um Großtypen handelt, die in mehreren Kombinationen arrangierbar sind. Wird sie in eine andere Gruppe einsortiert, ändert sich der Fokus ihrer Perspektivierung. Im Schulterschluss mit den Befunden zur Hybridität von Genres, Serien und Opening Credits dominiert im Bereich der Autorschaft eine Vorherrschaft von Mischtypen und Überlappungen, die empruisch betrachtet auf synchroner und systematischer Ebene zunehmen.

Nachfolgend werden die einzelnen (De-)Figurationen mithilfe einer thematischen Einführung und einigen Beispielen vorgestellt und auf ihren Aussagewert getestet. Relevant ist dabei die Frage, ob eine Fokussierung auf Autorschaft erlaubt, eine Serie in wesentlichen Kernpunkten für eine Analyse ihrer narrativen, ästhetischen und ideologischen Sinnpotenziale zu erschließen. Defigurative Aspekte und solide Formen defigurativer Autorschaft als Infragestellung und Radikalisierung von Autorschaft finden in diesem Kontext anhand der Beispiele oder im Rahmen der einführenden Erläuterungen ihre Berücksichtigung. Eine methodische Vorbemerkung gilt es zusätzlich einzuflechten: Die Analysen verstehen sich als Lektüren, die Schlaglichter auf einige grundsätzliche Dispositionen und Konstellationen von Autorschaft werfen. Der hier veranschlagte Lektüre-Begriff verfolgt nicht das Ziel einer vollständigen Ausleuchtung der Serientexte, da dies weder möglich noch den primären Sinn der Typologie unterstützen würde, Sinnpotenziale und spezifische Ansatzoptionen in ihrer Grundsätzlichkeit aufzudecken und für weitere Lektüren oder umfangreichere Interpretationen fruchtbar zu machen.[2]

Außerdem folgt dieser Ansatz den Überlegungen zur textuellen Offenheit und Komplexität, die fester Bestandteil des Seriendispositivs sind. Wie schon die einführenden Analysen und Anmerkungen zu CALIFORNICATION, GOSSIP GIRL, PRETTY LITTLE LIARS und HANNIBAL nahelegten, kann speziell aufgrund der Unabgeschlossenheit einer Serie kein finales Urteil über ihre serienbiografische Werkhaftigkeit formuliert werden, ohne das Risiko einer möglichen Revision durch die

---

2 Damit folgt die Studie einem ähnlichen Verständnis von Lektüre wie in Liebrand, Claudia: *Gender-Topographien*, S. 11–12.

nächste Staffel oder Episode einzugehen. Jeder Serie haftet daher ein Zeitindex an, der sie innerhalb einer seriellen Ordnung zwischen ihren «aktualisierten und den nicht-aktualisierten Möglichkeiten»[3] eingliedert. Serien verweisen in ihren fortgesetzten Aktualisierungen, also etwa der nächsten Episode oder der Auflösung eines zuvor gesetzten Cliffhangers, per se auf ihre grundsätzliche Fortsetzbarkeit und deren unterschiedliche Optionen.[4] Serienlektüren müssen sich dieser Spezifik seriellen Erzählens bewusst sein, um die Potenziale der Kontinuierung und des Anknüpfens[5] als basale Eigenschaften zwischen «viel Wiederholung, ewiges to be continued»[6] zu würdigen.

4.1 Autor (CASTLE, SECRET DIARY OF A CALLGIRL, GIRLS)

Der klassische Autor markiert die offensichtlichste Figuration. Mit ihm wird das bezeichnet, was Figuren wie Hank Moody, die Lincolns oder Carrie Bradshaw zu ihrem Lebensinhalt erklären, nämlich beispielsweise als Schriftsteller, Drehbuchautoren oder Regisseure Medientexte zu verfassen und zu publizieren. Autoren zeichnen sich dadurch aus, dass ihre Tätigkeit in Form von Medientexten wie Büchern, Filmen, Blogs oder Serien sichtbar und mit einer Aufmerksamkeit belegt wird, die sie als Verfasser oder Mitarbeiter an diesen Texten zentral adressiert. Denn auch wenn Hank Moody mit seinen Serienarbeiten zur innerfiktionalen Metaserie Santa Monica Cop kaum prominent als Autor in Erscheinung tritt und sich dem Diktat des Showrunners der Serie beugen muss, so tritt er auch in diesem Fall als Autor in Aktion, der im Rahmen der Serie CALIFORNICATION sein Selbstbild über seinen Status als schreibender Künstler definiert und entsprechend dieses Selbstbildes in seinen Höhen und Tiefen gezeigt wird. Das Verständnis eines Autors spiegelt sich in seiner Umwelt und der mit ihm inszenierten Selbst- und Fremdreferenz wider. Je nachdem, ob sich ein Autor als Poet, Auftragsschreiber oder bloßer Gehilfe im Rahmen einer kollaborativen Autorschaft begreift, ändert sich das an ihm exerzierte Bild, das von ihm selbst und anderen Figuren evoziert wird. Grenzt sich ein Autor mithilfe seines Selbstbildes ab oder ist er kein solitäres Genie mehr, wie insbesondere der Literaturdiskurs des 18. Jahrhunderts wortreich zu begründen weiß?

---

3   Espositio, Elena: «Fiktion und Virtualität.» In: Krämer, Sybille: *Medien – Computer – Realität. Wirklichkeitsvorstellungen und Neue Medien.* Frankfurt a. M. 1998, S. 269. Espositos Überlegungen zur Virtualität lassen sich auf Serien sehr gut übertragen. Ihr geht es unter anderem um die Feststellung einer virtuellen, allseits bekannten Verfügbarkeit von Medieninhalten (etwa von Daten im Internet), die sich allerdings erst dann tatsächlich «realisiert», wenn man in der Tat auf sie zugreift und sich ihrer dadurch letztlich versichert.

4   Vgl. ebd., S. 292.

5   Siehe die Bemerkungen zur Serialität in Rothöhler, Simon: *The West Wing.* Zürich 2012, S. 65.

6   Ebd., S. 66.

Und was heißt es, als Autor kreativ sei zu wollen oder es zu müssen? Was und wer ein Autor ist, bestimmt daher in hohem Maße der jeweils zeitgenössische Diskurs. Autoren sind hochgradig selbstreferenzielle und selbstreflexive Figuren, deren Potenzial als Repräsentanten medialer Dispositionen immer wieder aufgerufen und zeitspezifisch aktualisiert wird. Die Einführung des Computers oder des Blogs zeugen ebenso davon wie die Geburt des Tonfilms oder weiter innovationsgebundener Umbruchphasen medialer Wandlungsprozesse.[7] Ihr Umgang mit Medien wirft immer Fragen nach der spezifischen Medialität, der kulturhistorischen Semantik und der Einbettung des Mediums innerhalb der zeitgenössischen Gesellschaft auf. Wer als Autorin wie Jessica Fletcher mit einer Schreibmaschine schreibt, ruft andere Semantiken und kulturhistorische wie gesellschaftspolitische Bezüge auf, als es Belle als schreibende Edelprostituierte einige Jahrzehnte danach auf ihrem Laptop in SECRET DIARY OF A CALLGIRL tut.

Autoren neigen als Figuren traditionell zur Selbstbezüglichkeit, da sie ihre Umwelt und ihr Schaffen umfassend betrachten oder zur Betrachtung freigeben. Daher spielen Metafilme insbesondere anhand der Krisen ihrer Autoren ein doppeltes Spiel, indem die Krise des Autors zur Krise des Mediums avanciert. Die Selbstthematisierung der Arbeit als solitärer Schriftsteller oder kollaborativer Drehbuchautor integriert Aussagen über die Bedingungen und Möglichkeiten ihres jeweiligen Schaffens innerhalb ihrer Zeit.[8] Diese Überblendung mag mittlerweile ein Klischee insbesondere der Filmgeschichte geworden zu sein. Dennoch verraten etwa Rick Castle aus der gleichnamigen Krimiserie und Hannah Horvath aus GIRLS ziemlich genau, wie (männliche/weibliche) Autorschaft im 21. Jahrhundert ideologisch konnotiert und populär inszeniert wird. Autorschaft kann auf diesem Weg sowohl als Symptom der Krise des Subjekts oder als Rettung symbolisch aufgeladen sein. Autoren vermitteln daher Bilder medialer und subjektbezogener Krisen im gender- und genrespezifischen Rahmen sich wandelnder Zuschreibungen, die wiederum Darstellungsstrategien in ihrer Konventionalität oder Subversivität reflektieren.

CASTLE

Wie männliche Autorschaft dazu genutzt wird, vor allem Genrekonventionen zu spiegeln, führt die populäre Krimiserie CASTLE vor. Im Gewand einer vordergründig stark konventionellen Krimiserie, die als Procedural der seriellen Logik einer Aufklärung von Mordfällen in jeder Episode folgt, integriert die in New York ange-

---

7   Zu den radikalen Umwälzungen, die mit der Einführung des Tonfilms etwa die Autorschaft der Stummfilmstars Charlie Chaplin und Buster Keaton radikal veränderte, siehe Arnheim, Rudolf: *Film als Kunst*. Frankfurt a. M. 2002, S. 189–194.

8   Siehe auch explizit zur Figur des Drehbuchautors Hohnsträter, Dirk: *Autorschaft im Spielfilm*, S. 11–13.

siedelte Serie mit dem erfolgreichen Bestsellerautor Rick Castle einen ungewöhn-
lichen Ermittler. Integrieren deshalb, weil Castle als Buchautor nur im Schlepp-
tau der Polizistin Kate Beckett ermitteln darf. Genretypisch müssen sich beide als
ungleiches Ermittlerpaar aneinander gewöhnen, nachdem sich Castles Mitarbeit
bei der Aufklärung eines Falles als nützlich erwiesen hat. Der Clou daran: Die auf-
zuklärenden Morde entstammen offensichtlich den Romanen von Rick, da die Leichen wie einige Opfer aus seinen Romanen drapiert wurden. Die Spur des Mörders
führt daher über das Werk direkt zum Autor, der sich anschickt, «seine» Fiktionen
in der realen Welt aufzuklären. Kate wird als akribische und äußerst zielstrebige
Ermittlerin zu Ricks Gegenpart, doch sie ist mit einer wesentlichen «Schwäche»
ausgestattet, da sie zwar Fan seiner Kriminalromane ist, jedoch sein chauvinistisches und unseriöses Auftreten ihr gegenüber anfangs nicht mit ihrer Position als
leitendem Detective der New Yorker Polizei vereinbaren kann.

Die Pilotfolge führt gewohntermaßen die wesentlichen Konflikt- und Struktur-
elemente der Serie ein und gibt damit eine Anleitung vor, wie Rick Castle und Kate
Beckett funktionieren. Die Folge beginnt noch vor dem Opening Credit mit einer
Prescene, in der einige Leitmotive der Serie anzitiert werden. Blut rinnt an einem
nackten Frauenkörper entlang, und Rosenblätter, die von einer Hand in schwarzen
Handschuhen verteilt werden, fallen auf den nun als Leiche erkennbaren Körper.
Eine weibliche Voice-Over-Stimme, die während der ersten Bilder in einer Parallelmontage diesen Akt scheinbar kommentiert, stellt die Frage, was Leser dazu bringen würde, sich die Nächte mit Kriminalromanen um die Ohren zu schlagen. Wirkt
es zunächst so, als wäre die Stimme ein direkter Kommentar zum eben Gesehenen,
wird diese Überblendung mit einem Szenenwechsel aufgelöst. Mord, Geheimnisse
und das Makabere lauten die Antworten der Sprecherin, die sich als Rick Castles Herausgeberin im Rahmen einer Präsentationen von Ricks neuestem Bestseller
entpuppt. Diese Grundqualitäten verbindet sie mit einem genrekonformen Figurenpersonal des Krimis, indem sie von hartgesottenen Detektiven oder der Figur
der Femme fatale spricht. Bereits diese kurze Sequenz vermittelt die Vorstellungen
weiblicher Zuordnungen. Frauen sind entweder als schöne Leichen, Stimmen im
Namen des männlichen Autors oder als Verführerinnen besetzt. In dieses Register
fügt sich die Vorstellung von Rick nahtlos ein. Seine erste sichtbare Aktion besteht
darin, sein Signum inklusive Telefonnummer auf die Brust einer seiner zahlreichen weiblichen Fans zu setzen, ehe er das Wort von seiner Herausgeberin auf der
Bühne übernimmt. Eine attraktive Leserin spiegelt sich während seiner Vorstellung
in seiner Sonnenbrille und vor allem weibliche Leser stürzen sich auf sein neuestes
Werk, das den Abschluss von Ricks berühmtester Romanreihe um die Detektivfigur des Derrick Storm bedeutet.

Der Blick durch die Brille verweist auf die Dominanz des Männlichen in Verbindung mit der gespiegelten und nur auf ihre Schönheit reduzierten Frau innerhalb
eines männlichen Blickregimes, die nicht in der Position ist, Ricks Blick zu erwi-

dern.[9] Ricks Herausgeberin, die pikanterweise auch seine Exfrau ist, kündigt ihn als Mann des Abends an, dessen Werk zwar von ihr verkauft, aber nur unter ökonomischen Gesichtspunkten Unterstützung findet, wie ihre Forderung nach dem nächsten erfolgreichen Buch untermauert. Die weibliche Stimme der Herausgeberin verkündet und fordert somit mustergültig das Werk des männlichen Autors, der sich jederzeit des Begehrens seiner Fans versichert sieht. Ricks Handeln ist daher ein chauvinistisches Einschreiben in weibliche Register. Frauen sind für ihn Objekte, die er – wie auch sein Autorenkollege Hank Moody aus CALIFORNICATION –mit seinem Charme als erfolgreicher Bestsellerautor spielerisch um den Finger wickeln kann, ohne seine Position als überlegene (Blick-)Figur zu gefährden.[10] Zum Leidwesen seiner Fans und des Verlags, lässt Rick in seinem neuesten Werk seine erfolgreichste (männliche) Figur sterben, um ein neues Kapitel seiner Autorschaft aufzuschlagen, das nicht der Vorhersehbarkeit seiner letzten Romane folgt. Bezogen auf Ricks Autorschaft, die seit dem Abschluss seines letzten Romans stagniert, bedeutet diese Neuausrichtung die Suche nach neuer Inspiration und einer neuen Figur für seinen nächsten Roman. Die Krise des Autors wird somit auch in CASTLE zu einem entscheidenden Aspekt der Autorschaft als Motiv; eine Krise, die sich auf einer Metaebene auf die gesamte Serie bezieht.

Castles Initiierung als Ermittler, der somit im übertragenen Sinne die Grenzen der von ihm selbst verfassten Fiktionen innerhalb der Serie überschreitet, wird mithilfe des eingangs angedeuteten Mordes in Gang gesetzt. Die mit Rosen und weiteren Symbolen drapierte Leiche kann von Kate als Spur entschlüsselt werden. Im Gegensatz zu ihren männlichen Kollegen, kann sie die Parallelen zu einem von Ricks Romanen erkennen und werkintern zuordnen. Der Mörder sowie die leitende Ermittlerin verweisen mit ihrer unterschiedlichen Art der Lektüre auf Rick, der als Berater zu den Ermittlungen hinzugezogen wird. Zwei zunächst gegensätzliche Interessen kulminieren in dieser Konstellation: Rick erkennt die für ihn neue Chance, sich im realen Polizeialltag Inspiration für sein nächstes Werk zu holen, während sich die Polizei wiederum aufgrund seiner Fähigkeit, Tatorte und Fälle zu lesen, entscheidende Impulse für die Auflösung der Fälle verspricht. Der Konflikt mit Kate verläuft innerhalb dieses Spektrums, da sie als fähige und vor allem professionelle Ermittlerin nun mit einem Partner zusammenarbeiten muss, dessen Fähigkeiten sich aus seiner Kenntnis der Regeln des Genres und den Konventionen von Erzählungen sowie deren dramaturgischer Stichhaltigkeit ergeben. Kurz gesagt: Rick weiß, wie Krimigeschichten funktionieren und findet diese Kompetenz in der Realität der Polizeiermittlung bestätigt. Es ist somit nicht die Ermittle-

---

9   Zur Umcodierung männlicher, vor allem wie in diesem Fall fetischisierender Blickkonstellationen mithilfe einer aktiven weiblichen Umschrift, die sich in mehrfacher Hinsicht dem männlichen Blick entgegenstellt, siehe besonders prägnant Prokić, Tanja: «Gaze & Gender», S. 177–187.

10   Rick Castle folgt daher der von Laura Mulvey kritisierten Blickanordnung männlicher Dominanz, die sich in der Ordnung des Kamerablicks strukturell manifestiert.

rin Kate, die als eigentliche Hauptinstanz der Fallaufklärung auftritt, sondern der Geschichtenerzähler Rick.

Die selbstreflexive Komponente findet in der Pilotfolge von CASTLE noch eine weitere Vertiefung in Form eines Autorengesprächs. Bei einer Pokerrunde mit weiteren Krimi-Bestsellerautoren, deren Fokussierung auf vorwiegend kommerziellen Erfolg bereits anhand des Pokerspiel symbolisch angedeutet wird, stellt Rick seinen Autorenkollegen den Fall als vermeintliche Konzeptidee für einen neuen Roman vor. Die Autorenrunde nimmt den Entwurf unter dramaturgischen Gesichtspunkten nicht an, da ihnen vor allem eine überraschende Wendung fehlen würde, die der ersten Fallaufklärung widerspricht und den wahren Täter ans Licht bringt. Es ist nicht die Realität, die der Fiktion als Vorbild dient, sondern die Fiktion erklärt die Realität, die dann entsprechend der seriellen Struktur von CASTLE und der Fähigkeit Ricks auch tatsächlich wie eine Story funktioniert. Der topografisch-motivische Opening Credit der Serie kündigt dieses Spannungsverhältnis bereits an. Vor einer verdunkelten und grafisch leicht verfremdeten Ansicht New Yorks leuchten die Buchstaben des Serientitels auf, ehe eine Schreibfeder durch das A gezogen wird und mit der Spitze eine Blutlache anstatt einer Tintenspur hinterlässt. Der Autor Rick Castle ist nicht nur in der Lage, fiktive Mordopfer zu erfinden, sondern kann mit seiner Kompetenz als Autor auch reale Fälle im Kontext seines Schreibens aufnehmen und sogar lösen.

Die Lösung des Mordfalls in der ersten Episode folgt ganz dieser Logik, da Rick den wahren Täter vor allem deshalb entlarvt, weil er ihm Fehler und Ungereimtheiten bei der Umsetzung der Morde nachweisen kann. Der Mörder war nicht nur kein genauer Leser der Romane wie Kate, die nach Rick diese Fehler ebenfalls erkennt; darüber hinaus verlief seine für die Ermittler zu rekonstruierende, von ihm mithilfe der Leichen geradezu ausgelegte Geschichte, in sich nicht schlüssig, um Rick als erfahrenen Autor solcher Fallmotivationen zu überzeugen. Der Autor überführt den schlechten Kopisten und kann ihn am Ende der Episode gemeinsam mit Kate stellen. Auch hier zeigt sich die Differenz zwischen Autor und Ermittlerin. Denn Rick entlockt dem Mörder vor der Verhaftung trotz eines bereits erfolgten Geständnisses noch die tiefere Motivation seiner Taten, die zwar für seine Überführung als Täter nicht nötig, für einen Autor auf der Suche nach einer psychologischen Fundierung einer Figur hingegen sehr wertvoll war. Kates Lektürekompetenz endet, wenn es daran geht, die strukturellen Verknüpfungen eines Falles vor der Folie des Krimigenres einzuordnen. Oder anders gewendet: Die Literatur und damit der Autor geben Auskunft über Motive und Zusammenhänge, die sich einer einfachen Rekonstruktion der Spuren und Hinweise entziehen[11]; ein verkapptes Loblied auf die Fähigkeit des Autors zur Abstraktion, die auch durch Kates rele-

---

11 Spuren werden somit erst als solche durch das Eingreifen des Autors sichtbar. Vgl. dazu grundlegend Krämer, Sybille: «Was also ist eine Spur? Und worin besteht ihre epistemologische Rolle?

vante und manchmal Rick übertrumpfende Anteile bei der Ermittlung nur unzureichend in ihrer grundsätzlichen Implikation kaschiert wird.

Die Logik des männlichen Registers, das über das weibliche dominiert, schlägt im Fall von Rick und Kate an zwei Stellen markant zu. Erstens ist Kate ein Fan von Ricks Werk und kennt alle seine Romane. Sie ist daher seinem Werk und den Figurenprofilen – man denke nur erneut an die Beschreibung der Herausgeberin – regelrecht verfallen, da Ricks Oeuvre einen beträchtlichen Umfang aufweist. Mag es zunächst für Kate nicht möglich sein, das von ihr geschätzte Werk mit der Person des Autors zusammenzubringen, so ändert sich dies im Verlauf der Serie Schritt für Schritt, da Kate schon am Ende der Pilotfolge Ricks Leistung bei der Lösung des Falles und seine außerfiktionale Autorschaft anerkennt. Zweitens verläuft die Leserichtung signifikanterweise in die andere Richtung, allerdings unter Vorzeichen, die ihre ideologische Fragwürdigkeit nicht kaschieren.

Am Ende der Pilotfolge hat Rick in Kate seine neue Hauptfigur gefunden. Vordergründig erscheint die Ablösung einer männlichen Figur durch eine weibliche als Anerkennung, doch die Werkkontrolle des Autors subvertiert diese Lesart umgehend. Der männliche Autor literarisiert sein Objekt der Begierde, das er während seiner Studien, also weiterer gemeinsamer Fälle, passenderweise weiter bei der Aufklärung seiner Fälle unterstützt. Rick schreibt sich daher nicht nur in Kates Autorschaft als Kriminalistin ein und korrigiert sie, er kreiert aus Kate eine Figur unter seiner literarischen Kontrolle, die er plakativerweise Nikki Heat nennen wird.[12] Der sexistische Unterton dieser Codierung manifestiert und steigert sich an dieser Stelle sogar. Zunächst kann Kate die ihr aufgezwungene Partnerschaft mit Rick nicht verhindern, da sie ihr von ihrem Chef und vom Bürgermeister als Vertretern einer männlichen Ordnung befohlen werden. Unterstützt wird dieser Befehl zusätzlich von einer substanziellen Entzauberung Kates als Ermittlerin, die sich männlichen Registern entzieht. Bei der vermeintlichen Verabschiedung von Rick nach Abschluss des ersten Falls macht dieser ihr erneut eindeutige Avancen, die Kate mit einem Eingeständnis ihres sexuellen Begehrens befeuert. Mit einem Flüstern in Ricks Ohr gibt sie ihm zu verstehen, dass er sich keine Vorstellung davon mache, was er an ihr sexuell hätte. Erst danach wird Rick, dessen Schreibblockade in Erwartung einer komplexeren Eroberungsaufgabe nun wie weggeblasen ist, sie zu seiner neuen Hauptfigur erklären und die Fortsetzung ihrer Partnerschaft erzwingen. Kate zitiert mit der Verheißung besonderer sexueller Erfüllung die Figur der Femme fatale an, folgt jedoch diesem Muster schon aufgrund ihrer Position als Police Detective nicht weiter. Ihre sexuelle Verheißung dient schließ-

---

Eine Bestandsaufnahme.» In: Dies. et al. (Hg.): *Spur. Spurenlesen als Orientierungstechnik und Wissenskunst.* Frankfurt a. M. 2007, S. 17.

12 Rick kehrt damit in gewisser Weise das Prinzip einer weiblichen Umschrift um, wie sie Bovenschen vorgestellt hat. Siehe Bovenschen, Silvia: *Liebestod und Femme fatale. Der Austausch sozialer Energien zwischen Oper, Literatur und Film.* Frankfurt a. M. 2004, S. 9–18.

lich nicht der Gefährdung Ricks und damit der männlichen Ordnung, sondern provoziert Rick nur, um sein Begehren zu steigern und damit das mit ihm assoziierte Ordnungsmuster zu bestätigen.

Die Jagd des Autors nach Inspiration vermischt sich genretypisch mit dem Begehren nach einer Frau, die vordergründig nicht dem Profil seiner üblichen Fans entspricht, ihm jedoch trotzdem zumindest literarisch verfallen ist. Literarisches Begehren wird so zu einem sexuellen Begehren, das aber auch eine weitere Tiefenkomponente braucht, um sich im Modus einer Liebessemantik zu legitimieren. Im Modus des seriellen Erzählens der TV-Serie CASTLE wird die gesamte Beziehung zum Begehren nach einer potenziellen Erfüllung. Vergleichbar mit weiteren Krimiserien wie BONES, ELEMENTARY oder früher REMINGTON STEELE wird das latente sexuelle Begehren eines ungleichen Ermittlerpaares in die serielle Erzählstruktur zwischen ständigem Anzitieren und immer wiederkehrendem Aufschub eingepasst. Es geht bei Rick und Kate aber, entsprechend der meist konservativen Ideologie des Krimigenres, rein sexuell konnotierte Beziehungen zu sanktionieren, nicht nur um sexuelles Begehren, sondern um eine mögliche Nachfolge Kates an der Seite des von seiner Frau geschiedenen Rick. Dazu passt Ricks Versuch, Kates Vergangenheit und damit auch ihre Backstorywound offenzulegen und zu heilen, indem er den nicht aufgeklärten Mord an ihrer Mutter gegen ihren Willen wieder aufrollt.

Die narrativ-motivischen Standards der Krimiserie werden in CASTLE expliziert und in ihrer Konventionalität ausgehandelt. Dieser Prozess verweigert sich aber einer Umcodierung gendersterotypischer Klischees und ordnet sich den bestehenden genre- und genderpolitischen Ordnungsmustern unter. Mithilfe der Figuration des Autors kann sogar eine Radikalisierung der Stereotype herausgefiltert werden, da Rick in mehrfacher Hinsicht ein Begehren an Kate ausagiert, das sich zwischen literarischem, kriminalistischem und sexuellem Begehren bewegt. Der Autor Rick Castle weitet seine Autorschaft von der Fiktion der Literatur auf die reale Kriminalistik aus und zeigt gerade dadurch auf, wie konventionell das Genre des Kriminalromans in Serie verläuft. Denn Ricks Schlussfolgerungen basieren eben nicht auf unkonventionellen Ansätzen, wie sie eine Geniefigur wie Sherlock Holmes auch im Kontext seiner verschiedenen TV-Serien auszeichnen. Rick versteht wie seine Bestseller-Kollegen vielmehr die Regeln der Konventionen und des Verkaufs, die zusammen in der Logik des Bestsellers und der quotenträchtigen Serie keine zu große Abweichung und Innovation vertragen.

SECRET DIARY OF A CALLGIRL

Ein anderes zeitgenössisches Autorenmodell, das stärker als CASTLE speziell den Akt des Schreibens als Technik in den Vordergrund stellt, liefert die abgeschlossene Drama-Serie SECRET DIARY OF A CALLGIRL, die auf den realen Blog BELLE DE

JOUR – A SECRET DIARY OF A CALLGIRL der Prostituierten Brooke Magnati adaptiv zurückgeht. Dieser wurde wiederum auch als Buch veröffentlicht und mit mehreren Auszeichnungen geehrt.[13] Das narrative Grundmuster ist schnell zusammengefasst: Eine Edelprostituierte führt in Anlehnung an den Filmklassiker BELLE DE JOUR (1967) von Luis Buñuel unter ihrem Pseudonym Belle ein Doppelleben im zeitgenössischen London und erlebt kuriose, sexuelle und melodramatische Begebenheiten im Beruf wie im Privatleben, die sich alle letztlich um ihre Profession als Prostituierte ranken. Auch in diesem Fall enthüllt der Opening Credit bereits einige signifikante Prädispositionen der Serie, die über alle Staffeln erhalten bleiben. Der Credit führt London als Schauplatz ein und zeigt Belle in Teilausschnitten dabei, wie sie sich auf ihren Job vorbereitet. Während des Ablaufs umhüllt eine Art Schleier die Einstellungen des Credits, der die Sicht erschwert und Belle nicht als ganze Figur zu erkennen gibt. Sie entzieht sich eines totalitären Blicks, der sich erst im Kontext ihrer Tätigkeit und auch nur für den Zuschauer eröffnet.

Die Sicht auf Belle, so eine mögliche Deutung, erfolgt unter einem Schleier der Verschwiegenheit und des nicht offenen Blicks, der ihrem figurativen Status als Prostituierter inhärent ist. Belle versucht strikt ihren mit Hingabe ausgeführten Beruf von ihrem Privatleben zu trennen. Die Serie zieht ihre figurative Spannung aus Belles ausgestelltem Selbstbewusstsein bezüglich ihres Berufs und dessen Problematisierung innerhalb ihres privaten wie öffentlichen Umfelds und schließt an den Topos des käuflich verfügbaren Körpers an, wobei Belle den Beruf des Callgirls selbstbestimmt gewählt hat und sich in den vier Staffeln letztlich stets dafür entscheidet. Dieser Zwiespalt fungiert bis zum Abschluss der Serie als ihre Identitätskrise und wird nicht zugunsten eines einheitlichen Modells aufgelöst.

Die Prostituierte in ihr kann nicht im Modell einer monogamen Beziehung aufgehen und sich nicht für einen einzigen Mann an ihrer Seite entscheiden. Damit widerspricht SECRET DIARY OF A CALLGIRL einer ideologischen Festlegung anachronistischer Identifikationsmodelle, die in eine Domestizierung ungezügelter Sexualität und zur Gründung einer Familie führen. Wie es mit Belle weitergeht, bleibt hingegen offen. Unter einer seriellen Logik betrachtet, eröffnet dies die Fortsetzung eines Zwiespalts, der aufgrund seiner ausgestellten Offenheit wie Fortsetzbarkeit als nicht lösbares Konfliktfeld erscheint. Die kontemporäre Serie lässt eine ideologische Offenheit wie in diesem Fall zu und wendet sich gegen eine Bestätigung bürgerlicher Dogmen, die aus einer skandalösen Prostituierten entweder ein stigmatisiertes Mitglied der Gesellschaft machen oder ihr Handeln nachhaltig sanktionieren.

Das gezeigte Gesellschaftsbild unterstreicht vielmehr die allgegenwärtige Präsenz und Harmlosigkeit von Prostitution gerade innerhalb der bürgerlichen Gesell-

---

13 Siehe dazu Waldman, Simon: «The best of British blogging.» In: http://www.theguardian.com/technology/2003/dec/18/weblogs11 (letzter Zugriff: 10.10.2015).

schaft, die sich zwar nach außen hin monogam beschreibt, aber nach innen nicht so lebt. Darüber offen zu sprechen, bleibt dagegen tabu, wobei der Schwerpunkt eindeutig auf männliche Freier gelegt wird. Die Serie selbst nutzt diese innerfiktionale Konstellation dazu, Neugier wie Schaulust des Publikums mithilfe vieler erotischer Szenen zu befriedigen, wobei der spielerische und oft komödienhafte Ton ein Abgleiten in wirklich erotische oder gar pornografische Gefilde verhindert. Entsprechend ihrer Hauptfigur geht es der Serie um einen spielerischen Umgang mit Edelprostitution und den mit ihr assoziierten Mythen. Kritisch betrachtet inszeniert SECRET DIARY OF A CALLGIRL Belle als meist freundliche bis sogar fürsorgliche Prostituierte, die zu vielen ihrer Gäste ein geradezu freundschaftliches Verhältnis auf einer professionellen Basis pflegt. Eine Auseinandersetzung mit realen Problemen des Geschäfts findet nicht statt.

Welche Konsequenzen hat nun das Schreiben für Belles Charakterisierung? Am Ende der zweiten Staffel wird sie von ihrem besten Freund Ben dazu ermutigt, ihr Leben als Callgirl literarisch zu verarbeiten und als Blick hinter die Kulissen der Prostitution zu veröffentlichen. Die Authentizität der jahrelang aktiven Prostituierten soll sich mit der Fiktionalisierung ihrer Erlebnisse zu einem Schlüsselroman verbinden. Der Roman zieht daher sein Skandalpotenzial aus der möglichen Wiedererkennung mancher Freier und soll gleichzeitig als erotischer Roman funktionieren. Damit schließt die Fiktion an die Vorlage der Serie an und zitiert den Topos der schreibenden Prostituierten, der als Bekenntnisliteratur Tradition genießt.[14] Belles Texte basieren darauf, dass sie mit ihrem Körper für die Authentizität ihrer Erfahrungen einsteht und ihr Schreiben eben nicht reine Fiktion ist.[15] Ihr Schreiben erfolgt ebenfalls unter krisenhaften Bedingungen, denn ihr Status als Schriftstellerin ist nicht von Anfang an gegeben wie bei Rick Castle oder Hank Moody. Entsprechend der traditionell verhafteten Problemkonstellation weiblicher Autorschaft muss Belle ihre eigene literarische Stimme entdecken.[16] Die Transformation erfolgt in drei Phasen: der des Scheiterns, dann der persönlichen Krise und zuletzt der Katharsis mithilfe des Schreibens, die sich in der letzten Episode der zweiten Staffel in ihrer jeweiligen Symptomatik aneinander anschließen.

Zunächst versucht sich Belle daran, ihr Buch zu beginnen und sich zum ersten Mal als Autorin zu entdecken. Ihr erstes Kapitel, das sie in der letzten Episode der zweiten Staffel zu schreiben versucht, beginnt bezeichnenderweise mit dem Satz «Once upon a time there was an escort called Belle». Die angehende Autorin wählt

---

14 Vgl. dazu Petersen, Christer: «Ich war eine gute Hure. Zur skandalösen Authentifizierung des Körpers in weiblicher Bekenntnisliteratur der 2000er-Jahre.» In: Bartl, Andrea / Kraus, Martin (Hg.): *Skandalautoren: zu repräsentativen Mustern literarischer Provokation und Aufsehen erregender Autorinszenierung.* Würzburg 2014, S. 355–394.

15 Wie es in dieser Studie bereits bei CALIFORNICATION anhand der Figur Mia anklang.

16 Bezeichnenderweise wird sie dazu von ihrem besten Freund Ben getrieben, und auch ihr Lektor und zwischenzeitlicher Liebhaber wird ihr Schreiben mit bestimmen.

mit dieser Formel den Modus märchenhaften und damit explizit fiktionalen Erzählens, das sie schon aufgrund ihres Namens als märchenhafte Figur adressiert und
in den Modus des Erzählens integriert. Während Belle sicht- wie hörbar weiter-
schreibt, realisiert sich ihr Schreiben audiovisuell für sie und die Zuschauer. Einer
von Belles besonders reichen und charmanten Kunden tritt auf und wird mit ihr
geradezu rauschhaft sexuell aktiv. Die Buchstaben und Sätze des Textes fließen wäh-
renddessen durch die Bilder. Belles Erzählakt wird von einem Telefonanruf unter-
brochen und offenbart die Wahrheit einer nahezu leeren Textseite auf ihrem Laptop, da Belle über den ersten Satz nicht hinausgekommen ist. Ihr fiktionaler Entwurf
entsprach in seiner Inszenierung den Klischees eines seichten Groschenromans.
Entsprechend des in der Serie etablierten Selbstverständnisses der Protagonistin als
authentischer Person kann Belle offensichtlich zwar die Träume und Wünsche ihrer
Kunden erahnen und befriedigen; als Autorin funktioniert dieser Ansatz für sie
nicht. Die zweite Phase der Krise folgt kurz darauf, als Belle einen Termin bei einem
Verleger platzen lässt und auch ihre aktuelle Beziehung aufgrund ihres gebroche-
nen Versprechens, nicht mehr als Callgirl zu arbeiten, scheitert. So wehrt sich Belle
gegen den Verlegertermin mit der Begründung, dass ein Buch nur der nachträgliche
Versuch wäre, ihren Beruf zu rechtfertigen und ihrer Zeit als Callgirl ein Dokument
der Läuterung folgen zu lassen, das sie so nicht für sich akzeptieren könnte.

An diesen Punkt schließt zum Ende der Episode die dritte Phase an, die gleichbedeutend ist mit einer zwischenzeitlichen Katharsis. Belles zweiter Schreibversuch
gelingt, da sie sich nicht hinter einem immunisierenden Modus überdeterminierter
Fiktionalisierung versteckt und nun mit einer ganz anderen Selbstbeschreibung aufwartet, in der sie sich in der Tradition einer Bekenntnisschrift als Hure beschreibt,
die ihre authentischen sexuellen und sozialen Erfahrungen vermeintlich schonungs-
los aufdeckt. Sie fiktionalisiert ihre Erlebnisse, die sie als Fakten ausgibt und gleichzeitig in ihrer referenzierbaren Faktizität wiederum mithilfe ihres Schreibens ver-
fremdet. Oder anders formuliert: Belle verspricht als Prostituierte mit ihrem Buch
eine Art Berufsautobiografie, die sie mithilfe ihrer Doppelidentität als Belle allerdings nicht im Sinne einer einheitlich referenzierbaren Autorenperson verbürgt.[17]
Die literarische Selbstdarstellung grenzt sich von den rein fiktionalen Formen des
Märchens oder des Romans ab und fungiert als eine Art Wirklichkeitsaussage.[18]

17 Belles Schreibakte lassen sich in den Kontext der Autofiktion einordnen, wie sie Serge Doubrovsky 1977 terminologisch geprägt hat. Autofiktion meint die Fiktion realer Ereignisse und Fakten,
in der sich jede Form von eindeutiger biografischer Referenz selbst als Fiktion erweist. Die in der
Gattung der Autobiografie angenommene Einheit eines erzählenden und eines erzählten Ichs wird
gerade in der Literatur des 20. Jahrhunderts im Kontext des Diskurses um den Begriff der Autofiktion als problematische und prekäre Konstruktion verhandelt. Siehe dazu etwa Gronemann, Claudia: «Autofiktion und das Ich in der Signifikantenkette. Zur literarischen Konstitution des autobiographischen Subjekts bei Serge Doubrovsky.» In: Poetica 31, 1999, S. 237–262.
18 Siehe Sill, Oliver: Zerbrochene Spiegel. Studien zur Theorie und Praxis modernen autobiographischen Erzählens. Berlin/New York 1991, S. 3.

Schreiben wird für Belle zum selbsttherapeutischen Moment und hilft, ihre aktuelle Beziehung hinter sich zu lassen und vorübergehend einen neuen Weg einzuschlagen. Gelungene, sich performativ vollziehende Autorschaft bleibt daher an eine männliche Matrix gebunden. Belle kann erst nach der Trennung von einem Mann über ihre Männer schreiben. Ihre Autorschaft definiert sich schließlich thematisch über ihren Beruf, nicht über eine literarische Fiktion, die auch andere Themen außer Geschlechtsverkehr mit hauptsächlich Männern zum Gegenstand erhebt.[19] Dies erfolgt unter den Bedingungen einer öffentlichen Selbstmystifizierung als anonyme Autorin, die den autobiografischen Pakt einer Einheit aus Autorin, Erzählerin und Protagonistin als anonyme Autoreninstanz zwar fiktionsintern nicht wirklich außer Kraft setzt[20], jedoch analog zu ihrer Doppelidentität aus bürgerlicher Person und Prostituierter auch ihre Autorschaft vor der Öffentlichkeit zu verschleiern sucht.

Diese Inszenierung Belles findet auf der Erzählebene der Serie ihre Fortsetzung, da die letzte Szene der Episode mit dem Schriftzug *The next chapter* eingeleitet wird. Belle nimmt nun als Autorin eine neue, weitere Identität an. Mit einer Perücke und Sonnenbrille maskiert, tritt sie in einem Studiointerview auf, um ihr Buch zu promoten, das außerfiktional der Vorlage der Serie entspricht. Auf die Frage der Interviewpartnerin, ob Belle ihren Beruf jemals aufgeben könnte, nimmt Belle die Sonnenbrille ab und blickt direkt in die Fernsehkamera. Die Bildästhetik nimmt den Schleier des Vorspanns wieder auf und inszeniert ihn als grobe Nahaufnahme einer Fernsehkamera. Belle spricht somit zu «ihrem» Publikum und verkündet geradezu lasziv, dass sie ihren Beruf schon allein aus Recherchegründen niemals aufgeben werde. Es geht daher nicht um das Buch oder Schreiben als langfristiges Konzept einer Stabilisierung Belles, sondern um das seduktive Versprechen der TV-Serie Secret Diary of a Callgirl nach weiteren Abenteuern.

Literatur wird als Medium der Erzählung zugunsten der TV-Serie in den Hintergrund gedrängt, da sie die Komplizenschaft des Zuschauers mit Belle als Verführerin mithilfe der vielfach gezeigten Erotik der Serie im Rahmen televisiven Erzählens erfüllt. Die abstrakte Schrift findet ihre Aufhebung in der Sinnlichkeit des Autorinnenkörpers, die sich in den Schauwerten der Serie audiovisuell mani-

---

19 Es findet daher auch keine Subversion in Belles Schreiben statt, die in einer Inversion der an ihre Autorschaft geknüpften thematischen Ausrichtung von Biografie und Schreiben mündet. Vgl. dazu Prokić, Tanja: «Skandal oder trivial? Helene Hegemann, Charlotte Roche und das Erbe der écriture féminine.» In: Bartl, Andrea / Kraus, Martin (Hg.): *Skandalautoren: zu repräsentativen Mustern literarischer Provokation und Aufsehen erregender Autorinszenierung.* Würzburg 2014, S. 413–414.

20 Wie die erste Folge der dritten Staffel zeigt, in der Belle bei der Präsentation ihres Buches nur anonym als Kellnerin anwesend ist, um in ihrer Maskerade die wahre Meinung der Leute über ihr Buch zu erlauschen. Zum autobiografischen Pakt, den Belle im Sinne einer Autofiktion aushebelt, siehe Lejeune, Philippe: «Der autobiographische Pakt.» In: Niggl, Günter (Hg.): *Die Autobiographie: Zu Form und Geschichte einer literarischen Gattung.* Darmstadt 1989, S. 214–257.

festiert.[21] Nicht im Schreiben wird Belle zur referenzierbaren Autorenpersönlichkeit, sondern nur auf der seriellen Ebene für die Zuschauer von SECRET DIARY OF A CALLGIRL. Folgerichtig wird Belles Karriere als Autorin in der dritten Staffel zwar weitergehen, in der vierten und vor allem beim Staffelfinale allerdings keine Rolle mehr spielen. Schreiben war für Belle ein vorübergehender Selbstentwurf, kein langfristiges Lebensmodell.

GIRLS

Wie Schreiben in Kombination mit einer Selbstdefinition als Autorin aus einer ganz anderen weiblichen Perspektive sehr wohl zum Lebensmodell taugen soll, steht im Zentrum von Lena Dunhams Serie GIRLS. In ihrer genrespezifischen Ausrichtung als Coming-of-Age-Serie und inspiriert von Serien wie SEX AND THE CITY oder GOSSIP GIRL, die vor allem das jeweilige zeitgenössische Leben von Frauen in New York erzählen, stellt GIRLS mit Hannah, Jessa, Marnie und Shoshanna vier junge Frauenfiguren vor, die mit ihren unterschiedlichen Temperamenten und Anlagen ihren Alltag bestreiten. Jede von ihnen steht paradigmatisch für das Problem ein, in der Gegenwart des 21. Jahrhunderts nicht mehr an den Identitätsmodellen vorheriger Generationen festhalten und in einer gewählten beruflichen oder privaten Identität aufgehen zu können. In GIRLS geht es daher um das Austesten von Möglichkeiten, wobei dies stets weder freiwillig noch ausschließlich aufgrund von sozialen oder ökonomischen Zwängen ausgelöst wird.

Als Dramedy-Serie definiert sich Girls über elliptisch erzählte Lebensentwürfe, die verschiedene Facetten der Figuren an sich rapide verändernde Lebensumstände binden. So können Paarbeziehungen wie zwischen Marnie und ihrem langjährigen Freund Charlie nach langer Entfremdung, einer schmerzhaften Trennung und einem nicht minder langen und widersprüchlichen Weg zu einer erneuten Beziehung der beiden plötzlich und ohne weitere Dramatisierung von der zweiten zur dritten Staffel enden oder – wie im Fall von Hannah und ihrer komplizierten Beziehung mit dem Schauspieler Adam – unter anderen Vorzeichen wieder entfacht werden. Das Konzept einer realitätsnahen Erzählung inkludiert rein episodische Begegnungen und Ereignisse ebenso wie staffelübergreifende Strukturen, die an die Serienbiografie der vier Protagonistinnen geknüpft sind. Sie alle vereint dabei ein zentrales Motiv: Sie sind mit hohen Erwartungshaltungen konfrontiert, die von ihnen selbst oder ihrem Umfeld aufgebaut werden und nur schwer bis gar nicht zu realisieren sind. Diese Haltungen korrelieren mit den Genderideologien, die auf alle Figuren maßgeblich einwirken. Der Irrealis eines Lebens, das auf der Basis fal-

---

21 Zum audiovisuell inszenierten Verhältnis von Körper, Erotik und Schrift siehe auch Detken, Anke: «Körperinszenierung, Begehren und Schrift in Stephen Frears' Dangerous Liaisons.» In: Jahraus, Oliver / Neuhaus, Stefan (Hg.): *Der erotische Film. Zur medialen Codierung von Ästhetik, Sexualität und Gewalt (= Film – Medium – Diskurs, Bd. 1)*. Würzburg 2003, S. 95–105.

scher Erwartungen und Haltungen figurativ aufscheint, zeigt sich in aller Konsequenz im Abgleich mit seriellen Gesellschaftsentwürfen wie in SEX AND THE CITY und GOSSIP GIRL, die beide trotz differenter Schichten ein Leben in Wohlstand und Reichtum zeigen. Carrie Bradshaw und ihren Freundinnen aus SEX AND THE CITY ist ein Leben in ökonomischer Unabhängigkeit und einer damit verbundenen Wahl ihrer Lebensentwürfe leichter möglich als Hannah, Jessa, Marnie und Shoshanna, die von dem materiellen Überfluss, wie er für die Figuren in GOSSIP GIRL innerfiktional geradezu langweilige Normalität darstellt, nur träumen können.

Hannah Horvath fungiert in GIRLS als das Epizentrum der Gruppe. Ihr Wunsch nach einer Karriere als Schriftstellerin prägt sowohl ihre Selbst- wie Fremdwahrnehmung als egozentrische Figur, die ihre Bedürfnisse und ihr Leben häufig über das ihrer Mitmenschen stellt. Hannahs Weg zu einer eigenständigen Autorschaft wird im Verlauf der Staffeln mit zahlreichen Problemen konfrontiert, die symptomatisch auf das Konzept einer modernen Schriftstellertätigkeit in Zuge gesellschaftlicher Medienwandlungsprozesse einwirken. Bereits die erste Szene der Serie führt Hannah als abhängige und nicht im Leben stehende Figur ein, als ihre Eltern ihr bei einem gemeinsamen Abendessen jegliche finanzielle Unterstützung aufkündigen, da sie zwei Jahre nach ihrem Abschluss den Glauben an Hannahs Zielstrebigkeit hinsichtlich eines guten Jobs oder der Fertigstellung ihres Buches verloren haben. Hannahs Lebenssituation gestaltet sich von Anfang an prekär. Sie jobbt als unbezahlte Praktikantin auf einer Stelle ohne Perspektive und kommt mit ihren Texten ebenfalls nicht voran. Ihre Krise ist daher – auch im Gegensatz zu Belle aus SECRET DIARY OF A CALLGIRL – ökonomisch akuter. Das Ideal einer unabhängigen schriftstellerischen Autorschaft, das häufig im Topos des verarmten Schriftstellers verarbeitet wird, findet anhand von Hannah eine Fortsetzung unter den Bedingungen der Arbeitsrealität des 21. Jahrhunderts. Überhaupt dominiert in GIRLS das Motiv einer Demontage ideeler Lebensentwürfe. Hannahs Wunsch nach einer Karriere und Profilierung ihrer weiblichen «Autorenstimme» fällt etwa zusammen mit Marnies Desillusionierung in Bezug auf ihre beruflichen Perspektiven als Kuratorin, da Marnie trotz ihrer Qualifikationen meist auf ihr Äußeres reduziert wird und geringfügig entlohnte und nur auf ihre Optik ausgerichtete Jobs annehmen muss, um ihr Leben finanziell bestreiten zu können. Marnie und Hannah teilen daher trotz sehr unterschiedlicher Ausgangssituationen das gleiche, gesellschaftlich symptomatische Los einer zwar nicht fundamental existenzbedrohten, jedoch latent prekären Lebenssituation. Die permanent ausgehandelte Differenz zwischen Selbst(er-)findung und Lebenswelt[22], die sich vor allem anhand des Topos der literarischen Autorschaft Hannahs als pathologischer Befund der Gegenwart durch alle Staffeln zieht, verleiht GIRLS den Status eines explizit gesellschaftskritischen Serie.

---

22   Zur Differenz zwischen Selbstverwirklichung und Selbsterfindung siehe Prokić, Tanja: *Kritik des narrativen Selbst*, S. 197–199.

Der mit Hannah assoziierte Literaturbegriff basiert ebenfalls auf fiktionalisierten autobiografischen Erfahrungen und Essays, die sich im Grenzbereich der Autofiktion verorten. Hannahs Subjektposition als Autorin konstituiert sich über ein Schreiben, das in seiner schonungslosen Offenlegung sexueller und ekstatischer Erfahrungen den Anspruch einer gesellschaftspolitischen Demaskierung geschlechtlicher Ordnungsdiskurse anstrebt, ohne sein Anliegen in Form dezidiert politischer Manifeste zu artikulieren. Ihr Schreiben über weibliche Sexualität und Erfahrung soll weder pornografisch noch sensationslüstern sein, sondern als kritische Reflexion Normierungspolitiken von Schönheitsidealen in westlichen Gesellschaften anprangern, die sich etwa über ein männlich determiniertes Idealbild des weiblichen Körpers vermitteln.[23]

So eskaliert etwa ein Gespräch Hannahs mit einem ihrer zwischenzeitlichen Liebhaber in der zweiten Episode der zweiten Staffel, da er ihren kritischen Essay über die Entwicklung der Sexualität einer jungen Frau langweilig findet und nichts damit anfangen kann, obwohl Hannah dezidiert darauf besteht, diesen Text nicht nur für weibliche Leser verfasst zu haben. Dieser Streit führt zur sofortigen Trennung, da Hannah aufgrund ihrer Egozentrik nicht zwischen ihren Texten und sich als deren Autorin unterscheiden kann.[24] Bezeichnenderweise initiierte sie dieses Gespräch auf Anraten von Jessa, die ihr in der gleichen Episode noch gesagt hatte, dass ein Mann, der Hannahs Texte nicht lesen würde, auch sie selbst als Person nicht liest. Diese Einheit aus egozentrischem Selbstentwurf und literarisch evoziertem Autorenbild, das Hannah für sich und ihre Umwelt als Losung für ihre Persönlichkeit ausgibt, stößt in der Serie immer wieder auf Kritik. Hannah steht selbst (wie Lena Dunham) für ein Auflehnen gegen disziplinierende Körperpraktiken anhand implizit auf den Körper einwirkender Machtmechanismen.[25]

Damit ist Hannahs Literaturkonzept von dem Belles aus SECRET DIARY OF A CALLGIRL strikt zu trennen, obwohl beide kein autobiografisches Projekt verfolgen, das dem Lebensweg der jeweiligen Autorin im Kontext einer faktenorientierten Rekonstruktion der eigenen Subjektgeschichte nachspürt. Beide verschalten jedoch Autorin und (Ich-)Erzählerin, wobei Hannahs Autorschaft eine Gültigkeit rein subjektiver Erfahrung als Möglichkeit gegenwärtiger Selbstverortung postuliert[26], während Belles Entwürfe an ihren Beruf der Prostituierten gebunden sind und keine Ausblicke außerhalb dieses Kosmos bieten. Ebenso verkauft Belle letztlich ein Ideal von Prostitution und Schönheit, das sich nicht von der Kritik einer reinen Gefolgschaft männlichen Begehrens befreien kann.

---

23 Vgl. dazu Gugutzer, Robert: «Der Körper als Identitätsmedium: Eßstörungen.» In: Schroer, Markus (Hg.): *Soziologie des Körpers*. Frankfurt a. M. 2005, S. 323–334.

24 Ebenso bezeichnend ist der Umstand, dass das Gespräch immer persönlicher wird und Hannah die konservativen politischen Ansichten ihres farbigen Liebhabers anprangert.

25 Vgl. ebd., S. 327 sowie Dunhams eigene Stellungnamen dazu in Dunham, Lena: *Not That Kind of Girl*, S. 81–106.

26 Siehe dazu Prokić, Tanja: *Kritik des narrativen Selbst*, S. 103–147.

Hannahs beruflicher Werdegang geht Hand in Hand mit ihrem literarischen. Nachdem sie ihr unbezahltes Praktikum in einem Verlag in der ersten Staffel verliert, ergattert sie in der dritten Episode der zweiten Staffel eine Stelle als freiberufliche Autorin bei einem Magazin. Sie soll Artikel verfassen, in denen sie möglichst radikale Drogen- und Sexerfahrungen beschreibt, die sie selbst gemacht hat. Überwiegt zunächst Hannahs Freude, als Autorin überhaupt publizieren z können, wird dieser Erfolg aufgrund der geringen Entlohnung und Resonanz bald überschattet. Dieses Wechselbad setzt sich programmatisch in den weiteren Episoden und Staffeln fort. Insbesondere die Differenzierung zwischen E-Book und Buch sowie Hannahs zwischenzeitliche Festanstellung bei einem bekannten Lifestyle-Magazin in der dritten Staffel potenzieren Hannahs Krise hinsichtlich ihres Selbstentwurfs. In der sechsten Folge der zweiten Staffel erhält Hannah einen Buchvertrag, der sie dazu verpflichtet, ein E-Book mit ihren gesammelten Lebenserfahrungen bei einem renommierten Verlag herauszubringen. Führen die gestiegenen Anforderungen und Erwartungshaltungen an Hannah vor allem zu einer Schreibblockade und einem Ausbruch von Zwangsneurosen aus ihrer Kindheit, bleibt ihr erster, auch finanziell entlohnter Buchvertrag dennoch das identifikationsstiftende Moment für sie.[27]

Dies entlädt sich vor allem in der fünften Folge der dritten Staffel: Nach dem überraschenden Tod ihres Lektors, findet Hannah, die selbst auf dessen Beerdigung nur an die Publikation ihres Buches denkt, einen neuen Verlag, der ihr Werk als «richtiges» Buch herausbringen möchte. Hannah soll nicht nur einfach publiziert, sondern zu einer echten Marke aufgebaut werden, die mit ihrer Persönlichkeit Gewinn bringt. Das materielle Buch steht in Verbindung mit einem emphatischen Autorbegriff, der zu ökonomischen Zwecken der Leserbindung ausgebaut und zielgruppenorientiert geformt werden soll. Die Wertungshierarchie zwischen Buch und E-Book verläuft eindeutig: Alle Figuren der Serie halten von E-Books kulturell deutlich weniger als von materiellen Büchern. Hannahs neuer Verlag weigert sich sogar, E-Books überhaupt ins Verlagssortiment aufzunehmen. Dass Hannahs Buch aufgrund einer Sperrklausel in ihrem alten Vertrag drei Jahre lang nicht erscheinen darf, obwohl ihr alter Verlag kein Interesse mehr an einer Veröffentlichung hat, führt folgerichtig zu einer erneuten Krise. Diese offenbart das ganze Dilemma ihres Konzepts eines subjektiven Schreibens, das kein rein fiktionales Erzählen wie in einem Roman hervorbringt. Ihr nun nicht veröffentlichtes Buch enthielt nach eigener Aussage ihr ganzes Leben und Hannah befürchtet, nicht genug zu erleben oder überhaupt noch erleben zu können, was sich mit ihren bisherigen Erlebnissen vergleichen ließe.

Hannahs Unfähigkeit, von ihrer Person literarisch zu abstrahieren, steht einer Neuausrichtung ihrer Autorschaft im Wege. Auch die darauffolgende redaktio-

---

27 Wie Hannah selbst im Gspräch mit ihrem Psychotherapeuten in der achten Episode der zweiten Staffel zu Protokoll gibt.

nelle Festanstellung bei einem Magazin, die mit finanzieller Sicherheit verbunden ist, führt nicht zu einer Auflösung dieser Krise, da Hannah sich selbst nicht als Schreiberin, sondern als Poetin versteht. Der Diskurs der Kommerzialität, wie er sich mit dem Magazin verbindet, ist mit dem künstlerischen Selbstverständnis als Poetin nicht vereinbar. Damit verhandelt GIRLS eine Auffassung von Kunst, die in ihrem Anachronismus nicht mit den Anforderungen der Gegenwart kompatibel erscheint. Hannahs Versuch, sich von ihren Redaktionskollegen abzugrenzen, wird von der Realität des Arbeitsmarktes eingeholt. Alle ihre Kollegen waren vor ihrer Festanstellung anderweitig als Autoren tätig, konnten jedoch keine Erfolge verbuchen, die ihnen materielle Sicherheit brachten. Hannah wird in der elften Episode der Staffel ihren Job kündigen, ohne eine Alternative in der Hinterhand zu haben. Die Serie wirft anhand dieser Konstellation einen Blick auf unterschiedliche Modelle schriftstellerischer Autorschaft in der Gegenwart.

Die von Hannah hierarchisch gesetzte Differenz zwischen sich und ihren Kollegen, profiliert den kreativen Autor gegenüber dem Auftragsschreiber, der sogar bezahltes Produktmarketing in Artikeln betreiben muss. In der achten Episode wird dies offensichtlich, als Hannah selbst mit einer berühmten Schauspielerin ein gesponsertes Interview führen muss, in dem vor dem Hintergrund ihres Lebens eigentlich nur die heilsame Wirkung eines Medikaments herausgestellt werden soll. Somit wird nochmal eine Binnenunterscheidung zwischen echtem Journalismus und der gesponserten Tätigkeit als Werbetexter getroffen, die in der Serie als typisches Verfahren der Verlagshäuser für ihre Refinanzierung ausgegeben wird. Die Vermischung aus Fakten und Fiktionen findet im Werbetext eine Pervertierung, die dem von Hannah verkörperten Ideal widerspricht, aber als notwendiges bis alternativloses Übel zeitgenössischer Verlagsökonomie hingenommen wird. Journalismus wie Buchmarkt zehren zwar jeweils noch von den künstlerischen Implikationen klassischer Vorstellungen von künstlerischer Autorschaft, profitieren jedoch nicht genug davon, um sich zu refinanzieren. Daher exemplifiziert Hannahs Schreiben sinnbildlich das Problem medialer Wandlungsprozesse, anhand verstärkter Partikularisierungen im Angebotsbereich eine Flexibilisierung auf der Seite der Produzenten und Autoren einzufordern, die im Fall von Hannah gleichgesetzt wird mit einem Verrat an ihren Künstleridealen.

Dass Hannahs Selbstentwurf in der vierten Staffel mit einer Aufnahme im legendären Writer's Workshop, in dem berühmte Autoren wie John Irving oder T. C. Boyle studierten, seine Fortsetzung findet, erscheint vor allem im Kontext des Gesamtkonzepts der Serie GIRLS konsequent. Denn der vermeintliche Aufstieg in den Autorenolymp alter Schule führt Hannah in die nächste Krise, da ihre literarischen Arbeiten dort in ihrer konzeptionellen Ausrichtung kritisiert werden.[28] Die

---

28 An dieser Stelle greift erneut der Umschlag von Figur und empirischer Autorin in die Diskussion um die Serie GIRLS ein, da Lena Dunham für ihr Buch *Not That Kind of Girl*, das 2014 vor

Symptomatik einer nicht zu vollziehenden Trennung zwischen empirischer Person, Autorin, Erzählerin und Handlung wird zum Kritikpunkt eines Literaturbegriffs, der Erzählen primär als Kunst der Fiktion begreift. Als Autorin kann Hannah Horvath daher wie alle anderen Figuren der Serie GIRLS nicht in einem Lebensentwurf heimisch werden. Die Kritik der Serie GIRLS an der trügerischen Verbindlichkeit und Stabilität von Lebensmodellen, wie sie SEX AND THE CITY oder GOSSIP GIRL noch mit ihren finalen Glücksmomenten bürgerlicher Ideale von Ehe und Elternschaft porträtierten, mündet im Fall von Hannah in eine Form von Kontingenz, in der jeder Entwurf und jedes Ideal seriell neu auf den Prüfstand gestellt werden und jederzeit negierbar erscheinen. So ist die Krise der Autorin Hannah letztlich als Krise von Lebensmodellen zu verstehen, die ein Subjekt als ein kohärentes, konsistentes und konstantes Ganzes konzipieren, ohne der Partikularität gegenwärtiger Gesellschaftsstrukturen Rechnung zu tragen.[29]

4.2 Erzähler (Secret Diary of a Callgirl / Doctor's Diary, How I met your Mother, Dexter, Bloodline)

Erzählerfiguren bilden die zweite Figuration. Im Unterschied zu Autoren sind Erzähler nicht per se an die Produktion eines Medientextes und dessen spezifischer Werkpraktiken gebunden. Die Semantiken und Motivkonstellationen gestalten sich daher potenziell freier, da ein Erzähler nicht ohne eine Verbindung zu einem bestimmten Medium wie Literatur oder Film unweigerlich mit einer entsprechenden medienhistorischen Bedeutungsdimension aufgeladen werden muss, wenn er nicht explizit in einem solchen Kontext verortet wird. Die Autorschaft von Erzählern kann gemäß ihres Aktionskreises als Figur daher flexibler ausfallen, obwohl Überschneidungen mit Autoren und weiteren Figurationen gerade im Fall von Erzählern aufgrund der Doppelexistenz von Erzähler oder Autor in Personalunion häufig auftreten.

SECRET DIARY OF A CALLGIRL

Ein eingängiges Beispiel hierfür stellt – wie bereits in der Kategorie Autor/Autorin – Belle aus SECRET DIARY OF A CALLGIRL dar, die innerfiktional als Autorin und Erzählerin der Serie agiert. Unter der Perspektive einer Erzählerin kommentiert Belle ihr Leben und ihre Erlebnisse. Zwei entscheidende Aspekte unterscheiden

---

der vierten Staffel erschien, ähnliche Kritiken einstecken musste wie ihre Figur Hannah in der vierten Staffel. Siehe dazu Forster, Lisa: «Girls. Schöner scheitern.» In: http://www.zeit.de/kultur/film/2015-04/lena-dunham-girls (letzter Zugriff: 1.10.2015).

29 Vgl. dazu Bourdieu, Pierre: «Die Illusion der Biographie. Über die Herstellung von Lebensgeschichten.» In: *Neue Rundschau 102/3*, 1991, S. 109–115.

und verschränken ihre Perspektivierung als Autorin und Erzählerin. Als Erzählerin wendet sich Belle direkt an die Zuschauer der Serie. Ihr Blick und ihre Erläuterungen gelten nicht den anderen Figuren, sondern adressieren das Serienpublikum als geheime und vor allem einzig wahre Mitwisser ihrer Gefühle und Einschätzungen. Im Kontext ihres Berufs als Prostituierte erhält der Zuschauer das Privileg einer Verfügbarkeit über Belle, die ihren Freiern und den Lesern ihres Buchs letztlich verwehrt bleibt. Unter der Maske der Prostituierten und der Autorin inszeniert sich Belle bewusst als Kunstfigur, die der Zuschauer mit der vermeintlich authentischen Erzählerin Belle zusammenfügen kann. Diese Fiktionsstrategie unterstützt die Figur mithilfe einer persönlichen Anrede, die das Publikum als vertraute Begleiter ihres Lebens anspricht. Bezogen auf ihre Inszenierung als erotisches Objekt wird der Zuschauer zu der Instanz, die Belle immer begleiten und sich an ihrer Selbstinszenierung delektieren kann.

Der zweite Aspekt schließt direkt an diese Erzählstrategie an. Belles Deutungen sind nicht allwissend und nur aus ihrer Perspektive erzählt. Da sie als Figur innerhalb der erzählten Welt angesiedelt ist, ist dies einerseits narrationslogisch konsequent im Sinne des oberflächlich realitätsnahen Erzählgestus der Serie. Andererseits zeigt sich anhand der Einschränkungen, die Belles rein subjektive Perspektive mit sich bringt, wie wenig sie ihre Umwelt sowie die anderen Figuren der Serie zu deuten imstande ist. Belles Sicht auf sich und ihre Welt bricht sich häufig mit ihren Kommentaren und Ansichten. Sie ist zwar omnipräsent und immer um Kontrolle bemüht, doch dieser Ansatz geht speziell in Belles Privatleben nicht auf und offenbart ihre Krise zwischen der Souveränität in ihrem Beruf und der Unsicherheit im Privatleben. Bezogen auf ihr Buch bedeutet diese Aufspaltung, dass sie im Rahmen der Literatur ebenfalls sich selbst als souveräne Autorin inszenieren kann, die ihr Werk wie ihren Beruf im Griff hat. Eine Souveränität der Autorin, die der Erzählerin gerade im Bruch mit ihren Erwartungen und Selbstbeobachtungen abhandenkommt oder fehlt. Literatur ist daher nach der vollzogenen Initiation und Wandlung Belles zur Autorin ein Spiel der Selbstinszenierung, das Belle als Erzählerin vor den Zuschauern der Serie und vor sich selbst nicht durchzuhalten vermag.

Mit einer figurativen Erzählinstanz ist neben des Auftritts der Figur als Teil der Handlung und Welt primär die Stimme als Voice-Over einer Erzählerfigur angesprochen, die sich an die Zuschauer wendet und als narrative Ordnungsinstanz der Handlung auftritt.[30] Als Erzählerfigur im hier verstandenen Sinne sind daher Kamera und Montage als depersonale Erzählinstrumente ohne eine für den Zuschauer erkennbare figurative Instanz «dahinter» ausgeschlossen.[31] Der figurative Status des Erzählers kann sowohl eine direkte Verankerung und Erscheinung innerhalb der erzählten Welt beinhalten wie auch eine rein stimmliche oder ander-

---

30 Siehe dazu Kuhn, Markus: *Filmnarratologie*, S. 97–100.
31 Siehe etwa Beil, Benjamin et al.: *Studienhandbuch Filmanalyse*, S. 312–313

weitig audiovisuell vermittelte Präsenz, die deutend oder kommentierend als Subjekt des Erzählvorgangs in Erscheinung tritt. Verstanden als Prozess der Konstitution von Welt, von Bedeutung und von Sinnzusammenhängen, unterliegt Erzählen einem Akt der inhaltlichen Selektion, die von einer Erzählinstanz implizit oder explizit im Rahmen des Erzählvorgangs getroffen wird. Eine solche Selektion setzt bereits eine (An-)Ordnung der erzählten Ereignisse voraus, bringt dies allerdings erst im performativen Akt des Erzählens chronologischer und kausaler Strukturen konkret hervor.[32]

Im Kontext eines ebenenübergreifenden oder metaleptischen Erzählens kann dies als symbolische Gewalt im Sinne einer beanspruchten Deutungshoheit des Erzählers aufgefasst werden.[33] Gewalt ist in dieser Lesart nicht allein als physischer Vollzug intendiert, sondern inkludiert die bewusste oder gar neurotisch zwanghafte Um- und Ausdeutung einer Geschichte. Ein subjektiver Ich-Erzähler einer fiktiven Autobiografie[34], dessen Anspruch auf objektive Beurteilung bestimmter Vorgänge hochgradig unzuverlässig ausfallen kann, erscheint gerade im Bereich audiovisueller Serieninszenierungen als eine besonders attraktive Figur. Entweder stützt er das Gezeigte, entlarvt es als unzuverlässiges Erzählen oder fungiert als inszenatorische Gelenkstelle für narrative Brüche, die im Kontext einer Serie komplexe Bezugssysteme aufbauen und stetig aktualisieren oder negieren können. Mithilfe einer Erzählerfigur können daher verschiedene inszenatorische Kippeffekte generiert werden, die wiederum Aussagen über die Attraktionen der Verwendung einer Figur erlauben.

Erzählerfiguren sind folglich besonders präsent, wenn sie in ihren Erzählungen als subjektive Instanzen (vor allem als Ich-Erzähler) auftreten und damit beispielsweise den Status des Erzählten selbst in Zweifel ziehen oder in seinem Konstruktionscharakter offenlegen. Zusätzlich zeichnen sich Erzählerfiguren durch eine ambivalente Referenzialität aus, wenn sie wie Belle aus SECRET DIARY OF A CALLGIRL oder Dexter Morgan aus DEXTER als Teil der erzählten Welt figurativ auftreten, jedoch die Diegese metaleptisch überschreiten und mit dem Zuschauer Kontakt aufnehmen. Viele kontemporäre Serien setzen prägnant auf die erzählerische Dominanz und allgegenwärtige Präsenz von Erzählerfiguren, die sich und ihre Deutungsgewalten in Szene setzen. Dabei treten gender- wie genrespezifi-

---

32 Vgl. Mahne, Nicole: *Transmediale Erzähltheorie. Eine Einführung.* Göttingen 2007, S. 9.

33 Zum Verhältnis von Gewalt und Deutung im Sinne einer Deutungsgewalt, wie sie als Grundfigur der vorliegenden Überlegung zugrunde liegt siehe Kleinschmidt, Christoph: «Deutungsgewalt. Normen des Erzählens und Interpretierens in Goethes Unterhaltungen deutscher Ausgewanderten.» In: Bassler, Moritz et al. (Hg.): *(Be-)Richten und Erzählen. Literatur als gewaltfreier Diskurs?* München 2011, S. 97–107.

34 Speziell zur filmisch inszenierten Autobiografie, die durch ihre filmische Medialität spezifische Fragen nach der Möglichkeit subjektiven Erzählens im Film aufruft, siehe Dannenberg, Pascale Anja: *Das Ich des Autors*, S. 33–65.

sche Facetten der Figuration in den Vordergrund, da Erzählerfiguren anhand ihrer Ansichten und Interpretationen einen Einblick gleichermaßen in ihre psychosoziale wie fiktionsinterne Verankerung erlauben. Wie gesehen, erzählt Belle aus Sec-RET DIARY OF A CALLGIRL aus einer spezifisch weiblichen Sicht über ihr Leben als Prostituierte.

DOCTOR'S DIARY – MÄNNER SIND DIE BESTE MEDIZIN

Ein prägnantes Beispiel in dieser Richtung stellt die Figur der Dr. Gretchen Haase aus der deutschen Arzt-Serie DOCTOR's DIARY dar. Auch sie wird mithilfe der literarischen Gattung des Tagebuchs von Anfang an mit einem weiblichen Klischee belegt, das Gretchen als kindliche Frau erscheinen lässt, deren Adoleszenzphase trotz ihrer Tätigkeit als Ärztin und einigen Negativerfahrungen mit Männern noch nicht abgeschlossen ist. Die Serie spielt fortwährend mit Gretchens Naivität, die im Alltag der Klinik sowohl komödiantisch wie dramatisch gebrochen oder bestätigt wird. Ihre weibliche Stimme als Off-Erzählerin ist gekoppelt an ihre persönliche Entwicklung, die sie im Verlauf der drei Staffeln vollzieht. Gretchen emanzipiert sich sukzessive von ihrem Vater, der auch Chefarzt der Klinik ist, in der sie arbeitet, und auch ihre von zahlreichen Wendungen geprägte Liebesbeziehung mit einem ihrer Kollegen findet nach den genretypischen Irritationen einer Romantic Comedy in der finalen Folge ihr Happy End. DOCTOR's DIARY erzählt somit eine Coming-of-Age-Geschichte, die im romantischen Ideal einer festen Beziehung inklusive beruflichem Erfolg mündet. Gretchens Gestus als Erzählerin begleitet und unterstützt diese Entwicklung. Ihr Status als Erzählerin dient zum einen der Betonung ihrer Kindlichkeit, die sie gerade in ihrem Beruf verbergen muss, um speziell von den männlichen Kollegen ernstgenommen zu werden. Zum anderen unterstreicht die Veränderung ihrer Innensicht den äußeren Wandel, den sie für den Abschluss ihrer Adoleszenz vollziehen muss. Dieser Abschluss vollzieht sich jedoch im Rahmen normativer Vorgaben einer männlichen Ordnung, in die sich Gretchen schon aufgrund der Position ihres Vaters als Chefarzt einordnen muss.[35] Ihr Erzählen ist daher auch lesbar als Domestizierung einer weiblichen Figur, die im Gegensatz zu den anderen Figuren einem ihr Denken und Handeln rechtfertigendem Geständniszwang unterliegt, der ihre Identität als weibliche Erzählerin nicht nur konstituiert, sondern auch über Gretchens häufig hervorgebrachtes «schlechtes Gewissen» determiniert.[36]

---

35 Zum geschlechtlich codierten Phänomen der Unterwerfung durch Subjektivation, die im Anschluss an Michel Foucault diskutiert wurde, siehe Butler, Judith: *Psyche der Macht: Das Subjekt der Unterwerfung.* Frankfurt a. M. 2001, S. 81–125.

36 Zur Klinik als Ort der Überwachung und Normierung durch den ärztlichen Blick in historischer Dimension siehe Foucault, Michel: *Die Geburt der Klinik: Eine Archäologie des ärztlichen Blicks.* Frankfurt a. M. 2011.

Das Krankenhaus als semantischer Ort der ärztlichen Überwachung und der Normierung von Körperbildern unterstützt diese Lesart, da Gretchen mehrfach bezüglich ihres Gewichts oder ihrer Naivität vor sich unter Rechtfertigungsdruck gestellt wird. Dass DOCTOR's DIARY im vordergründig harmlosen Gewand einer Romantic Comedy auftritt, sollte nicht die ideologischen Implikationen verschleiern, die mit der Figur der Gretchen Haase als sich selbst erzählende Figur letztlich ähnlich transportiert werden wie im Fall von Belle aus SECRET DIARY OF A CALL-GIRL. Beide Figuren müssen sich unter dem Zwang seriellen Erzählens permanent ihren Zuschauern erklären und die Gattung des Tagebuchs in ihrem Anspruch auf Privatheit der Aufzeichnungen ad absurdum führen. Belle und Gretchen erzählen daher nicht primär von den Ereignissen und Handlungen der Serie, sondern vor allem von sich selbst. Diese Last einer beständigen Selbstbeobachtung und Selbstbeschreibung ist beiden Figuren als serielle Erzählerinnen eingeschrieben.[37] Im Fall von Gretchen führt dies in den ideologisch sicheren und sie von der Last befreienden Hafen einer bürgerlichen Existenz, während Belles weiterer Lebensweg hinsichtlich einer erfüllten Liebe und damit ihres Zwiespaltes offen bleibt. Das Happy End eines Genres wartet schließlich – wie beide Serien nahelegen – nur auf gute Mädchen.

HOW I MET YOUR MOTHER

Dass auch männliche Erzählerfiguren unter dem Selbstzwang narrativer Lebensentwürfe stehen können, belegt die populäre Sitcom How I MET YOUR MOTHER, in der die Figur des Ted Mosby als allzeit präsenter Ich-Erzähler seinen beiden Kindern erzählt, wie er ihre Mutter kennengelernt hat. Sein dominantes (männliches) Erzählen ist von seinem Beharren geprägt, seine Geschichte um jeden Preis und in allen Einzelheiten, allerdings strikt nach seinen Vorstellungen zu erzählen. Seine Erzählung versteht sich im Gegensatz zu den Erzählsituationen bei Belle oder Gretchen als Belehrung eines Vaters, der seine Kinder an seiner Lebensweisheit teilhaben lassen möchte, die weniger von der Vermittlung von Wissen als vielmehr von einer Weitergabe subjektiver Erfahrung geprägt ist.[38] Als ein Akt auktorialer Setzung, der die Zuhörerschaft seiner Kinder einfordert, nimmt Mosby als Figur

---

37 Zu einem solchen «Bedarf» an biografischer Selbstbeschreibung und ihren Rekursionen, wie sie mit narrativen Identitätsbildungen im historischen Zusammenhang stehen, siehe Prokić, Tanja: *Kritik des narrativen Selbst*, S. 107–116.

38 Serienerzähler wie Ted Mosby können daher aufgrund des an ihnen verhandelten Widerspruchs zwischen Wissensvermittlung und rein subjektiver Erfahrung als zeitgenössische Problematisierung der Figur des gelehrigen Dichter gelten, wie sie die literarische Tradition kennt. Siehe dazu Reichert, Klaus: «Gelehrte Dichter. Zur Geschichte eines behaupteten Widerspruchs.» In: Städtke, Klaus / Kray, Ralph (Hg.): *Spielräume des Auktorialen Diskurses*. Berlin 2003, S. 39–48.

einen anderen Status ein als Gretchen, Belle oder auch Dexter Morgan, teilt mit ihnen allerdings eine radikal subjektive Weltsicht, die der Unmöglichkeit einheitlicher Wissensvermittlung im Sinne verbindlicher Lebensentwürfe Rechnung trägt.

In insgesamt neun Staffeln greift Mosby, der ebenfalls als Erzählinstanz und Figur innerhalb seiner Geschichte auftritt, stets aktiv in seine Erzählungen ein, indem er sie beispielsweise revidiert, bereits Erzähltes neu perspektiviert und vor allem seinen eigenen Status als Erzähler im Austausch mit seinen Kindern zum Thema erklärt.[39] How I Met Your Mother reflektiert mithilfe dieser Binnenunterscheidung zwischen Ich-Erzähler und den Kindern als Zuhörer den Erzählgestus der Serie.[40] Die Kinder geben mehrfach zu Protokoll, dass sie nach all den vielen Ausschmückungen und Redundanzen das Ende der Geschichte hören möchten, in dem ihr Vater endlich seine zukünftige Ehefrau trifft. Erzähler Ted widerspricht jeder Verkürzung und erklärt das Erzählen seiner Autobiografie selbst viele Jahre bevor er seine Ehefrau traf, zur notwendigen Voraussetzung für dieses Ereignisses.

Alle Ereignisse, die der hochgradig unzuverlässige und manipulative Erzähler Ted Mosby erzählt, verweisen auf das serielle Konzept eines Aufschubs, den er mit seiner Deutungsgewalt und Erzählautorität förmlich erzwingt. Im Grunde vergleichbar mit Walter Whites Schicksal als von Anfang an totkrankem Mann in Breaking Bad, steht das Ergebnis der Erzählung bereits fest und wird mit immer mehr Komplexität und weiteren Ereignissen aufgeschoben, obwohl sich am Ausgang des Erzählens ebenso wenig ändert wie dem von Anfang an feststehenden Ergebnis, dass Ted Mosby die Mutter seiner beiden Kinder kennenlernt. Die Serie verschiebt ihr Ende im Sinne einer Endlosserie, die mit immer neuen Wendungen, Mikroperspektiven, Revisionen, Leerstellen oder Redundanzen aufwarten kann.[41] How I Met Your Mother ist daher eine Metaserie, die genau reflektiert, was serielles Erzählen zwischen Wiederholung und Variation bedeutet, wenn es nicht, wie etwa im Film, um einen Endpunkt des Erzählens, sondern um die potenzielle Unabschließbarkeit von Erzählen an sich geht.

Alles kann in Mosbys Erinnerung nochmal verändert, variiert oder wiederholt werden. Doch genau wie Walter White, erreicht auch Ted Mosby irgendwann das Ende seiner Erzählung, was konsequenterweise nur mit dem Abschluss der Serie How I Met Your Mother zusammenfallen kann. Der Abschluss gibt sogar eine Antwort darauf, warum Mosbys Erzählung trotz mehrfacher Intervention der Kin-

---

39 Zu weiteren Techniken unzuverlässigen Erzählens in How I Met Your Mother siehe Landau, Solange: «How I met your Barney. Das Intro als metafiktionales Spiel.» In: Nesselhauf, Jonas / Schleich, Markus (Hg.): *Quality-TV. Die narrative Spielwiese des 21. Jahrhunderts?!* Berlin 2014, S. 95–101.

40 Zum Tradition und Funktionalisierung solcher Rahmungen und Rahmenhandlungen in seriellen Erzählungen siehe Mielke, Christine: «Die funktionale Ordnung der Serie», S. 176–182.

41 In diesem Kontext sei nochmals an die Ausführungen von Engell zu Breaking Bad erinnert, die diese Beobachtung unterstützen. Siehe Engell, Lorenz: «Zur Chemie des Bildes», S. 200–206.

der nicht zum Punkt kommen wollte. So wie Scheherazade in den Märchen aus 1001 Nacht um ihr Leben erzählt, erzählt Ted Mosby gegen den Tod, nämlich den seiner Frau, die einige Jahre nach ihrer Begegnung verstarb. Das Erzählen vor den Kindern ist aber paradoxerweise schon aufgrund der Ausgangslage und den vielen Ereignissen, die ohne die Mutter stattfanden, eben nicht in erster Instanz eine Erinnerung an die Verstorbene, sondern ein impliziter Rechtfertigungsmonolog für ein erneutes Zusammenkommen von Ted mit Robin, die als Teil des Freundeskreises und mehrfache Geliebte Teds immer dabei war. Bestand der Erzähler Ted stets darauf, seine Erzählung weiterzuführen, sind es zum Abschluss der Serie seine Kinder, die aus der Geschichte die für ihren Vater richtigen Schlüsse ziehen und ihn dazu ermutigen, mit seiner «Serienliebe» Robin einen erneuten Anlauf zu unternehmen. So wird auch der Erzähler Mosby, dessen Selbstbeobachtung nicht ausreichte, um aus seiner Geschichte die Schlüsse zu ziehen, die seine Kinder aus der Sicht ihrer Fremdreferenz zu ziehen im Stande waren, in die Möglichkeit eines genrekonformen Happy Ends entlassen, das dem Abschluss der Serie zumindest einen narrativen Fluchtpunkt hinzufügt: «Mag das Leben [der Serienfiguren, Einfügung A. S.] auch weitergehen, das Dasein der Serie ist endlich.»[42]

Ted Mosby exemplifiziert ein radikal subjektives Erzählen, das nicht an der Ordnung von Fakten interessiert ist und faktisches Erzählen per se in Zweifel zieht. Mosbys Erzählen zielt außerhalb des feststehenden Endpunktes nicht auf eine kausale oder temporale Logik, sondern bezeugt auf der Basis der in der Serie eingesetzten, das Erzählende aufschiebenden Techniken die Tendenz, dass die Möglichkeit einer kohärenten Subjektkonstitution, wie sie programmatisch mit allwissenden Erzählern in Verbindung gebracht wird[43], für serielle Erzählerfiguren der Gegenwart häufig nur zum Preis einer reduktionistischen Genreordnung vollzogen werden kann. Im Gegensatz zu Serien, die sich erst zum Finale hin als Erzählung inszenieren, der ihr Ende im Sinne einer narrativen Ordnung von Anfang an eingeschrieben ist[44], stellt How I Met Your Mother diese narrative (Re-)Konstruktion von Beginn an zur Disposition und verfolgt diesen Ansatz über 200 Episoden lang.

Dexter

Dass Selbstbeobachtung eine Last des Erzählens und damit des Erzählers bedeutet, bestätigt sich gerade bei den Figuren, deren Lebensentwürfe per se gesellschaftlich oder psychosozial kontaminiert sind. Als defigurativer Paradefall einer solchen Konstellation in der Serienlandschaft kann Serienkiller Dexter Morgan gel-

---

42 Grampp, Sven / Ruchatz, Jens: *Die Enden der Fernsehserien*, S. 41.

43 Zu den Qualitäten eines souveränen Erzählers als Ordnungsinstanz siehe etwa Benjamin, Walter: «Der Erzähler. Betrachtungen zum Werk Nikolai Lesskows.» In: Ders.: *Erzählen. Schriften zur Theorie der Narration und zur literarischen Prosa.* Frankfurt a. M. 2007, S. 103–128.

44 Vgl. ebd., S.40–42.

ten. Seine Selbstreflexion über acht Staffeln hinweg erfüllt vor allem zwei Funktionen, die mit seiner Figur untrennbar zusammenhängen. Er adressiert als monologisierender und personaler Erzähler den Zuschauer als Teilhaber seiner Taten und setzt ihm dem Skandalon aus, der Psyche eines Serienmörders zu folgen, dessen Handeln im Verlauf der Serie immer wieder an Grenzen moralischer, juristischer und emotionaler Vorstellungen stößt.[45] Anhand der Innensicht der Figur in Verbindung mit dem Kodex seines Vaters, nur überführte Straftäter zu morden, werden Zuschauer dazu verführt, Dexters Taten sogar möglicherweise zu goutieren und damit etwa die pathologisch motivierte Aushebelung eines innerfiktional häufig versagenden Rechtssystems zu akzeptieren. Die zweite Funktion besteht daran, Dexters Erzählen als permanente Selbstrechtfertigung zu betrachten, die im Kontext seiner Serienbiografie die Notwendigkeit definiert, sich bezüglich seines eigenen Status als Mensch narrativ zu reflektieren. Da Dexter über sich als Mörder nicht mit anderen Figuren kommunizieren und sich hinter der Maske des Killers verbergen muss, gewinnt das Konzept der seriellen Selbsterzählung einer Erzählerfigur weiter an Plausibilität.

Serielles Erzählen als einzige Möglichkeit der Selbstversicherung unter Zuhilfenahme eines Abgleichs und der Akzeptanz gesellschaftlicher Strukturen mit der eigenen Natur, findet in DEXTER ihre pathologische Pointe in Dexters Selbstgesprächen, die er mit dem Geist seines verstorbenen Stiefvaters oder seines leiblichen Bruders führt, der ebenfalls ein Serienkiller war. Was als inszenatorischer Kniff erscheint, den Zuschauer mithilfe dieser Spiegelfiguren leichter am Widerstreit der stets rational und berechnend auftretenden Figur des Dexter teilhaben zu lassen, lässt sich aufgrund der Aufspaltung des Erzählers Dexter als Symptom seiner Figuration interpretieren. Es existiert nicht nur eine Trennung zwischen der innerfiktional sozial agierenden Figur des Dexter Morgan und seiner Erzählerstimme. Die Erzählerstimme spaltet sich nochmals auf in einen souveränen, monologisierenden Erzähler auf der einen und einen zweifelnden, sich vor allem vor seinem Stiefvater im Dialog rechtfertigenden Erzähler. Dexter Morgan ist daher aufgrund seiner figurativen Anlage als Erzähler in mehrfacher Hinsicht von Serienkillern wie Hannibal Lecter zu unterscheiden, die weder eine Innensicht gestatten noch innerhalb eines solchen Einblicks weitere Trennungen vornehmen, die ihren Subjektstatus als prekär ausweisen.

BLOODLINE

Wie über Erzähler im Widerstreit mit anderen Inszenierungsebenen eine für das Erzählkonzept signifikante Mediendifferenz inszeniert werden kann, präsentiert die Serie BLOODLINE. Im Zentrum der Handlung steht die Familie Rayburn, die

---

45   Siehe auch Rothemund, Kathrin: *Komplexe Welten*, S. 151.

in einer kleinen Gemeinde in Florida beheimatet ist. Das ältere Ehepaar Rayburn betreibt ein bekanntes Strandhotel, während drei ihrer insgesamt vier erwachsenen Kinder ebenfalls in der Gemeinde leben. Der älteste Sohn Danny kehrt in der ersten Folge anlässlich einer Feier zum Jubiläum des Hotels zu seiner Familie zurück, erntet aber neben einer latenten Ablehnung seiner Familie vor allem Misstrauen bezüglich seiner Motive. Als Familiendrama geht es im Verlauf der ersten Staffel um die Aufdeckung der verdrängten und aktiv verschleierten Geheimnisse der Rayburns, die unter anderem zu Dannys Demission aus dem Kreis der Familie führten. John, der zweitälteste Sohn der Familie und Police Detective in der Gemeinde, fungiert als Erzähler der Ereignisse. Er rahmt die Episoden und versucht Ereignisse einzuordnen, wobei seine Kommentare meist einen rechtfertigenden und nicht objektiv verfahrenden Charakter besitzen. Mit der ersten Szene der Serie tritt er in Aktion, indem er im Modus einer nachträglichen Erzählung bereits geschehener Ereignisse die Rückkehr seines Bruders Danny als Unheil umschreibt. Wie die gesamte Serie vermittelt John hauptsächlich Stimmungen und Andeutungen, ohne das Geschehen sowohl in der Gegenwart wie in der Vergangenheit klar zu benennen. Der Ausgang des sich anbahnenden Dramas wird nicht von John ausgesprochen, sondern vermittelt sich anhand der Szenen, die ihn mit der Leiche seines Bruders Danny durch einen Sumpf warten lassen. Die Serie treibt ähnlich wie How I Met Your Mother nicht das ohnehin feststehende Ergebnis des Konflikts an, sondern die Fragen, wie es dazu kommen konnte und welche Konsequenzen der Tod Dannys für die Familie hat. Bloodline inszeniert sich als ein ambivalenter Familienroman, in dem alle Familienmitglieder Schuld auf sich laden, die letztlich zu Dannys Ermordung durch seinen Bruder John führen.

Die Auflösung der Tat sowie ihre Hintergründe bleiben vorwiegend der Bildebene innerhalb des szenischen Ablaufs der Serie vorenthalten. Bild und Stimme differieren in Bloodine symptomatisch, da sich das Unsagbare des Brudermordes der Aussprache des Bruders verweigert.[46] John reklamiert dennoch mehrfach für sich als Erzähler eine auktoriale Perspektive und besteht darauf, die Wahrheit über seinen kriminellen Bruder Danny und den Schicksalsschlägen zu berichten, die in ihrer Verkettung unweigerlich zu seinem Tod führen mussten. Er verteidigt seine Geschwister ebenso wie sich selbst, wobei er die Taten, die zu Dannys Tod führten, als schlecht und moralisch verwerflich bezeichnet. Mit der letzten Folge der ersten Staffel, die als Abschluss der Tragödie um Dannys Tod gilt, beendet John seine Beichte.

Johns Erzählperspektive korrespondiert mit seiner Stellung in der Familie als eigentlicher ältester Sohn, nachdem Danny von seinem Vater aufgrund seiner Mit-

---

46 Zur Macht der Bilder als insistierende und spezifisch auch auf Unsagbares verweisende Medien siehe Boehm, Gottfried: «Jenseits der Sprache? Anmerkungen zur Logik der Bilder.» In: Kimmich, Dorothee et al. (Hg.): *Texte zur Literaturtheorie der Gegenwart*. Stuttgart 2008, S. 480.

schuld am Tod des fünften Kindes der Rayburns verstoßen wurde. Sein Wort und sein Urteil haben innerfiktional Gewicht, zumal er als Polizist auch das Gesetz vertritt. Sein Erzählen ist ideologisch geprägt von der Verteidigung seiner Familie, obwohl er das moralische Dilemma des Brudermordes nicht zugunsten seiner Familie auflösen kann. Erzählen bedeutet in BLOODLINE den Versuch einer moralischen Ordnung anhand einer Beichte, die dennoch nur ihre eigene Sicht zulässt. Johns Beharren, nur die Wahrheit zu erzählen, wird anhand der Perspektiven und Szenen, die vor allem Dannys Handeln ohne Johns Anwesenheit und Wissen zeigen, in seinem Wahrheitsanspruch unterlaufen. Die Serie konterkariert damit den Anspruch eines Erzählers, seine Erzählung gemäß seiner Botschaft glaubhaft vorstellen zu können. Die Bilder der Serie, die immer wieder geradezu ikonisch John mit der Leiche seines Bruders zeigen, insistieren auf der untilgbaren Schuld des Erzählers, der seine Tat letztlich nicht vollständig rechtfertigen kann und sich durch Deutungen, denen die Bilder der Serie widersprechen, unglaubwürdig macht ohne eindeutig unzuverlässig zu agieren. Denn BLOODLINE führt mit John einen nur scheinbar starken Erzähler ein, dessen Position sich aufgrund des ansteigenden Mehrwissens der Zuschauer um die Vergangenheit und Gegenwart der Familie Rayburn zunehmend schwächt. Das Insistieren der Bilder des Brudermordes verweist auf die Initiation der Serie, die in ihrem Erzählen stets auf diesen Punkt zurückfällt. Gefangen zwischen der Unausweichlichkeit, seinen verbrecherischen Bruder zu töten und gleichzeitig seine Familie vor den Konsequenzen dieser Tat zu schützen, demontiert die Serie ihren Erzähler als Verteidiger seiner Familie. Der Erzähler John kann über die Deutung der Tat keine Autorschaft reklamieren, die seine Perspektive als alleingültigen und moralisch unzweifelhaften Standpunkt innerhalb der seriellen Logik der fortlaufenden Zusätze und Erweiterungen der Erzählungen bestehen lässt. Denn bezeichnenderweise ist es nicht John, der erzählerisch die Handlung vorantreibt. Er kündigt und deutet meist nur an, was sich erst über die Inszenierung abseits seines Erzählens offenbart.

Auf der Basis der ersten Staffel lässt sich die These formulieren, dass BLOOD-LINE eine Kritik an hierarchisch strukturierten Familienmodellen übt, in denen dem (zweit-)ältesten Sohn die Bürde auferlegt wird, letztlich im Namen seiner gesamten Familie zu sprechen und die gesamte Verantwortung für ein Verfehlen zu übernehmen, das sich auf alle Mitglieder und insbesondere die Eltern erstreckt. Elternschaft folgt in BLOODLINE einem hierarchischen und unkommikativen Verständnis, das auf Gehorsam basiert. Im Rahmen dieser Vorstellung fällt John die unlösbare Aufgabe zu, ein Bekenntnis abzulegen, das den Familienroman der Rayburns in der Gemeinde rettet, ohne ihn in seiner identitätsstiftenden Funktion für die einzelnen Familienmitglieder zu beschädigen. Johns Erzählen gewinnt damit die Qualität eines Rechtfertigungsmonologs, der auch für andere spricht, ohne dass sie selbst «gehört» werden. Das Konzept der Serie treibt diese Überforderung einer familiären Auctoritas des Erzählers John letztlich konsequent weiter. Denn mit Johns abschließender Bitte um Verständnis und Vergebung in der ersten Staffel ist die Serie nicht zu einem Abschluss gebracht. Johns Kampf um eine Interpretations- und Deutungshoheit der Ereignisse bleibt analog zur Unauslöschbarkeit des Todes seines Bruders als serieller Signifikant einer insistierenden Schuld bestehen. Der Brudermord kann als innerfamiliäres Skandalon und serielles Narrativ des Anfangs[47] der Serie BLOODLINE nicht von John Rayburn auserzählt und damit suspendiert werden.

4.3 Creator (NIP/TUCK, MAD MEN, HOUSE OF CARDS)

Der Terminus Creator markiert eine Expansion des autorschaftlichen Diskurses. Mit dieser Figuration verbindet sich ein Erkenntnisinteresse an Autorschaften, die nur indirekt an der Produktion von Medientexten interessiert sind und deren Einfluss sich häufig im Hintergrund hält. Das heißt, es geht nicht um Schriftsteller, Drehbuchautoren oder Regisseure, deren Schaffen aufgrund ihrer Figurenanlage per se allein auf die Realisierung eines Medientextes ausgerichtet ist, der sich mit ihnen als Autoren oder Erzähler direkt verbindet und die diskursiven Implikationen einer identifikatorischen Adressierung als Autor mit sich führt. Die Bezeichnung Creator vereint zentrale kulturhistorische Implikationen des Autorschaftsdiskurses, wie sie im dritten Kapitel nachgezeichnet wurden. In erster Linie geht der Begriff aus dem Kontext der seriellen Fernsehproduktion hervor, da die Bezeichnung des Schöpfers speziell im amerikanischen Serienkosmos häufig mit der Formel *created by* erfolgt. Serie und Schöpfer stehen produktionstechnisch in einem basalen Verhältnis, das mithilfe eines erweiterten Verständnisses von Schöpfertum für die Analyse fiktiver Autorenfiguren angereichert und über diese Ebene hinaus verlagert werden kann.

Zentralen Einfluss auf die Figuration des Creators nimmt vor allem das polemisch bis emphatisch tradierte Leitbild des solitären wie genialischen Schöpfers, Werkherrschers und Autorengottes als eine – zumindest innerhalb der eigenen Vorstellungen – allmächtige Autorenfigur, die sich in ihrem Schaffen nicht einschränken oder befragen lassen möchte.[48] Somit ist dem Selbstentwurf einer solchen Figur ein Selbstverständnis inhärent, das extraordinäre und vor allem den Werkprozess in seinen Voraussetzungen und Möglichkeiten kontrollierende Formen annehmen kann. Schöpferkraft wird unter dieser Perspektive begriffen als kre-

---

47 Vgl. dazu Koschorke, Albrecht: Codes und Narrative. Überlegungen zur Poetik der funktionalen Differenzierung.» In: Kimmich, Dorothee et al. (Hg.): *Texte zur Literaturtheorie der Gegenwart*. Stuttgart 2008, S. 553–557.

48 Der Grundgedanke eines solchen Selbstverständnisses, das sich in Geniekulten und poetologischen Selbstentwürfen äußert, geht zurück auf die literarische Tradition. Siehe dazu etwa Schulz-Buschhaus, Ulrich: «Ein Autor wie Gott, unsichtbar und allmächtig», S. 49–54.

ativer Akt, der dem Creator den Status einer Geniefigur verleiht, die sich von der Masse absetzt. Was als individuelle Schöpferkraft in verschiedenen Kontexten zur Disposition steht, gehört zu den Kernaspekten dieser Figuration. Insbesondere als defigurierte Form kann die Setzung als Schöpfer die extremen Ausmaße eines auktorialen Autoritätsanspruchs annehmen, der sich über Grenzen hinwegsetzt, die fiktionsintern als sinn- und identitätsstiftend etabliert sind. Der pervertierte Werkgedanke eines Mörders wie Hannibal Lecter beispielsweise, der als Strippenzieher alle Fäden der Serie HANNIBAL in seinen Händen hält, seine Taten jedoch aus dem Verborgenen heraus plant und durchführt, bildet prototypisch die radikale Seite dieser Figuration ab. Dass es sich dabei aber nicht allein um Killerfiguren oder gar nur um männliche Figuren handelt, belegt beispielsweise die Figur der Wirtschaftsanwältin Patty Hewes aus der Serie DAMAGES. Patty Hewes fordert als Chefin einer eigenen Kanzlei zwar männliche Ordnungen heraus, nutzt allerdings ihre Macht und ihren Einfluss dazu, Fälle ohne Rücksicht auf Verluste zu ihren Gunsten zu manipulieren und ihr tyrannisches Selbstbild innerhalb ihres Umfeldes stets stabil zu halten.

Der Autorschaftsprozess des Creators ist nicht reduziert auf ein Kunstwerk oder einen Medientext, sondern erweitert vor allem die Perspektiven auf Prämissen, mediale Entstehungskontexte und die Folgewirkungen eines Werks, das sich mit seiner Figur in Verbindung bringen lässt. Denn der Werkprozess einer Creator-Figur wirkt innerfiktional auch außerhalb der Zeichenstruktur der Literatur, des Bildes oder des Films, da sich sein Werk von der Ebene der Zeichen emanzipieren und «gottgleich» auf andere Figuren und Handlungen eingreifen kann. Die Figuration des Creators versteht sich als Form einer diskursiven Grenzüberschreitung, da das mit ihr assoziierbare Werk eine Sensibilität für Praktiken der Unterscheidung weckt und manche Grenze überhaupt erst als solche sichtbar oder hinsichtlich eines an sie gekoppelten Problemhorizonts plausibel macht.[49]

NIP/TUCK

Eine Autorschaft, die sich an einer kontroversen Grenze und deren Überwindung ansiedelt, steht im Zentrum von NIP/TUCK. Entlang einer Geschichte um zwei Schönheitschirurgen, die zuerst in Miami, dann in Los Angeles eine Praxis für Beauty-Operationen jeder Art betreiben, geht es in NIP/TUCK vor allem um medizinische Autorschaft und deren Konsequenzen.[50] Die Grenzen zwischen Medizin

---

49 Daher fügt sich die Figuration des Creators in den Wissenschaftsdiskurs um sogenannte Figuren des Dritten ein, die in verschiedenen Verkörperungen die Problematik von Grenzziehungen und dichotomischen Unterscheidungskategorien unterlaufen und verhandeln. Siehe dazu die Beiträge in Eßlinger, Eva et al. (Hg.): *Die Figur des Dritten. Ein kulturwissenschaftliches Paradigma*. Frankfurt a. M. 2010.

50 Siehe auch Grünschläger, Rebecca: «Unterm Messer. Das ethische Berufsbild in der Ärzteserie

und Ethik stehen dabei ebenso zur Disposition wie die Grenze zwischen körperlicher Authentizität und Artifizialität. Die beiden ungleichen Ärzte Sean und Christian, die das Protagonistenpaar der Serie bilden, verkörpern zwei Prinzipien, die innerhalb der Serie im Widerstreit miteinander stehen. Während Sean zumindest zeitweilig das Ideal eines talentierten, professionellen und grundsätzlich nach ethischen Maßstäben agierenden Mediziners vertritt, ordnet sich sein Partner Christian auf der anderen Seite der Skala ein. Er misst seinen Erfolg vor allem an Geld und nimmt dabei selbst zweifelhafte Operationen an, die er unter rein medizinischen Gesichtspunkten ablehnen oder genauer überprüfen müsste. Beide Figuren verbindet und trennt zugleich sehr viel. So arbeiten sie beide als Partner zusammen, obwohl sie sich in vielen Dingen der alltäglichen Arbeit nicht einig sind und unterschiedliche Auffassungen von Arbeitsmoral und ärztlicher Praxis vertreten. Dieses Geflecht aus Differenz und Verbindung, das sich an zahlreichen weiteren Beispielen innerhalb der Serie aufzeigen lässt, exerziert die Serie konsequent an allen dramaturgischen und ästhetischen Facetten durch.[51] Was nun Sean und Christian zu Creators macht, ist die Umsetzung und deren Implikation, die sich mit ihrem Beruf verschweißen. Beide fixieren mit ihrem ärztlichen Blick menschliche Körper als Material, das es zu korrigieren und neu zu formen gilt.

Genau das wird in der Serie zum leitenden Prinzip der Schönheitschirurgie, die nicht primär an der Heilung von Krankheiten, sondern an der Perfektionierung des Körpers und der Kaschierung von Fehlern orientiert ist. Was Perfektion ist, unterliegt dem Urteil der Chirurgen, die über die Beobachtung des Körpers auch die Psyche ihrer Patienten beeinflussen. Man könnte auch sagen, dass der Körper über die Beobachtung der Ärzte explizit zum beobachteten Körper wird und sich daraus erst der Status eines potenziellen Patienten für Sean und Christian ableitet.[52] Oder noch kompakter: Die Chirurgen sind nicht allein darauf angewiesen, dass Patienten zu ihnen kommen, denn sie können sie mit ihren Urteilen auch selbst kreieren. Der Blick der beiden Ärzte wird somit zum entscheidenden Kriterium für die Auswahl und Konkretisierung von vermeintlichen Mängeln des Körpers, die ihn in seiner herausragenden identifikatorischen und sinnstiftenden Funktionalität individueller Selbstrepräsentation unterstreichen.[53]

Nip/Tuck.» In: Seiler, Sascha (Hg.): *Was bisher geschah. Serielles Erzählen im zeitgenössischen amerikanischen Fernsehen.* Köln 2008, S. 173–175.

51 Eine besonders gelungene und vor allem bezüglich der Grundstrukturen vollständige Deutung der gesamten Serie Nip/Tuck, die insbesondere das ambivalente Wechselspiel zwischen Trennung und Verbindung als konstitutives Leitmotiv der Serie herausarbeitet liefert Lisa Gotto. Siehe dazu nochmals dezidiert Gotto, Lisa: «Scars'n'Screens. Nip/Tuck».

52 Zur Differenz von Körper/Geist bzw. Leib/Seele und der Thematik der Beobachtung, Deskription und Evidenzproduktion siehe Fuchs, Peter: «Die Form des Körpers.» In: Schroer, Markus (Hg.): *Soziologie des Körpers.* Frankfurt a. M. 2005, S. 48–72.

53 Siehe dazu neben den bereits vorgestellten Theorien aus genderspezifischer oder diskursanalytischer Perspektive eine Einführung in den soziologischen Diskurs um die Bedeutung von Körpern

Die Konsequenzen der Implikationen des ärztlichen Blicks, der in NIP/TUCK gleichzusetzen ist mit dem männlichen Blick auf den weiblichen Körper, zeigen sich bereits in der Pilotfolge. Nach einer gemeinsamen Nacht mit einem Model spricht Christian mit ihr über ihren Beruf und ihren Körper. Das Model bezeichnet sich selbst als Anfang 20 und unterstreicht mithilfe einer anekdotischen Geschichte ihre eigene Wahrnehmung als makellose Frau. Christian provoziert sie daraufhin, indem er zum einen ihr Alter nach oben taxiert und sie zwar als hübsch, jedoch nicht perfekt beschreibt. Sein ärztlicher Blick seziert nun den Körper des Models und stellt dessen Fehler heraus, die Christian mithilfe operativer Eingriffe korrigieren könnte. Sein Blick wirkt direkt am Körper des Models[54], da er einen Stift benutzt, um die möglichen Korrekturen direkt an den entsprechenden Körperpartien einzuzeichnen. Als sich das Model zusammen mit Christian im Spiegel betrachtet, erschrickt sie vor ihrem in ihrer Vorstellung nun nicht mehr makellosen Körper und willigt in die Operation ein, um nicht nur schön, sondern perfekt zu sein. Die Szene und insbesondere der Blick in den Spiegel verraten den Einfluss des Creators Christian. Er greift zwar auf die Technik der Schrift zurück, indem er den Körper des Models im wahrsten Sinne beschriftet. Doch seine Zeichen sind nur für ihn lesbar, da nur er als Chirurg sie in sinnvolle Übersetzungen und nachfolgend in operative Eingriffe umwandeln kann. In einer Art Aktualisierung des Mythos des Pygmalion wirkt Christian transformativ auf das Selbstbild des weiblichen Models ein, indem er sie nach seinen Vorstellungen umformen will. Nahm sie sich vor seiner Demontage ihres Selbstbildes als vollkommene Schönheit wahr, so ist dieser Eindruck nun dem Schrecken der Fehlerhaftigkeit ihrer Selbstdarstellung gewichen. Abstrakt formuliert: Das Beschriften des Körpers wird zur visualisierten und vor allem machtvollen Einschreibung des Arztes in die Subjektposition eines Individuums und wertet dessen Selbstbild um. Jeder Körper, so die ideologische Botschaft und der ökonomische Markenkern des Schönheitsgeschäfts, kann in seiner Performanz verbessert und damit verschönert werden. Dadurch verschieben sich die Parameter eines Begriffs normierter Schönheit von der Akzeptanz natürlicher bis geradezu schicksalhafter Gegebenheiten hin zu einer Mentalität der ökonomisierten Perfektibilität des Körpers.[55] Spiegelbildlich zu dieser Szene wird Sean von seiner Ehefrau in eine strukturell vergleichbare, allerdings gänzlich anders verlau-

---

und Körperlichkeit in Gugutzer, Robert: «Der body turn in der Soziologie. Eine programmatische Einführung.» In: Ders. (Hg.): *body turn. Perspektiven der Soziologie des Körpers und des Sports.* Bielefeld 2006, S. 7–53.

54 Siehe dazu auch Foucaults Analysen, in denen er von einer Besetzung und Transformation des Körpers durch Machtstrukturen und deren Beobachterpositionen ausgeht, in Foucault, Michel: *Überwachen und Strafen,* S. 34–41.

55 Siehe auch Cuntz, Michael: «Tell me what you don't like about yourself: Hypernormalisierungen und Destabilisierung der Normalität in der US-Fernsehserie Nip/Tuck.» In: *KultuRRevolution. Zeitschrift für angewandte Diskurstheorie, H. 53,* 2008, S. 68–79.

fende Situation gebracht. Sie ist schon länger mit ihrem Äußeren unzufrieden und möchte von Sean ein professionelles Urteil zu ihren Brüsten hören, um letztlich ihre Ehe wieder sexuell und emotional in Gang zu bringen. Seans innere Ablehnung, eine Operation oder überhaupt eine ernsthafte Reaktion auf das Ansinnen seiner Frau in Erwägung zu ziehen, zeigt deutlich, dass er seine Ehefrau nicht wie eine Patientin sieht und vor allem nicht sehen will. Der ärztliche Blick trifft anhand der beiden Ärzte in ihren spezifischen Situationen eine Unterscheidung, die ideologisch zwischen jungem Model und Mutter/Ehefrau unterscheidet.

Was macht Christian wie Sean daher jeweils zu einem Creator? Beide Chirurgen schreiben sich mit ihrem Werkprozess in die Biografien und Körper ihrer Patienten direkt ein oder codieren sie – etwa durch Geschlechtsumwandlungen – gänzlich um. Wie die eben referenzierte Szene zwischen Christian und dem Model belegt, beheben sie nicht nur, sondern kreieren bewusst Momente der Einschreibung, die ihre spezifische Handschrift als «Körperkreatoren» tragen.[56] Der subjektive Faktor kommt etwa in den Setzungen Christians zum Tragen, wenn er dem Model in der Pilotfolge während seiner Analyse erklärt, dass Schönheit mit Symmetrie zusammenhängen würde. Diese scheinbar objektive Setzung unterläuft Christian unter anderem mit seinem Rat zu bestimmten Körper- und Brustproportionen, für deren Einteilung er keine stichhaltigen Argumente findet.

Die (All-)Macht des Schönheitschirurgen, aufgrund seiner Profession Menschen individuell umzugestalten, formuliert ein Schöpfertum, das sich unter dem Vorwand eines allgemeinen Strebens nach körperlicher Perfektion als reine Dienstleistung zu verbergen sucht. Die leitmotivische Frage danach, was einem Menschen nicht an sich gefällt, beantworten Christian und Sean mit der Möglichkeit einer korrigierenden Umschrift dieser Mängel, die dann jedoch ihre Handschrift trägt, da es sich bereits bei der Auswahl der Korrekturen um eine Selektion handelt, die autorschaftliche Entscheidungen erfordert. Sie beide definieren Schönheitsideale, da sie mit ihren professionellen Blicken Fehler und Mängel als solche definieren können, die sich dem Blick anderer entziehen. Dieses Entziehen korrespondiert mit der Profession der beiden Schönheitschirurgen: Ihre Kompetenz bekräftigt ihren Status als Autorität; eine Autorität, die den Körper skizziert, jedoch auch operativ öffnen und verändern kann. Dies wird in der Serie als Prozess inszeniert, der ausgehend vom Blick der Ärzte mehrere Werkstationen durchläuft: Beide Ärzte verwenden Blöcke mit abstrahierten Zeichnungen von Körpern, um mit ihren jeweiligen Einzeichnungen den konkreten Fall zu dokumentieren und einen Operationsplan zu erstellen. Das Einzeichnen der Fehler direkt am Körper fungiert hingegen als Konkretisierung und Sichtbarmachung für die Patienten. Diese Analyse

---

56 Siehe dazu auch aus einer außerfiktionalen Perspektive Ensel, Angelica: «Ich kann viel aus Ihnen machen. Die ärztliche Selbstinszenierung in der Schönheitschirurgie.» In: *Kea 11 (Thema: Körperbilder – Körperpolitiken)*, 1998, S. 131–155.

findet dann ihre Fortsetzung in einem Medienwechsel, der den Stift gegen das Skalpell im Operationssaal eintauscht, ehe nach dem Eingriff – so die vermarktungswirksame Illusion – eine bessere Version des zuvor körperlich mängelbehafteten Patienten die Praxis verlässt. NIP/TUCK führt mit diesem Medienwechsel vor, wie der Beruf des Schönheitschirurgen von der Verschriftlichung des Blicks im Sinne einer Abstraktion des Körpers bis hin zum Eingriff am Material als Akt autorschaftlichen Handelns sichtbar wird.

Die diskursive Macht der beiden Ärzte wirkt im wahrsten Sinne psychosomatisch, da sie die Selbst- und Fremdreferenz ihrer Patienten gleichermaßen beeinflussen, obwohl ihre Urteile – wie vor allem Christian mit seiner manipulativen Profitorientierung offenbart – nicht auf der Basis rein medizinischer Abwägungen getroffen werden. Das Geschäft der Schönheitschirurgie basiert und setzt auf einer bereits gesellschaftlich wirksamen Internalisierung von Schönheitsvorstellungen auf, wie sie durch Medien transportiert und befeuert werden. Der analysierende Blick avanciert zum Machtinstrument im Spiegel einer Gesellschaft, die Körperprothesen und das technisierte Eingreifen in den menschlichen Körper als legitime und vor allem sinnstiftende Praxis anerkennt, obwohl paradoxerweise die Sichtbarkeit der Eingriffe als erneuter Mangel gewertet wird.[57]

Die Meisterschaft des Chirurgen zeigt sich an der Unsichtbarkeit des Werkes, das dennoch als solches die Sichtbarkeit des Patienten stärken soll. Als Schöpferfiguren können Christian und Sean je nach Interesse definieren und variieren, was als anormal oder korrigierbarer Fehler des Körpers gilt oder nicht.[58] Ihre Profession erteilt ihnen diese Deutungsgewalt, die in speziellen Umfeldern eine besonders starke Einflussnahme nach sich zieht. Die Serie NIP/TUCK nimmt etwa anhand der Show- und Medienbranche mediale Repräsentationssysteme in den Blick, deren Selbstbeschreibung über den Verkauf von Schönheit in immer neuen und sich anpassenden Variationen verläuft.

Die Optimierung und Ökonomisierung von Schönheitsidealen, wie sie in ihrer historischen Kontingenz variabel und gesellschaftsspezifisch verhandelt werden, unterliegen in NIP/TUCK somit dem Urteil von Christian und Sean. Ihr Eingreifen in die Subjektkonstitution und Identitätsstruktur ihrer Patienten, was letztlich sogar darauf hinausläuft, eine Ökonomie der Selbstoptimierung auch abseits ethischer Bedenken zu befördern, setzt sich in ihrer Autorschaft als serielle Figuren fest:

---

57 Vgl. dazu auch Schneider, Werner: «Der Prothesen-Körper als gesellschaftliches Grenzproblem.» In: Schroer, Markus (Hg.): *Soziologie des Körpers.* Frankfurt a. M. 2005, S. 371–384.

58 NIP/TUCK inszeniert daher in einem zeitgenössischen Gewand Formen diskursiver Deutungsmacht, wie sie insbesondere Michel Foucault in seinen Studien zu Prozessen gesellschaftlicher Einteilung, Normierung und Ausgrenzung untersucht hat. Siehe dazu etwa speziell in diesem Kontext Foucault, Michel: *Die Anormalen. Vorlesungen am College de France (1974–1975).* Frankfurt a. M. 2003, S. 421–430.

Mit der Möglichkeit der Transformation verbindet sich die Vorstellung vom Neuen als ästhetischer Innovation. Dabei scheinen dem Programm der selbstüberarbeitenden Renovierung keine Grenzen gesetzt zu sein (…) Entscheidend ist dabei, dass die chirurgischen Operationen nicht auf die Überwindung einer temporär festgelegten Krise ausgerichtet sind; vielmehr setzen sie eine potenziell endlose Entwicklung von plastischen Gestaltungsmaßnahmen in Gang. Es geht nicht darum, dass der Körper schön wird, sondern dass er immer noch schöner werden kann. Das Programm der Selbstregulierung fokussiert keinen Abschluss, es fordert fortwährende Fortsetzung. Es ist daher selbst schon seriell, da es als Konzept der Kette verfährt: Jeder Eingriff impliziert einen Folgeeingriff, jeder Schritt in Richtung Perfektion verlangt einen weiteren.[59]

Das Prinzip der Schönheitschirurgie als unabschließbares Prinzip und Fetisch einer Gesellschaft findet somit in der seriellen Struktur der Serie NIP/TUCK seine dramaturgisch-motivische Entsprechung. So wie der zu optimierende Körper stets unter dem Verdacht des Mangels und unter Attraktivitätsdruck steht, muss sich die Serie ebenfalls immer wieder erneuern, um für das Publikum attraktiv zu bleiben. Die potenzielle Austauschbarkeit des nicht an geltende Schönheitsideale angepassten Körpers verweist in ihrer seriellen Grundstruktur auf die Serie und ihre einzelnen Episoden und Staffeln, die ebenfalls dem Diktat der Optimierung und Anpassung entsprechend der angenommenen Standards des Publikums unterliegen.

Die Reflexionsleistung von NIP/TUCK hinsichtlich ihrer eigenen medialen Dispositionen erfährt in der fünften Staffel eine Steigerung, da die Serie gleich zwei innerfiktionale Fernsehformate in ihre Narration integriert. Anhand der Soap Opera HEARTS & SCALPELS, in der Sean nach seiner anfänglichen Tätigkeit als medizinischer Berater sogar zum Hauptdarsteller aufsteigt und alle seine Ideale über Bord wirft, sowie der eigens produzierten Doku-Serie PLASTICFANTASTIC, die Schönheitsoperationen in der Praxis dokumentarisch einzufangen versucht, integriert NIP/TUCK metaseriell Formen der Selbstbeobachtung. Beide Formate führen etwa anhand der innerfiktional inszenierten Studiosituationen vor, wie eine kontemporäre Serie anhand der Ausstellung televisueller Produktionsbedingungen Rückbezüge auf die Grundlagen ihrer Inszenierungen und vor allem ihrer notwendigen Optimierung legt. Mithilfe der beiden populären Formate der Soap Opera und des Reality-TV scheint NIP/TUCK selbst eine Art von genrespezifischer Optimierung vorzunehmen. Beide Formate fungieren aufgrund ihrer spiegelbildlichen Verkopplung zur eigentlichen Handlung als eine Art Metakommentar, die den per se problematischen Diskurs einer permanenten und letztlich kontingenten Selbstoptimierung auf die Serie selbst übertragen.[60]

59 Gotto, Lisa: «Scars'n'Screens. Nip/Tuck», S. 287.
60 Ebd., S. 298–299.

MAD MEN

Geht es in NIP/TUCK vor dem Hintergrund der chirurgischen Autorschaft zentral um die Aushandlung von Schönheitsidealen und deren Leitfunktion innerhalb einer Gesellschaft, die sich vor allem über Körper in und als Medien beschreibt, fokussiert sich MAD MEN mit Creative Director Don Draper auf einen Creator innerhalb der aufkommenden Werbeindustrie der 1960er-Jahre.[61] Seine Autorschaft als Werbetexter situiert sich an der Grenze zwischen Kunst und Ökonomie, da Drapers Arbeit darauf beruht, pragmatische Alltagsgegenstände und Artikel des täglichen Bedarfs einerseits verkaufsfördernd zu vermarkten; andererseits ist es auch seine Aufgabe, Bedürfnisse überhaupt erst zu kreieren und neue Kunden zum Kauf eines Produkts zu animieren. Die Werbeindustrie ist zu Beginn von MAD MEN bereits ein florierender Markt, der in nahezu allen Produktsparten expansiv auftritt und Teil der medialen Alltagswelt ist.[62] Neben medienhistorischen Bezügen, die den Aufstieg des Fernsehens und damit eine immer stärkere Allianz der Werbeindustrie mit dem neuen Leitmedium über die Staffeln hinweg verfolgen, oder der gesellschaftspolitischen Aushandlung weiblicher Emanzipation[63], bezieht Drapers Tätigkeit innerhalb des narrativen Aufbaus der Serie ihren Reiz aus einer starken Analogisierung der Autorschaft mit Drapers eigenen figurativen Konzeption. Denn wie die Werbung, die nur auf darauf aus ist, mithilfe des schönen Scheins jedes Produkt und jede Idee zu verkaufen, steht mit Don Draper eine Figur bereit, die sich in mehrfacher Hinsicht als unzugänglicher Charakter stilisiert.

Als undurchsichtiger Charakter erscheint Draper immer dann, wenn es um sein Innenleben oder seine Vergangenheit geht. Bis zum Abschluss der Serie spielt MAD MEN die Ambivalenz seiner Hauptfigur aus, einerseits ein scheinbar klares Profil als Familienvater, Werbetexter, Bürochef und Lebemann vorweisen zu können, andererseits bei genauerer Betrachtung entweder in diesen Feldern zu versagen oder sich hinter den Attributen zu verbergen. Wie bei einem Produkt, das seine Inhaltsstoffe und Nebenwirkungen hinter der Fassade seiner positiven Eigenschaften mithilfe der Werbung zu verbergen trachtet, agiert Draper wie eine «reine Oberfläche»[64], die nach außen stets das Versprechen abgibt, hinter der Fassade einen souveränen

---

61 Zu den historischen Implikationen der Serie MAD MEN, soweit sie im bisherigen Verlauf der Untersuchungen nicht ohnehin schon aufgerufen oder analysiert wurden, siehe zusätzlich auch Kaufmann, Anette: «Mad Men – zeitgenössische Narration im Gewand der 1960er.» In: Koebner, Sascha (Hg.): *Ich kenne dich besser als mich selbst»: Serienromane amerikanischer Herkunft*. München 2013, S. 14–27.

62 Siehe dazu Gillan, Jennifer: «Kodak, Jack, and Coke: Advertising and Mad-vertising.» In: Stoddart, Scott F. (Hg.): *Analyzing Mad Men. Critical Essays on the Television Series*. London 2011, S. 95–113.

63 Siehe dazu auch Cox, Fiona E.: «So much Woman: Female Objectification, Narrative Complexity and Feminist Temporality in AMC's Mad Men.» In: *InVisible Culture 17*, 2012.

64 Schabacher, Gabriele: «Mediatisierte Geschichte», S. 22.

Charakter zu besitzen. Seine Verfehlungen, die sich etwa anhand seiner zahlreichen Affären aufsummieren und zu seinem Absturz als Vater und Ehemann führen, überdeckt Draper mit seiner Kreativität sowie seinem Auftreten als einer der berühmtesten und talentiertesten Werbetexter der Branche. In der umfangreichen Fachliteratur zu Mad Men wird mit Bezug auf die Engführung zwischen Protagonist und Werbeindustrie der Schluss gezogen, die Serie verlagere ihr Thema einer Inszenierung der Verfahrenslogiken der Werbung auf die Ebene ihrer eigenen narrativen Verfahren.[65] Dies bezieht dezidiert den Umgang mit Medien ein, da Mad Men im Verlauf der Staffeln die Einführung verschiedener Medientechniken und deren Einsickern in die Gesellschaft verhandelt. Als Serie, die etwa anhand der Einführung des Kopiergeräts oder des Farbfernsehens nicht nur den jeweils innovativen, sondern vor allem den gesellschaftlich normierenden Effekt von Medien thematisiert, der sich im Zuge einer Etablierung von Techniken einstellt, kann Mad Men als Paradefall einer fiktionalen Darstellung von Mediatisierung serienhistorisch hervorgehoben werden.[66]

Don Drapers Autorschaft haftet in diesem Spannungsfeld etwas geradezu Erratisches an. Als Creative Director vertritt er moderne Produkte und Marken, bedient sich allerdings kaum neuerer Techniken oder Ansätze. Vielmehr verlässt sich Draper auf seine Intuition und seine Beobachtungsgabe, die ihn als Geniefigur auszeichnen. Dieser Grundzug seines Charakters wird bereits in der ersten Folge der Serie eingeführt und weiterverfolgt. In der ersten Szene sitzt Draper allein in einer Bar und feilt an einer Kampagne für einen seiner Hauptkunden, eine Zigarettenmarke. Die Tabakindustrie muss auf dem Feld der Werbung neue Strategien entwickeln. Da neueste Studien auf die Gefahren des Rauchens hinweisen und vor dem Konsum warnen, verliert Don die Option, Zigaretten als gesunde oder zumindest nicht schadhafte Genussmittel zu bewerben. Sein Blick schweift durch die Bar, wobei die Bildsequenzen aus seiner Sicht wie Werbeaufnahmen einer Kampagne für Zigaretten erscheinen, da fast alle Anwesenden gesellig beisammensitzen und rauchen. Auch ein Gespräch, das Don mit einem Kellner über dessen Rauchgewohnheiten und die Gründe für dessen Loyalität zu einer Marke führt, bringt nicht das gewünschte Ergebnis eines Slogans, den Draper seinem Kunden anbieten kann. Im anstehenden Meeting, für das Draper explizit auf die aus seiner Sicht unergiebigen Ergebnisse der Marktforschung verzichtet, kann er kein Konzept vorweisen. Erst als der Kunde bereits das Meeting verlassen möchte, ereilt Don die entscheidende Idee für einen Slogan, der den Kunden sofort überzeugt und Zigaretten als einzigartig im Vergleich zur Konkurrenz aufwertet. Vergleichbar mit Detektivfigu-

---

65 Siehe etwa ebd., S. 23. Schabacher verweist dabei auch auf zahlreiche Firmen, die tatsächlich mit ihren Produkten in der Serie «werbewirksam» vertreten sind und sich das positive Image von Mad Men als Plattform zu eigen machen.

66 Ebd., S. 25–27.

ren wie Sherlock Holmes oder Dr. House zieht Drapers Autorschaft ihre Genialität aus einer Geistesgegenwärtigkeit, die sich nicht mit Daten oder wissenschaftlichen Studien gezielt vorbereiten lässt. Er verändert mit seiner Idee die Grundausrichtung der Zigarettenwerbung, indem er mit seinem simplen Slogan *It's toasted* Zigaretten mit einer anderen Semantik auflädt und damit von der aktuellen Diskussion um die Gefahren des Rauchens ablenkt.

Draper als Creator zu begreifen, schließt die Intention der Werbung mit ein, ihren Status als schönen Schein zu reflektieren, der per se an Manipulation und Verkauf interessiert ist und nicht – zumindest solange diese nicht der Werbebotschaft dient – an einer faktengetreuen Informationsvergabe. Werbung spannt per se ein komplexes Verweissystem auf, das zwischen Fremd- und Selbstreferenz oszilliert:

> Somit muss Fremdreferenz, der Verweis auf Anderes, nämlich auf die Welt der Waren, Konsumgüter und Dienstleistungen, die primäre Intention der Werbung sein (…) Selbstreferenz in der Werbung bedeutet nicht zuletzt auch den Verweis darauf, dass eine Werbebotschaft den Zweck der Werbung verfolgt. Einen solchen Hinweis zu vermeiden oder zu verbergen ist aber geradezu konstitutiv für das Genre Werbung, weil die Glaubwürdigkeit einer Werbebotschaft sich offensichtlich in dem Maße verringert, indem ihre Absicht offenbar wird, nämlich die Absicht werben (und nicht informieren) zu wollen.[67]

Drapers Fähigkeit, Produkte mit einer Botschaft auszustatten, in der die Selbstreferenz der Werbung auf sich selbst als Werbebotschaft zugunsten der Fremdreferenz auf das Produkt minimiert wird, definiert seine Autorschaft als Creator. Denn er bleibt mit seinen Konzepten gerade nicht nah an den basalen Funktionen der von ihm beworbenen Artikel, sondern konzentriert sich darauf, das hinter einem Produkt aufscheinende Glücksversprechen herauszufiltern und folglich herauszustellen. Genau diese Fähigkeit bringt Draper in die Nähe der Kunst und erklärt auch figurativ seine Inszenierung als Genie, das nicht auf der handwerklichen Ebene stehenbleibt.[68] Dennoch gehört zum Dreh- und Angelpunkt dieses Werbegesetzes, dass er als kreativer Kopf hinter sein Werk zurücktritt und für die Adressaten der Werbung nicht mit seiner Persönlichkeit als Creator in Erscheinung tritt. Denn eine performativ sichtbare Existenz würde wiederum auf die Selbstreferenz der Werbung verweisen.[69] Oder anders gesagt: Dass Werbungen von Fachleuten wie Draper gemacht

---

67 Nöth, Winfried et al.: *Mediale Selbstreferenz. Grundlagen und Fallstudien zu Werbung, Computerspiel und den Comics.* Köln 2008, S. 57.

68 Die Grenze zwischen Kunst und Werbung wird in Mad Men mehrfach zum Thema, da sich einige Figuren sowohl innerhalb ihres Berufs in der Werbebranche als auch privat als Schriftsteller oder Künstler versuchen. Dennoch gelingt dieser Spagat nur bedingt, da die Logik der Werbung kein Primat der Kunst goutiert, solange nicht der Verkauf damit entsprechend funktioniert. Siehe dazu auch Sannwald, Daniela: *Lost in the Sixties*, S. 106–110.

69 Ausgenommen wären natürlich Kampagnen, in denen ganz bewusst mit Draper selbst geworben

werden, ist aufgrund der Professionalisierung von Werbestrategien auch innerhalb der Erzählwelt der 1960er-Jahre evident und Teil der alltäglichen Kommunikation. Dennoch tritt ein Werbetexter wie Don Draper nicht wie ein Autor oder Erzähler in Erscheinung, der sein Werk mit seiner sichtbaren bis omnipräsenten Signatur performativ zur Schau stellt. Sein Schaffen, das schon aufgrund seiner intermedialen Ausrichtung zwischen Bild, Text, Stimme in verschiedenen Formen Auswirkungen auf die Corporate Identity einer Marke und deren Firma hat, wirkt an der permanent fortlaufenden Aktualisierung des ökonomischen Kreislaufs aus Produktion, Vermarktung und Konsum mit. Medienwandel in MAD MEN umfasst unter dieser Perspektive auch die Erschließung und den Einstieg neuer Marken und Firmen in die Werbeindustrie im Verlauf der 1960er-Jahre mit ein. Wie bereits die Zäsur innerhalb der Tabakindustrie anzeigt, trifft dies auch auf veränderte Marktbedingungen zu. Insbesondere der Siegeszug des Fernsehens oder die Erweiterung des Konsumentenspektrums durch neue Zielgruppen erfordern strukturelle Veränderungen in der Organisation der Werbebranche, denen sich auch Don Draper stellen muss.

Dass Drapers Autorschaft aber nicht nur auf dem Verkauf von Produkten, sondern vor allem von Ideen und Konzepten beruht, die als Voraussetzung für eine umfassende Vermarktung lesbar sind, bestätigt sich ebenfalls bereits in der Pilotfolge. Bei einem Abendessen mit einer bedeutenden Kundin, die zuvor im Streit mit Draper auseinandergegangen war, übt sich Draper darin, sie zu entschlüsseln, da ihn die Vorstellung einer emanzipierten Frau in einer leitenden Firmenposition irritiert. Auf die Frage, warum sie sich diesen zuweilen schwierigen Posten in einer Männerwelt antun würde, anstatt wie die meisten Frauen zu heiraten, gibt sie an, noch nie verliebt gewesen zu sein. Drapers Replik darauf mündet in der Behauptung, dass Liebe letztlich auch nur eine Marketingstrategie ist, um Produkte zu verkaufen. So gibt Draper an, mit dem Slogan «She won't get married because she's never been in love» eine Kampagne für Nylons lanciert zu haben. Liebe ist nach Drapers Definition eine Verdichtung von Vorstellungen und romantischen Implikationen, die von Werbebotschaften in Umlauf gebracht werden, um den Erwerb von Produkten als Weg zur Erfüllung dieser Vorstellungen anpreisen zu können.[70] Der verheiratete Familienvater eröffnet der Kundin, die später auch eine seiner Geliebten wird, sein Weltbild. Drapers Autorschaft deckt sich mit seiner Figuration als Charakter, der nicht an Liebe als intersubjektives und dennoch individuell erfahrbares Gefühl glaubt, sondern das Konzept dahinter aus der Sicht des Werbefachmanns versteht und auszunutzen weiß.

---

wird, um etwa von seiner Aura als Creative Director einer bekannten Firma zu profitieren. Dieses Konzept spielt in MAD MEN allerdings keine Rolle.

70 Liebe als Konzept und Codesystem zu verstehen, das sich im 18. Jahrhundert in seinen Grundzügen entwickelt und tradiert hat, wurde vor allem von Niklas Luhmann aus soziologischer Sicht prominent untersucht und vertreten. Siehe Luhmann, Niklas: *Liebe als Passion. Zur Codierung von Intimität.* Frankfurt a. M. 1982.

MAD MEN inszeniert mit Protagonist Don Draper einen Creator, dessen Vorstellungen von Werbung sich mit seinem Weltbild decken. Als Schöpfer und Verkäufer des schönen Scheins unterliegen Gesellschaft und Kommunikation daher für Draper den Gesetzen der Manipulation. Dass sich dieser Ansatz für ihn selbst als nicht tragfähig genug erweist, um in seinen Rollen als Ehemann, Vater und eben als Creative Director bestehen zu können, legt den Schluss nahe, dass gerade diese Überzeugung wiederum selbst nur eine Fassade ist.

HOUSE OF CARDS

Eine defigurative Radikalisierung der Creator-Figur exemplifiziert Frank Underwood aus HOUSE OF CARDS, dem amerikanischen Remake der gleichnamigen britischen BBC-Serie, die wiederum auf einer Romanvorlage des Autors Michael Dobbs basiert. Mit der Figur des Frank Underwood verknüpfen sich mehrere Formen autorschaftlichen Handelns, die wesentlich über verschiedene Techniken der Mediennutzung und ihre erzählerischen Eingriffe semantisiert werden. Seine Figur vereint in sich mehrere Faktoren, die Underwood sowohl als Erzähler wie auch als Creator perspektivieren. Frank Underwoods Weg vom Fraktionsführer der US-Demokraten im Kongress bis zum Amt des Präsidenten bildet neben der intensiven Verbindung zu seiner Ehefrau Claire den narrativen Kern der Serie von der ersten bis zur dritten Staffel.

Underwood, der auf seinem Weg ins Weiße Haus nicht nur über politische Leichen geht und mehrere, sogar von ihm selbst ausgeführte Morde zu verantworten hat, verkörpert als skrupelloser und von Ehrgeiz förmlich zerfressener Charakter eine defigurative Autorschaft, die sich darauf versteht, in der politischen Arena Gegner wie Verbündete für seine eigenen Zwecke zu instrumentalisieren. Politische Ideale und Visionen sind ihm weitgehend fremd, solange sie nicht seiner Karriere nützlich sind. Sein Aufstieg gliedert sich in den ersten drei Staffeln in drei Phasen, in der seine Zeit als Vizepräsident in der zweiten Staffel zwischen seiner Tätigkeit als langjähriger Abgeordneter in der ersten und seinem Amtsantritt als Präsident im Finale der zweiten Staffel einzuordnen ist.

HOUSE OF CARDS inszeniert Politik als ein ausgeklügeltes und vor allem rücksichtsloses Spiel, das von egoistischen Machtinteressen und Intrigen dominiert wird. Damit tradiert die Serie genretypische Klischees des Politthrillers, in dem die Politiker meist als korrupt und intrigant charakterisiert werden. Underwoods Weg an die Spitze der politischen Macht verdankt sich daher genrekonsequent seiner Fähigkeit, die Spielregeln des politischen Systems zu lesen und zu seinen Gunsten zu manipulieren. Diese Ausgangslage bereitet die Bühne für Underwood als politischen Strippenzieher, der als öffentliche Person stets unter Beobachtung steht, diese Aufmerksamkeit allerdings in seinen verschiedenen Phasen und Positionen spezifisch zu nutzen versteht. Gerade als Präsident unterliegt er dem konstitutiven

Zwang, einerseits als hochgradig symbolische Ikone der nationalen Identität Amerikas im Fokus der Öffentlichkeit zu stehen[71], andererseits aber politische Entscheidungen abseits jeder öffentlichen Debatte in Gesetze zu verwandeln, ohne seine Popularität in der Bevölkerung zu verlieren, die für ihn als Präsident im Kontext einer potenziellen Wiederwahl sein wichtigstes Kapital darstellt. Seine Autorschaft als Präsident definiert sich über seine Einflussnahme auf politische Entscheidungsprozesse, die stets verschiedene Interessengruppierungen involvieren und berücksichtigen sowie vor der Medienöffentlichkeit entsprechend verkauft werden müssen.

Was Frank Underwood aber neben seinen politischen Instinkten und seiner Rolle als Ehemann auszeichnet, ist sein ambivalenter Status als Figur. Als Metafigur richtet er sich direkt an das Publikum und kommentiert meist sarkastisch sein Handeln oder das seiner Kontrahenten, wobei er seine Aktionen kaum reflektiert oder implizit zur Diskussion stellt. Ganz im Einklang mit seiner Charakterisierung als Machtpolitiker konstatiert Underwood mehr, als dass er Zweifel zeigen oder sogar Reue eingestehen würde. Wie in SECRET DIARY OF A CALLGIRL wird der Zuschauer Zeuge und Adressat zugleich, ohne dass Underwood seinen Status als fiktive Figur erkennen oder gar kommunizieren würde. Als Meta-Erzähler tritt Underwood hingegen nur selten auf, wie etwa in der Pilotfolge, in der er eine Einführung in den Kosmos der Serie und ihrer zunächst relevanten Charaktere gewährt. Ansonsten hält er sich mit seinen Bemerkungen zurück und gibt auch keinerlei Information preis, wie sie etwa ein allwissender Erzähler präsentieren könnte.

Die Adressierung des Zuschauers impliziert die besondere Seduktion der Serie, den Abgründen einer Figur möglichst unmittelbar und unverhüllt folgen zu können. Das bestätigt sich speziell dann, wenn Frank Einsichten und Erkenntnisse einstreut, die manche seiner Aktionen als Lüge und bewusst eingesetzte Manipulationsstrategie entlarven. Mittels dieser Inszenierung bestärkt HOUSE OF CARDS die mit seinem Protagonisten verknüpfte Hybridisierung der Grenzen zwischen Fiktion und Faktizität. Auf der Ebene der Binnenerzählung, von der sich Frank als Metafigur zeitweilig distanziert, bedient er mithilfe von erfundenen und beschönigten Erzählungen über seinen politischen Werdegang oder seine Familie ein Narrativ der Politik, das von führenden Politikern eine Vorbildfunktion einfordert, auf der das Vertrauen in ihre Kompetenz als Entscheidungsträger basiert. Frank selbst zeigt dem Zuschauer in solchen Situationen an, dass er seine Selbstbeschreibung bewusst auf seine Zuhörer ausgerichtet und Inhalte erfunden hat, da er sonst Gefahr laufe, die Gunst der Wähler zu verlieren. Objektivität, wie sie anhand von wissenschaftlichen Fakten in die Politik einfließt, wird in HOUSE OF CARDS dem subjektiven Empfinden in weiten Teilen der amerikanischen Öffentlichkeit unter-

---

71 Auf die monumentale Ikonizität der Stadt Washington als Sitz der politischen Macht inklusive ihrer zahlreichen Monumente, verweist bereits der Opening Credit der Serie.

geordnet. Die Serie zeigt somit deutlich, dass sich persönlicher Erfolg in der Politik nicht allein über mehrheitsfähige Entscheidungen definiert, sondern vor allem von der Erzählkunst politischer Akteure abhängt. In der elften Episode der dritten Staffel muss sich Underwood als amtierender Präsident einer TV-Debatte mit zwei Gegenkandidatinnen aus der eigenen Partei stellen. Die Vorbereitungen sind primär darauf ausgerichtet, persönliche und rhetorische Schwächen des Gegners gezielt zu antizipieren und den Auftritt in eigens inszenierten Probeläufen bis ins kleinste Detail vorauszuplanen.

Die Serie bedient damit die Vorstellung von Politik als Bühne, die mit Medienformaten wie TV-Duellen und durchkomponierten Wahlkampfauftritten, aber nicht mit Inhalten aufwartet, sondern zur reinen Show verkommt. Diese Entidealisierung von Politik findet in HOUSE OF CARDS ihre genre- und motivkonforme Pointe in der allgemeinen Akzeptanz dieser Konstellation innerhalb der politischen Klasse Washingtons. Kurz gesagt: Frank Underwood ist nicht das schwarze Schaf, dessen Fall die politische Arena reinwaschen würde. Es ist das politische System an sich, das mit seinen Inszenierungen und formelhaften Erzählungen, die stets auf dem Sinnstiftungspotenzial amerikanischer Gründungsmythen aufbauen, eine Figur wie Frank Underwood letztlich stützt. Da die Serie allerdings ein Abgrenzungskriterium benötigt, um Frank als Negativfigur zu markieren, wird er zum Mörder. Seine Morde können nicht mit einem politischen Narrativ gedeckt oder gerechtfertigt werden, da sie aus rein egoistischem Machtkalkül heraus vollzogen wurden.

Um Frank Underwood im Kontext seiner Mischfiguration prägnant in der Perspektive eines Creators zu skizzieren, der in seiner Spezifik nicht allein auf seine weitgehend genrekonforme Anlage als pervertierter Machtpolitiker und patriarchaler (Ehe-)Mann reduziert wird[72], bieten sich zwei Perspektiven an, die seine Figurenkonzeption maßgeblich mitbestimmen und sich zuallererst mit seiner Rolle als Präsident verknüpfen: sein Umgang mit technischen Medien und systemischen Medienreferenzen. Medien werden in HOUSE OF CARDS unterschiedlich eingesetzt und semantisiert. Dabei stechen in Bezug auf Frank vor allem das Smartphone, die Schreibmaschine (Brief), das Tagebuch und das Computerspiel auf der Seite der technischen Medien heraus. Auf der Seite der Medienreferenzen ist es vor allem die Literatur, die anhand der Autorenfigur des Schriftstellers Tom Yates in der dritten Staffel prominent in Erscheinung tritt.

In der ersten Staffel, in der Underwood noch als Fraktionsführer der Demokraten im Kongress arbeitet, nutzt er häufig sein Smartphone, um Botschaften an seine persönlichen Kontaktleute zu versenden und seine Intrigen voranzu-

---

72 Allein die komplexe Beziehung der Ehe der Underwoods sowie das Geschlechterbild, wie es im politischen Alltag der Serie zum Thema wird, verdient eine nähere Betrachtung. So ließe sich auch z. B. Claire Underwood als hochgradig ambivalente Creator-Figur analysieren.

treiben. Um politisch weiter aufsteigen zu können, ist Underwood auf die Strategie der verdeckten Intrige angewiesen, da jede öffentliche Aufmerksamkeit seinen Ruf beschädigen und ihn damit von weiteren Spitzenämtern ausschließen könnte. Das Smartphone steht daher im Zusammenhang mit Frank für zweierlei: Zum einen ist es – vergleichbar mit der Mediennutzung in GOSSIP GIRL – ein Instrument der Intrige, da die gesendeten Botschaften als inoffiziell gelten und nicht mit Insignien oder Unterschriften wie im Falle materieller Medien (z. B. offizielle Dokumente, persönliche Briefe) versehen sind. Gelten in HOUSE OF CARDS Medienformate wie das öffentliche Statement oder das Tagebuch seiner Frau Claire als eindeutig referenzierbare und in ihrer Materialität stets für Underwood gefährliche «Datenträger», zeichnen sich seine eigenen digitalen Botschaften durch eine weit weniger belastende, geradezu flüchtige Funktionalität aus. Digitale Daten können in ihrer Flüchtigkeit gelöscht und manipuliert werden, was innerhalb der Serie zu einer semantischen Differenzierung zwischen kulturell hochwertigen und entsprechend minderwertigen Medien führt. Als Repräsentanten der amerikanischen Oberschicht inszenieren sich die Underwoods mithilfe klassischer Medien wie einer privaten Bibliothek, die ihren Status als kulturell gebildetes Ehepaar unterstreicht. Dennoch kommunizieren die Underwoods mithilfe neuester Technologie, was bereits unter Sicherheitsaspekten durch Franks Position als ranghoher Politiker motiviert ist. Die Mediatisierung führt dazu, dass das Smartphone – ebenso wie die Computerspielleidenschaft Franks – als Medium seinen Platz neben klassischen Kulturinsignien wie der Literatur einnimmt. Dass Frank passionierter Ego-Shooter-Spieler ist, unterstreicht diese Tendenz. Mag das Medium des Computerspiels in HOUSE OF CARDS als Medium ohne kulturelle Strahlkraft erscheinen, so ist es aus Franks Alltag nicht wegzudenken. Der zweite Aspekt, der sich mit dem Smartphone direkt verbindet, bezieht die Ebene der Inszenierung mit ein. Der Kommunikationsverkehr wird für den Zuschauer visualisiert und damit auch für ihn lesbar. Er wird somit zum Zeugen der Intrigen von Underwood. Als Textmedium können SMS in direkter Konfrontation mit Sprachnachrichten stehen. Das bedeutet, dass in der Serie mithilfe der Differenz zwischen Text und Sprache verdeutlicht wird, was offiziell ausgesprochen werden kann oder im Verborgenen bleiben muss. Bezeichnenderweise verändert sich Franks Mediennutzung mit seinen jeweiligen Ämtern. Als Präsident verwendet er sein Smartphone nur noch privat und unterhält keine Verbindungen mehr zur Presse. Intrigen müssen nun anders initiiert und durchgespielt werden, da das Amt des Präsidenten nicht die Kanäle erlaubt, wie sie Frank als Fraktionsvorsitzender nutzen konnte.

Der Schreibmaschine kommt in Franks Mediennutzung eine besondere Funktion zu, wie die letzte Folge der zweiten Staffel vorführt, in der Frank als Vizepräsident nach dem Rücktritt des amtierenden Präsidenten Walker verfassungsgemäß selbst dessen Amt übernimmt. Kurz vor Walkers Rücktritt muss Frank verlorenes Vertrauen in seine Person zurückgewinnen, um nicht selbst Opfer des Skandals zu werden, der zu Walkers Rücktritt führt. Persönliche Gespräche und Telefonate können den Bruch zwischen Walker und Frank nicht kitten. Daher spielt Frank einen letzten Trumpf aus, indem er Walker einen Brief auf einer alten Schreibmaschine schreibt, bei der es sich bezeichnenderweise um eine «Underwood» handelt, von der Frank im Einklang mit amerikanischer Familienmythologie behaupten wird, er hätte sie von seinem Vater bekommen. Der Brief könnte von Walker dazu genutzt werden, Frank als Mitwisser des Skandals ebenfalls ans Messer zu liefern. Dass es sich bei diesem Brief um eine für Frank typische Inszenierung vermeintlicher Authentizität handelt, die er mit fingierten Familiengeschichten zu bezeugen versucht, ist gerade deshalb relevant, weil Walker mit dem unterzeichneten Brief einen materiellen und somit eindeutig referenzierbaren Beleg für Franks Autorschaft erhält. Zu Franks Kalkül gehört aber gerade die mit dem Medium des privaten Briefs aufgerufene Semantik einer Vertrautheit und Offenheit, die sich über die Materialität des Briefs wiederum erklärt. Gerade weil die Unterschrift das Geschriebene als sein «Werk» belegt, geht er mit der Wahl des Briefs als Medium ein Risiko ein. Diese Risikobereitschaft ist das vertrauensbildende Element, um das es Frank geht. Der Brief dient Frank aufgrund der mit ihm verbundenen medialen wie semantischen Implikationen als Inszenierungsplattform seiner kalkulierenden Autorschaft. Als Walker kurze Zeit später zurücktritt, händigt Walker seinem Nachfolger dessen Brief als letzte Ehrbezeugung wieder aus. Frank verbrennt ihn umgehend und kann daher dieses Zeugnis seiner Autorschaft umgehend vernichten.

Als Medium, so könnte man diese Szene deuten, ist der Brief bezüglich seiner materiellen Identität ähnlich flexibel wie die Identitätsentwürfe des Verfassers Frank Underwood, der sich mithilfe des Briefes als loyaler und vor allem persönlicher Anhänger des Präsidenten ausgibt. Genau das Gegenteil, nämlich eine offizielle Adressierungs- und Referenzierungsfunktion des Briefes, die von der Individualität des Unterzeichners abstrahiert, findet anhand der Unterschrift des Präsidenten unter Gesetze und Beileidsbekundungen für die Familien gefallener Soldaten Eingang in die Serie. Medien figurieren somit in House of Cards unterschiedliche Formen von Referenz, die mit der politischen Position variieren.[73]

Auf der Ebene der Mediensysteme erlaubt insbesondere ein Blick auf die dritte Staffel, wie sich Underwood fremder Autorschaften bedient. Um seine Wiederwahl als Präsident zu sichern, heuert Frank in der fünften Episode den Schriftsteller Tom Yates als Autor an, um ein von ihm initiiertes und äußerst umstrittenes Jobprogramm mithilfe eines Buches aufzuwerten. Bezeichnenderweise wird Frank auf Tom nicht wegen dessen Romanen, sondern aufgrund einer von Tom verfass-

---

73 Zu den medialen Dispositionen und Semantiken, die sich mit dem Brief vor allem als performativem Medium der Identitätsbildung historisch verbinden, siehe Reinlein, Tanja: *Der Brief als Medium der Empfindsamkeit. Erschriebene Identitäten und Inszenierungspotenziale*. Würzburg 2003, S. 27–42.

ten Rezension zum Computerspiel *Monument Valley* aufmerksam. Frank würdigt Toms Fähigkeit, das sehr abstrakte, nicht explizit narrativ verfasste Computerspiel kompakt als eine bedeutsame Erzählung beschreiben zu können.[74] Die Rezension beinhaltet als spezifische Textform somit genau das, was Frank für sein Projekt braucht: die Qualität, eine Symbolik literarisch auszuarbeiten und damit erzählbar zu machen.

Das Buch soll nach Franks Plan über eine Beschwörung der Urmythen des amerikanischen Traums ein modernes Narrativ entwickeln, das sein Jobprogramm America Works als eine Fortsetzung der Tradition des New Deal von Theodor Roosevelt zelebriert und diese Modernisierung des Arbeitsmarktes direkt mit Franks Biografie verknüpft. Im Stile einer Biografie, die historische Erfolgsmodelle als eine retrospektiv geradezu kausallogisch verlaufende Geschichte eines großen Mannes zu erzählen versteht, soll Tom mit seiner Autorschaft Franks Vision literarisieren. Bei der Umsetzung der Auftragsarbeit gehen die Vorstellungen beider an einer entscheidenden Stelle zunehmend auseinander: Frank geht es um eine fiktionale Biografie, die sein Leben als Erfolgsgeschichte erzählt, welche ihr Happy End nur über harte Arbeit und den Glauben an die eigene Stärke erreichen konnte. Seine Erfolgsgeschichte soll exemplarisch für die Vision einstehen, die sich mit America Works verbindet. Underwood soll somit zur personifizierten Ikone einer Aktualisierung des amerikanischen Traums fingiert werden. Das Buch dient daher der Vermarktung, um mit Franks Vision von America Works ein Narrativ für seinen Wahlkampf zu kreieren, damit er letztlich in die Geschichtsbücher einzugehen vermag. Toms literarischer Ansatz besteht darin, hinter die Fassade Franks zu blicken und das fiktionale Potenzial seiner «echten» Lebensgeschichte herauszupräparieren.

Die Autorschaften von Frank und Tom geraten jedoch aufgrund ihres unterschiedlichen Literaturbegriffs im Kontext der fiktionalen Biografie aneinander, obwohl Toms Autorschaft als Romanschriftsteller der Fiktion den Vorzug vor einer möglichst wahrheitsgetreuen Wiedergabe einräumt: Während Underwood mit erfundenen und allein auf die Vermittlung symbolischer Botschaften ausgerichteten Erlebnissen darauf aus ist, Tom eine von ihm gelenkte Geschichte nach seinem politstrategischen Kalkül zu servieren, erkennt Tom in der Ehe der Underwoods ein Beziehungsdrama, ohne das sich Franks Lebensgeschichte nicht erzählen lässt. Tom schreibt keine ideologisch angeleitete Marketinggeschichte zu America Works, sondern einen Roman, der die Ambivalenzen in der Beziehung der Underwoods literarisch ausleuchten möchte. Dass der Autor dem Paar damit letztlich zu nahe kommt und seinen Job bereits nach dem ersten Kapitel wieder verliert, zeigt

---

74 Zu dieser für die Computerspielforschung/Game Studies typischen Auseinandersetzung um das Verhältnis von Narrativität und Spiel siehe etwa Mersch, Dieter: «Logik und Medialität des Computerspiels. Eine medientheoretische Analyse.» In: Distelmeyer, Jan et al. (Hg.): *Game over!? Perspektiven des Computerspiels (= Metabasis, Bd. 1)*. S. 19–41.

vor allem eines: Die Figur des Autors entdeckte hinter der Fassade des Ehepaars eine Wahrheit, welche die Underwoods bis zum Finale der dritten Staffel selbst verdrängen. Toms Entwurf wird bezeichnenderweise von Frank, nicht aber unbedingt von Claire abgelehnt, die in Toms Ausführung vor allem ihre eigene Position als von Frank abhängige Person erkennt, deren Potenziale stets größer waren als die ihres Mannes. Damit deckt der Autor Tom innerfiktional das auf, was die Serie HOUSE OF CARDS motivisch als ihren spannungsreichsten Kern über die ersten drei Staffeln erzählt.

Frank Underwoods Figuration als Creator definiert sich zentral über seine Fähigkeit, politische Akteure und Rituale ebenso steuern und manipulieren zu können wie seine biografische (Selbst-)Erzählung. Versucht Frank mithilfe der Schreiberinstanz des Autors Tom sein politisches Vermächtnis weiter zu formen, deckt dieser gerade das auf, was Frank eben nicht länger kontrollieren kann: die in sich gestörte Ehe mit seiner nicht minder ehrgeizigen Frau, die am Ende der dritten Staffel die Konsequenz ihrer literarisch provozierten Selbstbespiegelung zieht und ihren Ehemann verlässt. Liebe und Anerkennung lassen sich offenbar nicht kontrollieren. Es sind somit einerseits die Literatur anhand der Figur des Autors Tom Yates, andererseits vor allem die eigene Ehefrau, die Frank die Grenzen seines Einflusses als Creator aufzeigen. Begreift man die Ehe der Underwoods als eine funktionale Beziehung, in der die eine Seite die andere benötigte und wechselseitig bedingte, um vor allem Franks Karriere bis ins höchste politische Amt der USA aufsteigen zu lassen, ist die Trennung zum Abschluss der dritten Staffel unter der Perspektive einer Autorschaft als Creator konsequent: Claire will nicht mehr die Rolle einer (De-)Figuration in Abhängigkeit zu Frank spielen, sondern selbst ihr Potenzial als eigenständige Creator-Figur entfalten.

HOUSE OF CARDS wirft vor dieser Folie in allen bisherigen vier Staffeln letztlich auch äußerst virulent das Problem politischer Legitimation auf. Wie gerade die dritte und vierte Staffel mit ihrer Schwerpunktsetzung auf den Vorwahlkämpfen innerhalb der Partei mustergultig vorführen, ist Franks Position als Präsident alles andere als gefestigt und hängt bezüglich ihrer historischen Bewertung innerhalb der amerikanischen Geschichte maßgeblich daran, ob Frank mithilfe einer siegreichen Wahl nachweisen kann, als «mächtigster Mann der Welt» vom Volk direkt legitimiert worden zu sein. Da sein Erfolg bei den Wählern unhintergehbar mit der Popularität seiner Frau einhergeht, entwickelt die Serie einen Meta-Diskurs über das Verhältnis einer von Machtinteressen geleiteten Ehe, die funktional darauf ausgerichtet ist, eben vor allem politische Macht für sich zu gewinnen. Die Ehe der Underwoods funktioniert letztlich nur unter der Voraussetzung des von beiden Partnern verfolgten Paktes einer Intensivierung und Ausweitung der eigenen Macht für Claire wie Frank. Als genau dieser Pakt nicht mehr austariert umsetzbar scheint, gerät die Ehe vergleichbar mit einer Konfliktlage zwischen Nationen auf der politischen Weltbühne in die Krise. Claire spielt in der vierten Staffel ihre Notwendigkeit für Frank aufgrund ihrer hohen Popularität konsequent aus, um selbst die für sie besten Konditionen innerhalb ihres letztlich mit Frank erneuerten «Koalitionsvertrages» herauszuholen. Nur mithilfe seiner Frau, die ihn in allen seinen Intrigen und Ränkespielen unterstützt, kann Frank seine Position halten. Somit legitimiert sich seine Stellung nicht allein über seine tatsächlichen realpolitischen Entscheidungen, die sich in Form von Gesetzen mehr oder minder nachweisbar im Leben der Wähler niederschlagen, sondern auf dem Spiel mit und innerhalb der politischen Arena, das er offenbar nur mit Claire erfolgreich beherrschen kann. Die Ehe und damit die mediale Inszenierung der Underwoods in der Öffentlichkeit und innerhalb der politischen Arena werden zur eigentlichen, hinter dem politischen Instrument der Wahl liegenden Legitimationsmaschinerie des Einflusses von Frank Underwood. Wenn in der vierten Staffel nach längerer Abstinenz des investigativen Journalismus Franks mörderischste Leichen der Vergangenheit eventuell doch wieder ausgegraben und damit der mediale Diskurs um die Kontrollfunktion der Presse reaktiviert wird, greifen die Underwoods zu dem Mittel, das jeden kritischen Blick unterbindet: Nachdem sich die Krise mit einer radikal-islamischen Gruppierung aufgrund einer Geiselname mit Todesfolge zugespitzt hat und von Frank als amtierenden Präsidenten eine Entscheidung verlangt, instrumentalisieren die Underwoods genau diese nationale Krise, um sich selbst in Zeiten des politischen Ausnahmezustandes als unangreifbar darstellen und sich gegen Angriffe im Schutze übernationaler Interessen immunisieren zu können. Als Creator-Figuren schrecken die Underwoods vor keiner Form der Manipulation sowohl privat wie öffentlich zurück. Dass sie genau damit weitgehend erfolgreich ihr eigenes Imperium im Stile einer real existierenden Polit-Dynastie wie den Clintons oder der Familie Bush vorantreiben (ohne allerdings mit eigenen Kindern eine mögliche Fortsetzung über mehrere Generationen verfolgen zu können), verleiht House of Cards die dunklen Züge einer Tragödie, die in ihrer dramaturgisch aufgebauten Fallhöhe ihrer Protagonisten darauf abzielt, sich sowohl als Kommentar zur Pervertierung politischer Macht und ihrer (demokratischen) Prozesse zu positionieren als auch mit den Underwoods eine Ehe zu inszenieren, die ihre Legitimation vor allem aus der eigenen Maximierung von Macht zieht. Eine Politik der Ehe, die staatliche Macht zum Spielball und Generator des eigenen schöpferischen Strebens erklärt und keine geringere Kalkulation zulässt.

4.4 Remaker (The Following, Community, Scream)

In der Figuration des Remakers sollen zwei Diskursstränge miteinander verknüpft werden: zum einen die empirische Beobachtung einer Fluktuation serieller Adaptionen bereits bekannter Erzählungen und Figuren, wie die Serien Hannibal, From Dusk till Dawn, Bates Motel, Fargo oder Scream bereits exemplarisch belegen, die allesamt vor allem auf berühmte Filmvorlagen zurückgehen[75]; zum anderen der innerfiktional jeweils spezifische Vorgang einer Praxis des Remakings, die sich anhand einer Figur des Remakers auch von einer starren Bezugnahme distinktiv markierter Vorgängertexte lösen kann.

Remaking meint entsprechend der Tradition gerade filmischer Remakes vorwiegend eine Praxis der Umschrift und der Umcodierung eines bereits existierenden Textes, der in seiner Neufassung Veränderungen inszenatorischer, narrativer oder semantischer Natur erfährt.[76] Da Remakes als aktive Relektüren eines bestehenden Textes auch potenziell neue Sichtweisen auf den Vorgängertext anbieten, hat Katrin Oltmann vorgeschlagen, Vorgängertexte nicht mit dem Begriff des Originals zu benennen, sondern auf die Bezeichnung Premake zurückzugreifen. Damit wird das konstitutive Spannungsverhältnis zwischen Premake und Remake betont und enthierarchisiert.[77] Daran können Anschlussfragen nach den jeweiligen medialen Bedingungen, Referenzen und Semantiken des Remakings gestellt werden, wie sie beispielsweise die Serie EPISODES bezogen auf die Praxis des Remakes (z. B. als Neuauflage oder Adaption einer Serie, eines Films etc.) und des Remakings (der Thematisierung oder Bezugnahme dieses Prozesses, z. B. als Metaserie) innerhalb der kontemporären Serienlandschaft selbstreflexiv behandelt. Der zusätzliche Vorteil, von einer Praxis des Remakings im Gegensatz zu einer eher statischen Kategorie des Remakes zu sprechen[78], liegt in der Betonung der figurativen Dynamik, die sich mit Akten des Remakings untersuchen lassen, wie sie etwa an genre- oder genderspezifischen Differenzierungen beobachtbar sind.[79]

Wiederaufnahmen und Fortschreibungen eines Premakes in Form eines Remakes wirken sich auf die Figurenkonzeptionen aus und besetzen sie mit neuen oder aktualisierten Semantiken, die der Figur des Remakes eine historische Dimension verleihen.[80] Von einer Autorenfigur des Remakers zu sprechen, bedeutet dann

---

75 Eine besondere Form von Remakes stellen Serienremakes wie z. B. LES REVENANTS dar, in dem eine französische Serie vom Sender A&E als amerikanisches Remake neu in Auftrag gegeben wurde.

76 Zur Begriffs- und filmischen Transformationsgeschichte des Remakes im Film siehe Schaudig, Michael: «Recycling für den Publikumsgeschmack? Das Remake: Bemerkungen zu einem filmhistorischen Phänomen.» In: Ders. (Hg.): *Positionen deutscher Filmgeschichte. 100 Jahre Kinematographie: Diskurse, Strukturen, Kontexte (= diskurs film. Münchner Beiträge zur Filmphilologie, Bd. 8)*. München 1996, S. 277–308.

77 Siehe dazu speziell am Beispiel der romantischen Komödie Oltmann, Katrin: *Remake/Premake*, S. 11–34.

78 Zu einer klassischen Definition und Analyse von Remakes siehe Manderbach, Jochen: *Das Remake. Studien zu seiner Theorie und Praxis*. Siegen 1988.

79 Vgl. dazu am Beispiel des japanischen Regisseurs Takashi Miike die Analysen in Schlicker, Alexander: «Samurai – Assassine – Miike. Das Spiel ekstatischer Todesbilder im Remake 13 Assassins.» In: Prokić, Tanja (Hg.): *Takashi Miike (= Filmkonzepte, Bd. 34)*. München 2014, S. 35–47.

80 Vgl. dazu Arnzen, Michael A.: «The Same and the New. Cape Fear and the Hollywood Remake as Metanarrative Discourse.» In: *Narrative 4/2*. 1996, S. 175–194.

den Akt der Einschreibung in ein Premake oder etwa in Genrestrukturen als autorschaftliches Konzept anzuerkennen, das sich über eine bewusst als solche markierte Bezugnahme definiert und als autorschaftliches Handeln innerhalb der Serie reflexives Potenzial entwickelt. Es geht daher nicht um eine generelle Negation des Ausgangsmaterials und der Bezüge, da diese die konstitutive Basis des Remakers bilden, um in Form einer Aktualisierung diese Basis zu erweitern. Der Figuration ist daher ein aktives Moment inhärent, das sich implizit über ein Premake formieren oder ankündigen kann (z. B. das Wissen über eine Figur und ihre Anlagen). Remaker definieren sich über den Akt der Zitation und Umcodierung bereits bestehenden Materials, doch sie verbeiben nicht in der Rolle eines Rezitators, der Bezüge nur aufruft, ohne mit ihnen selbst seine Autorschaft voranzutreiben.

Das Profil des Remakers erschließt sich daher über das der Figur eingeschriebene Oszillationsverhältnis zwischen Premake und Remake sowie den damit assoziierten Bezügen. Prozesse des Remakings bilden Strukturen der Kreation, der Manipulation und der Veränderung innerhalb ihrer Erzählungen aus, die je nach Genre und Figur variabel konnotiert werden können. Werden sie dezidiert als destruktiv-hierarchische bis mörderische Formen der Ein- und Umschreibung begriffen, handelt es sich folgerichtig um Defigurationen.

THE FOLLOWING

Ein Einschreibeprozess unter destruktiven Vorzeichen bildet das Basiskonzept von THE FOLLOWING. In dieser Thriller-Serie findet eine motivische Verflechtung von Literatur und Serie statt, da der Serienkiller und ehemalige Literaturprofessor Joe Carroll das Werk von Edgar Allen Poe fortsetzt, indem er dessen Motive und Poetiken in die Wirklichkeit übersetzt. Das Premake formiert sich aus dem literarischen und poetologischen Werk Poes, das Carroll aufgrund seiner pathologischen Lektüre als prophetische Anleitung zum Mord missversteht. Die Morde werden mithilfe der Reminiszenzen, zumindest in der Logik des Killers, zu Kunstwerken, deren Autorschaft zwar einem Prozess des Remakings anhand des Killers unterliegt (die Mordtat und Inszenierung), jedoch das Premake (Poes Werk) als Fundament mit sich führt. Als Remaker definiert sich Carroll eben nicht als Killer, sondern als Prophet im Namen von Edgar Allen Poe, dessen Werk er nicht einfach nur adaptiert, sondern in der Gegenwart aktualisiert und neu kontextualisiert. Sein Töten ist mithilfe von Hinweisen wie Zitaten oder bildlichen Referenzen, die Carroll aus Poes Gedichten entnimmt, darauf ausgerichtet, als Reminiszenz an Poe gelesen und verstanden zu werden. Motivisch geschieht dies etwa anhand von Mordtaten an jungen Frauen, denen er die Augen entfernt, da sich beide Aspekte in Poes Werk (z. B. THE BLACK CAT) wiederfinden.

Als Pervertierung des poetologischen Konzeptes bezieht sich Carroll etwa auf Poes Essay *The Philosophy of Composition* (1846), in dem Poe unter anderem anhand einiger seiner eigenen Werke diskutiert, welche Ziele und Methoden Literatur zu verfolgen hat, um eine möglichst unmittelbare Wirkung zu erreichen.[81] Kriterien wie die Profilierung eines unmittelbar wirkenden Gesamteindrucks und emotionalen Effekts eines Werkes legt Carroll auf seine Morde um.[82] Damit ist nicht nur innerfiktional die symbolische Aufladung der Morde motiviert, sondern auch ein wesentliches Merkmal des seriellen Konzepts von THE FOLLOWING benannt: Die Serie spielt – insbesondere anhand der Detektivfigur des FBI-Ermittlers Ryan Hardy – mit der Lesbarkeit der Hinweise und werkinternen Referenzen, die Carroll auslegt. Ein weiterer essenzieller Aspekt des Remakings in THE FOLLOWING besteht in der Rekrutierung neuer Anhänger, die Carroll zu einer ihn kultisch verehrenden Gemeinschaft formt. Sein Erbe löst sich als übergeordnetes Konzept von ihm als Person und seiner alleinigen Autorschaft ab und wird von seinen Anhängern weitergetragen. Dieses Prinzip adaptiert und spiegelt im Sinne eines erneuten Remakingprozesses einerseits Carrolls Umgang mit seiner Lektüre des Werks von Poe und dessen personifizierter Glorifizierung, andererseits entwickelt sich Carrolls Ansatz so weiter in Richtung eines explizit seriellen Werks, das dennoch zunächst seinen Grundsätzen folgt. Im Carroll-Kult vereinen sich Premake und Remake zu einer erneuten «Relektüre», da Carrolls Tod in der ersten Staffel den Prozess des Remakings von einer singulären hin zu einer kollaborativen Autorschaft umleitet.[83] Die Serialisierung der Morde mithilfe einer multiplen Anhängerschaft stellt den Einheitsgedanken eines klassischen Werkbegriffs infrage, der sich zunächst figurativ wie ästhetisch an der Leitfigur Poe orientiert. Als von weiteren Anhängern fortgeschriebener Prozess initiiert ein solch offener Werkbegriff aber vor allem seine eigene Unabschließbarkeit. Analog zur dauerhaften Erfolgsgeschichte der Figur des Serienkillers in allen Medien lässt sich jedes mörderische Werk als Remake immer wieder aktualisieren und zeitgenössisch codieren.

COMMUNITY

Die Sitcom COMMUNITY ist aufgrund ihrer geradezu überbordenden Anhäufung verschiedenster Referenzen aus nahezu allen Bereichen der Populärkultur eine der selbstreflexivsten und subversivsten Serien des 21. Jahrhunderts. Anhand einer mehr als ungleichen, siebenköpfigen Lerngruppe am Greendale Community Col-

81 Vgl. dazu auch Guerrero-Strachan, Santiago Rodriguez: «Poes Poetry: Melancholy and the Picturesque.» In: Gonzàlez Moreno, Beatriz / Rigal, Aragón, Margarita (Hg.): *A Descent into Edgar Allan Poe and His Works: The Bicentennial.* Bern 2010, S. 97–106.
82 Zu einer ausführlicheren Analyse der Motive und Konzepte aus dem Werk von Edgar Allen Poe und deren «Anwendung» in THE FOLLOWING siehe Semeraro, Selina: «The Following. POEtik eines Serienkillers und –erzählers.» In: Nesselhauf, Jonas / Schleich, Markus (Hg.): *Quality-TV. Die narrative Spielwiese des 21. Jahrhunderts?!* Berlin 2014, S. 165–168.
83 THE FOLLOWING nutzt Joe Carroll auch auf der Ebene der Erzähltechnik intensiv als ambivalente und unzuverlässige Instanz. Siehe ebd., S. 162–165.

lege greift COMMUNITY in fast jeder Episode beispielsweise auf einschlägige Gen-
rereferenzen der Filmgeschichte zurück und adaptiert sie im Rahmen des Settings
und den Bedingungen des Seriendispositivs. Ein einfaches Paintball-Match am
College wird so etwa zu einem Kriegsfilm oder einem zweiteiligen Italo-Western –
wobei die Serie den Genres sowohl narrativ wie ästhetisch mit zahlreichen Merkmalen huldigt – oder eine harmlose Halloween-Party verwandelt sich aufgrund
einer zu stark eingestellten Heizung kurzerhand in eine letztlich harmlose Zombie-
Apokalypse, in der einschlägige Filme und Serien wie THE WALKING DEAD zitiert
werden. COMMUNITY löst diese Situationen stets im genrekonformen Rahmen
der Sitcom auf, d.h. die Gewalt findet – wie etwa in den Paintball-Episoden – im
Modus eines spielerisch motivierten Ansatzes intradiegetischer Fiktionen statt.[84]

Auf der Ebene der Figuren ist es vor allem Abed Nadir, an dem sich diese Ausgangslage besonders markant in ihren narrativen Konsequenzen nachverfolgen
und zu einer Figuration des Remakers zuspitzen lässt. Abed ist innerhalb der kleinen Lerngruppe die Figur, die sich über ihr Wissen und ihren Umgang mit populärkulturellen Referenzen definiert. Im Gegensatz zu seinen Kommilitonen basiert
Abeds Kommunikation, und damit auch sein besonderer Status als Sonderling am
College, strukturell auf der direkten oder indirekten Zitation von Referenzen aus
Film und Fernsehen. Dies äußert sich nicht nur in seinen Kommunikationsstrukturen mit anderen Figuren, sondern auch in Form von eigenen Produktionen wie
Filmen oder fingierten Adaptionen berühmter Fernsehformate, die Abed innerhalb der Serie realisiert. Seine gesamte Figurenkonzeption ist darauf ausgerichtet,
sich selbst unter Verwendung von Premakes und Zitaten mit seiner Umwelt auseinanderzusetzen. Als Metafigur kommentiert er darüber hinaus Aspekte wie die
serielle Struktur und den Aufbau von COMMUNITY, ohne allerdings den innerfiktionalen Rahmen der Diegese zu verlassen. Dies alles macht ihn zu einer geradezu
paradigmatischen Remaker-Figur, da mithilfe seiner Rolle das serielle Konzept von
COMMUNITY im wesentlichen ihre selbstreflexive Perspektive erhält und sie sich
über Abeds Kommentare und Handlungen direkt vermittelt. Diese grundlegenden
Praktiken des Remakings, die alle mit Abeds Figuration in Verbindung stehen und
für eine Analyse der Serie relevante Ansätze liefern, sollen nun etwas näher vorgestellt werden.

Abeds Status als metafigurative Instanz der Selbstreflexivität der Serie äußert
sich sowohl situativ als auch seriell. So merkt Abed bereits im Verlauf der ersten
Staffel mehrmals an, dass sich die Ereignisse und persönlichen Verflechtungen
innerhalb der Lerngruppe den Konventionen der Sitcom anpassen würden oder
er vergleicht bestimmte Situationen mit ästhetischen Konventionen verschiedener

---

84 Siehe dazu auch speziell Bruhns, Adrian: «Tell the Drama Club their Tears will be real today. Zur
narrative Funktion intradiegetischer Fiktionen in NBCs Community.» In: Hoffstadt, Christian /
Korge, Lisa (Hg.): *TV Dramedy (= Komik und Gewalt, Bd. 4)*. Bochum/Freiburg 2013, S. 51–55.

Formate. Die Art seiner Rede kommt oftmals einem Selbstgespräch gleich, dessen Status zwischen innerfiktionaler Kommunikation und indirekter Adressierung des Zuschauers uneindeutig bleibt. Mithilfe des Hin- und Verweises auf eine Konventionalität wird diese subversiv gebrochen, denn Abeds Einwürfe evozieren eine Reaktion der anderen Figuren, deren Wissen um populärkulturelle Zitate kaum weniger ausgeprägt ist. Da nahezu jede Episode mit klischeehaften Situationen operiert – wie etwa das Finale der ersten Staffel, das sich als Abschlussball eines High-School-Dramas inszeniert – agiert Abed meist als Initiator, der Verweise und Zitate nicht nur wie die anderen Figuren «mitspielt», sondern bewusst setzt, übersteigert oder in ihrer Funktionalität interpretiert und damit die Klischeehaftigkeit fast jeder Situation offenlegt. Im Stile einer Verkörperung postmoderner Theorien, die davon ausgehen, dass sich keine Situation ohne Bezüge bereits verfügbarer Vergleichssituationen aus dem Kosmos der Medienwelt mehr erleben lässt und damit jedem Erlebnis etwas Zitathaftes innewohnt[85], fungiert Abed als Gedächtnis der Serie, die permanent ihren eigenen Status als aktives Remake der Populärkultur ausstellt. Im Gegensatz zu situativen metafiktionalen Selbstreferenzen imitiert Abed mit seinem besten Freund Troy regelmäßig verschiedene Fernsehformate wie eine Morning-Show, die meist während des Ending Credits der Episoden eingesetzt werden. Ihre Positionierung an den paratextuellen Rand des Serial Frames und die für einen Ending Credit typische innerfiktionale Hybridität mit selbstironischen Kommentaren unterstreichen Abeds Anlage als Metafigur.

Die eben skizzierten Facetten dienen vor allem dazu, mit Abed als Remaker eine Differenzierungsfigur in die Handlung zu integrieren, die sich von den anderen Figuren über ihr radikales Verständnis von Medieninhalten als fundamentale Beschreibungs- und Verhaltensinstrumentarien abhebt. In der dritten Episode der ersten Staffel, die bezeichnenderweise den Titel *Introduction to Film* trägt, werden wie für COMMUNITY üblich, mehrere Filmreferenzen überblendet. Lerngruppenmitglied Jeff belegt beispielsweise einen Kurs, dessen Kursleiter sich mit seinen unkonventionellen Methoden und Ansichten als Zitat des Lehrers John Keating in Peter Weirs DEAD POETS SOCIETY (1989) entpuppt, während Abed gegen den Willen seines Vaters versucht, einen Filmkurs zu belegen, um seinem Traum näher zu kommen, selbst Filmemacher zu werden. Seine Situation zitiert in Grundzügen die Probleme der Figur Neil Perry aus Weirs Film, der gegen den Willen seines Vaters Schauspieler werden möchte und sich das Leben nimmt, als seine Träume am Widerstand des Vaters zu zerbrechen scheinen. Abeds Situation findet einen anderen Ausgang, da er seinen Vater mithilfe eines selbstgedrehten Kurzfilms überzeugen kann. In diesem Kurzfilm konzentrieren sich bereits die Grundzüge seines Umgangs mit Medien als Mittel der Beschreibung seiner Weltsicht. Bestand der ursprüngliche Plan darin, einen Dokumentarfilm über sein Verhältnis zu seinen

---

85   Siehe etwa Eco, Umberto: *Nachschrift zum Namen der Rose*. München 1987, S. 78.

Eltern zu drehen, integriert Abed Jeff und Britta, ein weiteres Mitglied der Lerngruppe, in seinen Film, indem er Szenen der beiden zusammenschneidet, in denen
sie sich Abed gegenüber so äußern, wie es sein Vater ihm gegenüber tut. Zusätzlich
montiert er die Gesichter seines Vaters und das seiner Mutter auf die Gesichter von
Jeff und Britta. Mithilfe dieses Films kann Abed seinem Vater seine Gefühle vermitteln und ihm verdeutlichen, dass er sich über Film auf eine Weise ausdrücken kann,
die ihm sonst verwehrt bleibt. Emotionalität und Subjektivität kann Abed nur kommunizieren, indem er aktiv auf Medien zugreift und sich damit bewusst gegen den
Ansatz einer nicht medial vermittelten Welt richtet.[86]

Filme zu drehen und sich vor allem mittels filmischer Zitation auszudrücken,
wird für Abed – ganz im Einklang mit der Tradition berühmter metafilmischer
Subjektkrisen[87] – ebenfalls zur Krisensituation, wie die beiden Episoden *Messianic
Myths and Ancient Peoples* sowie *Critical Film Studies* aus der zweiten Staffel belegen. In *Messianic Myths and Ancient Peoples* versucht sich Abed an einer Neuverfil-
mung des Neuen Testaments mit sich selbst in der Hauptrolle. Seine Interpretation,
die eigentlich nur ein Werbefilm für eine Kirche auf YouTube werden sollte, verfolgt
die Idee, aus Jesus Christus die größte Metafigur der Weltgeschichte zu inszenieren,
da Abed in der Figur die perfekte Kombination verschiedenster messianischer Hel-
denentwürfe der populären Filmgeschichte mit religiösen Motiven zu entdecken
scheint. Film und Realität sollen innerhalb seines dezidiert von ihm selbst als post-
postmodernes Projekt deklarierten Films vollständig ineinander übergehen, indem
mehrere Erzählebenen in einer unauflösbaren Schleife auf sich selbst bezogen werden. Abed stilisiert sich im Zuge seines Projektes selbst zur cineastischen Metafigur,
um mithilfe seines vermeintlichen Meisterwerks zu einem bewunderten Autorenfilmer aufzusteigen. Das in dieser Episode anzitierte Motiv der Hybris eines Film-
regisseurs, der sich mit seinem Ansatz überfordert, lässt motivkonform auch Abed
scheitern, der das Ende seines Projektes allerdings ebenfalls im Gestus seiner angenommenen Rolle als moderner Jesus zelebriert, um selbst sein Versagen im Rahmen seiner Rolle emotional ausagieren zu können.

In der Episode *Critical Film Studies* hingegen findet eine Krise Abeds nicht auf
der Ebene seines künstlerischen Schaffens statt. Bei einem gemeinsamen Abendessen mit Jeff, der Abed eigentlich zu einer für ihn organisierten Überraschungs-
party mit Quentin Tarantinos PULP FICTION (1994) als Motto locken soll, eröffnet
ihm Abed, dass er genug von popkulturellen Referenzen hätte. Abeds vermeintlicher Bruch mit seinen bisherigen Sinnstiftungsangeboten entlarvt sich in der Episode jedoch selbst als erneute Inszenierung, da er den gesamten Ablauf des Abend-
essens bis ins Detail dem Autorenfilm MY DINNER WITH ANDRÉ (1981) von Louis
Malle entnommen und entsprechend geplant hatte. Denn in Malles Film geht es

---

86 Vgl. dazu Jahraus, Oliver: «Mediale Selbstreflexion und die Dialektik des Subjekts», S. 152–155.
87 Wie in Kapitel 3 anhand der Tradition des Metafilms ausgeführt wurde.

ausschließlich um das Zusammentreffen zweier alter Freunde, die sich bei einem Abendessen ausführlich über ihre Lebensentwürfe unterhalten. Symbolisiert Tarantino mit seinem Autorschaftsmodell eines Remakers ein bisher für Abed hochgradig anschlussfähiges Identitätsmodell, versucht er nun mithilfe des radikal anderen Filmansatzes von Louis Malle seine Freundschaft mit Jeff zu erneuern. Dieser Ansatz beruht auf der Prämisse, dass Malles Werk eben nicht auf der artifiziellen Zitation und Umcodierung zahlreicher Referenzen der Filmgeschichte basiert und somit einen authentischen und vor allem tiefsinnigen Ansatz für einen Dialog mit Jeff liefert. Abed tradiert somit die Vorstellungen und Selbstentwürfe des klassischen Autorenfilms, obwohl er selbst speziell mit seiner Liebe zu Tarantinos Werk die Authentizität des Remakings längst akzeptiert und als adäquates Identifikationsangebot gegenwärtiger Medienkultur angenommen hat.[88] Am Ende der Episode steht die Einheit beider Entwürfe, da Abeds Inszenierung des Abends in ihrer symptomatischen Bedeutung letztlich die emotionale Authentizität vermittelt, um sich mit Jeff auszusprechen und die Party nachzuholen. Die Episode lässt sich daher – ganz im Sinne des Werkansatzes von Tarantino – als ein Remake des klassischen Autorenfilms lesen, den Abed in sein Repertoire unendlicher Zitationsprozesse nun aufgenommen hat.

Dass mit einer Praxis der rezitativen Remakings eines Genres wie der Weihnachtsgeschichte Krisensymptome figurativ verarbeitet und aufgelöst werden, führt die Folge *Abed's Uncontrollable Christmas* in der zweiten Staffel vor, die komplett in einer Stop-Motion-Filmtechnik erzählt wird. Als erneuter Ausweis seiner metafigurativen Stellung bemerkt allein Abed diese Abweichung des Inszenierungsstandards der Serie. Seine Perspektive modelliert die Episode und koppelt deren narrativen Kern mithilfe der Inszenierung direkt an die Subjektposition Abeds, die sich scheinbar in eine überzeichnete Version der Weihnachtszeit zu flüchten scheint. Da die übrigen Figuren diese Perspektive als Hinweis einer Pathologie auffassen, die mit Abeds Suche nach der Bedeutung von Weihnachten in Zusammenhang steht, unternimmt die Lerngruppe im Rahmen einer psychotherapeutischen Sitzung eine Reise zum Nordpol.

Die von Weihnachtsmotiven durchsetzte Reise zwischen intradiegetischer Fiktion und psychotherapeutischer Sitzung mithilfe eines Psychologen führt dazu, dass Abed die persönliche Enttäuschung einer Absage des jährlichen Weihnachtsbesuchs seiner Mutter verdrängt hatte. Eine DVD der ersten Staffel von Lost, die Abed zum Abschluss der Reise als symbolische Repräsentation seiner Suche nach der Bedeutung von Weihnachten findet, vereint als Referenzobjekt in diesem Kon-

---

88 Wie für Community üblich, ist es für Kenner des Films von Louis Malle sehr einfach, dieses Konzept schnell zu durchschauen, da etwa Jeff – wie Wally in Malles Film – die Episode mit einem Voice-Over einleitet und auch weitere Signale wie das Lokal oder Abeds Interpretation der Figur des André die Parallelen deutlich anzeigen.

text zwei Deutungen, die zunächst zur Depression und dann zum genrekonformen Happy End der Weihnachtsgeschichte übergehen: Sieht Abed in Lost zunächst eine Serie, die mittels ihrer komplexen Erzählweise keine Höhepunkte liefere und daher zunächst für den fehlenden Höhepunkt des Besuchs der Mutter einsteht, verdankt er Lost nach näherer Überlegung zuletzt die für ihn wertvolle Erkenntnis, dass bereits die Annahme einer vorhandenen Bedeutung bereits für sich bedeutsam sei, Abed allerdings selbst bestimmen muss, wie er in diesem Fall die Bedeutung von Weihnachten für sich konkret ausfüllt. Mithilfe einer Reflexion über die Serie Lost kann Abed somit das überwinden, was er mit seinem Stop-Motion-Remake einer klassischen Weihnachtsgeschichte für sich verarbeiten musste. Community stellt mit dieser Pointe, die exemplarisch für die gesamte Medienreflexion dieser Serie gelesen werden kann, vor allem eines klar: Serien beobachten sich selbst vor allem auch über andere Serien und wirken auf diesem Weg an der Entwicklung historiografischer Modelle mit, in denen eine aufgrund ihrer Komplexität für das Seriengedächtnis so wenig vertraute Serie wie Lost einige Jahre später die Qualität eines nun für Serienkenner vertrauten Umgangs markiert.[89] Als Inbegriff seriell erzählter Komplexität symbolisiert Abeds Deutung von Lost einen Umbruch innerhalb der Serienlandschaft. Galt die komplexe bis undurchschaubare Narration von Lost noch Ende der Nullerjahre dieses Jahrtausends als radikale Innovation, ist die Serie Lost selbst mittlerweile ein zitierfähiges und somit historisiertes Artefakt.

SCREAM

Die TV-Serie Scream geht als Remake direkt auf die gleichnamige Horrorfilm-Reihe des Produzenten, Autors und Regisseurs Wes Craven zurück, in der verschiedene Serienmörder ihr Unwesen in einer amerikanischen Kleinstadt treiben. Die ikonische Verkleidung als Scream-Killer, die in Grundzügen Edvard Munchs berühmtem Gemälde Der Schrei nachempfunden ist, sowie die Umsetzung der Morde verbindet innerhalb der Filme die wechselnden Mörder miteinander, deren Enttarnung stets zum wesentlichen Spannungsmoment neben der Umsetzung der Mordtaten aufgebaut wird. Die Scream-Reihe gilt als Vorreiter einer Welle moderner Teen-Slasher-Filme wie beispielsweise I KNOW WHAT YOU DID LAST SUMMER (1997) von Jim Gillespie, die das filmische Erbe dieses Subgenres in die Neuzeit transportierten und aktualisierten.[90] Gerade der erste Teil von Scream (1996) besticht neben den typischen Grundmotiven des Horrorfilms mit einer ausgeprägten Selbstreferenzialität, die insbesondere in Person des Killers in die Handlung

---

89   Zum Verhältnis eines vertrauten oder unvertrauten Umgangs mit Serien und Serien als operatives Gedächtnis siehe nochmals Engell, Lorenz: «Erinnern/Vergessen», S. 120–121.
90   Siehe dazu Lukas, Christian: «Scream – Schrei!» In: Vossen, Ursula (Hg.): *Filmgenres. Horrorfilm.* Stuttgart 2004, S. 323–331.

einfließt. Dazu gehört vor allem die explizite Thematisierung der Genrekonventionen des Horrorfilms mithilfe einschlägiger Zitate früherer Filme oder der Inszenierung schematischer Standardsituationen wie der Aufteilung einer Gruppe oder der Suche nach einem Weg in der Dunkelheit. Der moderne Horrorfilm mit und nach SCREAM neigt in hohem Maße dazu, seine eigene Genregeschichte als eine Aneinanderreihung allgemein bekannter Regeln und Gesetze dezidiert auszustellen.[91]

Die Figuren des modernen Slasherfilms sind daher häufig mit den Klassikern und den stets wiederkehrenden Regeln vertraut und versuchen sich dieses Wissen zunutze zu machen, um dem Gesetz der tödlichen Serie zahlreicher Morde innerhalb eines Slasherfilms zu entgehen. Die perfide Logik einer Mörderfigur wie des Scream-Killers macht sich diese Kenntnis in doppelter Hinsicht zunutze, indem er mit seinen Opfern gerade auf dieser Ebene spielt. Das Genrewissen der Opfer wird somit zum essenziellen Bestandteil des tödlichen Spiels um die Frage, ob das Wissen der potenziellen Opfer um die Genregesetze tatsächlich dabei hilft, sich zu retten. Die Subversion von Genreklischees erfolgt in Filmen wie SCREAM daher aufseiten des Killers mithilfe einer explizit in sein Handeln integrierten Ausstellung seiner Rolle als Remaker, der einerseits Traditionen des Genres fortsetzt, sie andererseits aber auch nur zitiert, um sich – vielleicht – über sie hinwegzusetzen und mit diesem Wechselspiel aus Erwartungsbruch und Bestätigung der klassischen Genreregeln eine besondere Spannung zu erzeugen, die als serielles Prinzip moderner Slasherfilme bis heute Standard ist. Das Spiel mit den eigenen Genrestrukturen und Referenzen korrespondiert mit dem für den Horrorfilm generell typischen Hang zur Serialisierung. Nicht nur der Scream-Killer erfuhr in wechselnder Besetzung eine mehrfache Fortsetzung. Legendäre Killerfiguren wie Michael Myers, Freddy Krueger, Leatherface und noch ältere Ikonen wie Dracula oder Zombies bevölkern und definieren das Genre in zahlreichen, zeitgenössisch aktualisierten Variationen, die ihre Flexibilität als medial hochgradig anpassungsfähige serielle Figuren ausmacht.[92]

SCREAM als TV-Serie zu produzieren, erscheint vor diesem Hintergrund fast als eine logische Konsequenz der Geschichte des Genres. Die grundsätzlich seriellen Dispositionen des Horrors und insbesondere die in den SCREAM-Filmen nochmals gesteigerten selbstreferenziellen Elemente bieten sich für eine Serienumsetzung an. Bemerkenswerterweise greift die Serie diesen Umstand in der Pilotfolge selbstreflexiv auf und thematisiert dabei nicht nur – wie die Filme – die Selbstreferenzialität und Konventionalität des Horrorgenres, sondern diskutiert vor allem die eigenen Bedingungen als TV-Serie. Scream implementiert somit eine Form expliziter medi-

---

91 Siehe dazu in aller Ausführlichkeit Lukas, Christian: *Die Scream-Trilogie und die Geschichte des Teen-Horrorfilms*. München 2000.

92 Vgl. dazu Meteling, Arno: *Monster. Zu Körperlichkeit und Medialität im modernen Horrorfilm*. Bielefeld 2006, S. 19–36.

aler Selbstbeobachtung in den Kosmos der TV-Serie. Damit ist die Serie nicht nur ein Remake der Filme, sondern inszeniert mit dem «neuen» Scream-Killer einen Remaker, der die Spielregeln des Genres für die TV-Serie förmlich austestet. Hinzu gesellt sich aber auch noch eine weitere Komponente, die SCREAM sowohl vor dem Hintergrund des Horrorgenres als auch speziell den SCREAM-Filmen als Premake auszeichnet.

Innerhalb der Serie spielen aktuelle Medien wie Social Media und Webclips eine entscheidende Rolle und bauen damit auf einer einflussreichen Tradition des Horrors auf. Denn Horror und Medien unterhalten bereits seit Anbeginn der Genregeschichte eine intensive Beziehung. Die Erfolgsgeschichte des Horrors nahm mit den Gothic Novels aus dem 18. Jahrhundert und Bram Stokers Roman *Dracula* (1897) zunächst literarische und speziell im Fall des Romans von Stoker bereits explizit medienreflexive Züge an, ehe sich diese Entwicklung im Film fortsetzte.[93] Denn speziell im Film inszenieren sich Horrorfiguren hauptsächlich über und als Medieneffekte, wie etwa japanische Horrorfilme wie beispielsweise RINGU (1998) von Hideo Nakata oder auch ältere westliche Klassiker wie POLTERGEIST (1982) unter der Regie von Tobe Hooper beweisen, da in diesen Filmen der Schrecken im wahrsten Sinne direkt den heimischen Fernsehgeräten entsteigt und somit alltägliche Medien als potenziellen Ort des Schreckens kontaminiert. Auch der Scream-Killer bedient sich in den Filmen kontemporärer Medien für seine Selbstinszenierung und terrorisiert seine Opfer beispielsweise über Telefonanrufe, die er mit ihnen führt, während er sie beobachtet. Der unheimliche Blick, der nicht verortet und daher nicht erwidert werden kann, referenziert die Souveränität des Killers.[94]

Die Serie SCREAM setzt als Sequel zu den Filmen Jahre nach den letzten Morden an. Bereits der Einstieg in die erste Folge gibt den Grundton der Serie zwischen Premake und Remake vor. Die erste Szene zeigt einen Steg an einem Seeufer bei Nacht aus einer Blickperspektive, die sich aus dem Wasser heraus erhebt. Auf der Tonebene erklingt parallel dazu eine männliche Stimme, die ein Liebeslied singt. Zusammen mit der Bildebene wird eine bedrohliche Stimmung evoziert, da der Gesang durch einen Echoeffekt geisterhafte Züge annimmt, die wiederum als Hinweis gelesen werden könnte, dass es sich bei diesem Einstieg um eine Reminiszenz an ein vergangenes Ereignis handelt, das im Sinne einer Backstorywound auf die Gegenwart der Serie noch Einfluss nehmen wird. Dieses geradezu prototypische Genrebild einer sich latent ankündigenden Bedrohung wird sich bereits kurze Zeit später bestätigen. In der nächsten, direkt an den eben skizzierten Einstieg anschließenden Szene wird der Bezug zur Gegenwart und vor allem gegenwärtigen Medien deutlich. In einer durch den Einsatz von Zoomeffekten und der Bildauflösung als

---

93   Siehe dazu die verschiedenen Beiträge in Grizelj, Mario (Hg.): *Der Schauer(Roman). Diskurszu-sammenhänge – Funktionen – Formen.* Würzburg 2010.

94   Wie bereits im Exkurs zu PRETTY LITTLE LIARS skizziert wurde.

Aufnahme eines Mobiltelefons erkennbaren Einstellung werden zwei sich in einem Wagen küssende junge Frauen gezeigt, die von der Aufnahme offenbar nichts mitbekommen. Innerhalb weniger Sekunden wird gezeigt, wie die Aufnahme ihren Weg ins Internet findet, über Social Media verbreitet wird und zahlreiche Kommentare die beiden nun als homosexuell diffamierten Frauen verhöhnen. In Sekundenbruchteilen wird mit Medien in das Leben der beiden eingegriffen. Audrey, die aufgrund ihrer Bekanntheit an der örtlichen Schule in den Kommentaren bereits von den Urhebern des Clips direkt adressiert wird, muss im Folgenden mit dem Spott und den weiteren Konsequenzen ihres unfreiwilligen Outings in der Öffentlichkeit zurechtkommen. In diesem Einstieg verschränken sich somit zwei zunächst völlig unterschiedlich gelagerte Bedrohungen, die dazu einen jeweils unterschiedlichen Zeitindex aufrufen: der Steg am See kündigt die Rückkehr oder zumindest die Wiederaufnahme der Taten des seit vielen Jahren nicht mehr aktiven Scream-Killers an, während die unmittelbare Bedrohung der Gegenwart in der Anonymität des Internets liegt, das es innerhalb weniger Sekunden erlaubt, Geheimnisse zu lüften und Gerüchte zu verbreiten, die ganze Existenzen zerstören können.[95]

Damit greift ein für das Horrorgenre typisches Motiv der Sanktionierung von Sexualität. Vor allem der weibliche Körper wird daher innerhalb der Genregeschichte zum Ort der Sanktionierung und Inszenierung von Gewalt, wobei die Gewalt meist als Akt männlicher Hierarchie inszeniert wird, die kulturspezifisch semantisiert werden kann.[96] Moderne Slasherfilme wie ALL THE BOYS LOVE MANDY LANE (2006) von Jonathan Levine subvertieren diese Konstellationshierarchie mithilfe weiblicher Figuren, die sich nicht den üblichen Genrezuschreibungen beugen und selbst etwa zu Killerfiguren mutieren oder als solche am Ende demaskiert werden.[97] Die Frage, wer dieses Video nun hochgeladen und viral verbreitet hat, bildet eine Dominante der Serie, da sie mit dem Killer im Zusammenhang steht, dessen Identität allerdings mithilfe der beiden Szenen direkt zu Beginn der Pilotfolge potenziell männlich wie weiblich konnotiert wird.[98] Medien eröffnen daher – anders als für Abed in COMMUNITY – nicht nur Möglichkeiten, mit anderen zu kommunizieren, sondern vor allem auch ein hierarchisches Verhältnis anzuzeigen, das zwischen Sender und Empfänger einen radikalen Unterschied markiert, der sich bereits in der verweigerten Identifikation des Senders offenbart.

95   Daher lässt sich die in GOSSIP GIRL und PRETTY LITTLE LIARS bereits angezeigte Tendenz einer medienspezifischen Bedrohung durch neue Medien bzw. deren Nutzung mit SCREAM weiter fortschreiben.

96   Siehe dazu Stiglegger, Marcus: *Terrorkino. Angst/Lust und Körperhorror.* Berlin 2010, S. 19–48.

97   Vgl. dazu Trencansky, Sarah: «Final Girls and Terrible Youth: Transgression in 1980s Slasher Horror.» In: *Journal of Popular Film and Television 29/2*, 2002, S. 63–73.

98   So legt Audreys Ausdruck, als sie den Clip im Netz entdeckt, die Spur eines möglichen Racheaktes. Der männliche Gesang am See verweist zwar auf den früheren männlichen Killer und auch eine männliche Telefonstimme gegen Ende der Episode geht in diese Richtung, doch gerade das Auslegen falscher Spuren gehört zur Figur des Scream-Killers und der ganzen Filmreihe.

Die medienspezifischen Dispositionen aktueller Technologie macht sich vor allem der Killer zu eigen, der bereits unmittelbar nach den beiden eben skizzierten Szenen zum ersten Mal zuschlägt und sich mit seinem ersten Mord als genre-, wie auch serien- und medienbewusster Killer zu erkennen gibt. Zwei Teenager, die beide an der Aufnahme und Verbreitung des Clips direkt beteiligt waren, werden zu den ersten Opfern. Die Szenerie des Mordes rekurriert unmittelbar auf die erste Mordszene im ersten Teil der SCREAM-Filmreihe, in der eine junge Frau von ihrem späteren Mörder angerufen und nach einer perfiden Unterhaltung im Garten des Hauses getötet wird. Auch in der Serie erhält die zunächst einsame weibliche Figur nach der Verabschiedung von ihrem Begleiter Botschaften, die vom Mobiltelefon ihres Begleiters gesendet werden. Diese evozieren – anders als der Anruf im Film – schnell eine Atmosphäre der Bedrohung, da die Teenagerin wenige Sekunden, nachdem sie sich in einem ihrer Zimmer ausgezogen hatte, ein Video genau von dieser Szene ohne weitere Angaben erhält. Der Blick einer unsichtbaren Instanz vermittelt sich somit über eine aufgenommene und sofort versendete Botschaft ohne dass der Beobachter – etwa aufgrund seiner offensichtlich sehr nahen Beobachterposition – zunächst erkennbar wäre. Die Teenagerin erkennt anhand der Leuchte ihres Laptops, dass der Versender offenbar die Kamera ihres Laptops für seine Aufnahme genutzt hat. Der Killer maskiert sich mithilfe des Mobiltelefons und schreibt nun mehrfach die von ihm beobachtete und aufgrund der Betonung ihrer Körperlichkeit stark sexuell aufgeladene junge Frau per SMS an und stellt mit seinen Kommentaren direkte Bezüge zu dem zuvor hochgeladenen Clip von Audrey her. Ebenso schickt er ihr erneut unmittelbar zuvor aufgenommene Clips, die seinen Beobachterstandpunkt direkt in ihrer Nähe bezeugen. Die Kamera inszeniert zwar anhand von Gegenschüssen eine Art Perspektivwechsel, der den Killer sichtbar mache müsste, verweigert jedoch im Sinne der Souveränität des Killers jede Form von Sichtbarkeit.[99] Wird diese Situation von der weiblichen Figur nach anfänglichem Unbehagen zwischenzeitlich für ein erotisches Spiel ihres zuvor von ihr zurückgewiesenen Begleiters gehalten, belehrt sie dessen abgetrennter Kopf eines Besseren, den der Killer nach einer perfiden SMS-Botschaft zu ihr in den Swimmingpool wirft, ehe sie selbst von ihm ermordet wird. Die für das Horrorgenre typische Figuration sexualisierter Weiblichkeit wird zum Opfer des wiedergekehrten Scream-Killers, der sich auch aktueller Medien wie Instagram oder Facebook in ihrer Alltäglichkeit zu bemächtigen weiß, um seine Opfer zu beobachten und sich als anonymer und nicht zurückverfolgbarer Souverän inszenieren zu können.

Der Scream-Killer schreibt sich gemäß der seriellen Prinzipien des Genres direkt in das figurative Erbe der Vorgängerfilme ein und inszeniert sich mithilfe kontem-

---

99 Der Killer exemplifiziert – ähnlich wie in PRETTY LITTLE LIARS – eine Praxis des Monitorings, wie mit Stanley Cavell in Kapitel 1 vorgestellt wurde und auch für andere Figuren wie Hannibal Lecter oder Dexter Morgan relevant ist.

porärer Medien auch in der Folge als Remaker, der die mit der allerersten Szene anzitierte verdrängte Vergangenheit seiner Figur mitreflektiert und in die Gegenwart trägt. Die folgenden Morde belegt der Killer mehrfach mit der doppelten Referenzierbarkeit aus Vergangenheit und Gegenwart, da unter anderem das viral verbreitete Video von Audrey und ihrer Geliebten aufgrund der lange Zeit nicht ganz aufgeklärten Begleitumstände bezüglich der Autorschaft dieses Videos als latente Motivation des Killers im Raum steht. Die nicht eindeutig referenzierbare Autorschaft des Clips korrespondiert mit der Anonymität des Killers, dessen Autorschaft als wiedergekehrte Phantomfigur durch seine Taten referenzierbar wird. Er wird zum Remaker, da er sich mithilfe der von ihm ausgeführten Taten und vor allem deren Umsetzung innerfiktional wie genrehistorisch in die Tradition der Scream-Reihe einfügt und diesen Prozess im Rückgriff auf Medien und seinen Umgang mit ihnen explizit reflektiert.

Die Selbstbeobachtung der Serie als Serie schließt an diese Ausgangslage direkt an. In der Pilotfolge entbrennt im Schulunterricht zum Thema Horror und Schauer zwischen einigen der Figuren eine Diskussion darüber, inwiefern sich Horror seit dem Schauerroman spezifisch entwickelt hat. Der Lehrer, der zunächst auf einschlägige Klassiker der Gothic Novel wie Horace Walpoles *The Castle of Otranto* (1764) eingehen möchte, zieht zur Veranschaulichung The Walking Dead als kontemporäres Serienbeispiel hinzu, um die Relevanz seiner historischen Bezugslinie zu untermauern. In der Diskussion wird mit Verweis auf kontemporäre Serien wie Bates Motel, Hannibal und American Horror Story eine Differenz zwischen Gothic Fiction und Slasherfilmen wie Texas Chain Saw Massacre (1974) gezogen wird. Noah Foster, der aufgrund seines Genrewissens als Reflexionsfigur der Genrezitate und –regeln innerhalb der Serie fungiert, bringt die Differenz zwischen Slasherfilm und Gothic Novel auf den Punkt, indem er vor allem die Unterschiede in der Temporalität der beiden Genres hervorhebt und auf das Fernsehdispositiv mit seinen spezifischen Anforderungen bezieht: Während Slasherfilme ab dem ersten Mord dynamisch erzählt werden und in der Regel nach 90 Minuten enden, ist die Fernsehserie mit Gothic Ablegern wie Hannibal darauf ausgerichtet, Geschichten in die Länge zu ziehen und damit eine andere Wirkung zu erzielen als entsprechende Genrefilme. Anhand einer Parallelmontage, in der die Eltern die Leiche der jungen Frau finden, die zuvor getötet wurde, wird verdeutlicht, dass die Serie Scream ihre ersten Morde bereits hinter sich hat und es sich nun herausstellt, inwiefern die Serie als Serie gemäß der differenzierten Vorgaben Noahs funktionieren kann. Anhand Noahs Beobachterstandpunkt wird das vermeintlich sichere Genrewissen bereits in der ersten Folge genretypisch latent unterlaufen und gleichzeitig bekräftigt. Scream führt somit als Serie ihre eigenen Vorgaben und Regeln in der ersten Episode ein und bietet in den folgenden die Möglichkeit an, diese zu überprüfen.

4.5 Agent (SCANDAL, MARCO POLO)

Der Begriff des Agenten beschließt die Typologie figurativer Autorschaft und umfasst einen Figurentypus, der die strukturellen Grenzen und systembedingt eingeschränkten Aktionsradien serieller Autorschaft in den Blick nimmt. Damit ist nicht gemeint, dass die anderen Figurationen keinen Grenzen oder Zwängen unterliegen würden. Die Überwindung von Barrieren und Grenzen bezeichnet auf der dramaturgischen Ebene eine grundsätzliche Qualität von Figuren als Handlungsträger eines Textes oder einer Erzählung, um einen Entwicklungs- und damit auch Werkprozess inszenieren zu können.[100] Jeder Form von Autorschaft liegt zwar ein aktives Moment zugrunde, da nur so ein Werkprozess initiiert und abgeschlossen werden kann, der mit einer adressierbaren Autorschaft in figurativer Verbindung steht. Dennoch unterliegen und verhandeln Autorenfiguren innerhalb ihrer Erzählmodelle motivische oder dispositive Strukturzwänge, die das Handeln der Figur fundamental determinieren. Dies betrifft nicht nur klassische Geheimagentenfiguren wie in HOMELAND, ALIAS oder THE AMERICANS, die per se aus dem Verborgenen und unter situativ erschwerten Konditionen der Tarnung heraus agieren. Dennoch markiert vor allem das Motiv der Tarnung oder der Anpassung innerhalb des figurativen Aktionspotenzials dieser Figuren, wie systembedingte Einschränkungen in ihrer fundamentalen Qualität auf Autorschaften einwirken und sie etwa genrespezifisch verändern können. Die Bedingungen und Notwendigkeiten der Tarnung stehen dann ebenso zur Disposition wie auch die Frage nach den Hierarchien und Strukturen, die sie ausbilden.

Im Begriff des Agenten klingen neben narrativen und genrespezifischen Traditionen auch theoretische Perspektiven an, wie sie etwa mit dem Terminus der Agency identifiziert werden.[101] Theoretische Zugänge dieser Provenienz untersuchen das Handlungsvermögen innerhalb eines dispositiven Handlungszusammenhangs, der sich ästhetisch wie technisch eröffnet oder eben auch verwehrt. Es geht der Agency-Theorie in ihren verschiedenen Strömungen vor allem darum, positiv wie negativ zu bestimmen, wie Rezipienten oder Figuren innerhalb eines dispositiven Rahmens symbolisch oder anderweitig sinnhaft agieren können oder nicht.[102] Diese Diskus-

---

100 Siehe dazu auch die grundlegenden Ausführungen zu den Funktionen der Grenzüberschreitung literarischer Figuren in Lotman, Jurij M.: *Die Struktur literarischer Texte*. München 1993, S. 340–347.

101 Der Begriff der Agency ist insbesondere in der Soziologie und Medienwissenschaft prominent besetzt. Siehe dazu etwa aus medienwissenschaftlicher Sicht Ryan, Marie-Laure: *Narrative as Virtual Reality: Immersion and Interactivity in Literature and Electronic Media*. Baltimore 2001 oder besonders prominent aus der Soziologie Latour, Bruno: *Eine neue Soziologie für eine neue Gesellschaft. Einführung in die Akteur-Netzwerk-Theorie*. Frankfurt a.M. 2007.

102 Siehe dazu auch die Begriffs- und Theoriediskussion in Schumacher, Heidemarie / Korbel, Leonhard: «Game Studies und Agency: Ein Forschungsbericht zu ihrem Verhältnis und ein Vorschlag zu einer neuen Forschungsperspektive.» In: Thimm, Caja (Hg.): *Das Spiel: Muster und Metapher der Mediengesellschaft*. Wiesbaden 2010, S. 56–70.

sion läuft dann darauf hinaus, vor allem nach dem identitätsstiftenden Gehalt eines Handlungszusammenhangs Ausschau zu halten, der sich innerhalb eines gesetzten Rahmens eröffnen kann. Dem geht die Prämisse voraus, dass es sich bei dispositiven Rahmungen um sinnhaft konstruierte Reglungszusammenhänge handelt, die ein bestimmtes Aktionsmuster vorgeben, anzitieren oder zumindest nahelegen.[103] Als Leitfragen ließe sich dann formulieren: Wie können Handeln und Autorschaft im Kontext eines dezidiert strukturell abgesteckten Rahmens zusammenstehen und wie thematisieren kontemporäre TV-Serien eine solche Konstellation?

Anhand eines knapp skizzierten Beispiels kann diese Perspektivierung erweitert und noch stärker von der Figur des Geheimagenten in Richtung medialer Handlungszusammenhänge abstrahiert werden: Einen Fall fundamental systembedingter Eingrenzung und Formierung von Autorschaft kennzeichnet die Serie THE NEWSROOM, in der es um den Alltag einer zeitgenössischen Nachrichtenredaktion geht. Die Redaktion um Nachrichtensprecher Will McAvoy verfolgt das Ziel, eine kritisch investigative Nachrichtensendung zu etablieren, die sich nicht mit den Niederungen des Sensationsjournalismus herumschlagen möchte. Die Serie trägt über drei Staffeln Konflikte über die Definition des Informationswertes von Nachrichten sowie deren Auswahl und Präsentation aus und kommentiert damit kritisch den gegenwärtigen Journalismus im amerikanischen Fernsehen. In Gestalt einer Metaserie thematisiert THE NEWSROOM hochgradig selbstreferenziell und selbstreflexiv die medialen Rahmenbedingungen des Fernsehjournalismus und dessen Funktion in der gegenwärtigen Gesellschaft. Die Serie ist daher – zumindest auf einer grundsätzlich strukturellen Ebene – vergleichbar mit anderen Titeln wie THE AMERICANS, MARCO POLO oder THE WIRE, in denen Medienwandel ebenfalls zentral verhandelt und als alltägliche bis hochgradig spezialisierte Form mediatisierten Handelns die Aktionspotenziale der Figuren determiniert. Autorschaft ist innerhalb dieser Rahmenbedingungen in THE NEWSROOM strukturell limitiert durch die Anforderungen des Fernsehformats einer Nachrichtensendung. Faktoren wie der Sendeplatz, das Programm des Senders, das Zeitmanagement und die Auswahl der Beiträge, die eine inhaltliche Gewichtung qua Anordnung symbolisieren, sind nur einige der dispositiven Elemente, die in der Serie unmittelbar auf Will McAvoy als Repräsentant einer kollektiven Autorenschaft der Redaktion Einfluss nehmen. Der Einfluss auf die Autorschaft der Redaktion ist daher nicht in per se durch ein individuelles Identitätsproblem beeinträchtigt oder das Hauptinteresse eine Serie wie THE NEWSROOM, die zwar auch die persönlichen Dramen ihres Figurenpersonals erzählt, jedoch im Kern etwa das systemische Verhältnis aus intensiver journalis-

---

103 Vgl. dazu auch die Ausführungen von Latour unter anderem zur Vermittlung von Sinnzusammenhängen durch Aktivitäten in Latour, Bruno: «Über technische Vermittlung: Philosophie, Soziologie und Genealogie.» In: Bellinger, Andréa / Krieger, David J. (Hg.): ANThology. Ein einführendes Handbuch zur Akteur-Netzwerk-Theorie. Bielefeld 2006, S. 497–513.

tischer Recherche und der Kommunizierbarkeit der Ergebnisse innerhalb weniger Sekunden im Rahmen eines kurzen Newsbeitrags problematisieren. Was die Serie also vorwiegend inszeniert, ist «die Entstehung, Verdichtung und Wiederverknappung eines medialen Netzes aus Menschen, Dingen und Informationen»[104], wie sie als Spiegelbild gegenwärtiger Medienberichterstattung gelesen werden können. Die Möglichkeiten der Nachrichtensendung werden vielmehr durch das Fernsehdispositiv definiert und unterliegen daher dessen Logiken und Hierarchien.

Es geht somit in THE NEWSROOM nicht um Momente der Tarnung oder Maskierung des Handelns wie im Falle klassischer Agentenfiguren, sondern um die Rolle einer Figur innerhalb eines definierbaren rekursiven Dispositivs wie einer Nachrichtensendung. Diese wiederum muss in der Logik des Makrodispositivs des Fernsehens funktionieren, das sich «immer stärker von einem einst mit ihm verbundenen Ideal, ein Fenster zur Welt zu sein, abwendet und zu einem Medium wird, das Welt herstellt.»[105] Die Figur des Nachrichtensprechers als primäre Kommunikationsinstanz der Fernsehnachrichten repräsentiert zwar das Format sowie dessen Inhalte und kann sich selbst performativ als Autorenfigur im wahrsten Sinne in Szene setzen, dennoch bleibt sein Aktions- und Einflussradius limitiert. Er wird «zur modellbildenden Figur einer Redeperformanz»[106], die etwas äußert und verkündet, worüber sie keine vollständige Autorschaft erlangen oder für sich prominent reklamieren könnte. Mit Kommentaren, Andeutungen oder bereits mithilfe seiner körperlichen Performanz kann die Figur des Nachrichtensprechers allerdings sehr wohl auf den Text einwirken und Zeichen setzen, dennoch handelt es sich um ein Sprechen, das *durch* ihn und nicht allein *von* ihm erfolgt. Selbiges gilt letztlich für Agentenfiguren, die ihre Taten per se geheimhalten und keine öffentliche oder zumindest offen artikulierte Anerkennung ihrer Autorschaft erhalten.

Der Problemhorizont einer Agentenfigur spannt sich unter dieser Perspektivierung zwischen den Grenzen und den Potenzialen einer dispositiven Struktur auf, was wiederum mit den Aspekten der Tarnung und der Maskierung zusammengeführt werden kann. Autorschaftliches Handeln innerhalb einer Struktur erfordert Flexibilität und Anpassungsfähigkeit, wie sie die Figuration des Agenten in

104 Engell, Lorenz et al.: «Das Fernsehen als Akteur und Agent.» In: Krotz, Friedrich et al. (Hg.): *Die Mediatisierung sozialer Welten. Synergien empirischer Forschung.* Wiesbaden 2014, S. 154. Diesem Aufsatz verdanken die vorliegenden Überlegungen zur Figuration des Agenten einige wesentliche Hinweise, obwohl die von Lorenz Engell et al. medientheoretisch geleitete Unterscheidung zwischen den Begriffen des Akteurs und des Agenten an dieser Stelle nicht zielführend für das Konzept figurativer Autorschaft erscheint.
105 Schwaab, Herbert: «Reading Contemporary Television, das Ende der Kunst und die Krise des Fernsehens.» In: *Zeitschrift für Medienwissenschaft, Nr. 1,* 2010, S. 138.
106 Engell, Lorenz et al: «Das Fernsehen als Akteur und Agent», S. 154. Wobei der These des Textes widersprochen wird, wonach ein Nachrichtensprecher über keine Autorschaft bzw. über keine relevanten Möglichkeiten in diese Richtung verfügt.

jeder narrativen Ausprägung zentral in den Blick nimmt. Kurz gesagt: Welche Formen von autorschaftlichen Handelns sind dem Agenten möglich und welche Identitätsangebote werden damit konfiguriert? Gerade in der dem Agenten per se eingeschriebenen Oszillationsbewegung zwischen Determination und Flexibilität entwickeln figurative wie defigurative Dynamiken besondere narrative Spannungsverhältnisse, wie sie etwa in Gestalt eines Doppelagenten wirksam werden, der sich innerhalb mehrerer dispositiver Logiken bewegt oder sie strukturimmanent unterläuft ohne allerdings ihre grundsätzliche Wirksamkeit gänzlich außer Kraft setzen zu können. Als Figuration bringt der Agent zum Ausdruck, wie Autorschaft medial oder gesellschaftlich determiniert werden kann und sich dennoch speziell innerhalb dieser Rahmenbedingungen Potenziale aktiven Handelns zwischen Manipulation und Subversion auftun, die wiederum Rückschlüsse auf die Ein- und Ausschlusskriterien dispositiver Grenzziehungen erlauben.

SCANDAL

Olivia Pope, ihres Zeichens Protagonistin der Serie, übt den Beruf der politischen Krisenberaterin aus, deren Kernaufgabe darin besteht, aufkommende Probleme zu bewältigen, bevor sie sich zu öffentlichen Skandalen auswachsen und die Karrieren ihrer Mandanten zerstören. Ihr Eingreifen dient daher der Eindämmung, Minimierung und der Verhinderung von Schäden, die im besten Fall gar nicht als solche publik werden. Der Titel der Serie zitiert bereits die entscheidende Differenzierung: Skandale sind öffentliche Ereignisse, die als solche bezeichnet werden, wenn sie im Rahmen einer Ordnung als Fehlverhalten oder Verletzung von Grundregeln und Wertvorstellungen bekannt und in die Öffentlichkeit getragen werden.[107] Was als skandalös eingestuft wird, unterliegt kulturellen Wertvorstellungen und den spezifischen Regeln innerhalb eines Systems, die sich in ihrer Gewichtung verändern können. Ob Skandale als solche überhaupt deklariert und diskutiert werden, unterliegt – in den theoretischen Grundzügen vergleichbar mit Medienwandlungsprozessen – der Etablierung und damit Normalisierung bestimmter Wertungen und Vorstellungen, die dann als Konsens nicht mehr dazu verleiten, etwas als skandalträchtig zu kommunizieren. Die Möglichkeit, Skandale bewusst zu lancieren, um Aufmerksamkeit zu generieren, verweist allerdings auch auf die Vorhersehbarkeit der Abläufe von Skandalen innerhalb öffentlicher Diskursmechanismen. Auf eine Darstellung folgt etwa zunächst ein Dementi oder eine Gegendarstellung, die jeweils Hinweise dafür liefern, wie eine Normverletzung negativ als Skandal belegt werden kann und welche möglichen Verteidigungsstrategien oder Gegenargumente dage-

---

107 Vgl. dazu Burkhardt, Steffen: «Skandal, medialisierter Skandal, Medienskandal: Eine Typologie öffentlicher Empörung.» In: Bulkow, Kristin / Petersen, Christer (Hg.): *Skandale. Strukturen und Strategien öffentlicher Aufmerksamkeitserzeugung.* Wiesbaden 2011, S. 131–156.

gen vorgebracht werden können.[108] Solche Dramaturgien der Skandalisierung werden in Scandal zur Grundlage der Tätigkeit von Olivia Pope. Ihre Fähigkeit, ein Ereignis als potenziellen oder bereits als solchen kommunizierten Skandal lesen und den weiteren Verlauf, der sich als Konsequenz ihrer Lesart ergibt, vorhersehen und folglich beeinflussen zu können, ist ihre figurative Kernkompetenz.

Scandal konzentriert sich vor diesem Hintergrund auf das politische System Amerikas und insbesondere die Spielregeln innerhalb des Politikbetriebs in Washington. Es sind somit – ähnlich wie in House of Cards – politische Spielregeln, deren Verletzung bei Bekanntwerden zu einem Skandal wird. Die politische Arena formiert mit ihren Anforderungen und Kommunikationsstrukturen ein eigenes Dispositiv, das sich in seinen Grundstrukturen zwar stabil zeigt, jedoch aufgrund der Auswirkungen und machtpolitischen Implikationen, die mit jeder Stärkung oder Schwächung des politischen Kapitals eines Politikers aufgrund eines öffentlichen Skandals einhergehen, anfällig ist für Störungen.[109] Dieser Prozess einer Sichtbarmachung von Skandalen unterliegt innerhalb der Politik vor allem der Presse, der folgerichtig auch in Scandal eine tragende Rolle zufällt. Bevor sich Olivia Pope im Lager der Krisenberater selbstständig machte, arbeitete sie als Medienberaterin des amerikanischen Präsidenten im Weißen Haus und vereint daher in ihrer neuen Position Erfahrungen auf beiden Seiten des politischen Geschäfts. Denn als Krisenberaterin muss Olivia sowohl die Sichtweisen innerhalb der politischen Klasse als auch den Blick von außen einschätzen und in seinen Konsequenzen antizipieren können, um vorbeugend eingreifen zu können. Oder anders gesagt: Sie muss Prozesse in ihrer Prozesshaftigkeit vorhersehen können, um den Prozess gerade aufhalten zu können. Momente der Kontingenz und damit der Unvorhersehbarkeit konfligieren innerhalb der Serie mit Popes Fähigkeiten.

Darüber hinaus muss Pope jeden Störfall in ihre Lektüreroutinen integrieren, um ihr Wissen zu erweitern und damit neue, zuvor nicht vorhersehbare Skandale ab sofort als für sie vorhersehbare Routinen behandeln zu können. Vergleichbar mit einem Detektivroman muss Scandal seiner Hauptfigur immer neue Störfälle liefern, die sich ihrer Routine entziehen, um als Serie funktionieren zu können. Anders gesagt: Ohne die Möglichkeit latenter oder auch tatsächlich ausbrechender Skandale bliebe Scandal ein serielles Procedural, das aufseiten der Wiederholung und nicht der Varianz angesiedelt wäre. Zusätzlich inkludiert Scandal in Oliva

---

108 Siehe dazu Bulkow, Kristin / Petersen, Christer: «Skandalforschung: Eine methodologische Einführung.» In: Dies. (Hg.): *Skandale. Strukturen und Strategien öffentlicher Aufmerksamkeitserzeugung.* Wiesbaden 2011, S. 10–11.

109 Scandal lässt sich im medienwissenschaftlichen Kontext des Begriffs der Störung als Serie lesen, die aufzeigt, wie gerade über Momente der Störung die Routine eines Systems wie der Politik und vor allem deren jeweilige Strategien der Krisenbewältigung sichtbar werden. Zum Wechselverhältnis der Störung und der Routine siehe aus kybernetischer Sicht Pias, Claus: «Störung als Normalfall.» In: *Zeitschrift für Kulturwissenschaften 2*, 2011, S. 27–43.

Popes Privatleben skandalöse Konflikte, um die Figur selbst zu einem potenziellen Skandalon werden zu lassen und zu testen, ob sie in der Lage ist, ihre berufliche Kompetenz auf ihr Privatleben zu übertragen – et vice versa. Zwei Leitfragen sollen in diesem Kontext beantwortet werden: Was macht Olivia Pope zur Agentin? Und welche Implikationen werden mit Olivia Pope als Agentin transportiert?

Bereits die Initiation Olivias gibt ihre weitere Figuration paradigmatisch vor. Sie trifft für ihr Team alle relevanten Entscheidungen, gibt Zeit- und Prozesspläne bei der Bearbeitung der Fälle vor und vertraut in letzter Konsequenz nur ihrer Intuition bei der Frage, ob sie einen Fall übernimmt oder nicht. Ihre Position als einzigartige Geniefigur innerhalb ihres Teams wird über ihre Intuition gesichert, die nicht zwingend allein auf Fakten beruht und daher im Gegensatz zu männlichen Geniefiguren wie Dr. House oder Sherlock Holmes das Klischee einer weiblich konnotierten Intuition bedient. Grenzen sich männliche Genies wie die eben genannten durch eine für andere unerreichbare Ratio ab, die sie mit einem Mangel an Empathie bezahlen, vereint Olivia beide Akzente in sich. Schon ihre körperliche Inszenierung als dunkelhäutige Frau, die zumeist sehr helle Kleidung als Kontrast zu ihrer Hautfarbe trägt, markiert ihren Sonderstatus als Figur, die zwischen verschiedenen Registern zu changieren versteht. Sie agiert dominant und souverän, kann sich aber Situationen anpassen und ist nicht durch ihre Hautfarbe innerhalb der in SCANDAL inszenierten Gesellschaft stigmatisiert. Diese Ausstellung einer vermeintlichen Indifferenz Olivias erfolgt paradoxerweise mithilfe der Betonung ihrer ethnischen Differenz, da sie sich so zwar bereits vordergründig von ihren Kontrahenten und Klienten abhebt, jedoch mit ihren Leistungen und ihrer Dominanz im Auftreten anzeigt, dass sie die Spielregeln ihres Berufs und der politischen Klasse genauso zu spielen und auszunutzen versteht wie ihre Kontrahenten.

Trotz ihres Status als berühmte Problemlöserin, die geradezu ikonengleich verehrt wird, und ihres dominanten Auftretens ist Olivia eine Figur, die strukturell im Hintergrund bleiben und von dort aus agieren muss. Da es ihre Aufgabe ist, Öffentlichkeit zu vermeiden und die Berichterstattung zu manipulieren, muss sie sich per se aus dieser fernhalten und sich den strukturellen Logiken ihrer Fälle zwischen Mord, Verschleierung oder Ehebruch anpassen. Ihr Fallmanagement unterscheidet sich grundlegend von den Prozeduren einer Anwalt- oder Polizeiserie, da Olivia eine entscheidende Grenzlinie zwischen diesen Genres überschreitet. Ihr geht es nicht um die Aufklärung ihrer Fälle im Sinne einer Überführung der Täter, sondern allein darum, ihre Klienten zu schützen. Recht und Gesetz sind daher in vielen ihrer Fälle nicht die entscheidenden Parameter, womit verdeutlicht wird, dass Recht im juristischen Sinne eine moralische Verfehlung – die nicht minder öffentlichkeitswirksam zu einem Skandal ausufern kann – nicht ausgleichen oder gar in den Schatten stellen kann. In der Pilotfolge wird beispielsweise ein junger Kriegsheld, der als kommender Star der republikanischen Partei aufgebaut werden soll, des Mordes an seiner Freundin bezichtigt. Es stellt sich heraus, dass er den Mord nicht begangen haben kann, da er mit seinem heimlichen Liebhaber unterwegs war. Die Kameraaufzeichnungen dieses Treffens, die das allgegenwärtige Monitoring der Serie mithilfe zahlreicher Beobachtungsmedien unterstreichen, könnten ihn einwandfrei entlasten, doch er verweigert deren Herausgabe, um seinen Ruf als Kriegsheld und offiziell homosexuellenfeindlicher Republikaner nicht zu gefährden. Zwar wird er am Ende der Episode sein Alibi nutzen, um sich zu retten; dennoch kann er erwartungsgemäß nicht mehr auf eine Karriere als republikanischer Politiker hoffen.

Die Lösung des Mordfalls verschiebt sich in das Off der Erzählung, da sie für den jungen Soldaten nun keine öffentliche Relevanz mehr besitzt. Die Unterscheidung zwischen öffentlicher und privater Person findet in den Prozeduren Olivias ihren systembedingt konsequenten Widerhall, da es letztlich nicht um Recht oder Gerechtigkeit geht, sondern nur darum, ob Olivia aufgrund ihres persönlichen moralischen Urteilsvermögens entscheidet, ob ein potenzieller Klient von ihr aus dem Fokus der Öffentlichkeit – und damit innerhalb der Serie auch der Justiz – herausgehalten werden kann. Dieses basale Prinzip findet seine Steigerung im Verhältnis zwischen Olivia und dem Präsidenten, mit dem sie eine berufliche wie private Vergangenheit teilt. Ausgelöst durch eine intime Affäre des Präsidenten, exerziert SCANDAL insbesondere in der letzten Folge der ersten Staffel die Dramaturgien eines Sexskandals durch. Die Medien stürzen sich auf eine vermeintlich authentische Tonbandaufnahme, die aufgrund ihrer Uneindeutigkeit letztlich aber gerade zur Rettung des Präsidenten führt, da sich seine Ehefrau als die darauf hörbare Stimme ausgeben kann, obwohl sie es nicht ist. Der Skandal basiert auf einer tatsächlichen Verfehlung des Präsidenten, die anhand von Umfragen und tendenziösen Berichterstattungen an den Rand eines Amtsenthebungsverfahrens geführt wird und somit den Einfluss der Medien ebenso wie die Vorhersehbarkeit der öffentlichen Debatte exemplifiziert. Der Skandal wird anhand des Tonbands zum Medienskandal, der letztlich aber nicht von den Medien aufgeklärt, sondern von Olivia im Hintergrund temporär aufgelöst und in seinen Grundzügen nur verschoben wird. Das Band, auf dem der Präsident mit einer Geliebten in eindeutiger Situation zu hören sein soll, zirkuliert durch die Medien und wird trotz der schlechten und damit uneindeutigen Aufnahmequalität zum Skandalon, ohne dass sich positive oder negative Effekte für die Aufklärung des Skandals daraus ableiten lassen würden. Medial geführte Debatten tragen somit in dieser Situation nichts zur Aufklärung, sondern nur zur Skandalisierung der Affäre bei und bestätigen durch die Abläufe der medialen Kommentierung die Annahme einer vorhersehbaren Funktionslogik medialer Diskurse, die Olivia als Agentin abseits der öffentlichen Aufmerksamkeit beheben kann.

Olivias Status als Agentin definiert sich über ihr Eingreifen in Systemlogiken der öffentlichen Skandalisierung, die insbesondere in der Politik an bestimmte Muster geknüpft sind. Wie ihr Verhältnis mit dem Präsidenten als Figur mit einem Höchstmaß an öffentlicher Aufmerksamkeit belegt, versteht es Olivia, sich im Hintergrund zu halten und trotz ihrer eigenen Prominenz von dort aus zu agieren. Sie kann die Bedingungen und strukturellen Abläufe zwar nicht in deren Grundzügen verändern; ihre Autorschaft als Agentin erlaubt es ihr aber, sich innerhalb der gesetzten Rahmungen zu bewegen und ihre Klienten zu schützen. Die Grenze zwischen Gesetz und Unrecht erfährt durch Olivia und ihre Methoden eine ähnliche Infragestellung wie ihre Positionierung als Grenzgängerin zwischen diesen beiden Kategorien.[110] Denn Olivias Emotionen, wie sie sie etwa dem Präsidenten entgegenbringt, beschwören selbst potenziell skandalöse Momente der Krise herauf, die sie, schon aus eigenem Interesse heraus, auch mit rabiaten Mitteln zu beheben versucht. Dass gerade sie als Problemlöserin der außerehelichen Probleme des Präsidenten sich durch ihre eigene Affäre mit ihm im Zentrum genau dieser Konfliktlage befindet, erschüttert einerseits Olivias Figurenkonzeption als souveräne Kontrolleurin ihrer Umwelt; andererseits zeigt sich daran, dass die Serie die Grenze zwischen Skandal und Nicht-Skandal nicht mit einer moralischen Dichotomie beantwortet und mit der Verlagerung dieses Konflikts in die Figur der Problemlöserin nahelegt, dass Strategien einer eindeutigen und vollständigen Problemlösungskompetenz zu kurz greifen. Als Geliebte des Präsidenten, der aufgrund seiner ikonischen Stellung als per se öffentliches und moralisch aufgeladenes Vorbild ein Maximum an Skandalpotenzial in sich vereint, macht sich Olivia potenziell selbst zum Skandalon und verweigert sich der Handlungslogik ihres eigenen Berufs. Als Agentin bewegt sie sich daher innerhalb eines Systems, dessen Krisenpotenziale und –prozesse sie sowohl positiv mithilfe der Lösung ihrer Fälle als auch negativ aufgrund ihrer eigenen emotionalen Verstrickungen aufdeckt. Bezogen auf ihre Figuration als weiblicher Charakter bleibt aber genau an dieser Stelle festzuhalten, dass es somit primär Olivias Emotionen sind, die Krisen und Skandale auslösen, nicht ihre Ratio. Das in der Serie zuweilen irrationale Emotionalisierungspotenzial von öffentlich ausgetragenen Skandalen, das auf rationaler Ebene in seiner Prozesshaftigkeit vorhersehbar gewesen wäre, greift an der Figur der Problemlöserin selbst an: ihre eigene Subjektgeschichte wird zum Gegenstand ihrer Autorschaft und offenbart in der seriellen Dauerhaftigkeit der nicht zu lösenden Problemkonstellationen die krisenhafte Anfälligkeit von Lösungsansätzen, die auf einer Logik der Vorhersehbarkeit von Emotionen basieren.

Dass dies allerdings in kontemporären Serien kein allein weiblich konnotiertes Krisensymptom markiert, lässt sich mit der Figur des Ray Donovan bestätigen: Die potenzielle Krisenanfälligkeit prozeduraler Problemlösungskompetenzen – wie sie konventionelle Genrestrukturen vorzugeben gewohnt sind – findet im Protagonis-

---

110 Wie beispielsweise die letzte Episode der ersten Staffel zeigt, vernichtet Olivia mit ihrem Team auch eindeutige Beweise und Spuren am Tatort eines Mordes und greift damit radikal in dessen mögliche Aufklärung ein.

ten Ray Donovan aus der gleichnamigen Serie eine männliche Entsprechung innerhalb der High-Society in Los Angeles. Ray Donovan vertritt seine Problemlösungskompetenz zwar mit aller männlich codierten Konsequenz, kann jedoch aufgrund
der seinen Methoden innewohnenden Tendenz zur Gewalt sein Familienleben
nicht erfolgreich führen. Sine Methoden scheitern an den eigenen Grenzen familiären Vertrauens. Ray kann als sogenannter Fixer zwar mithilfe bestimmter Strategien der Gewalt, der Einschüchterung oder der Manipulation aus dem Hintergrund heraus die Probleme seiner Klienten lösen; seiner Familie kann er aber nicht
einmal genau erzählen, was sein Beruf eigentlich genau ist und wie er ihn ausfüllen
muss. Ob Olivia Pope oder Ray Donovan, beide Problemlöser stehen für die Offenlegung struktureller Dispositionen, die sich jeweils definieren, was Probleme und
deren Lösungen im Rahmen einer dispositiven Ordnung wie dem Politikbetrieb in
Washington oder der High-Society von Los Angeles sein können. Gleichzeitig veranschaulichen ihre jeweiligen privaten Krisen, die in den Serien nur unzureichend
von ihrer außerfamiliären Strahlkraft überlagert werden, vor allem eines: die Krisenanfälligkeit einer prozeduralen (Genre-)Logik, die in kontemporären Serien wie
SCANDAL nicht mehr als universales Sinnstiftungsmodell aufgehen kann. Agentenfiguren, die als Problemlöser in Erscheinung treten, zitieren ein basales Problem
an, das sie konstitutiv nicht lösen können, da ihre beruflichen Lösungsansätze nicht
auf ihr Privatleben übertragbar sind: ihr eigenes Selbst wird zum Grenzfall ihrer
Problemlösungskompetenzen.[111]

Marco Polo

Mit der Figur des Marco Polo wird eine historische Konstellation des 13. Jahrhunderts in Asien aufgerufen, die unter gänzlich anderen medialen Bedingungen
prozessiert, als es bei SCANDAL oder THE NEWSROOM der Fall ist.[112] Als Dispositiv fungiert der Hof des herrschenden Großkhans Kublai Khan, der seine eigenen
Kommunikationscodes und Umgangsformen einfordert. Die Serie konzentriert
sich in der ersten Staffel darauf, den jungen Marco Polo am Hofe des Großkhans
dabei zu begleiten, wie er vom Gefangenen zum Vertrauten des Khans aufsteigt
und sich diesen Aufstieg mithilfe seiner wachsenden Fähigkeit zur Beobachtung
und Anpassung an die für ihn neue Kultur verdient. Seine wichtigste Fertigkeit
besteht allerdings in seiner Erzählkunst, die Polo von den anderen Figuren des
Hofes unterscheidet. Er avanciert aufgrund seines kulturell anderen bzw. eigenen Blicks auf die höfische Gesellschaft des Khan zu einer Erzählinstanz, von der

---

111 Die Figur des Problemlösers lässt sich vor dem Horizont des Stör- oder Regelfalls sehr vielschich-
tig weiterdenken. Vgl. dazu etwa Koch, Lars / Petersen, Christer: «Störfall – Fluchtlinien einer
Wissensfigur.» In: *Zeitschrift für Kulturwissenschaften 2*, 2011, S. 7–11.

112 Siehe dazu auch die Ausführungen zum Opening Credit der Serie MARCO POLO in Kapitel 1.4, die
diese Konstellationen bereits für eine Analyse der Serie herausarbeiten.

sich der Großkhan authentische Einschätzungen und Beschreibungen erhofft, die er von seinen Günstlingen und Untertanen am Hof nicht zu erwarten hat. Marco Polos Status als Agent definiert sich über sein Erzählen unter den Bedingungen des Hofes und den Anforderungen, die der Großkhan als sein wichtigster Zuhörer an ihn stellt. Polo wird im Verlauf der ersten Staffel zu einem Beobachter und Sprachrohr des Khans, womit seine persönliche Autorschaft stets limitiert und bei Missachtung der Regeln sanktioniert wird. Polos persönliche Entwicklung unterliegt einer doppelten Form von Autorschaft, wobei die eine unmittelbar mit der anderen verschränkt wird: Sein Weg zu einem eigenständigen Subjekt erfolgt über die Weiterentwicklung seiner erzählerischen Kompetenzen. In der Serie wird dieses Konzept einer ganzheitlichen Entwicklung mehrfach mit der asiatischen Mythologie einer Körper-Geist-Korrelation kombiniert, indem Polo am Hofe etwa von einem blinden Lehrmeister in der Kunst asiatischer Kampftechniken ausgebildet wird. Analog zu den Kampftechniken als Ausbildung des Körpers, wird Polo von seinem Lehrmeister das Prinzip permanenter Trainingsarbeit eingeimpft, das sich nicht auf die Kampfkunst beschränkt, sondern auf alle Felder ausgeweitet wird. Der sich durch die gesamte Serie ziehende Trainingsdiskurs markiert eine der Selbstthematisierungsstrategien serieller Muster in MARCO POLO, da sowohl die Kaligrafie als auch die Kochkunst als serielle Techniken trainiert und verfeinert werden müssen. Nur durch permanente Einübung der bereits erlernten Techniken und des Wissens kann auch Polo seine Autorschaft weiterentwickeln, muss dazu allerdings auch die Wiederholung als Grundfigur und Voraussetzung seines Wandels akzeptieren.

Was bedeutet Autorschaft unter diesen Bedingungen? Als Agent kann Polo nicht frei erzählen und sich selbst damit als ein erzählerisches Subjekt entwerfen, das etwa dem Typus des Creators entsprechen könnte. Mehrfach lernt Polo, dass seine Beobachtungen konkrete Auswirkungen nach sich ziehen, die direkt mit seinem Status als Vertrauter des Großkhan in Zusammenhang stehen. Als Polo in der dritten Episode dem Khan im Beisein eines unbeteiligten Wachmannes von einer öffentlichen Demütigung des Sohns des Khans berichtet, tötet der Khan den völlig passiven Wachmann, da er die Verbreitung dieser Geschichte unter allen Umständen vermeiden möchte. Die stark oral geprägte Kultur des 13. Jahrhunderts, in der nur wenige Figuren der Serie über die Fähigkeit der Schrift und der Lektüre verfügen, kann die unkontrollierte Ausbreitung einer Botschaft hauptsächlich über den Tod eines möglichen Überbringers verhindern. Erzählen bedeutet in diesem Fall, für sein Wissen persönlich einstehen und nicht auf ein abstrahierendes Medium wie die Schrift verweisen zu können. Diese Form einer selbst verkörperten Autorschaft korrespondiert mit dem in MARCO POLO thematisierten Autorschaftsbegriff. Da jeder Untertan Eigentum des Großkhans ist und nur seine Stimme über jene Deutungsgewalt verfügt, die alle anderen marginalisiert, setzt sich jedes Erzählen der Gefahr aus, die Intention des Großkhans als übergeordnete auktoriale Herrschaftsinstanz über das Erzählwerk und seine Auswirkungen zu verfehlen. Diese

Erzählsituation steckt in diesem Fall ein Feld ab, das für Polo vor allem eines bedeutet: seinem neuen Herrscher möglichst kreativ zu dienen, ohne sein Missfallen zu provozieren. Subjektivität steht somit als Konzept unter dem Verdacht eines unkonventionellen und damit nicht herrschaftskonformen Erzählens, wenn es nicht unter der Anleitung des Herrschers erfolgt. Die Parameter dieser Aufgabe spannen sich zwischen den Forderungen des Khans nach Authentizität bei gleichzeitiger Virtuosität des Erzählens auf.

Entsprechend dieser Konstellation stechen in MARCO POLO drei wesentliche Aspekte heraus, die Polos Autorschaft strukturieren: die Erzählgattungen, die Medien des Erzählens sowie die Erzählperspektiven. In der dritten Episode kommt es zu einem Konflikt zwischen dem Großkhan und seinem Bruder, der letztlich in einem tödlichen Zweikampf um die Herrschaft mündet. In einem Gespräch zwischen Polo und dem Khan zu dieser Konfliktlage lässt sich der Khan von Polo die Bibelgeschichte von Kain und Abel erzählen, um über eine zusätzliche Deutung dieses Gleichnisses durch Polo eine Antwort darauf zu finden, ob er mit der Ermordung seines Bruders die richtige Entscheidung getroffen hat. Mythen und Legenden werden mehrfach als Erzählungen eingesetzt, um einen Abgleich mit der Wirklichkeit herzustellen. In der vierten Episode berichtet der Khan von seinem Vater, der den Mythen, die sich um seine Herrschaft spinnen, nicht entsprochen hat.

Der Mythos als strategisches Element der Herrschaft muss von der empirischen Person per se abstrahieren, um als Mythos wirksam zu sein. MARCO POLO integriert somit die Selbstbeobachtung historiografischer Prozesse in die Serie mithilfe von Mythen und Legenden als dominanten Erzählgattungen dieser Epoche. Die Selbstreflexion der Serie mündet in der gattungskritischen Aufarbeitung des manipulativen und vorwiegend fiktionalen Charakters von Erzählungen, deren Botschaften allerdings reale bis realpolitische Konsequenzen haben müssen. So ist sich vor allem der Großkhan darüber im Klaren, dass sich seine Herrschaft in den Weiten seines Großreiches vor allem über seine Darstellung in Erzählungen erhält. Jede Erzählung seiner Schwäche bedeutet eine mögliche Gefahr durch seine Gegner. Die Manipulationskraft eines solchen Erzählverständnisses, das auf der Selektion von Inhalten gemäß der Idealisierung des Herrschergeschlechts basiert, wird auch für Polo selbst zur Gefahr. In der achten Episode kommt es zu einer Schlacht zwischen den Truppen des Khans und der chinesischen Armee. Polo wurde zuvor an den Ort des Kampfes geschickt, um aus dem Verborgenen heraus anhand seiner Beobachtungen eine Karte zu zeichnen, auf der die Schwachpunkte der chinesischen Befestigung eingezeichnet sind. Die Karte führt die Streitkräfte jedoch nicht zum Sieg, sondern in eine Falle, da die vermeintlichen Schwachpunkte nur Köder waren. Die Vermittlung dieser Niederlage zum Ende der Episode erfolgt über eine Parallelmontage, die zwischen der Schlacht und einem Wandbild wechselt, das die Schlacht in ihrem Verlauf erzählerisch darstellt. Die Dynamik der filmischen Bilder des Kampfes werden somit in die mediale Bildlogik des 13. Jahrhunderts übersetzt.

Parallel dazu kommentiert einer der Söhne des Khan den Schlachtverlauf, während Polo schweigt, obwohl seine Erzähl- und Beobachtungsgabe ihn eigentlich für diese Funktion prädestinieren würden. Deuten Erzähler wie Bilder zunächst einen Sieg der Armee des Khan an, kippt die Situation auf beiden medialen Vermittlungsebenen und offenbart die Niederlage. Polos subjektiver Blick ließ sich von der List der Chinesen täuschen und macht ihn verantwortlich für die Niederlage. Der Wissensvermittlung eines subjektiven Erzählers werden somit die Grenzen durch die Faktizität der Kriegslist aufgezeigt, die sich den Blick Polos zunutze machte, um die Schlacht zu gewinnen.

Die per se nicht gesicherte Zuverlässigkeit eines erzählenden Subjekts wird in MARCO POLO ebenso zum potenziellen Krisenmoment des Erzählens wie die Notwendigkeit einer Mythisierung von Herrschaft innerhalb eines riesigen Imperiums, das außer den Mythen seiner Herrscherfiguren kaum weitere einheitsstiftende Narrative vorzuweisen hat.[113] So gesehen ist Marco Polo als Agent ein Auftragsschreiber, der im Gesamtkonzept der Serie die Krisenanfälligkeit mythologischer Erzählproduktion exemplifiziert, ohne die Stabilität mythengeleiteter Kommunikation an sich infrage zu stellen. Mag Polo unter den Bedingungen der ersten Staffel noch als Agent fungieren, so ist mit der historischen Figur des Marco Polo der Weg zu einer eigenen Mythisierung bereits vorgezeichnet. Anders gesagt: Die überlieferten Aufzeichnungen und Erzählungen des Marco Polo über seine Zeit am Hofe des Großkhan machten aus Polo selbst einen Autorenmythos, der als Grundlage der Serie gilt. Insofern ist der Wandel Polos von einem Agenten hin zu einem Autor auch seriell vorgezeichnet.

---

113 Zur spezifischen Funktion und Ausgestaltung politischer Mythen siehe aus theoretischer Perspektive Flood, Christopher G.: «Politischer Mythos. Eine theoretische Einführung.» In: Barner, Wilfried et al (Hg.): *Texte zur modernen Mythentheorie*. Stuttgart 2003, S. 303–315.

5 Resümee: Serien/Autorschaft –
Previously on ... Next time on

Die vorliegenden Überlegungen gingen von einer fundamentalen Annahme kontemporärer Medienwandlungsprozesse aus, die sich *mit* und vor allem *in* der TV-Serie der Gegenwart beobachten lassen. Galt die Fernsehserie vor einigen Jahrzehnten noch als Inbegriff medialer Belanglosigkeit, entwickelte sich spätestens zu Beginn dieses Jahrtausends ein regelrechter Hype um die TV-Serie, der mit dem Begriff der Qualitätsserie längst einen festen Platz in der Historiografie der Medienwissenschaft eingenommen hat. Medienwandel ist – speziell unter seriellen Vorzeichen – als immer aktuelles und sich selbst aktualisierendes Phänomen nicht über temporär ablaufende Umbruchphasen zu beschreiben, sondern als fortlaufender Prozess, der ständig Anpassungs- und Veränderungsdruck aufbaut. Die Serie zeichnet sich seit jeher durch ihre zeitgenössische Aktualität und Flexibilität aus, wovon ihre zahlreichen und vor allem unterschiedlichen Formen in jedem veranschlagten Goldenen (oder nicht vergoldeten) Zeitalter reichhaltig Zeugnis ablegen. Mit den Qualitätsserien setzte sich nicht allein ein genuin mediales Phänomen durch, sondern ein Diskurs, der die Serie neu perspektivierte und den Blick auf sie schärfte. Serien der Gegenwart gelten als narrativ komplex, gesellschaftskritisch und hochgradig selbstreferenziell, wobei der Diskurs zur modernen Serie mithilfe einschlägiger Merkmalkataloge und einem sehr ausgeprägten Kanon aus einer recht überschaubaren Riege an Klassikern operiert. Dieser Diskurs bringt bis heute zahlreiche Untersuchungen hervor, die sich aus verschiedenen Richtungen mit den wie auch immer genau kategorisierten Qualitäten der Serie auseinandersetzen und sie etwa aus narratologischer, intermedialer, medienhistorischer oder soziologischer Sicht analysieren. Dazu gesellten sich in jüngerer Vergangenheit Studien, die nicht nur die Serie, sondern ihre Medienkanäle und vor allem das Fernsehen als mediale «Heimat» der TV-Serie mit einem für dieses Medium bisher unbekannten Glanz ins Zentrum medienwissenschaftlicher Aufmerksamkeit rückten.

Alle Untersuchungen verbindet dabei vor allem eines: die Annahme, dass es nicht allein der Diskurs rund um die Serie und das sich verändernde Fernsehen zwischen Webserie, YouTube oder Netflix ist, der die Serie beobachtet und den Hype um sie selbst legitimiert, sondern vor allem die Serie selbst. Nicht der Umstand, dass es immer mehr gut produzierte und unkonventionellere Serien gibt, macht aus der TV-Serie ein besonders spannungsreiches Phänomen, sondern die Vielfalt ihrer Rekursionen und Selbstbeobachtungen. Kurz gesagt: Gesteigerte Reflexion ist die wahre Qualität der modernen Serie. Was nicht mit Reflexion aufwarten kann, ist einfach nur Serie. Und davon gibt es nach wie vor viele.

Die zurückliegenden Untersuchungen dieser Studie haben innerhalb dieses Rahmens den zahlreichen Analysen zur kontemporären Serie eine bisher wenig beachtete Perspektive hinzugefügt. Denn Autorschaft spielte bisher nur eine untergeordnete Rolle in der wissenschaftlichen Diskussion, obwohl sie sich auf figurativer wie diskursiver Ebene als theoretisch weit anschlussfähiger erweist, als es auf einen ersten, Autorschaft allein auf klassische Sichtweisen reduzierenden Blick erscheint. Mag dies unter anderem an der Furcht vor den bekannten Erblasten und Fallstricken der Autorschaftsdebatte unter medientheoretischen Gesichtspunkten liegen, so wurde an dieser Stelle der Vorschlag unterbreitet, dieses Thema im Kontext fiktiver Autorschaft zu spezifizieren und für mehrere Anschlüsse furchtbar zu machen. Die Prämisse fiel dabei recht einfach aus: Wirft man einen Blick auf die Serienlandschaft, ist an Autoren, Erzählern oder anderen Formen von Autorschaft kein Vorbeikommen. Aufgrund dieser geradezu überbordenden Vielfalt an autorschaftlich geprägten Figuren lässt sich Autorschaft in ihrer empirischen Komplexität nicht mehr nur mit klassischen Ansätzen und starren Figurationen beschreiben, sondern vor allem vor dem Hintergrund der Dynamik serieller Phänomene als komplexem Geflecht verschiedener Figurenentwürfe. Autorenfiguren sind in ihren zahlreichen Entwürfen so wandlungs- und anpassungsfähig wie die Serien, die sie hervorbringen. Der Vorteil, sich mit serieller Autorschaft zu beschäftigen, besteht in der Vermittlung aus figurativen, narrativen und medialen Komponenten, die alle unmittelbar am Kern der Serie als komplexes Phänomen andocken und diese vor allem mitbestimmen. Autorschaft bedeutet vor allem, sich mit den Bedingungen des Mediums auseinanderzusetzen, das sie erzählerisch hervorbringt. Denn es sind vor allem Autorenfiguren, die – so lautet der hier gemachte Ordnungsvorschlag – als Erzähler, Remaker, klassische Autoren, Creatoren und Agenten bei aller Binnendifferenzierung innerfiktional die medialen Modalitäten und thematischen Bezugspunkte seriellen Erzählens aushandeln, die der kontemporären Serie als narrativ-mediale Qualitätsmerkmale unterstellt werden. Die Typologie serieller Autorschaft versteht sich als Vorschlag, Autorschaft figurativ zu ordnen und mithilfe der Kategorien systematisch neue Perspektiven auf dieses Phänomen und seine weitreichenden Implikationen anzustoßen.

Wie die Analysen zu so unterschiedlichen Autorenfiguren wie Hannibal Lecter, Hank Moody, Gossip Girl, Don Draper oder Hannah Horvath gezeigt haben, arbeiten sich serielle Autorenfiguren an den Veränderungen und Gegebenheiten zeitgenössischer Medienkultur ab, indem sie mit ihren Werkprozessen die Bedingungen und Möglichkeiten eines Werks sowohl innerfiktional als auch bezogen auf die Serie innerhalb einer konvergierenden Mediengesellschaft verhandeln. Ein wichtiger gemeinsamer Fluchtpunkt der Serienfiguren besteht darin, dass sie innerhalb ihrer Werkprozesse Kategorien wie Genre, Gender oder Medium ebenso zur Disposition stellen wie die Stabilität von Lebensentwürfen. Figurative Lebens- und damit Identitätsentwürfe verschränken sich zu einer Serienbiografie, die auf alle Facetten der Serie ausgreift. Nicht umsonst verhandeln zahlreiche Serien etwa den Tod als ihr fundamentalstes Problem: Endet die Serie, endet der figurative Lebensentwurf – et vice versa.

Die Serie erzählt so gesehen nicht nur von ihren Figuren und ihrer Zeit, sondern vor allem von sich selbst und ihrer potenziellen (Un-)Endlichkeit. Aufgrund ihrer inneren Dynamik aus Wiederholung und Variation, die sie in neuen Folgen zum Weitererzählen und Fortschreiben zwingt, kann sie ihre serienbiografische Identität immer wieder neu verhandeln, verändern und bisher Erzähltes ebenso zurücknehmen wie umdeuten. Will man diese Bestandsaufnahme gegenwärtiger Serienkultur weiter zuspitzen, könnte man von einer Zunahme defigurativer Radikalisierungen sprechen, wie sie Hannibal Lecter, Dexter Morgan, der Scream-Killer oder Paul Spector seriengeschichtlich vorantreiben. Die Serie testet mit ihren Defigurationen experimentell aus, wie weit sie gehen kann, bietet jedoch in allen Genres und auf allen Plattformen so viele Tendenzen an, dass jeder Versuch einer historiografischen Beschreibung ihre Parameter sehr genau reflektieren muss, um stabile Modelle anbieten zu können.

Eine einheitliche Erzählung der Seriengeschichten kann es unter diesen Vorzeichen also kaum geben. Sich historiografisch mit der Serie sowie all ihren seriellen Dynamiken und Kontexten auseinanderzusetzen, bedeutet letztlich, sich nicht dem Diktat eines Einheitsbegriffs wie der Qualitätsserie und ihren kanonischen Implikationen zu beugen. Die Idee einer radikalen Gleichzeitigkeit verschiedener, sich potenziell widersprechender und sogar austauschbarer Identitätsentwürfe, wie sie als Beschreibungsmodell der Gegenwart herangezogen wird, findet in der gegenwärtige Serienkultur ihre wohl adäquateste Umsetzung.[1] Dass zahlreiche weitere Serien wie etwa Mr. Robot, The Affair oder Lady Dynamite die Geschichte gegenwärtiger Autorschaft(en) in Serie fortschreiben, mag als Beleg für die These einstehen, wonach ein Ende dieser Thematik unter den hier verhandelten Gesichtspunkten nicht denkbar scheint. Die serielle Spirale der (Selbst-)Erzählungen von Autorschaft wird sich weiterdrehen; fortlaufenden Rekurs auf sich und ihre Gesetze. *Previously on … Next time on …*

---

1 Siehe dazu Prokić, Tanja: *Kritik des narrativen Selbst*, S. 223–225.

Ending Credits

Das vorliegende Buch ist die gedruckte Fassung meiner Dissertation, die im Wintersemester 2015/16 an der Ludwig Maximilians Universität München an der Fakultät für Sprach- und Literaturwissenschaft angenommen wurde. Die Disputation wurde am 5.2.2016 absolviert.

Mit diesen wenigen Eckpunkten, die sich in ihrer Nüchternheit dennoch in ein ganzes Leben einbrennen, kann gar nicht final ermessen werden, wie vielen Menschen ich für den erfolgreichen Abschluss meiner Promotion zu Dank verpflichtet bin. An erster Stelle steht mein Doktorvater Prof. Dr.Oliver Jahraus, der mir über mein gesamtes akademisches Wirken hinweg auf so vielen Wegen immer ein rückhaltlos treuer Begleiter und unnachgiebiger Förderer war. Oliver Jahraus hat nicht nur meine Vorstellung universitären Denkens und Diskutierens wie bei nahezu allen seiner Schützlinge entscheidend erweitert, sondern mir mit seinem Lehrstuhl auch das gegeben, was nicht jedem angehenden Absolventen an der Alma Mater vergönnt ist – eine akademische Heimat zu finden. Alles, was er mich gelehrt hat und was ich von ihm lernen durfte, werde ich stets sehr zu schätzen wissen. Bei meiner «Doktormutter» Prof. Dr. Fabienne Liptay möchte ich mich neben der tiefgreifenden fachlichen Inspiration im Feld der Filmwissenschaft und Ihren eminent wichtigen Anregungen besonders für ihre Loyalität und ihr Zuvorkommen danken, das Projekt während all seiner Stationen stets engagiert begleitet zu haben. Für beide Gutachter gilt ebenso wie für Prof. Dr. Hans-Martin Schönherr-Mann, der als Nebenfachprüfer aus der Politikwissenschaft die Prüfungskommission vervollständigt hat, dass sie aus der Disputatio ein durchgehend positives Ereignis werden ließen, an das ich mich immer gerne erinnern werde. Auch Dr. Marcel Schellong hatte in seiner Funktion als Schriftführer einen nicht geringen Anteil daran und es sei ihm neben seiner mehr als beruhigenden Ausstrahlung vor allem für seinen Einsatz bei der Planung und Durchführung der Disputatio sehr herzlich gedankt.

Nicht unerwähnt bleiben dürfen die Mitarbeiter, Mitglieder und Doktoranden des Lehrstuhls Jahraus und der gesamten LMU München, die ich über die Jahre kennenlernen durfte und die mich in vielen Seminaren, Kolloquien und Diskussionen an ihrem Wissen teilhaben ließen. Auch all den engagierten Studierenden, die an meinen eigenen Seminaren teilnahmen und mir bei der Schärfung mancher Gedanken ebenso halfen wie dabei, meine Freude an der Wissenschaft auch in schweren Phasen nicht zu verlieren, möchte ich herzlich Dank sagen. Da eine Doktorarbeit zwar ein Ziel hat, es jedoch bis dahin nicht gerade ein kurzer Weg ist, möchte ich mich in Gänze bei all den lieben Kolleginnen und Kollegen erkenntlich zeigen, die ich bei Tagungen oder auf anderen Wegen treffen durfte. Stellvertretend für viele weitere Kollegen bzw. kollegiale Beziehungen, die sich sowohl in München wie andernorts entwickelt haben, danke ich Tobias Unterhuber neben seinem engagierten Lektorat vor allem für seinen ansteckenden Enthusiasmus in thematischer Hinsicht sowie Dr. Bernd Schneid für viele wichtige thematische Impulse und seine psychobiografisch unerschütterliche Freundschaft, die sich gerade in der Not als echte Bruderschaft erwiesen hat. Selbiges gilt für meinen Freund Ingmar Sienerth, der mir ohne Einschränkungen (ebenso wie freundlicherweise Sebastian Göttel) als konstruktiver Lektor beistand, wenn ich ihn gebraucht habe. Nicht zu vergessen meine langjährige Weggefährten Rafael Hoyos-Kleemann, Paula Gomez Lopez, Matthias Eder, Maximilian von der Höh, Gabriel Brass, Johannes Dobroschke, Anika Sossna und all diejenigen, die mir bis zum Schluss die Daumen gehalten und sich in ihrer jeweils ganz eigenen Art in das eingebracht haben, was «Promotionsveteranen» als ihren sehr persönlichen Kampf bezeichnen, den sie mit sich und der Welt auszutragen hatten.

Bezogen auf alle bisher genannten Zusammenhänge darf Dr. Tanja Prokić keinesfalls unerwähnt bleiben, ohne die es diese Dissertation wohl nicht gegeben hätte. Ihre Kompetenzen halfen schon «vor jeder Idee» an so vielen Stellen und prägten nicht nur akademisch meinen Lebensweg nachhaltig. Es war mir immer Freude und Ehre zugleich, mit Tanja Prokić an Projekten arbeiten, mit ihr Filme oder Serien «durchleiden» und einen Menschen wie sie meine beste Freundin nennen zu dürfen.

Last but not least freue ich mich ganz besonders darüber, mit diesem Buch meinen Eltern Leonhard und Gisela Schlicker für ihre bedingungslose Unterstützung über all die Jahre etwas zurückgeben zu können, die sie selbst in schwierigen Zeiten niemals in Frage gestellt haben. Sie waren mit ihrer Geduld und Liebe immer für mich da, wenn ich sie gebraucht habe. Ein größeres Kompliment kann man Eltern wahrscheinlich nicht machen.

Ganz am Ende steht das, was sich trotz vieler Versuche in diesem Zusammenhang kaum adäquat in Worte kleiden lässt, nämlich die Liebe meiner Lebensgefährtin Anne Kremer. Sie gab mir jeden Tag Kraft, Halt und den Glauben an mich, den es speziell in der Endphase einer Dissertation braucht. Mit all ihren Talenten, Sensibilitäten und Temperamenten hat sie nicht nur diese Arbeit maßgeblich unterstützt, sondern meinem Leben mit ihrer Präsenz mit das größte Geschenk bereitet, das man erhalten oder überhaupt erhoffen kann.

Bibliografie

Abramson, Albert: *Die Geschichte des Fernsehens*. Paderborn 2002.

Ackermann, Kathrin: «Dispositiv und Format des Fernsehens am Beispiel der US-amerikanischen Fernsehserie Battlestar Galactica (2004–2009).» In: Türschmann, Jörg / Wagner, Birgit (Hg.): *TV global. Erfolgreiche Fernseh-Formate im internationalen Vergleich*. Bielefeld 2011, S. 59–77.

Ackermann, Judith: «Identitäten und digitale (Ab-)Bilder im Netz.» In: Stiegler, Christian et al. (Hg.): *New Media Culture. Mediale Phänomene der Netzkultur*. Bielefeld 2015, S. 51–66.

Adelmann, Ralf et al.: «Perspektiven der Fernsehwissenschaft.» In: Dies. (Hg.): *Grundlagentexte zur Fernsehwissenschaft. Theorie – Geschichte – Analyse*. Konstanz 2001, S. 7–19.

Adelmann, Ralf / Stauff, Markus: «Ästhetiken der Re-Visualisierung. Zur Selbststilisierung des Fernsehens.» In: Fahle, Oliver / Engell, Lorenz (Hg.): *Philosophie des Fernsehens*. München 2006, S. 55–76.

Agamben, Giorgio: *Was ist ein Dispositiv?* Zürich/Berlin 2008.

Ahrens, Jörn: «Authentifizierung der Fiktion. The Wire und die Möglichkeit einer Erfahrung von Gesellschaft.» In: Ders. et al.: *The Wire. Analysen zur Kulturdiagnostik populärer Medien*. Wiesbaden 2014, S. 113–146.

Ahrens, Jörn et al.: «Einleitung. Die TV-Serie The Wire und ihre Kontextualisierungen.» In: Dies.: *The Wire. Analysen zur Kulturdiagnostik populärer Medien*. Wiesbaden 2014, S. 7–19.

Ahrens, Jörn et al.: *The Wire. Analysen zur Kulturdiagnostik populärer Medien*. Wiesbaden 2014.

Akass, Kim / McCabe, Janet: *Reading Sex and the City*. London/New York 2004.

Akass, Kim / McCabe, Janet: «Was hat HBO je für Frauen getan? Annäherung an eine feministische Kritik des Fernsehens.» In: Dreher, Christoph (Hg.): *Autorenserien. Die Neuerfindung des Fernsehens*. Stuttgart 2010, S. 252–285.

Alewyn, Richard: «Die Anatomie des Kriminalromans.» In: Vogt, Jochen (Hg.): *Der Kriminalroman. Poetik – Theorie – Geschichte*. München 1998, S. 52–72.

Allison, Deborah: «Innovative Vorspanne und Reflexivität im klassischen Hollywoodkino.» In: Böhnke, Alexander et al. (Hg.): *Das Buch zum Vorspann. ‹The Title is a Shot›*. Berlin 2006, S. 90–101.

Althans, Birgit / Tammen, Antke: «Das Begehren am Kriminalroman.» In: Jankowiak, Tanja et al. (Hg.): *Von Freud und Lacan aus: Literatur, Medien, Übersetzen*.

Zur Rücksicht auf Darstellbarkeit in der Psychoanalyse. Bielefeld 2006, S. 133–150.

Altman, Rick: «Fernsehton» In: Adelmann, Ralf et al. (Hg.): *Grundlagentexte zur Fernsehwissenschaft. Theorie – Geschichte – Analyse.* Konstanz 2001, S. 388–412.

Amstutz, Nathalie: *Autorschaftsfiguren. Inszenierungen und Reflexion von Autorschaft bei Musil, Bachmann und Mayröcker.* Köln 2004.

Arenas, Fernando Ramos: *Der Auteur und die Autoren. Die Politques des Auteurs und ihre Umsetzung in der Nouvelle Vague und in Dogme 95 (= Media-Studien, Bd. 15).* Leipzig 2011.

Arendt, Hannah: *Über das Böse. Eine Vorlesung zu Fragen der Ethik.* München/Zürich 2006.

Armbrust, Sebastian: «Konflikt in Serie. Aushandlungen zwischen Individuum und Gesellschaft in The Wire und Mad Men.» In: *rabbit eye. Zeitschrift für Filmforschung.* Ausgabe 4, 2012, S. 71–88.

Armbrust, Sebastian: «Serielle Perspektiven auf Patienten und Ärzte. Körper, Psyche und Serialität in Dr. House.» In: Eder, Jens et al. (Hg.): *Medialität und Menschenbild.* Berlin/Boston 2013, S. 103–118.

Arnheim, Rudolf: *Film als Kunst.* Frankfurt a. M. 2002.

Arnold, Heinz Ludwig (Hg.): *Alexander Kluge (= Text + Kritik, Heft 85/86/Neufassung).* München 2011.

Arnzen, Michael A.: «The Same and the New. Cape Fear and the Hollywood Remake as Metanarrative Discourse.» In: *Narrative* 4/2. 1996, S. 175–194.

Arthurs, Jane: «Sex and the City and consumer culture. Remediating postfeminist drama.» In: *Feminist Media Studies 3*, 2003, S. 83–98.

Astruc, Alexandre: «Die Geburt einer neuen Avantgarde: die Kamera als Federhalter.» In: Kotulla, Theodor (Hg.): *Der Film. Manifeste, Dokumente, Gespräche. Band 2.* München 1964, S. 111–115.

Balázs, Béla: *Der Geist des Films.* Frankfurt a. M. 2001.

Barthes, Roland: *Die Lust am Text.* Frankfurt a. M. 1974.

Barthes, Roland: «Für eine Psycho-Soziologie der zeitgenössischen Ernährung.» In: *Freiburger Universitätsblätter 75,* 1982, S. 65–73.

Barthes, Roland: «Der Tod des Autors.» In: Jannidis, Fotis et al. (Hg.): *Texte zur Theorie der Autorschaft.* Stuttgart 2000, S. 185–193.

Bartz, Christina: *MassenMedium Fernsehen. Die Semantik der Masse in der Medienbeschreibung.* Bielefeld 2007.

Bassler, Moritz (Hg.): *New Historicism. Literaturgeschichte als Poetik der Kultur.* Tübingen/Basel 2001.

Bassler, Moritz: «Bewohnbare Strukturen und der Bedeutungsverlust des Narrativs. Überlegungen zur Serialität am Gegenwarts-Tatort.» In: Hißnauer, Christian et al. (Hg.): *Zwischen Serie und Werk. Fernseh- und Gesellschaftsgeschichte im Tatort.* Bielefeld 2014, S. 347–359.

Baudrillard, Jean: «Requiem für die Medien.» In: Ders.: *KOOL Killer oder Der Aufstand der Zeichen.* Berlin 1978.

Baudry, Jean-Louis: «Das Dispositiv: Metapsychologische Betrachtungen des Realitätseindrucks.» In: Pias, Claus et al. (Hg.): *Kursbuch Medienkultur. Die maßgeblichen Texte von Brecht bis Baudrillard.* Stuttgart 2004, S. 381–404.

Beck, Klaus et al.: *Zukunft des Internet.* Konstanz 2000.

Beil, Benjamin et al.: «Die Serie. Einleitung in den Schwerpunkt.» In: Beil, Benjamin (Hg.): *Die Serie (= Zeitschrift für Medienwissenschaft 7).* Zürich 2012, S. 10–18.

Beil, Benjamin et al.: «Die Fernsehserie als Reflexion und Projektion des medialen Wandels.» In: Krotz, Friedrich / Hepp, Andreas (Hg.): *Mediatisierte Welten. Forschungsfelder und Beschreibungsansätze.* Wiesbaden 2012, S. 197–223.

Beil, Benjamin et al: *Studienhandbuch Filmanalyse. Ästhetik und Dramaturgie des Spielfilms.* München 2012.

Bellour, Raymond: «Hitchcock, the enunciator.» In: *Camera obscura Nr. 2,* 1977, S. 66–91.

Benjamin, Walter: *Das Kunstwerk im Zeitalter seiner technischen Reproduzierbarkeit (= Suhrkamp Studienbibliothek 1)*. Frankfurt a. M. 2007.

Benjamin, Walter: «Der Erzähler. Betrachtungen zum Werk Nikolai Lesskows.» In: Ders.: *Erzählen. Schriften zur Theorie der Narration und zur literarischen Prosa.* Frankfurt a. M. 2007, S. 103–128.

Bergmann, Jörg: *Klatsch. Zur Sozialform der diskreten Indiskretion.* Berlin 1987.

Bickerton, Emilie: *Eine kurze Geschichte der Chiers du cinéma.* Zürich 2010.

Blanchet, Robert: «Quality TV. Eine kurze Einführung in die Geschichte und Ästhetik neuer amerikanischer Fernsehserien.» In: Ders. et al. (Hg.): *Serielle Formen. Von den frühen Film-Serials zu aktuellen Quality-TV- und Onlineserien.* Marburg 2011, S. 37–70.

Bleicher, Joan Kristin: «Zirkulation medialer Bilderwelten. Wechselwirkungen zwischen Fernsehen und YouTube.» In: Birr, Hannah et al. (Hg.): *Probleme filmischen Erzählens (= Beiträge zur Medienästhetik und Mediengeschichte, Bd. 27).* Berlin 2009, S. 177–200.

Bleicher, Joan Kristin: «Medien-Stil = Medienästhetik? Die Bedeutung des Stils für die Medienforschung» In: Dies. et al. (Hg.): *Fernsehstil. Geschichte und Konzepte (= Medialität – Crossmedialität. Beiträge zur Fernseh- und Onlineforschung, Bd. 2).* Berlin 2010, S. 13–48.

Bleicher, Joan: «Der Begriff Fernsehen wird auf etwas übertragen, das überhaupt kein Fernsehen ist.» (Interview) In: *montage av. Zeitschrift für Theorie und Geschichte audiovisueller Kommunikation.* Jg. 21, H. 1, 2012, S. 109–114.

Blümelhuber, Christian: *seriell! Das Basisprinzip der modernen Moderne.* Berlin 2010.

Bobineau, Julien: «SaveWalterWhite.Com – Audience Engagement als Erweiterung der Diegese in Breaking Bad.» In: Nesselhauf, Jonas / Schleich, Markus (Hg.): *Quality-TV. Die narrative Spielwiese des 21. Jahrhunderts.* Berlin 2014, S. 227–240.

Boddy, William: *Fifties Television. The Industry and Its Critics.* Urbana 1993.

Boehm, Gottfried: «Jenseits der Sprache? Anmerkungen zur Logik der Bilder.» In: Kimmich, Dorothee et al. (Hg.): *Texte zur Literaturtheorie der Gegenwart.* Stuttgart 2008, S. 476–492.

Bolter, Jay David / Grusin, Richard: *Remediation. Understanding New Media.* Cambridge 1999.

Bolz, Norbert: *Am Ende der Guttenberg – Galaxis. Die neuen Kommunikationsverhältnisse.* München 1993.

Booth, Wayne: «Der implizite Autor.» In: Jannidis, Fotis et al. (Hg.) : *Texte zur Theorie der Autorschaft.* Stuttgart 2000, S. 142–152.

Bordwell, David: *Narration in the Fiction Film.* Madison 1985.

Bordwell, David et al.: *The Classical Hollywood Cinema: Film Style and Mode of Production to 1960.* London 1985.

Bordwell, David / Thompson, Kristin: *Film Art. An Introduction.* New York / St. Louis 1993.

Bordwell, David: «Citizen Kane und die Künstlichkeit des klassischen Studio-Systems.» In: Rost, Andreas (Hg.): *Der schöne Schein der Künstlichkeit.* Frankfurt a. M. 1995, S. 117–149.

Bordwell, David: «The Art Cinema as a Mode of Film Practice.» In: Fowler, Catherine (Hg.): *The European Cinema Reader.* London 2002, S. 94–102.

Bordwell, David: *Visual Style in Cinema. Vier Kapitel Filmgeschichte.* Frankfurt a. M. 2006.

Borkhardt, Sebastian: «Essens-Zeit. Zur Temporalität in Früchtebildern.» In: *Zeitschrift für Kulturwissenschaften 1*, 2012, S. 31–48.

Bornemann, Claus von: «Idealisierung der Frau oder Sublimierung der Liebe?» In: Jankowiak, Tanja et al. (Hg.): *Von Freud und Lacan aus: Literatur, Medien, Übersetzen. Zur Rücksicht auf Darstellbarkeit in der Psychoanalyse.* Bielefeld 2006, S. 106–116.

Bourdieu, Pierre: «Die Illusion der Biographie. Über die Herstellung von Lebensgeschichten.» In: *Neue Rundschau 102/3*, 1991, S. 109–115.

Bourdieu, Pierre: *Über das Fernsehen.* Frankfurt a. M. 2002.

Bovenschen, Silvia: *Die imaginierte Weiblichkeit. Exemplarische Untersuchungen zu kulturgeschichtlichen und literarischen Präsentationsformen des Weiblichen.* Frankfurt a. M. 1979.

Bovenschen, Silvia: *Liebestod und Femme fatale. Der Austausch sozialer Energien zwischen Oper, Literatur und Film.* Frankfurt a. M. 2004.

Böhnke, Alexander et al.: «Vorwort.» In: Dies. (Hg.): *Das Buch zum Vorspann. ‹The Title is a Shot›.* Berlin 2006, S. 6–7.

Böhnke, Alexander: *Paratexte des Films. Über die Grenzen des filmischen Universums.* Bielefeld 2007.

Böndel, Paula: Die Künstlerthematik in den frühen Romanen von Marcel Proust, Robert Musil und James Joyce. Heidelberg 2010.

Brandl-Risi, Bettina et al.: «Prolog der Figuration. Vorüberlegungen zu einem Begriff.» In: Brandl-Risi, Bettina et al. (Hg.): *Figuration. Beiträge zum Wandel der Betrachtung ästhetischer Gefüge.* München 2000, S. 10–29.

Brandl-Risi, Bettina et al. (Hg.): *Figuration. Beiträge zum Wandel ästhetischer Gefüge.* München 2000.

Brauerhoch, Annette: «Der Autorenfilm. Emanzipatorisches Konzept oder autoritäres Modell?» In: Deutsches Filmmuseum Frankfurt am Main (Hg.): *Abschied von Gestern. Bundesdeutscher Film der sechziger und siebziger Jahre.* Ausstellungskatalog, S. 154–166.

Bronfen, Elisabeth: *Nur über ihre Leiche. Tod, Weiblichkeit und Ästhetik.* Würzburg 2004.

Bruhns, Adrian: «Tell the Drama Club their Tears will be real today. Zur narrative Funktion intradiegetischer Fiktionen in NBCs Community.» In: Hoffstadt, Christian / Korge, Lisa (Hg.): *TV Dramedy (= Komik und Gewalt, Bd. 4).* Bochum/Freiburg 2013, S. 49–56.

Bruns, Karin: «Do it wherever you want it but do it! Das Gerücht als partizipative Produktkraft der neuen Medien.» In: Neitzel, Britta / Nohr, Rolf F. (Hg.): *Das Spiel mit dem Medium. Partizipation – Immersion – Interaktion. Zur Teilhabe an den Medien von Kunst bis Computerspiel (= Schriftenreihe der Gesellschaft für Medienwissenschaft, Bd. 14).* Marburg 2006, S. 332–347.

Brusberg-Kiermeier, Stefani / Greve, Werner (Hg.): *Die Evolution des James Bond. Stabilität und Wandel.* Göttingen 2014.

Buhl, Hendrik: «Zwischen Fakten und Fiktionen. Gesellschaftspolitische Themen in der Krimireihe Tatort.» In: Hißnauer, Christian et al. (Hg.): *Zwischen Serie und Werk. Fernseh- und Gesellschaftsgeschichte im Tatort.* Bielefeld 2014, S. 67–87.

Bulkow, Kristin / Petersen, Christer: «Skandalforschung: Eine methodologische Einführung.» In: Dies. (Hg.): *Skandale. Strukturen und Strategien öffentlicher Aufmerksamkeitserzeugung.* Wiesbaden 2011, S. 9–28.

Burkhardt, Steffen: «Skandal, medialisierter Skandal, Medienskandal: Eine Typologie öffentlicher Empörung.» In: Bulkow, Kristin / Petersen, Christer (Hg.): *Skandale. Strukturen und Strategien öffentlicher Aufmerksamkeitserzeugung.* Wiesbaden 2011, S. 131–156.

Buscombe, Edward: «The Idea of Genre in the American Cinema.» In: Grant, Barry Keith (Hg.): *Film Genre Reader III.* Austin 2003, S. 12–27.

Butler, Judith: *Psyche der Macht: Das Subjekt der Unterwerfung.* Frankfurt a. M. 2001.

Butter, Stella: *Literatur als Medium kultureller Selbstreflexion: Literarische Transversalität und Vernunftkritik in englischen und amerikanischen Gegenwartsromanen aus funktionsgeschichtlicher Sicht.* Trier 2007.

Bührmann, Andrea: «Die Normalisierung der Geschlechter in Geschlechterdispositiven.» In: Bublitz, Hannelore (Hg.): *Das Geschlecht der Moderne.* Frankfurt a. M. 1998, S. 71–94.

Bührmann, Andrea / Schneider, Werner: *Vom Diskurs zum Dispositiv. Eine Einführung in die Dispositivanalyse.* Bielefeld 2008.

Caldwell, John: *Televisuality: style, crisis and authority in American television.* New Brunswick 1995.

Calhoun, Craig: «Communication as social science (and more).» In: *International Journal of Communication* 5, 2011, S. 1479–1496.

Carroll, Noël: «Film, Emotion, and Genre.» In: Plantinga, Carl / Smith, Greg M. (Hg.): *Passionate Views. Film, Cognition and Emotion.* Baltimore/London 1999, S. 21–47.

Casetti, Francesco: «Filmgenre, Verständigungsvorgänge und kommunikativer Vertrag.» In: *montage av. Zeitschrift für Theorie und Geschichte audiovisueller Kommunikation.* Jg. 10, H. 2, 2001, S. 155–173.

Casetti, Francesco / Odin, Roger: «Vom Paläo- zum Neofernsehen. Ein semio-pragmatischer Ansatz» In: Adelmann, Ralf et al. (Hg.): *Grundlagentexte zur Fernsehwissenschaft. Theorie – Geschichte – Analyse.* Konstanz 2001, S. 311–333.

Cavell, Stanley: «Die Tatsache des Fernsehens.» In: Adelmann, Ralf et al. (Hg.): *Grundlagentexte zur Fernsehwissenschaft. Theorie – Geschichte – Analyse.* Konstanz 2001, S. 125–164.

Certeau, Michel de: *Das Schreiben der Geschichte.* Frankfurt a. M. / New York 1991.

Christen, Thomas: «Die Thematisierung des Erzählens im Film.» In: *Film und Kritik: Selbstreflexivität im Film.* H. 2, 1994, S. 39–53.

Clover, Carol: «Her Body, Himself: Gender in the Slasher Film.» In: *Representations* 20, 1987, S. 187–228.

Corrigan, Timothy: *A Cinema without Walls. Movies and Culture after Vietnam.* New Brunswick 1991.

Cox, Fiona E.: «So much Woman: Female Objectification, Narrative Complexity and Feminist Temporality in AMC's Mad Men.» In: *InVisible Culture 17*, 2012.

Cuntz, Michael: «Tell me what you don't like

about yourself: Hypernormalisierungen und Destabilisierung der Normalität in der US-Fernsehserie Nip/Tuck.» In: *KulturRevolution. Zeitschrift für angewandte Diskurstheorie, H. 53,* 2008, S. 68–79.

Dannenberg, Pascale Anja: *Das Ich des Autors. Autobiografisches in Filmen der Nouvelle Vague (= Marburger Schriften zur Medienforschung 28).* Marburg 2011.

Dechert, Andre: «Von der zeitgenössischen Fiktion zur Dokumentation historischer Realität? Gender in US-amerikanischen Family Sitcoms der 1950er und frühen 1960er-Jahre.» In: Cheauré, Elisabeth et al. (Hg.): *Geschlecht und Geschichte in populären Medien.* Bielefeld 2013, S. 209–231.

Decker, Jan-Oliver / Krah, Hans: «Mediensemiotik und Medienwandel.» In: Barmeyer, Christoph et al. (Hg.): *Medien und Wandel. (=Passauer Schriften zur interdisziplinären Medienforschung, Band 1).* Berlin 2011, S. 63–89.

Deleuze, Gilles: *Das Bewegungs-Bild. Kino 1.* Frankfurt a.M 1989.

Deleuze, Gilles: «Was ist ein Dispositiv?» In: Ewald, François / Waldenfels, Bernhard (Hg.): *Spiele der Wahrheit. Michel Foucaults Denken.* Frankfurt a. M. 1991, S. 153–162.

Deleuze, Gilles: *Unterhandlungen 1972–1990.* Frankfurt a. M. 1993.

Denson, Shane / Mayer, Ruth: «Grenzgänger. Serielle Figuren im Medienwechsel.» In: Kelleter, Frank (Hg.): *Populäre Serialität. Narration – Evolution – Distinktion. Zum seriellen Erzählen seit dem 19. Jahrhundert.* Bielefeld 2012, S. 185–203.

Derrida, Jacques: *Marx' Gespenster. Der Staat der Schuld, die Trauerarbeit und die neue Internationale.* Frankfurt a. M. 2004.

Derrida, Jacques: «Die différance.» In : Ders.: *Die différance. Ausgewählte Texte.* Stuttgart 2004, S. 110–149.

Detken, Anke: «Körperinszenierung, Begehren und Schrift in Stephen Frears' Dangerous Liaisons.» In: Jahraus, Oliver / Neuhaus, Stefan (Hg.): *Der erotische*

Film. Zur medialen Codierung von Ästhetik, Sexualität und Gewalt (= Film – Medium – Diskurs, Bd. 1). Würzburg 2003, S. 89–105.

Diederichsen, Diedrich: «Sampling und Montage. Modelle anderer Autorschaften in der Kulturindustrie und ihre notwendige Nähe zum Diebstahl.» In: Reulecke, Anne-Kathrin (Hg.): Fälschungen – Zu Autorschaft und Beweis in Wissenschaften und Künsten. Frankfurt a. M. 2006, S. 390–405.

Distelmeyer, Jan: «Vom auteur zum Kulturprodukt. Entwurf einer kontextorientierten Werkgeschichtsschreibung.» In: Nolte, Andrea (Hg.): Mediale Wirklichkeiten (= Dokumentation des 15. Film- und Fernsehwissenschaftlichen Kolloquiums). Marburg 2003, S. 86–97.

Distelmeyer, Jan: Das flexible Kino. Ästhetik und Dispositiv der DVD & Blu-ray. Berlin 2012.

Distelmeyer, Jan: «Belebung im Raum oder: Da ist er, das ist seine Stimme! Grammophon, Schallplatte und CD im Film fragen nach der Wirklichkeit des Tons.» In: Kirchmann, Kay / Ruchatz, Jens (Hg.): Medienreflexion im Film. Ein Handbuch. Bielefeld 2014, S. 335–348.

Drewes, Miriam: «Vom Stillstand in der Bewegung. François Truffauts La Nuit américaine als Destruktion des Künstlermythos.» In: Balme, Christopher et al. (Hg.): Die Passion des Künstlers : Kreativität und Krise im Film. München 2011, S. 194–217.

Drügh, Heinz / Mergenthaler, Volker (Hg.): Ich ist ein Agent. Ästhetische und politische Aspekte des Spionagefilms (= film medium diskurs, Bd. 5). Würzburg 2005.

Dunham, Lena: Not That Kind of Girl: A Young Woman Tells You What She's «Learned». New York 2014.

Eagleton, Terry: Einführung in die Literaturtheorie. Stuttgart 1988.

Eco, Umberto: «Die Gliederung des filmischen Code.» In: Knilli, Friedrich (Hg.): Semiotik des Films. Mit Analysen kommerzieller Pornos und revolutionärer Agitationsfilme. München 1971, S. 70–93.

Eco, Umberto: Nachschrift zum Namen der Rose. München 1987.

Eder, Jens: «Die Postmoderne im Kino. Entwicklungen im Spielfilm der 90er Jahre.» In: Ders. (Hg.): Oberflächenrausch. Postmoderne und Postklassik im Kino der 90er Jahre. Hamburg 2008, S. 9–62.

Eder, Jens: Die Figur im Film. Grundlagen der Figurenanalyse. Marburg 2008.

Eick, Dennis: «Das Wesen des Bösen oder: Warum wir in der TV-Serie Dexter mit einem Serienkiller mitfiebern. Eine handwerkliche Betrachtung der US-Serie aus Sendersicht.» In: Seiler, Sascha (Hg.): Was bisher geschah. Serielles Erzählen im zeitgenössischen amerikanischen Fernsehen. Köln 2008, S. 148–159.

Elias, Norbert: «Figuration.» In: Schäfers, Bernhard (Hg.): Grundbegriffe der Soziologie. Stuttgart 2003, S. 88–91.

Ellis, John: «Fernsehen als kulturelle Form.» In: Adelmann, Ralf et al. (Hg.): Grundlagentexte zur Fernsehwissenschaft. Theorie – Geschichte – Analyse. Konstanz 2001, S. 44–73.

Elsaesser, Thomas: «(Post-)Klassisches Hollywoodkino: Die Hard.» In: Ders.: Hollywood heute. Geschichte, Gender und Nation im postklassischen Kino. Berlin 2009, S. 53–116.

Elsaesser, Thomas: «Film als Möglichkeitsform: Vom post-mortem-Kino zu mindgame movies.» In: Ders.: Hollywood heute. Geschichte, Gender und Nation im postklassischen Kino. Berlin 2009, S. 237–263.

Elsaesser, Thomas / Hagener, Malte: Filmtheorie. Zur Einführung. Hamburg 2007.

Engell, Lorenz: «Erzählung. Historiographische Technik und Kinematographischer Geist.» In: Ders.: Ausfahrt nach Babylon. Essais und Vorträge zur Kritik der Medienkultur. Weimar 2000.

Engell, Lorenz: «Die Wiederkehr des Ähnlichen. Das Geheimnis von Twin Peaks: Fernsehen als Nachspiel der Ordnung der Dinge.» In: Ders.: Ausfahrt nach Ba-

bylon: Essays und Vorträge zur Kritik der Medienkultur. Weimar 2000, S. 31–61.

Engell, Lorenz: «Die genetische Funktion des Historischen in der Geschichte der Bildmedien.» In: Engell, Lorenz / Vogl, Joseph (Hg.): *Mediale Historiographien.* Weimar 2001, S. 33–56.

Engell, Lorenz: *Bilder des Wandels (= serie moderner film, Bd. 1).* Weimar 2003.

Engell, Lorenz: «Das Ende des Fernsehens.» In: Fahle, Oliver / Engell, Lorenz (Hg.): *Philosophie des Fernsehens.* München 2006, S. 137–172.

Engell, Lorenz: «Fernsehen mit Unbekannten. Überlegungen zur experimentellen Television.» In: Grisko, Michael / Münker, Stefan (Hg.): *Fernsehexperimente. Stationen eines Mediums.* Berlin 2009, S. 15–45.

Engell, Lorenz: «Die kopernikanische Wende des Fernsehens.» In: Bergermann, Ulrike et al. (Hg.): *Das Planetarische. Kultur-Technik-Medien im postglobalen Zeitalter (= Mediologie, Bd. 23).* München 2010, S. 139–154.

Engell, Lorenz: «Erinnern/Vergessen. Serien als operatives Gedächtnis des Fernsehens.» In: Blanchet, Robert et al. (Hg.): *Serielle Formen. Von den frühen Film-Serials zu aktuellen Quality-TV- und Onlineserien.* Marburg 2011, S. 115–132.

Engell, Lorenz: *Fernsehtheorie. Zur Einführung.* Hamburg 2012.

Engell, Lorenz: «Folgen und Ursachen. Über Serialität und Kausalität.» In: Kelleter, Frank (Hg.): *Populäre Serialität. Narration – Evolution – Distinktion. Zum seriellen Erzählen seit dem 19. Jahrhundert.* Bielefeld 2012, S. 241–258.

Engell, Lorenz: «Zur Chemie des Bildes. Bemerkungen über Breaking Bad.» In: Freyermuth, Gundolf / Gotto, Lisa (Hg.): *Bildwerte. Visualität in der Digitalen Medienkultur (= Bild und Bit, Studien zur Digitalen Medienkultur, Bd. 1).* Bielefeld 2013, S. 195–206.

Engell, Lorenz et al.: «Das Fernsehen als Akteur und Agent.» In: Krotz, Friedrich et al. (Hg.): *Die Mediatisierung sozialer Welten. Synergien empirischer Forschung.* Wiesbaden 2014, S. 145–164.

Engelmann, Peter: *Dekonstruktion. Jacques Derridas semiotische Wende der Philosophie.* Wien 2013.

Englhart, Andreas: «Das Leiden des Künstlers zwischen Inszenierung und Authentizität. Eine Spurensuche im Film und in der Wirklichkeit.» In: Balme, Christopher et al. (Hg.): *Die Passion des Künstlers. Kreativität und Krise im Film.* München 2011, S. 271–290.

Ensel, Angelica: «Ich kann viel aus Ihnen machen. Die ärztliche Selbstinszenierung in der Schönheitschirurgie.» In: *Kea 11 (Thema: Körperbilder – Körperpolitiken),* 1998, S. 131–155.

Erhart, Walter: «Mann ohne Maske? Der Mythos des Narziss und die Theorie der Männlichkeit.» In: Benthien, Claudia / Stephan, Inge (Hg.): *Männlichkeit als Maskerade. Kulturelle Inszenierungen vom Mittelalter bis zur Gegenwart.* Köln 2003, S. 60–80.

Ernst, Christoph / Paul, Heike: «Einleitung.» In: Dies. (Hg.): *Amerikanische Fernsehserien der Gegenwart. Perspektiven der American Studies und der Media Studies.* Bielefeld 2015.

Eschkötter, Daniel: *The Wire.* Berlin 2012.

Eschkötter, Daniel: «This is my design. Hannibal.» In: *Cargo 24,* 2015, S. 45–49.

Eßlinger, Eva et al. (Hg.): *Die Figur des Dritten. Ein kulturwissenschaftliches Paradigma.* Frankfurt a. M. 2010.

Espositio, Elena: «Fiktion und Virtualität.» In: Krämer, Sybille: *Medien – Computer – Realität. Wirklichkeitsvorstellungen und Neue Medien.* Frankfurt a. M. 1998, S. 269–296.

Fahle, Oliver: *Bilder der zweiten Moderne (= serie moderner film, Bd. 3).* Weimar 2005.

Fahle, Oliver: «Das Bild und das Sichtbare. Eine Bildtheorie des Fernsehens.» In: Fahle, Oliver / Engell, Lorenz (Hg.): *Philosophie des Fernsehens.* München 2006, S.77–90.

Fahle, Oliver (2007): «Die Transtemporalität des Fernsehens.» In: Greiser, Katrin /

Schweppenhäuser, Gerhard (Hg.): *Zeit der Bilder. Bilder der Zeit.* Weimar 2007, S. 123–136.

Fahle, Oliver: «Im Diesseits der Narration. Zur Ästhetik der Fernsehserie.» In: Kelleter, Frank (Hg.). *Populäre Serialität: Narration – Evolution – Distinktion. Zum seriellen Erzählen seit dem 19. Jahrhundert.* Bielefeld 2012, S. 169–181.

Fassbinder, Rainer Werner: *Filme befreien den Kopf. Essays und Arbeitsnotizen.* Frankfurt a. M. 1992.

Felix, Jürgen: «Autorenkino.» In: Ders. (Hg.): *Moderne Film Theorie.* Mainz 2007, S. 13–57.

Feuer, Jane: «Melodrama, Serial Form and Television Today.» In: *Screen 25,* 1984, S. 4–16.

Feuer, Jane: «Quality Drama in the US: The New Golden Age?» In: Hilmes, Michelle (Hg.): *The Television History Book.* London 2003, S. 98–102.

Fischer, Frank: Der Autor als Medienjongleur. Die Inszenierung literarischer Modernität im Internet.» In: Künzel, Christine / Schönert, Jörg (Hg.): *Autorinszenierungen. Autorschaft und literarisches Werk im Kontext der Medien.* Würzburg 2007, S. 271–280.

Fiske, John: *Television Culture.* London 1987.

Fiske, John: «Augenblicke des Fernsehens. Weder Text noch Publikum.» In: Pias, Claus et al. (Hg.): *Kursbuch Medienkultur. Die maßgeblichen Theorien von Brecht bis Baudrillard.* Stuttgart 2004, S. 234–253.

Fohrmann, Jürgen: «Über Autor, Werk und Leser aus poststrukturalistischer Sicht.» In: *Diskussion Deutsch 21.116,* 1990/1991, S. 577–588.

Foucault, Michel: *Überwachen und Strafen. Die Geburt des Gefängnisses.* Frankfurt a. M. 1977.

Foucault, Michel: *Dispositive der Macht. Über Sexualität, Wissen und Wahrheit.* Berlin 1978.

Foucault, Michel: *Archäologie des Wissens.* Frankfurt a. M. 1981.

Foucault, Michel: *Die Malerei von Manet,* Berlin 1999.

Foucault, Michel: «Was ist ein Autor?» In: Jannidis, Fotis et al. (Hg.) : *Texte zur Theorie der Autorschaft.* Stuttgart 2000, S. 198–229.

Foucault, Michel: *Die Anormalen. Vorlesungen am College de France (1974–1975).* Frankfurt a. M. 2003.

Foucault, Michel: *Die Geburt der Klinik: Eine Archäologie des ärztlichen Blicks.* Frankfurt a. M. 2011.

Freybourg, Ann-Marie: *Film und Autor. Eine Analyse des Autorenkinos von Jean-Luc Godard und Rainer Werner Fassbinder.* Hamburg 1993.

Friedrich, Hans-Edwin / Jung, Uli (Hg.): *Schrift und Bild im Film.* Bielefeld 2002.

Frisch, Simon: «Politiques des auteurs: der subjektive Faktor in Film und Filmkritik.» In: Becker, Andreas R. et al. (Hg.): *Medien – Diskurse – Deutungen. Dokumentation des 20. Film- und Fernsehwissenschaftlichen Kolloquiums.* Marburg 2007, S. 158–165.

Frisch, Simon: *Mythos Nouvelle Vague: Wie das Kino in Frankreich neu erfunden wurde.* Marburg 2007.

Frizzoni, Brigitte: «Zwischen Trash-TV und Quality-TV. Wertediskurse zu serieller Unterhaltung.» In: Kelleter, Frank (Hg.). *Populäre Serialität: Narration – Evolution – Distinktion. Zum seriellen Erzählen seit dem 19. Jahrhundert.* Bielefeld 2012, S. 339–351.

Fröhlich, Vincent: «Spurensuche: Warum es die deutsche Quality-TV-Serie so schwer hat.» In: *Journal of Serial Narration in Television.* Journal 2, 2013, S. 35–51.

Fröhlich, Vincent: *Der Cliffhanger und die serielle Narration. Analyse einer transmedialen Erzähltechnik.* Bielefeld 2015.

Fuchs, Peter: «Die Form des Körpers.» In: Schroer, Markus (Hg.): *Soziologie des Körpers.* Frankfurt a. M. 2005, S. 48–72.

Fulda, Daniel: Einleitung: Unbehagen in der Kultur, Behagen an der Unkultur. Ästhetische und wissenschaftliche Faszination der Anthropophagie. Mit einer Auswahlbibliographie.» In: Fulda, Daniel / Pape, Walter (Hg.): *Das andere Essen. Kanni-*

balismus als Motiv und Metapher in der Literatur. Rombach 2001, S. 7–51.

Gardies, André: «Am Anfang war der Vorspann.» In: Böhnke, Alexander et al. (Hg.): Das Buch zum Vorspann. ‹The Title is a Shot›. Berlin 2006, S. 21–33.

Garncarz, Joseph: «Medienevolution oder Medienrevolution? Zur Struktur des Medienwandels um 1900.» In: Schnell, Ralf (Hg.): MedienRevolution. Beiträge zur Mediengeschichte der Wahrnehmung (= Medienumbrüche, Bd 18). Bielefeld 2006, S. 63–83.

Gaut, Berys: «Film, Authorship and Collaboration.» In: Allen, Richard / Smith, Murray (Hg.): Film, Theory and Philosophy. New York 1997, S. 149–172.

Genette, Gérard: Paratexte. Das Buch zum Beiwerk des Buches. Frankfurt a. M. 2001.

Geisenhanslüke, Achim: Masken des Selbst. Aufrichtigkeit und Verstellung in der europäischen Literatur. Darmstadt 2006.

Geitner, Ursula: «Soviel wie nichts? Weiblicher Lebenslauf, weibliche Autorschaft um 1800.» In: Fohrmann, Jürgen (Hg.): Lebensläufe um 1800. Tübingen 1998, S. 29–50.

Giesenfeld, Günter: «Serialität als Erzählstrategie in der Literatur.» In: Ders. (Hg.): Endlose Geschichten. Serialität in den Medien (=Germanistische Texte und Studien 43). Hildesheim 1994, S. 1–11.

Gillan, Jennifer: «Kodak, Jack, and Coke: Advertising and Mad-vertising.» In: Stoddart, Scott F. (Hg.): Analyzing Mad Men. Critical Essays on the Television Series. London 2011, S. 95–113.

Glaubitz, Nicola / Schröter, Jens: «Surreale und surrealistische Elemente in David Lynchs Fernsehserie Twin Peaks.» In: Lommel, Michael et al. (Hg.): Surrealismus und Film. Von Fellini bis Lynch (= Medienumbrüche, Bd. 25). Bielefeld 2008, S. 281–300.

Glaubitz, Nicola et al.: Eine Theorie der Medienumbrüche 1900/2000. Siegen 2011.

Gormász, Kathi: «TV Sozial: Vom Must-See-TV zum Must-Tweet-TV.» In: montage av. Zeitschrift für Theorie und Geschichte audiovisueller Kommunikation. Jg. 21, H. 1, 2012, S. 41–61.

Gotto, Lisa: «Nahsicht und Fernblick. Fernsehen im Film.» In: Kirchmann, Kay / Ruchatz, Jens (Hg.): Medienreflexion im Film. Ein Handbuch. Bielefeld 2014, S. 153–172.

Gotto, Lisa: «Scars'n'Screens. Nip/Tuck.» In: Lillge, Claudia et al. (Hg.): Die Neue Amerikanische Fernsehserie. Von Twin Peaks bis Mad Men. Paderborn 2014, S. 281–302.

Görner, Rüdiger: Grenzen, Schwellen, Übergänge. Zur Poetik des Transitorischen. Göttingen 2001.

Grampp, Sven / Ruchatz, Jens: Die Enden der Fernsehserie. Berlin 2014.

Grant, Catherine: Auteur Machines? Auteurism and the DVD.» In: Bennett, James / Brown, Tom (Hg.): Film and Television After DVD. New York 2008, S. 101–115.

Griem, Julika: «Mordshunger. Kulinarische Konjunkturen in Kriminalliteratur.» In: Zeitschrift für Kulturwissenschaften 1, 2012, S. 83–95.

Griem, Julika: «Zwischen deutschem Gesellschaftsroman und The Wire. Das Werk-Potenzial des Tatort im Kontext internationaler Referenzen.» In: Hissnauer, Christian et al. (Hg.): Zwischen Serie und Werk. Fernseh- und Gesellschaftsgeschichte im Tatort. Bielefeld 2014, S. 385–406.

Grimm, Gunter E.: «Monster und Galan. Graf Draculas filmische Metamorphosen.» In: Jahraus, Oliver / Neuhaus, Stefan (Hg.): Der Fantastische Film. Geschichte und Funktion in der Mediengesellschaft (= Film – Medium – Diskurs, Bd. 10). Würzburg 2005, S. 41–60.

Grimm, Philip: «Intertextuelle und intermediale Verweise in der TV-Serie The Sopranos.» In: Dörr, Volker C. / Kurwinkel, Tobias (Hg.): Intertextualität, Intermedialität, Transmedialität. Zur Beziehung zwischen Literatur und anderen Medien. Würzburg 2014, S. 136–154.

Gripsrud, Jostein (Hg.): Relocating Television. Television in the Digital Context. London/New York 2010.

Grisko, Michael (Hg.): *Texte zur Theorie und Geschichte des Fernsehens.* Stuttgart 2009.

Grizelj, Mario (Hg.): *Der Schauer(Roman). Diskurszusammenhänge – Funktionen – Formen.* Würzburg 2010.

Grob, Thomas: «Autormystifikation, kommunikatives Framing und gespaltener Diskurs.» In: Frank, Susi K. (Hg.): *Mystifikation – Autorschaft – Original (= Literatur und Anthropologie, Bd. 9).* Tübingen 2001, S. 107–134.

Gronemann, Claudia: «Autofiktion und das Ich in der Signifikantenkette. Zur literarischen Konstitution des autobiographischen Subjekts bei Serge Doubrovsky.» In: *Poetica 31,* 1999, S. 237–262.

Grünschläger, Rebecca: «Unterm Messer. Das ethische Berufsbild in der Ärzteserie Nip/Tuck.» In: Seiler, Sascha (Hg.): *Was bisher geschah. Serielles Erzählen im zeitgenössischen amerikanischen Fernsehen.* Köln 2008, S. 172–185.

Guerrero-Strachan, Santiago Rodriguez: «Poes Poetry: Melancholy and the Picturesque.» In: Gonzàlez Moreno, Beatriz / Rigal, Aragón, Margarita (Hg.): *A Descent into Edgar Allan Poe and His Works: The Bicentennial.* Bern 2010, S. 97–106.

Gugutzer, Robert: «Der body turn in der Soziologie. Eine programmatische Einführung.» In: Ders. (Hg.): *body turn. Perspektiven der Soziologie des Körpers und des Sports.* Bielefeld 2006, S. 7–53.

Gugutzer, Robert: «Der Körper als Identitätsmedium: Eßstörungen.» In: Schroer, Markus (Hg.): *Soziologie des Körpers.* Frankfurt a. M. 2005, S. 323–355.

Gunden, Kenneth: *Postmodern Auteurs: Coppola, Lucas, De Palma, Spielberg, Scorsese.* Jefferson 1991.

Gymnich, Marion: Meta-Film und Meta-TV. Möglichkeiten und Funktionen von Metaisierung in Filmen und Fernsehserien.» In: Hauthal, Janine et al. (Hg.): *Metaisierung in Literatur und anderen Medien. Theoretische Grundlagen. Metagattungen. Funktionen.* Berlin/New York 2007, S. 127–154.

Habermas, Jürgen: *Strukturwandel der Öffentlichkeit.* Frankfurt a. M. 1990.

Hagener, Malte: «Komplexität, Präsenz und Flexibilität in den Zeiten der Netzwerkmedien. Pragmatik und Ästhetik des Splitscreens in 24.» In: Eichner, Susanne et al. (Hg.): *Transnationale Serienkultur. Theorie, Ästhetik, Narration und Rezeption neuer Fernsehserien.* Wiesbaden 2013, S. 139–152.

Hahn, Barbara: *Unter falschem Namen. Von der schwierigen Autorschaft der Frauen.* Frankfurt a. M. 1991.

Hammerschmidt, Claudia: *Autorschaft als Zäsur. Vom Agon zwischen Autor und Text bei d'Urfé, Rousseau und Proust.* München 2010.

Harris, Adam Duncan: «Das goldene Zeitalter des Filmvorspanns. Die Geschichte des ‹Pacific Title and Art Studios›.» In: Böhnke, Alexander et al. (Hg.): *Das Buch zum Vorspann. ‹The Title is a Shot›.* Berlin 2006, S. 123–136.

Hartmann, Britta: «Anfang, Exposition, Initiation. Perspektiven einer pragmatischen Texttheorie des Filmanfangs.» In: *montage av. Zeitschrift für Theorie und Geschichte audiovisueller Kommunikation.* Jg. 4, H. 2, 1995, S. 101–122.

Hartmann, Britta: ‹Gestatten Sie, dass ich mich vorstelle?› Zuschaueradressierung und Reflexivität am Filmanfang. In: *montage av. Zeitschrift für Theorie und Geschichte audiovisueller Kommunikation.* Jg. 12, H. 2, 2003, S. 19–38.

Hediger, Vinzenz: «Reiz, Qualität und Ausdruck. Zur Funktion der Schrift und Typographie in Kinotrailern.» In: Friedrich, Hans-Edwin / Jung, Uli (Hg.): *Schrift und Bild im Film.* Bielefeld 2002, S. 139–162.

Hediger, Vinzenz / Vonderau, Patrick: »Landkarten des Vergnügens: Genres in Filmwerbung und Filmvermarktung.» In: Dies. (Hg.): *Demnächst in ihrem Kino. Grundlagen der Filmwerbung und Filmvermarktung.* Marburg 2005, S. 240–248.

Heiss, Nina: *Erzähltheorie des Films (= Film – Medium – Diskurs, Bd. 38).* Würzburg 2011.

Heller, Heinz-B. / Steinle, Matthias (Hg.): «Einleitung.» In: Dies. (Hg.): *Filmgenres. Komödie.* Stuttgart 2005, S. 11–23.

Heller, Heinz-B.: «Buch und Schrift im bewegten Bild. Zur motivgeschichtlichen Funktion und Bedeutung eines Mediendispositivs im deutschen Stummfilm.» In: Keppler-Tasaki, Stefan / Liptay, Fabienne (Hg.): *Grauzonen. Positionen zwischen Literatur und Film 1910–1960.* München 2010, S. 102–120.

Hepp, Andreas et al. (Hg.): *Schlüsseltexte der Cultural Studies. Medien – Kultur – Kommunikation.* Wiesbaden 2009.

Hepp, Andreas / Hitzler, Ronald: «Mediatisierung von Vergemeinschaftung und Gemeinschaft: Zusammengehörigkeiten im Wandel.» In: Krotz, Friedrich et al. (Hg.): *Die Mediatisierung sozialer Welten. Synergien empirischer Forschung.* Wiesbaden 2014, S. 35–52.

Heydebrand, Renate von / Winko, Simone: «Arbeit am Kanon: Geschlechterdifferenz in Rezeption und Wertung von Literatur.» In: Bußmann, Hadumod / Hof, Renate (Hg.): *Genus. Zur Geschlechterdifferenz in den Kulturwissenschaften.* Stuttgart 1995, S. 206–261.

Hickethier, Knut: «Die umkämpfte Normalität. Kriminalkommissare im deutschen Fernsehen.» In: Ermert, Karl / Gast, Wolfgang (Hg.): *Der neue deutsche Kriminalroman.* Loccum 1985, S. 189–206.

Hickethier, Knut: *Die Fernsehserie und das Serielle des Fernsehens.* Lüneburg 1991.

Hickethier, Knut: «Dispositiv Fernsehen. Skizze eines Modells.» In: *montage av. Zeitschrift für Theorie und Geschichte audiovisueller Kommunikation.* Jg. 4, H. 1, 1995, S. 63–84.

Hickethier, Knut / Bleicher, Joan: «Fernsehdesign oder: ‚Die Büchse der Pandora‘. Eine Einleitung.» In: Dies. (Hg.): *Trailer, Teaser, Appetizer. Zu Ästhetik und Design der Programmverbindungen im Fernsehen.* Hamburg 1997, S. 7–14.

Hickethier, Knut: «Genretheorie und Genreanalyse.» In: Felix, Jürgen (Hg.): *Moderne Film Theorie.* Mainz 2007, S. 62–96.

Hickethier, Knut: *Film- und Fernsehanalyse.* Stuttgart 2007.

Hickethier, Knut: «Das narrative Böse. Sinn und Funktion medialer Konstruktionen des Bösen.» In: Faulstich, Werner (Hg.): *Das Böse heute. Formen und Funktionen.* München 2008, S. 227–243.

Hickethier, Knut: *Einführung in die Medienwissenschaft.* Stuttgart/Weimar 2010.

Hickethier, Knut: «Das Fernsehen der DDR.» In: Zahlmann, Stefan (Hg.): *Wie im Westen, nur anders. Medien in der DDR.* Berlin 2010, S. 119–130.

Hilmes, Carola: *Skandalgeschichten – Aspekte einer Frauenliteraturgeschichte.* Taunus 2004.

Hilmes, Michele: «NBC and the Network Idea. Defining the ‹American System›». In: Henry, Michael / Hilmes, Michele (Hg.): *NBC. America's Network.* Berkeley 2007, S. 7–24.

Hof, Renate: *Die Grammatik der Geschlechter. Gender als Analysekategorie der Literaturwissenschaft.* Frankfurt a. M. / New York 1995.

Hoffman, Dagmar: «Sinnliche und Leibhaftige Begegnungen – Körper(-Ästhetiken) in Gesellschaft und Film.» In: Dies. (Hg.): *Körperästhetiken. Filmische Inszenierungen von Körperlichkeit.* Bielefeld 2010, S. 11–33.

Hohnsträter, Dirk: *Autorschaft im Spielfilm. Figuren, Schreibszenen, Unzuverlässigkeiten.* Berlin 2014.

Hörisch, Jochen: *Eine Geschichte der Medien. Vom Urknall zum Internet.* Frankfurt a. M. 2004.

Hudde, Hinrich: «Das Scheitern des Detektivs. Ein literarisches Thema bei Borges sowie Robbe-Grillet, Dürrenmatt und Sciascia.» In: *Romanistisches Jahrbuch 29,* 1978, S. 322–342.

Hollendonner, Barbara: «Der Zauber der Präsenz. Evidenzproduktion in CSI: Crime Scene Investigation.» In: *Zeitschrift für Kulturwissenschaften 1,* 2009, S. 27–40.

Horn, Eva: «Leichenschmaus. Eine Skizze zum Kannibalismus in der Psychoanalyse.» In: Keck, Annette et al. (Hg.): *Verschlungene Grenzen. Anthropophagie in Literatur und Kulturwissenschaften.* Tübingen 1999, S. 297–308.

Horstkotte, Silke: *Androgyne Autorschaft. Poesie und Geschlecht im Werk von Clemens Brentano.* Tübingen 2004.

Horton, Andrew S. (Hg.): *Comedy/Cinema/Theory.* Berkeley/Los Angeles 1991.

Horton, Donald / Wohl, Richard R.: «Massenkommunikation und parasoziale Interaktion. Beobachtungen zur Intimität über Distanz.» In: Adelmann, Ralf et al. (Hg.): *Grundlagentexte zur Fernsehwissenschaft. Theorie – Geschichte – Analyse.* Konstanz 2001, S. 74–104.

Höltgen, Stefan: *Spiegelbilder. Strategien der ästhetischen Verdoppelung in den Filmen von David Lynch.* Hamburg 2001.

Höltgen, Stefan: «Es hat (nicht) geschmeckt. Der Kannibale von Rothenburg und der verstehende Horrorfilm.» In: Biedermann, Claudio / Stiegler, Christian (Hg.): *Horror und Ästhetik. Eine interdisziplinäre Spurensuche.* Konstanz 2008, S. 150–166.

Hügel, Hans-Otto: «Spielformen des Bösen in der Populären Kultur.» In: Faulstich, Werner (Hg.): *Das Böse heute. Formen und Funktionen.* München 2008, S. 307–318.

Hüser, Rembert: «Der Vorspann stört. Und wie.» In: Kümmel, Albert / Schüttpelz, Erhard (Hg.): *Signale der Störung.* München 2003, S. 237–260.

Iser, Wolfgang: *Der Akt des Lesens.* München 1976.

Jahn-Sudmann, Andreas / Kelleter, Frank: «Die Dynamik serieller Überbietung. Amerikanische Fernsehserien und das Konzept des Quality-TV.» In: Kelleter, Frank (Hg.): *Populäre Serialität: Narration – Evolution – Distinktion. Zum seriellen Erzählen seit dem 19. Jahrhundert.* Bielefeld 2012, S. 205–224.

Jahraus, Oliver: *Literatur als Medium. Sinnkonstitution und Subjekterfahrung zwischen Bewusstsein und Kommunikation.* Weilerswist 2003, S. 459–554.

Jahraus, Oliver: *Literaturtheorie. Theoretische und methodische Grundlagen der Literaturwissenschaft.* Tübingen/Basel 2004.

Jahraus, Oliver: «Mediale Selbstreflexion und die Dialektik des Subjekts am Beispiel des Films Die fabelhafte Welt der Amélie.» In: Scheffer, Bernd / Jahraus, Oliver (Hg.): *Wie im Film. Zur Analyse populärer Medienereignisse.* Bielefeld 2004, S. 139–164.

Jannidis, Fotis et al. (Hg.): *Rückkehr des Autors. Zur Erneuerung eines umstrittenen Begriffs.* Tübingen 1999.

Jannidis, Fotis et al.: «Autor und Interpretation.» In: Dies. (Hg.): *Texte zur Theorie der Autorschaft.* Stuttgart 2000, S. 7–29.

Japp, Uwe: «Der Ort des Autors in der Ordnung des Diskurses.» In: Fohrmann, Jürgen / Müller, Harro (Hg.): *Diskurstheorien und Literaturwissenschaft.* Frankfurt a. M. 1988, S. 223–234.

Jäger, Gottfried: «Bildsystem Fotografie.» In: Sachs-Hombach, Klaus (Hg.): *Bildwissenschaft. Disziplinen, Themen, Mehoden.* Frankfurt a. M. 2005, S. 349–364.

Jenkins, Henry: *Convergence Culture. Where Old and New Media Collide.* New York 2006.

Jerslev, Anne: *David Lynch: Mentale Landschaften.* Wien 1996.

Jürgensen, Christoph / Kaiser, Gerhard: «Schriftstellerische Inszenierungspraktiken – Heuristische Typologie und Genese.» In: Dies.: *Schriftstellerische Inszenierungspraktiken – Typologie und Geschichte (Beihefte zum Euphorion 62).* Heidelberg 2011, S. 9–32.

Kaltenecker, Siegfried: *Spiegelformen. Männlichkeit und Differenz im Kino.* Basel 1996.

Kaplan, E. Ann: «Is the Gaze Male?» In: Dies. (Hg.): *Feminism and Film.* Oxford 2000, S. 119–138.

Kapferer, Jean Noel: *Gerüchte. Das älteste Massenmedium der Welt.* Leipzig 1996.

Karpenstein-Eßbach, Christa: *Einführung in die Kulturwissenschaft der Medien*. Paderborn 2004.

Kaufmann, Anette: *Der Liebesfilm. Spielregeln eines Filmgenres.* Konstanz 2007, S. 55–144.

Kaufmann, Anette: «Mad Men – zeitgenössische Narration im Gewand der 1960er.» In: Koebner, Sascha (Hg.): *«Ich kenne dich besser als mich selbst»: Serienromane amerikanischer Herkunft.* München 2013, S. 14–27.

Keilbach, Judith / Stauff, Markus: «Fernsehen als fortwährendes Experiment. Über die permanente Erneuerung eines alten Mediums.» In: Elia-Borer, Nadja et al. (Hg.): *Blickregime und Dispositive audiovisueller Medien.* Bielefeld 2011, S. 155–181.

Kelleter, Frank: «Populärkultur und Kanonisierung: Wie(so) erinnern wir uns an Tony Soprano?» In: Freise, Matthias / Stockinger, Claudia (Hg.): *Wertung und Kanon.* Heidelberg 2010, S. 55–76.

Kelleter, Frank: «Populäre Serialität. Eine Einführung.» In: Ders. (Hg.): *Populäre Serialität. Narration, Evolution, Distinktion. Zum seriellen Erzählen seit dem 19. Jahrhundert.* Bielefeld 2012, S. 11–48.

Kelleter, Frank: «Seinfeld.» In: Klein, Thomas / Hißnauer, Christian (Hg.): *Klassiker der Fernsehserie.* Stuttgart 2012. S. 203–209.

Keppler, Angela: *Mediale Gegenwart. Eine Theorie des Fernsehens am Beispiel der Darstellung von Gewalt.* Frankfurt a. M. 2006.

Keppler, Stefan: «Prolog zum Vampir. Paradoxierung und mediale Selbstreflexion in Literatur und Film.» In: Keppler, Stefan / Will, Michael (Hg.): *Der Vampirfilm. Klassiker des Genres in Einzelinterpretationen (= Film – Medium – Diskurs, Bd. 14).* Würzburg 2006, S. 7–28.

Kindt, Tom / Müller, Hans-Harald: *The Implied Author. Concept and Controversy.* Berlin/New York 2006.

Kinnebrock, Susanne et al.: «Theorien des Medienwandels – Konturen eines emergierenden Forschungsfeldes.» In: Dies. (Hg.): *Theorien des Medienwandels (= Öffentlichkeit und Geschichte 8).* Köln 2015, S. 11–28.

Kirchmann, Kay: «Zwischen Selbstreflexivität und Selbstreferentialität. Überlegungen zur Ästhetik des Selbstbezüglichen als filmische Modernität.» In: Amann, Frank et al. (Hg.): *Selbstreflexivität im Film (= Film und Kritik, Bd. 2).* Frankfurt a. M. 1994, S. 23–37.

Kirchmann, Kay: «Einmal über das Fernsehen hinaus und wieder zurück: Neuere Tendenzen in US-amerikanischen TV-Serien.» In: Meteling, Arno et al. (Hg.): *‹Previously on…›. Zur Ästhetik der Zeitlichkeit neuerer TV-Serien.* München 2010, S. 61–72.

Kirchmeier, Christian: *Moral und Literatur. Eine historische Typologie.* München 2013.

Kites, Jim: *Horizons West. Anthony Mann, Budd Boetticher, Sam Peckinpah: Studies of Autorship within the Western.* London 1969.

Kittler, Friedrich: *Grammophon, Film, Typewriter.* Berlin 1986.

Kittler, Friedrich: «Nur was schaltbar ist, ist überhaupt.» In: *werk und zeit. Vierteljahresschrift des Deutschen Werkbundes.* Jg. 38, H. 1, 1990, S. 6–8.

Kittler, Friedrich: «Geschichte der Kommunikationsmedien.» In: Huber, Jörg / Müller, Alois Martin (Hg.): *Raum und Verfahren.* Basel/Frankfurt a. M. 1993.

Klein, Thomas: «‹I will not mess with the Opening Credits›. Der Vorspann der Simpsons.» In: Felix, Jürgen et al. (Hg.): *Die Wiederholung.* Marburg 2001, S. 595–602.

Klein, Thomas: « Diskurs und Spiel. Überlegungen zu einer medienwissenschaftlichen Theorie serieller Komplexität.» In Kelleter, Frank (Hg.). *Populäre Serialität: Narration – Evolution – Distinktion. Zum seriellen Erzählen seit dem 19. Jahrundert.* Bielefeld 2012, S. 223–238.

Klein, Thomas: «Von der Episode zur Webisode. Serialität und mediale Differenz.»

In: Renner, Karl et al. (Hg.): *Medien – Erzählen – Gesellschaft. Transmediales Erzählen im Zeitalter der Medienkonvergenz*. Berlin/Boston 2013, S.118–138.

Klein, Thomas / Hißnauer, Christian: «Einleitung.» In: Dies. (Hg.): *Klassiker der Fernsehserie*. Stuttgart 2012, S. 7–26.

Klein, Thomas et al. (Hg.): *Crossing Frontiers. Intercultural Perspectives on the Western (= Marburger Schriften zur Medienforschung, Bd. 22)*. Marburg 2012.

Kleinberger, Lisa: «Geschlecht in der Grauzone. Intersexuelle Körper und die Grenzen der Natürlichkeit.» In: Kleinberger, Lisa / Stiglegger, Marcus (Hg.): *Gendered Bodies. Körper, Gender und Medien. (= Massenmedien und Kommunikation 193/194)*. Siegen 2013, S. 19–33.

Kleinschmidt, Christoph: «Deutungsgewalt. Normen des Erzählens und Interpretierens in Goethes Unterhaltungen deutscher Ausgewanderten.» In: Bassler, Moritz et al. (Hg.): *(Be-)Richten und Erzählen. Literatur als gewaltfreier Diskurs?* München 2011, S. 97–107.

Klippel, Heike: «Feministische Filmtheorie.» In: Felix, Jürgen (Hg.): *Moderne Film Theorie*. Mainz 2007, S. 168–185.

Knox, Roland: «A Detective Story Decalogue.» In: Haycraft, Howard (Hg.): *The Art of the Mystery Story – A Collection of Critical Essays*. New York 1976, S. 194–196.

Koch, Gertrud / Voss, Christiane: «Einleitung.» In: Dies. (Hg.): ‹*Es ist, als ob*›. *Fiktionalität in Philosophie, Film und Medienwissenschaft*. München 2009, S. 7–11.

Koch, Lars: «24: »It will get even worse« – Zur Ökologie der Angst.» In: Seiler, Sascha (Hg.): *Was bisher geschah. Serielles Erzählen im zeitgenössischen amerikanischen Fernsehen*. Köln 2008, S. 98–115.

Koch, Lars: «‹I – I'm just making sure we don't get hit again.› Serientext und Weltbezug in der TV-Serie Homeland.» In: *Indes. Zeitschrift für Politik und Gesellschaft*. Jg. 4, 2014, S. 42–54.

Koch-Gombert, Dominik: *Fernsehformate und Formatfernsehen. TV-Angebotsentwicklung in Deutschland zwischen Programmgeschichte und Marketingstrategie*. München 2005.

Kord, Susanne: *Sich einen Namen machen. Anonymität und weibliche Autorschaft 1700–1900 (= Ergebnisse der Frauenforschung, Bd. 41)*. Stuttgart/Weimar 1996.

Koschorke, Albrecht: Codes und Narrative. Überlegungen zur Poetik der funktionalen Differenzierung.» In: Kimmich, Dorothee et al. (Hg.): *Texte zur Literaturtheorie der Gegenwart*. Stuttgart 2008, S. 545–558.

Koselleck, Reinhart: «Wozu noch Historie?» In: *Historische Zeitschrift Jg. 95*, Nr. 212, 1971, S. 1–18.

Köhler, Kristina: «You people are not watching enough television. Nach-Denken über Serien und serielle Formen.» In: Blanchet, Robert et al. (Hg.): *Serielle Formen. Von den frühen Film-Serials zu aktuellen Quality-TV- und Onlineserien*. Marburg 2011, S. 11–36.

Kracauer, Siegfried: *Das Ornament der Masse*. Frankfurt a. M. 1977.

Krah, Hans: «Erzählen in Folge. Eine Systematisierung narrativer Fortsetzungszusammenhänge.» In: Schaudig, Michael (Hg.): *Strategien der Filmanalyse – reloaded. Festschrift für Klaus Kanzog*. München 2010, S. 85–114.

Kramer, Peter: «Post-classical Hollywood.» In: Hill, John / Church Gibson, Pamela (Hg.): *The Oxford Guide to Film Studies*. Oxford 1998, S. 289–309.

Krämer, Sybille: «Was also ist eine Spur? Und worin besteht ihre epistemologische Rolle? Eine Bestandsaufnahme.» In: Dies. et al. (Hg.): *Spur. Spurenlesen als Orientierungstechnik und Wissenskunst*. Frankfurt a. M. 2007, S. 11–33.

Kregel, Marco: *Hollywood – Traum und Wirklichkeit: Deutsche Regisseure im Studiosystem*. Marburg 2012.

Kreimeier, Klaus / Stanitzek, Georg (Hg.): *Paratexte in Literatur, Film, Fernsehen*. Berlin/Oldenburg 2004.

Krotz, Friedrich: *Die Mediatisierung kommunikativen Handelns. Wie sich Alltag* und soziale Beziehungen, Kultur und Gesellschaft durch die Medien wandeln. Opladen 2001.

Krotz, Friedrich: Was unterscheidet die Mediatisierungsforschung von der Medienwirkungsforschung?» In: *Publizistik 53*, 2008, S. 326–338.

Krotz, Friedrich: «Einleitung: Projektübergreifende Konzepte und theoretische Bezüge der Untersuchung mediatisierter Welten.» In: Ders. et al. (Hg.): *Die Mediatisierung sozialer Welten. Synergien empirischer Forschung.* Wiesbaden 2014, S. 7–32.

Krotz, Friedrich: «Medienwandel in der Perspektive der Mediatisierungsforschung. Annäherung an ein Konzept.» In: Kinnebrock, Susanne et al. (Hg.): *Theorien des Medienwandels (= Öffentlichkeit und Geschichte 8).* Köln 2015, S. 119–140.

Krützen, Michaela: *Dramaturgie des Films. Wie Hollywood erzählt.* Frankfurt a. M. 2006.

Krützen, Michaela: *Dramaturgien des Films. Das etwas andere Hollywood.* Frankfurt a. M. 2010.

Krützen, Michaela: «Sad Girl. Bad Girl! Mad Girl? Die Figur Sally Draper in der Fernsehserie Mad Men.» In: Möhrmann, Renate (Hg.): *Rebellisch. Verzweifelt. Infam. Das böse Mädchen als ästhetische Figur.* Bielefeld 2012, S. 103–136.

Krützen, Michaela: *Klassik, Moderne, Nachmoderne. Eine Filmgeschichte.* Frankfurt a. M. 2015.

Kuhn, Thomas S.: *Die Struktur wissenschaftlicher Revolutionen.* Frankfurt a. M. 1976.

Kuhn, Markus: »Zwischen Kunst, Kommerz und Lokalkolorit: Zum Einfluss der Medienumgebung auf die narrative Struktur von Webserien.» In: Nünning, Ansgar et al. (Hg.): Narrative Genres im Internet. Theoretische Bezugsrahmen, Mediengattungstypologie und Funktionen. Trier 2012, S. 51–92.

Kuhn, Markus: *Filmnarratologie. Ein erzähltheoretisches Analysemodell.* Berlin/Boston 2013.

Kuhn, Markus et al.: «Genretheorien und Genrekonzepte.» In: Dies. (Hg.): *Filmwissenschaftliche Genreanalyse. Eine Einführung.* Berlin/Boston 2013, S. 1–36.

Kuhn, Markus / Noldt, Johannes: «Stromberg transmedial. TV-Serien und serielle Werbeclips im Netz als Form des transmedia storytelling.» In: *rabbit eye. Zeitschrift für Filmforschung.* Ausgabe 5, 2013, S. 40–55.

Künzel, Christine: «Einleitung.» In: Künzel, Christine / Schönert, Jörg (Hg.): *Autorinszenierungen. Autorschaft und literarisches Werk im Kontext der Medien.* Würzburg 2007, S. 9–23.

Landau, Solange: «How I met your Barney. Das Intro als metafiktionales Spiel.» In: Nesselhauf, Jonas / Schleich, Markus (Hg.): *Quality-TV. Die narrative Spielwiese des 21. Jahrhunderts?!* Berlin 2014, S. 93–102.

Latour, Bruno: «Über technische Vermittlung: Philosophie, Soziologie und Genealogie.» In: Bellinger, Andréa / Krieger, David J. (Hg.): *ANThology. Ein einführendes Handbuch zur Akteur-Netzwerk-Theorie.* Bielefeld 2006, S. 483–528.

Latour, Bruno: *Eine neue Soziologie für eine neue Gesellschaft. Einführung in die Akteur-Netzwerk-Theorie.* Frankfurt a. M. 2007.

Lauretis, Teresa de: *Technologies of Gender. Essays on Theory, Film and Fiction.* Bloomington 1987.

Lavery, David et al. (Hg.): *The Essential Sopranos Reader.* Kentucky 2011.

Lehmann, Judith: «Good Morning, Cicerly – Serien-Anfänge, -Expositionen, -Ursprungsmythen.» In: Meteling, Arno et al. (Hg.): ‹Previously on…›. Zur Ästhetik der Zeitlichkeit neuerer TV-Serien. München 2010, S. 75–94.

Lehmann, Ulrich: «Mode, Markt, Modernität. Beziehungen zwischen Kunstmarkt und Modeindustrie im Paris des 19. Jahrhunderts.» In: König, Gudrun M. et al. (Hg.): *Die Wissenschaften der Mode.* Bielefeld 2015, S. 81–96.

Lehnert, Gertrud: *Wenn Frauen Männerkleidung tragen.* München 1997.

Lehnert, Getrud: «Mode als kulturelle Praxis.» In: Gürtler, Christa / Hausbacher, Eva (Hg.): *Kleiderfragen: Mode und Kulturwissenschaft*. Bielefeld 2012, S. 29–44.

Lejeune, Philippe: «Der autobiographische Pakt.» In: Niggl, Günter (Hg.): *Die Autobiographie: Zu Form und Geschichte einer literarischen Gattung*. Darmstadt 1989, S. 214–257.

Lenzhofer, Karin: *Chicks Rule! Die schönen neuen Heldinnen in US-amerikanischen Fernsehserien*. Bielefeld 2006.

Leschke, Rainer: *Medien und Formen. Eine Morphologie der Medien*. Konstanz 2010.

Levin, Thomas Y.: «Rhetoric of the Temporal Index. Surveillant Narration and the Cinema of Real Time.» In: Levin, Thomas Y. et al. (Hg.): CTRL [Space]: *Rhetoric of Surveillance from Bentham to Big Brother*. Karlsruhe 2002, S. 578–593.

Liebrand, Claudia: «Als Frau lesen?» In: Bosse, Heinrich / Renner, Ursula (Hg.): *Literaturwissenschaft. Einführung in ein Sprachspiel*. Freiburg 1999, S. 385–400.

Liebrand, Claudia: *Gender-Topographien. Kulturwissenschaftliche Lektüren von Hollywoodfilmen der Jahrhundertwende*. Köln 2003.

Liebrand, Claudia / Steiner, Ines: «Einleitung.» In: Dies. (Hg.): *Hollywood hybrid. Genre und Gender im zeitgenössischen Mainstream-Film*. Marburg 2004, S. 7–15.

Liebrand, Claudia: «The Trouble with Endings. Schließungsfiguren in Screwball Comedies und Sex Comedies.» In: Gerigk, Anja (Hg.): *Glück paradox. Moderne Literatur und Medienkultur – theoretisch gelesen*. Bielefeld 2010, S. 227–260.

Lillge, Claudia et al.: «Große Fernseherzählungen und ihre Lektüren.» In: Dies. (Hg.): *Die Neue Amerikanische Fernsehserie. Von Twin Peaks bis Mad Men*. Paderborn 2014, S. 7–16.

Liptay, Fabienne: «Leerstellen im Film. Zum Wechselspiel von Bild und Einbildung.» In: Koebner, Thomas / Meder, Thomas (Hg.): *Bildtheorie und Film*. München 2006, S. 108–134.

Liptay, Fabienne: «Von der Ziffer zur Vision. Fragwürdige Leitdifferenzen zur Ordnung der Künste.» In: Keppler-Tasaki, Stefan / Liptay, Fabienne (Hg.): *Grauzonen. Positionen zwischen Literatur und Film 1910–1960*. München 2010, S. 15–40.

Lotman, Jurij M.: *Die Struktur literarischer Texte*. München 1993.

Lotz, Amanda. D.: *The Television will be Revolutionized*. London/New York 2007.

Lowry, Stephen: «Glamour und Geschäft. Filmstars als Marketingmittel.» In: Hediger, Vinzenz / Vonderau, Patrick (Hg.): *Demnächst in ihrem Kino. Grundlagen der Filmwerbung und Filmvermarktung*. Marburg 2009, S. 282–296.

Luhmann, Niklas: *Die Realität der Massenmedien*. Opladen 1996.

Luhmann, Niklas: *Die Gesellschaft der Gesellschaft*. Frankfurt a. M. 1997.

Luhmann, Niklas: *Die Politik der Gesellschaft*. Frankfurt a. M. 2000.

Luhmann, Niklas: «Veränderungen im System gesellschaftlicher Kommunikation und die Massenmedien.» In: Ders.: *Soziologische Aufklärung 3. Soziales System, Gesellschaft, Organisation*. Opladen 2005, S. 355–369.

Lukas, Christian: *Die Scream-Trilogie und die Geschichte des Teen-Horrorfilms*. München 2000.

Lukas, Christian: «Scream – Schrei!» In: Vossen, Ursula (Hg.): *Filmgenres. Horrorfilm*. Stuttgart 2004, S. 323–331.

Lüdeker, Gerhard Jens: «Identität als virtuelles Selbstverwirklichungsprogramm: Zu den autobiografischen Konstruktionen auf Facebook.» In: Nünning, Ansgar et al. (Hg.): *Narrative Genres im Internet. Theoretische Bezugsrahmen, Mediengattungstypologie und Funktionen (= Handbücher und Studien zur Medienkulturwissenschaft, Bd. 7)*. Trier 2012, S. 133–150.

Macho, Thomas: «Stimmen ohne Körper. Anmerkungen zur Technikgeschichte der Stimme.» In: Kolesch, Doris / Krämer, Sybille (Hg.): *Stimme. Annäherung an ein Phänomen.* Frankfurt a. M. 2006, S. 130–146.

Maciuszek, Dennis: «Erzählstrukturen im Filmgenre Coming of Age.» In: Grossmann, Stephanie / Klimczak, Peter (Hg.): *Medien-Texte-Kontexte: Dokumentation des 22. Film- und Fernsehwissenschaftlichen Kolloquiums.* Marburg 2010, S. 215–228.

Maeder, Dominik / Wentz, Daniela: «Einleitung.» In: Dies.(Hg.): *Der Medienwandel der Serie. Navigationen. Zeitschrift für Medien- und Kulturwissenschaften.* Jg. 13, H.1, 2013, S. 7–11.

Mahne, Nicole: *Transmediale Erzähltheorie. Eine Einführung.* Göttingen 2007.

Man, Paul de: «Autobiographie als Maskenspiel.» In: Menke, Christoph (Hg.): *Die Ideologie des Ästhetischen.* Frankfurt a. M. 1993, S. 131–146.

Manderbach, Jochen: *Das Remake. Studien zu seiner Theorie und Praxis.* Siegen 1988.

Manovich, Lev: *The Language of New Media.* Cambridge/London 2001.

Martus, Steffen: *Werkpolitik. Zur Literaturgeschichte kritischer Kommunikation vom 17. Bis ins 20. Jahrhundert mit Studien zu Klopstock, Tieck, Goethe und George.* Berlin/New York 2007.

McCabe, Janet / Akass, Kim (Hg.): *Reading Desperate Housewives. Beyond the White Picket Fence.* New York 2006.

McLuhan, Marshall: *Die Gutenberg-Galaxis. Das Ende des Buchzeitalters.* Bonn 1995.

McLuhan, Marshall: *Die magischen Kanäle. Understanding Media.* Basel 1995.

Meier, Christel / Wagner-Egelhaaf, Martina (Hg.): *Autorschaft. Ikonen – Stile – Institutionen.* Berlin 2011.

Mengel, Norbert: «Den Anfang macht die Ouvertüre. Entwicklungen von Serienvor- und abspannen. Vom ‹notwendigen Übel› zum kreativen Freiraum und zurück.» In: Schneider, Irmela (Hg.): *Serien-Welten. Strukturen US-amerikanischer Serien aus vier Jahrzehnten.* Opladen/Wiesbaden 1995, S. 19–41.

Mengel, Norbert: «Gemieden und geschnitten. Vor- und Abspanne in den Fern-sehprogrammen.» In: Hickethier, Knut / Bleicher, Joan (Hg.): *Trailer, Teaser, Appetizer. Zu Ästhetik und Design der Programmverbindungen im Fernsehen.* Hamburg 1997, S. 241–260.

Menninghaus, Winfried: *Ekel. Theorie und Geschichte einer starken Empfindung.* Frankfurt a. M. 1999.

Mersch, Dieter: «Logik und Medialität des Computerspiels. Eine medientheoretische Analyse.» In: Distelmeyer, Jan et al. (Hg.): *Game over!? Perspektiven des Computerspiels (= Metabasis, Bd. 1).* S. 19–41.

Meteling, Arno: *Monster. Zu Körperlichkeit und Medialität im modernen Horrorfilm.* Bielefeld 2006.

Meteling, Arno: «Comic Book Heroes. Superhelden zwischen Comic und Fernsehen.» In: Ders. et al. (Hg.): ‹*Previously on…*›. *Zur Ästhetik der Zeitlichkeit neuerer TV-Serien.* München 2010, S. 157–177.

Metz, Christian: *Die unpersönliche Enunziation und der Ort des Films (= Film und Medien in der Diskussion, Bd. 6).* Münster 1997.

Meyer, Urs: «Tagebuch, Brief, Journal, Interview, Autobiografie, Fotografie und Inszenierung. Medien der Selbstdarstellung von Autorschaft.» In: Gisi, Lucas Marco et al. (Hg.): *Medien der Autorschaft. Formen literarischer (Selbst-)Inszenierung von Brief und Tagebuch bis Fotografie und Interview.* München 2013, S. 9–15.

Mielke, Christine: *Zyklisch-serielle Narration. Erzähltes Erzählen von 1001 Nacht bis zur TV-Serie.* Berlin 2006.

Mielke, Christine: «Die funktionale Ordnung der Serie. Medienhistorische und narrative Entwicklung eines gesellschaftlichen Gedächtniselements.» In: Müller, Corinna / Scheidgen, Irina (Hg.): *Mediale Ordnungen. Erzählen, Archivieren, Beschreiben (= Schriftenreihe der Gesellschaft für Medienwissenschaft 15).* Marburg 2007, S. 166–186.

Mikos, Lothar: «Amphibischer Film versus transmediale Erzählung. Zu den komplexen Wechselbeziehungen von Film und

Fernsehen.» In: Schick, Thomas / Ebbrecht, Tobias (Hg.): *Kino in Bewegung. Perspektiven des deutschen Gegenwartsfilms*. Wiesbaden 2011, S. 137–154.

Miller, William: *Screenwriting for Narrative Film and Television*. London 1998.

Mitchell, W. J. T.: «Der Pictorial Turn.» In: Kravagna, Christian (Hg.): *Privileg Blick. Kritik der visuellen Kultur*. Berlin 1997, S.15–40.

Mittell, Jason: «Serial Boxes: DVD-Editionen und der kulturelle Wert amerikanischer Fernsehserien.» In: Blanchet, Robert et al. (Hg.): *Serielle Formen. Von den frühen Film-Serials zu aktuellen Quality-TV- und Onlineserien*. Marburg 2011, S. 133–152.

Mittell, Jason: «Narrative Komplexität im amerikanischen Gegenwartsfernsehen.» In: Kelleter, Frank (Hg.): *Populäre Serialität: Narration – Evolution – Distinktion. Zum seriellen Erzählen seit dem 19. Jahrhundert*. Bielefeld 2012.

Morsch, Thomas: «Serialität und metaleptische Erfahrung.» In: *montage av. Zeitschrift für Theorie und Geschichte audiovisueller Kommunikation*. Jg. 21, H.1, 2012, S. 151–174.

Morsch, Thomas et al. (Hg.): *Post TV – Debatten zum Wandel des Fernsehens*. Bielefeld 2016.

Mrozek, Bodo: «Im Geheimdienst Seiner Majestät, des Kapitalismus. Helden der Popkultur: Spione und Agenten im Kalten Krieg.» In: Bohrer, Karl-Heinz / Scheel, Kurt (Hg.): *Heldengedenken. Über das heroische Phantasma (= Merkur Sonderband 724/725)*. Stuttgart 2009, S. 982–988.

Mulvey, Laura: *Citizen Kane*. Hamburg 2000.

Mulvey, Laura: «Visuelle Lust und narratives Kino.» In: Albersmeier, Franz-Josef (Hg.): *Texte zur Theorie des Films*. Stuttgart 2003, S. 389–408.

Muttenthaler, Roswitha / Wonisch, Regina: *Gesten des Zeigens. Zur Repräsentation von Gender und Race in Ausstellungen*. Bielefeld 2006.

Müller, Corinna / Scheidgen, Irina: «Einleitung.» In: Dies. (Hg.): *Mediale Ordnungen. Erzählen, Archivieren, Beschreiben (= Schriftenreihe der Gesellschaft für Medienwissenschaft 15)*. Marburg 2007, S. 7–16.

Müller, Jürgen E.: «Jean-Luc Godard und die Zwischen-Spiele des Films.» In: Roloff, Volker / Winter, Scarlett (Hg.): *Godard intermedial*. Tübingen 1997, S. 108–127.

Müller, Jürgen E.: «Das Genie und die Passion des Filmemachens. Zur Auto(r)präsenz von Jean-Luc Godard in seinen Filmen.» In: Felix, Jürgen (Hg.): *Genie und Leidenschaft. Künstlerleben im Film*. St. Augustin 2000, S. 234–245.

Müller Nielaba, Daniel et al.: «Figur/a/tion. Möglichkeiten einer Figurologie im Zeichen E. T. A. Hoffmanns.» In: Dies. (Hg.): *Figur, Figura, Figuration: E. T. A. Hoffmann*. Würzburg 2011, S. 7–14.

Neale, Steve: *Genre and Hollywood*. London/ New York 2000.

Nelson, Robin: *TV-Drama in Transition. Forms, Values and Cultural Change*. Basingstoke 1997.

Nelson, Robin: «Quality Television: THE SOPRANOS is the best television drama ever…in my humble opinion.» In: *Critical Studies in Television. Scholarly Studies in Small Screen Fictions 1, 1*. 2006, S. 58–71.

Neuhaus, Stefan: «Wie man Skandale macht. Akteure, Profiteure und Verlierer im Literaturbetrieb.» In: Freise, Matthias / Stockinger, Claudia (Hg.): *Wertung und Kanon*. Heidelberg 2010, S. 29–41.

Nesselhauf, Jonas / Schleich, Markus: «Bausteine des Seriellen. TV-Serien und der Serial Frame.» In: *Journal of Serial Narration on Television*. Journal 1, 2013, S. 25–31.

Nesselhauf, Jonas / Schleich, Markus (Hg.): *Quality TV. Die narrative Spielweise des 21. Jahrhunderts?!* Berlin 2014.

Newman, Michael / Levine, Elana: «Fernsehbilder und das Bild des Fernsehens.» In: *montage av. Zeitschrift für Theorie und Geschichte audiovisueller Kommunikation*. Jg. 21, H. 1, 2012, S.11–40.

Nicodemus, Katja: «Am Anfang war die Wut.» In: DIE ZEIT, Nr. 1, 2006.

Nirmalarajah, Asokan: *Gangster Melodrama. The Sopranos und die Tradition des amerikanischen Gangsterfilms.* Bielefeld 2011.

Nitsche, Lutz: *Hitchcock – Greenaway – Tarantino. Paratextuelle Attraktionen des Autorenkinos.* Stuttgart/Weimar 2002.

Nowell-Smith, Geoffrey: «Six authors in pursuit of The Searchers (extract).» In: Caughie, John (Hg.): *Theories of Authorship.* London 1981, S. 221–224.

Nöth, Winfried et al.: *Mediale Selbstreferenz. Grundlagen und Fallstudien zu Werbung, Computerspiel und den Comics.* Köln 2008.

Nünning, Ansgar: «Von der fiktionalen Biographie zur biographischen Metafiktion – Prolegomena zu einer Theorie, Typologie und Funktionsgeschichte eines hybriden Genres.» In: Zimmermann, Christian von (Hg.): *Fakten und Fiktionen. Strategien fiktionalbiographischer Dichterdarstellungen in Roman, Drama und Film seit 1970 (= Mannheimer Beiträge zur Sprach- und Literaturwissenschaft, Bd. 48).* Tübingen 2000, S. 15–35.

Oltmann, Katrin: *Remake/Premake. Hollywoods romantische Komödien und ihre Gender-Diskurse, 1930–1960.* Bielefeld 2007.

Ong, Walter: *Oralität und Literalität. Die Technologisierung des Wortes.* Opladen 1987.

Onuki, Atsuko / Pekar, Thomas (Hg.): «Einführung.» In: Dies. (Hg.): *Figuration – Defiguration. Beiträge zur transkulturellen Forschung.* München 2006, S. 7–16.

Osinski, Jutta: *Einführung in die feministische Literaturwissenschaft.* Berlin 1998.

Packard, Stephan: «Homerische Intentionen. Notizen über Continuity in populären Serien.» In: Scheffer, Bernd / Jahraus, Oliver (Hg.): *Wie im Film. Zur Analyse populärer Medienereignisse (= Schrift und Bild in Bewegung, Bd. 8) .* Bielefeld 2004, S. 165–199.

Packard, Stephan: «Eine Ästhetik der Überforderung. Imaginäre Lesbarkeit und Opazität in Schriftfilmen.» In: Scheffer, Bernd / Stenzer, Christine (Hg.): *Schriftfilme. Schrift als Bild in Bewegung(= Schrift und Bild in Bewegung, Bd.16) .* Bielefeld 2009, S. 167–181.

Paech, Joachim: «Die Szene der Schrift und die Inszenierung des Schreibens im Film.» In: Friedrich, Hans-Edwin / Jung, Uli (Hg.): *Schrift und Bild im Film (= Schrift und Bild in Bewegung, Bd.3).* Bielefeld 2002, S.67–79.

Paech, Joachim: «Überlegungen zum Dispositiv als Theorie medialer Topik.» In: Albersmeier, Franz-Josef (Hg.): *Texte zur Theorie des Films.* Stuttgart 2003, S. 465–498.

Pabst, Stephan: «Anonymität und Autorschaft. Ein Problemaufriss.» In: Ders. (Hg.): *Anonymität und Autorschaft. Zur Literatur- und Rechtsgeschichte der Namenlosigkeit (= Studien und Texte zur Rechtsgeschichte der Literatur, Bd. 126).* Boston/Berlin 2011, S. 1–34.

Paulsen, Kerstin: «Von Amazon bis Weblog. Inszenierung von Autoren und Autorschaft im Internet.» In: Künzel, Christine / Schönert, Jörg (Hg.): *Autorinszenierungen. Autorschaft und literarisches Werk im Kontext der Medien.* Würzburg 2007, S. 257–270.

Peltzer, Anja: «Identität für Alle! Der Hollywood-Blockbuster als global erfolgreicher Identitätsanbieter einer Weltgesellschaft.» In: *rabbit eye. Zeitschrift für Filmforschung.* Ausgabe 4, 2012, S. 89–101.

Petersen, Christer: «Ich war eine gute Hure. Zur skandalösen Authentifizierung des Körpers in weiblicher Bekenntnisliteratur der 2000er-Jahre.» In: Bartl, Andrea / Kraus, Martin (Hg.): *Skandalautoren: zu repräsentativen Mustern literarischer Provokation und Aufsehen erregender Autorinszenierung.* Würzburg 2014, S. 355–394.

Pfeffer, Jürgen / Zorbach, Thomas: «Social Media und die Veränderungen der digitalen Diskussionskultur.» In: Stiegler, Christian et al. (Hg.): *New Media Culture. Mediale Phänomene der Netzkultur.* Bielefeld 2015, S. 125–142.

Pias, Claus: «Störung als Normalfall.» In: *Zeitschrift für Kulturwissenschaften 2*, 2011, S. 27–43.

Planka, Sabine: «Weiblichkeit als Appetizer. Frauenkörper in den James Bond-Title Sequences.» In: Kleinberger, Lisa / Stiglegger, Marcus (Hg.): *Gendered Bodies. Körper, Gender und Medien (= Massenmedien und Kommunikation 193/194).* Siegen 2013, S. 47–72.

Plumpe, Gerhard: «Der Autor im Netz. Urheberrechtsprobleme neuer Medien in historischer Sicht.» In: Städtke, Klaus / Kray, Ralph (Hg.): *Spielräume des auktorialen Diskurses.* Berlin 2003, S. 177–194.

Prokić, Tanja: *Kritik des narrativen Selbst. Von der (Un)Möglichkeit der Selbsttechnologie in der Moderne. Eine Erzählung (= Literatur – Kultur – Theorie, Bd. 6).* Würzburg 2011.

Prokić, Tanja: «Gaze & Gender. Oder: Die Praxis der Umschrift in Quentin Tarantinos Death Proof (2007).» In: Kleinberger, Lisa / Stiglegger, Marcus (Hg.): *Gendered Bodies. Körper, Gender und Medien (= Massenmedien und Kommunikation 193/194).* Siegen 2013, S. 169–188.

Prokić, Tanja: «Väter, Lehrer und Mentoren – Die Rache der Braut in Kill Bill Volume 1 & 2.» In: Hoffstadt, Christian / Müller, Sabine (Hg.): *Von Lehrerkritik bis Lehrermord (= Komik und Gewalt, Bd. 5).* Bochum/Freiburg 2013, S. 63–72.

Prokić, Tanja: «Skandal oder trivial? Helene Hegemann, Charlotte Roche und das Erbe der écriture féminine.» In: Bartl, Andrea / Kraus, Martin (Hg.): *Skandalautoren: zu repräsentativen Mustern literarischer Provokation und Aufsehen erregender Autorinszenierung.* Würzburg 2014, S. 395–415.

Prokić, Tanja: «Serie und Ereignis. True Detective als visuelles Laboratorium an der Schnittstelle zum Posttelevisuellen.» In: Arenhövel, Mark / Besandt, Anja /

Sanders, Olaf (Hg.): *Wissenssümpfe. Die Fernsehserie True Detective aus sozial- und kulturwissenschaftlichen Blickwinkeln.* Wiesbaden 2016 (im Erscheinen).

Prokić, Tanja / Schlicker, Alexander: «Vor der Serie. Eine Typologie von Opening Credits.» (Typoskript/erscheint voraussichtlich in *rabbit eye. Zeitschrift für Filmforschung*).

Proulx, Mike / Shepatin, Stacey: *Social TV. How Marketers Can Reach and Engage Audiences by Connecting Television to the Web, Social Media and Mobile.* Hoboken 2012.

Puschmann, Cornelius: «Technisierte Erzählungen? Blogs und die Rolle der Zeitlichkeit im Web 2.0.» In: Nünning, Ansgar et al. (Hg.): *Narrative Genres im Internet. Theoretische Bezugsrahmen, Mediengattungstypologie und Funktionen.* Trier 2012, S. 93–114.

Rakow, Katja: «Take the *un* out of the *undead!* Zur diskursiven Konstruktion der Attribute ‹lebendig›, ‹tot› und ‹untot› in der amerikanischen Fernsehserie True Blood.» In: Ahn, Gregor et al. (Hg.): *Diesseits, Jenseits und Dazwischen? Die Transformation und Konstruktion von Sterben, Tod und Postmortalität.* Bielefeld 2011, S. 93–120.

Rauscher, Andreas: «Helden des Comic-Alltags. Transmedia Storytelling in der Serie Heroes.» In: Seiler, Sascha (Hg.): *Was bisher geschah. Serielles Erzählen im zeitgenössischen amerikanischen Fernsehen.* Köln 2008, S. 10–23.

Rauscher, Andreas: *Spielerische Fiktionen. Transmediale Genrekonzepte in Videospielen.* Marburg 2012.

Rajewsky, Irina O.: «Intermedialität und remediation. Überlegungen zu einigen Problemfeldern der jüngeren Intermedialitätsforschung.» In: Paech, Joachim / Schröter, Jens (Hg.): *Intermedialität Analog/Digital.* München 2004, S. 74–60.

Reichert, Klaus: «Gelehrte Dichter. Zur Geschichte eines behaupteten Widerspruchs.» In: Städtke, Klaus / Kray, Ralph

(Hg.): *Spielräume des Auktorialen Diskurses*. Berlin 2003, S. 39–48.

Reichert, Ramón (Hg.): *Big Data. Analysen zum digitalen Wandel von Wissen, Macht und Ökonomie*. Bielefeld 2014.

Reinlein, Tanja: *Der Brief als Medium der Empfindsamkeit. Erschriebene Identitäten und Inszenierungspotenziale*. Würzburg 2003.

Renner, Karl Nikolaus: *Fernsehen*. Konstanz 2012.

Reulecke, Anne-Kathrin: «Fälschungen – Zu Autorschaft und Beweis in Wissenschaften und Künsten. Eine Einleitung.» In: Dies. (Hg.): *Fälschungen – Zu Autorschaft und Beweis in Wissenschaften und Künsten*. Frankfurt a. M. 2006, S. 7–20.

Rheingold, Howard: «Der Alltag in meiner virtuellen Gemeinschaft.» In: Faßler, Manfred / Halbach, Wulf (Hg.): *Cyberspace. Gemeinschaften, virtuelle Kolonien, Öffentlichkeiten*. München 1994, S. 95–121.

Rieger, Stefan: *Die Individualität der Medien. Eine Geschichte der Wissenschaften vom Menschen*. Frankfurt a. M. 2001.

Ritz, German: «Maria Komornicka: Die gefährdete Autorschaft in den Wirren des Geschlechts. Die widerständige Identität der Transvestitin.» In: Frank, Susi et al. (Hg.): *Mystifikation – Autorschaft – Original (= Literatur und Anthropologie)*. Tübingen 2001, S. 135–162.

Ritzer, Ivo: *Walter Hill. Welt in Flammen*. Berlin 2009.

Ritzer, Ivo: *Fernsehen wider die Tabus. Sex, Gewalt, Zensur und die neuen US-Serien*. Berlin 2011.

Ritzer, Ivo: «Charisma und Ideologie: Zur Rückkehr des Autors im Quality TV.» In: Nesselhauf, Jonas / Schleich, Markus (Hg.): *Quality-TV. Die narrative Spielwiese des 21. Jahrhunderts*. Berlin 2014, S. 105–120.

Ritzer, Ivo: «Die Regeln des Spiels. Zur Différence zwischen Genre und Autor.» In: *rabbit eye. Zeitschrift für Filmforschung*. Ausgabe 6, 2014, S. 6–24.

Rivette, Jacques: *Schriften zum Film*. München 1989.

Riviere, Joan: «Weiblichkeit als Maskerade.» In: Weissberg, Liliane (Hg.): *Weiblichkeit als Maskerade*. Frankfurt a. M. 1994, S. 34–47.

Rothemund, Kathrin: «Serielle Textproduktionen – Zeitgenössische Fernsehserienforschung.» In: *MEDIENwissenschaft*. 1, 2012, S. 8–21.

Rothemund, Kathrin: *Komplexe Welten. Narrative Strategien in US-amerikanischen Fernsehserien*. Berlin 2013.

Rothöhler, Simon: *The West Wing*. Zürich 2012.

Rothöhler, Simon: «Content in Serie.» In: *Merkur* 68/3, 2014, S. 231–235.

Ruchatz, Jens: *Licht und Wahrheit. Eine Mediengeschichte der photographischen Projektion*. München 2003.

Rusch, Gebhard et al.: *Theorien der Neuen Medien. Kino – Radio – Fernsehen – Computer*. Paderborn 2007.

Ryan, Marie-Laure: *Narrative as Virtual Reality: Immersion and Interactivity in Literature and Electronic Media*. Baltimore 2001.

Sannwald, Daniela: *Lost in the Sixties. Über Mad Men*. Berlin 2014.

Santo, Avi: «Para-television and discourses of distinction: The culture of production at HBO.» In: Leverette, Marc et al. (Hg.): *It's not TV. Watching HBO in the Post-Television Era*. New York 2008, S.19–45.

Saupe, Anja: *Kannibalismus und Kultur: zu einer Poetik des Tabubruchs in der Fiktion – Drama, Comic und Film*. Frankfurt a. M. 2011.

Sarris, Andrew: «Notes on the Auteur Theory in 1962.» In: Mast, Gerard / Cohen, Marshall (Hg.): *Film Theory and Criticism*. New York 1985, S. 528–540.

Sarris, Andrew: *The American Cinema. Directors and Directions 1929–1968*. New York 1996.

Schabacher, Gabriele: «Serienzeit. Zu Ökonomie und Ästhetik der Zeitlichkeit neuerer US-amerikanischer TV-Serien.» In: Meteling, Arno et al. (Hg.): ‹Previously on …›. *Zur Ästhetik der Zeitlichkeit neuerer TV-Serien*. München 2010, S. 19–39.

Schabacher, Gabriele: «‹When Am I? › – Zeitlichkeit in der TV-Serie Lost, Teil 1.» In: Meteling, Arno et al. (Hg.): ‹Previously on...›. Zur Ästhetik der Zeitlichkeit neuerer TV-Serien. München 2010, S. 207–229.

Schabert, Ina / Stauff, Barbara (Hg.): Autorschaft. Genus und Genie in der Zeit um 1800 (= Geschlechterdifferenz und Literatur, Bd. 1). München 1994.

Schaffrick, Matthias / Willand, Marcus: «Autorschaft im 21. Jahrhundert. Bestandsaufnahme und Positionsbestimmung.» In: Dies. (Hg.): Theorien und Praktiken der Autorschaft (= spectrum Literaturwissenschaft, Bd. 47). Berlin/Boston 2014, S. 3–150.

Schanze. Helmut: «Integrale Mediengeschichte,» In: Ders.(Hg.): Handbuch der Mediengeschichte. Stuttgart 2001, S. 207–283.

Schaudig, Michael: «Filmphilologie und Filmgeschichte. Eine Einführung in den Objektbereich.» In: Ders. (Hg.): Positionen deutscher Filmgeschichte. 100 Jahre Kinematographie: Strukturen, Diskurse, Kontexte (= diskurs film. Münchner Beiträge zur Filmphilologie, Bd. 8). München 1996, S. 9–22.

Schaudig, Michael: «Recycling für den Publikumsgeschmack? Das Remake: Bemerkungen zu einem filmhistorischen Phänomen.» In: Ders. (Hg.): Positionen deutscher Filmgeschichte. 100 Jahre Kinematographie: Diskurse, Strukturen, Kontexte (= diskurs film. Münchner Beiträge zur Filmphilologie, Bd. 8). München 1996, S. 277–308.

Schleicher, Harald: Film-Reflexionen: autothematische Filme von Wim Wenders, Jean-Luc Godard und Federico Fellini. Tübingen 1991.

Schlicker, Alexander: Computerspiel-Horror. Untersuchungen zur medialen Codierung des Survival-Horrors in Theorie und Praxis. Saarbrücken 2010.

Schlicker, Alexander: «Paideia – Psychoanalyse – Serialität: Übertragungsdynamiken in der TV-Serie Sopranos.» In: Hoffstadt, Christian / Müller, Sabine (Hg.): Von Lehrerkritik bis Lehrermord. Bochum/Freiburg 2013, S. 39–49.

Schlicker, Alexander: «Anatomien serieller Thanatopraxie. (Über-)Setzungen zwischen Memento Mori und Carpe Diem in der TV-Serie Six Feet Under.» In: Hoffstadt, Christian et al. (Hg.): Der Tod in Kultur und Medizin (= Aspekte der Medizinphilosophie, Bd. 14). Bochum/Freiburg 2014, S. 455–472.

Schlicker, Alexander: «Samurai – Assassine – Miike. Das Spiel ekstatischer Todesbilder im Remake 13 Assassins.» In: Prokić, Tanja (Hg.): Takashi Miike (= Filmkonzepte, Bd. 34). München 2014, S. 35–47.

Schlicker, Alexander: «Serialität – Spiel – Game Studies. Zu Formen, Distinktionen und Potenzialen der Game-Serie.» In: Hennig, Martin (Hg.): Spielzeichen. Glückstadt 2016, S. 193–211.

Schmidt, Siegfried J. / Zurstiege, Guido: Orientierung Kommunikationswissenschaft. Was sie kann, was sie will. Reinbek bei Hamburg 2000.

Schneid, Bernd: Die Sopranos, Lost und die Rückkehr des Epos. Erzähltheoretische Konzepte zu Epizität und Psychobiographie. Würzburg 2012.

Schneider, Irmela (Hg.): Amerikanische Einstellung. Deutsches Fernsehen und US-amerikanische Produktionen. Heidelberg 1992.

Schneider, Irmela: Serien-Welten. Strukturen US-amerikanischer Serien aus vier Jahrzehnten. Opladen/Wiesbaden 1995.

Schneider, Irmela: «Medien der Serienforschung.» In: Meteling, Arno et al. (Hg.): ‹Previously on...›. Zur Ästhetik der Zeitlichkeit neuerer TV-Serien. München 2010, S.41–60.

Schneider, Irmela / Zimmermann, Bernhard (Hg.): Wege zu Fernsehgeschichten. Ein Interview mit Rolf Hädrich, Einblicke in Seriengeschichten und Ergebnisse einer Umfrage zu Serien. Siegen 1992: DFG Sonderforschungsbereich 240.

Schneider, Werner: «Der Prothesen-Körper

als gesellschaftliches Grenzproblem.» In: Schroer, Markus (Hg.): *Soziologie des Körpers*. Frankfurt a.M. 2005, S. 371–397.

Schnell, Ralf: «Medienumbrüche – Konfigurationen und Konstellationen. Zur Einleitung in diesen Band.» In: Ders. (Hg.): *MedienRevolutionen. Beiträge zur Mediengeschichte der Wahrnehmung (= Medienumbrüche, Bd. 18)*. Bielefeld 2006, S. 7–12.

Schößler, Franziska: «Von kommenden Geschlechtern. Gender- und Genre-Turbulenzen in Science-Fiction-Filmen der 90er-Jahre.» In: Liebrand, Claudia / Steiner, Ines (Hg.): *Hollywood hybrid. Genre und Gender im zeitgenössischen Mainstream-Film*. Marburg 2004, S. 264–284.

Schößler, Franziska: *Literaturwissenschaft als Kulturwissenschaft. Eine Einführung.* Tübingen/Basel 2006.

Schröder, Nicolaus: *50 Klassiker. Filmregisseure. Von Georges Méliès bis Zhang Yimou.* Hildesheim 2003.

Schröter, Jens: «Analog/Digital. Opposition oder Kontinuum?» In: Schröter, Jens / Böhnke, Alexander (Hg.): *Analog/Digital – Opposition oder Kontinuum? Zur Theorie und Geschichte einer Unterscheidung.* Bielefeld 2004, S. 7–30.

Schröter, Jens: *Verdrahtet. The Wire und der Kampf um die Medien.* Berlin 2012.

Schröter, Jens / Schwering, Gregor: «Modelle des Medienwandels und der Mediengeschichtsschreibung.» In: Schröter, Jens (Hg.): *Handbuch Medienwissenschaft.* Stuttgart/Weimar 2014.

Schumacher, Heidemarie / Korbel, Leonhard: «Game Studies und Agency: Ein Forschungsbericht zu ihrem Verhältnis und ein Vorschlag zu einer neuen Forschungsperspektive.» In: Thimm, Caja (Hg.): *Das Spiel: Muster und Metapher der Mediengesellschaft.* Wiesbaden 2010, S. 55–78.

Schulz-Buschhaus, Ulrich: «Ein Autor wie Gott, unsichtbar und allmächtig – Über Formen diskursiver Autorität und Kontingenz.» In: Städtke, Klaus / Kray, Ralph

(Hg.): *Spielräume des auktorialen Diskurses.* Berlin 2003, S. 49–64.

Schwaab, Herbert: «Reading Contemporary Television, das Ende der Kunst und die Krise des Fernsehens.» In: *Zeitschrift für Medienwissenschaft, Nr. 1*, 2010, S. 135–139.

Schweinitz, Jörg: «Genre und lebendiges Genrebewusstsein.» In: *montage av. Zeitschrift für Theorie und Geschichte audiovisueller Kommunikation. Jg. 3, H. 2*, 1994, S. 99–118.

Schweinitz, Jörg: *Film und Stereotyp. Eine Herausforderung für das Kino und die Filmtheorie. Zur Geschichte eines Mediendiskurses.* Berlin 2006.

Schweizerhof, Barbara: «Lob des Fernsehens.» In: *epd medien 69*, 2006, S. 4–9.

Seier, Andrea: «Kategorien der Entzifferung: Macht und Diskurs als Analyseraster.» In: Bublitz, Hannelore et al. (Hg.): *Das Wuchern der Diskurse. Perspektiven der Diskursanalyse Foucaults.* Frankfurt a.M. 1999, S. 75–86.

Seiler, Sascha: «Abschied vom Monster der Woche.» In: Ders. (Hg.): *Was bisher geschah. Serielles Erzählen im zeitgenössischen amerikanischen Fernsehen.* Köln 2008, S. 6–9.

Seither, Hendrik: «Die Serialität des Tötens. Zur Homologie zwischen Serienmord und Fernsehserie am Beispiel Dexter.» In: Höltgen, Stefan / Wetzel, Michael (Hg.): *Killer/Culture. Serienmord in der populären Kultur (= Medien/Kultur 1).* Berlin 2010, S. 78–89.

Semeraro, Selina: «The Following. POEtik eines Serienkillers und -erzählers.» In: Nesselhauf, Jonas / Schleich, Markus (Hg.): *Quality-TV. Die narrative Spielwiese des 21. Jahrhunderts.* Berlin 2014, S. 159–170.

Sepinwall, Alan: *The Revolution was televised. The Cops, Crooks, Slingers and Slayers who changed TV-Drama forever.* New York/London u.a. 2012.

Sieber, Samuel: «Zur Politik medialer Dispositive.» In: Elia-Borer, Nadja et al. (Hg.): *Blickregime und Dispositive audiovisueller Medien.* Bielefeld 2011, S. 295–310.

Sielke, Sabine: «Transatlantische Serialität: Zur Transformation von Ästhetik, Wahrnehmung und Sinnstiftung im 20. Jahrhundert.» In: Böger, Astrid et al. (Hg.): *Dialoge zwischen Amerika und Europa: Transatlantische Perspektiven in Philosophie, Literatur, Kunst und Musik.* Tübingen 2000, S. 243–256.

Sielke, Sabine: «Joy in Repetition. Acht Thesen zum Konzept der Serialität und zum Prinzip der Serie.» In: Kelleter, Frank (Hg.): *Populäre Serialität. Narration, Evolution, Distinktion. Zum seriellen Erzählen seit dem 19. Jahrhundert.* Bielefeld 2012, S. 383–398.

Sill, Oliver: *Zerbrochene Spiegel. Studien zur Theorie und Praxis modernen autobiographischen Erzählens.* Berlin/New York 1991.

Silverman, Kaja: *The Acoustic Mirror: The Female Voice in Psychoanalysis and Cinema.* Bloomington 1988.

Simanowski, Roberto: «Autorschaft und digitale Medien. Eine unvollständige Phänomenologie.» In: Gisi, Lucas Marco et al. (Hg.): *Medien der Autorschaft. Formen literarischer (Selbst-)Inszenierung von Brief und Tagebuch bis Fotografie und Interview.* München 2014, S. 247–262.

Simmel, Georg: «Soziologie der Mahlzeit.» In: Ders.: *Aufsätze und Abhandlungen 1909–1918., Bd. 1.* Frankfurt a. M. 2001, S. 140–147.

Simon, David: *Homicide. A Year on the Killing Streets.* New York/Melbourne 2006.

Shelton, Catherine: *Unheimliche Inskriptionen. Eine Studie zu Körperbildern im postklassischen Horrorfilm.* Bielefeld 2008.

Spahr, Angela: «Magische Kanäle. Marshall McLuhan.» In: Kloock, Daniela / Spahr, Angela (Hg.): *Medientheorien. Eine Einführung.* München 2000, S. 39–76.

Spangenberg, Peter-Michael: «Mediengeschichte – Medientheorie.» In: Fohrmann, Jürgen / Müller, Harro (Hg.): *Literaturwissenschaft.* München 1995, S. 31–76.

Stam, Robert: *Reflexivity in Film and Literature. From Don Quixote to Jean-Luc Godard.* New York 1992.

Stanitzek, Georg: «Vorspann (titles/credits, générique)» In: Böhnke, Alexander et al. (Hg.): *Das Buch zum Vorspann. «The Title is a Shot».* Berlin 2006, S. 8–20.

Stauff, Markus: *Das neue Fernsehen. Machtanalyse, Gouvernementalität und digitale Medien.* Münster 2005.

Stähli, Urs: «Big Brother: Das Experiment Authentizität – zur Interdiskursivität von Versuchsanordnungen.» In: Balke, Friedrich / Stähli, Urs (Hg.): *Big Brother. Beobachtungen.* Bielefeld 2000, S. 55–77.

Steiner, Felix: *Dargestellte Autorschaft. Autorkonzept und Autorsubjekt in wissenschaftlichen Texten.* Tübingen 2009.

Stenzer, Christine: «Filmische Schrift. Ein Überblick.» In: Scheffer, Bernd / Stenzer, Christine (Hg.): *Schriftfilme. Schrift als Bild in Bewegung.* Bielefeld 2009, S. 35–71.

Stiglegger, Marcus: «Splitter. Filmemacher zwischen Autorenfilm und Mainstreamkino.» In: Ders. (Hg.): *Splitter im Gewebe. Filmemacher zwischen Autorenfilm und Mainstreamkino.* Mainz 2000, S. 11–26.

Stiglegger, Marcus: *Ritual & Verführung. Schaulust, Spektakel & Sinnlichkeit im Film.* Berlin 2006.

Stiglegger, Marcus: «Der dunkle Souverän: Die Faszination des allmächtigen Gewalttäters im zeitgenössischen Thriller und Horrorfilm.» In: Faulstich, Werner (Hg.): *Das Böse heute. Formen und Funktionen.* München 2008, S. 271–281.

Stiglegger, Marcus: *Terrorkino. Angst/Lust und Körperhorror.* Berlin 2010.

Stocker, Gerfried / Schöpf, Christine (Hg.): *Infowar – Information, Macht, Krieg. Ars Electronica 98.* Wien/New York 1998.

Stollfuß, Sven: «Always Already New?! American Quality Television und Fernsehtheorie: Ein Baustellenbericht.» In: Stollfuß, Sven / Weiss, Monika: *Im Bild bleiben. Perspektiven für eine moderne Medienwissenschaft.* Darmstadt 2012, S. 89–112.

Strobel, Jochen: «Die Geschichte von Franz und Felice. Über Brieflektüre und Erzähltheorie.» In: Gisi, Lucas Marco et al. (Hg.): *Medien der Autorschaft. Formen literarischer (Selbst-)Inszenierung von Brief und Tagebuch bis Fotografie und Interview.* München 2013, S. 69–86.

Sykora, Katharina: *Das Phänomen des Seriellen in der Kunst: Aspekte einer künstlerischen Methode von Monet bis zur amerikanischen Pop Art.* Würzburg 1983.

Thierse, Wolfgang: «Das Ganze aber ist das, was Anfang, Mitte und Ende hat. Problemgeschichtliche Beobachtungen zur Geschichte des Werkbegriffs.» In: Barck, Karlheinz et al. (Hg.): *Ästhetische Grundbegriffe. Studien zu einem historischen Wörterbuch.* Berlin 1990, S. 378–414.

Tholen, Georg Christoph: «Überschneidungen. Konturen einer Theorie der Medialität.» In: Schade, Sigrid / Tholen, Georg Christoph (Hg.): *Konfigurationen. Zwischen Kunst und Medien.* München 1999, S. 15–35.

Tholen, Georg Christoph: «Auge, Blick und Bild. Zur Intermedialität der Blickregime» In: Elia-Borer. Nadja et al. (Hg.): *Blickregime und Dispositive audiovisueller Medien.* Bielefeld 2011, S. 19–30.

Thompson, Kristin: *Storytelling in Film and Television.* Cambridge/London 2003.

Thompson, Robert: *Television's Second Golden Age. From Hill Street Blues to ER.* New York 1997.

Thon, Jan-Noël: «Zur Metalepse im Film.» In: Birr, Hannah et al. (Hg.): *Probleme filmischen Erzählens (= Beiträge zur Medienästhetik und Mediengeschichte, Bd. 27).* Berlin 2009, S. 85–110.

Tietenberg, Anne Kristin: *Der Dandy als Grenzgänger der Moderne. Selbststilisierungen in Literatur und Popkultur (= Literatur – Kultur – Medien, Bd. 14.).* Berlin 2013.

Titzmann, Michael: «Skizze einer integrativen Literaturgeschichte und ihres Ortes in einer Systematik der Literaturwissenschaft.» In: Ders. (Hg.): *Modelle des literarischen Strukturwandels.* Tübingen 1991, S. 395–438.

Toadvine, April: «The Watson Effect. Civilizing the Sociopath.» In: Porter, Lynette (Hg.): *Sherlock Holmes for the 21st Century. Essays on new Adaptions.* Jefferson 2012, S. 48–64.

Tomaševskij, Boris: «Literatur und Biographie.» In: Jannidis, Fotis et al. (Hg.) : *Texte zur Theorie der Autorschaft.* Stuttgart 2000, S. 51–61.

Trencansky, Sarah: «Final Girls and Terrible Youth: Transgression in 1980s Slasher Horror.» In: *Journal of Popular Film and Television 29/2,* 2002, S. 63–73.

Truffaut, François: «Une certaine tendance du cinéma français.» In: Ders. : *Le plaisir des yeux.* Paris 1987, S. 192–207.

Truffaut, François: *Die Filme meines Lebens. Aufsätze und Kritiken.* Frankfurt a. M. 1997.

Tschilschke, Christian von: «Dokufiktion – zur Entwicklung hybrider Formen und Formate im Fernsehen.» In: Türschmann, Jörg / Wagner, Birgit (Hg.): *TV global. Erfolgreiche Fernseh-Formate im internationalen Vergleich.* Bielefeld 2011, S. 37–57.

Tufte, Thomas: «The Telenovela (Brazilian Telenovelas).» In: Miller, Toby et al. (Hg.): *The Television Genre Book.* London 2001, S. 57–60.

Turkle, Sherry: *Leben im Netz. Identität in Zeiten des Internet.* Reinbek bei Hamburg 1998.

Turkle, Sherry: «Ich bin wir?» In: Bruns, Karin / Reichet, Ramón (Hg.): *Reader Neue Medien. Texte zur digitalen Kultur und Kommunikation.* Bielefeld 2007, S. 503–523.

Turner, Graeme / Tay, Jinna (Hg.): *Television Studies After TV. Understanding Television in the Post- Broadcast Era.* London/ New York 2009.

Tuschling, Anna: *Klatsch im Chat. Freuds Theorie des Dritten im Zeitalter elektronischer Kommunikation.* Bielefeld 2009.

Türschmann, Jörg: «Die Metalepse.» In: *montage av. Zeitschrift für Theorie und Geschichte audiovisueller Kommunikation.* Jg. 16, H. 2, 2007, S. 105–112.

Türschmann, Jörg: «Aspekte einer Typologie von Fernsehserien.» In: Hißnauer, Christian et al. (Hg.): *Medien-Zeit-Zeichen*. Marburg 2007, S. 100–108.

Türschmann, Jörg: «Spannung und serielles Erzählen: Vom Feuilletonroman zur Fernsehserie.» In: Ackermann, Kathrin / Moser Kroiss, Judith (Hg.): *Gespannte Erwartungen*. Berlin 2007, 201–221.

Ulreich, Anne / Knape, Joachim: «Serialität» In: Dies.: *Medienrhetorik des Fernsehens. Begriffe und Konzepte*. Bielefeld 2015, S. 76–84.

Uricchio, William: «Medien des Übergangs und ihre Historisierung.» In: Engell, Lorenz / Vogl, Joseph (Hg.): *Mediale Historiographien*. Weimar 2001, S. 57–71.

Vaasen, Bernd: *Die narrative Gestalt(ung) der Wirklichkeit. Grundlinien einer postmodern orientierten Epistemologie der Sozialwissenschaften*. Braunschweig 1996.

Virilio, Paul: *Die Kunst des Schreckens*. Berlin 2001.

Volkening, Heide: *Am Rande der Autobiographie. Ghostwriting – Signatur – Geschlecht*. Bielefeld 2006.

Vorauer, Markus / Greiner, Ulrike: *Lehrerfiguren im internationalen Spielfilm: Helden oder Gescheiterte? (= Schriftenreihe Pädagogik im Widerspruch)*. Münster 2008.

Vossen, Ursula (Hg.): *Filmgenres. Horrorfilm*. Stuttgart 2004.

Wagner, Birgit: «Invitation to Love, oder wie Fernsehserien im Autorenkino zitiert werden.» In: Ackermann, Kathrin / Laferl, Christopher F. (Hg.): *Transpositionen des Televisiven. Fernsehen in Literatur und Film*. Bielefeld 2009, S. 169–188.

Wagner, Elke: *Mediensoziologie*. Konstanz/München 2014.

Wagner-Egelhaaf, Martina (Hg.): *Auto(r)fiktion. Literarische Verfahren der Selbstkonstruktion*. Bielefeld 2013.

Weber, Tanja / Junklewitz, Christian: «Das Gesetz der Serie – Ansätze zur Definition und Analyse.» In: *MEDIENwissenschaft: Rezensionen | Reviews*. H. 1, 2008, S. 13–31.

Weber, Tanja / Junklewitz, Christian: «Die Cineserie. Geschichte und Erfolg von Filmserien im postklassischen Kino.» In: Blanchet, Robert (Hg.): *Serielle Formen. Von den frühen Film-Serials zu aktuellen Quality-TV und Onlineserien*. Marburg 2010, S. 337–356.

Weber, Tanja / Junklewitz, Christian: «To Be Continued… Funktion und Gestaltungsmittel des Cliffhangers in aktuellen Fernsehserien.» In: Meteling, Arno et al. (Hg.): ‹*Previously on…*›. *Zur Ästhetik der Zeitlichkeit neuerer TV-Serien*. München 2010, S. 111–131.

Wedel, Michael: *Der deutsche Musikfilm. Archäologie eines Genres 1914–1945*. München 2007.

Wedel, Michael: *Filmgeschichte als Krisengeschichte. Schnitte und Spuren durch den deutschen Film*. Bielefeld 2011.

Weidenfeld, Nathalie: *Das Drama der Identität*. Marburg 2012.

Weigel, Siegrid: *Topographien der Geschlechter. Kulturgeschichtliche Studien zur Literatur*. Reinbek 1990.

Weitin, Thomas / Wolf, Burkhardt (Hg.): *Gewalt der Archive. Studien zur Kulturgeschichte der Wissensspeicherung*. Konstanz 2012.

Weiß, Michael Bastian: *Der Autor als Individuum*. Hildesheim 2007.

Weiss, Monika: «Zur Wiederverwertbarkeit von Serien: Mit Marshall McLuhan über das Fernsehen zur DVD.» In: Stollfuß, Sven / Weiss, Monika (Hg.): *Im Bild bleiben. Perspektiven für eine moderne Medienwissenschaft*. Darmstadt 2012, S. 113–126.

Wenk, Silke: «Mythen von Autorschaft und Weiblichkeit.» In: Hoffmann-Curtius, Kathrin (Hg.): *Mythen von Autorschaft und Weiblichkeit im 20. Jahrhundert*. Marburg1997, S. 12–29.

White, Rosie: *Violent Femmes. Women as spies in popular culture*. London/New York 2007.

Williams, Linda: «Ethnographic Imaginary: The Genesis and Genius of The Wire.» In: *Critical Inquiry, Volume 38, Issue 1*. 2011, S. 208–226.

Williams, Raymond: «Die Programmstruktur als Sequenz oder Flow.» In: Adelmann, Ralf et al. (Hg.): *Grundlagentexte zur Fernsehwissenschaft. Theorie – Geschichte – Analyse*. Konstanz 2001, S. 33–43.

Winkler, Hartmut: «Technische Reproduktion und Serialität.» In: Giesenfeld, Günter (Hg.): *Endlose Geschichten. Serialität in den Medien*. Hildesheim 1994, S. 38–46.

Winkler, Hartmut: «Eins, zwei, eins, vier, x. Switching: Die Installation der Tagtraummaschine.» In: Grisko, Michael (Hg.): *Texte zur Theorie und Geschichte des Fernsehens*. Stuttgart 2009, S. 222–230.

Wirth, Uwe: «Archiv.» In: Roesler, Alexander / Stiegler, Bernd (Hg.): *Grundbegriffe der Medientheorie*. Paderborn 2005, S. 17–27.

Wirth, Uwe: *Die Geburt des Autors aus dem Geist der Herausgeberfiktion. Editoriale Rahmung im Roman um 1800: Wieland, Goethe, Brentano, Jean Paul und E. T. A. Hoffmann*. München 2009.

Wollen, Peter: *Signs and Meaning in the Cinema*. London 2013.

Wood, Robin: «Ideology, Genre, Auteur.» In: Grant, Barry Keith (Hg.): *Film Genre Reader III*. Austin 2003, S. 60–75.

Woodmansee, Martha: «Der Autor-Effekt. Zur Wiederherstellung von Kollektivität.» In: Jannidis, Fotis et al. (Hg.): *Texte zur Theorie der Autorschaft*. Stuttgart 2000, S. 298–314.

Wortmann, Volker: «DVD-Kultur und Making of. Beitrag zu einer Mediengeschichte des Autorenfilms.» In: Mertens, Matthias / Wortmann, Volker (Hg.): *Medien. Diskurs. Geschichte. Festschrift für Jan Berg*. Salzhemmendorf 2009, S. 143–163.

Wünsch, Michaela: «Sehen – Töten – Ordnen. Der Serienkiller in der Funktion des Herrensignifikanten.» In: Höltgen, Stefan / Wetzel, Michael (Hg.): *Killer/Culture.*

Serienmord in der populären Kultur (= *Medien/Kultur 1*). Berlin 2010, S. 50–60.

Zanetti, Sandro: «Einleitung.» In: Ders.(Hg.): *Schreiben als Kulturtechnik. Grundlagentexte*. Berlin 2012, S. 7–35.

Zelle, Carsten: «Auf dem Spielfeld der Autorschaft. Der Schriftsteller des 18. Jahrhunderts im Kräftefeld von Rhetorik, Medienentwicklung und Literatursystem.» In: Städtke, Klaus / Kray, Ralph (Hg.): *Spielräume des auktorialen Diskurses*. Berlin 2003, S. 1–37.

Zitko, Hans: «Der Ritus der Wiederholung. Zur Logik der Serie in der Kunst der Moderne.» In: Hilmes, Carola / Mathy, Dietrich (Hg.): *Dasselbe noch einmal. Die Ästhetik der Wiederholung*. Opladen/ Wiesbaden 1998, S. 159–183.

Internetartikel/Pages

Borcholte, Andreas et al.: «Start der letzten Lost-Staffel. Sind wir reif für die Auflösung?» In: *www.spiegel.de/kultur/ tv/0,1518,674339,00.html* (letzter Zugriff: 15.3.2014).

Forster, Lisa: «Girls. Schöner scheitern.» In: http://www.zeit.de/kultur/film/2015-04/ lena-dunham-girls (letzter Zugriff: 1.10.2015).

Hermann, Robert: «Die Haute Cuisine des Mordens. Eine präsenztheoretische Analyse der TV-Serie Hannibal.» In: *Medienobservationen*. http://www.medienobservationen.lmu.de/artikel/tv/tv_pdf/ Hermann_Hannibal.pdf (letzter Zugriff: 4.9.2015).

Jaschensky, Wolfgang: «Ich denke, also spinn ich.» In: http://www.sueddeutsche.de/medien/lieblingsserien-curbyour-enthusiasm-ich-denke-also-spinnich-1.75441 (letzter Zugriff: 29.9.2015).

Kämmerlings, Richard: «The Wire: Ein Balzac für unsere Zeit.» In: http://www.faz. net/aktuell/feuilleton/buecher/the-wireein-balzac-fuer-unsere-zeit-1581949. html (letzter Zugriff: 10.10.2015).

Rehfeld, Nina: «Ich war richtig lebendig! Das Finale von Breaking Bad.» In: http://www.faz.net/aktuell/feuilleton/medien/das-finale-von-breaking-bad-ich-war-richtig-lebendig-12597740.html (letzter Zugriff: 10.9.2015).

Scheer, Ursula: «Bürgermeister in der Stadt der Heimatlosen. TV-Serie Show Me a Hero.» In: http://www.faz.net/aktuell/feuilleton/medien/sky-zeigt-die-amerikanische-serie-show-me-a-hero-13760519.html (letzter Zugriff: 7.10.2015).

Schmieder, Jürgen: «Du bekommst, was du verdienst. Finale von Breaking Bad.» In: http://www.sueddeutsche.de/medien/finale-von-breaking-bad-du-bekommst-was-du-verdienst-1.1783669 (letzter Zugriff: 10.9.2015).

Waldman, Simon: «The best of British blogging.» In: http://www.theguardian.com/technology/2003/dec/18/weblogs11 (letzter Zugriff: 10.10.2015).

www.daserste.de/unterhaltung/krimi/tatort/interaktiv (letzter Zugriff: 1.7.2015).

Serien

#

24 (24; USA; Fox, 2001–2014)

2 Broke Girls (2 Broke Girls; USA; CBS, seit 2011)

A

The Affair (The Affair; USA; Showtime, seit 2014)

Alias (Alias – Die Agentin; USA; ABC, 2001–2006)

American Horror Story (American Horror Story; USA; Fox, seit 2011)

The Americans (The Americans; USA; FX, seit 2013)

Arrested Development (Arrested Development; USA; Fox/Netflix, seit 2003)

The Avengers (Mit Schirm, Charme und Melone; GB; ITV, 1961–1969)

B

Battlestar Galactica (Battlestar Galactica; USA; Sci-Fi, 2004–2009)

Baywatch (Baywatch – Die Rettungsschwimmer von Malibu; USA; NBC, 1989–2001)

The Big Bang Theory (The Big Bang Theory; USA; CBS, seit 2007)

Boardwalk Empire (Boardwalk Empire; USA; HBO, seit 2010)

Bones (Bones – Die Knochenjägerin; USA; Fox, seit 2005)

B

Breaking Bad (Breaking Bad; USA; AMC, 2008–2013)

Broad City (Broad City; USA; Comedy Central, seit 2014)

Brooklyn Nine-Nine (Brooklyn Nine-Nine; USA; Fox, seit 2013)

C

Californication (Californication; USA; Showtime, 2007–2014)

Castle (Castle; USA; ABC, seit 2009)

The Comeback (The Comeback; USA; HBO, seit 2005)

CSI (CSI: Den Tätern auf der Spur [Staffel 1–11] / CSI: Vegas [Staffel 12–15]; USA; CBS, seit 2000)

Curb your Enthusiasm (Lass es, Larry!; USA; HBO, 2000–2011)

D

Dallas (Dallas; USA; CBS, 1978–2014)

Marvel's Daredevil (Marvel's Daredevil; USA; Netflix, seit 2015)

Desperate Housewives (Desperate Housewives; USA; ABC, 2004–2012)

Doctor's Diary – Männer sind die beste Medizin (D/A; RTL, 2007–2010)

Downton Abbey (Downton Abbey; GB/USA; ITV, seit 2010)

E

ELEMENTARY (ELEMENTARY; USA; CBS, seit 2012)

ENTOURAGE (ENTOURAGE; USA; HBO, 2004–2011)

EPISODES (EPISODES; GB/USA; Showtime, seit 2011)

F

THE FALL (THE FALL; GB; BBC, seit 2013)

THE FOLLOWING (THE FOLLOWING; USA; Fox, 2013–2015)

FRIENDS (FRIENDS; USA; NBC, 1994–2004)

G

GAME OF THRONES (GAME OF THRONES – DAS LIED VON EIS UND FEUER; USA; HBO, seit 2011)

GIRLS (GIRLS; USA; HBO, seit 2012)

GOSSIP GIRL (GOSSIP GIRL; USA; CTV, 2007–2012)

GRACE AND FRANKIE (USA; Netflix, seit 2015)

GREY'S ANATOMY (GREY'S ANATOMY; USA; ABC, seit 2005)

H

HANNIBAL (HANNIBAL; USA; NBC, 2013–2015)

HEROES (HEROES; USA; NBC, 2006–2010)

HILL STREET BLUES (POLIZEIREVIER HILL STREET; USA; NBC, 1981–1987)

HOMICIDE: LIFE ON THE STREET (HOMICIDE; USA; NBC, 1993–1999)

HOUSE OF CARDS (HOUSE OF CARDS; USA; Netflix, seit 2013)

HOW TO GET AWAY WITH MURDER? (HOW TO GET AWAY WITH MURDER?; USA; ABC, seit 2014)

HOW I MET YOUR MOTHER (HOW I MET YOUR MOTHER; USA; CBS, 2005–2014)

K

KDD – KRIMINALDAUERDIENST (D; ZDF, 2007–2009)

L

LADY DYNAMITE (LADY DYNAMITE; USA; Netflix, seit 2016)

LERCHENBERG (BRD; ZDF, seit 2013)

LILYHAMMER (LILYHAMMER; N/USA; Rubicon/Netflix, seit 2012)

LINDENSTRASSE (BRD; ARD, seit 1985)

LOST (LOST; USA; ABC, 2004–2010)

LUCK (LUCK; USA; HBO, 2011–2012)

THE L-WORD (THE L-WORD; USA; Showtime, 2004–2009)

M

MAD MEN (MAD MEN; USA; AMC, 2007–2015)

MAGNUM PI (MAGNUM; USA; CBS, 1980–1988)

MARCO POLO (MARCO POLO; USA; Netflix, seit 2014)

MIAMI VICE (MIAMI VICE; USA; NBC, 1984–1990)

THE MINDY PROJECT (THE MINDY PROJECT; USA; Fox, seit 2012)

MR. ROBOT (MR. ROBOT; USA; USA Network, seit 2015)

MOONLIGHTING (DAS MODEL UND DER SCHNÜFFLER; USA; ABC, 1985–1989)

MURDER, SHE WROTE (MORD IST IHR HOBBY / IMMER WENN SIE KRIMIS SCHRIEB; USA; CBS, 1984–1996)

N

NEW GIRL (NEW GIRL; USA; Fox, seit 2011)

THE NEWSROOM (THE NEWSROOM; USA; HBO, 2012–2014)

O

ON THE AIR (ON THE AIR – VOLL AUF SENDUNG; USA; ABC, 1992)

ORANGE IS THE NEW BLACK (ORANGE IS THE NEW BLACK; USA; Netflix, seit 2013)

P

PASTEWKA (D; SAT1, seit 2005)

PEAKY BLINDERS (PEAKY BLINDERS – GANGS OF BIRMINGHAM; GB; BBC 2, seit 2013)

PENNY DREADFUL (PENNY DREADFUL; USA/UK/IRL; Showtime, seit 2014)

PRETTY LITTLE LIARS (PRETTY LITTLE LIARS; USA; ABC, seit 2010)

R

Remington Steele (Remington Steele; USA; NBC, 1982–1987)

Les Revenants (The Returned; F; Canal+, seit 2012)

Riget (Hospital der Geister / Geister; DK; 1994–1997)

Rome (Rom; USA/GB/I; HBO, 2005–2007)

S

Scandal (Scandal; USA; ABC, seit 2012)

Scream: The TV-Series (USA; Netflix, seit 2015)

Scrubs (Scrubs – Die Anfänger; USA; NBC, 2001–2010)

Secret Diary of a Callgirl (Secret Diary of a Call Girl; UK; IT, 2007–2011)

Seinfeld (Seinfeld; USA; NBS, 1989–1998)

Sex and the City (Sex and the City; USA; HBO, 1998–2004)

Sherlock (Sherlock; GB; BBC, seit 2010)

Show Me a Hero (Show Me a Hero; USA; HBO, 2015)

The Simpsons (Die Simpsons; USA; Fox, seit 1989)

The Singing Detective (The Singing Detective; GB; BBC, 1986)

Six Feet Under (Six Feet Under – Gestorben wird immer; USA; HBO, 2001–2005)

The Sopranos (Die Sopranos; USA; HBO, 1999–2007)

Stromberg (D; PRO7, 2004–2012)

Suits (Suits; USA; Fox, seit 2011)

T

Der Tatortreiniger (D; NDR, seit 2011)

True Blood (True Blood; USA; HBO, 2008–2014)

Twin Peaks (Das Geheimnis von Twin Peaks; USA; ABC, 1990–1991)

U

Under the Dome (Under the Dome; USA; CBS, 2013–2015)

W

Web Therapy (Web Therapy; USA; L/Studio.com, seit 2008)

The West Wing (The West Wing – Im Zentrum der Macht; USA; NBC, 1999–2006)

X

The X-Files (Akte X; USA; Fox, 1993–2002, seit 2016)